시스코 아카데미 패킷트레이서

시스코 아카데미 패킷트레이서

초판　1쇄 발행　2012년 3월 20일
개정2판4쇄 발행　2024년 3월 21일

지은이　유인태·김정윤
펴낸이　김진상
펴낸곳　경희대학교 출판문화원

주소　서울특별시 동대문구 경희대로 26
전화　02-961-0106~8
팩스　02-961-0291
설립　1960년 9월 16일 제5-8호
등록　1977년 11월 8일 제6-5호
홈페이지　www.khupress.com
전자우편　press@khu.ac.kr

ISBN 978-89-8222-609-0 (13560)

CCNA Routing & Switching 학습 가이드북

시스코 아카데미
패킷트레이서

유인태 · 김정윤 지음

경희대학교 출판문화원
KYUNG HEE UNIVERSITY PRESS

머리말

시스코 네트워킹 아카데미 프로그램은 1997년 처음 교육 프로그램이 개발되어 2019년 1월 현재 전 세계 160여 개국의 중등 및 고등 교육 기관에 정규 교육 프로그램으로 도입되어 매년 백만 명이 넘는 학생들이 이 교육 과정을 통해 네트워크 분야에 대한 초·중·고급 기술을 학습하고 있습니다. 이 교육 과정은 평균 3~4년 주기로 신기술을 반영하여 업데이트되고 있으며, CCNA (Cisco Certified Network Associate) 커리큘럼의 경우 현재 버전 6.0 CCNA Routing and Switching(CCNA R&S) 과정으로 제공되고 있습니다. 아울러, 시스코 패킷트레이서(Cisco Packet Tracer)는 네트워킹 아카데미 교육 과정 내의 실습 활동과 시험을 위하여 사용되는 매우 강력한 네트워크 시뮬레이션 도구로서 2002년 버전 1.0을 시작으로 매 2~3년 주기로 업데이트되어 2019년 1월 현재 버전 7.2.1까지 공개되어 있습니다.

한편 전 세계적으로 국제 공인 교육 프로그램화되어 있는 시스코 네트워킹 아카데미 프로그램의 성공적인 운영과 프로그램 운영에 대한 원활한 지원을 위해 대륙별 주요 아카데미 모임이 매년 2회 이상 개최되고 있으며, 아시아-태평양 권역에는 현재 지역별로 16개 기관이 아카데미 서포트 센터(ASC; Academy Support Center)로 지정되어 해당 지역의 교육 기관들을 지원하고 있습니다. 한국에서는 경희대학교가 ASC로 지정되어 2004년 이후부터 프로그램 운영에 대한 지원을 계속해왔으며, 패킷트레이서 버전 5.3이 릴리스되어 컴퓨터 한 대만으로도 완벽한 네트워킹 실습 환경이 갖추어진 2010년 5월 이후부터 국내 학습자들의 CCNA 수준의 실습 학습 지원을 위해 이 책을 집필하기 시작하여 2012년 3월에 초판을 발행하였습니다. 이후 CCNA 교육 과정과 패킷트레이서 버전 6.x 업그레이드를 반영하여 2016년 3월에 1차 개정판을 발행하였고, 이번에는 장치/인터페이스/IOS 등이 대폭 업그레이드된 패킷트레이서 버전 7.x를 반영하고자 2019년 1월 2차 개정판의 결실을 맺게 되었습니다.

이 책은 실제의 네트워킹 장치를 가지고 있지 않은 상황에서도 실제 장치에서와 동일한 환경에서 여러 가지 개념을 익히고 정리할 수 있도록 되어 있습니다. 정규 시스코 네트워킹 아카데미 프로그램에서 제공하는 모든 온라인 PT(Packet Tracer) Practice SBA(Skill Based Assessment) 수행, 국제 공인 CCNA 인증 실습 시험 수행, 국제 및 국내 기능경기대회의 PT 과제 수행, 국내 정보

기기운용기능사 실습 시험 수행 그리고 전국 시스코 네트워킹 아카데미 경진대회 과제 수행 등을 위해서는 기본적으로 최신 버전의 패킷트레이서 프로그램을 사용하도록 권장하고 있습니다. 따라서 CCNA 과정과 IoT 과정 등 정규 시스코 아카데미 프로그램을 학습하는 경우는 물론 전술한 시험을 응시하고자 하는 경우 패킷트레이서 버전 7.2.1을 통해 수행할 수 있는 모든 실습 내용에 대하여 숙지하고 있어야 합니다.

이와 같은 패킷트레이서 활용 능력에 대한 요구에 따라 이번에 저자들은 CCNA R&S 커리큘럼의 Introduction to Networks(ITN), Routing and Switching Essentials, Scaling Networks 그리고 Connecting Networks의 4개 정규 교육 과정에 포함된 핵심 네트워킹 기술에 대한 이론과 실습을 패킷트레이서를 통해 쉽게 이해할 수 있도록 한 이 책을 발행할 수 있게 되어 매우 기쁘게 생각합니다. 이 책을 이용해 패킷트레이서 활용 능력을 향상시킴으로써 독자들은 국제적으로 공인된 고품질 네트워킹 교육 과정에 있는 대부분의 실습을 실제 장치 없이도 수행할 수 있으며, 정규 과정에서 별도로 제공되는 다양한 실습 과제와 상호 학습 도구를 활용하여 교육 효과를 더욱 극대화할 수 있습니다.

국내 정규 시스코 네트워킹 아카데미 프로그램 가입 기관 소속의 독자들은 이 책을 CCNA R&S 전 과정에 있는 패킷트레이서 실습 과제에 대한 참고서로 활용할 수 있습니다. 또한 이 책은 국제 공인 CCNA 자격 실습 시험은 물론 국내외 각종 네트워크 관리 기술, 정보 통신 기술, 정보 기기 기술 분야에 대한 능력 인증 및 자격시험에 대비하고자 하는 독자들에게는 최상의 학습서라 할 수 있습니다. 현재 정보 통신, 정보 기기, 인터넷 기술 분야에 종사하고 있는 독자들에게도 훌륭한 실습 참고 자료로 활용될 수 있습니다. 따라서 이 책에서 제공하는 여러 가지 이론 및 실습 자료를 독자 여러분이 매우 유용하게 활용할 수 있기를 바랍니다.

2019년 1월

유인태·김정윤

독자에게

시스코 네트워킹 아카데미 프로그램은 컴퓨터 네트워킹 및 인터넷 기술에 대한 지식을 제공하는 전자 학습 프로그램으로, 제공되는 기술과 지식을 실제 장치는 물론 패킷트레이서를 활용하여 실습해봄으로써 학생들이 국내외 산업 및 표준 인증 시험을 준비하는 데 도움이 될 수 있도록 지원하고 있습니다.

이 책은 CCNA R&S 커리큘럼의 Introduction to Networks(ITN), Routing and Switching Essentials(RSE), Scaling Networks(SN), 그리고 Connecting Networks(CN)의 실습 과정을 단계별로 따라 해봄으로써 해당 기술을 쉽게 이해할 수 있도록 구성되어 있습니다. 제1장에서 제15장까지 내용을 패킷트레이서를 통해 하나하나 직접 진행하고 체득함으로써 독자는 국제 공인 CCNA(Cisco Certified Network Associate) 자격 실습 시험, 국가기술자격 정보기기운용기능사 실습 시험 및 네트워크 관리사 시험, 전국 및 지방 기능경기대회 컴퓨터정보통신 직종 네트워크 실습 시험, 전국 시스코 네트워킹 아카데미 경진대회 실습 시험 등에 대한 완벽한 준비를 할 수 있습니다.

이 책은 전술한 정규 교육 과정 내용 학습과 각종 실습 시험에 대한 준비를 위해 총 15개 장으로 구성되어 있습니다.

제1장 '패킷트레이서'에서는 패킷트레이서 버전 7.2에서 지원하고 있는 기능과 구성 요소 그리고 패킷트레이서를 활용한 장치 설정 방법에 대하여 다루고 있습니다.

제2장 'OSI 참조 모델, TCP/IP, 서브넷팅'에서는 OSI 7 계층 모델과 TCP/IP 4 계층 모델에 대하여 계층별 주요 내용을 요약하고 IP 어드레싱 체계에 대한 내용과 서브넷팅 기술에 대하여 다루고 있습니다.

제3장 '라우터와 스위치의 기본 설정'에서는 라우터와 스위치의 하드웨어 구성 요소, 메모리 구조, IOS(Internetwork Operating System)를 시작으로 CLI(Command Line Interface)를 통한 라우터와 스위치의 가장 기본적인 설정 방법에 대하여 설명하고 있습니다.

제4장 '정적 경로 설정'에서는 정적 경로 설정에 대한 기본 이론을 설명하고 주어진 기본 네트

워크 토폴로지와 명령어 스크립트를 이용하여 해당 내용을 패킷트레이서를 통해 구성하고, 설정 결과를 라우팅 테이블을 확인하며 장치 간의 통신 실험을 해볼 수 있도록 되어 있습니다. 아울러, 디폴트 정적 경로 설정 방법과 경로 요약, 디버깅 기능을 이용한 문제 해결 방법도 다루고 있습니다.

제5장 '라우팅 프로토콜: RIPv1과 RIPv2'에서는 동적 라우팅 프로토콜로서 거리 벡터 라우팅 프로토콜과 링크 상태 라우팅 프로토콜을 학습하고, 대표적인 거리 벡터 라우팅 프로토콜인 RIP(Routing Information Protocol)을 패킷트레이서를 활용하여 실제 구성하고 확인하는 방법에 대하여 소개하고 있습니다. 또한 라우팅 루프 문제 해결을 위한 기술과 RIP이 적용된 네트워크에서의 디폴트 경로 설정 방법에 대하여 다루고 있습니다.

제6장 'EIGRP'에서는 거리 벡터 라우팅 프로토콜의 개념을 기반으로 시스코에서 독자 개발한 EIGRP(Enhanced Interior Gateway Routing Protocol)의 주요 기술에 대하여 설명하고, 이를 패킷트레이서를 이용하여 실습하고, 자동 경로 요약과 관련된 이슈를 살펴보고 있습니다. 그리고 EIGRP의 핵심 기술인 DUAL(Diffusing Update Algorithm)과 메트릭 계산에 대한 구체적 사례를 실제 실습을 통해 확인하고 있습니다.

제7장 'OSPF'에서는 국제 표준의 링크 상태 라우팅 프로토콜인 OSPF(Open Shortest Path First)의 주요 기술을 OSPF 패킷 유형, 네이버 관계, 링크 비용 등의 개념을 통해 패킷트레이서 실습과 함께 설명하고 있습니다.

제8장 'VLAN과 Inter-VLAN 라우팅'에서는 스위치의 계층적 구조에 대한 개념을 설명하고, 네트워크의 안정성과 확장성 그리고 성능 향상을 위한 VLAN 계획 및 설정 상세를 다루고, 트렁크 개념을 이용한 트렁킹 프로토콜에 대한 소개와 VLAN 간 통신 기술, 포트 보안 설정 방법 등을 다루고 있습니다.

제9장 'VTP와 STP'에서는 중·대규모 네트워크에서 효율적인 VLAN 관리 및 네트워크 성능 관리를 위하여 꼭 필요한 기술로서 VTP(VLAN Trunking Protocol)와 STP(Spanning Tree Protocol)의 핵심 기술을 패킷트레이서를 이용한 실습과 더불어 학습하고, 아울러 다양한 STP 기술에 대해서도 소개하고 있습니다.

제10장 '무선 LAN의 기본 개념과 설정 방법'에서는 무선 랜 표준에 대하여 소개하고 패킷트레이서를 이용하여 실제의 무선 통신 장치를 설정하는 방법과 보안 기능 설정 방법, 접속 제한 설정 방법 등을 다루고 있습니다.

제11장 'WAN 기술(PPP, Frame-Relay)'에서는 대표적인 WAN 기술로서 PPP와 프레임 릴레이의 기본 기능을 패킷트레이서를 이용해 설정하는 방법과 인증 기능 설정 방법 그리고 네트워크

토포롤지 유형에 따른 프레임 릴레이 네트워크 구성 방법에 대하여 설명하고 있습니다.

제12장 '접근 제어 목록'에서는 패킷의 속성에 따른 라우터에서의 트래픽 제어 방법으로서 ACL(Access Control List)의 기술적 내용을 설명하고, 주어진 몇 가지 조건하에서 표준 ACL, 확장 ACL, named ACL 그리고 아직 패킷트레이서에서 실습할 수는 없지만 접근 제어 목록의 이해와 응용을 위한 락-앤-키 인증 방법, RACL(Reflexible ACL), 시간 기반의 ACL 등을 설정하고 확인하는 과정을 소개하고 있습니다.

제13장 'VPN'에서는 여러 가지 종류의 VPN 기술과 암호화 알고리즘에 대하여 소개하고, 주어진 VPN 실습 토폴로지를 패킷트레이서에서 직접 구성하고 테스트하며, GRE(Generic Routing Encapsulation) 터널링, 터널링을 통한 트래픽 분산 및 제어, IPSec VPN 기술에 대한 실습 내용을 다루고 있습니다.

제14장 'DHCP, NAT, IPv6'에서는 IP 어드레싱 체계의 효율적 사용을 위한 기술로서 DHCP (Dynamic Host Configuration Protocol)와 NAT(Network Address Translation)를 소개하고, 이를 패킷트레이서에서 라우터와 서버를 통해 직접 설정하는 방법을 다루고 있습니다. 아울러, 차세대 인터넷 기술로서 IPv6에 대한 주소 체계의 개념과 패킷트레이서에서의 IPv6 실습 과정을 소개하고 있습니다.

제15장 'VoIP와 패킷트레이서 서버 기능'에서는 인터넷 기반의 음성 통신 기술인 VoIP 서비스를 패킷트레이서의 CIPC(Cisco IP Communicator) 기능을 이용하여 구현하는 방법을 소개하고, 패킷트레이서 서버 장치에서 제공하는 다양한 서버 기능(HTTP, HTTPS, TFTP, DNS, Syslog, AAA, E-mail, FTP)에 대한 실습 방법을 다루고 있습니다.

마지막으로, '부록'에서는 패킷트레이서에서 지원하고 있는 라우터 IOS 명령어 트리, 스위치 IOS 명령어 트리, 패킷트레이서 단축키 그리고 프로토콜 타입 콘텐츠를 정리해놓았습니다.

이와 같이 구성된 이 책을 잘 활용하여 패킷트레이서를 완전 정복함으로써 독자들이 시스코 네트워킹 아카데미 프로그램 정규 교육 과정 학습은 물론 각종 국내외 공인 인증 및 자격 실습 시험 준비에 완벽을 기할 수 있기를 기대합니다.

차례

PACKET TRACER

Cisco Networking Academy Program
A Powerful Network Simulation Tool

제1장

패킷트레이서

CHAPTER

01 패킷트레이서

라우터와 스위치 같은 네트워킹 장치를 이용해 네트워크를 설계하고 구현하는 시뮬레이터 중 시스코에서 개발한 패킷트레이서는 CCNA 수준의 네트워크를 쉽게 디자인할 수 있고, GUI(Graphical User Interface)와 CLI(Command Line Interface)의 두 가지 인터페이스 모드를 통해 라우터, 스위치, PC를 포함한 다양한 네트워킹 장치를 설정할 수 있다. 또한 유선 및 무선 네트워크를 직접 설계하여 검증할 수 있고, 이에 대한 문제 해결도 실습해볼 수 있는 유용한 프로그램이다.

패킷트레이서 버전 4.x까지는 CCNA Routing and Switching 과정에 초점을 맞추어 이와 관련된 명령어만을 지원함으로써 다른 시뮬레이터와 비교했을 때 활용 가능한 명령어가 제한적이었고, 따라서 사용자 친화적 GUI 환경을 가진 패킷트레이서의 최대 단점으로 지적되었다. 그러나 패킷트레이서 버전 5.x 발표 이후 패킷트레이서의 약점으로 지적되었던 라우터 및 스위치 장치의 명령어 부족 문제가 대부분 해결되었으며, 지원하는 네트워킹 장치와 단말 종류도 늘어났다. 나아가 패킷트레이서 버전 5.x에서는 CCNA Security 과정에 대한 실습이 가능하도록 VPN, Zone-based firewall, CBAC, Syslog 등에 대한 명령어가 추가되었고 VoIP 실습도 가능하게 되었다.

2014년 6월 공개가 시작된 패킷트레이서 버전 6.x에서는 다양한 장치들(819 Router, 1941 Router, 2901 Router, 2911 Router, Cell Tower, Central Office Server, Sniffer 등)이 추가되면서, 라우터에 적용되는 IOS 버전이 15.x로 업그레이드되고, JavaScript와 CSS가 지원되고, EIGRP 라우팅과 OSPF 라우팅 기능 설정 명령어가 추가되고, Smart Device들이 3G/4G 환경에 접속이 가능하도록 기능이 업데이트되었다. 패킷트레이서 6.x는 Student 버전과 Instructor 버전이 있다. 이 두 가지 버전은 Activity Wizard 기능의 포함 여부로만 구별되기 때문에 일반적인 네트워킹 장치 설정 실습을 함에 있어서는 어떠한 버전을 사용해도 상관이 없다. 그러나 Activity Wizard를 이용하여 PKA 파일을 만들고자 한다면 Instructor 버전의 패킷트레이서를 사용해야 한다.

2018년 7월에 발표된 패킷트레이서 7.2에서는 Student 및 Instructor 버전의 구분을 따로 두지 않는다. 그러나 패킷트레이서를 실행시키고 나면 Cisco Networking Academy 사용자의 경우 로그인 과정을 거쳐 바로 패킷트레이서를 사용할 수 있는 반면, 로그인 과정을 거치지 않으면 15초 동안 대기하고 난 이후에 패킷트레이서를 실행할 수 있다. 패킷트레이서 7.0과 7.2는 장치의 설정 및 종류가 모두 동일하며, 패킷트레이서 7.0 버전 기준으로 7.2 버전에서 새로이 추가되거나 삭제된 장치는 없다. 따라서 이 책을 참고하여 학습을 진행할 때 7.0 또는 7.2 버전에 상관없이 학습할 수 있도록 하였다. 그러나 7.0과 7.2의 사용자 화면과 인터페이스의 변경이 있으므로, 되도록 7.2로 학습하도록 한다.

패킷트레이서 외에도 네트워크를 구성하고 실습할 수 있는 다양한 프로그램이 있는데, 그중 다이나밉스(Dynamips)는 라우터와 스위치의 운영체제인 IOS(Internetworking Operating System) 이미지를 직접 사용하는 시뮬레이터로 해당 IOS에서 지원하는 모든 명령어의 사용이 가능하고, 실제 동작하고 있는 PC와의 연동뿐만 아니라 다중 연결(Multi Connection) 환경을 통하여 분산된 환경에서 여러 대의 라우터와 스위치를 동작시킬 수 있다. 다이나밉스의 경우 과거에는 GUI가 지원되지 않았지만, 최근에는 GNS를 통해 다이나밉스에도 GUI가 제공되고 있다.

그러나 초보자가 다이나밉스 사용 환경을 구축하기에는 프로그램 설치 및 기타 환경 설정과 관련된 번거로움과 어려움이 있는 것이 사실이다. 만약 패킷트레이서가 다이나밉스와 같이 실제 IOS 이미지를 포함한다면 최고의 시뮬레이터가 될 수 있겠지만, 풀 버전의 IOS 이미지 배포 문제와 이에 따른 패킷트레이서 설치 프로그램의 크기 문제 그리고 패킷트레이서를 활용한 시스코 네트워킹 아카데미 프로그램의 학습 범위 등을 고려하여 실제 IOS 이미지를 포함하지는 않고 있다. 결과적으로 패킷트레이서는 네트워크를 처음 접하는 초급 및 중급 사용자를 위한 네트워크 실습 학습에 유용하고, 다이나밉스는 고급 사용자가 사용하기에 적절하다고 할 수 있다. 네트워크를 처음 접하거나 개념적으로 정리를 하여 학습하기에 현재 패킷트레이서만큼 좋은 프로그램은 없다.

패킷트레이서의 특징을 살펴보면 다음과 같다.

패킷트레이서에서 지원하는 프로토콜

패킷트레이서 7.x에서는 IPSec, GRE, ISAKMP, NTP, AAA, RADIUS, SNMP, SSH, SYSLOG, CBAC, Zone-based policy firewall, IPS와 무선랜 보안과 관련된 내용을 실습할 수 있으며, 이와 더불어 HTTP, DNS, DHCP, TCP, IP에서 설정할 수 있는 명령어들이 QoS Modeling과 함께 포함되어 있다. 또한 패킷트레이서 7.x로 업그레이드되면서 프로토콜이 확장된 것과 비례하여 장치도 업그레이드되었음을 알 수 있다. 라우팅 프로토콜 재분배(RIPv1, RIPv2, EIGRP, OSPF), RSTP, SSH, EtherChannel 등을 실습할 수 있으며, 스위치 장치 중 L3 장치인 Catalyst 3560-24PS, Catalyst 3650-24PS 스위치를 이용하여 L3 라우팅에 대한 학습도 가능하게 되었다. 특히 ASA 5505, ASA 5506 방화벽 보안 장치와 Meraki Server, Meraki Security Appliance가 추가되어 한층 더 실제 네트워크 환경과 유사한 보안 네트워크 구축이 가능해졌다.

표 1-1 패킷트레이서 7.2에서 지원하는 프로토콜, 네트워크 장치, 주요 기능

항 목	설 명
프로토콜	• **LAN**: Ethernet(CSMA/CD*), 802.11 a/b/g/n wireless*, PPPOE • **Switching**: VLANs, 802.1q, Trunking, VTP, DTP, STP*, RSTP*, Multilayer Switching*, Etherchannel, LACP, PAgP, IP CEF • **TCP/IP**: HTTP, HTTPS, DHCP, DHCPv6, Telnet, SSH, TFTP, DNS, TCP*, UDP, IPv4*, IPv6*, ICMP, ICMPv6, ARP, IPv6 ND,FTP, SMTP, POP3, VoIP(H.323) • **Routing**: Static, Default, RIPv1, RIPv2, EIGRP, Single-area OSPF, Multi-area OSPF, inter-VLAN routing, Redistribution • **그 외의 지원 기능**: ACLs(standard, extended, named), CDP, NAT(static, dynamic, inside/outside, overload), NATv6, Netflow • **WAN**: HDLC, SLARP, PPP*, Frame Relay* • **보안 관련**: IPsec, GRE, ISAKMP, NTP, AAA, RADIUS, TACACS, SNMP, SSH, SYSLOG, CBAC, Zone-based Policy Firewall, IPS • **QoS**: Layer 2 QoS, Layer 3 DiffServ QoS, FIFO Hardware queues, Priority Queueing, Custom Queueing, Weighted Fair Queueing, MQC, NBAR* * 제한적 기능만 지원
논리적 작업 공간	• 네트워크 토폴로지의 생성 및 삭제가 가능하다. • 장치: 라우터(실제 모듈 포함), 스위치, 호스트(서버 포함), 허브, 브리지, 무선 AP(Access Point), 무선 라우터, DSL/Cable • 멀티유저(Multiuser) 기능을 이용하여 다른 PC에서 실행되고 있는 패킷트레이서상에서 동작하는 장치와 연동이 가능하다.
물리적 작업 공간	• 네트워크의 실제 환경을 도시, 건물, 와이어링 클로짓 등을 선택하여 계층적으로 구성할 수 있다. • 사용자가 임의로 만든 그래픽을 읽어 올 수 있다. • 무선 그룹을 관리할 수 있다. • 이더넷 케이블의 실제 길이를 확인할 수 있고, 강제적으로 케이블의 길이를 제한할 수 있다.
실시간 모드 (Realtime)	• 실시간 패킷 업데이트 • 실제 장치(라우터와 스위치)에서와 완벽하게 동일한 설정 모드 지원 (Cisco IOS CLI configuration mode)
시뮬레이션 모드 (Simulation)	• 실시간으로 프로토콜이 업데이트되는 것을 볼 수 있다. • 패킷스니퍼 기능으로 전체적인 이벤트 리스트를 볼 수 있다. • OSI 계층 모델과 자세한 PDU 및 장치 테이블을 볼 수 있다. • 사용자가 설정한 여러 패킷에 대한 시나리오를 볼 수 있다.

확장 가능한 아키텍처

패킷트레이서 7.x는 확장성을 위해 모듈러(modular) 방식으로 디자인되었다. 예를 들어 IPC(Inter-Process Communication) 기능은 외부 애플리케이션을 패킷트레이서 확장 기능으로 더할 수 있다. 결과적으로 이 기능은 패킷트레이서가 가지고 있지 않은 기능이라도 패킷트레이서에서 지원 가능하도록 함으로써 패킷트레이서의 주기적인 업데이트 없이도 특정 기능을 확장시킬 수 있다.

향상된 GUI 기능

패킷트레이서 7.x에서는 다중 사용자(multiuser), ACL Filters, 사용자 프로파일(user profile)과 서버의 IP 설정 및 명령어 설정을 위해서 데스크톱 탭이 추가되었다. 또한 액티비티 마법사(Activity Wizard)에서 사용자 정보 잠그기, 액티비티 검사(Check Activity) 등의 기능이 업데이트되었다. 한편 Software/Services 탭이 추가되어 가상이긴 하지만 운영체제를 비롯한 System Software와 Application 설치 기능, 그리고 Software 방화벽(IPv4 및 IPv6) 기능 추가에 의한 다양한 실습이 가능하게 되었다.

가상화 도구

구현된 전체 네트워크상에서 패킷을 주고받는 이벤트 정보를 쉽게 볼 수 있는 기능이 패킷트레이서 7.x에 포함되어 있다. 보다 자세한 프로토콜 분석을 할 수 있고, 시뮬레이션 모드의 애니메이션 기능을 통해 이러한 이벤트들을 연속적으로 볼 수 있다. 또한 강력한 OSI Layer 보기 기능과 PDU 보기 기능이 있다. 이 외에도 다양한 패킷트레이서 가상화 도구를 활용하여 컴퓨터 네트워킹 환경을 실감해볼 수 있고, 여러 가지 네트워킹 장치들을 직접 설정해볼 수 있으며, 네트워크가 어떻게 동작하는지에 대한 이해를 돕고, 이와 관련된 이론이 어떻게 적용되는지 확인해볼 수 있다. 또한 이러한 경험을 바탕으로 제시된 네트워킹 환경의 장단점에 대하여 논의할 수 있다.

패킷트레이서 버전 7.2를 기준으로 지원하는 프로토콜과 네트워킹 장치 그리고 기타 주요 기능을 표 1-1에 요약한다.

패킷트레이서 설치하기

패킷트레이서 설치 파일은 Windows Desktop 버전 7.2(64 Bit 다운로드와 32 Bit 다운로드 제공), Linux Desktop 버전 7.2(64 Bit 다운로드), 그리고 모바일 장치용으로 iOS 버전 3.0과 Android 버전 3.0 등이 있다. 설치에 특이한 사항은 없으므로 설치 파일 실행 후 화면의 안내에 따라 진행하면 된다. 이 책에서는 Windows Desktop 버전 7.2(64 Bit)를 기준으로 그림 1-1에서 그림 1-7까지 설치 절차를 요약하였다.

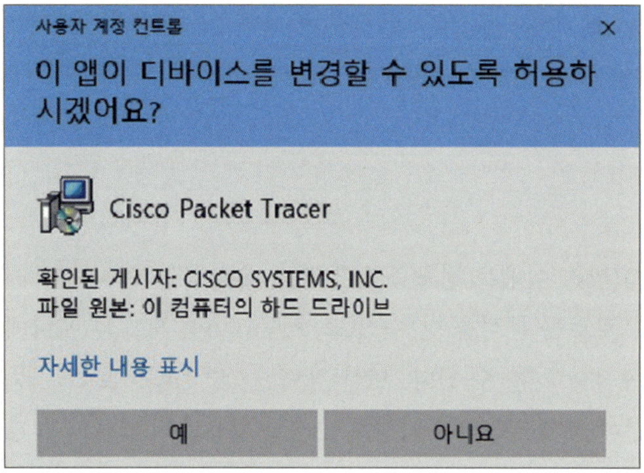

그림 1-1 패킷트레이서 설치 시작

패킷트레이서 설치 파일을 실행한 후 "예" 버튼을 클릭한다.

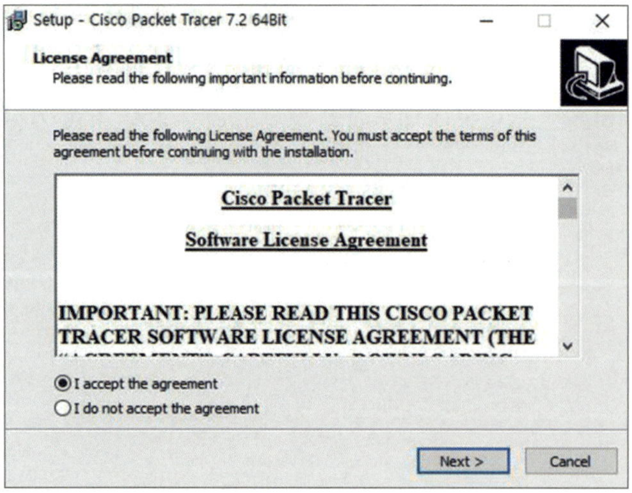

그림 1-2 패킷트레이서 라이선스 동의

"I accept the agreement"를 선택하여 라이선스에 동의하고 "Next >" 버튼을 클릭한다.

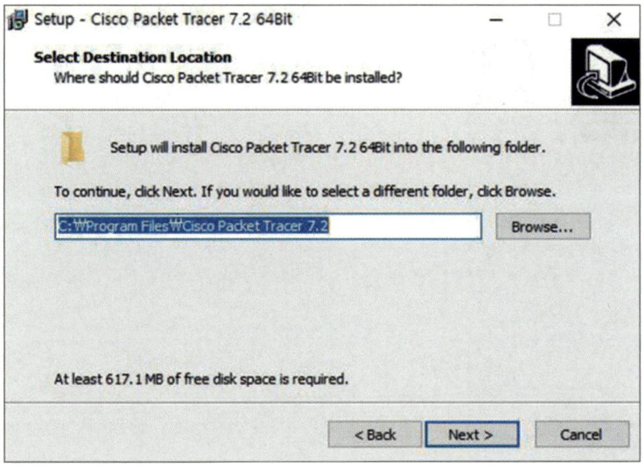

그림 1-3 패킷트레이서 설치 폴더 선택

패킷트레이서가 설치될 폴더를 확인한 후 "Next >" 버튼을 클릭한다. 단, 패킷트레이서 소프트웨어가 설치될 하드디스크의 여유 공간은 최소 280MB 이상이어야 함에 주의한다.

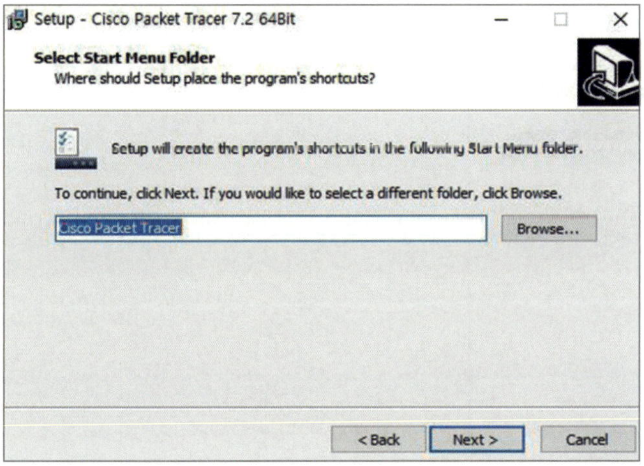

그림 1-4 패킷트레이서 시작 메뉴 폴더 이름 입력

시작 메뉴 폴더로 사용할 프로그램 이름을 결정하고, "Next >" 버튼을 클릭한다.

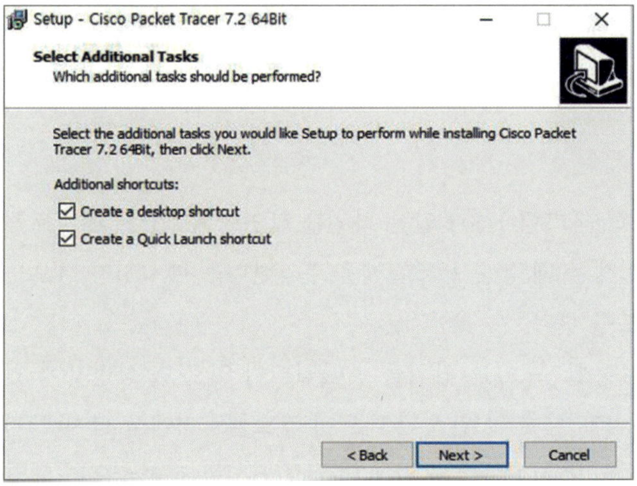

그림 1-5 패킷트레이서 아이콘 생성

아이콘을 추가하고자 하는 곳을 선택한 후 "Next >" 버튼을 클릭한다.

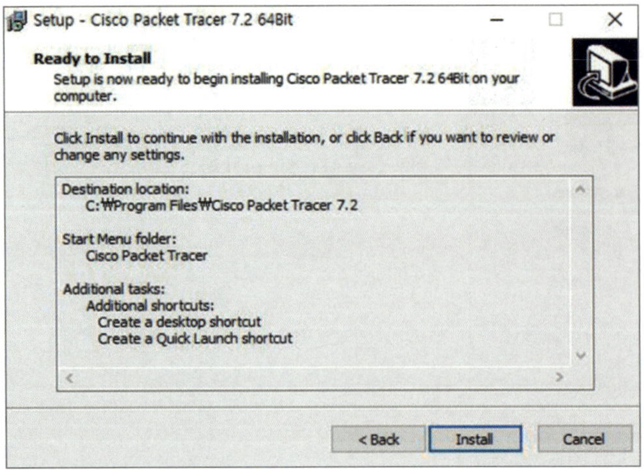

그림 1-6 패킷트레이서 설치 진행

이제 설치 준비가 끝났다.
"Install" 버튼을 클릭하여 설치를 진행한다.

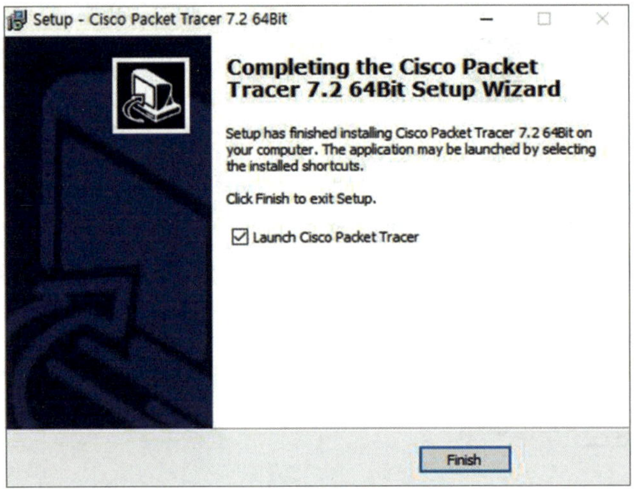

그림 1-7 패킷트레이서 설치 완료

"Finish" 버튼을 클릭하여 설치를 완료한다.

패킷트레이서 실행하기

설치를 완료한 후 패킷트레이서를 실행하면 그림 1-8과 같은 화면을 확인할 수 있다. 패킷트레이서를 설치한 후 처음으로 프로그램을 실행할 때 응용 프로그램을 추가한다는 메시지가 나오는데, 이는 유용하게 사용되므로 꼭 설치하도록 한다.

상단부에는 메뉴가 있고, 하단부에는 사용할 수 있는 장치들이 나열되어 있으며, 상단부에 있는 공통 도구 막대는 네트워크 장치의 배치와 삭제 및 완성된 네트워크 토폴로지에서 장치 간의 ping 테스트 시 유용하게 사용된다. 주 도구 막대의 아이콘 위에 마우스 커서를 올려놓으면 해당하는 아이콘이 어떠한 기능을 하는지 도움말로 볼 수 있다. 이제 패킷트레이서에서 제공하는 메뉴에 대하여 알아보도록 한다.

- **메뉴 막대(Menu Bar)**: 메뉴 막대는 파일(File), 편집(Edit), 옵션(Option), 보기(View), 도구(Tools), 확장(Extensions), 도움말(Help)로 이루어져 있다. 이 메뉴에서 가장 기본적인 파일열기 및 저장, 인쇄 등의 기본 명령어를 찾아볼 수 있으며, 확장(Extensions) 메뉴에서 액티비티 마법사(Activity Wizard)를 실행시킬 수 있다. 이 기능은 추후 뒤에서 자세히 다루기로 한다.
- **주 도구 막대(Main Tool Bar)**: 주 도구 상자에서는 파일(File)과 편집(Edit) 메뉴의 단축 아이콘을 제공하고, 확대 버튼을 이용해 화면 확대 및 축소를 할 수 있다. Palette를 이용해 직선, 사각형, 원을 그릴 수 있으며, 오른쪽의 네트워크 정보(Network Information) 버튼을 클릭하여 현재 네트워크에 대한 설명을 작성할 수 있다.
- **공통 도구 막대(Common Tool Bar)**: 패킷트레이서 사용 시 일반적으로 사용되는 도구 모음으로서 장치 선

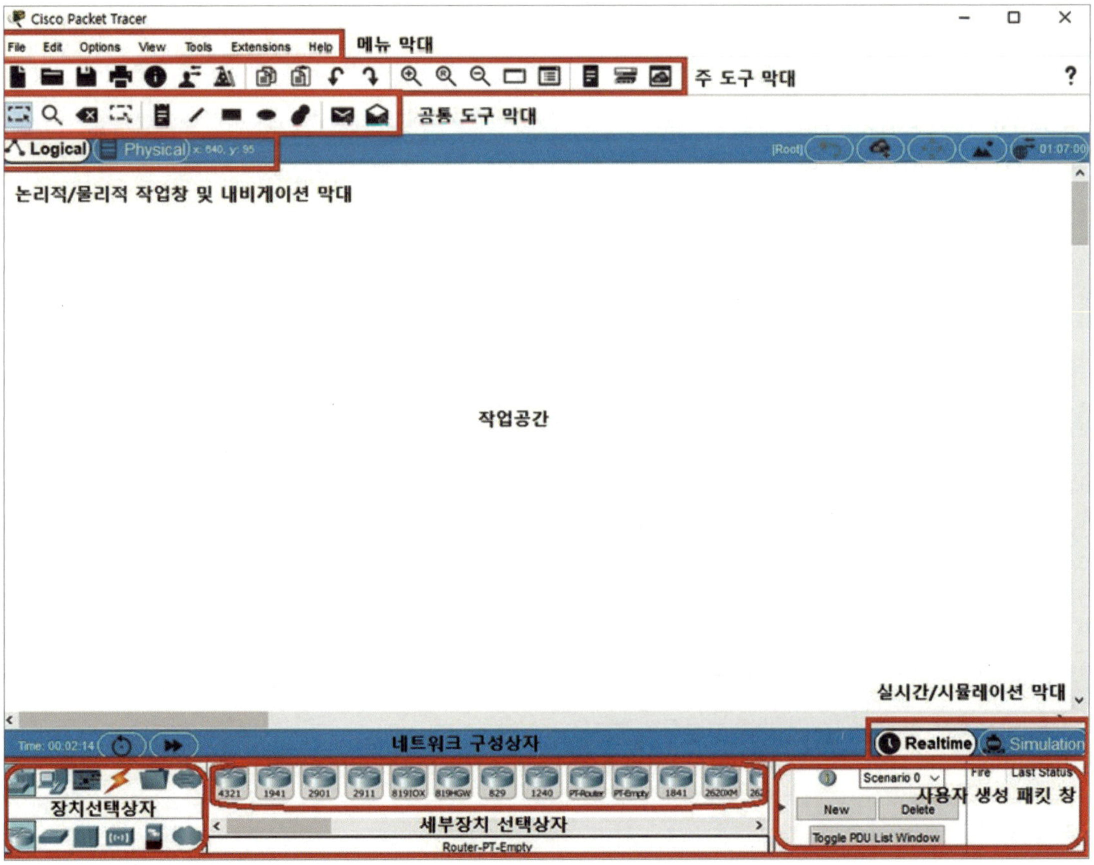

그림 1-8 패킷트레이서 시작 화면

택(Select), 이동(Move Layout), 메모(Place Note), 삭제(Delete) 등을 할 수 있으며, 간단한 PDU 추가(Add Simple PDU), 복잡한 PDU 추가(Add Complex PDU)로 이루어져 있다. ICMP Message를 보내 연결성을 확인할 수 있으며, 복잡한 PDU 추가(Add Complex PDU) 기능을 통해 또 다른 프로토콜을 이용하여 패킷을 보낼 수 있다.

- **논리적/물리적 작업창 및 내비게이션 막대(Logical/Physical Workspace and Navigation Bar)**: 패킷트레이서는 2개의 작업 공간(논리적 공간, 물리적 공간)과 2개의 모드(실시간, 시뮬레이션)로 동작한다. 패킷트레이서를 시작하면 물리적 공간에서 실시간 모드로 동작하게 되는데, 물리적 공간에서 논리적 공간으로 이동 시나, 논리적 공간에서 물리적 공간으로 이동 시 이 막대를 이용한다. 논리적 공간에서는 새로운 클러스터를 생성하고, 옮기거나 배경 화면 등을 지정할 수 있고, 이를 뷰포트(Viewport)를 이용하여 작은 화면으로 볼 수 있다. 물리적 공간에서는 새로운 도시나 건물 그리고 장비실 등을 생성할 수 있으며, 이를 옮기고, 배경에 눈금을 설정할 수 있으며, 배경 화면을 설정할 수 있다.
- **작업 공간(Workspace)**: 이 영역은 네트워크를 생성하거나 시뮬레이션을 보는 등의 다른 많은 정보와 통계 정보를 볼 수 있는 공간이다.
- **실시간/시뮬레이션 막대(Realtime/Simulation Bar)**: 이 막대를 이용하여 실시간 및 시뮬레이션 환경 간의 상호 이동이 가능하다. 전원 순환 장치(Power Cycle Devices)를 이용해 해당 장치의 전원을 껐다가 켤 수 있으며, 시작 제어(Play Control) 버튼을 이용하여 패킷 캡처를 시작할 수 있고, 이를 이벤트 목록(Event List)에서 확인할 수 있다.
- **네트워크 구성 상자(Network Component Box)**: 이 상자는 작업 공간 내에서 네트워크 장치를 선택하거나, 서로를 연결하는 데 필요한 케이블을 선택할 수 있다.
- **장치 선택 상자(Device-Type Selection Box)**: 이 상자에는 패킷트레이서 7.2에서 제공하는 장치 종류들이 나열되어 있다. 장치 종류를 선택하고, 필요한 구체적인 세부 장치는 세부 장치 선택 상자(Device-Specific Selection Box)에서 선택한다.
- **세부 장치 선택 상자(Device-Specific Selection Box)**: 장치 선택 상자에서 장치를 선택하면 패킷트레이서 7.2에서 제공하고 있는 세부 장치 항목들이 세부 장치 선택 상자에 나타난다. 구현하고자 하는 네트워크에 필요한 장치를 고르면 된다. 세부 장치 선택 상자는 그림 1-9와 같이 크기를 자유롭게 조절할 수 있다.
- **사용자 생성 패킷 창(User Created Packet Window)**: 연결 설정이 끝난 후 사용자가 패킷을 보내면 그 패킷의 도착 여부 및 여러 가지 정보를 보여주는 창이다.

패킷트레이서 옵션 설정

단축키 Ctrl+R을 누르거나, 메뉴(Menu) → 옵션(Options) → 설정(Preferences)을 클릭하면 그림 1-10과 같은 창을 볼 수 있고 자세한 설명은 다음과 같다.

인터페이스(Interface) 옵션

Customize User Experience 상자에서는 장치의 동작 상황, 링크를 보여줄지의 여부, 장치 표시를 할 것인지의 여부, 작업 공간에서 포트 정보를 항상 보여줄 것인지와 마우스를 장치 위에 가져다 놓았을 때 포트 정보를 감출 수 있는 등의 다양한 설정을 할 수 있다.

Logging 상자에서 "Enable Logging"를 선택하게 되면, 작업 공간에서 라우터와 스위치를 설정하기 위해 사용했던 모든 Cisco IOS 명령어를 캡처하고 이를 텍스트 파일로 저장할 수 있다.

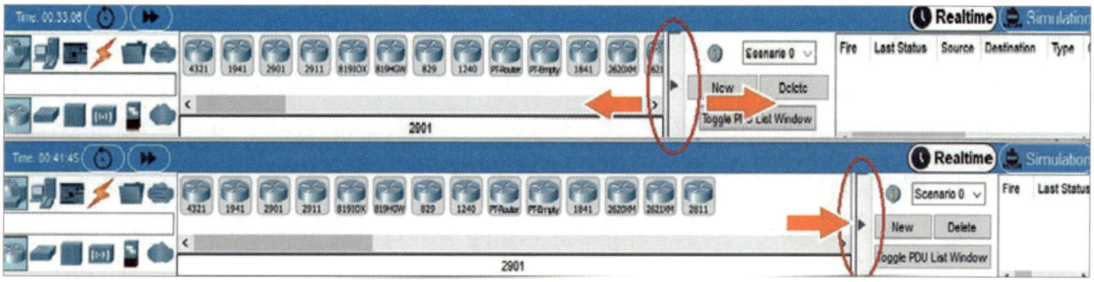

그림 1-9 세부 장치 선택 상자 크기 조절

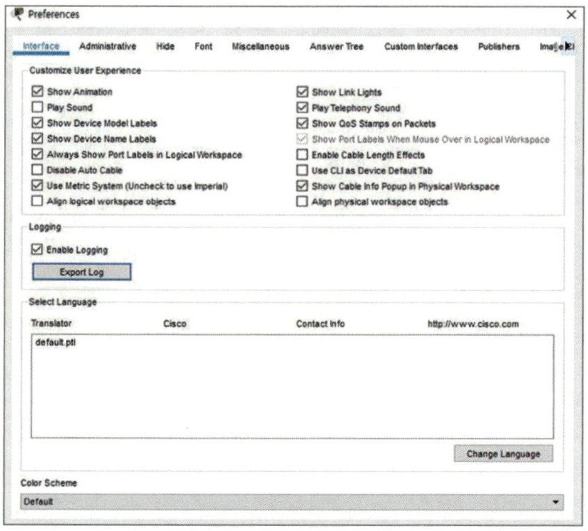

그림 1-10 인터페이스 옵션 화면

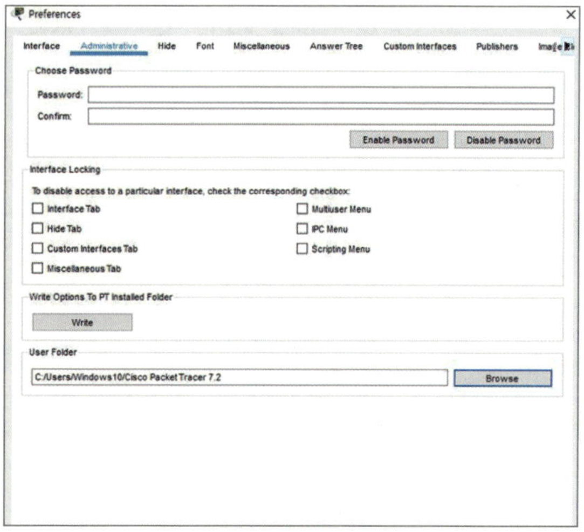

그림 1-11 관리자 옵션 화면

Select Language 상자에서 패킷트레이서 7.2에서 지원하는 영어 이외의 언어를 선택할 수 있다. 원하는 언어를 선택하고 "Change Language" 버튼을 누르면 다음번 실행 시부터 변경된 언어가 적용되지만 현재 영어 이외의 다국어 버전을 제공하고 있지는 않다.

관리자(Administrative) 옵션

기본 설정에서는 암호가 설정되어 있지 않기 때문에 관리자 모드로 들어갈 수 있으나, 암호를 입력한 후에는 해당 암호를 입력해야만 관리자 모드에 들어갈 수가 있다. 또한 관리자 암호가 설정된 상태에서 인터페이스 잠금(Interface Locking) 상자 내의 특정 탭이나 메뉴를 선택하면 해당 탭이나 메뉴가 비활성화되어 관리자 이외의 일반 사용자는 해당 탭이나 메뉴를 사용할 수 없게 된다. 한편 User Folder 박스의 "Browse" 버튼을 클릭하여 사용자의 작업 폴더를 변경할 수도 있다.그림 1-11

숨김(Hide) 옵션

패킷트레이서에서 동작하고 있는 장치를 설정하기 위해 장치의 아이콘을 클릭했을 때 나타나는 항목에 대해서 제어할 수 있다. 제공되는 옵션을 모두 선택하면 장치에 접속할 수 없으므로, 해당하는 장치에서 지원하는 기본 모드는 특별한 경우가 아니라면 변경하지 않도록 한다. 예를 들어 라우터는 CLI 모드에서도 설정이 가능하고 Config 모드에서도 설정이 가능한데, 그림의 숨

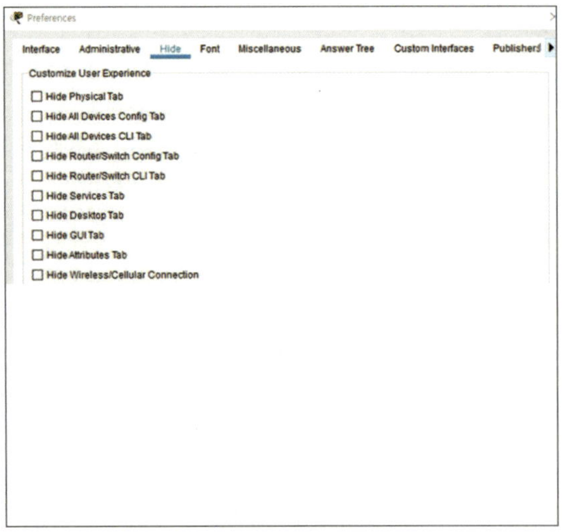

그림 1-12 숨김 옵션 화면

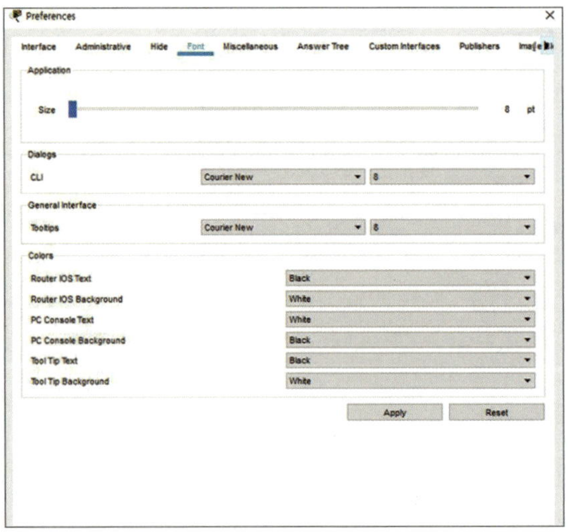

그림 1-13 폰트 옵션 화면

김 옵션 화면에서 CLI 옵션 박스를 체크하면 라우터는 Config 모드로만 접속이 가능하게 된다. 그림 1-12

폰트(Font) 옵션

패킷트레이서 화면에서 사용하는 모든 폰트와 크기를 바꿀 수 있다. 원하는 폰트와 크기를 설정하고 Apply 버튼을 누르면 해당 폰트와 크기가 적용된다. 이전의 패킷트레이서보다 더 다양하고 자세히 폰트의 색상과 옵션 그리고 배경색까지 변경할 수 있다. 그림 1-13

여러 가지(Miscellaneous) 설정

패킷트레이서의 시뮬레이션 모드에서 버퍼가 다 찼을 경우 패킷트레이서가 어떻게 동작하는지를 설정할 수 있으며, Microsoft Narrator 또는 Jaws와 같은 스크린 리더의 지원 여부를 설정할 수 있다. 또한 작업 공간에서 가이드라인 같은 역할을 하는 선을 보이게 할 것인지 안 보이게 할 것인지도 결정할 수 있다. 그림 1-14 그림 1-15의 "Show Device Dialog Taskbar" 기능 활성화 그림을 보면 가이드라인이 어떤 것을 지칭하는지 쉽게 알 수 있다.

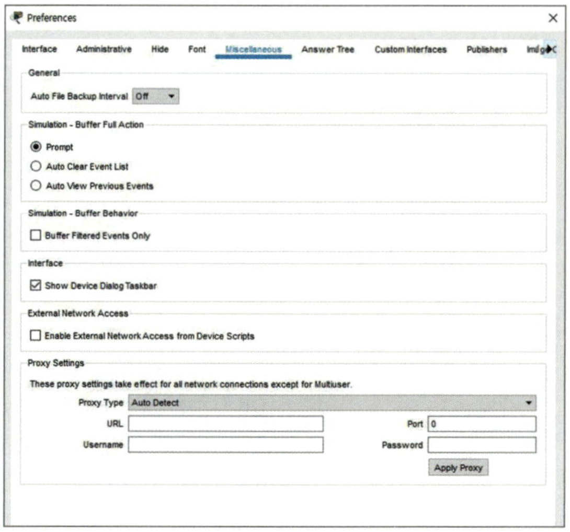

그림 1-14 여러 가지 설정 화면

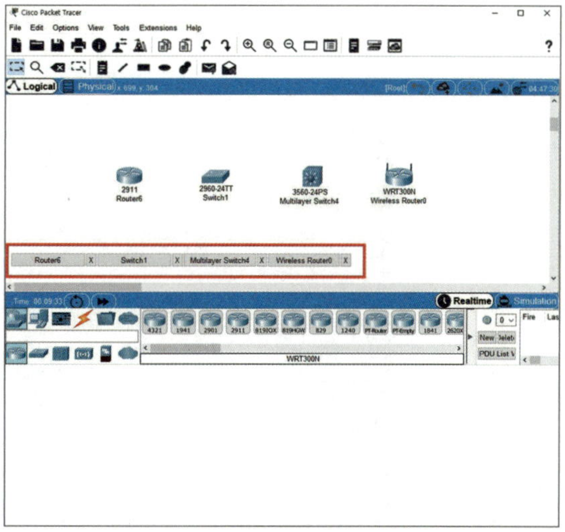

그림 1-15 Show Device Dialog Taskbar 활성화 화면

사용자 인터페이스(Custom Interfaces) 설정

패킷트레이서에서 사용하는 모든 장치의 사용자 인터페이스를 설정할 수 있다. 기본 값으로는 모두 None으로 되어 있지만, 이 설정을 통해 패킷트레이서의 장치들의 기본 화면에 스크립트 탭이 보이거나 보이지 않게 설정할 수 있다.그림 1-16

사용자 정보(User Profile) 설정

다른 패킷트레이서 사용자와 연결하여 패킷트레이서를 연동하는 멀티유저 등의 기능을 사용하기 위해 사용자 정보를 변경할 수 있다. 화면 상단의 옵션(Option) → 사용자 정보(User Profile)로 이동하면 사용자 정보를 변경할 수 있는 대화 상자를 볼 수 있고, 이 상자 안에 사용자의 이름과 이메일 주소 및 사용자가 원하는 정보들을 저장할 수 있다.그림 1-17

알고리즘 설정(Algorithm Settings)

패킷트레이서 동작에 사용되는 알고리즘의 변수 값을 사용자의 필요에 따라 직접 입력할 수 있는 옵션을 제공하고 있다. 변수 값을 잘못 설정하면 패킷트레이서 동작에 문제가 발생할 수 있으므로 다음 설명을 참고하여 꼭 필요한 경우에만 설정 값을 변경하여 사용하도록 한다.그림 1-18

- **CBAC Half-Open Session Multiplier**: 이 항목에 설정되어 있는 값보다 Half-Open CBAC 세션이 크다면, 새로운 세션은 열리지 않는다.

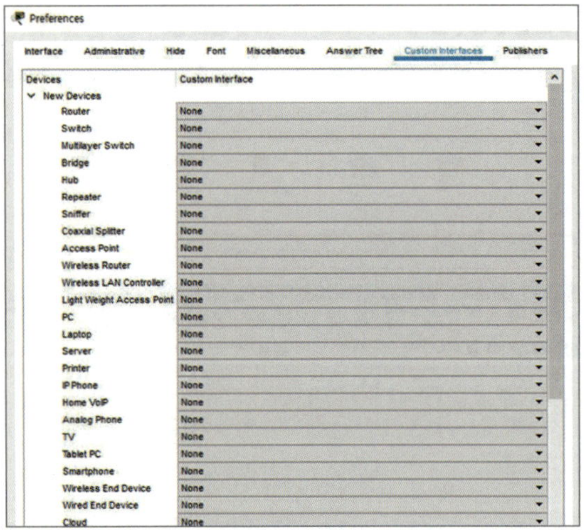

그림 1-16 사용자 인터페이스 설정 화면

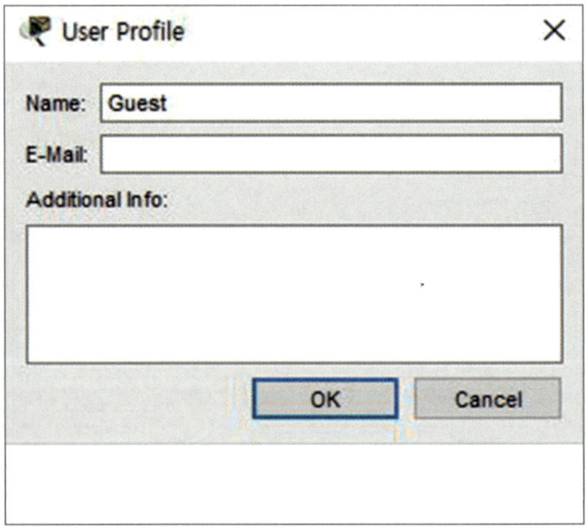

그림 1-17 사용자 정보 설정 화면

- **TCP Maximum Number of Connections**: 이 항목에 설정되어 있는 값보다 SYN-RECEIVED 접속이 많이 된다면, 새로운 연결은 거절된다.
- **TCP Maximum Number of Opened Sessions**: 이 항목에 설정되어 있는 값보다 연결하려는 TCP 세션의 수가 많다면, 새로운 연결은 거절된다.
- **TCP Maximum Retransmission Timeout in Milliseconds**: 패킷트레이서에서 제공하는 장치 내의 TCP 재전송 타이머(retransmission timer) 값을 밀리초(1000분의 1초) 단위의 임의의 값으로 설정할 수 있다.
- **Switching Storm Control Multiplier**: 이 항목에 설정되어 있는 값보다 브로드캐스트 프레임들의 대역폭 퍼센트가 크다면, 브로드캐스트 프레임은 버려진다.

패킷트레이서 파일 저장(Saving Packet Tracer Files)

패킷트레이서상에서 토폴로지를 작성하고 이를 저장할 수 있으며, 이 경우 확장자는 PKT로 저장한다. 또한 여러 개의 PKT 파일들과 사용자 아이콘과 배경, 그리고 논리적 및 물리적 작업공간에 있는 모든 것들은 확장자를 PKZ로 하여 한 개의 파일로 저장할 수 있다. PKZ 파일은 사용자가 추가하는 어떠한 파일도 보관할 수 있으며, 다른 컴퓨터로 파일들을 옮길 때 간편하게 옮길 수 있다. 메뉴의 파일(File) → PKZ 저장(Save As Pkz)으로 가서 파일 형식 *.PKZ를 확인하고 파일 이름을 넣은 후 저장하면 PKZ 파일 선택 상자가 나오는데 여기서 사용자가 원하는 어떠한 파일이든지 더하고 뺄 수 있다.그림 1-19

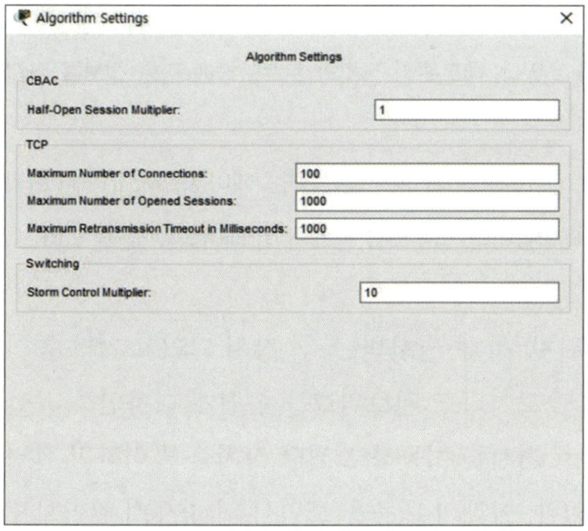

그림 1-18 알고리즘 설정 화면

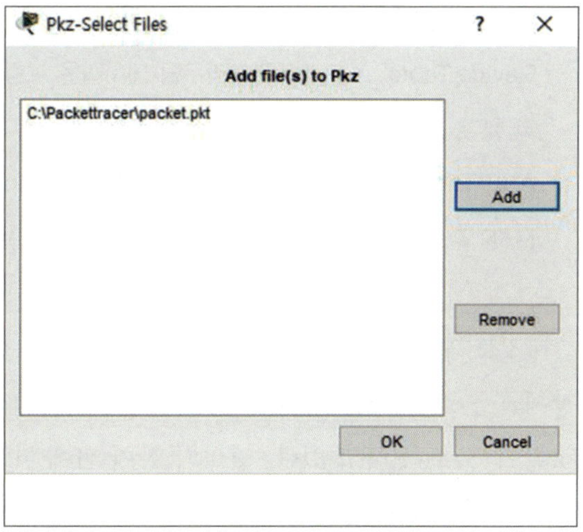

그림 1-19 패킷트레이서 작업 저장

패킷트레이서를 이용한 간단한 토폴로지 구성 및 장치 설정 방법

아래는 패킷트레이서를 제대로 활용하기 위해 사용자가 꼭 알고 있어야 할 주요 용어에 대한 간단한 설명이다. 영어로 된 이들 전문 용어를 잘 숙지한 후, 패킷트레이서가 제공하는 네트워크 세상으로 들어가 보자.

- **ICMP Ping**: 이 명령어는 에코 요청(Echo request)과 에코 응답(Echo reply)으로 구성되어 장치 간의 통신 상태를 테스트하기 위해 사용된다. 학교에서 출석을 부를 때 학생이 대답하는 것을 예로 들자면, 출석을 부르는 것이 에코 요청이고, 이에 대답하는 것이 에코 응답이다. 에코 응답이 오지 않는다고 통신이 안 되는 것은 아니다. 때로는 방화벽 등 다양한 원인으로 인해 장치는 정상적으로 동작하는데 에코 응답이 오지 않는 경우가 있다.
- **IP Address**: 네트워킹 장치에 할당된 32비트의 고유 주소이다. 패킷트레이서 7.2에서는 32비트의 고유 주소는 물론, 128비트 길이의 IPv6 주소도 지원하고 있다.
- **Ethernet**: 로컬 LAN상에서 2계층 하드웨어 통신을 위한 보편화된 LAN 표준이다.
- **Fast Ethernet**: 100Mbps의 속도를 가지는 고속 Ethernet 또는 포트를 의미한다. GUI 모드에서 쉽게 IP 어드레싱 정보를 설정할 수 있다.
- **OSI Model**: 개방형 시스템 간의 상호 접속 모델로서 7개의 계층으로 정의되어 있다.
- **PDU**: 프로토콜 데이터 유닛(Protocol Data Unit)의 약자로 OSI 모델의 특정 계층에서 사용하는 고정된 크기의 데이터 단위를 의미한다.
- **Packet**: OSI 모델의 3계층에서 사용하는 프로토콜 데이터 유닛을 말한다. 광의의 의미로 계층에 관계없이 임의의 프로토콜에 의해 정의된 PDU(세그먼트, 데이터그램, 프레임)를 일컫기도 한다.
- **Device Table**: ARP, 스위칭, 라우팅 테이블을 포함하고 있다. 네트워킹 장치와 프로토콜에 관한 정보를 가지고 있다.
- **ARP Table**: 주소 해결 프로토콜(Address Resolution Protocol)에 의해 생성되는 테이블로서, Ethernet의 MAC 주소와 이와 연관되어 있는 IP 주소를 나타내는 테이블이다. 라우터를 통해서 이 테이블을 볼 수 있다.

패킷트레이서는 GUI 환경을 통해서 라우터, 스위치, 서버, 방화벽, 무선 장치 그리고 기타 통신 장치들을 작업 공간에 배치하여 네트워크 분야의 초보자라도 네트워크를 손쉽게 디자인하고 설정할 수 있도록 하고 있다. 임의의 장치 위에 마우스 커서를 이동하고 해당 장치를 클릭하면 설정 창이 나타나 간단한 설정은 매우 쉽게 수행할 수 있다. 아래의 내용을 보면서 더 자세히 알아보도록 하자.

지침서 및 도움말 보기

패킷트레이서는 사용자가 네트워크를 구성하는 데 있어서 궁금한 사항을 해결할 수 있도록 도움말과 지침서를 제공하고 있다. 메뉴 막대 상에 있는 도움말(Help)을 클릭하거나 키보드의 F1 키를 누르면 인터넷 익스플로러가 자동으로 실행되면서 도움말을 볼 수 있다.

네트워크 토폴로지 생성

네트워크 토폴로지를 생성하는 첫 번째 단계는 생성하고자하는 네트워크의 구성 장치가 어떠한 것들인지 결정하고, 이를 작업 공간에 알맞게 배치하고 연결하는 것이다. 그림 1-20과 같은 네트워크를 구성한다고 가정하고 이를 패킷트레이서에서 표현해보자.

장치 선택 상자의 종단 장치(End-Devices) 아이콘을 클릭한 후 세부 장치 선택 상자로부터 PC와 서버를 각각 작업 공간에 배치한다. 어떤 장치를 작업 공간에 배치하기 위해서는 해당 장치를 드래그 앤 드롭(Drag & Drop)하거나 또는 해당 장치를 클릭한 후 작업 공간의 특정 위치를 클릭하면 된다. 이제 PC와 서버 간의 통신 선로를 제공하기 위하여 장치 선택 상자의 연결(Connections) 아이콘을 클릭한 후 세부장치 선택 상자에 나타나는 케이블 중 다이렉트(Copper Straight-Through) 케이블을 사용하여 PC와 서버를 연결해본다. 연결 방법은 케이블을 클릭한 후 연결하고자 하는 두 장치를 순차적으로 클릭하는 것이다. 장치에 인터페이스가 두 개 이상 존재할 경

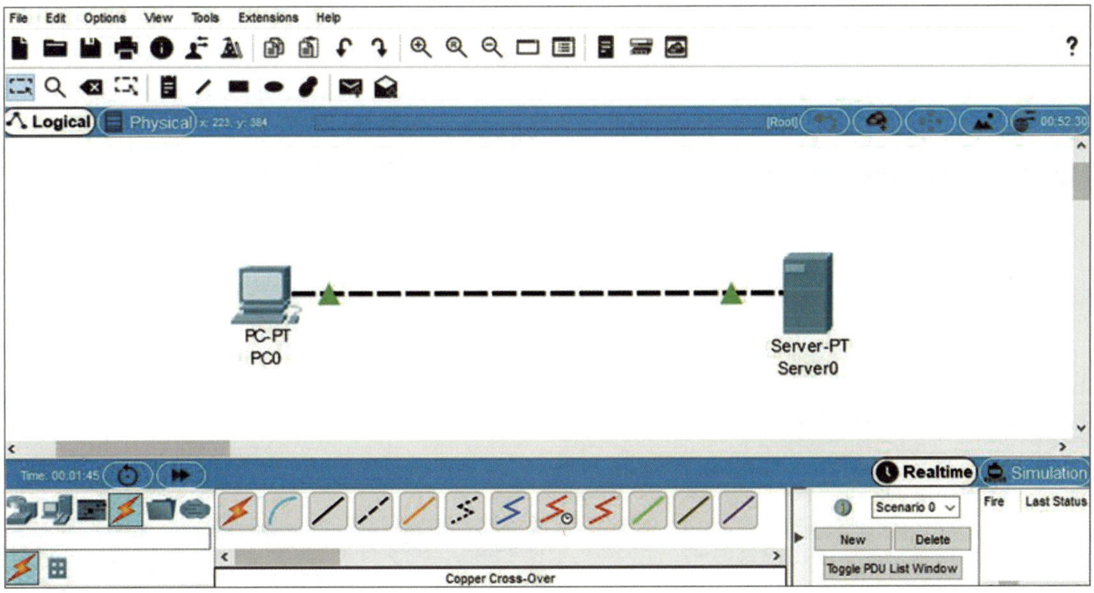

그림 1-20 간단한 네트워크 구성 예제

우 어떤 인터페이스에 케이블을 연결할 것인지를 물어 오는데, 지금의 경우에는 PC와 서버 모두 FastEthernet 인터페이스를 사용하면 된다.

연결을 마치면 연결된 링크상에서 빨간색 불빛이 보이게 되는데, 패킷트레이서에서 링크상의 빨간색 불빛은 해당 링크를 통해 데이터를 전송할 수 없다는 것을 나타낸다. 사실 PC와 서버를 연결하는 지금과 같은 환경에서는 다이렉트(Copper Straight-Through) 케이블이 아닌 크로스(Cooper Cross-Over) 케이블을 사용하여야 한다. 즉 케이블 선택을 잘못하였기 때문에 네트워크상에서 데이터를 전송할 수 없는 것이다. 잘못 연결된 다이렉트 케이블을 공통 도구 막대의 삭제 기능을 사용하여 지우고 크로스 케이블을 연결하면 링크상에 연두색 불빛이 보이게 되는데, 이는 이제 PC와 서버 간에 크로스 케이블 링크를 통해 데이터를 주고받을 수 있음을 의미한다.

PC와 서버를 클릭하면 전원을 끄고 켤 수 있는 전원 버튼을 볼 수 있고, PC와 서버에 장착 가능한 모듈을 볼 수 있다. 모듈을 새로 설치할 경우에는 필히 전원을 끄고 설치하도록 한다. 장치에 IPv4/v6 주소를 설정하려면 해당 장치를 클릭한 후 Desktop → IP Configuration을 순차적으로 클릭하여 IP 주소 정보를 입력하면 된다.그림 1-21

위의 토폴로지에서 PC0에는 203.230.7.1/24 주소를 입력하고, Server0에는 203.230.7.2/24 주소를 입력한 후 두 장치 간의 통신 가능 여부를 ping 명령어를 이용해 확인한다. Ping을 보내고자 하는 장치를 클릭한 후 Desktop → Command Prompt로 이동하여 직접 ping 테스트를 할 수도 있고, 그림 1-22에 보인 것처럼 공통 도구 막대의 Simple PUD 기능을 이용하여 출발지 장치와 목적지 장치를 클릭하는 것으로 간편하고 빠르게 장치의 연결성 여부를 테스트할 수 있다.

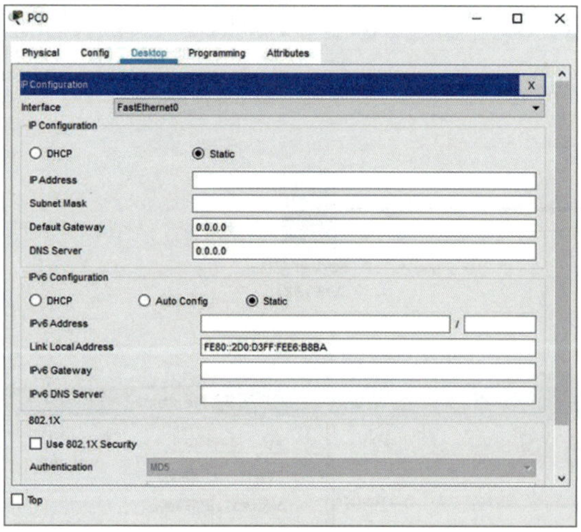

그림 1-21 IP 주소 설정

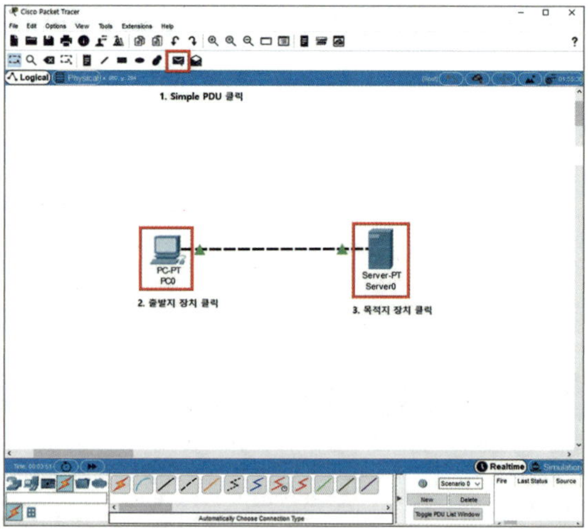

그림 1-22 Simple PDU 사용법

Simple PDU 기능을 이용한 연결성 확인 결과인 그림 1-23을 보면 PC0를 출발지로 하고 서버를 목적지로 하는 ICMP 패킷과, 서버를 출발지로 하고 PC0를 목적지로 하는 ICMP 패킷이 성공적으로 도달하였음을 알 수 있다. Ping을 보내고자 하는 장치를 클릭한 후 Desktop → Command Prompt로 이동하여 직접 ping 테스트를 하여도 동일한 결과가 출력될 것이다. 만약 성공하지 못하였다면 IP주소를 잘못 설정하였거나 케이블 연결에 문제가 있을 수 있으니 점검해보면 된다.

위와 같이 연결성이 확인되면, 이에 대한 결과가 사용자 생성 패킷 창에 나타나게 된다. 이 창을 통해 연결성이 확인된 패킷을 지울 수도 있고, 반대로 연결성이 확인되지 않은 장치에 다시 연결성 확인을 요청하는 ICMP 패킷을 전송할 수도 있다.

아래는 사용자 생성 패킷 창에서 보이고 있는 여러 항목들에 대한 설명이다. 동일한 ping 테스트를 하더라도 색상(Color)이 바뀌는 것에 유의하자. 이 항목은 시뮬레이션 환경과도 연관이 있으므로 아래의 의미를 잘 이해하여야 한다.그림 1-24

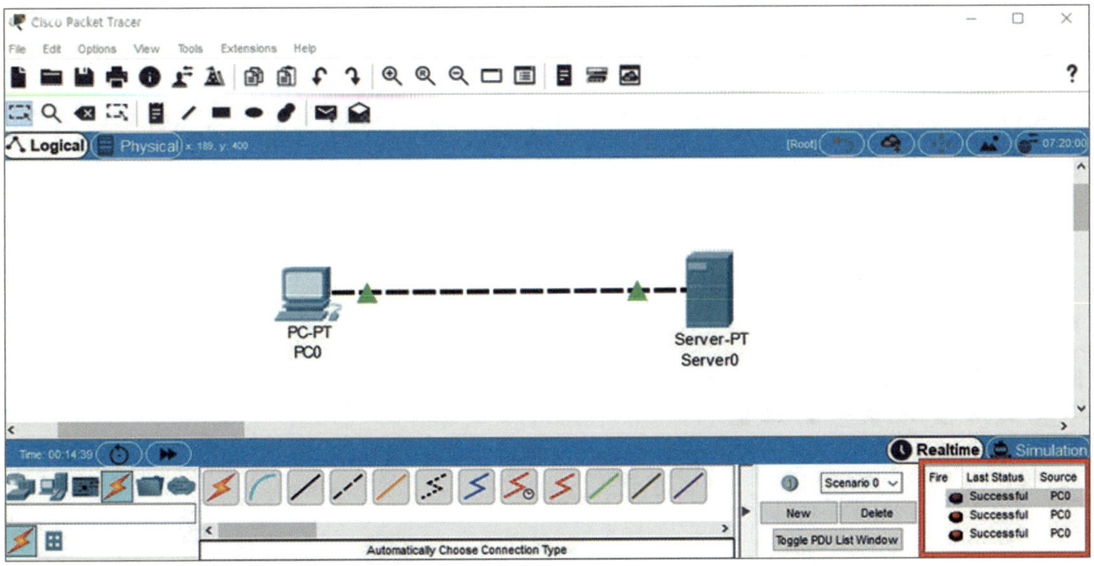

그림 1-23 Simple PDU를 활용한 연결성 확인

Fire	Last Status	Source	Destination	Type	Color	Time(sec)	Periodic	Num	Edit	Delete
●	Successful	PC0	Server0	ICMP		0.000	N	0	(edit)	(delete)
●	Successful	PC0	Server0	ICMP		0.000	N	1	(edit)	(delete)
●	Successful	PC0	Server0	ICMP		0.000	N	2	(edit)	(delete)
●	Successful	PC0	Server0	ICMP		0.000	N	3	(edit)	(delete)

그림 1-24 사용자 생성 패킷 창

- **ping 테스트(Fire)**: 이미 수행한 ping 테스트를 보여준다. 특정 ping 테스트 항목을 더블클릭하면 ping 테스트를 다시 수행한다.
- **마지막 상태(Last Status)**: 메시지를 보냈을 때, 성공 또는 실패를 표시한다.
- **출발지(Source)**: 메시지의 출발지를 나타낸다.
- **목적지(Destination)**: 메시지의 목적지를 나타낸다.
- **타입(Type)**: 메시지의 종류를 나타낸다.
- **색상(Color)**: 메시지를 구분하기 위해서 패킷트레이서에서 임의로 할당하는 색상이다.
- **시간(Time)**: 메시지를 보냈을 때 걸린 시간을 나타낸다.
- **주기적 메시지 여부(Periodic)**: 메시지가 주기적으로 동작하는 메시지인지 나타낸다.
- **순서(Number)**: ping 테스트 메시지가 생성되면 자동으로 0번부터 번호가 할당된다.
- **편집(Edit)**: 해당 ping 테스트 메시지 옵션을 좀 더 자세히 줄 수 있다.
- **삭제(Delete)**: 해당 ping 테스트 메시지를 삭제한다.

한편 오른쪽 상단의 공통 도구 막대에서 돋보기 모양의 검사 도구(Inspection Tool)를 클릭한 후 PC나 서버를 클릭하면 그림 1-25에 보인 것처럼 ARP 테이블이나 포트 상태 요약 테이블(Port Status Summary Table)을 확인해볼 수 있다. 장치의 IP 주소를 확인하여야 하는 경우, 장치에 직접 들어가지 않아도 검사 도구를 활용하면 쉽게 장치의 IP 주소를 확인할 수 있다.

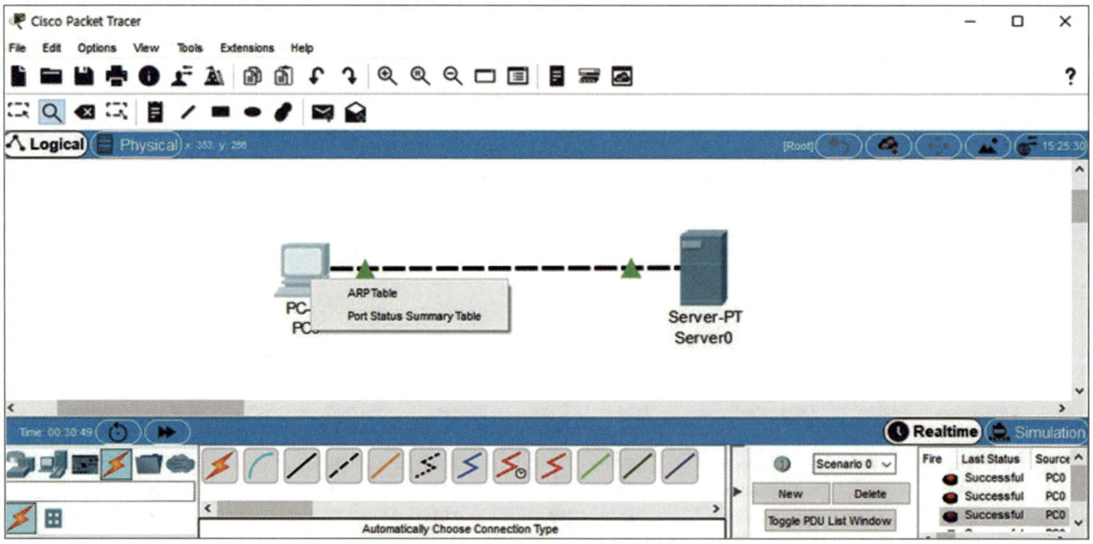

그림 1-25 ARP Table 및 포트 상태 요약 보기

라우터와 스위치를 추가하여 또 다른 토폴로지를 구성하거나 토폴로지를 확장할 수 있는데, 패킷트레이서에서 지원되는 모든 라우터의 경우 기본적으로 FastEthernet 또는 GigaEthernet 인터페이스가 설치되어 있기 때문에 라우터와 라우터를 연결하는 WAN 구간을 구성하기 위해서는 추가 모듈 설치가 필수적이다. 작업 공간에서 장치를 선택하면 물리(Physical) 탭에 해당 장치에 연결 가능한 모듈들이 표시되고, 임의의 모듈을 선택하면 해당 모듈의 기능과 쓰임새 등에 대한 설명을 볼 수 있다.

모듈을 설치하는 방법은 매우 간단하다. 장치의 전원을 끄고 원하는 모듈을 선택한 후 해당 모듈을 빈 슬롯에 드래그하여 삽입하면 설치가 끝난다. 추가해야 할 모듈에 대한 설치가 끝나면 장치의 전원을 켜주면 된다. 그림 1-26은 WAN 구간을 구성하기 위해 라우터에 시리얼 인터페이스 모듈인 HWIC-2T를 설치하는 그림이다. 만약 설치된 모듈을 제거하고자 한다면, 장치의 전원을 끄고 해당 모듈을 마우스로 클릭한 후 하단에 있는 인터페이스 그림 또는 좌측의 모듈 모음 메뉴에 드래그 앤 드롭 하면 된다. 그러면 장치에서 모듈이 제거되는 것을 볼 수 있다. 패킷트레이서에서는 다양한 모델의 라우터를 지원하고, 각 라우터들의 모양이 다르기는 하지만 위와 같은 방법으로 모듈을 설치하는 것은 다르지 않으니 참고하면 된다.

네트워크 장치 간의 연결

네트워크 장치 간의 케이블 연결을 위해서는 먼저 장치 선택 상자에서 토폴로지에 표현하고자 하는 장치들을 선택하여 배치하고, 장치 선택 상자의 연결(Connections) 아이콘을 클릭하여 적절한 케이블을 선택한 후, 연결하고자 하는 장치를 순차적으로 선택하면 된다. 패킷트레이서에서

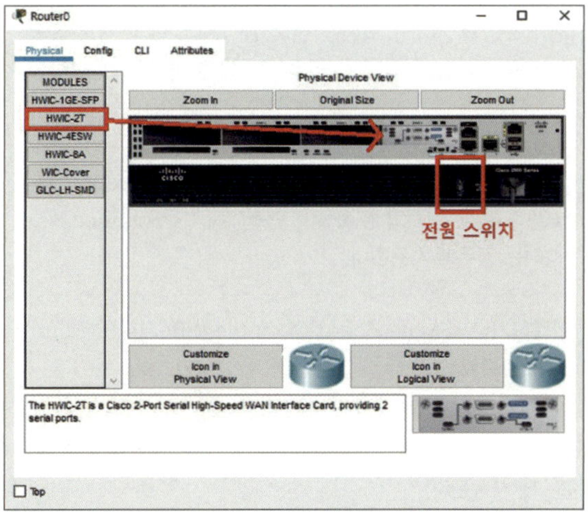

그림 1-26 2901 라우터 모듈 설치하기

표 1-2 패킷트레이서에서 지원하는 케이블 종류

케이블 종류	설 명
콘솔 (Console)	콘솔 케이블은 PC와 라우터 간 또는 PC와 스위치 간의 콘솔 연결을 위해서 사용된다. 콘솔 연결을 구성하기 위해서는 반드시 데이터 비트가 7 또는 8비트이어야 하며, 패리티 값이 같아야 하며, 정지 비트 값도 1 또는 2를 가져야 한다.
다이렉트 (Copper Straight-Through)	이 케이블은 이더넷 표준으로써 OSI 계층에서 동작하는 서로 다른 계층의 장치를 연결할 때 사용하며, 연결되는 장치의 포트에 따라서 10Mbps(Ethernet), 100Mbps(Fast Ethernet), 1Gbps(Gigabit Ethernet)로 연결할 수 있다.
크로스 (Copper Cross-Over)	이 케이블은 이더넷 표준으로써 OSI 계층에서 동작하는 서로 같은 계층의 장치를 연결할 때 사용되며, 연결되는 장치의 포트에 따라서 10Mbps(Ethernet), 100Mbps(Fast Ethernet), 1Gbps(Gigabit Ethernet)로 연결할 수 있다.
광케이블 (Fiber)	장치 간의 광 포트 연결 시 사용된다.(100Mbps 또는 1Gbps)
전화선 (Phone)	전화선 연결은 특정 장치와 모뎀을 연결할 때 사용된다. PC가 전화 접속 네트워킹을 사용하여 네트워크에 접속할 때도 사용된다.
동축선 (Coaxial)	네트워크에 케이블 모뎀을 사용하여 연결 시 사용되는 회선이다. 장치의 동축 케이블 포트와 연결 시에도 사용된다.
시리얼 DCE 및 DTE (Serical DCE and Serial DTE)	시리얼 연결은 WAN 구간에서 WAN 포트를 사용하여 연결된다. 반드시 Clock Rate을 DCE 구간에 적용하여야 하며, DTE 구간은 Clock Rate를 적용해도 되고 적용하지 않아도 된다. DCE 구간의 선택은 시계 모양의 시리얼 회선을 선택하면 된다. 만약 사용자가 시리얼 연결을 위해 DCE를 선택하면, DCE와 연결되는 다른 구간은 자동으로 DTE가 된다.
옥탈 (Octal)	8개의 포트를 가지는 비동기 인터페이스와 RJ-45를 이용하는 다른 장치와 연결될 때 사용되는 케이블이다. 주로 장치의 콘솔들이 연결되며 Remote Access Server를 라우터에 구축하는 경우에 사용된다.
IoE 사용자 케이블 (IoE Custom Cable)	IoE 구성 요소들을 연결하거나, Single Board Computer(SBC-PT), Micro controller(MCU-PT) 등을 연결할 수 있다.
USB 케이블 (USB Cable)	데이터 연결로 사물, 구성 요소, 마이크로 컨트롤러(MCU-PT) 및 싱글 보드 컴퓨터(SBC-PT)를 연결하는 데 사용된다.

지원하는 케이블의 종류는 표 1-2와 같다.

만약 장치 간을 연결할 케이블의 종류를 정확히 모를 경우에는 연결(Connections) 메뉴 하위의 첫 번째 항목인 번개 표시 모양의 자동 선택 연결 유형(Automatically Choose Connection Type) 아이콘을 이용해도 된다. 자동 선택 연결은 케이블 유형뿐만 아니라 포트도 자동으로 선택하여 연결시켜주므로 장치들을 한층 손쉽게 연결할 수 있다. 그러나 특정 포트들이 상호 연결되어야 하는 토폴로지를 구성해야 한다면 번거롭더라도 장치와 장치가 연결될 케이블을 직접 선택한 후 포트 역시 수동으로 선택하여야 한다.

만약 연결하고자 하는 포트가 없다면 해당 장치에 이 포트를 가진 모듈이 설치되어 있지 않은 경우가 대부분이므로, 해당하는 모듈을 설치해야 한다. 만약 케이블 선택을 잘못하였을 경우에는 키보드의 Esc 키를 누르면 케이블을 다시 선택할 수 있다. 패킷트레이서는 반복 설계 기능(키보드의 Ctrl 키를 누르면서 임의의 장치 또는 케이블 아이콘을 선택)을 이용하여 다수의 장치를 작업 공간에 배치하거나 장치 간의 연결을 구성할 수 있도록 지원하고 있으며, 링크상의 LED 색깔을 통해 연결된 회선이 잘 동작하고 있는지를 쉽게 확인할 수 있고, GUI 도구들을 통해 여러 개의 장치나 연결 회선을 손쉽게 삭제하거나 추가할 수 있다. 그림 1-27은 몇 개의 네트워킹 장치들을

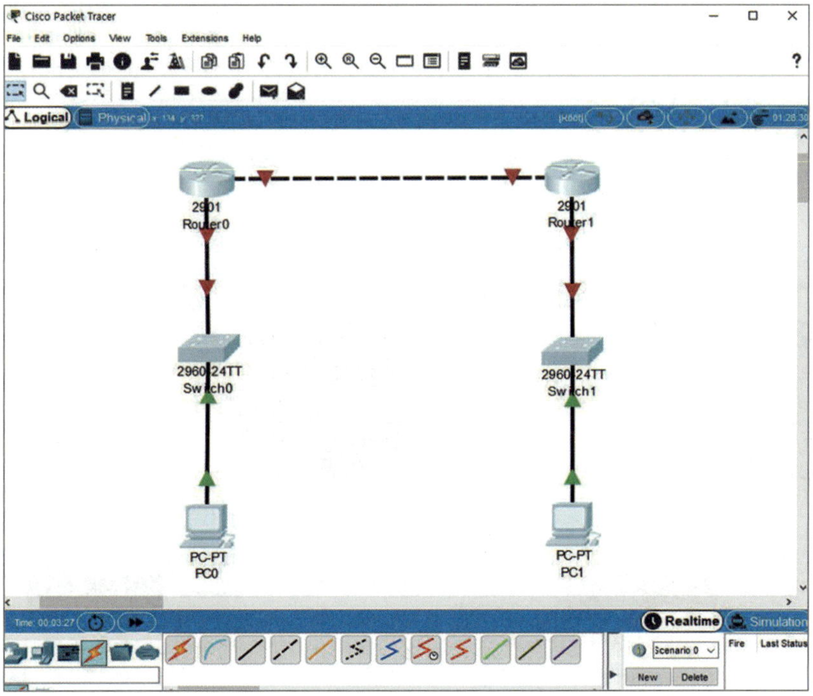

그림 1-27 자동 선택 연결

배치한 후 자동 선택 연결을 이용하여 이들 장치를 연결한 결과이다. 전술한 바와 같이 화면 하단의 빨간색 상자로 표시한 번개 표시 모양의 아이콘이 자동 선택 연결 유형 아이콘이다.

한편 패킷트레이서에서는 액세스 포인트(Access Point)와 PC를 무선으로 연결할 수도 있다. 패킷트레이서에서 제공하는 모든 종단 장치(End Device)의 경우 유선 랜카드가 기본으로 장착되어 있다. 그러므로 그림 1-28에서 보이는 PC를 무선으로 액세스 포인트에 연결하기 위해서는 먼저 PC의 전원을 끈 다음 미리 장착되어 있는 랜 카드를 마우스로 클릭한 후, 그림 1-28에 보이는 무선 랜카드 영역으로 유선 랜카드를 드래그하여 클릭을 해제하면 그림 1-28과 같이 유선 랜카드가 제거된다. 랜 카드를 제거했으면 그림 1-29에서와 같이 무선 인터페이스 모듈(Linksys-WMP300N)을 장착한 후 다시 전원을 켠다.

간단한 실습을 통해 무선 랜 카드가 장착되었을 경우, 패킷트레이서에서 어떻게 표현이 되는지 살펴보도록 하자. 먼저 장치 선택 상자에서 무선 장치를 선택한 후 WRT300N 무선 라우터를 작업 공간에 놓고 PC 3대를 놓은 다음, PC에 설치된 유선 랜 카드를 제거하고 무선 랜 카드를 장착해보자. 무선 랜 카드를 장착하고 전원을 켠 순간 PC는 자동으로 무선 라우터에 연결되며, 무선 연결 여부는 그림 1-30에 보인 것처럼 PC와 무선 라우터 간에 표시된 연결선을 통해 확인할 수 있다.

패킷트레이서에서 만약 2개 이상의 액세스 포인트가 같은 영역에 있을 경우, PC는 맨 처음 연결된 액세스 포인트와의 연결을 지속적으로 유지한다. 또한 패킷트레이서의 논리적 토폴로지 환경에서는 물리적 거리를 반영할 수 없고, 논리적 작업 공간에서 생성되는 무선 장치들의 물리적 거리는 동일하다고 가정함을 유의한다.

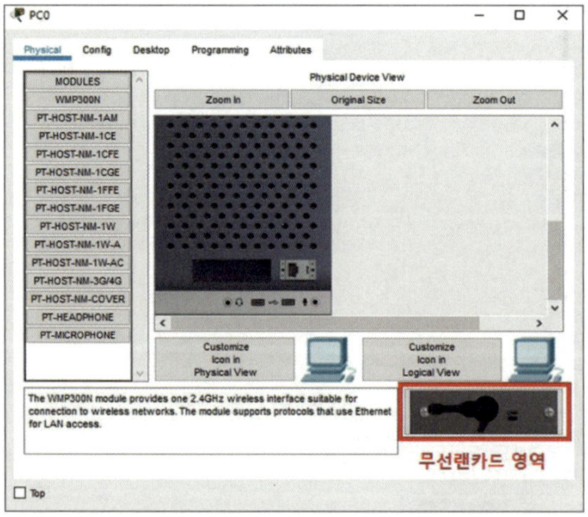

그림 1-28 유선 랜 카드 제거

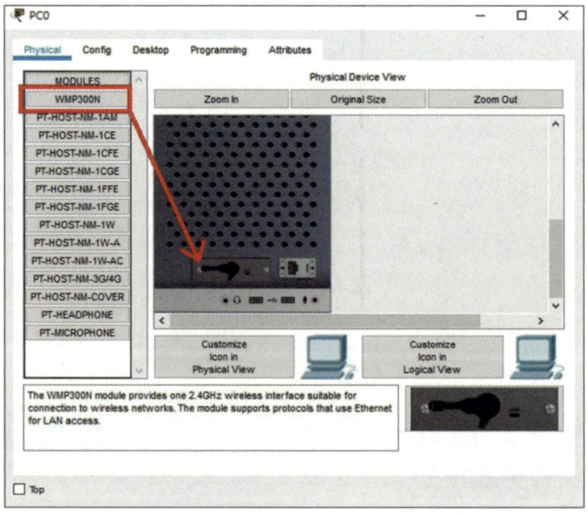

그림 1-29 무선 랜 카드 장착

패킷트레이서의 여러 기능

장치 템플릿 관리자(Device Template Manager)

패킷트레이서에는 장치 템플릿 관리자(Device Template Manager)를 통해 기존 장치에 특정 모듈을 추가해 저장한 뒤 이를 새로운 장치로 등록하는 기능을 지원한다. 이 기능을 사용하면 10대의 라우터에 HWIC-2T를 장착해야 한다고 가정할 때, 패킷트레이서의 라우터는 HWIC-2T를 장착하지 않은 상태이므로, 각각의 라우터마다 HWIC-2T를 장착하여야 한다. 대단히 번거로운 일이 아닐 수 없다. 따라서 이럴 경우에는 한 대의 라우터에 HWIC-2T를 장착하고 이를 장치 템플릿 관리자를 통해 새로운 장치로 등록한 후, 이후에는 단순히 이를 가져다 사용하면 좋을 것이다. 장치 템플릿 관리자를 이용하여 원하는 장치를 등록해놓으면, 패킷트레이서를 다시 실행했을 때에도 등록되어 있는 장치를 사용할 수 있는 장점이 있다. 장치 템플릿 관리자를 사용한 장치 등록 방법

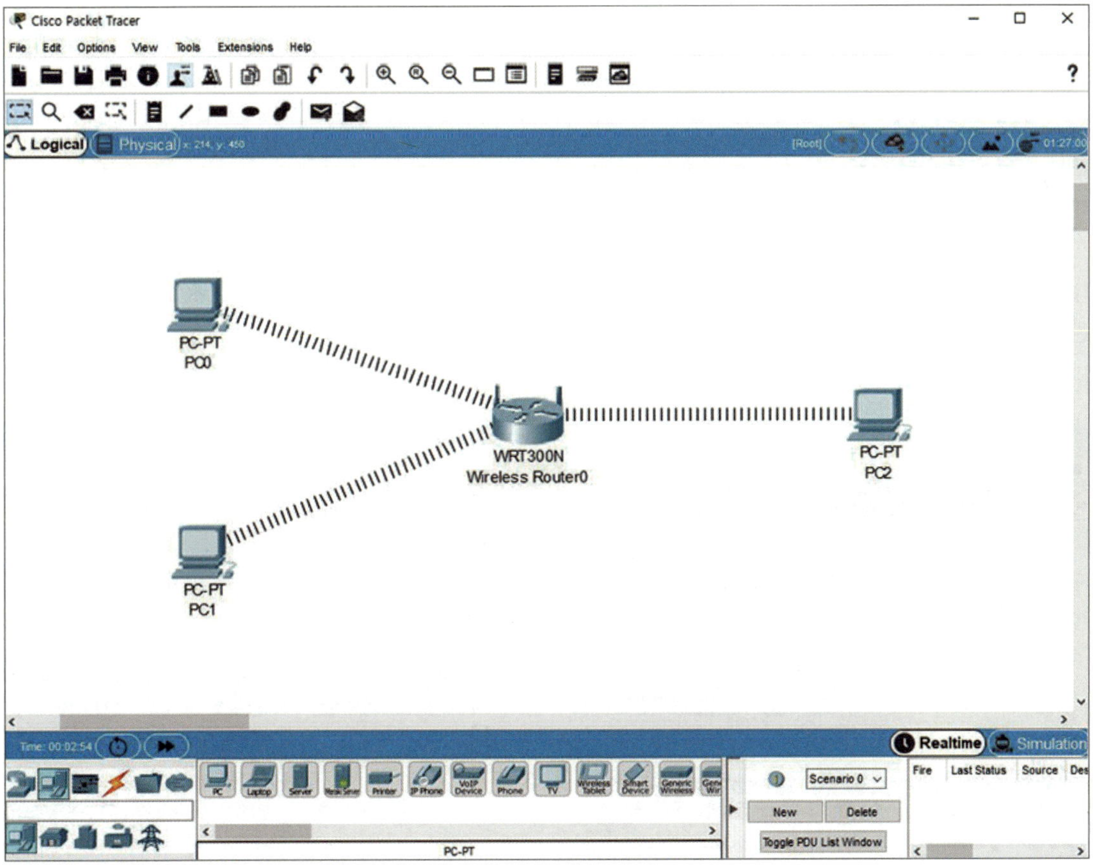

그림 1-30 패킷트레이서에서의 무선 연결

의 예를 아래에 요약한다.

① 세부 장치 선택 상자에서 임의의 네트워킹 장치를 선택하여(이 예에서는 라우터 2901을 선택하였음) 작업 공간에 배치한다.

② 장치의 전원을 끄고 사용자가 원하는 모듈을 장착한다.

③ 주 도구 막대의 제일 오른쪽에 있는 아이콘 장치 템플릿 관리자(Device Template Manager)를 클릭하여 그림 1-31에 보이는 것처럼 장치 템플릿 관리자를 실행한다.

④ 장치 템플릿 관리자에서 선택(Select) 버튼을 클릭한 후 작업 공간에서 등록할 장치인 라우터 2901을 클릭하면 그림 1-32와 같이 라우터의 이름과 설명을 입력할 수 있는 창이 나온다. 등록할 장치에 대한 이름과 간단한 설명을 입력한 후 추가(Add) 버튼을 클릭하여 장치 템플릿을 저장한다.

⑤ 장치 선택 상자에서 사용자 생성 장치(Custom Made Devices)를 클릭한 후 새롭게 추가된 라우터 아이콘 위에 마우스 커서를 올려놓았을 때, 이름이 앞에서 입력한 이름과 일치하는지 확인한다. 이름이 일치한다면 이 장치를 작업 공간에 배치하고, 앞에서 설치한 모듈이 제대로 장착되어 있는지 확인해본다.

클러스터(Cluster)

이 기능은 논리적 작업 공간의 장치들을 간단하게 줄여서 보여주는 기능이다. 패킷트레이서에서 처음으로 장치들을 배치하면 이 장치들은 논리적 작업 공간의 루트(root) 레벨에 위치하게 된다. 그림 1-33의 토폴로지에서 PC0, Switch0, Router0을 하나의 클러스터로 설정하고 싶다면, 해당하는 장치들을 마우스로 선택한 후 새로운 클러스터(New Cluster) 메뉴 버튼을 클릭한다. 그러

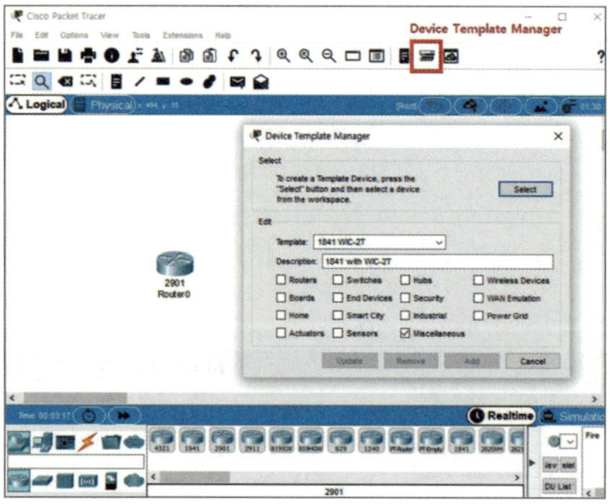

그림 1-31 장치 템플릿 관리자

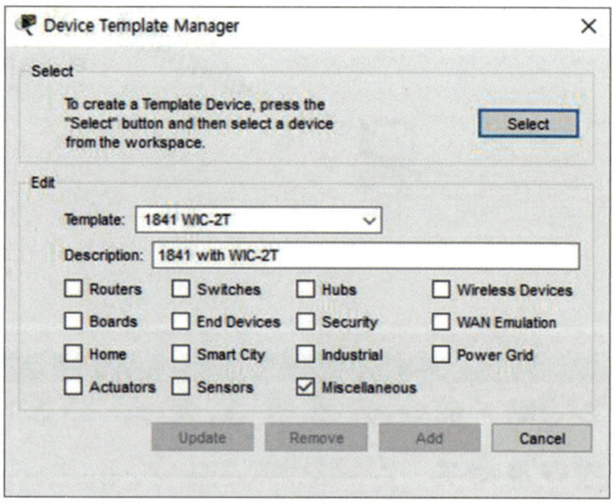

그림 1-32 장치 템플릿 관리자 입력 화면

면 세 개의 장치가 그림 1-34에 보인 것처럼 하나의 클러스터로 표현되는 것을 볼 수 있다.

클러스터가 적용된 후를 보면 기존의 토폴로지가 간단하게 표현된 것을 알 수 있으며, 이 토폴로지를 다시 보고자 할 때는 해당 클러스터를 클릭하면 된다. 만약 클러스터를 삭제하고자 한다면 해당 클러스터를 선택하고 키보드의 Delete 키를 누르거나 패킷트레이서 화면 상단의 도구 모음에서 ⌫ 아이콘을 선택한 후, 삭제하고자 하는 클러스터를 클릭하면 그림 1-34와 같은 메뉴가 나타나게 된다. 키보드의 "Delete 키"를 사용하여 그림 1-33 전으로 되돌아가거나, 클러스터를 삭제할 수 있다.그림 1-35

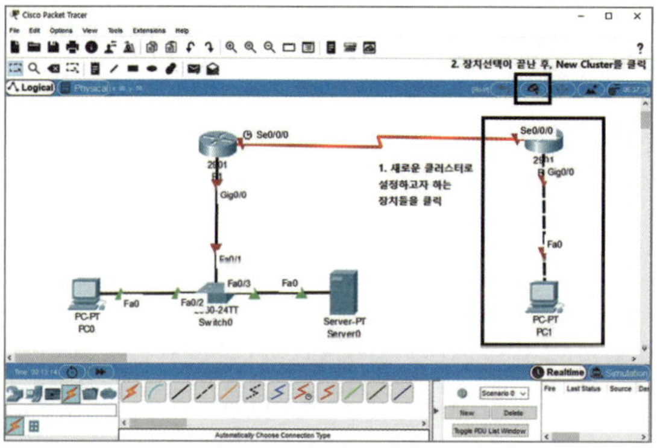

그림 1-33 클러스터 적용 전

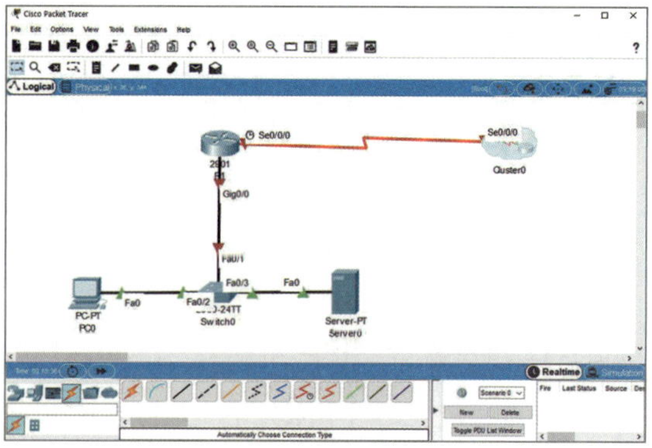

그림 1-34 클러스터 적용 후

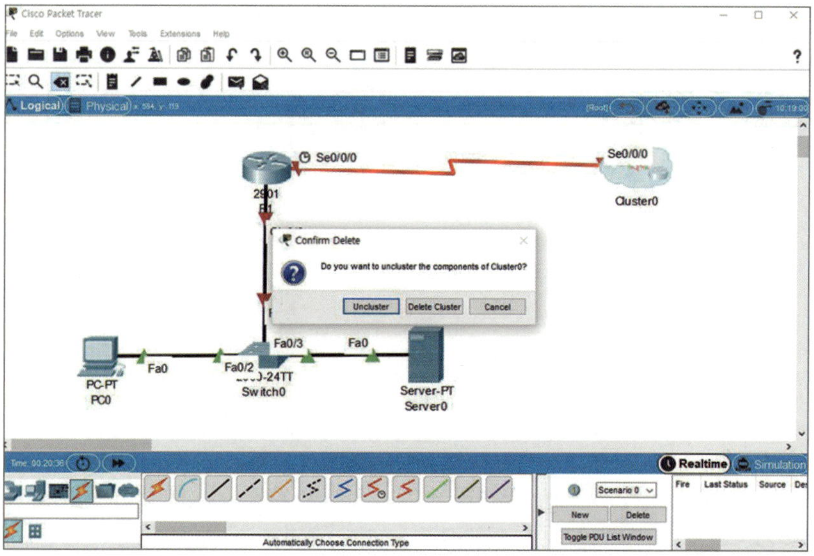

그림 1-35 클러스터 삭제

배경 화면 설정(Set Tiled Background)

패킷트레이서에서는 논리적/물리적 작업 공간의 배경 화면을 지정할 수 있다. 논리적 작업 공간 메뉴에서 배경 화면 설정(Set Tiled Background) 아이콘인 아이콘을 클릭하여 이미지를 선택하여 변경한다.그림 1-36 만약 설정된 이미지를 지우고자 한다면 하단에 있는 Reset 버튼을 클릭하면 된다. Browse 버튼을 눌러 기본적으로 제공되는 배경 이외에 컴퓨터에 저장된 여러 가지 그림 파일 형식(PNG, XPM, JPG, BMP, TIFF, GIF)도 배경화면으로 사용할 수 있도록 지원하고 있다.

뷰포트(Viewport)

패킷트레이서 작업 공간 내의 논리적 토폴로지는 그림 1-37과 같이 별도의 정보 제시 창을 통해 볼 수도 있다. 토폴로지가 큰 경우, 뷰포트 기능을 이용하면 토폴로지의 크기와 상관없이 모든 장치의 구성 도를 한 번에 볼 수 있다는 장점이 있다.

사용자 지정 아이콘 변경

패킷트레이서에서는 논리적/물리적 토폴로지에서 보이는 장치의 아이콘을 사용자가 원하는 그림으로 변경할 수 있다. 사용자 지정 아이콘 그림 파일은 페인팅 타입의 프로그램에서 제작되어져야 하며, 확장자가 PNG, JPG, XPM, BMP, TIFF, GIF 형태여야 한다. 추천되는 크기는 45*31 픽셀이고, 이 크기와 다를 경우 패킷트레이서에서 자동으로 사이즈를 조절하여 나타낸다. 아이콘

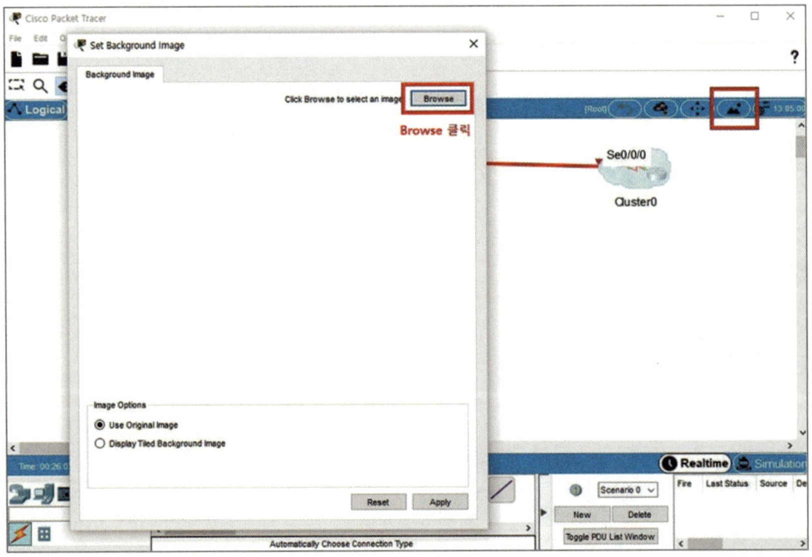

그림 1-36 배경 화면 설정

을 변경하고 난 후 변경된 아이콘을 클릭하면 해당 장치를 설정할 수 있는 설정창이 나타나게 된다. 예를 들어 PC의 아이콘을 바꾸기 위해서는, PC의 Physical 탭으로 이동하여 그림 1-38에 보인 것처럼 물리(Physical) 탭에서 Physical Device View 메뉴 하단의 사용자 지정 아이콘 변경(Customize Icon in Physical View 또는 Customize Icon in Logical View) 버튼을 누른 후 Browse 버튼을 클릭하여 해당하는 이미지를 선택하면 된다.

장치 점검(Inspecting Devices)

패킷트레이서 실시간 모드에서는 사용자의 네트워크가 실제 동작하는 네트워크와 같이 항상 동작하고 있는 상태이다. 사용자의 작업 공간이 실시간으로 설정되면, 네트워크는 실시간으로 이에 응답한다. 사용자는 네트워크 통계 정보를 실시간으로 볼 수 있고, 시스코 IOS를 사용하여 네트워크를 원하는 대로 설정할 수 있으며, Add Simple PDU 및 Add Complex PDU 버튼을 이용하여 그래픽 환경에서 ping 테스트를 수행할 수 있다. 한편 동작 중인 네트워크에 대하여 검사(Inspect) 버튼을 이용하여 장치에 존재하는 각종 테이블을 확인해볼 수 있다. 예를 들어 네트워크상에서 동작하고 있는 라우터의 ARP 테이블을 보고자 한다면, 먼저 검사 버튼을 클릭한 후 라우터를 클릭한다. 그러면 그림 1-39와 같이 해당 라우터에서 제공 가능한 여러 가지 통계 정보 목록이 나타나는데, 이중 ARP Table 항목을 선택하면 된다.

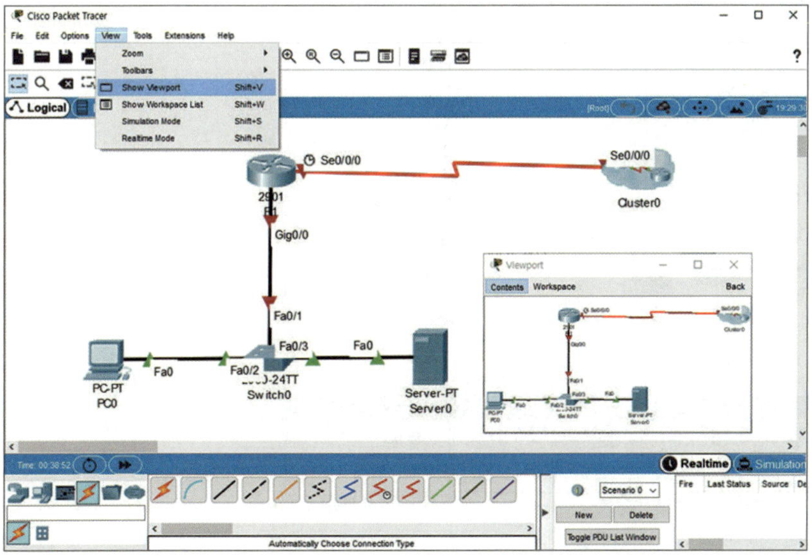

그림 1-37 뷰포트를 이용한 논리적 토폴로지 화면

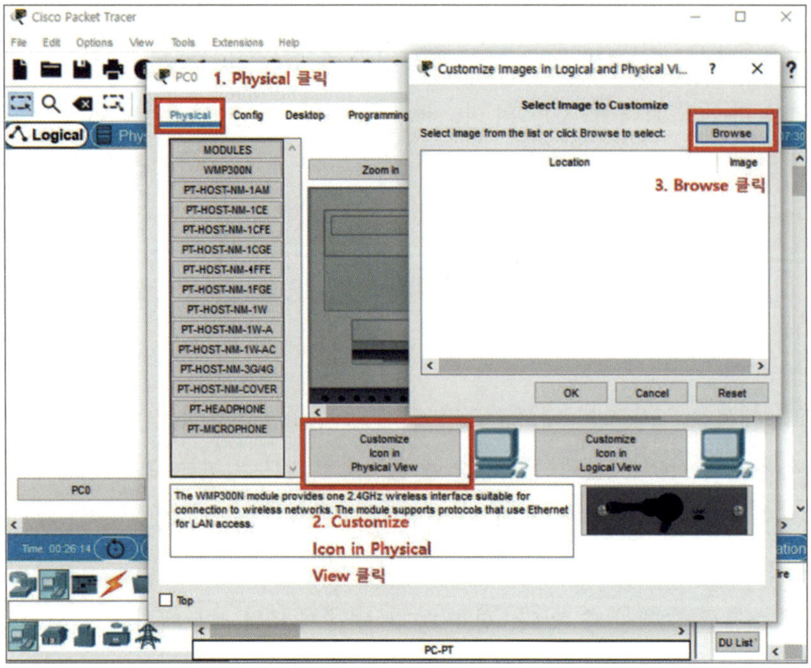

그림 1-38 사용자 지정 아이콘 변경

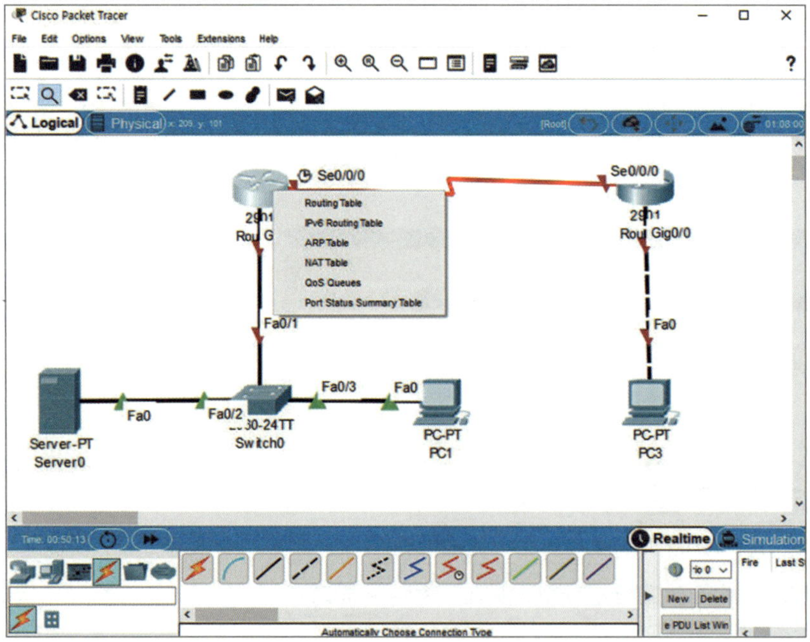

그림 1-39 장치에서 제공하는 통계 정보 보기

Complex PDU 생성하기

단순한 ping 테스트보다 더 상세한 통신 테스트를 하기 위해서는 Complex PDU를 이용한다. 이러한 Complex PDU를 생성하기 위해서는 공통 도구 막대의 제일 아래에 있는 Add Complex PDU 아이콘을 클릭하고, 네트워크 토폴로지상에서 Complex PDU를 보내고자 하는 장치를 선택하면 그림 1-40에서와 같은 Create Complex PDU 옵션 창이 나타난다. Complex PDU는 사용자가 통신 프로토콜, 목적지 IP 주소, TTL, TOS, 시퀀스 번호, 출발지 포트 번호, 목적지 포트 번호, PDU 크기, 시뮬레이션 시간 등을 직접 설정할 수 있다.

회선 연결 상태

장치 간을 연결하고 있는 링크(회선)가 녹색으로 켜져 있다면 이는 해당 링크가 물리적으로 정상 연결되어 있다는 것을 의미한다. 하지만 링크의 프로토콜 상태를 나타내지는 않는다. 또한 링크가 동작 중이라면 녹색으로 깜빡거리게 되며, 링크가 다운된 상태이거나 어떠한 신호도 감지하지 못할 경우는 빨간색으로 보이게 된다. 한편 2계층 STP(Spanning-tree Protocol) 프로세스가 진행 중일 때는 호박색(또는 황색)으로 보이게 된다.

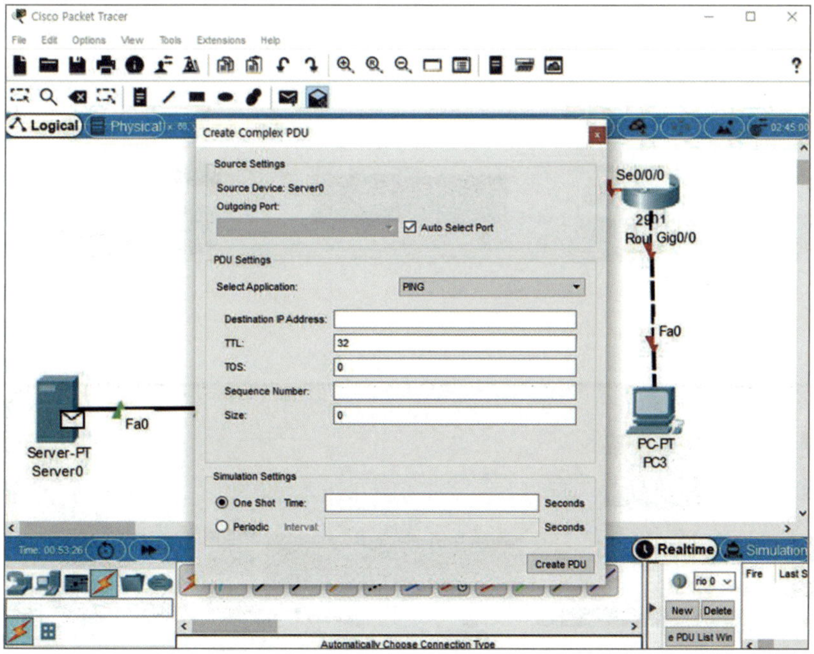

그림 1-40 Complex PDU 생성하기

라우터와 모듈(Routers and Modules)

패킷트레이서는 다양한 네트워크 장치와 이들 장치에 장착할 수 있는 여러 가지 종류의 모듈들을 지원한다. 이번 절에서는 라우터별로 지원되는 모듈의 종류와 그 용도에 대하여 살펴본다.

라우터: 1841

시스코 1841 라우터는 ISR(Integrated Services Router) 라우터로서 2개의 10/100 이더넷 포트를 지원하고 2개의 고속 WAN 인터페이스 슬롯을 지원한다.

이 슬롯은 WIC(WAN Interface Card), HWIC(High-Speed WAN Interface Card)와 VWIC(Voice/WAN Interface Card), 그리고 1개의 AIM(Advanced Integration Module) 등의 다양한 모듈을 지원한다. 라우터 1841의 지원 모듈 상세는 표 1-3과 같다.그림 1-41

라우터: 1941

시스코 1941 라우터는 ISR(Integrated Services Router) 라우터로서 2개의 10/100/1000 e이더넷 포트, WIC(WAN Interface Card), HWIC(High-Speed WAN Interface Card)와 1개의 ISM(Internet Services Module) Slot을 제공하는 라우터이다. 라우터 1941의 지원 모듈 상세는 표 1-4와 같다.그림 1-42

그림 1-41 Router 1841

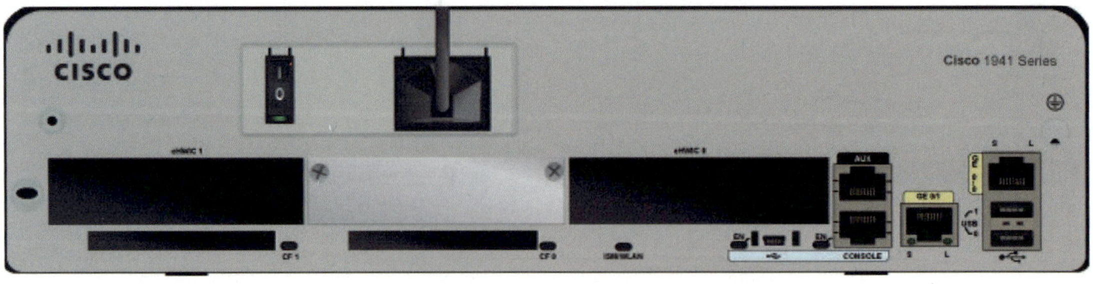

그림 1-42 Router 1941

라우터: 2620XM

시스코 2620XM 라우터는 1개의 네트워크 모듈 슬롯을 지원하며 10/100 이더넷 포트를 지원한다. 또한 2개의 WIC(WAN Interface Card) 슬롯과 1개의 AIM(Advanced Integration Module) 모듈 슬롯을 지원한다. 라우터 2620XM의 지원 모듈 상세는 표 1-4와 같다.그림 1-43

표 1-3 라우터 1841 지원 모듈

모 듈	외 관	설 명
HWIC-2T		고속의 여러 프로토콜 지원이 가능한 2개의 동기/비동기 시리얼 포트를 제공한다.
HWIC-4ESW		4개의 스위칭 포트를 제공할 때 사용한다.
HWIC-8A	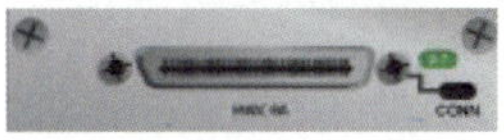	8개의 동기화 EIA-232가 콘솔에 연결될 수 있도록 한다.
HWIC-AP-AG-B		고속의 무선 인터페이스 카드로 이 카드를 장착하면 무선 랜을 통한 패킷 전송이 가능하다. Single Band 802.11b/g 또는 Dual Band 802.11a/b/g를 지원한다.
WIC-1AM		전화 접속 서비스를 제공하기 위해서 2개의 RJ-11 연결 포트를 제공한다. 1개는 일반적인 전화선 연결에 사용되고, 다른 한 포트는 모뎀이 어떠한 작업도 하지 않을 때 아날로그 전화를 연결하기 위해 사용된다.
WIC-1ENET		1개의 10Mbps 이더넷 연결 포토를 제공한다.
WIC-1T		SDLC(Synchronous Data Link Control) 연결이나 알람 시스템, 또는 패킷 기반의 SONET 장치와 연결할 때 사용한다.
WIC-2AM		전화 접속을 위한 2개의 RJ-11 포트를 제공한다. 2개의 포트에 2개의 모뎀을 연결하여 다중 데이터 전송을 할 수 있다.
WIC-2T		여러 프로토콜 지원이 가능한 두 개의 동기/비동기 시리얼 포트를 제공한다. 각 포트는 개별적으로 동기/비동기로 설정할 수 있으며, 기본적으로 저속 WAN 연결(최대 128Kbps), 전화 접속 모뎀 연결 등을 지원한다.
WIC-Cover		라우터 내부의 장치들을 보호하고, 공기 흐름을 이용해 쿨링 역할을 수행한다.

라우터: 2621XM

시스코 2621 MX 라우터는 하나의 네트워크 슬롯 모듈과 함께 2개의 혼합된 10/100(100BASE-TX) 이더넷 포트를 지원하고, 2개의 통합된 WIC(WAN Interface Card) 슬롯을 지원하고, 하나의 AIM(Advanced Integration Module) 슬롯을 지원한다. 지원하는 모듈은 2620XM과 같으므로, 표 1-5를 참고한다.그림 1-44

표 1-4 라우터 1941 지원 모듈

모 듈	외 관	설 명
HWIC-2T		고속의 여러 프로토콜 지원이 가능한 2개의 동기/비동기 시리얼 포트를 제공한다.
HWIC-4ESW		4개의 스위칭 포트를 제공할 때 사용한다.
HWIC-8A	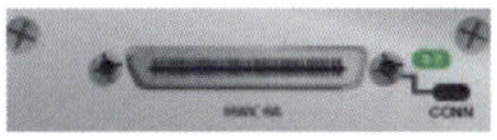	8개의 동기화 EIA-232가 콘솔에 연결될 수 있도록 한다.
WIC-Cover		라우터 내부의 장치들을 보호하고, 공기 흐름을 이용해 쿨링 역할을 수행한다.

그림 1-43 Router 2620XM

그림 1-44 Router 2621XM

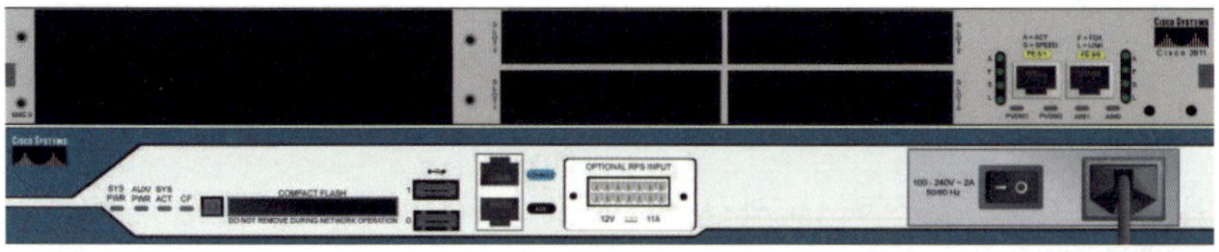

그림 1-45 Router 2811

표 1-5 라우터 2620XM 지원 모듈

모 듈	외 관	설 명
NM-1E	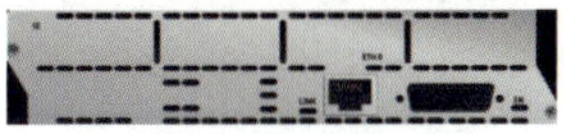	랜 백본을 위한 1개의 이더넷 포트를 지원하며, ISDN에서의 6PRI 연결 또는 24개의 동기 및 비동기 포트를 지원한다.
NM-1E2W		1개의 이더넷 포트와 2개의 WIC 슬롯 지원이 가능하며, 2개의 시리얼/ISDN 백본 라인 및 같은 섀시에서 ISDN과 멀티 시리얼을 제공한다.
NM-1FE-FX		광케이블을 위한 1개의 패스트이더넷(10/100BaseTX 또는 100BaseFX 이더넷 오토센싱 기능 포함)을 지원한다. 패스트이더넷 네트워크 모듈은 표준 및 인터네트워킹을 위한 많은 기능들을 제공한다.
NM-1FE-TX	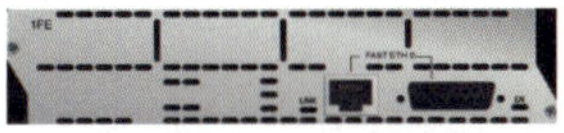	구리선을 위한 1개의 패스트이더넷(10/100BaseTX 또는 100Base FX 이더넷 오토센싱 기능 포함)을 제공하며, 표준 및 인터네트워킹을 위한 많은 기능들을 제공한다. TX 버전은 VLAN이 가능하다.
NM-1FE2W		구리선을 위한 1개의 패스트이더넷(10/100BaseTX 또는 100Base FX 이더넷 오토센싱 기능 포함)을 제공하며, 표준 및 인터네트워킹을 위한 많은 기능들을 제공한다. 동시에 2개의 WIC 확장 슬롯을 지원한다.
NM-2FE2W		구리선을 위한 2개의 패스트이더넷을 제공함과 동시에 2개의 WIC 확장 슬롯을 지원하며, 표준 및 인터네트워킹을 위한 많은 기능들을 제공한다.
NM-2E2W		2개의 이더넷 포트와 두 개의 WIC 슬롯을 지원하며, 2개의 시리얼/ISDN backhaul 라인을 지원할 수 있고, 같은 섀시에서 ISDN이나 멀티 시리얼을 제공한다.
NM-2W		2개의 확장 WAN 슬롯을 제공하며, 광대역 인터페이스 카드와 함께 사용될 수 있고, 네트워크 프로토콜과 물리적 회선을 다양하게 지원한다.
NM-4A/S		4개의 동기/비동기 시리얼 네트워크 모듈을 제공하며, 여러 프로토콜을 지원한다. 각각의 포트별로 동기/비동기 모드를 설정할 수 있고, 저속 WAN 연결(최대 128Kbps), 전화 접속 모뎀 연결, 다른 장치와의 연결을 위한 동기/비동기 설정, SDLC와 Bi-sync 같은 프로토콜 전송을 지원한다.
NM-4E	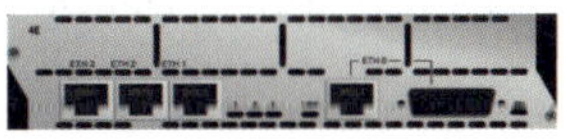	멀티 기능 솔루션 지원을 위해 4개의 이더넷 포트를 지원한다.

NM-8A/S		8개의 동기/비동기 시리얼 네트워크 모듈을 제공하며, 여러 프로토콜을 지원한다. 각각의 포트별로 동기/비동기 모드를 설정할 수 있고, 저속 WAN 연결(최대 128Kbps), 전화 접속 모뎀 연결, 다른 장치와의 연결을 위한 동기/비동기 설정, SDLC와 Bi-sync 같은 프로토콜 전송을 지원한다.
NM-8AM		NM-8AM의 통합된 V.92 아날로그 모뎀 네트워크 모듈은 저속 원격 접속 서비스와 전화 및 팩스 전송, DDR(Dial-on-Demand Routing), 원격 라우터 관리를 위하여 효율적인 아날로그 전화 접속 서비스를 제공한다. 이와 함께 8포트 또는 16포트 버전을 사용하여 RJ-11 잭을 사설 전화 통신 시스템이나 PSTN상에서 기본적인 아날로그 전화 회선을 통합 모뎀에 연결한다.
NM-Cover		라우터 내부의 장치들을 보호하고, 공기 흐름을 이용해 쿨링 역할을 수행한다.
WIC-1AM	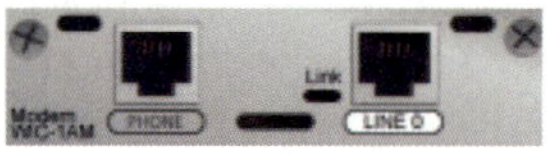	전화접속 서비스를 제공하기 위해서 2개의 RJ-11 연결 포트를 제공한다. 1개는 일반적인 전화선 연결에 사용되고, 다른 한 포트는 모뎀이 어떠한 작업도 하지 않을 때 아날로그 전화 연결을 위하여 사용된다.
WIC-1T		SDLC(Synchronous Data Link Control) 연결이나 알람 시스템, 또는 패킷 기반의 SONET 장치와 연결할 때 사용한다.
WIC-2AM		전화 접속을 위한 2개의 RJ-11 포트를 제공한다. 2개의 포트에 2개의 모뎀을 연결하여 다중 데이터 전송을 할 수 있다.
WIC-2T		여러 프로토콜 지원이 가능한 2개의 동기/비동기 시리얼 포트를 제공한다. 각 포트는 개별적으로 동기/비동기로 설정할 수 있으며, 기본적으로 저속 WAN 연결(최대 128Kbps), 전화 접속 모뎀 연결 등을 지원한다.
WIC-Cover		라우터 내부의 장치들을 보호하고, 공기 흐름을 이용해 쿨링 역할을 수행한다.

라우터: 2811

시스코 2811 ISR(Integrated Services Router) 라우터는 강화된 네트워크 모듈과 함께 혼합된 10/100(100BASE-TX) 이더넷 포트, 4개의 HWIC(High-Speed WAN Interface Card) 슬롯, VIC(Voice Interface card), VWIC(Voice/WAN Interface Card)와 2개의 AIM(Advanced Integration Module) 슬롯을 지원한다. 라우터 2811의 지원 모듈 상세는 표 1-6와 같다.그림 1-45

표 1-6 라우터 2811 지원 모듈

모듈	외관	설명
NM-1E	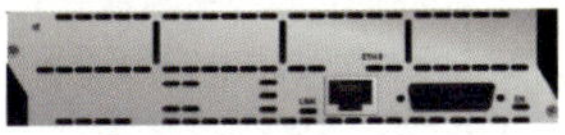	랜 백본을 위한 1개의 이더넷 포트를 지원하며, ISDN에서의 6PRI 연결 또는 24개의 동기/비동기 포트를 지원한다.
NM-1E2W		1개의 이더넷 포트와 2개의 WIC 슬롯 지원이 가능하며, 2개의 시리얼/ISDN 백본 라인 및 같은 섀시에서 ISDN과 멀티 시리얼을 제공한다.
NM-1FE-FX	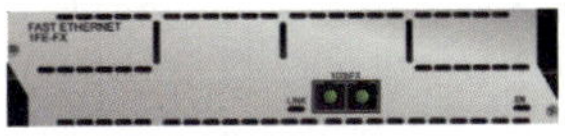	광케이블을 위한 1개의 패스트이더넷(10/100BaseTX 또는 100 BaseFX 이더넷 오토센싱 기능 포함)을 지원한다. 또한 패스트이더넷 네트워크 모듈은 표준 및 인터네트워킹을 위한 많은 기능들을 제공한다.
NM-1FE-TX	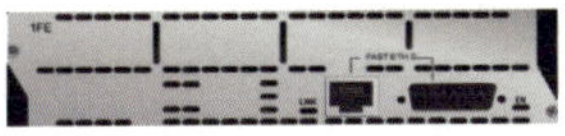	구리선을 위한 1개의 패스트이더넷(10/100BaseTX 또는 100 BaseFX 이더넷 오토센싱 기능 포함)을 제공하며, 표준 및 인터네트워킹을 위한 많은 기능들을 제공한다. TX 버전은 VLAN이 가능하다.
NM-1FE2W	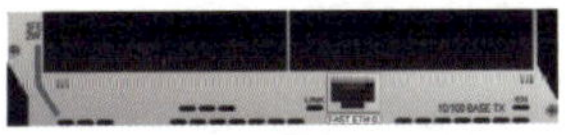	구리선을 위한 1개의 패스트이더넷(10/100BaseTX 또는 100 BaseFX 이더넷 오토센싱 기능 포함)을 제공하며, 표준 및 인터네트워킹을 위한 많은 기능들을 제공한다. 동시에 2개의 WIC 확장 슬롯을 지원한다.
NM-2FE2W		구리선을 위한 2개의 패스트이더넷을 제공함과 동시에 2개의 WIC 확장 슬롯을 지원하며, 표준 및 인터네트워킹을 위한 많은 기능들을 제공한다.
NM-2E2W		2개의 이더넷 포트와 두 개의 WIC 슬롯을 지원하며, 2개의 시리얼/ISDN backhaul 라인을 지원할 수 있고, 같은 섀시 안에서 ISDN이나 멀티 시리얼을 제공한다.
NM-2W	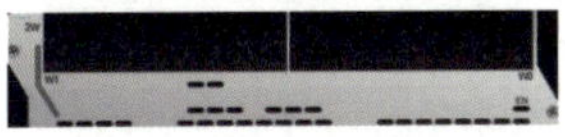	2개의 확장 WAN 슬롯을 제공하며, 광대역 인터페이스 카드와 함께 사용될 수 있고, 네트워크 프로토콜과 물리적 회선을 다양하게 지원한다.
NM-4A/S	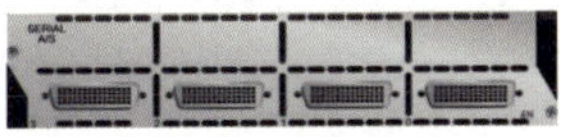	4개의 동기/비동기 시리얼 네트워크 모듈을 제공하며, 여러 프로토콜을 지원한다. 각각의 포트별로 동기/비동기 모드로 설정할 수 있고, 저속 WAN 연결(최대 128Kbps), 전화 접속 모뎀 연결, 다른 장치와의 연결을 위한 동기/비동기 설정, SDLC와 Bi-sync 같은 프로토콜 전송을 지원한다.

NM-4E		멀티 기능 솔루션 지원을 위해 4개의 이더넷 포트를 지원한다.
NM-8A/S		8개의 동기/비동기 시리얼 네트워크 모듈을 제공하며, 여러 프로토콜을 지원한다. 각각의 포트별로 동기/비동기 모드를 설정할 수 있고, 저속 WAN 연결(최대 128Kbps), 전화 접속 모뎀 연결, 다른 장치와의 연결을 위한 동기/비동기 설정, SDLC와 Bi-sync 같은 프로토콜 전송을 지원한다.
NM-8AM	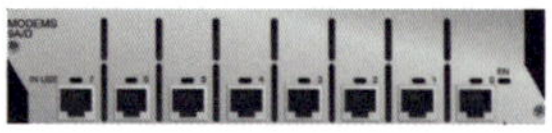	NM-8AM의 통합된 V.92 아날로그 모뎀 네트워크 모듈은 저속의 원격 접속 서비스와 전화 및 팩스 전송, DDR(Dial-on-Demand Routing), 원격 라우터 관리를 위하여 효율적인 아날로그 전화 접속 서비스를 제공한다. 이와 함께 8포트 또는 16포트 버전을 사용하여 RJ-11 잭을 사설 전화 통신 시스템이나 PSTN상에서 기본적인 아날로그 전화 회선을 통합 모뎀에 연결한다.
NM-Cover		라우터 내부의 장치들을 보호하고, 공기 흐름을 이용해 쿨링 역할을 수행한다.
NM-ESW-161		16개의 스위칭 포트를 제공한다.
HWIC-4ESW		스위칭 포트를 제공할 때 사용한다.
HWIC-2T	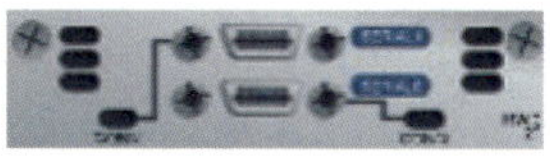	고속의 여러 프로토콜 지원이 가능한 2개의 동기/비동기 시리얼 포트를 제공한다.
HWIC-8A	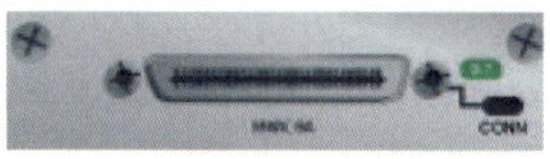	8개의 동기화 EIA-232가 콘솔에 연결될 수 있도록 한다.
HWIC-AP-AG-B		고속의 무선 인터페이스 카드로 이 카드를 장착하면 무선 랜을 통한 패킷 전송이 가능하다. Single Band 802.11b/g 또는 Dual Band 802.11a/b/g를 지원한다.
WIC-1AM	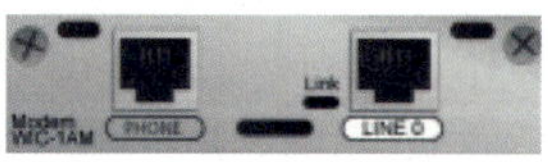	전화 접속 서비스를 제공하기 위해서 2개의 RJ-11 연결 포트를 제공한다. 1개는 일반적인 전화선 연결에 사용되고, 다른 한 포트는 모뎀이 어떠한 작업도 하지 않을 때 아날로그 전화를 연결하기 위해 사용된다.
WIC-1ENET		1개의 10Mbps 이더넷 연결 포트를 제공한다.

WIC-1T		SDLC(Synchronous Data Link Control) 연결이나 알람 시스템, 또는 패킷 기반의 SONET 장치와 연결할 때 사용한다.
WIC-2AM	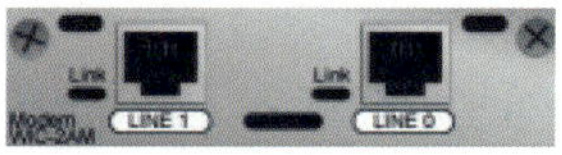	전화 접속을 위한 2개의 RJ-11 포트를 제공한다. 2개의 포트에 2개의 모뎀을 연결하여 다중 데이터 전송을 할 수 있다.
WIC-2T		여러 프로토콜 지원이 가능한 2개의 동기/비동기 시리얼 포트를 제공한다. 각 포트는 개별적으로 동기/비동기로 설정할 수 있으며, 기본적으로 저속 WAN 연결(최대 128Kbps), 전화 접속 모뎀 연결 등을 지원한다.
WIC-Cover		라우터 내부의 장치들을 보호하고, 공기 흐름을 이용해 쿨링 역할을 수행한다.

라우터: 2901, 2911

시스코 2901 ISR(Integrated Services Router) 및 2911 ISR(Integrated Services Router) 라우터는 2개의 10/100/1000 이더넷 포트, 4개의 HWIC(High-Speed WAN Interface Card) 슬롯, 2개의 DSP 슬롯, 그리고 어플리케이션 서비스들을 위한 1개의 ISM(Internet Services Module) 슬롯을 제공하는 라우터이다. 라우터 2901 및 2911의 지원 모듈 상세는 표 1-7과 같다.그림 1-46, 1-47

표 1-7 라우터 2901 및 2911 지원 모듈

모 듈	외 관	설 명
HWIC-2T		고속의 여러 프로토콜 지원이 가능한 2개의 동기/비동기 시리얼 포트를 제공한다.
HWIC-4ESW		4개의 스위칭 포트를 제공할 때 사용한다.
HWIC-8A		8개의 동기화 EIA-232가 콘솔에 연결될 수 있도록 한다.
WIC-Cover		라우터 내부의 장치들을 보호하고, 공기 흐름을 이용해 쿨링 역할을 수행한다.

라우터: 819

시스코 819 ISR(Integrated Services Router) 라우터는 M2M(Machine-to-Machine) 어플리케이션을 지원하며, 3G 무선 WAN 서비스와 WIFI 서비스를 제공할 수 있다. 소형 네트워크에 사용되므로 추가 가능한 모듈은 따로 지원하지 않는다.그림 1-48

라우터: Router-PT

Router-PT는 일반적으로 라우터가 제공하는 10개의 슬롯과 하나의 콘솔 및 AUX 포트를 지원한

그림 1-46 Router 2901

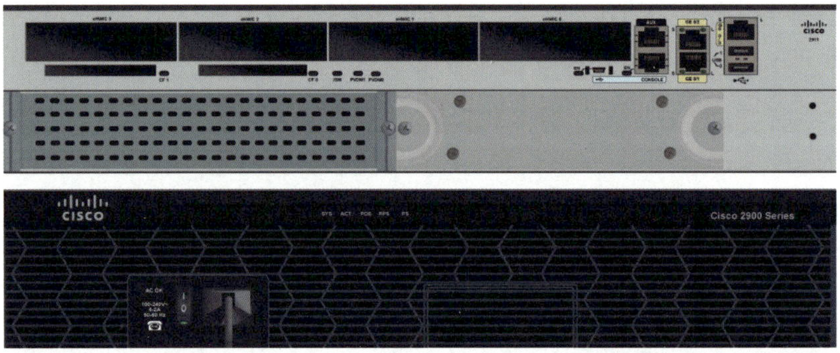

그림 1-47 Router 2911

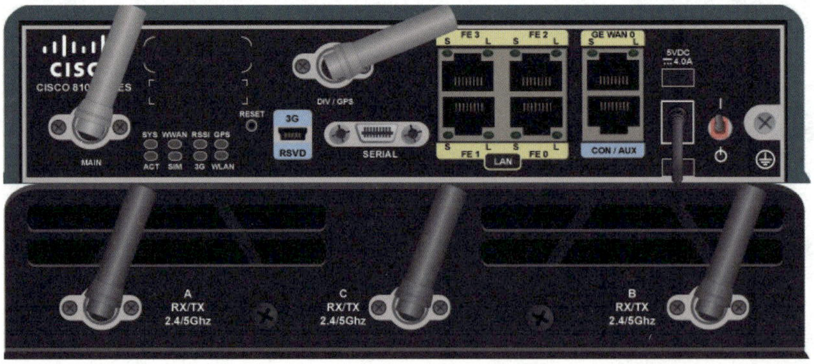

그림 1-48 Router 819

표 1-8 라우터 Router-PT 지원 모듈

모 듈	외 관	설 명
PT-ROUTER-NM-1AM		기본적인 전화 서비스 연결에 사용된다.
PT-ROUTER-NM-1CE		랜 백본을 위한 1개의 이더넷 포트를 지원하며, ISDN에서의 6 PRI 연결 또는 24개의 동기/비동기 포트를 지원한다.
PT-ROUTER-NM-1CFE		구리선을 위한 1 개의 패스트이더넷(10/100BaseTX 또는 100BaseFX 이더넷 오토센싱 기능 포함)을 제공하며, 넓은 범위의 랜 애플리케이션, 표준 및 인터네트워킹을 위한 많은 기능들을 제공한다. TX 버전은 VLAN이 가능하다.
PT-ROUTER-NM-1CGE		구리선을 이용한 라우터 접속을 위해 1개의 시스코 기가비트 이더넷 모듈이 제공되며, 이 모듈은 시스코 2691, 3660, 3725, 3745 시리즈의 라우터에도 지원된다. 이 네트워크 모듈은 광케이블이 연결되는 시스코 GBIC(Gigabit Interface Converter)와 일반 표준 구리선 간의 데이터 전송을 위해서 1개의 GBIC 슬롯을 가지고 있다.
PT-ROUTER-NM-1FFE		광케이블을 위해 1개의 패스트이더넷 인터페이스(10/100BaseTX 또는 100BaseFX 이더넷 오토센싱 기능 포함)를 제공한다. 이 모듈은 넓은 범위의 랜 애플리케이션, 표준 및 인터네트워킹을 위한 많은 기능들을 제공한다.
PT-ROUTER-NM-1FGE		광케이블을 이용한 라우터 접속을 위해 1개의 시스코 기가비트 이더넷 모듈이 제공되며, 이 모듈은 시스코 2691, 3660, 3725, 3745 시리즈의 라우터에도 지원된다. 이 네트워크 모듈은 광케이블이 연결되는 시스코 GBIC와 일반 표준 구리선 간의 데이터 전송을 위해서 1개의 GBIC 슬롯을 가지고 있다.
PT-ROUTER-NM-IS		1개의 시리얼 포트 연결을 원격지나 SDLC(Synchronous Data Link Control) 연결, 알람 시스템, 또는 패킷 기반의 SONET 장치와 연결할 때 사용한다.
PT-ROUTER-NM-1SS		2개의 동기/비동기 시리얼 네트워크 모듈을 제공하며, 여러 프로토콜을 지원한다. 각각의 포트별로 동기/비동기 모드로 설정할 수 있고, 저속 WAN 연결(최대 128Kbps), 전화 접속 모뎀 연결, 다른 장치와의 연결을 위한 동기/비동기 설정, SDLC와 Bi-sync 같은 프로토콜 전송을 지원한다.

다. 라우터 Router-PT의 지원 모듈 상세는 표 1-8과 같다.그림 1-49

스위치와 모듈(Switches and Modules)

스위치: 2950-24

2950-24 스위치는 Cisco Catalyst 2950 시리즈 스위치의 한 종류로서, 중·소규모 네트워크에서 10/100Mbps 속도의 스위칭 기능을 제공한다. 2950-24 스위치의 외관은 그림 1-50과 같으며 별도의 모듈은 추가할 수 없다.

스위치: 2950T-24

2950T-24 스위치는 Cisco Catalyst 2950 시리즈의 지능형 이더넷 스위치의 한 종류로서, 중규모 네트워크를 위해 사용되며, FastEthernet 및 Gigabit Ethernet을 지원한다. 2950T-24 스위치의 외관은 그림 1-51과 같으며 별도의 모듈은 추가할 수 없다.

그림 1-49 Router-PT

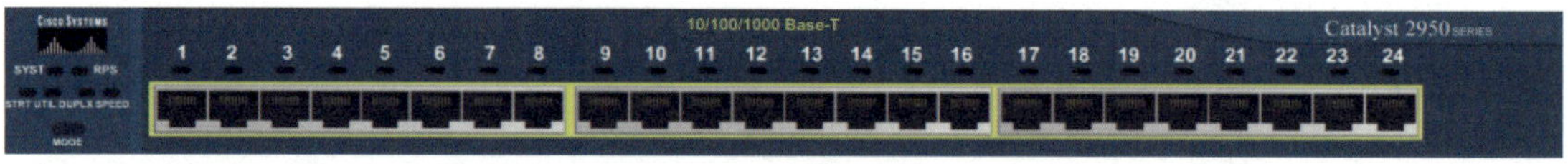

그림 1-50 스위치 2950-24

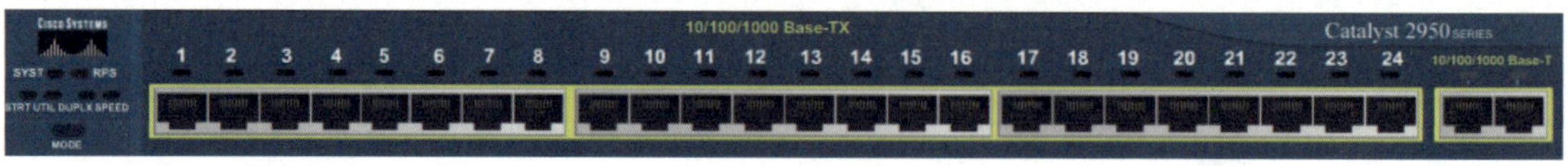

그림 1-51 스위치 2950T-2

스위치: 2960-24TT

2960-24TT 스위치는 Cisco Catalyst 2960 시리즈의 지능형 이더넷 스위치의 한 종류로서, 중규모 네트워크를 위해 사용되며, FastEthernet 및 Gigabit Ethernet을 지원한다. 2960-24TT 스위치의 외관은 그림 1-52와 같으며 별도의 모듈은 추가할 수 없다.

스위치: Switch-PT

Switch-PT 스위치는 일반적으로 10개의 슬롯과 1개의 콘솔 포트 그리고 1개의 Auxiliary 포트를 제공한다. Switch-PT 스위치의 외관은 그림 1-53과 같으며, 적용할 수 있는 모듈은 표 1-9와 같다.

그림 1-52 스위치 2960-24TT

그림 1-53 스위치 Switch-PT

그림 1-54 스위치 3560-24PS

그림 1-55 브리지 Bridge-PT

스위치: 3560-24PS

3560-24PS 스위치는 Cisco Catalyst 3560 시리즈의 지능형 이더넷 스위치의 한 종류로서, 중규모 네트워크를 위해 사용되며, FastEthernet 및 Gigabit Ethernet을 지원한다. 3560-24PS 스위치는 패킷트레이서에서 지원하는 다른 스위치와는 달리 L3 스위치로서 라우팅이 가능하다. 3560-24PS 스위치의 외관은 그림 1-54와 같으며 별도의 모듈은 추가할 수 없다.

브리지: Bridge-PT

2개의 슬롯을 제공하는 브리지로서, 외관은 그림 1-55와 같으며 이 브리지에서 사용할 수 있는 모듈은 스위치 Switch-PT에서 사용할 수 있는 모듈인 표 1-9와 동일하다.

표 1-9 스위치 Switch-PT에서 지원하는 모듈

모 듈	외 관	설 명
PT-SWITCH-NM-1CE	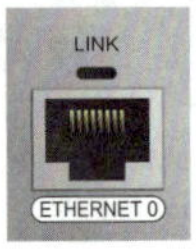	랜 백본을 위한 1개의 이더넷 포트를 지원하며, ISDN에서의 6 PRI 연결 또는 24개의 동기/비동기 포트를 지원한다.
PT-SWITCH-NM-1CFE	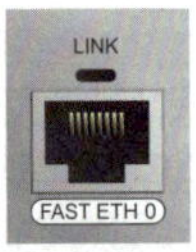	구리선을 위한 1개의 패스트이더넷(10/100BaseTX 또는 100BaseFX 이더넷 오토센싱 기능 포함)을 제공하며, 넓은 범위의 랜 애플리케이션, 표준 및 인터네트워킹을 위한 많은 기능들을 제공한다. TX 버전은 VLAN도 가능하다.
PT-SWITCH-NM-1CGE		구리선을 이용한 라우터 접속을 위해 1개의 시스코 기가비트 이더넷 모듈이 제공되며, 이 모듈은 시스코 2691, 3660, 3725, 3745 시리즈의 라우터에도 지원된다. 이 네트워크 모듈은 광케이블이 연결되는 시스코 GBIC와 일반 표준 구리선 간의 데이터 전송을 위해서 1개의 GBIC 슬롯을 가지고 있다.
PT-SWITCH-NM-1FFE		광케이블을 위해 1개의 패스트이더넷 인터페이스(10/100BaseTX 또는 100BaseFX 이더넷 오토센싱 기능 포함)를 제공한다. 이 모듈은 넓은 범위의 랜 애플리케이션, 표준 및 인터네트워킹을 위한 많은 기능들을 제공한다.
PT-SWITCH-NM-1FGE		광케이블을 이용한 라우터 접속을 위해 1개의 시스코 기가비트 이더넷 모듈이 제공되며, 이 모듈은 시스코 2691, 3660, 3725, 3745 시리즈의 라우터에도 지원된다. 이 네트워크 모듈은 광케이블이 연결되는 시스코 GBIC와 일반 표준 구리선 간의 데이터 전송을 위해서 1개의 GBIC 슬롯을 가지고 있다.

종단 장치와 모듈(End Devices and Modules)

PC-PT

일반 데스크톱 컴퓨터인 PC-PT는 1개의 슬롯과 콘솔 포트를 제공하며, 지원하는 모듈은 표 1-10과 같다.그림 1-56

표 1-10 PC-PT에서 지원하는 모듈

모 듈	외 관	설 명
PT-HOST-NM-3G/4G	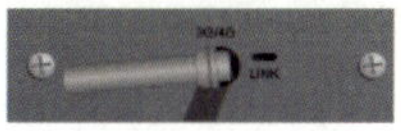	3G/4G 이동통신 네트워크에 접속하기 위한 무선 모듈로 사용된다.
Linksys-WMP300N		무선 네트워크에 접속하기 위한 2.4GHz 대역폭을 사용하는 무선 랜카드이다. 이 모듈은 랜 접속을 위한 이더넷 프로토콜을 지원한다.
PC-HOST-NM-1AM		전화 접속 서비스를 제공하기 위해서 2개의 RJ-11 연결 포트를 제공한다. WIC-1AM을 사용하여 1개는 일반적인 전화선 연결에 사용되고, 다른 한 포트는 모뎀이 어떠한 작업도 하지 않을 때 아날로그 전화를 사용하기 위한 연결로 사용된다.
PC-HOST-NM-1CE		랜 백본을 위한 1개의 이더넷 포트를 지원하며, ISDN에서의 6 PRI 연결 또는 24개의 동기/비동기 포트를 지원한다.
PC-HOST-NM-1CFE		구리선을 위한 1개의 패스트이더넷(10/100BaseTX 또는 100BaseFX 이더넷 오토센싱 기능 포함)을 제공하며, 넓은 범위의 랜 애플리케이션, 표준 및 인터네트워킹을 위한 많은 기능들을 제공한다. TX 버전은 VLAN도 가능하다.
PC-HOST-NM-1CGE		구리선을 이용한 라우터 접속을 위해 1개의 시스코 기가비트 이더넷 모듈이 제공되며, 이 모듈은 시스코 2691, 3660, 3725, 3745 시리즈의 라우터에도 지원된다. 이 네트워크 모듈은 광케이블이 연결되는 시스코 GBIC와 일반 표준 구리선 간의 데이터 전송을 위해서 1개의 GBIC 슬롯을 가지고 있다.
PC-HOST-NM-1FFE		광케이블을 위해 1개의 패스트이더넷 인터페이스(10/100BaseTX 또는 100BaseFX 이더넷 오토센싱 기능 포함)를 제공한다. 이 모듈은 넓은 범위의 랜 애플리케이션, 표준 및 인터네트워킹을 위한 많은 기능들을 제공한다.

PC-HOST-NM-1FGE		광케이블을 이용한 라우터 접속을 위해 1개의 시스코 기가비트 이더넷 모듈이 제공되며, 이 모듈은 시스코 2691, 3660, 3725, 3745 시리즈의 라우터에도 지원된다. 이 네트워크 모듈은 광케이블이 연결되는 시스코 GBIC와 일반 표준 구리선 간의 데이터 전송을 위해서 1개의 GBIC 슬롯을 가지고 있다.
PC-HOST-NM-1W		무선 네트워크에 접속하기 위한 2.4GHz 대역폭을 사용하는 무선 랜 카드이다. 이 모듈은 랜 접속을 위한 이더넷 프로토콜을 지원한다.
PC-HOST-NM-1W-A		무선 802.11a 네트워크에 접속하기 위해 5GHz 대역폭을 사용하는 무선 랜 카드이다. 이 모듈은 랜 접속을 위한 이더넷 프로토콜을 지원한다.
PC-HEADPHONE	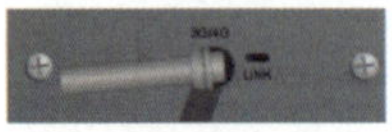	컴퓨터에서 나오는 소리를 들을 때 사용한다.
PC-MICROPHONE		컴퓨터에서 소리를 녹음할 때 사용한다.
PC-CAMERA		컴퓨터에서 이미지를 저장하거나 동영상을 촬영할 때 사용한다.
PC-USB-HARD-DRIVE		컴퓨터의 저장 가능한 공간을 늘려준다.

Laptop-PT

일반 랩톱 컴퓨터인 Laptop-PT는 그림 1-57과 같이 1개의 슬롯과 콘솔 포트를 제공하며, 지원하는 모듈은 표 1-11과 같다.

그림 1-56 PC-PT

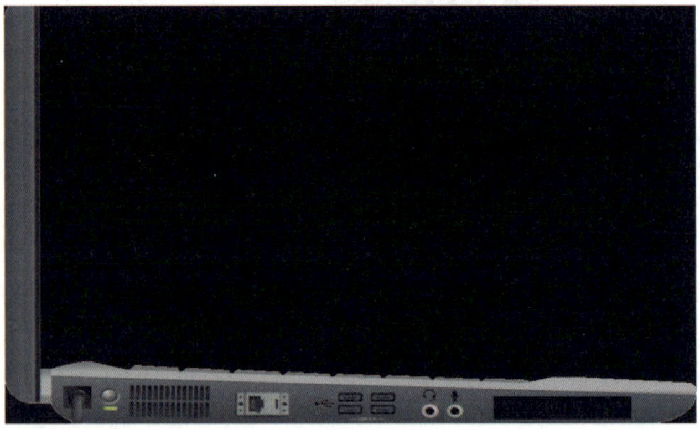

그림 1-57 Laptop-PT

Server-PT

Server-PT는 그림 1-58와 같이 1개의 슬롯을 제공하며, 지원되는 모듈은 PC-PT와 같으나 PC-HOST-NM-1AM은 지원되지 않는다.

Printer-PT

Printer-PT는 그림 1-59와 같이 1개의 슬롯을 제공하며, 지원되는 모듈은 PC-PT와 같으나 PC-HOST-NM-1AM은 지원되지 않는다.

7960(IP Phone)

Cisco 7960 IP Phone은 그림 1-60과 같이 파워 어댑터를 위한 포트만 제공되며, 다른 모듈은 지원하지 않는다.

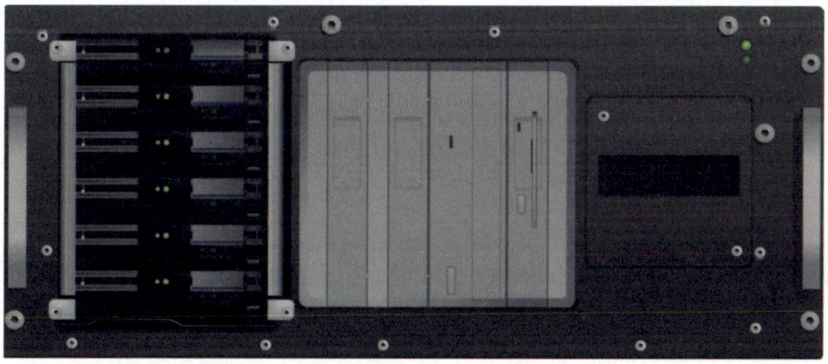

그림 1-58 Server-PT

그림 1-59 Printer-PT

그림 1-60 7960 IP Phone

표 1-11 Laptop-PT에서 지원하는 모듈

모 듈	외 관	설 명
PT-HOST-NM-3G/4G	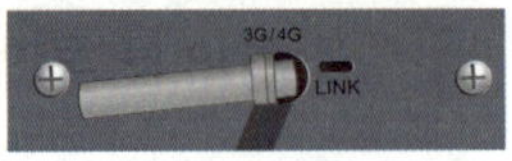	3G/4G 이동통신 네트워크에 접속하기 위한 무선 모듈로 사용된다.
Linksys-WPC300N		무선 네트워크에 접속하기 위한 2.4GHz 대역폭을 사용하는 무선 랜 카드이다. 이 모듈은 랜 접속을 위한 이더넷 프로토콜을 지원한다.
PC-LAPTOP-NM-1AM		전화 접속 서비스를 제공하기 위해서 2개의 RJ-11 연결 포트를 제공한다. WIC-1AM을 사용하여 1개는 일반적인 전화선 연결에 사용되고, 다른 한 포트는 모뎀이 어떠한 작업도 하지 않을 때 아날로그 전화를 사용하기 위한 연결로 사용된다.
PC-LAPTOP-NM-1CE		랜 백본을 위한 1개의 이더넷 포트를 지원하며, ISDN에서의 6 PRI 연결 또는 24개의 동기/비동기 포트를 지원한다.
PC-LAPTOP-NM-1CFE		구리선을 위한 1개의 패스트이더넷(10/100BaseTX 또는 100BaseFX 이더넷 오토센싱 기능 포함)을 제공하며, 넓은 범위의 랜 애플리케이션, 표준 및 인터네트워킹을 위한 많은 기능들을 제공한다. TX 버전은 VLAN도 가능하다.
PC-LAPTOP-NM-1CGE		구리선을 이용한 라우터 접속을 위해 1개의 시스코 기가비트 이더넷 모듈이 제공되며, 이 모듈은 시스코 2691, 3660, 3725, 3745 시리즈의 라우터에도 지원된다. 이 네트워크 모듈은 광케이블이 연결되는 시스코 GBIC와 일반 표준 구리선 간의 데이터 전송을 위해서 1개의 GBIC 슬롯을 가지고 있다.
PC-LAPTOP-NM-1FFE		광케이블을 위해 1개의 패스트이더넷 인터페이스(10/100 BaseTX 또는 100BaseFX 이더넷 오토센싱 기능 포함)를 제공한다. 이 모듈은 넓은 범위의 랜 애플리케이션, 표준 및 인터네트워킹을 위한 많은 기능들을 제공한다.
PC-LAPTOP-NM-1FGE		광케이블을 이용한 라우터 접속을 위해 1개의 시스코 기가비트 이더넷 모듈이 제공되며, 이 모듈은 시스코 2691, 3660, 3725, 3745 시리즈의 라우터에도 지원된다. 이 네트워크 모듈은 광케이블이 연결되는 시스코 GBIC와 일반 표준 구리선 간의 데이터 전송을 위해서 1개의 GBIC 슬롯을 가지고 있다.
PC-LAPTOP-NM-1W		무선 네트워크에 접속하기 위한 2.4GHz 대역폭을 사용하는 무선 랜 카드이다. 이 모듈은 랜 접속을 위한 이더넷 프로토콜을 지원한다.

PC-LAPTOP-NM-1W-A		무선 802.11a 네트워크에 접속하기 위해 5GHz 대역폭을 사용하는 무선 랜 카드이다. 이 모듈은 랜 접속을 위한 이더넷 프로토콜을 지원한다.
PC-HEADPHONE		컴퓨터에서 나오는 소리를 들을 때 사용한다.
PC-MICROPHONE		컴퓨터에서 소리를 녹음할 때 사용한다.
PC-CAMERA		컴퓨터에서 이미지를 저장하거나 동영상을 촬영할 때 사용한다.
PC-USB-HARD-DRIVE		컴퓨터의 저장 가능한 공간을 늘려준다.

Home-VoIP-PT

Home-VoIP-PT는 VoIP 서비스를 위한 장치로서 외관은 그림 1-61과 같고, 별도의 모듈이 지원되지는 않는다.

그림 1-61 Home-VoIP-PT

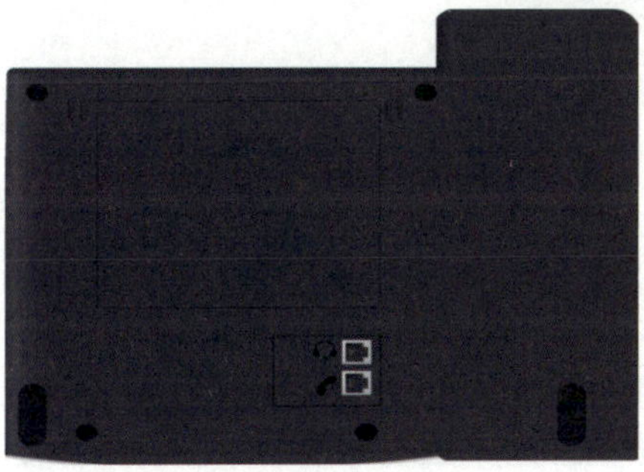

그림 1-62 Analog-Phone-PT

그림 1-63 TV-PT

Analog-Phone-PT

Analog-Phone-PT는 일반 전화 장치로서 외관은 그림 1-62와 같고, 별도의 모듈이 지원되지는 않는다.

TV-PT

TV-PT는 일반 TV로서 외관은 그림 1-63과 같고, 별도의 모듈이 지원되지는 않는다.

TabletPC-PT(무선 인터페이스 포함)

TabletPC-PT는 무선 태블릿으로 외관은 그림 1-64와 같고, 별도의 모듈이 지원되지는 않는다.

PDA-PT(무선 인터페이스 포함)

PDA-PT는 스마트 장치로서 외관은 그림 1-65와 같고, 별도의 모듈이 지원되지는 않는다.

WirelessEndDevice-PT(무선 인터페이스 포함)

WirelessEndDevice-PT는 일반 무선 종단 장치로서 외관은 그림 1-66과 같고, 별도의 모듈이 지원되지는 않는다.

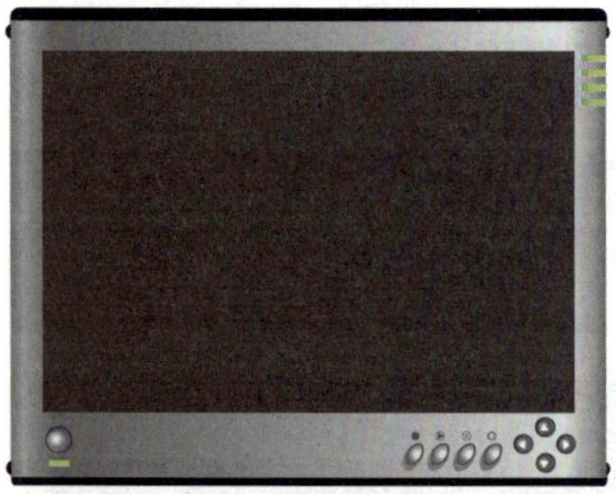

그림 1-64 Tablet PC-PT

그림 1-65 PDA-PT

그림 1-66 WirelessEndDevice-PT

그림 1-67 WiredEndDevice-PT

WiredEndDevice-PT(패스트이더넷 포함)

WiredEndDevice-PT는 일반 유선 종단 장치로서 외관은 그림 1-67과 같고, 별도의 모듈이 지원되지는 않는다.

그 외의 장치와 모듈(Other Devices and Modules)

Hub-PT

Hub-PT는 10개의 슬롯을 지원하며, 사용할 수 있는 모듈은 표 1-12와 같다.그림 1-68

Repeater-PT

Repeater-PT는 그림 1-69와 같이 2개의 슬롯을 제공하며, 지원하는 모듈은 표 1-12의 Hub-PT에

표 1-12 Hub-PT에서 지원하는 모듈

모듈	외관	설명
PT-REPEATER-NM-1CE	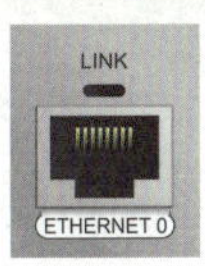	랜 백본에 연결할 수 있는 1개의 이더넷 포트를 지원하며, ISDN에서의 6 PRI 연결 또는 24개의 동기/비동기 포트를 지원한다.
PT-REPEATER-NM-1CFE	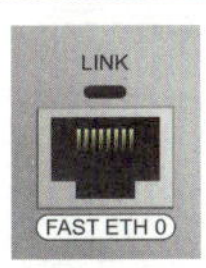	구리선을 위한 1개의 패스트이더넷(10/100BaseTX 또는 100BaseFX 이더넷 오토센싱 기능 포함)을 제공하며, 넓은 범위의 랜 애플리케이션, 표준 및 인터네트워킹을 위한 많은 기능들을 제공한다. TX 버전은 VLAN도 가능하다.
PT-REPEATER-NM-1CGE		구리선을 위한 1개의 기가비트 이더넷(10/100BaseTX 또는 100BaseFX 이더넷 오토센싱 기능 포함)을 제공하며, 넓은 범위의 랜 애플리케이션, 표준 및 인터네트워킹을 위한 많은 기능들을 제공한다. TX 버전은 VLAN도 가능하다.
PT-REPEATER-NM-1FFE		광케이블을 위해 1개의 패스트이더넷 인터페이스(10/100BaseTX 또는 100 BaseFX 이더넷 오토센싱 기능 포함)를 제공한다. 이 모듈은 넓은 범위의 랜 애플리케이션, 표준 및 인터네트워킹을 위한 많은 기능들을 제공한다.
PT-REPEATER-NM-1FGE		광케이블을 이용한 라우터 접속을 위해 1개의 시스코 기가비트 이더넷 모듈이 제공되며, 이 모듈은 시스코 2691, 3660, 3725, 3745 시리즈의 라우터에도 지원된다. 이 네트워크 모듈은 광케이블이 연결되는 시스코 GBIC와 일반 표준 구리선 간의 데이터 전송을 위해서 1개의 GBIC 슬롯을 가지고 있다.

서 지원하는 모듈과 동일하다.

AccessPoint-PT(AccessPoint-PT-A 및 AccessPoint-PT-N 포함)

AccessPoint-PT는 무선 연결을 위한 안테나가 내장되어 있다. 그림 1-70와 같이 1개의 슬롯을 제공하며, 지원하는 모듈은 표 1-12의 Hub-PT에서 지원하는 모듈과 동일하다.

Linksys-WRT300N

Linksys-WRT3000 무선 라우터는 안테나를 내장하고 있으며, 그림 1-71과 같이 10/100(Base-TX)가 혼합된 4개의 포트와 1개의 인터넷 포트를 제공한다. Linksys-WRT300N 무선 라우터는 모듈을 지원하지 않는다.

Cloud-PT

Cloud는 독립적인 장치가 아니지만, 패킷트레이서는 이 장치를 하나의 Cloud로 표현하여 사

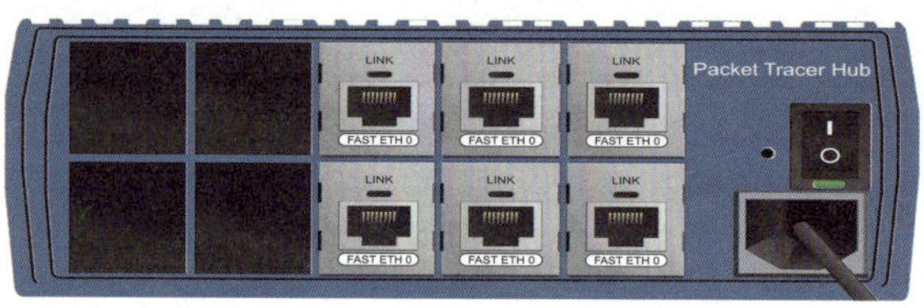

그림 1-68 Hub-PT

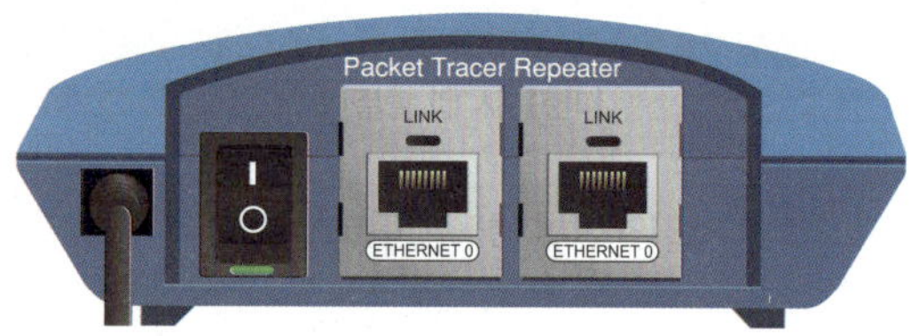

그림 1-69 Repeater-PT

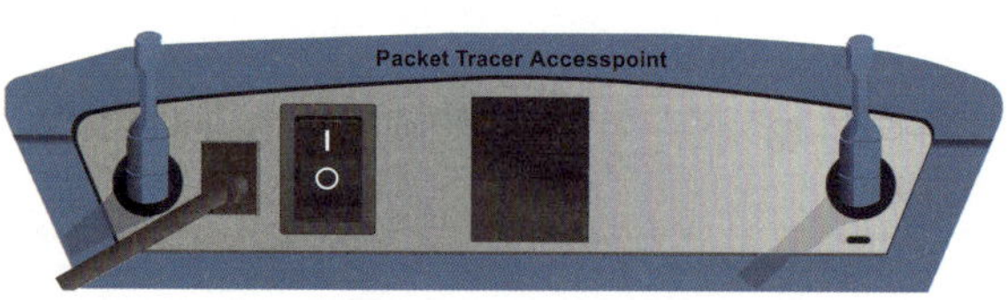

그림 1-70 AccessPoint-PT

그림 1-71 Linksys-WRT300N

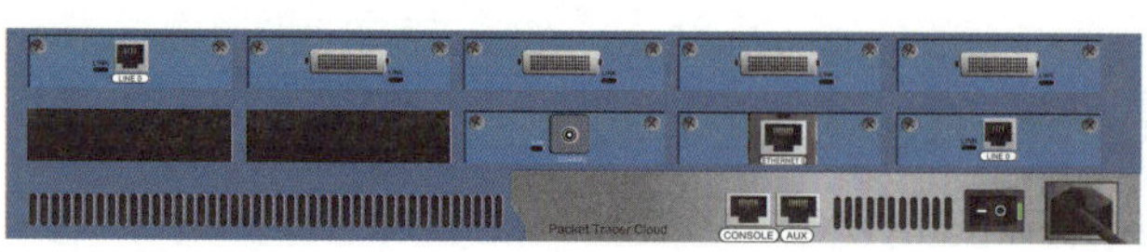
그림 1-72 Cloud-PT

그림 1-73 DSL-Modem-PT

표 1-13 Cloud-PT에서 지원하는 모듈

모듈	외관	설명
PT-CLOUD-NM-1AM		전화 접속 서비스를 제공하기 위해서 2개의 RJ-11 연결 포트를 제공한다. WIC-1AM을 사용하여 1개는 일반 전화선 연결에 사용되고, 다른 한 포트는 모뎀이 어떠한 작업도 하지 않을 때 아날로그 전화를 사용하기 위한 연결로 사용된다.
PT-CLOUD-NM-1CE		랜 백본을 위한 1개의 이더넷 포트를 지원하며, ISDN에서의 6 PRI 연결 또는 24개의 동기/비동기 포트를 지원한다.
PT-CLOUD-NM-1CFE		구리선을 위한 1개의 패스트이더넷(10/100BaseTX 또는 100 BaseFX 이더넷 오토센싱 기능 포함)을 제공하며, 넓은 범위의 랜 애플리케이션, 표준 및 인터네트워킹을 위한 많은 기능들을 제공한다. TX 버전은 VLAN도 가능하다.
PT-CLOUD-NM-1CGE		구리선을 이용한 라우터 접속을 위해 1개의 시스코 기가비트 이더넷 모듈이 제공되며, 이 모듈은 시스코 2691, 3660, 3725, 3745 시리즈의 라우터에도 지원된다. 이 네트워크 모듈은 광케이블이 연결되는 시스코 GBIC와 일반 표준 구리선 간의 데이터 전송을 위해서 1개의 GBIC 슬롯을 가지고 있다.
PT-CLOUD-NM-1CX	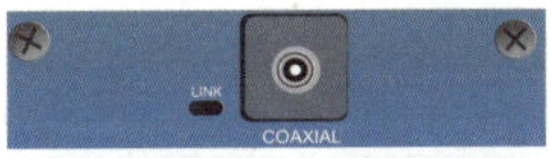	동축 케이블이 연결되는 모듈이며, 이 모듈은 케이블 모뎀을 연결할 때 사용된다.
PT-CLOUD-NM-1FFE		광케이블을 위해 1개의 패스트이더넷 인터페이스(10/100BaseTX 또는 100BaseFX 이더넷 오토센싱 기능 포함)를 제공한다. 이 모듈은 넓은 범위의 랜 애플리케이션, 표준 및 인터네트워킹을 위한 많은 기능들을 제공한다.
PT-CLOUD-NM-1FGE	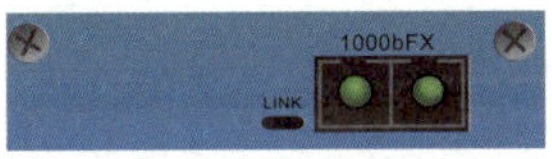	광케이블을 이용한 라우터 접속을 위해 1개의 시스코 기가비트 이더넷 모듈이 제공되며, 이 모듈은 시스코 2691, 3660, 3725, 3745 시리즈의 라우터에도 지원된다. 이 네트워크 모듈은 광케이블이 연결되는 시스코 GBIC와 일반 표준 구리선 간의 데이터 전송을 위해서 1개의 GBIC 슬롯을 가지고 있다.
PT-CLOUD-NM-1S	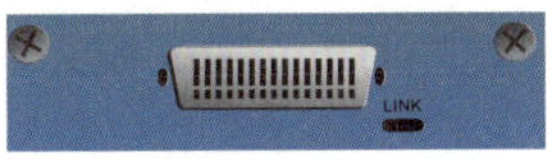	하나의 시리얼 포트 연결을 통해 다른 네트워크나, 패킷 기반의 SONET 장치와의 연결, 알람 시스템, SDLC 장치들과의 연결에 쓰인다.

용자가 접속할 수 있도록 한다. 그림 1-72에 보인 것처럼 10개의 슬롯을 가지고 있으며, 콘솔 포트와 Auxiliary 포트를 가지고 있다. Cloud-PT에서 지원되는 모듈은 표 1-13과 같다.

DSL-Modem-PT

DSL-Modem-PT는 그림 1-73과 같이 1개의 슬롯을 제공하며, 사용 가능한 모듈은 표 1-14와 같다.

Cable-Modem-PT

Cable-Modem-PT는 그림 1-74와 같이 1개의 슬롯을 제공하며, 사용 가능한 모듈은 표 1-14의 DSL-Modem-PT에서 지원하는 모듈과 같다.

ASA 5505

ASA 5505는 그림 1-75에서 볼 수 있으며, 이 장치는 시스코사의 네트워크 보안 장비이다. ASA 5505에 추가로 장착할 수 있는 모듈은 실제로 존재하지만, 패킷트레이서 7.2 버전에서는 지원하지 않고 추후에 발표될 패킷트레이서에서 지원할 예정이다.

표 1-14 DSL-Modem-PT에서 지원하는 모듈

모 듈	외 관	설 명
PT-Modem-NM-1CE	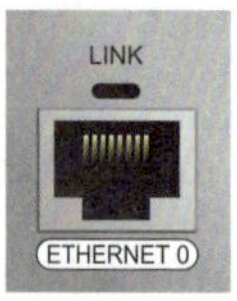	랜 백본에 연결할 수 있는 1개의 이더넷 포트를 지원하며, ISDN에서의 6 PRI 연결 또는 24개의 동기/비동기 포트를 지원한다.
PT-Modem-NM-1CFE	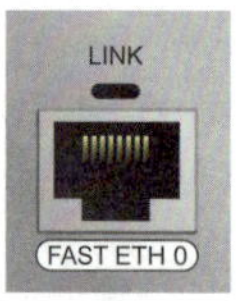	구리선을 위한 개의 패스트이더넷(10/100BaseTX 또는 100BaseFX 이더넷 오토센싱 기능 포함)을 제공하며, 넓은 범위의 랜 애플리케이션, 표준 및 인터네트워킹을 위한 많은 기능들을 제공한다. TX 버전은 VLAN도 가능하다.
PT-Modem-NM-1CGE	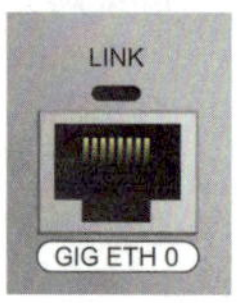	구리선을 이용한 라우터 접속을 위해 1개의 시스코 기가빗 이더넷 모듈이 제공되며, 이 모듈은 시스코 2691, 3660, 3725, 3745 시리즈의 라우터에도 지원된다. 이 네트워크 모듈은 광케이블이 연결되는 시스코 GBIC와 일반 표준 구리선 간의 데이터 전송을 위해서 1개의 GBIC 슬롯을 가지고 있다.

Central Office Server

Central Office Server는 그림 1-76에서 볼 수 있으며, 1개의 FastEthernet 포트와 6개의 동축선이 연결될 수 있는 Coaxial 포트를 지원한다.

Cell Tower

Cell Tower는 그림 1-77에서 볼 수 있으며, 1개의 슬롯을 가진다. 이 모듈은 동축선 연결을 위한 모듈을 통해 End-Device들이 유선 네트워크에 연결하거나, 3G/4G 모듈을 통해 End-Device들이 이동통신망에 연결할 수 있도록 한다.

Sniffer

Sniffer는 그림 1-78과 같이 2개의 슬롯을 제공하는데, 여기에 들어가는 모듈들은 표 1-12의 Hub-PT에서 지원하는 모듈과 동일하다. 이 장치는 하드웨어 패킷 정보 분석기로서, 어떠한 패킷들이 얼마만큼의 통신을 하고 있는지 보여주는 장치이다.

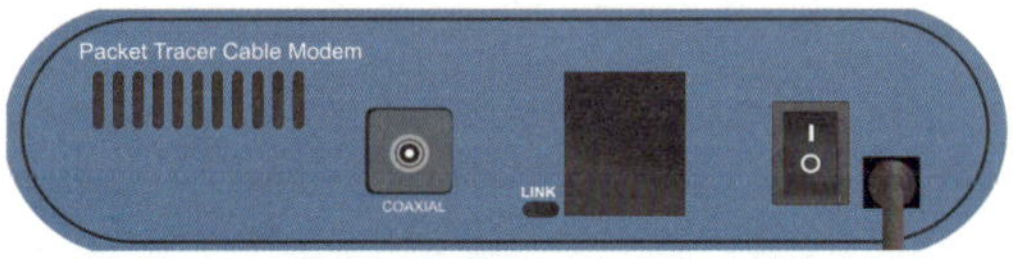

그림 1-74 Cable-Modem-PT

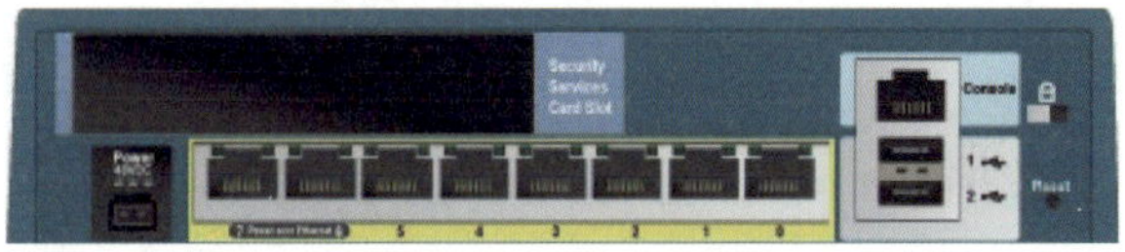

그림 1-75 ASA 5505

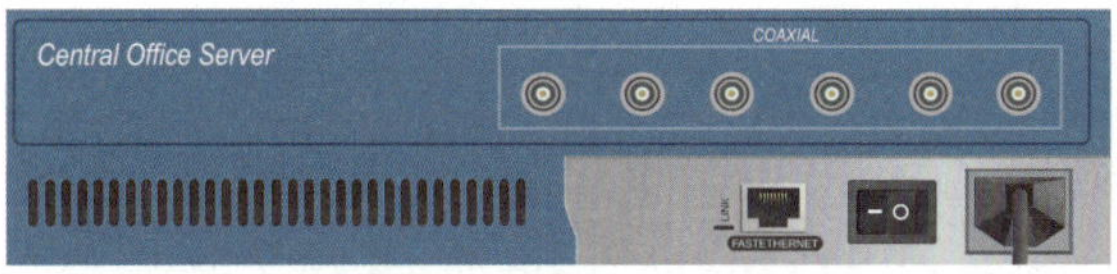

그림 1-76 Central Office Server

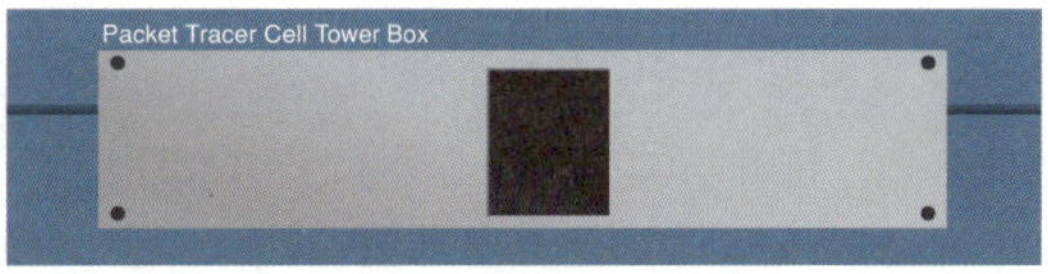

그림 1-77 Celll Tower

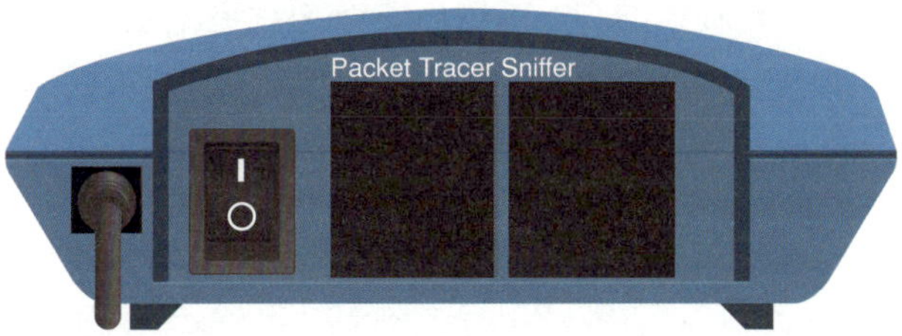

그림 1-78 Sniffer

장치 설정하기(Configuring Devices)

시스코 패킷트레이서에서는 라우터와 스위치는 물론, PC 및 서버와 같은 장치에 대해서도 실제 환경과 동일하게 설정을 수행하고, ping 등의 명령어를 통해 통신 상태를 확인할 수 있다. 그러나 패킷트레이서의 활용 목적이 학습용 시뮬레이션 소프트웨어이기 때문에 장비에 들어가는 실제 시스코 IOS에서와 같이 모든 명령어를 100% 지원하지는 않는다. PC와 서버는 실제 리눅스나 유닉스 및 Windows Server가 돌아가는 방식이 아닌 간단한 관련 설정만 하도록 되어 있다. 그렇지만 CCNA 국제 인증을 포함한 초급에서 중급 수준의 네트워크 관리를 위한 실습 도구로 활용하기에는 아무런 문제가 없고 패킷트레이서 버전 업그레이드에 따라 지원되는 명령어의 수도 점차 늘어나고 있다. 최근에는 CCNA Security 및 간단한 CCNA Voice 과정과 관련된 실습도 패킷트레이서에서 지원이 가능하다.

패킷트레이서에서는 네트워킹 장치를 설정할 수 있는 2가지 방법을 제공하고 있다. 라우터와 스위치의 경우 실제 장치에서의 설정 환경과 동일한 환경인 CLI를 이용하는 설정 방법과, 장치를 클릭했을 때 나타나는 화면에서 Config 탭으로 이동하여 설정하는 방법이 있다. Config 탭을 사용하여 장치를 설정해도 CLI에서 설정한 것과 동일하게 적용된다. 단 Config 탭에서는 일반적인 간단한 설정(라우팅 및 IP 주소 할당 등)을 할 수 있을 뿐, 이를 제외한 고급 설정은 CLI 모드에서 직접 설정하여야 한다.

Config 탭을 통한 라우터 설정

(1) **글로벌 설정**(Global Settings)

Config 탭의 글로벌 설정에서는 NVRAM을 지울 수 있고, NVRAM에 현재의 라우터 설정 내용을 저장할 수 있으며, Startup 설정 및 현재의 설정 파일을 텍스트 파일로 변환할 수 있다. 또한 라우터 인터페이스에 IP 주소를 할당할 수 있으며, 텍스트 파일로 저장된 라우터 설정 파일을 Startup 설정으로 읽어 들일 수 있고, 알고리즘 설정에서는 CBAC, TCP, Switching과 관련된 간단한 설정을 할 수 있다. 그림 1-79

(2) **라우팅 설정**(Routing Configuration)

Config 탭을 통해서는 Static 및 RIP 라우팅을 설정할 수 있다. RIPv2는 지원하지 않는다. 따라서 RIPv2를 설정하기 위해서는 CLI 모드에서 설정하여야 한다. RIP 설정과 관련된 네트워크 주소를 입력하거나 삭제할 수 있다. 패킷트레이서의 Config 탭의 글로벌 설정에서 설정하는 내용은 CLI 모드에도 동일하게 반영되는데, 이를 그림 1-80에서 확인할 수 있다.

(3) VLAN Database 설정(라우터 2620XM, 2621XM, PT-Router, PT-EmPty를 제외한 모든 라우터에서 지원됨)

패킷트레이서에서 지원하는 ISR(Integrated Services Router) 라우터인 819, 1841, 1941, 2811 라우터는 스위치와 관련된 모듈을 장착할 수 있는 모델이다. 라우터 2900 시리즈를 기반으로 하는 ISR2 라우터도 패킷트레이서에서 지원이 가능하며, 라우터 2901 및 2911이 이에 해당한다. ISR2는 기존의 ISR보다 우수한 성능과 기능을 가진다. 가장 큰 차이점은 라우터 운영체제인 IOS의 지원 여부이다. ISR2는 IOS 버전 15.0 이상이 기본으로 사용되지만, ISR은 12.0 기반의 운영체제를 기본을 사용한다. 그러나 ISR 장치에 사용되어 있는 12.0 기반의 운영체제도 15.0 기반의 운영체제로 업그레이드가 가능하다. 결과적으로 ISR에서도 ISR2의 15.0 운영체제를 사용할 수 있게 되었고, 패킷트레이서도 이 부분에 대한 실습이 가능하다. ISR 및 ISR2 라우터 Config 탭에서 VLAN을 설정하기 위해서는, 그림 1-81에서와 같이 VLAN 번호(VLAN Number)와 VLAN 이름(VLAN Name)을 입력한 후 Add 버튼을 누르면 바로 아래의 화면에서 VLAN이 생성되는 것을 확인할 수 있다. 한편 기존의 VLAN을 삭제하기 위해서는, 삭제하고자 하는 VLAN 번호를 선택한 후 Remove 버튼을 누르면 해당 VLAN 정보가 삭제된다.

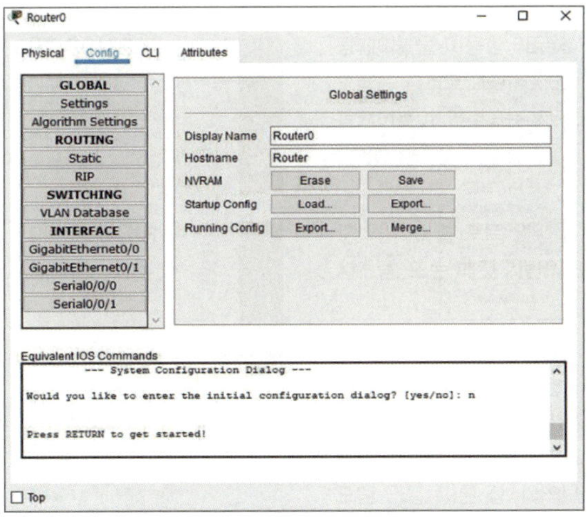

그림 1-79 라우터 글로벌 설정

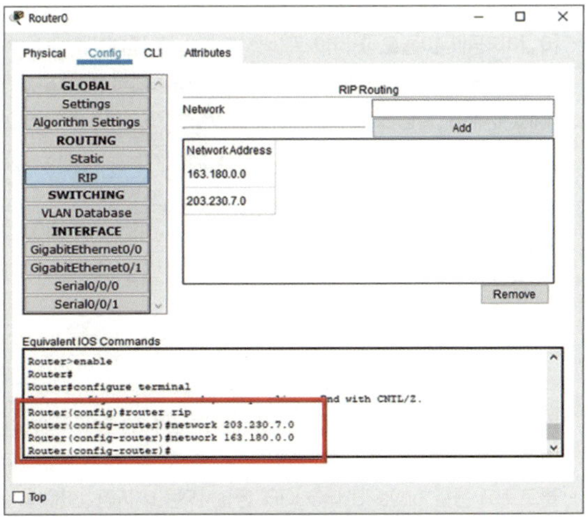

그림 1-80 Config 탭을 통한 라우팅(RIPv1) 설정

(4) 인터페이스 설정

Config 탭에서는 라우터에 있는 모든 인터페이스에 대한 설정을 지원한다. 인터페이스를 활성화 또는 비활성화시킬 수 있으며 대역폭(Bandwidth), 이중 전송(Duplex) 모드 중에서 전이중 전송 모드(Full Duplex) 또는 반이중 전송 모드(Half Duplex) 선택, Mac 주소, IP 주소 및 서브넷 마스크, Tx Ring Limit, Clock Rate 등을 직접 설정할 수 있다.그림 1-82

(5) CLI 설정

패킷트레이서에서 사용하는 IOS는 실제 장비에서 사용되는 IOS의 축소판이다. 따라서 지원되는 명령어에 차이가 있다. 패킷트레이서 지원하는 IOS 명령어는 부록을 참고한다. 본서에서는 이후 라우터와 스위치의 경우 CLI 설정을 기준으로 기술한다.

Config 탭을 통한 스위치 설정

라우터와 마찬가지로, 스위치에 대해서도 Config 탭을 이용한 설정을 할 수 있으며 Config 탭을 통한 설정 내용은 CLI 모드에 동일하게 적용된다. 스위치가 L2인 경우, 라우팅 관련 설정을 할 수 없지만, L3 스위치인 경우는 라우터와 동일하게 Routing을 설정할 수 있다. 라우터와 마찬가지로 스위치의 Config 탭에서도 모든 명령어를 다 사용할 수 없으므로, 고급 설정은 CLI 모드에서 직접 설정하여야 한다.

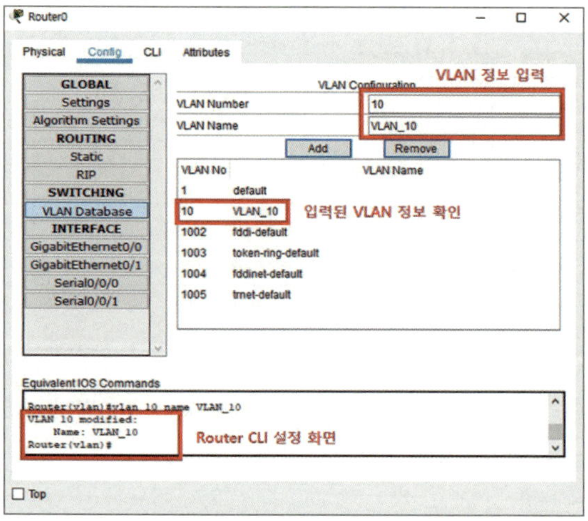

그림 1-81 VLAN 설정

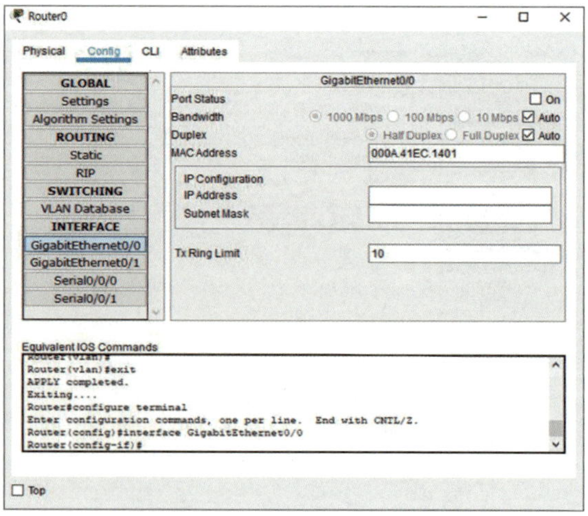

그림 1-82 인터페이스 설정

(1) 글로벌 설정(Global Settings)

스위치의 글로벌 설정은 라우터와 동일하므로, 앞에 설명한 라우터 설정을 참고한다.

(2) **라우팅 설정(L3 스위치인 카탈리스트 3560-24PS 및 3650-24PS에서만 지원됨)**

L3 스위치인 카탈리스트 3560-24PS는 멀티레이어 스위치이다. 따라서 IP 라우팅을 지원한다. 그림 1-84에 보인 것처럼 Static과 RIP을 설정할 수 있으며, 라우터와 달리 멀티레이어 스위치인 3560-24PS는 반드시 CLI 모드에서 ***ip routing***이라는 명령어가 먼저 입력이 된 후 라우팅 프로토콜을 설정하여야 한다. RIPv2를 설정하기 위해서는 CLI 모드로 이동하여야 한다. Config 탭에서의 라우팅 설정 방법은 라우터의 설정 방법과 동일하므로, 앞의 라우터 설정을 참고한다.

```
Switch>enable
Switch#conf t
Enter configuration commands, one per line. End with CNTL/Z.
Switch(config)#ip routing
```

Linksys WRT300N 무선 라우터

WRT300N 무선 라우터의 설정 방법은 Config 탭을 이용하는 방법과 GUI 탭을 이용하는 방법이 있다. 패킷트레이서에서는 CLI를 이용한 무선 라우터 설정 방법은 지원하지 않으며, 실제 사용하는 장비도 GUI 형태로 설정하므로, 무선 라우터의 경우에는 GUI를 많이 활용하는 것이 좋겠다.

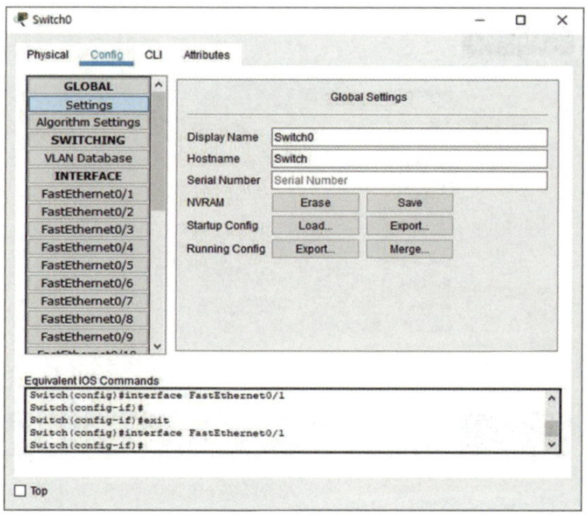

그림 1-83 스위치 글로벌 설정

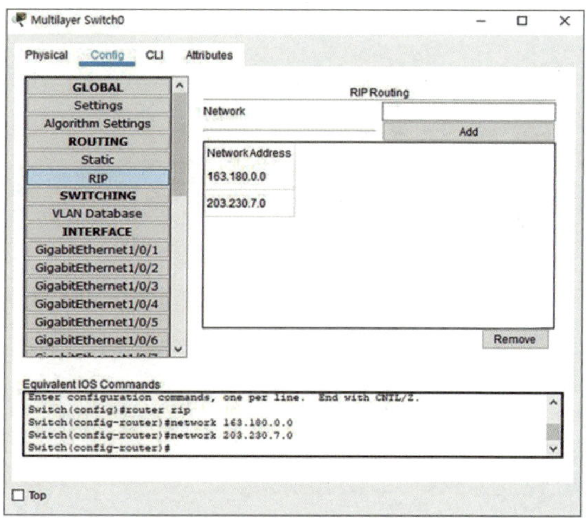

그림 1-84 L3 스위치 라우팅 설정

(1) 글로벌 설정(Global Settings)

WRT300N 무선 라우터의 글로벌 설정에서는 이름만 변경할 수 있으며, 알고리즘 설정에서는 CBAC, TCP, Switching과 관련된 간단한 설정을 할 수 있다.

(2) 인터페이스 설정

WRT300N 무선 라우터는 내부의 PC들을 위해 LAN 인터페이스를 설정해야 하며, 외부 인터넷 접속을 위해 Internet 설정을 해야 하며, 또한 그림 1-85에 보인 것처럼 무선 설정도 해야 한다. 이보다 더 자세한 설정은 GUI 설정을 통해 할 수 있다.

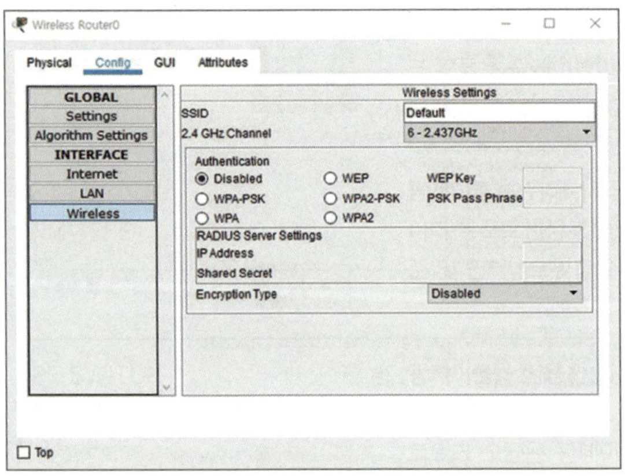

그림 1-85 무선 라우터 Config 탭의 Wireless Settings

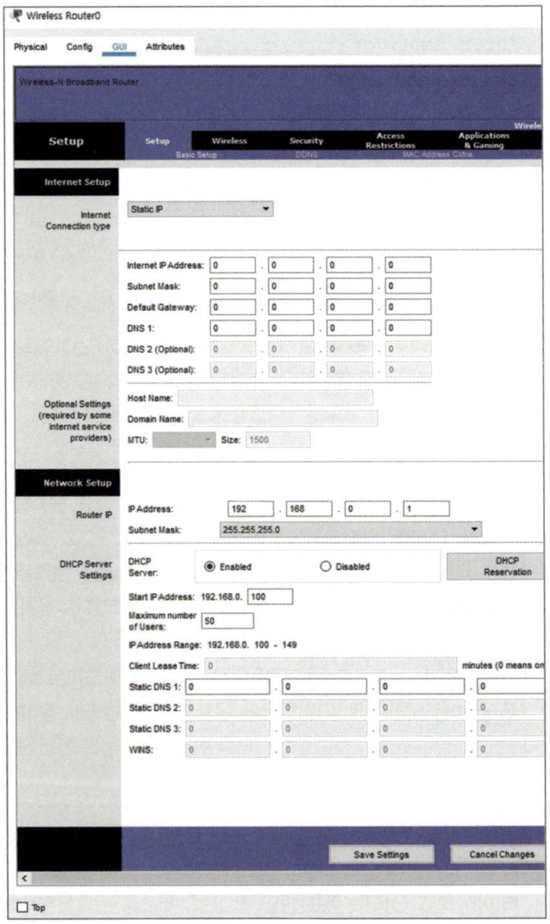

그림 1-86 무선 라우터 GUI Setup 화면

(3) GUI 설정

패킷트레이서에서 지원하는 WRT300N 무선 라우터의 GUI 설정에서는 모든 설정을 지원하는 것이 아니고 가장 기본적인 설정만 지원한다는 것에 유의한다. 우선 Internet Setup에서는 무선 네트워크들이 인터넷에 접속되는 방식에 대해서 선택한다. 만약 PPPoE 설정을 통해 라우터와 연결되어 있다면 이 항목을 선택하고, 라우터로부터 DHCP를 통해 IP를 받아 온다면 DHCP를 선택

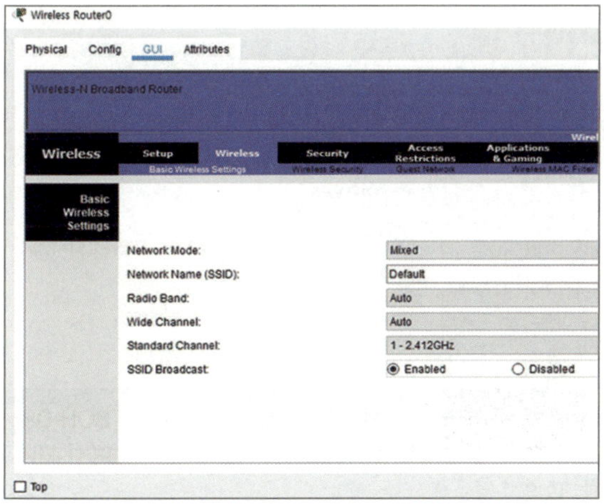

그림 1-87 무선 라우터 SSID 및 Radio Band 설정

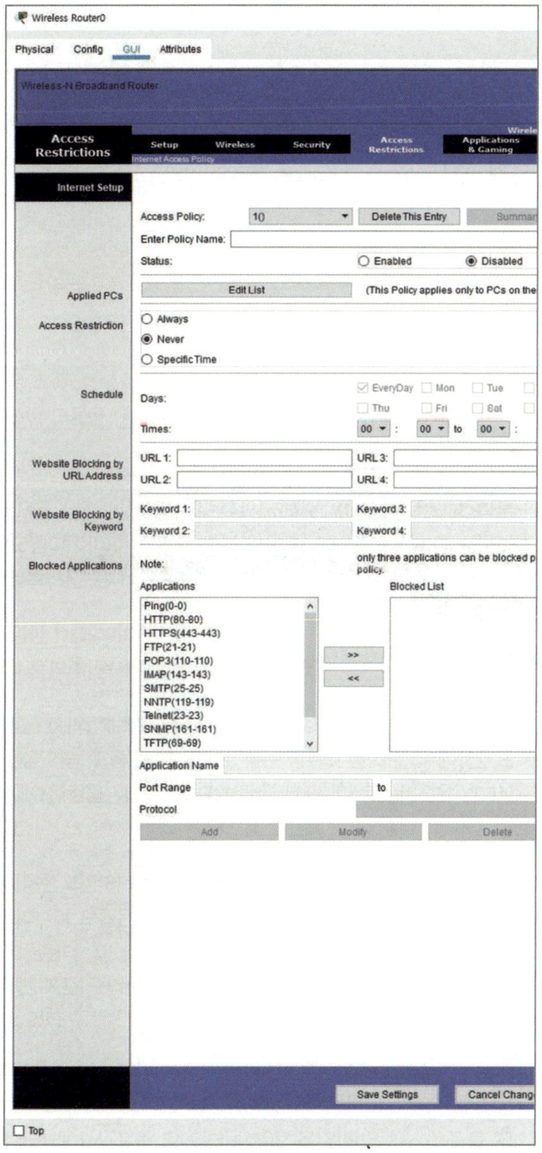

그림 1-88 무선 라우터 인터넷 접속 정책 설정

하며, 수동으로 IP를 할당 받았다면 Static을 선택한다. Network Setup은 무선 라우터와 연결되는 PC들에게 IP를 DHCP로 할당할 수 있고, 만약 DHCP로 할당한다면 이와 관련된 옵션을 설정할 수 있도록 구성되어 있다. 설정을 모두 마친 후에는 화면 맨 아래의 저장(Save Settings) 버튼을 누르는 것을 잊지 않도록 한다.그림 1-86

Wireless 설정에서는 어떠한 채널을 사용할 것인지와, SSID 및 Radio Band 등과 관련된 옵션 등을 설정할 수 있다.그림 1-87

Access Restrictions 설정에서는 인터넷 접속 정책을 만들어 특정 서비스를 받지 못하게 설정할 수 있다. 시간대별로 이 정책을 적용할 수도 있으며, 특정 URL을 차단하거나 특정 키워드가 들어간 웹사이트를 차단할 수도 있다. 무선 라우터에 연결된 모든 무선 장치들에게 접속 정책을 적용시킬 수도 있지만, MAC 주소 또는 IP 주소를 기반으로 특정 무선 장치만 접속 정책을 적용시킬

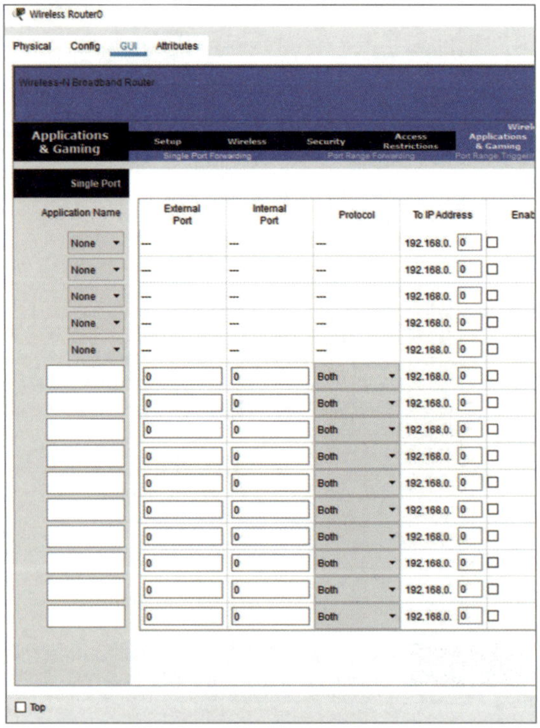

그림 1-89 무선 라우터 외부 및 내부 포트 맵핑

그림 1-90 무선 라우터 관리

수도 있다.그림 1-88

Applications & Gaming 설정에서는 외부 포트와 내부 포트를 애플리케이션별로 맵핑시킬 수가 있다.그림 1-89

Administration 설정에서는 무선 라우터에 접속 시 암호를 설정하거나 원격 접속 시 http 또는 https를 사용해서 접속할지의 여부에 대하여 설정할 수 있다. 또한 무선 라우터의 설정 내용을 백업하거나, 이전에 설정되었던 내용을 다시 불러올 수도 있다.그림 1-90

제일 우측의 Status 메뉴는 현재의 WRT300N 무선 라우터의 전체적인 상황을 요약하여 보여주는 항목이다.그림 1-91

그림 1-91 무선 라우터 상태 보기

PC 설정

PC의 IP 주소 정보 설정은 Config 탭을 이용할 수도 있고그림 1-92 Desktop 탭을 이용할 수도 있다. IPv4 주소와 마찬가지로 IPv6 주소를 설정할 수 있다. 모든 PC는 MAC 주소를 포함하고 있는데, Config 탭에서 임의의 MAC 주소로 변경이 가능하다.

Desktop 탭을 통한 설정은 Config 탭을 통한 설정보다 더 다양한 환경에서 설정을 진행할 수 있다. 아래에 각각의 Desktop 탭 하위 메뉴 항목별로 활용 방법을 간략히 요약한다.

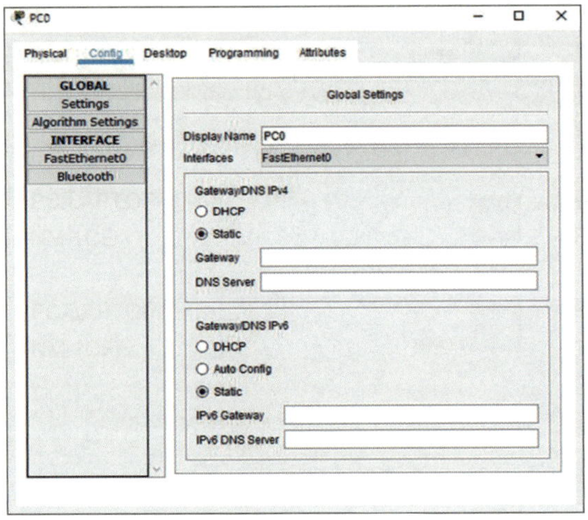

그림 1-92 Config 탭에서 PC IP 설정

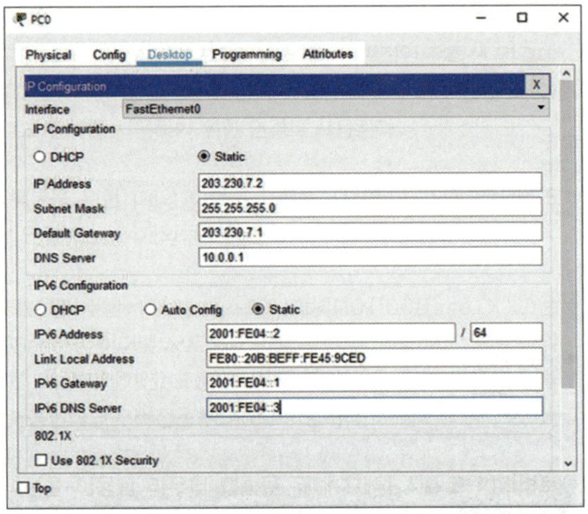

그림 1-93 Desktop 탭에서 PC IP 설정

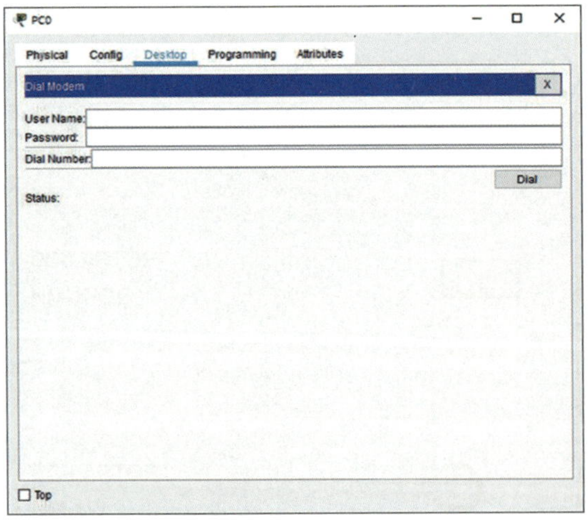

그림 1-94 Desktop 탭에서 Dial 모뎀 접속

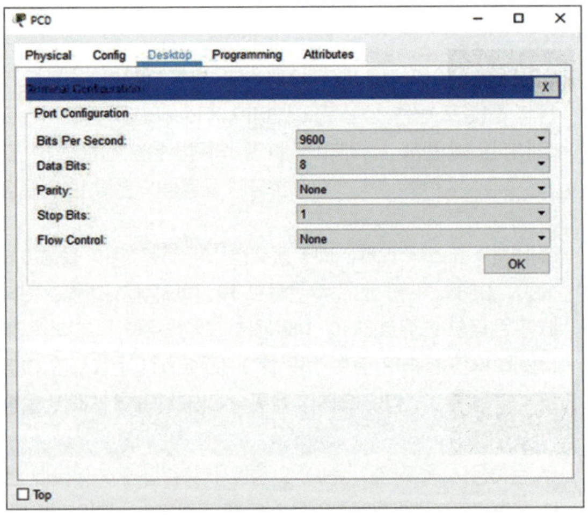

그림 1-95 Desktop 탭에서 Terminal 설정

① **IP Configuration**: IP 주소 정보, 서브넷 마스크, 디폴트 게이트웨이, DNS 서버 정보, DHCP 설정 여부, IPv6 주소 등을 설정할 수 있다.그림 1-93

② **Dial-up**: 모뎀으로 접속할 경우 사용한다.그림 1-94

③ **Terminal**: 라우터나 스위치로의 Console 접속 시 사용한다.그림 1-95

④ **Command Prompt**: ping 명령을 수행하거나 SSH 접속을 하거나 IP 주소가 올바로 설정되었는지 확인하기 위해 사용한다. 사용할 수 있는 명령어가 제한적이며, 그 종류는 그림 1-96에 보인 것과 같다.

⑤ **Web Browser**: 웹브라우저를 이용하여 http 서버 또는 https 서버에 접속 시 사용한다.그림 1-97

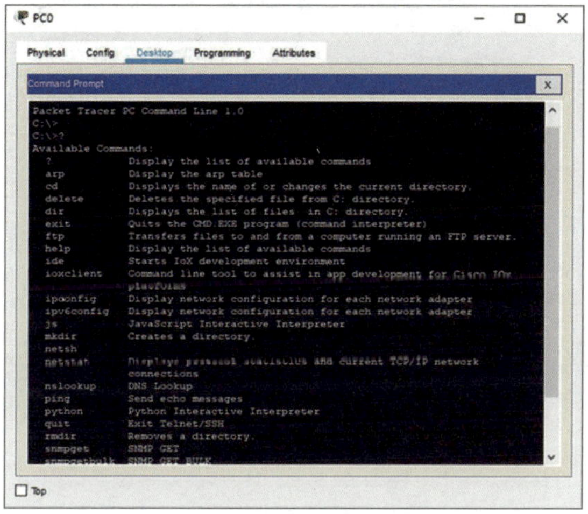

그림 1-96 Desktop 탭에서 Command Prompt

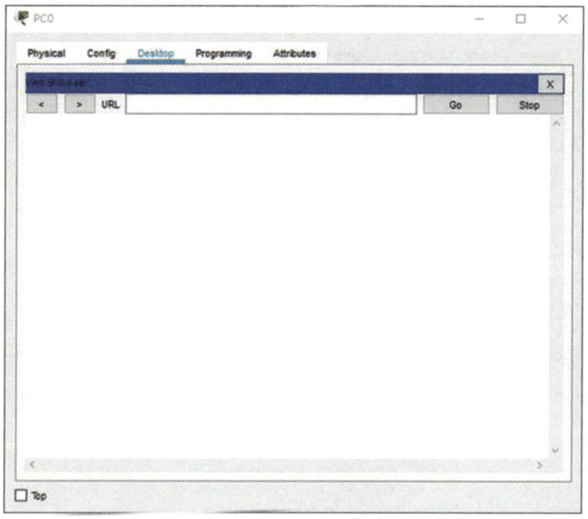

그림 1-97 Desktop 탭에서 Web Browser

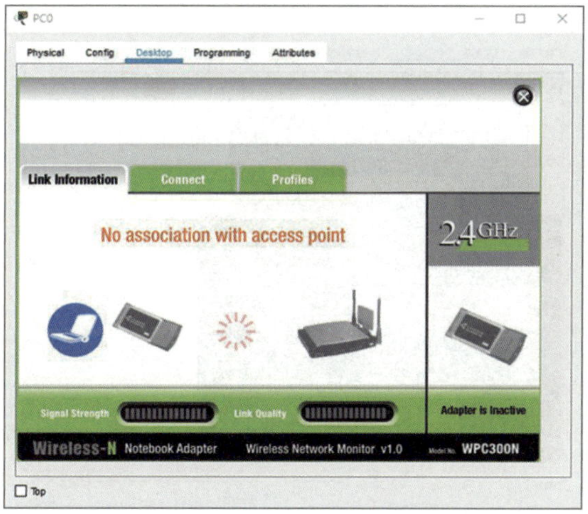

그림 1-98 Desktop 탭에서 PC Wireless

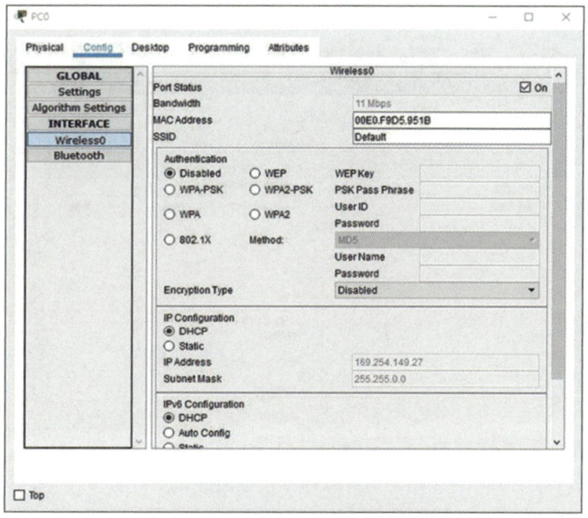

그림 1-99 Config 탭에서 PC Wireless 설정

⑥ **PC Wireless**: PC에 무선 랜 카드가 장착되어 있을 경우 연결 설정에 관한 사항만 설정 가능하며, SSID를 포함한 다양한 무선 설정은 Config 탭을 이용하여 수행한다.그림 1-98, 1-99

⑦ **VPN**: 라우터(VPN 서버로 구성되어 있을 경우)에 VPN을 이용하여 접속 시 사용한다.그림 1-100

⑧ **Traffic Generator**: 트래픽 생성 시 사용한다.그림 1-101

⑨ **MIB Browser**: 라우터나 스위치에 SNMP가 설정되어 있을 경우, OID 값을 통해 정보를 가지고 올 수 있다.그림 1-102

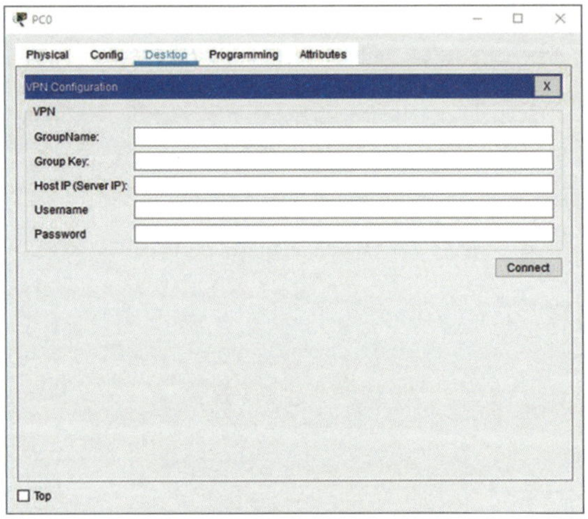

그림 1-100 Desktop 탭에서 PC VPN 접속

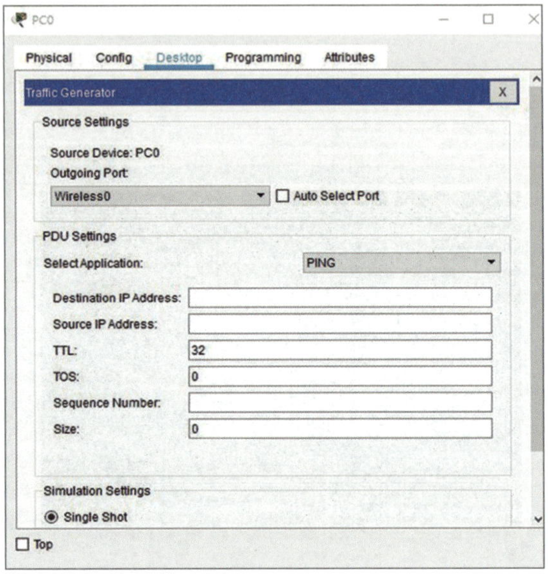

그림 1-101 Desktop 탭에서 Traffic Generator

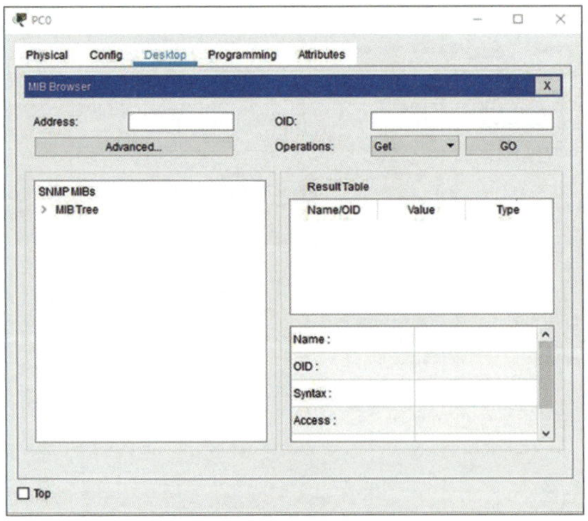

그림 1-102 Desktop 탭에서 MIB Browser

그림 1-103 Desktop 탭에서 Cisco IP Communicator

⑩ **Cisco IP Communicator**: 컴퓨터상에서 동작하는 소프트웨어 IP 폰이며, VoIP와 관련된 설정이 라우터에 설정되어 있을 경우 전화 걸기 및 전화 받기 등의 동작을 수행할 수 있다.그림 1-103

⑪ **E-mail**: 다른 컴퓨터와 이메일을 주고받을 수 있다.그림 1-104

⑫ **PPPoE Dialer**: 라우터에 PPPoE 방식으로 접속할 때사용한다.그림 1-105

⑬ **Text Editor**: 간단한 텍스트를 작성하여 저장하고 불러올 수 있다.그림 1-106

⑭ **Firewall**: IPv4 기반의 소프트웨어 방화벽을 구성할 수 있다.그림 1-107

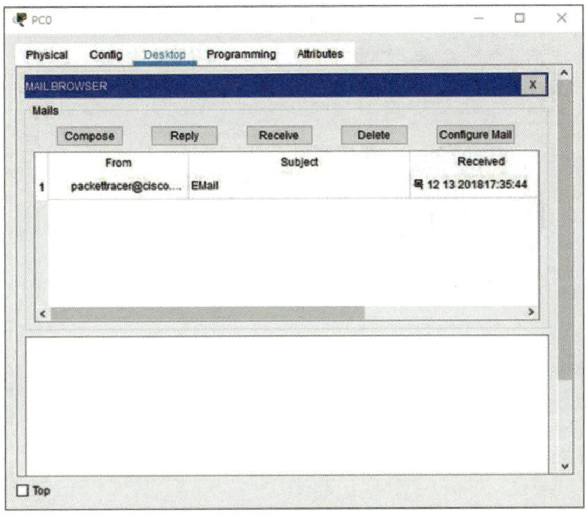

그림 1-104 Desktop 탭에서 이메일 주고받기

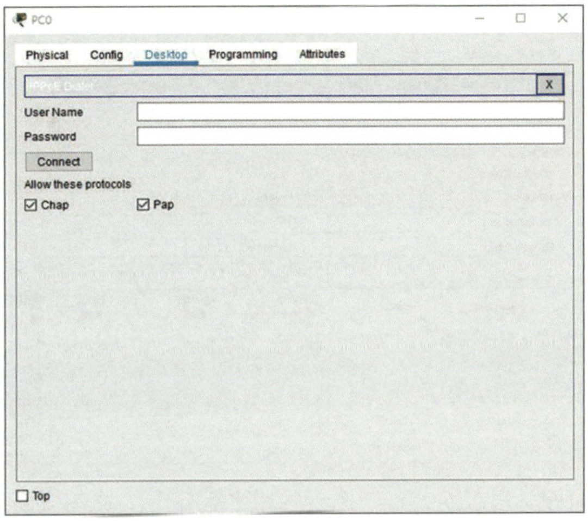

그림 1-105 Desktop 탭에서 PPPoE Dialer

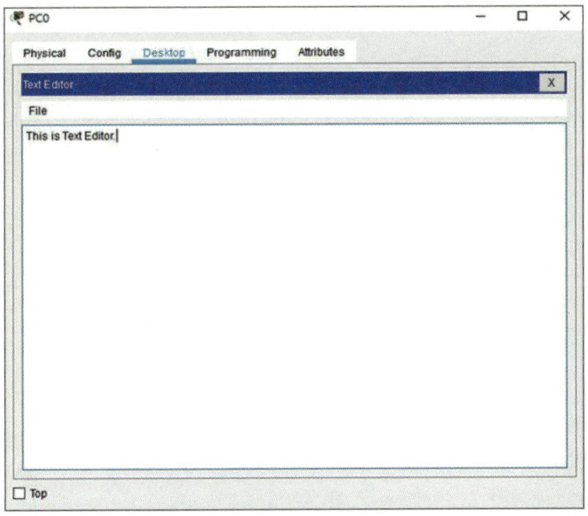

그림 1-106 Desktop 탭에서 Text Editor

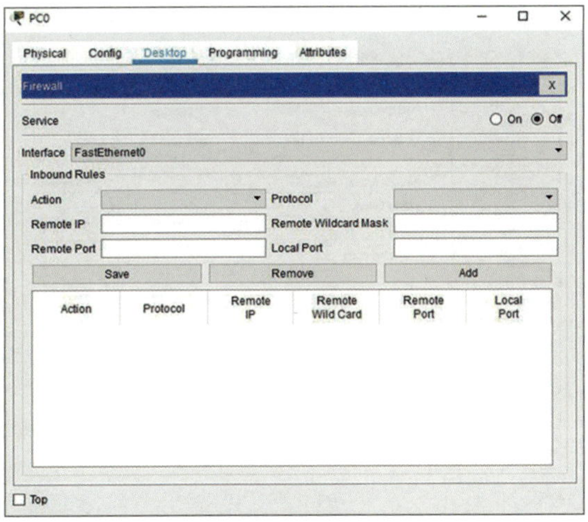

그림 1-107 Desktop 탭에서 Firewall

⑮ **Pv6 Firewall**: IPv6 기반의 소프트웨어 방화벽을 구성할 수 있다.그림 1-108

⑯ **Netflow Collector**: 주고받는 인터넷 트래픽의 종류에 대해서 GUI 형태로 볼 수 있다.그림 1-109

서버 설정

패킷트레이서의 서버에는 그림 1-110에 보인 것처럼 HTTP, DHCP, TFTP, DNS, SYSLOG, AAA, NTP, EMAIL, FTP 서버가 동작하고 있으므로, 이를 활용하면 더 다양하고 다채로운 실습을 진행할 수 있다.

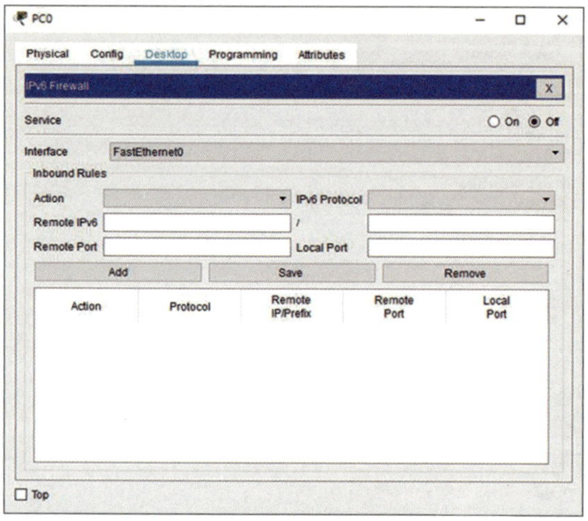

그림 1-108 Desktop 탭에서 IPv6 Firewall

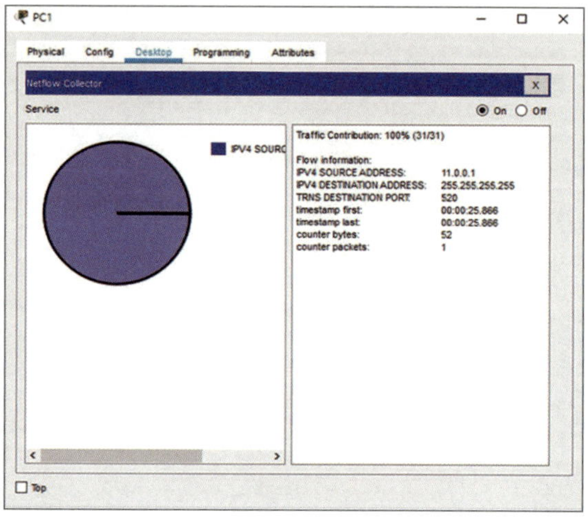

그림 1-109 Desktop 탭에서 Netflow

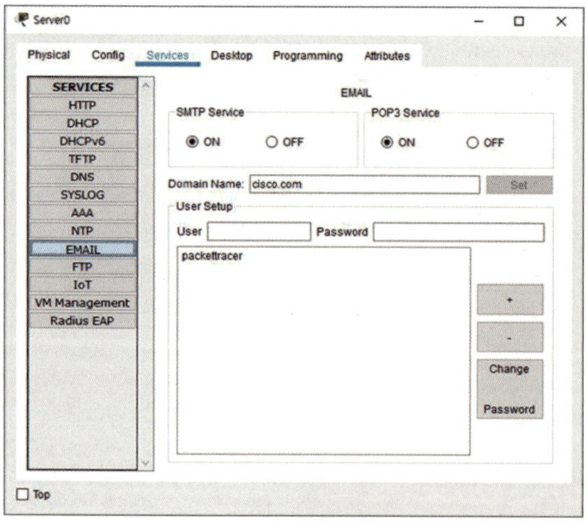

그림 1-110 패킷트레이서에서 지원되는 서버 종류

Activity Wizard

패킷트레이서의 Activity Wizard는 미리 정해진 어떤 요구 사항을 기준으로 패킷트레이서 네트워크 토폴로지가 어느 정도 완성이 되었는지를 확인할 수 있게 해주는 또는 그러한 액티비티 파일을 제작할 수 있게 해주는 마법사이다. 패킷트레이서 액티비티 파일의 확장자는 .PKA로 끝나며 전체 설정이 얼마만큼 완료되었는지에 대한 완성도(%)와 어느 부분이 설정되지 않았는지에 대한 정보를 제공한다. 필요에 따라서는 이러한 정보를 감출 수도 있으며, 여러 가지 다양한 시험에 활용될 수 있다.

Activity Wizard를 사용하여 패킷트레이서 액티비티 파일을 생성하려면 2가지 파일이 필요한데, 하나는 아무것도 설정되어 있지 않은 초기 토폴로지 파일이고 다른 하나는 설정이 완벽하게 끝난 정답 토폴로지 파일이다. 아래의 순서를 통해 Activity Wizard를 실행시켜 액티비티 파일을 만들 수 있다.

① 패킷트레이서 메뉴에서 Extensions → Activity Wizard를 선택하거나, 단축키 Ctrl+W를 눌러 실행할 수도 있다.

② 그림 1-111의 Welcome 화면에서 PKA를 만든 저자와 관련된 정보를 입력한 후 좌측 메뉴의 Instructions를 클릭한다.

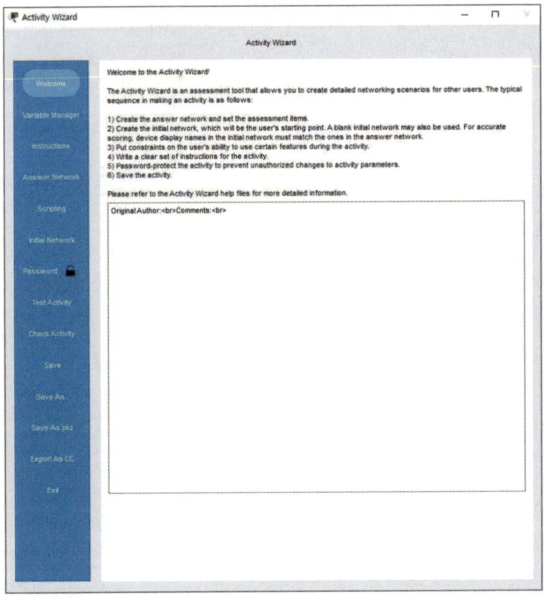

그림 1-111 Activity Wizard에서 Welcome 화면

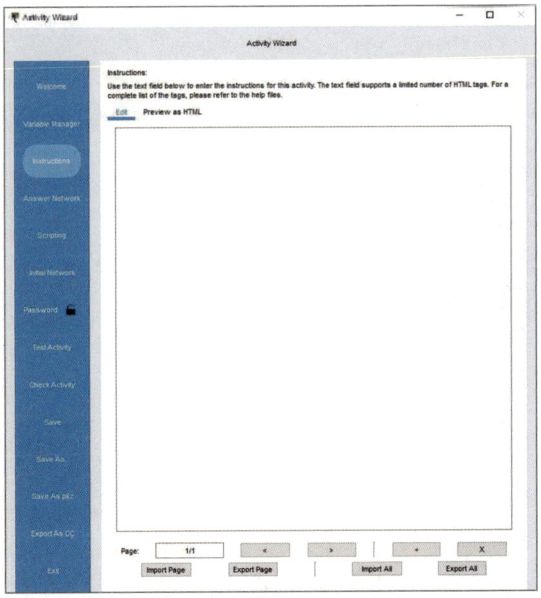

그림 1-112 Activity Wizard에서 Instructions 화면

③ 그림 1-112의 Instructions 화면의 Edit 탭에 이 액티비티 파일을 실행할 경우 팝업 창에 표시할 메시지를 입력한다. 이 메시지 창에는 보통 액티비티 파일 수행에 필요한 여러 가지 요구 사항들이 기술될 것이다. + 버튼을 눌러 팝업 창의 전체 페이지 수를 늘릴 수도 있으며 x 버튼을 눌러 특정 페이지를 삭제할 수도 있다. 팝업 메시지를 입력하고 난 후에는 좌측 메뉴의 Answer Network를 클릭한다.

④ 그림 1-113의 Answer Network 화면에서 Import File to Answer Network 버튼을 클릭하여 미리 만들어놓

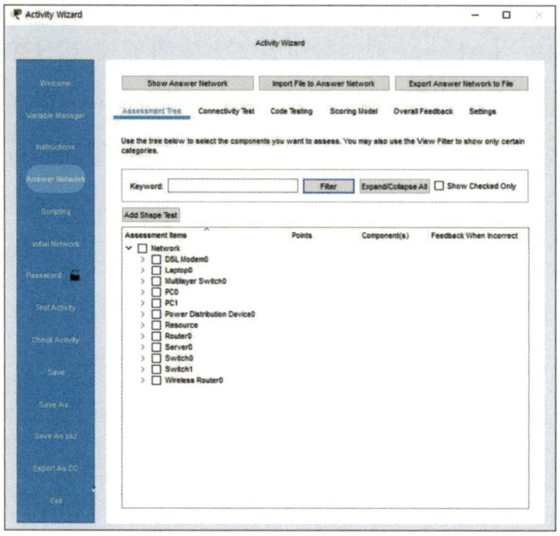

그림 1-113 Activity Wizard에서 Answer Network 화면

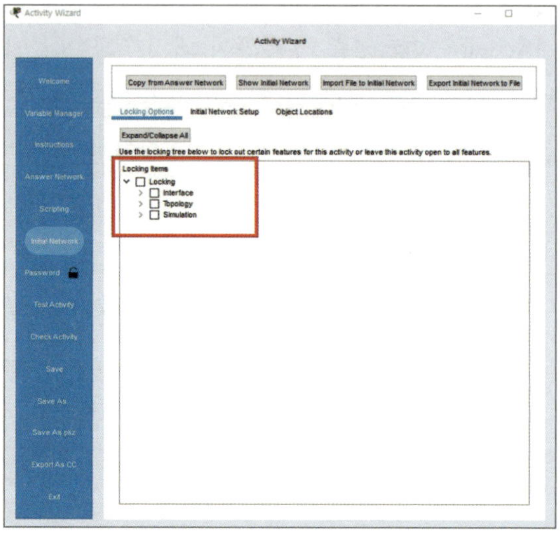

그림 1-114 Activity Wizard에서 Initial Network 화면

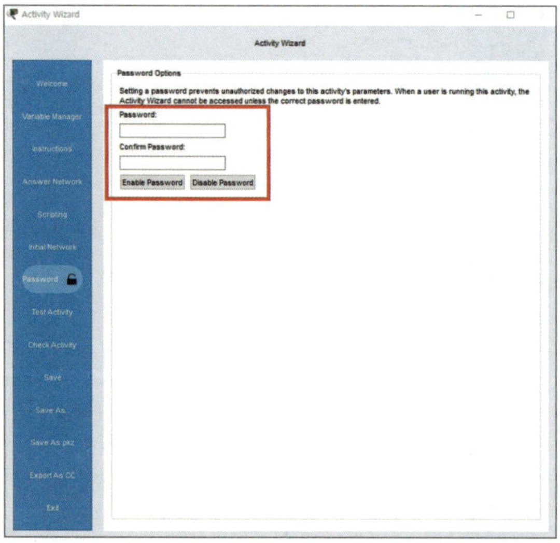

그림 1-115 Activity Wizard에서 Password 설정 화면

은 정답 PKT 파일을 읽어온다. PKT 파일을 읽어오면 Assessment Items에 정답을 체크할 항목들이 자동으로 뜨고, 이때 정답을 체크할 항목들을 체크하면 된다. 다음으로 좌측 메뉴의 Initial Network를 클릭한다.

⑤ 그림 1-114의 Initial Network 화면에서 Import File to Initial Network 버튼을 클릭하여 액티비티 수행에 사용할 초기 파일을 불러온 후, 액티비티 수행 시 사용자들에게 보여줄 항목과 보이지 않을 항목을 신중히 고려한 후 선택한다. 다음으로 좌측 메뉴의 Password를 클릭한다.

⑥ 그림 1-115의 암호 설정 화면에서 Activity Wizard에 암호를 걸어 이 액티비티의 관리자 또는 제작자 이외에는 액티비티 내용을 수정할 수 없도록 한다. 암호를 저장한 이후에는, 좌측 메뉴의 Test Activity를 클릭하여 위에서 설정한 내용들이 잘 적용되었는지 확인한 후 이상이 없으면 Save 메뉴를 클릭하여 파일을 저장한다.

멀티유저(Multiuser)

패킷트레이서에서는 여러 명의 사용자가 협력하여 하나의 커다란 네트워크 토폴로지를 구성할 수 있게 하는 멀티유저 기능을 지원하고 있다. 예를 들어 2명의 서로 다른 패킷트레이서 사용자가 각자의 패킷트레이서 소프트웨어를 사용하여 자신의 관리하에 있는 네트워크에 대한 설정을 마치고, 멀티유저 기능을 이용하여 두 개의 독립된 네트워크를 하나의 단일 네트워크로 통합하여 상호간에 정보 교환을 할 수 있는 것이다. 패킷트레이서는 이러한 멀티유저 기능을 위해서 PTMP(Point-to-Multipoint)를 사용하며, TCP 포트 38000번을 기본으로 이용하고, 만약 38000번이 사용되고 있다면 포트 번호는 자동으로 변경된다. 연결을 위한 기본 암호는 cisco로 설정되어 있으며, wireless는 지원하지 않는다. 멀티유저 기능을 이용한 네트워크 연결 방법은 다음과 같다.

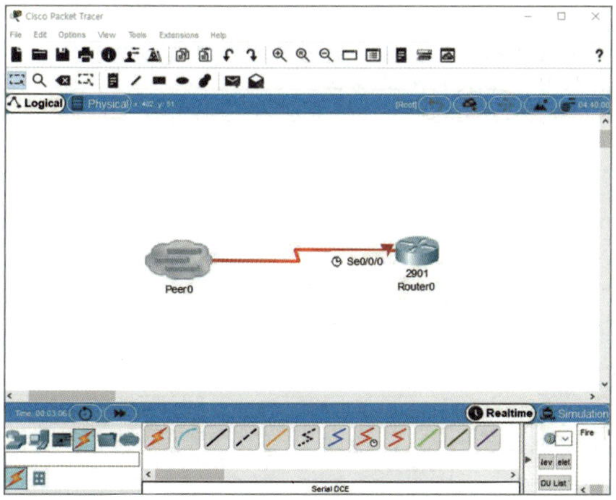

그림 1-116 Multiuser를 위한 Peer0 생성

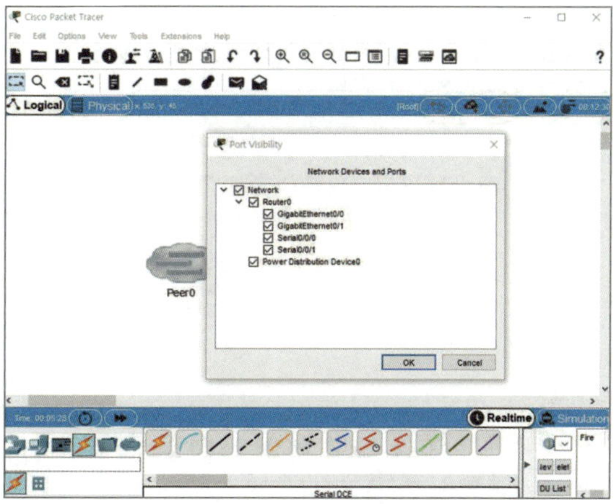

그림 1-117 Multiuser를 위한 Port Visibility 설정

① 연결을 시도하는 패킷트레이서에서 장치 도구상자의 Multiuser Connection을 클릭하여 그림 1-116과 같이 Peer0를 만들고 다른 사용자의 장치에 연결하고자 하는 장치를 Peer0와 연결한다. 장치 간의 연결을 위해서 자동 선택 연결 유형은 사용할 수 없으므로 직접 수동으로 Peer0에 연결한다. 또한 그림 1-117과 같이 Extensions → Multiuser → Port Visibility에서 모든 포트를 체크해둔다.

② 연결을 받고자 하는 패킷트레이서에서 Extensions → Multiuser → Listen을 선택하면 그림 1-118과 같은 Multiuser Listen 화면이 나타난다. 포트 번호가 38001번으로, 그리고 암호는 cisco로 기본 설정되어 있음을 알 수 있다. 암호는 필요에 따라 다른 값으로 변경하여 사용할 수 있으며, 원격지 네트워크로부터의 접속 시도에 대한 응답 방법(항상 수락, 항상 거절, 프롬프트 처리 등)을 설정할 수도 있다. 이 예에서는 기본 설정

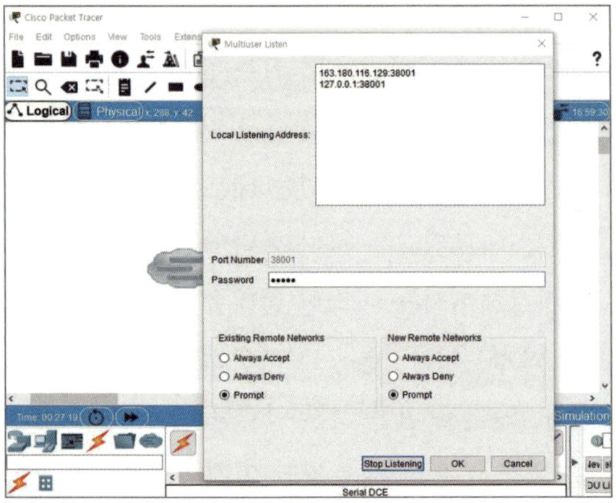

그림 1-118 Multiuser를 위한 Listen 설정

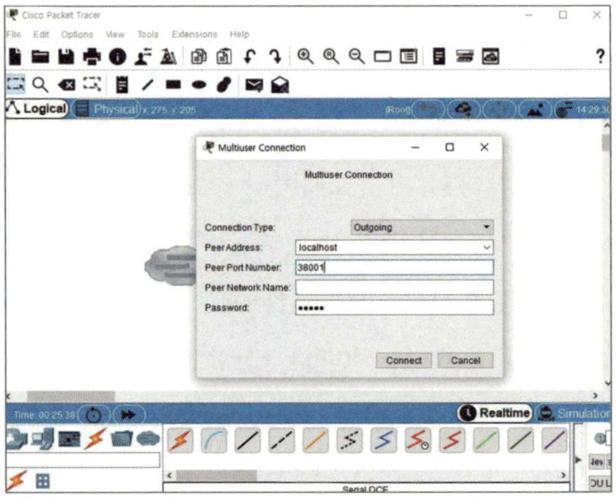

그림 1-119 Multiuser Connection

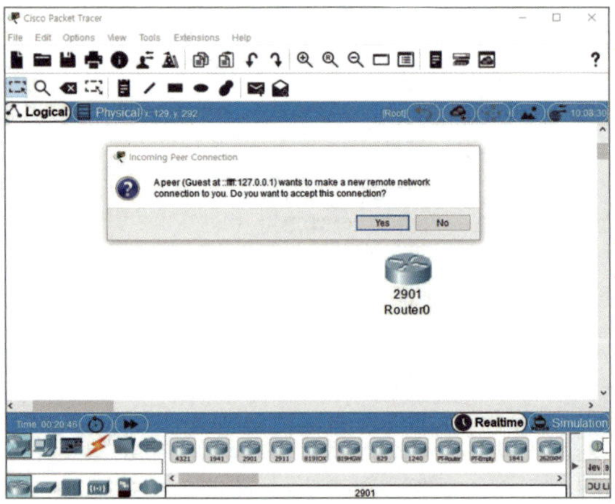

그림 1-120 Multiuser 연결 수락

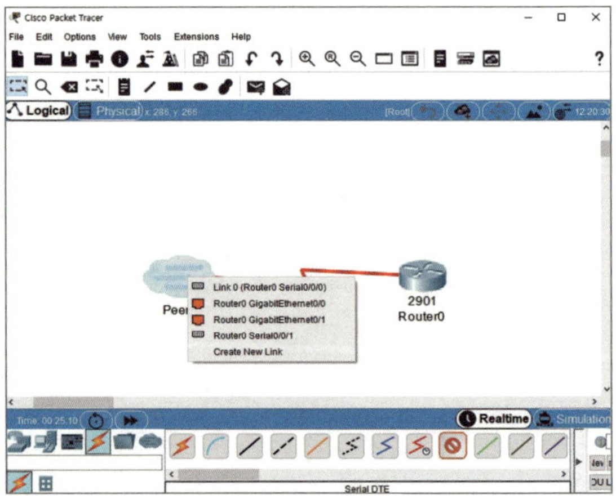

그림 1-121 Multiuser 연결

(암호: cisco, 응답 방법: Prompt)을 사용하는 것으로 가정한다.

③ 다음으로 연결하고자 하는 패킷트레이서 화면에서 Peer0를 클릭하면 그림 1-119와 같이 Multiuser Connection 팝업 창이 나오는데, 연결 유형(Connection Type) 드롭다운 목록에서 Outgoing을 선택하고, 연결할 상대 컴퓨터의 IP 주소 정보와 멀티유저 연결 암호를 입력하고 Connect 버튼을 클릭한다. Peer Network Name은 필요에 따라 고유의 이름을 입력할 수도 있고, 필수 사항이 아니므로 입력하지 않아도 된다. IP 주소 정보 입력 시 포트 번호는 위의 ② 단계의 포트 번호와 반드시 일치해야 함에 주의한다. 한편 그림 1-119의 예제 화면은 동일한 컴퓨터 상에서 패킷트레이서 프로그램을 2개 실행하여 멀티유저 기능을 테스트한 결과이므로 Peer Address 정보란에 IP 주소 정보 대신 localhost, Peer Port Number는 38001을 사용하였음을 참고하도록 한다.

④ 연결 요청이 이루어지면(위의 ③ 단계의 Connect 버튼 클릭 액션), 이 요청을 받는 컴퓨터에는 그림 1-120과 같은 알림 메시지가 나타나면서, 현재의 연결 요청을 수락할지에 대하여 물어온다. 이때 Yes 버튼을 클릭하여 연결 요청을 수락하면 된다.

⑤ 연결 요청이 수락되면 패킷트레이서의 작업 공간에 그림 1-121에 보인 것처럼 Peer0 아이콘이 생성되고, 상대측 장치에 연결할 네트워킹 장치와 생성된 Peer0의 적절한 인터페이스를 서로 연결하면 된다.

PACKET TRACER

Cisco Networking Academy Program
A Powerful Network Simulation Tool

제2장

OSI 참조 모델, TCP/IP, 서브넷팅

CHAPTER

02 OSI 참조 모델, TCP/IP, 서브넷팅

OSI(Open Systems Interconnection) 참조 모델

컴퓨터 네트워크를 구성하는 네트워킹 장치들이 데이터를 어떻게 주고받는지에 대한 이해를 하는 것이 컴퓨터 정보통신 분야를 학습하기 위한 기본이라 할 수 있고, OSI 참조 모델은 이러한 컴퓨터 네트워크를 이해하는 데 있어 가장 먼저 숙지해야 할 사항이다. OSI 참조 모델은 또한 컴퓨터 네트워크를 설계하거나 네트워크 프로토콜을 설계하기 위한 지침으로 이용되기도 한다. OSI 참조 모델은 그림 2-1과 같이 7개 계층으로 나뉘어져 있으며, 각 계층별로 고유한 기능을 가지고 있다.

OSI 참조 모델은 1947년에 창설된 ISO(International Organization for Standardization)에서 개방형 시스템 간의 통신을 위해 제안한 것이며, 물리 계층(Physical Layer), 데이터링크 계층(Data

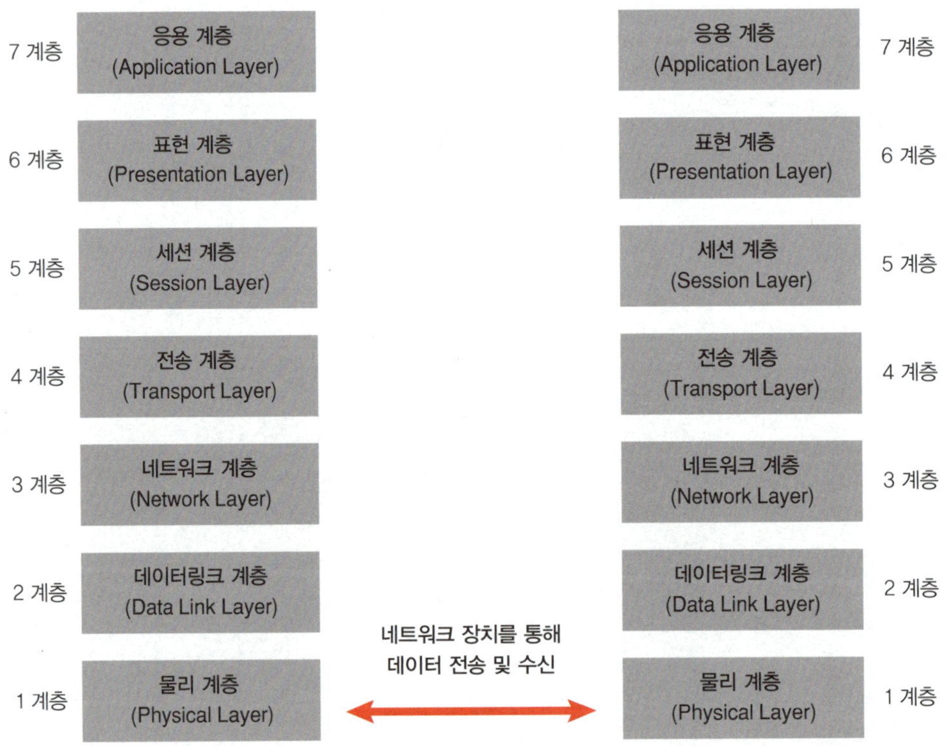

그림 2-1 OSI 참조 모델

-link Layer), 네트워크 계층(Network Layer), 전송 계층(Transport Layer), 세션 계층(Session Layer), 표현 계층(Presentation Layer), 응용 계층(Application Layer)으로 구성되어 있다. 데이터를 전송하는 호스트는 응용 계층에서 시작하여 물리 계층으로 사용자 데이터를 내려보내고, 데이터를 수신하는 호스트는 거꾸로 물리 계층에서 응용 계층으로 데이터를 올려보내는 계층화된 구조를 사용하고 있기 때문에 서로 다른 장치 간에 어떻게 네트워크를 통해 데이터를 주고받는지에 대한 명확한 설명이 가능하다. 또한 이러한 표준화된 모델을 사용함으로써 이기종 장치 간에도 데이터를 주고받을 수 있으며 운영체제(Operating System)가 다른 상황에서도 통신에 아무런 문제가 되지 않는다. 그러면 OSI 참조 모델에 대해서 자세히 알아보도록 하자.

물리 계층(Physical Layer)

물리 계층은 사용자 데이터를 물리 매체상에서 소통이 가능한 통신 신호로 변환하여 전송하는 역할을 담당하는 계층으로, 신호 전송을 위한 링크의 설정과 유지 그리고 전기적, 기능적, 절차적, 물리적 특성들을 포함하고 있다.

- **전기적 특성**: 전압 레벨과 전압이 변하게 되는 시점과 관련된 특성이다.
- **기능적 특성**: 매체를 통해 물리적으로 연결된 장치 간에 데이터를 주고받을 때 사용되는 케이블의 기능적 특성(와이어링 맵, 핀의 기능)을 정의한다.
- **절차적 특성**: 데이터를 성공적으로 전송하기 위한 절차를 규정한다.
- **물리적 특성**: 표준(RS-232C, V.24, V.35 등) 케이블 간의 물리적 연결을 정의한다.

물리 계층은 사용자 데이터를 통신 링크상에 전송할 수 있는 형태로 변환하기 때문에 양극형, 극형과 같이 신호의 종류를 결정하고, 0과 1을 표현하는 신호의 시스템에 대해서 정의하는 등 장치 간의 물리적 연결과 관련된 모든 사항을 정의하는 계층이라 할 수 있다. 만약 물리 계층에서 데이터를 전송하거나 수신하는 도중 예기치 않은 오류가 발생했을 때, 이러한 오류를 복구하는 것까지는 물리 계층에서 수행하지 않는다. 물리 계층은 단지 신호 전송만을 수행하는 계층이므로, 이러한 신호 전송 오류에 대한 이슈는 물리 계층 위에 존재하는 다른 상위 계층들이 담당하고 있다.

물리 계층은 데이터를 규정된 신호로 변환 또는 변조하고 이 신호들을 케이블을 통해 전달하는데, 구리선을 이용한 매체가 전도율이 우수하고, 부식에 대한 특성이 좋고, 유연성이 뛰어나고 동시에 강도 또한 좋기 때문에 가장 널리 이용된다. 구리선을 이용한 대표적인 통신 매체인 UTP 케이블은 일반적으로 로컬 네트워크 구현 시 가장 많이 사용되는데, 서로 쌍으로 꼬인 구리선이 몇 가지 다른 색의 보호 절연체로 감싸져 있는 매체이다. 이 UTP 케이블을 컴퓨터나, 스위치, 라우터 등과 같은 다른 장치에 연결하기 위해서는 적절한 표준 커넥터가 필요한데, 이때 사용되는 커넥터가 그림 2-2의 RJ-45(Registered Jack 45)이다.

RJ-45는 다이렉트 케이블(Straight-Through Cable), 크로스 케이블(Cross-Over Cable), 콘솔 케이블(Console Cable) 구성을 위해 모두 사용될 수 있는데, 대개 같은 계층 또는 유형에 속하는 장치 간에는 크로스 케이블로 연결하고, 다른 계층 또는 유형의 장치 간에는 다이렉트 케이블을 사용하여 연결한다. 콘솔 케이블은 네트워킹 장치의 설정과 관리를 위해 콘솔 포트에 연결되는 케이블인데, 이들 콘솔 포트들도 표준 RJ-45 잭을 연결할 수 있도록 되어 있다. UTP 케이블은 케이블의 크기가 기존의 다른 구리 매체에 비해서 작고 제작 및 설치가 매우 쉬운 장점이 있지만 전기적 잡음과 간섭에 민감하다는 단점이 있다. 따라서 네트워크 구현 시 UTP 케이블의 최대 전송 길이와 케이블 설치 환경에 주의할 필요가 있다.

데이터링크 계층(Data Link Layer)

데이터링크 계층은 직접 연결된 서로 다른 2개의 네트워킹 장치 간의 데이터 전송을 담당하는 계층이며, 데이터링크 계층에서 전송되는 데이터를 일반적으로 프레임(frame)이라고 한다. 이 계층에서 사용되는 다양한 프로토콜들은 용도에 따라 프레임의 종류, 길이 등의 정보를 정의하고, 일반적으로 MAC(Media Access Control)이라고 하는 매체 접근 제어 기능과 48비트의 주소 및 물리 계층에서 전송되는 비트 스트림의 경계를 구분하기 위한 프레임 데이터 동기 정보 그리고 각각의 신호 비트들을 식별하는 기능 등을 사용하여 프레임을 전송한다. 패킷트레이서에는 데이터링크 계층의 대표적인 장치로 스위치와 브리지가 있는데, 브리지는 오늘날 그 기능이 스위치에 통합되어 거의 사용하지 않는다. 한편 스위치는 프레임을 효율적으로 전송하기 위해 그림 2-3에서와 같이 MAC 테이블을 미리 만들어놓고 이를 참조하여 프레임을 전송한다.

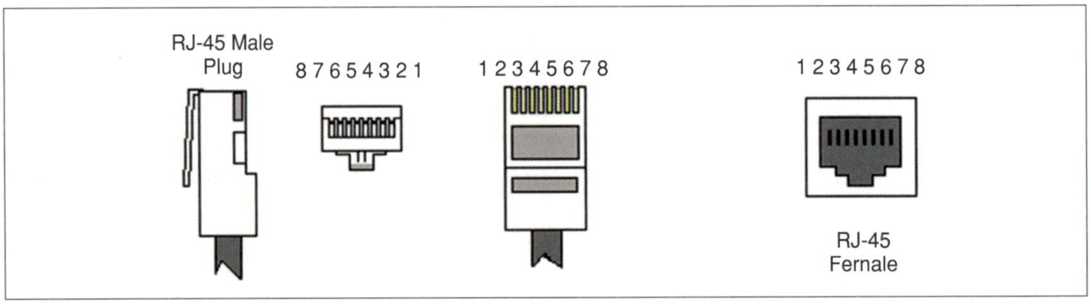

그림 2-2 RJ-45

데이터링크 계층에서 데이터 전송을 위해 사용하는 MAC 주소는 물리 주소(Physical Address) 주소 또는 하드웨어 주소(Hardware Address)라고도 하며, 이 주소는 장치를 만들 때 장치 내의 ROM에 영구적으로 기입되어 나오므로 구워진 주소(Burned-in Address)라고도 한다. 데이터링크 계층의 주요 역할은 다음과 같다.

- **프레이밍(Framing)**: 물리 계층을 통해 수신한 신호를 조합하여 프레임(Frame) 단위의 정해진 크기의 데이터 유닛으로 만들어 처리한다. 또는 그 역으로 네트워크 계층으로부터 내려온 데이터를 프레임 단위의 정해진 크기의 데이터 유닛으로 만든 후 신호로 전송한다. 참고로, 임의의 계층별로 어떤 고정된 크기(또는 규격)의 데이터 유닛을 일반적으로 프로토콜 데이터 유닛(PDU; Protocol Data Unit)이라고 한다.
- **흐름 제어(Flow Control)**: 송신 측과 수신 측 간에 데이터를 주고받을 때, 너무 많거나 너무 적게 데이터를 송수신하지 않도록 데이터 흐름을 적절히 제어한다.

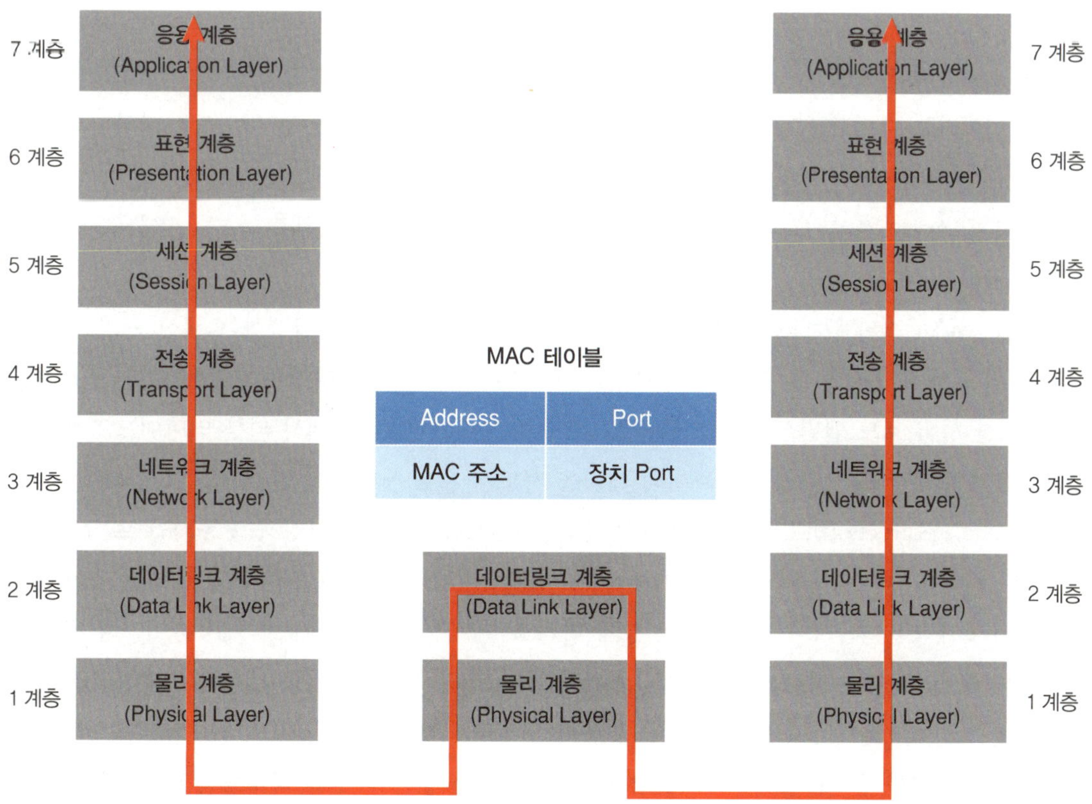

그림 2-3 데이터링크 계층

- **오류 제어(Error Control)**: 프레임 전송 시에 발생한 오류를 복원하거나 재전송한다. 비동기 통신에서는 오류를 검출만 하지만 동기 통신에서는 오류 검출 및 정정 기능을 제공하기도 한다.
- **접근 제어(Access Control)**: 매체상에 통신 주체(장치)가 여럿 존재할 때, 매체와 통신 장치의 활동 상황을 고려하여 데이터를 전송할 수 있는지 없는지를 결정한다.
- **동기화(Synchronization)**: 프레임 헤더에는 사용되는 데이터링크 계층 프로토콜에 따라 프레임의 구분자나 전송된 프레임의 타이밍 정보를 맞추기 위해 필요한 특별한 비트 패턴을 제공하고 있다.

위의 기능들을 수행하기 위해서 데이터링크 계층에서는 헤더와 트레일러를 사용한다. 헤더에는 일반적으로 송신 장치 및 수신 장치의 주소가 포함되어 있고, 트레일러에는 오류 검출을 위한 오류 검출 코드가 들어가게 된다.

네트워크 계층(Network Layer)

네트워크 계층에서는 사용자 데이터를 전달하기 위하여 논리적 통신 채널(peer-to-peer communication channel)을 통해 상위 계층으로부터 받은 데이터를 패킷(또는 데이터그램)이라 불리는 단위로 규격화하여 전송하고 수신하는 기능을 수행한다. 즉 데이터링크 계층에서 MAC 주소를 기반으로 프레임이라는 데이터를 송수신한다면, 네트워크 계층에서는 IP 주소를 기반으로 패킷이라는 데이터를 송수신하는데 이 패킷을 송수신하기 위해 사용되는 장치가 라우터나 스위치이다.

스위치는 Layer 2(L2), Layer 3(L3), Layer 4(L4), Layer 7(L7) 스위치로 나누어진다. L2 스위치는 프레임 기반의 데이터를 전송하기 위해 사용되고, L3 스위치는 IP 기반의 패킷을 전송하기 위해 사용된다. L4/L7 스위치는 L2와 L3 스위치의 경로를 제어하고, L4에서 발생하는 세션 관리 및 세션 관리를 위한 패킷 필터링과 미러링을 수행한다. L7 스위치는 패킷 관리까지 수행할 수 있는 스위치이다. 또한 서버 로드 밸런싱(SLB; Server Load Balancing), 내부 망에서 외부 인터넷으로 향하는 웹(WWW) 트래픽 또는 특정 프로토콜의 패킷을 가로채 캐싱 서버에게 전달하는 캐시 리다이렉션(CR; Cache Redirection), 그리고 다수의 방화벽 구성으로 가용성을 향상하고 동적인 로드 밸런싱을 통해 효율적인 네트워크 구성 등이 가능하며, 시스템 변경 없이 방화벽 확장 및 관리가 용이하다.

네트워크 계층은 그림 2-4에서와 같이 장치 내의 IP 테이블과 같은 정보를 이용하여 스위칭과 라우팅 기능을 통해 패킷 경로를 결정한다. 스위칭은 L3 스위치에서 패킷을 전송하기 위해 물리적인 링크들을 임시적으로 연결하는 방식이다. 스위치는 패킷의 수신 주소를 보고 바로 패킷을 전달하기 때문에 라우터보다 좀 더 빠르게 패킷을 전달할 수 있다는 장점이 있다. 라우팅은 라우터를 이용하여 패킷을 전송하는 방법으로 패킷을 보내기 위해 가장 효율적인 경로를 선택하는 기능을 가지고 있지만, 어떠한 라우팅 프로토콜을 사용하는지에 따라 이 기능이 지원될 수도 있고 지원되지 않을 수도 있다.

라우터가 패킷을 수신하면 어떠한 경로로 이 패킷을 전송하는 것이 제일 효율적인지를 현재 운용 중인 라우팅 프로토콜에 따라 판단하게 되고, 이 프로토콜에 의해 결정된 경로로 해당 패킷을 전송한다. 네트워크 계층의 주요 역할은 다음과 같다.

- **패킷 전달(Packet Forwarding)**: 종단 간(end-to-end)의 패킷 전달을 수행한다.
- **라우팅(Routing)**: 종단 간 패킷을 전송할 때, 라우팅 프로토콜을 기반으로 가장 효율적인 경로를 선택하여 패킷을 전송할 수 있게 한다.
- **논리적인 주소(Logical Address) 사용**: IP 주소를 사용하여 사용자 데이터를 목적지 장치까지 전달한다. 즉 전송 계층으로부터 받은 데이터에 송수신 장치의 IP 주소들을 포함하는 IP 프로토콜 헤더를 붙여 캡슐화를 수행한 후 패킷을 전송한다.

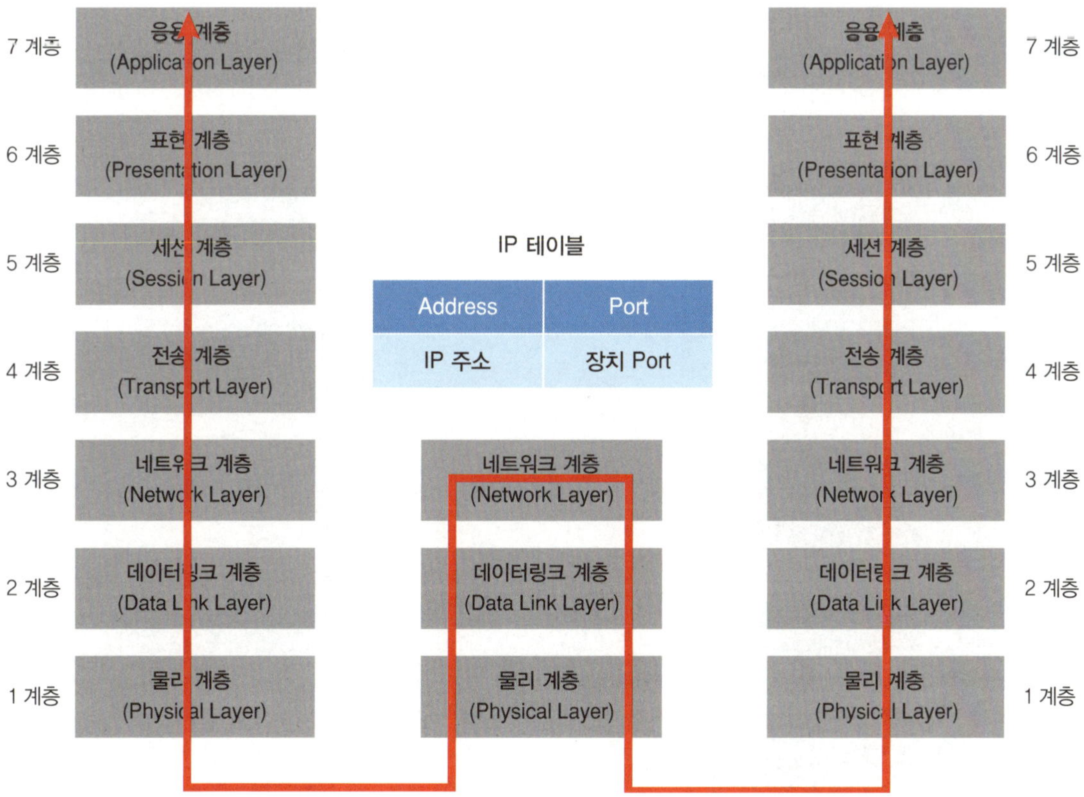

그림 2-4 네트워크 계층

전송 계층(Transport Layer)

전송 계층은 통신 세션을 설정하고 있는 송수신 장치 간의 사용자 데이터 전송을 위한 종단 간 통신을 제어하며, 세그먼트(segment)라는 이름을 가진 정해진 크기의 데이터 유닛을 처리한다. 물리 계층, 데이터링크 계층, 네트워크 계층은 네트워크상에서 어떻게 데이터를 보내는지에 대하여 관여하였다. 따라서 이 계층들은 데이터 전송을 위한 경로 관리 및 실질적인 데이터 전송에 대한 책임을 지고 있다. 반면에 전송 계층부터 응용 계층은 사용자가 사용하게 되는 서비스와 직접적으로 관련된 역할을 수행한다. 따라서 전송 계층의 세그먼트 헤더에는 포트 주소 또는 소켓 주소가 포함되게 된다. 즉 전송 계층은 소프트웨어적인 특성을 가지는 상위 3개(응용, 표현, 세션) 계층과 하드웨어적 특성을 가지는 하위 3개(물리, 데이터링크, 네트워크) 계층 사이에서 중간적인 특성을 가지고 있는 계층이다. 전송 계층의 주요 역할은 다음과 같다.

- **종단 간(End-to-End) 데이터 통신 보장**: 종단 간 데이터 전송에 필요한 통신 채널을 통해 흐름 제어와 오류 제어 등을 수행하여 전체적인 사용자 데이터의 통신을 보장한다.
- **지연(Delay)에 따른 왜곡 및 대역폭 부족 문제 해결**
- **동시에 여러 개의 논리적 연결을 지원**

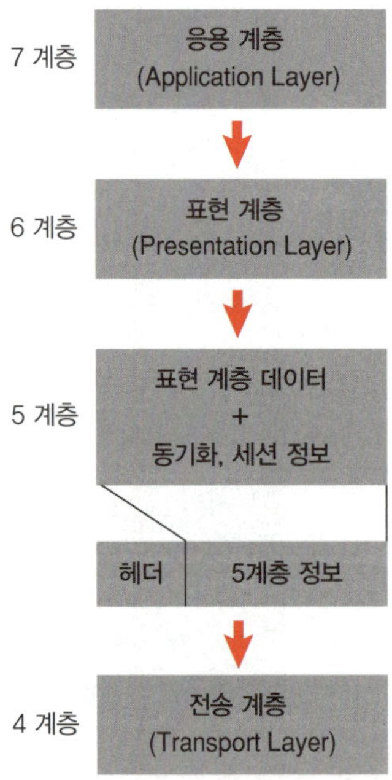

그림 2-5 세션 계층

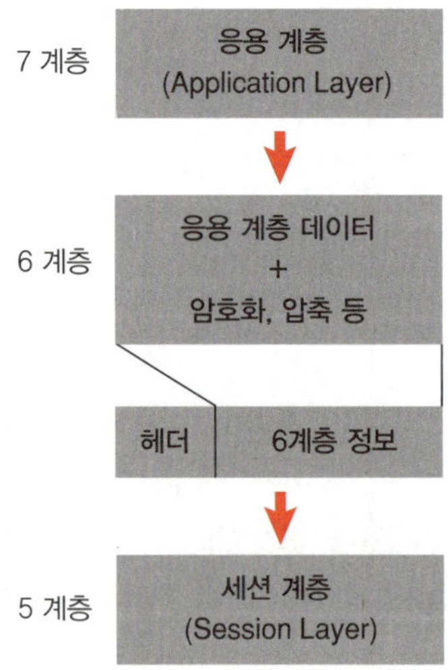

그림 2-6 표현 계층

• **사용자 데이터 분할과 재조립**: 사용자 데이터를 전송이 가능한 고정된 크기의 데이터 유닛(세그먼트)으로 분할하여 순서 번호(sequence number)를 할당하며, 수신한 데이터는 이 번호를 참조하여 재조립하거나 폐기하는 역할을 수행한다.

세션 계층(Session Layer)

세션 계층은 종단 간에 통신 세션의 시작과 종료를 정의하며, 세션 계층을 포함한 상위 계층에서 다루는 데이터를 메시지(message)라 부른다. 세션 계층은 전송 시 동기 점을 삽입함으로써 메시지를 그룹화하며, 전이중 전송이나 반이중 전송과 같은 데이터 전송 방향을 결정하고, 데이터에 대한 중간 점검 및 복구를 위한 동기 점을 생성한다.그림 2-5

표현 계층(Presentation Layer)

표현 계층은 데이터를 어떻게 표현하는지를 정의하는 계층이다. 즉 응용 계층에서 생성된 데이터는 컴퓨터에서 만들어진 데이터이고 이 데이터를 다른 모든 컴퓨터가 이해할 수 있는 형태로 변환하는 것이 표현 계층의 역할이다. 따라서 송수신 장치 간에 데이터를 변환하는 역할을 수행하며, 암호화를 통해 데이터의 보안성을 높이고, 데이터 압축 기능을 지원하여 데이터가 효율적으로 송수신될 수 있도록 하고 있다.그림 2-6 ASCII(American Standard Code for Information Interchange), EBCDIC(Extended Binary-Coded decimal Interchange Code), Binary, ASN.1(Abstract Syntax Notation One)을 포함한 다양한 데이터 표현 기술이 이 계층에서 사용될 수 있다.

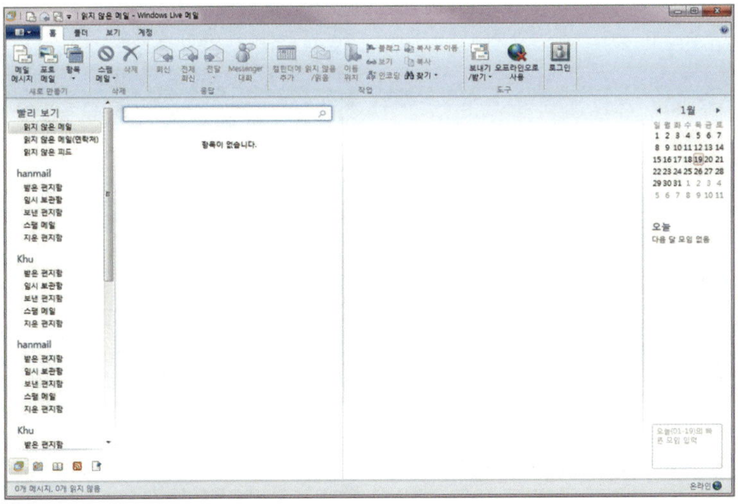

그림 2-7 응용 계층에서 동작하는 응용 프로그램의 예

응용 계층(Application Layer)

응용 계층은 응용 프로그램과 통신 프로그램 사이를 연결하는 인터페이스를 제공하는 OSI의 최상위 계층이다. 데이터의 형식을 정의하고, 암호화하고, 압축하며, 부호화하는 상위 계층들의 기능을 포괄적으로 의미하기도 한다. FTP, SMTP, SNMP, HTTP, HTTPS, TELNET, SSH 등이 응용 계층의 예이며, 통신 권한을 설정할 수 있고, 통신 절차의 시작과 종료를 포함하는 대화 방법을 선택할 수 있는 등의 기능을 가지고 있다. 그림 2-7은 Windows Live 메일 화면으로 응용 계층에서 동작하는 대표적인 응용 프로그램의 한 예라고 할 수 있다.

이와 같이 OSI 참조 모델은 각 계층별로 해당 계층 고유의 역할과 기능을 가지고 있어서 각 계층 고유의 기능만을 수행하므로 계층 간의 독립성을 유지한다. 따라서 어떤 한 계층이 변경되거나 장애가 발생할 경우, 해당 계층의 문제가 다른 계층에 영향을 미치는 상황을 배제할 수 있다.

계층별 프로토콜 데이터 유닛의 헤더(header)는 각 프로토콜의 동작에 필요한 요소들을 기록한 것으로 대개 데이터 유닛의 앞쪽에 붙게 된다. OSI 참조 모델의 각 계층은 그림 2-8에 보인 것처럼, 데이터 전송 시 상위 계층으로부터 받은 데이터에 헤더를 붙여 하위 계층으로 전송하고(데이터 링크 계층에서는 헤더와 트레일러를 추가), 데이터 수신 시 거꾸로 하위 계층으로부터 받은 데이터의 헤더(데이터 링크 계층에서는 헤더와 트레일러)를 제거하여 상위 계층에 전송한다. 이와 같이 헤더

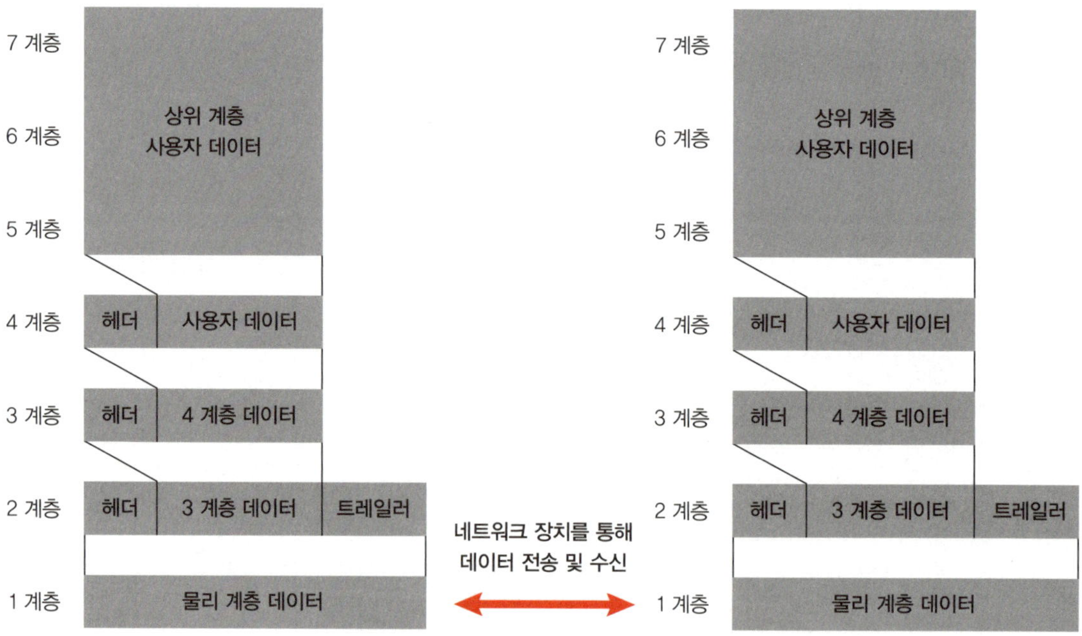

그림 2-8 캡슐화 및 역캡슐화

나 트레일러를 추가하는 과정을 캡슐화(encapsulation)라고 하며, 헤더를 제거하는 과정을 역캡슐화(decapsulation)라고 한다. OSI 참조 모델을 기반으로 하는 대부분의 통신 프로토콜은 계층 간에 캡슐화 및 역캡슐화라는 과정을 통해 데이터를 주고받는다.

TCP/IP(Transmission Control Protocol/Internetwork Protocol)

TCP/IP는 인터넷을 사용하는 모든 통신의 기본적인 프로토콜로서 TCP/IP는 단순히 프로토콜 그 이상의 의미를 갖는 여러 가지 프로토콜의 조합이라 할 수 있다. 따라서 오늘날 컴퓨터 네트워크(인터넷)를 이해하는 것은, TCP/IP 프로토콜 군(TCP/IP Protocol Suite)을 이해하는 것과 같은 의미를 가진다. TCP/IP 프로토콜을 기반으로 PAN(Personal Area Network), LAN(Local Area Network), MAN(Metropolitan Area Network), WAN(Wide Area Network) 구간을 통한 모든 원활한 데이터

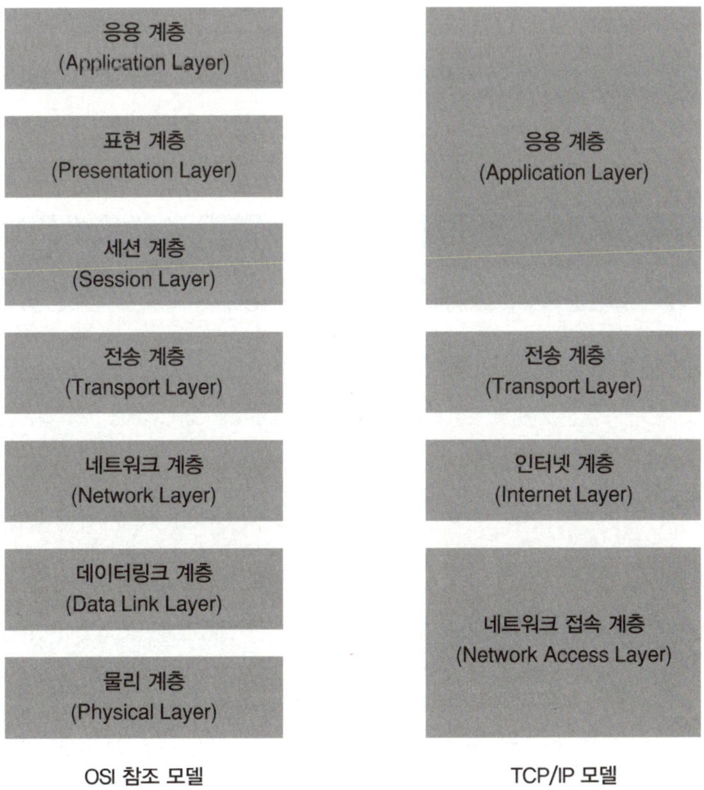

그림 2-9 OSI 참조 모델과 TCP/IP 모델

통신이 가능하게 된다. TCP/IP는 OSI 모델과 달리 4계층(네트워크 접속 계층, 인터넷 계층, 전송 계층, 응용 계층) 모델로 구성되는데, 이들 각각의 계층은 OSI 참조 모델의 7계층과는 그림 2-9에 보인 것처럼 대응된다.

- **네트워크 접속 계층(Network Access Layer)**: OSI 참조 모델의 물리 계층과 데이터링크 계층의 역할을 수행하는 계층으로, 프레임의 송수신을 담당하고 있으며 ARP(Address Resolution Protocol)를 포함한 각종 제2계층 프로토콜이 동작하는 구간이다. ARP는 목적지의 MAC 주소를 모를 경우 이를 알아내기 위해 사용하는 프로토콜이며, RARP(Reverse Address Resolution Protocol)는 목적지의 IP 주소를 모를 경우 이를 알아내기 위해서 사용하는 프로토콜이다.
- **인터넷 계층(Internet Layer)**: 인터넷 계층은 IP 주소 체계를 관리하고, 패킷을 수신하면 목적지 IP 주소를 확인하여 해당 패킷을 목적지로 보내는 라우팅 기능을 담당한다. IP와 ICMP(Internet Control Message Protocol)는 이 계층에 속하는 프로토콜로서, 특히 ICMP의 경우에는 장치 간의 통신 여부 확인을 위해 사용하는 *ping*과 경로를 확인하기 위한 *traceroute* 등 통신 상태의 감시, 유지, 관리를 위하여 사용되는 프로토콜이다.
- **전송 계층(Transport Layer)**: 종단 간의 통신이 완성되는 계층으로 TCP(Transmission Control Protocol)와 UDP(User Datagram Protocol)가 이 계층에 속하는 프로토콜이다. TCP는 포트 번호를 사용하여 프로세스 간에 신뢰성 있는 통신을 제공한다. UDP의 경우에도 포트 번호를 사용하여 통신을 하지만 신뢰성은 보장하지

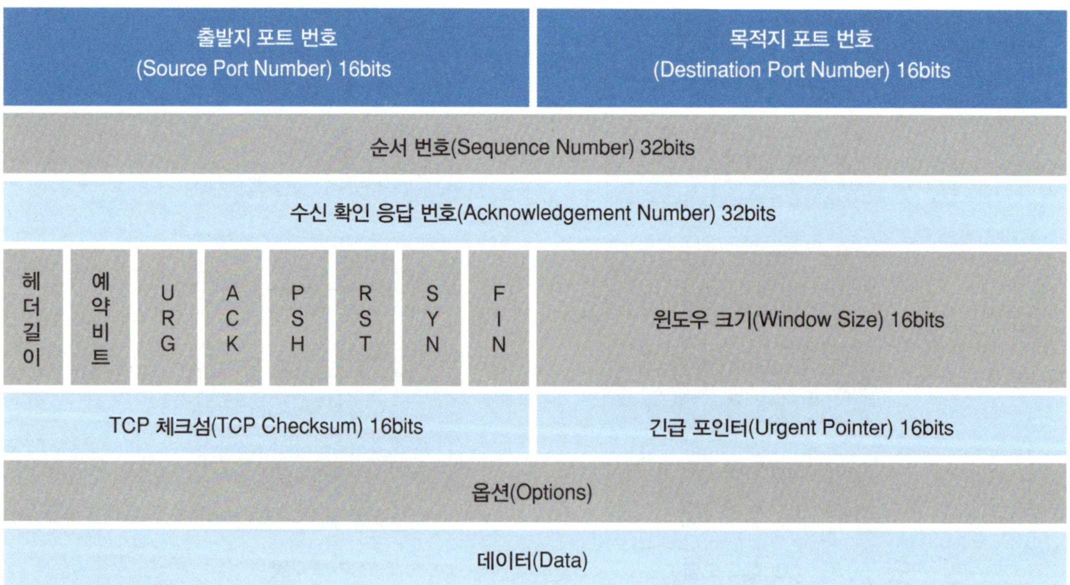

그림 2-10 TCP 헤더

못한다. 그러나 UDP 헤더는 TCP보다 단순하여 통신 데이터의 처리 속도가 TCP보다 빠르다는 장점이 있다. UDP가 신뢰성을 보장하지는 못하지만 UDP를 이용하는 응용 프로그램에서 어느 정도의 신뢰성 있는 통신을 해야 할 경우에는 TCP 이외의 다른 프로토콜을 함께 사용하여 신뢰성을 제공하기도 한다.

- **응용 계층(Application Layer)**: 응용 계층은 네트워크를 통한 실제 사용자 데이터를 처리하는 응용 프로그램으로 구성되는 계층으로 사용자와의 직접적인 인터페이스를 제공하는 계층이다. HTTP, HTTPS, FTP, SMTP, POP3, DNS와 같은 프로토콜이 이 계층에 해당한다.

TCP 헤더

TCP는 연결 지향형(connection-oriented) 서비스를 제공하고 신뢰성 있는 데이터 전송을 보장한다. 이러한 TCP 프로토콜의 특성은 TCP 세그먼트 헤더 내의 각종 필드에 의해 가능한 것으로, TCP 세그먼트 헤더는 그림 2-10과 같고 헤더 내 각 필드의 역할과 기능은 다음과 같다.

- **출발지 포트 번호(Source Port Number)**: 세그먼트를 전송하는 출발지 호스트의 포트 번호를 정의한 16비트 필드이며, 임의의 번호를 사용한다.
- **목적지 포트 번호(Destination Port Number)**: 세그먼트를 수신하는 목적지 호스트의 포트 번호를 지정하는 16비트 필드이며, 대부분 Well-Known 포트 번호를 사용한다.
- **순서 번호(Sequence Number)**: TCP 세그먼트들에 대한 순서 번호를 표시한다. TCP는 신뢰성 있는 데이터 통신을 위해서 각각의 세그먼트에 순서 번호를 포함하여 전송하고, 목적지에서 세그먼트들을 재조립할 때는 이 순서 번호를 기준으로 어떤 세그먼트가 몇 번째 세그먼트인지를 알려주는 역할을 한다.
- **수신 확인 응답 번호(Acknowledgement Number)**: 전송 받은 세그먼트에 대한 수신 확인 응답의 의미로 수신 장치에서 발신 장치로 세그먼트의 전송 성공 여부를 알려주기 위해 사용하는 번호이다.
- **헤더 길이(Header Length)**: TCP 헤더의 길이는 최소 20바이트에서 최대 60바이트가 될 수 있는데, 이 길이를 표시한다.
- **예약 비트(Reserved)**: 향후의 다른 목적을 위해 예약된 필드이다.
- **URG(Urgent)**: 긴급 데이터가 TCP 페이로드(payload)에 포함되어 있음을 알리기 위한 제어 비트로 만약 이 비트가 1이면 긴급 포인터 필드로 지정된 긴급 데이터를 우선적으로 처리한다.
- **ACK(Acknowledgement)**: TCP 세그먼트들에 대한 수신 확인을 알리기 위해 사용하는 제어 비트로 이 비트가 1이면 수신 확인 응답 번호 이전까지의 모든 세그먼트들을 제대로 잘 받았음을 의미한다.
- **PSH(Push)**: 푸시 요청으로 긴급 데이터가 아닌 데이터를 빨리 처리하도록 요청하는 제어 비트이다.
- **RST(Reset)**: TCP 세션을 리셋하기 위한 제어 비트이다.

표 2-1 TCP Well-Known 포트

포트 번호	서비스 이름	내 용
7	Echo	Echo Protocol
9	Discard	Discard Protocol
13	Daytime	Daytime Protocol
15	Netstat	Network state
17	QOTD	QOTD(Quote of the day) Protocol
19	Chargen	CHARGEN(Character Generator) Protocol
20	FTP DATA	FTP 데이터 포트
21	FTP	FTP 제어(명령) 포트
22	SSH	SSH Remote Login Protocol
23	telnet	Telnet Protocol
25	SMTP	Simple Mail Transport Protocol
42	NAMESERVER	Host Name Server
49	tacacs	Login Host Protocol (TACACS)
53	domain	Domain Name Server
80	http	World Wide Web
88	kerberos	kerberos v5(krb5, kerberos-sec)
101	hostname	NIC Host Name Server
110	pop3	Post Office Protocol - Version 3
119	NNTP	Network News Transfer Protocol
135	RPC	Remote Procedure Call
137	NETBIOS-ns	NETBIOS Name Service
139	NETBIOS-ssn	NETBIOS Session Service
143	IMAP	Internet Message Access Protocol 4
179	BGP	Border Gateway Protocol
389	LDAP	Lightweight Directory Access Protocol
443	https	HTTP over TLS/SSL
445	microsoft-ns	SAMBA에 이용되는 포트(smb)
514	CMD	shell
515	LPD	Line Printer Daemon(printer/spooler)
548	afpovertcp	AFP(Apple Filing Protocol) over TCP(File Server for Mac)
554	RTSP	Real Time Stream Control Protocol
563	NNTPS	NNTP over TLS/SSL
593	RPC	RPC over Http
636	LDAPS	LDAP over TLS/SSL
993	IMAPS	IMAP4 protocol over TLS/SSL
995	POP3S	pop3 protocol over TLS/SSL(spop3)
1433	MS-SQL-S	Microsoft-SQL-Server
1434	MS-SQL-M	Microsoft-SQL-Monitor
1512	WINS	Microsoft Windows Internet Name Service
1723	PPTP	Point-to-point tunnelling protocol
1755	MMS	MMS Windows Media 서비스
1801	MSMQ	Microsoft Message Queue

- **SYN(Synchronization)**: 통신을 개시하고자 하는 두 호스트 간의 세션을 초기화하고 순서 번호를 동기화하기 위한 제어 비트이다.
- **FIN(Final)**: TCP 세션의 전송 종료 시 사용하는 제어 비트이다.
- **윈도우 크기(Window Size)**: 상대측으로부터의 수신 확인 응답 번호의 수신 없이 전송할 수 있는 데이터의 양을 지정하는 필드이다.
- **TCP 체크섬(TCP Checksum)**: 헤더와 세그먼트에 의해 전송되는 데이터에 대한 오류 검사를 하기 위한 필드이다.
- **긴급 포인터(Urgent Pointer)**: TCP 페이로드 내의 어떤 곳에 긴급 데이터가 있는지를 명시하기 위한 포인터 값이다. 제어 비트 URG가 1로 설정되어 있을 경우에 유효하다.
- **옵션(Options)**: 최대 40바이트까지 옵션 정보가 있을 수 있으며, TCP 통신과 관련된 여러 가지 추가적인 옵션이 위치하는 필드이다.

인터넷 프로토콜의 표준화를 담당하는 IETF(Internet Engineering Task Force)의 RFC(Request for Comments) 문서 1700에서는 TCP와 UDP에서 사용되는 Well-Known 포트에 대해서 정의하고 있다. Well-Known 포트란 대부분의 시스템 간에 널리 이용되는 애플리케이션을 위해 기본(default) 값으로 설정되어 있는 포트를 의미한다. TCP와 UDP는 이러한 포트 번호를 사용하여 다양한 클라이언트/서버 프로그램을 지원하고 있다. TCP의 Well-Known 포트를 표 2-1에 요약한다.

UDP 헤더

UDP는 TCP와 마찬가지로 전송 계층에서 동작하며 포트 번호를 기반으로 통신한다. 그러나 UDP는 TCP와는 달리 수신한 데이터에 수신확인 응답을 하지 않고, 앞의 TCP 헤더에서 살펴본 다양한 데이터 흐름 제어 기능을 수행하지 않는다. 그러나 송수신 절차가 비교적 간단하고 오류 제어 기능은 제공하고 있기 때문에 소량의 데이터 전송이나 실시간 데이터 전송 시에는 효과적으로 사용되고 있다. UDP 세그먼트의 헤더는 그림 2-11과 같고 헤더 내 각 필드의 역할과 기능은 다음과 같다.

출발지 포트 번호 (Source Port Number) 16bits	목적지 포트 번호 (Destination Port Number) 16bits
길이(Total Length) 16bits	체크섬(Checksum) 16bits

그림 2-11 UDP 헤더

표 2-2 UDP Well-Known 포트

포트 번호	서비스 이름	내 용
7	Echo	Echo Protocol
9	Discard	Discard Protocol
13	Daytime	Daytime Protocol
17	QOTD	QOTD(Quote of the day) Protocol
19	Chargen	CHARGEN(Character Generator) Protocol
22	SSH	SSH Remote Login Protocol
42	NAMESERVER	Host Name Server
49	tacacs	Login Host Protocol(TACACS)
53	domain	Domain Name Server
67	bootps	Bootstrap Protocol Server(DHCP Server)
68	bootpc	Bootstrap Protocol Client(DHCP Client)
69	tftp	Trivial File Transfer Protocol
88	kerberos	kerberos v5(krb5, kerberos-sec)
123	NTP	Network Time Protocol
135	RPC	Remote Procedure Call
137	NETBIOS-ns	NETBIOS Name Service
138	NETBIOS-ssn	NETBIOS Session Service
161	SNMP	Simple Network Management Protocol
162	SNMPTRAP	Simple Network Management Protocol Trap(snmp-trap)
443	https	HTTP over TLS/SSL
445	microsoft-ns	SAMBA에 이용되는 포트(smb)
514	SYSLOG	syslog
520	RIP	route, routed
548	afpovertcp	AFP(Apple Filing Protocol) over TCP(File Server for Mac)
554	RTSP	Real Time Stream Control Protocol
563	NNTPS	NNTP over TLS/SSL
593	RPC	RPC over Http
636	LDAPS	LDAP over TLS/SSL
995	POP3S	pop3 protocol over TLS/SSL(spop3)
1194	openvpn	openvpn
1433	MS-SQL-S	Microsoft-SQL-Server
1434	MS-SQL-M	Microsoft-SQL-Monitor
1512	WINS	Microsoft Windows Internet Name Service
1645	Legacy	Legacy RADIUS authentication, Internet Authentication Service, IAS
1646	Legacy-acct	Legacy RADIUS account, Internet Authentication Service, IAS
1701	L2TP	Layer 2 Tunneling Protocol
1755	MMS	MMS Windows Media 서비스
1801	MSMQ	Microsoft Message Queue
1812	RADIUS	RADIUS Authentication
1813	RADIUS-acct	RADIUS Account

- **출발지 포트 번호(Source Port Number)**: 출발지 장치가 사용하는 포트 번호로 이 포트 번호는 어떠한 응용 프로그램을 사용하는지에 따라 특정 포트 번호가 정해져 있는 경우도 있고 정해지지 않은 경우도 있다. 포트 번호는 0에서 65,535의 범위 내에 있으며, 대부분의 경우 처음 정해지는 출발지 포트 번호는 이 범위 내의 임의의 번호를 사용된다.
- **목적지 포트 번호(Destination Port Number)**: 목적지 장치의 포트를 나타내며, 출발지에서 목적지 장치 상의 어떤 서비스에 접속하느냐에 따라 일반적으로 미리 정해져 있는 번호 이다.
- **길이(Total Length)**: 헤더와 데이터를 포함한 UDP 데이터그램의 전체 길이를 나타낸다.
- **체크섬(Checksum)**: 헤더와 데이터를 포함한 사용자의 데이터그램에 대한 오류 검사를 하기 위한 필드이다.

UDP는 전송 계층의 개념을 기반으로 송수신 장치 간에 비연결형(connection-less) 서비스를 지원한다. 비연결형 서비스의 의미는 데이터그램들이 서로 독립적이며, 데이터그램 간의 전후 관계를 고려한 전송을 하지 않고, 수신 확인 역시 하지 않는다는 것이다. TCP와 마찬가지로 UDP도 Well-Known 포트를 이용하여 다양한 클라이언트/서버 프로그램을 지원하는데, UDP의 Well-Known 포트를 표 2.2에 요약한다.

IP 헤더(Internet Protocol Header)

IP 프로토콜은 OSI 참조 모델의 제3계층인 네트워크 계층에서 정의된, 패킷(또는 IP 데이터그램)을 출발지에서 목적지까지 전달하는 기능을 담당하는데, 이를 위해 최선형(BE; Best Effort) 서비스를 이용한다. 최선형 서비스란 패킷을 목적지까지 확실하게 전달하는 것을 보장하는 것이 아니라, 전달하기 위해 최대한도로 노력하는 방식이기 때문에 경우에 따라서는 전송 도중에 패킷이 손실될 가능성을 배제할 수 없다. 또한 출발지 장치의 전송 계층에서 만들어진 모든 TCP 및 UDP 패킷들을 인터넷 계층에서 IP 데이터그램으로 캡슐화하여 순차적으로 전송한다 하더라도 중간에 있는 인터네트워크의 여러 가지 상황에 의해 목적지 장치에는 이들 패킷들이 순차적으로 도착하지 않을 수가 있다. 따라서 IP 프로토콜 고유의 최선형 서비스 특성이 가지는 이러한 단점을 보완하기 위해서는 상위 계층의 TCP와 같은 신뢰성 있는 프로토콜의 도움을 받아야만 한다. IP 프로토콜의 이러한 특성은 IP 데이터그램 헤더 내의 필드들을 확인함으로써 정확히 이해할 수 있다. IP 데이터그램 헤더는 그림 2-12와 같고 헤더 내 각 필드의 역할과 기능은 다음과 같다.

- **버전(Version)**: IP가 어떤 버전을 사용하는지 나타내며, 현재는 IP 버전 4IPv4)를 사용하고 있다. 하지만 버전 4의 주소 고갈 문제와 보안 이슈 등으로 인해 대처 방안으로 버전 6이 장하게 되었나. 버전 6는 패킷 처리

에 대한 오버헤드를 줄이기 위해서 버전4의 헤더를 대폭 간소화 했으며, 128비트의 주소 공간을 가지고 있어 3.4*10^{38}개의 거의 무한대에 가까운 주소를 할당할 수 있는 장점이 있다. 또한 기존의 버전 4와 같이 주소의 클래스를 나누지 않고 단순히 유니캐스트(Unicast), 애니캐스트(Anycast) 그리고 멀티캐스트(Multicast)의 주소 형태로 나누었다. 또한 버전 4에서는 보안과 관련된 항목이 없으므로, 이를 보완하기 위하여 IPSec 프로토콜을 사용하여 보안성을 제공하고도 있지만 버전 6는 프로토콜 내에 보안 관련 기능을 가지고 있다. 따라서 번거롭게 다른 프로토콜과 같이 쓰지 않아도 보안성이 향상되는 장점을 가지고 있다.

- **헤더 길이(Header Length)**: 헤더 길이 필드는 용어 그대로 헤더의 길이를 나타내는 4비트의 필드로서, 옵션을 포함할 경우 최대 60바이트로 제한되며 최소 단위는 20바이트이다.
- **TOS(Type of Service)**: TOS는 우선순위를 나타내는 3비트의 Precedence 및 4비트의 서비스 유형 지정 비트, 그리고 사용되지 않은 1비트이다. TOS 필드를 사용하여 라우터나 호스트 등의 장치에서 패킷 처리에 대한 우선순위를 설정할 수 있는데, 현재는 DSCP(Differentiated Services Code Point) 필드로 정의되어 있다.
- **전체 길이(Total Length)**: 헤더와 데이터를 포함한 패킷의 전체 길이를 나타낸다.
- **식별자(Identification)**: 생성되는 각각의 패킷마다 부여되는 고유 번호이다. 패킷은 제2계층 프로토콜의 최대 전송 단위(MTU; Maximum Transfer Unit) 값에 따라 여러 개의 프래그먼트(Fragment)로 분할되어 처리되는데, 분할되어 온 프래그먼트들을 원래의 패킷으로 재조립할 때 이 식별자 값을 기준으로 한다.
- **플래그(Flags)**: IP 패킷(데이터그램)의 분할(fragmentation) 가능 여부와 마지막 프래그먼트인지 아닌지를 알리기 위해 사용되는 필드이다.

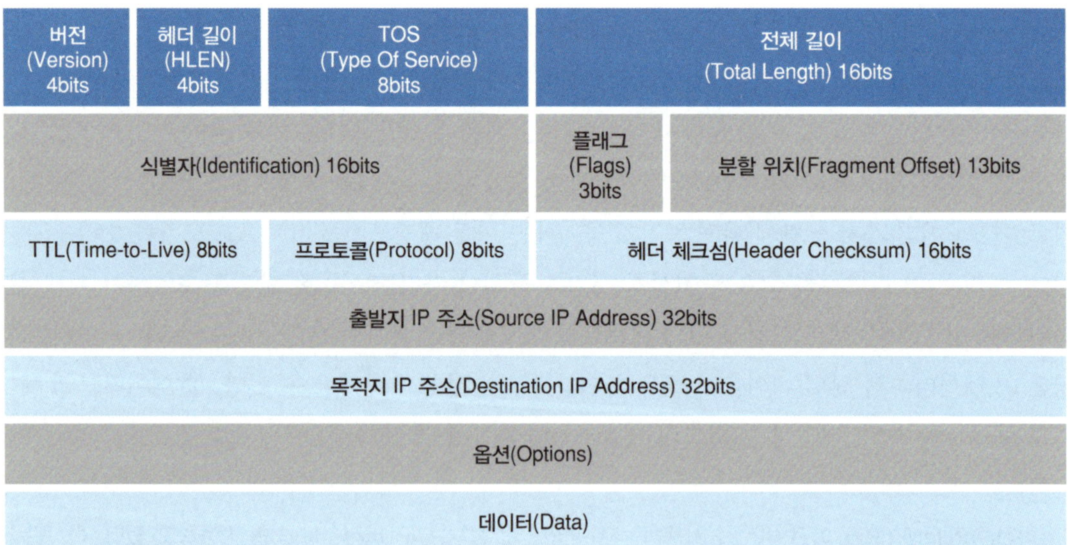

그림 2-12 IP 헤더

- **분할 위치(Fragment Offset)**: 하나의 패킷이 여러 개의 프래그먼트로 분할될 때 각각의 프래그먼트 내의 페이로드가 원래의 패킷 내의 페이로드를 기준으로 어떤 위치에 있는지를 명시하는 필드이다. 따라서 분할된 프래그먼트들은 이 분할 위치 값을 이용하여 원래의 패킷으로 재조립되게 된다.
- **TTL(Time-to-Live)**: 패킷의 루핑(looping) 현상으로 인한 문제를 해결하기 위해 사용하는 필드로 패킷의 수명을 나타낸다. 예를 들어 TTL 값은 라우터를 1개 지날 때마다 1씩 감소되어 이 값이 0이 되면 해당 패킷은 네트워크에서 폐기된다.
- **프로토콜(Protocol)**: 패킷에 캡슐화되어 있는 상위 계층 PDU가 어떠한 프로토콜을 사용하는지를 명시하는 필드이다. 예를 들어 캡슐화된 PDU가 TCP 세그먼트일 경우 이 필드는 6의 값을, UDP 세그먼트일 경우에는 17의 값을 갖는다.
- **헤더 체크섬(Header Checksum)**: IP 헤더의 오류 여부 검사를 위한 필드이다. TCP와 UDP를 포함하여 IP 데이터그램으로 캡슐화되는 프로토콜은 대부분 헤더 및 데이터를 포함하는 체크섬 필드를 가지고 있기 때문에, IP 데이터그램의 체크섬 필드는 단순히 IP 헤더에 대한 오류 검사만을 수행한다.
- **출발지 IP 주소(Source IP Address)**: 32비트 길이의 출발지 장치의 IP 주소이다. IP 주소는 네트워크 필드 및 호스트 필드의 길이에 따라 클래스 A, 클래스 B, 클래스 C 주소로 나뉜다. 이 외에도 클래스 D 및 클래스 E 주소가 있지만, 이는 각각 멀티캐스트 주소와 예약된 주소로서 네트워킹 장치나 호스트에 할당하는 주소는 아니다. 한편 클래스 A, B, C 주소는 공인 IP 주소와 사설 IP 주소로 나뉘는데, RFC 1918 문서에서는 IPv4 주소 부족 문제에 대한 해결책의 하나로 내부 로컬 네트워크에 사설 IP 주소 대역의 사용을 권고하고 있다. 클래스별로 정의된 사설 IP 주소 대역의 범위는 각각 10.0.0.0~10.255.255.255, 172.16.0.0~172.31.255.255 그리고 192.168.0.0~192.168.255.255이다. 단 이들 사설 IP 주소를 사용하는 로컬 네트워크가 외부의 공용 네트워크와 통신을 하려면 반드시 공인 IP 주소를 사용하여야 한다.
- **목적지 IP 주소(Destination IP Address)**: 32비트 길이의 목적지 장치의 IP 주소이다.
- **옵션(Options)**: 패킷의 전송 경로를 포함한 IP 프로토콜의 동작 옵션을 정의하는 필드이다.

서브넷팅(Subnetting)

IP 주소를 서브넷팅하는 이유는 한정된 IP 주소 자원을 효율적으로 사용하기 위함이며, 네트워크와 호스트 비트들을 어떤 주어진 조건에 맞게 계산하여 서브넷팅을 실시하게 된다. 예를 들어 어떤 네트워크가 203.230.7.0/24 주소를 가지고 있다고 가정하자. 여기서 /24란 서브넷 마스크의 프리픽스(prefix) 표기로서, 서브넷 마스크 값 255.255.255.0과 같다. 서브넷 마스크 255.255.255.0 또는 프리픽스 /24의 의미는 32비트의 IP 주소 비트들 중 최상위 비트로부터 24개의 비트가 네트워크 ID이고 나머지 8비트가 호스트 ID라는 것으로, 이 경우 네트워크 ID는 203.230.7.0/24가 된다. 네트워크 ID는 주어진 네트워크의 호스트 ID 부분이 모두 0인 경우로 해당 네트워크 자체를 정의하는 값이기 때문에 네트워킹 장치나 호스트에 할당될 수 없다. 또한 이 네트워크에서 가질 수 있는 마지막 주소인 203.230.7.255/24는 호스트 ID 부분이 모두 1인 경우로 브로드캐스트 주소로 사용되어야 하기 때문에 이 또한 네트워킹 장치나 호스트에 할당될 수 없다. 결과적으로 203.230.7.0/24 네트워크가 가지는 IP 주소들 중 네트워킹 장치와 호스트를 위해 사용할 수 있는 호스트 IP 주소는, 네트워크 주소(network address) 203.230.7.0/24와 브로드캐스트 주소(broadcast address) 203.230.7.255/24를 제외한 203.230.7.1/24에서 203.230.7.254/24까지의 총 254개의 주소가 된다.

이제 여러분이 네트워크 관리자로서 203.230.7.0/24 주소를 할당 받아 그림 2-13에 보인 것과 같은 네트워크 토폴로지의 모든 네트워킹 장치 인터페이스와 호스트에 IP 주소를 할당해야 한다고 가정하자. 우선 IP 주소를 할당하기 전에 다음 질문에 대한 답을 생각해본다. 그림 2-13의 네트워크 토폴로지에는 총 몇 개의 네트워크가 존재하는가? 좀 더 구체적으로 총 몇 개의 네트워크 ID가 필요한가?

위의 질문에 대한 답은 3개다. 왜냐하면 네트워크란 라우터의 인터페이스에 의해 결정되기 때문이다. 즉 그림 2-13의 네트워크 토폴로지를 다시 살펴보면, Router0의 인터페이스 Gi0/0에 의해 정의되는 네트워크, Router1의 인터페이스 Gi0/1에 의해 정의되는 네트워크 그리고 Router0의 인터페이스 Se0/0/0과 Router1의 인터페이스 Se0/0/0에 의해 정의되는 네트워크까지 총 3개의 네트워

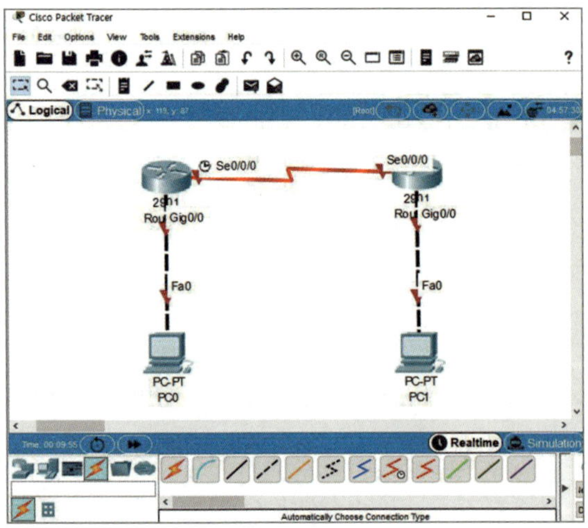

그림 2-13 샘플 네트워크 토폴로지

크가 존재함을 알 수 있다.

다시 원래의 문제로 돌아가서, 203.230.7.0/24 주소를 가지고 그림 2-13의 네트워크에 대한 IP 주소 할당을 어떻게 완성할 수 있을까? 이 상태 그대로는 IP 주소 할당을 완성할 수 없다. 왜냐하면 네트워크 ID가 하나밖에 없기 때문이다. 서로 다른 네트워크에 대해서는 명확히 서로 다른 네트워크 ID를 사용해야 하는데, 현재로서는 203.230.7.0/24 이외의 네트워크 ID를 가지고 있지 않다. 이 문제를 해결하기 위하여, 203.230.8.0/24과 203.230.9.0/24 등의 또 다른 네트워크 주소를 사용해야 할까? 그렇지 않다. 또 다른 네트워크 주소를 사용하는 것은 ISP(Internet Service Provider)와의 새로운 계약에 의해 별도의 IP 주소 임대 비용이 소요되기 때문이다. 만약 임대 비용이 문제가 되지 않아 새로운 두 개의 네트워크 주소를 사용할 수 있다 하더라도, 네트워크 관리자로서의 여러분은 IP 주소 사용 측면에서 엄청난 비효율성을 지적 받을 것이다.

그림 2-13의 네트워크는 실제로 호스트 IP 주소가 6개(라우터 인터페이스 4개와 호스트 2개)만 있으면 아무 문제 없이 동작한다. 따라서 가용 IP 주소를 254개나 가지는 서로 다른 3개의 네트워크 주소를 사용해야 할 타당성이 없다. 결국 이 문제를 해결하기 위해서는 주어진 203.230.7.0/24 주소를 서로 다른 3개 이상의 네트워크 ID를 가지도록 변경하면 될 것이다. 이와 같이 어떤 하나의 네트워크 주소를 두 개 이상의 서로 다른 네트워크 주소로 나누는 것을 서브넷팅이라 하는데, 서브넷팅 방법은 IP 주소의 클래스 개념을 좀 더 학습한 후에 다루기로 한다.

클래스 A IP 주소(1.0.0.0~126.255.255.255)

클래스 A는 그림 2-14에 보인 것처럼 32비트의 주소 중 첫 번째 최상위 비트를 0으로 시작하는 주소이다. 즉 첫 번째 시작 비트 0을 포함하여 00000000(10진수 0)이 가장 작은 수이고, 01111111(10진수 127)이 가장 큰 수가 되어 클래스 A의 IP 주소 범위가 정해지게 된다. 0과 127로 시작하는 주소는 예약이 되어 있는 주소이기 때문에 사용할 수 없다. 결과적으로 1.0.0.0에서 126.255.255.255 사이의 IP 주소가 클래스 A에 속한다. 기본 서브넷 마스크 값은 255.0.0.0(프리픽스 /8)으로, 7비트의 네트워크 ID와 24비트의 호스트 ID를 가진다. 그러므로 최대 126개의 네트워크를 구성할 수 있으며, 126개의 네트워크가 개별적으로 16,777,214(2^{24}-2)개의 가용 IP 주소를 가지게 된다.

클래스 B IP 주소(128.0.0.0~191.255.255.255)

클래스 B는 그림 2-15에 보인 것처럼, 32비트의 주소 중 첫 번째 비트를 1로 두 번째 비트는 0으로 시작하는 주소이다. 따라서 10000000(10진수 128)이 가장 작은 수이고, 10111111(10진수 191)이 가장 큰 수가 되어 클래스 B의 IP 주소 범위가 정해지게 된다. 결과적으로 128.0.0.0에서

191.255.255.255 사이의 IP 주소가 클래스 B에 속한다. 기본 서브넷 마스크 값은 255.255.0.0(프리픽스 /16)으로, 16비트의 네트워크 ID와 16비트의 호스트 ID를 가진다. 그러므로 최대 16,384개의 네트워크를 구성할 수 있으며, 16,384개의 네트워크가 개별적으로 65,534(2^{16}-2)개의 가용 IP 주소를 가지게 된다.

클래스 C IP 주소(192.0.0.0~223.255.255.255)

클래스 C는 그림 2-16에 보인 것처럼, 32비트의 주소 중 첫 번째 및 두 번째 비트를 1로 세 번째 비트는 0으로 시작하는 주소이다. 따라서 11000000(10진수 192)가 가장 작은 수이고, 11011111(10진수 223)이 가장 큰 수가 되어 클래스 C의 IP 주소 범위가 정해지게 된다. 결과적으로 192.0.0.0에서 223.255.255.255 사이의 IP 주소가 클래스 C에 속한다. 기본 서브넷 마스크 값은 255.255.255.0(프리픽스/24)으로, 24비트의 네트워크 ID와 8비트의 호스트 ID를 가진다. 그러므로 최대 2,097,152개의 네트워크를 구성할 수 있으며, 2,097,152개의 네트워크가 개별적으로 254(2^{8}-2)개의 가용 IP 주소를 가지게 된다.

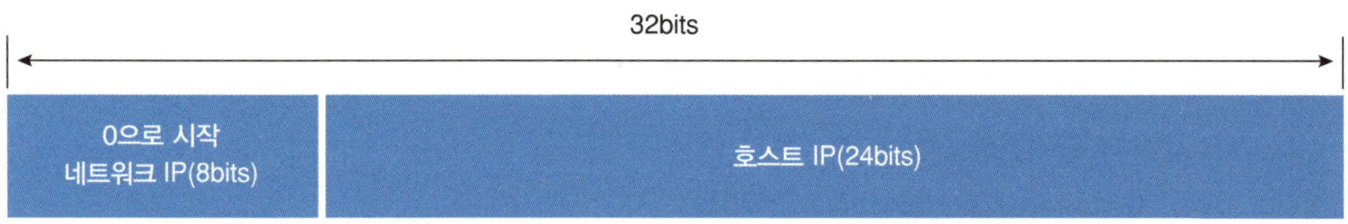

그림 2-14 클래스 A 주소

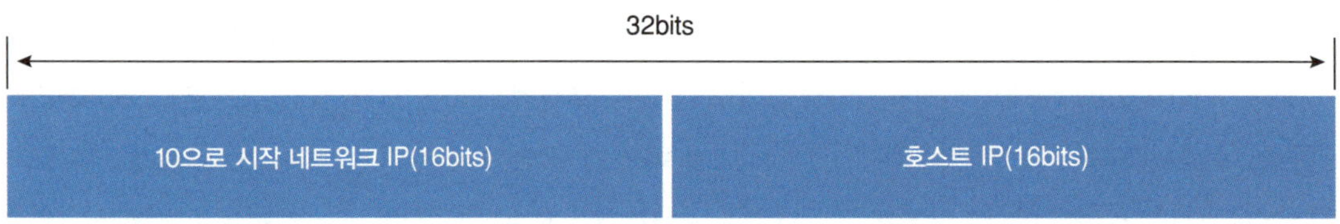

그림 2-15 클래스 B 주소

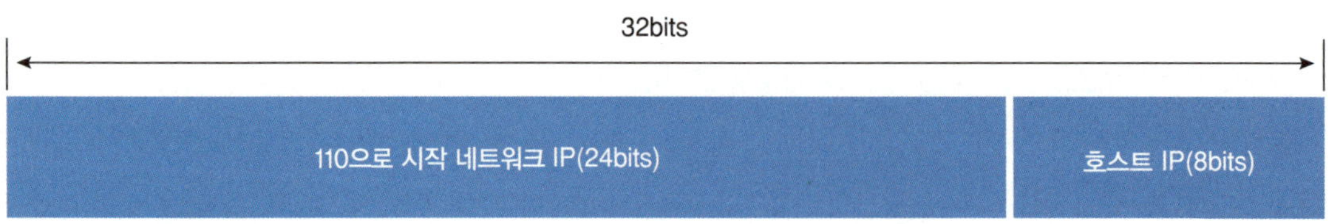

그림 2-16 클래스 C 주소

서브넷팅 예제

이제 다시 203.230.7.0/24 주소를 서브넷팅하여 그림 2-13의 샘플 네트워크 토폴로지에 할당하여 보자. 서브넷팅의 이해를 돕기 위해 이 네트워크 토폴로지상에 존재하는 서로 다른 네트워크를 그림 2-17과 같이 구분하였다. 그림의 1, 2, 3 구간은 각각 실제로 필요한 가용 IP 주소가 모두 2개씩이다. 그런데 모든 네트워크 대역은 네트워크 ID와 브로드캐스트 주소를 가져야 하므로, 서브넷팅 시 4개의 IP 주소를 할당 받는 것으로 서브넷팅해야 할 것이다.

2^2=4이므로, 호스트 ID를 위해 2개의 비트만 사용하면 된다. 즉 32비트의 IP 주소 중 첫 번째 비트를 포함하여 30비트를 네트워크 ID로 사용하고, 마지막 2개 비트를 호스트 ID로 사용하면 된다. 주어진 주소 203.230.7.0/24의 서브넷 마스크가 255.255.255.0으로 마지막 옥텟의 이진수 값이 00000000이었는데, 이를 11111100으로 하면 된다. 즉 서브넷 마스크가 255.255.255.0(프리픽스 /24)에서 255.255.255.252(프리픽스 /30)로 변경되고, 이에 따른 새로운 네트워크 주소와 가용 IP 주소의 범위는 아래와 같이 계산된다.

```
203.230.7.0/30~203.230.7.3/30
203.230.7.4/30~203.230.7.7/30
203.230.7.8/30~203.230.7.11/30
 .
 .
 .
203.230.7.252/30~203.230.7.255/30
```

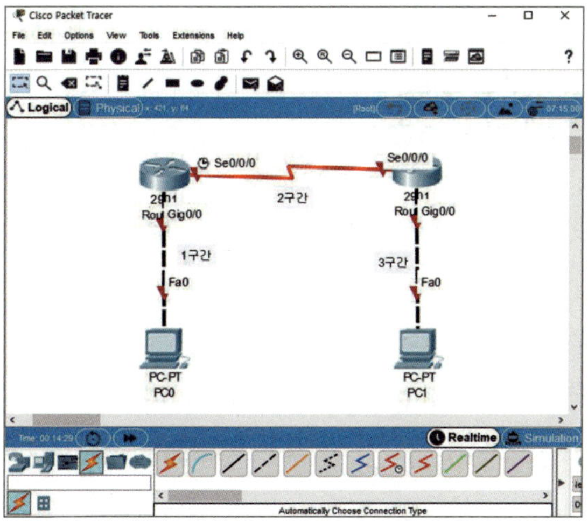

그림 2-17 서브넷팅 연습을 위한 토폴로지(1)

서브넷팅된 첫 번째 주소 범위(203.230.7.0/30~203.230.7.3/30)에서 203.230.7.0/24는 네트워크 ID이고 203.230.7.3/30은 브로드캐스트 주소이므로 호스트 주소로 사용 가능한 주소는 203.230.7.1/30과 203.230.7.2/30이다. 서브넷팅된 그 외의 다른 주소 범위에 대해서도 맨 처음에 오는 주소와 맨 마지막에 오는 주소를 제외한 나머지 주소들만이 가용 호스트 주소로 사용될 수 있다. 서브넷팅의 추가적인 예로 클래스 C 주소를 가정할 때 아래의 각각의 서브넷 마스크 값에 따른 서브네트워크의 수와 가용 호스트 주소의 수를 참고한다.

```
11111111.11111111.11111111.10000000(255.255.255.128): 2개 네트워크/126개 가용 주소
11111111.11111111.11111111.11000000(255.255.255.192): 4개 네트워크/62개 가용 주소
11111111.11111111.11111111.11100000(255.255.255.224): 8개 네트워크/30개 가용 주소
11111111.11111111.11111111.11110000(255.255.255.240): 16개 네트워크/14개 가용 주소
11111111.11111111.11111111.11111000(255.255.255.248): 32개 네트워크/6개 가용 주소
11111111.11111111.11111111.11111100(255.255.255.252): 64개 네트워크/2개 가용 주소
```

- **서브넷팅 예제 2-1:** 클래스 C 주소 203.230.7.0/24를 한 구간에 15개의 가용 IP 주소를 할당할 수 있도록 서브넷팅하여라.

할당해야 할 IP 주소 15개 + 브로드캐스트 및 네트워크 ID 주소 2개 = 17개.

호스트 ID로 5비트(2^5=32)를 사용하면, 각 구간에 30개의 가용 IP 주소를 할당 가능.

따라서 클래스 C 주소의 기본 서브넷 마스크를 255.255.255.0에서 255.255.255.224로 변경.

결국 서브넷팅된 IP 주소의 범위는 아래와 같다.

```
203.230.7.0/27~203.230.7.31/27
203.230.7.32/27~203.230.7.63/27
203.230.7.64/27~203.230.7.95/27
  .
  .
  .
203.230.7.224/27~203.230.7.255/27
```

- **서브넷팅 예제 2-2:** 클래스 B 주소 172.16.0.0/16을 한 구간에 300개의 가용 IP 주소를 할당할 수 있도록 서브넷팅하여라.

할당해야 할 IP 주소 300개 + 브로드캐스트 및 네트워크 ID 주소 2개 = 302개.

호스트 ID로 9비트(2^9=512)를 사용하면, 각 구간에 510개의 가용 IP 주소를 할당 가능.

따라서 클래스 B 주소의 기본 서브넷 마스크를 255.255.0.0에서 255.255.254.0로 변경.

결국 서브넷팅된 IP 주소의 범위는 아래와 같다.

```
172.16.0.0/23~172.16.1.255/23
172.16.2.0/23~172.16.3.255/23
172.16.4.0/23~172.16.5.255/23
 .
 .
 .
172.16.254.0/23~172.16.255.255/23
```

• **서브넷팅 예제 2-3:** 클래스 C 주소 203.230.7.0/24를 3개의 서로 다른 네트워크에 할당할 수 있도록 서브넷팅 하여라.

네트워크 ID로 2비트(2^2=4)를 사용하면, 4개의 서브네트워크를 생성 가능.

따라서 클래스 C 주소의 기본 서브넷 마스크를 255.255.255.0에서 255.255.255.192로 변경.

결국 서브넷팅된 IP 주소의 범위는 아래와 같다.

```
203.230.7.0/26~203.230.7.63/26
203.230.7.64/26~203.230.7.127/26
203.230.7.128/26~203.230.7.191/26
203.230.7.192/26~203.230.7.255/26
```

위의 예제를 통해 알아본 것처럼, 서브넷팅은 할당할 가용 IP 주소의 수를 기반으로 할 수도 있고 새로 생성할 서브네트워크의 수를 기반으로 할 수도 있다.

• **서브넷팅 예제 2-4:** 그림 2-18의 네트워크 토폴로지에 사용할 수 있도록 203.230.7.0/24 주소를 서브넷팅하여라.

서브넷팅을 위해 먼저 각 구간별로 필요한 IP 주소의 수를 파악한다. Router0에 연결된 Switch0 구간은 PC들에 할당할 25개의 IP 주소와 디폴트 게이트웨이(Default Gateway) 주소 1개 그리고 네트워크 주소와 브로드캐스트 주소를 가져야 하므로, 총 28개의 주소가 필요하다. Router0과 Router1 간은 단지 2개의 주소가 필요하고, Router1에 연결된 Switch1 구간은 PC들에 할당할 15개의 IP 주소와 디폴트 게이트웨이 주소 1개, 그리고 네트워크 주소와 브로드캐스트 주소를 가져야 하므로 총 18개의 주소가 필요하다.

이와 같이 각 구간별로 필요로 하는 IP 주소의 수가 다를 경우에는, 먼저 가장 많은 주소가 필요한 네트워크를 만족하도록 서브넷팅을 실시한 후, 다음으로 서브넷팅된 값을 가지고 다시 서브넷팅을 하는 가변 길이 서브넷 마스킹(VLSM; Variable Length Subnet Masking) 기법을 사용한다. 먼저 28개의 IP 주소가 필요한 Router0과 Switch0 구간을 위한 서브넷팅을 해보자. 호스트 ID로 5비트(2^5=32)

를 사용하면 된다. 다음으로 총 18개의 IP 주소가 필요한 Router1과 Switch1 구간 역시 호스트 ID로 5비트를 사용하면 된다. 따라서 서브넷 마스크는 255.255.255.0에서 255.255.255.224로 변경되고, 서브넷팅된 IP 주소의 범위는 다음과 같다.

```
203.230.7.0/27~203.230.7.31/27
203.230.7.32/27~203.230.7.63/27
203.230.7.64/27~203.230.7.95/27
203.230.7.96/27~203.230.7.127/27
203.230.7.128/27~203.230.7.159/27
203.230.7.160/27~203.230.7.191/27
203.230.7.192/27~203.230.7.223/27
203.230.7.224/27~203.230.7.255/27
```

위의 8개 주소 범위 중 2개의 주소 범위를 각각 Router0과 Switch0 구간과 Router1과 Switch1 구간을 위해 사용하면 된다. 한편 Router0과 Router1 간의 구간은 단지 2개의 주소만이 필요하므로, 위의 프리픽스 /27로 서브넷팅 된 주소 범위 중 하나를 선택하여 VLSM을 적용한다. VLSM을 하는 이유는 30개의 가용 IP 주소를 가지고 있는 주소 범위를 그대로 이 구간에 사용하면 필요한 주소

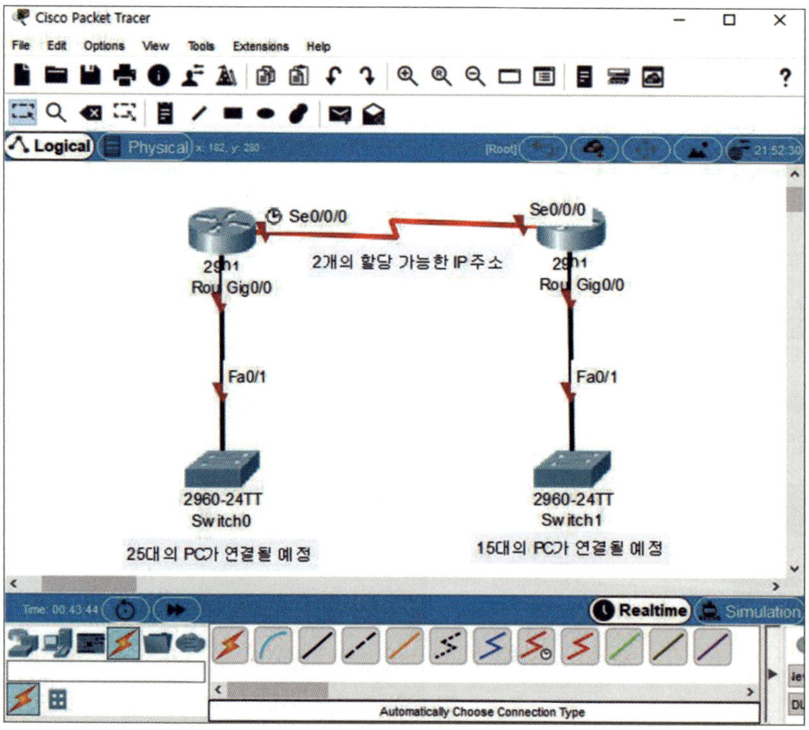

그림 2-18 서브넷팅 연습을 위한 토폴로지(2)

2개를 제외한 나머지 28개의 IP 주소를 다른 네트워크를 위해 사용할 수 없기 때문이다. 즉 IP 주소를 최대한 효율적으로 사용하기 위해 VLSM을 사용하는 것이다. 예를 들어 첫 번째 주소 범위인 203.230.7.0/27~203.230.7.31/27을 2개의 호스트 주소만이 필요한 구간을 위해 서브넷팅하면 다음과 같다.

```
203.230.7.0/30~203.230.7.3/30
203.230.7.4/30~203.230.7.7/30
203.230.7.8/30~203.230.7.11/30
203.230.7.12/30~203.230.7.15/30
203.230.7.16/30~203.230.7.19/30
203.230.7.20/30~203.230.7.23/30
203.230.7.24/30~203.230.7.27/30
203.230.7.28/30~203.230.7.31/30
```

결국 위의 8개 주소 범위 중 1개의 주소 범위를 Router0과 Router1 간의 구간을 위해 사용하면 된다.

PACKET TRACER

Cisco Networking Academy Program
A Powerful Network Simulation Tool

제3장

라우터와 스위치의 기본 설정

CHAPTER

03 라우터와 스위치의 기본 설정

라우터, 스위치, 무선 AP(Access Point)와 같은 시스코 제품들은 IOS(Internetwork Operating System)를 사용한다. IOS는 시스코 장치들의 운영체제이면서 시스템 소프트웨어로 모든 시스코 제품에 들어가 있다. 동일한 시스코 장치라 하더라도 어떠한 종류의 IOS를 사용하는가에 따라 특정 기능이 지원될 수도 있고 지원되지 않을 수도 있다. IOS를 사용하는 장치는 CLI(Command Line Interface)와 GUI(Graphic User Interface)의 2가지 모드를 통해서 설정할 수 있다. CLI는 모든 시스코 장치에 기본적으로 제공되는 인터페이스이고, GUI의 경우는 SDM(Security Device Manager), ASDM(Adaptive Security Device Manager), CCP(Cisco Configuration Professional)와 같은 별도의 장치 전용 GUI 프로그램에 의해서 제공된다. 이 프로그램은 PC의 하드디스크에 설치되어 실행될 수도 있지만, 라우터의 Flash 메모리에도 설치되어 실행할 수 있다. 다만 라우터의 Flash에 설치된 경우, PC에 프로그램이 설치될 필요가 없다는 장점이 있다.

GUI 방식은 CLI에 비해 설정을 쉽게 할 수 있다는 장점이 있지만, CLI에서 지원하는 IOS 명령어를 모두 사용할 수 없으므로, CLI에서의 설정에 익숙해질 필요가 있다. 패킷트레이서에서도 GUI와 CLI를 지원하는데 CLI는 실제 장치의 CLI와 똑같지만, GUI의 경우 패킷트레이서에서만 사용되는 형식이므로 본서에서는 CLI를 기반으로 한 라우터 및 스위치 설정 방법을 기술하기로 한다. 라우터와 스위치는 그림 3-1과 같은 메모리 구조를 가지고 있으며, 부팅 순서는 다음과 같다.

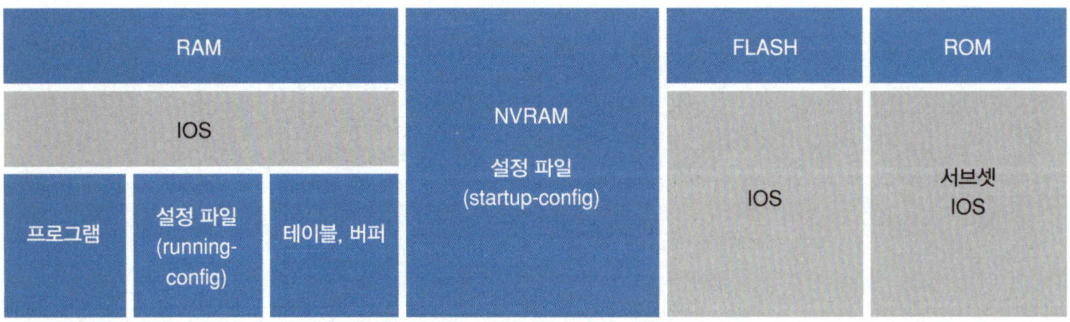

그림 3-1 라우터와 스위치의 메모리 구조

① 전원을 켜면 POST(Power On Self Test)를 실시하여 장치의 이상 유무를 판단한다.

② 다음으로 ROM에 있는 Bootstrap(bootloader)을 RAM으로 옮긴다.

③ Bootloader가 FLASH에 있는 IOS를 RAM으로 옮기게 되는데 이때 FLASH에 있어야 할 IOS가 없거나 손상되었으면 ROM에 있는 서브셋 IOS를 읽어 들여 부팅을 하는데 이를 롬몬(rommon) 모드라고 한다. 아래의 출력은 rommon 모드의 예를 보인 것이며, 시스템이 이와 같이 부팅될 경우에는 새로이 IOS 이미지를 FLASH로 복사해야 한다.

```
Boot process failed...

The system is unable to boot automatically. The BOOT environment variable
needs to be set to a bootable image.
rommon 1 >
```

④ IOS를 통한 부팅이 정상적으로 진행되면, NVRAM의 설정 파일(startup-config)을 읽어 들여 이를 적용한다. 만약 이 파일이 없으면 디폴트 모드로 부팅한다.

이제 부팅이 완료된 장치로의 접속 방법에 대하여 살펴보기로 하자. 라우터(스위치) CLI 모드에 접속하는 방법은 크게 세 가지인데, 첫 번째는 라우터와 PC를 콘솔 케이블로 직접 연결하는 것이다. 연결 방법은 아래와 같고, 그림 3-2는 패킷트레이서에서 라우터에 콘솔 접속한 결과 화면을 보인 것이다.

① 라우터 2901과 PC를 패킷트레이서의 작업 공간에 배치한다.

② 장치 선택 상자에서 연결(Connections)를 선택하고 콘솔(Console)을 선택한다.

③ PC의 RS-232와 라우터의 콘솔(Console)를 선택하여 연결한다.

④ PC를 클릭하여 Desktop → Terminal로 이동한 후 설정 내용을 확인하고 OK 버튼을 누르면 라우터의 CLI 모드에 접속된다.

두 번째는 텔넷(Telnet)과 SSH(Secure Shell)를 사용하여 원격 접속하는 방법인데, 이는 처음부터 사용할 수는 없고 네트워크가 구성된 후에 사용할 수 있는 원격 접속 방식이다. SSH는 텔넷과 같은 원격 접속 방법이지만, 원격 접속 시 모든 통신 내용에 대해서 암호화한다는 것이 다르다. 대부분의 IOS는 SSH를 제공하고 있으므로, 텔넷보다는 SSH를 사용하는 것을 권장한다. 세 번째는 AUX(Auxiliary) 포트를 이용하는 것이다. 이 포트는 인터넷에 연결되어 있는 장비가 알 수 없는 오류로 인해 원격으로 장비에 접속할 수 없을 경우 모뎀을 이용해 장비에 접속하는 방법이다. 모든 시스코 장비가 AUX 포트를 가지고 있는 것은 아니며, 특히 AUX 포트는 디버깅 메시지 및 오류 메시지를 출력하지 않기 때문에 문제 해결을 위해 장치에 접속하는 경우는 콘솔로 접속하는 것이 좋다.

이상과 같은 다양한 방법으로 장치에 접속하는 방법이 있는데, 패킷트레이서는 작업 공간에서 설정을 원하는 장치를 클릭하고 CLI 탭을 클릭만 하면 바로 CLI 모드에 접속되므로 굳이 위와 같은 콘솔 접속을 하지 않아도 된다. 그러나 CCNA 시험을 포함한 각종 시험 응시 시, 그리고 실제 장치에 접속하는 경우는 콘솔 접속을 주로 사용해야 한다는 사실을 유의한다. 이제 라우터(스위치)에 대한 기본 설정 방법 실습을 위해 그림 3-3과 같은 네트워크 토폴로지를 구성해보자. 그림 내에 있는 네트워킹 장치 아이콘, 인터페이스 유형과 번호 등을 참고하여 동일한 토폴로지를 직접 구성해보도록 한다.

라우터와 스위치를 처음 연결할 경우 연결 링크가 빨간색으로 표시되는 것은 라우터의 Gi0/0 포트가 아직 활성화되지 않았기 때문이다. 라우터의 모든 인터페이스의 초기 상태는 비활성 상태이다. 따라서 Gi0/0 포트를 활성화하면 녹색으로 변하게 된다. 녹색으로 변했다고 무조건 데이터를 주고받을 수 있는 상태가 된 것은 아니다. 라우터에 IP 주소를 할당하지 않고 단순히 인터페이

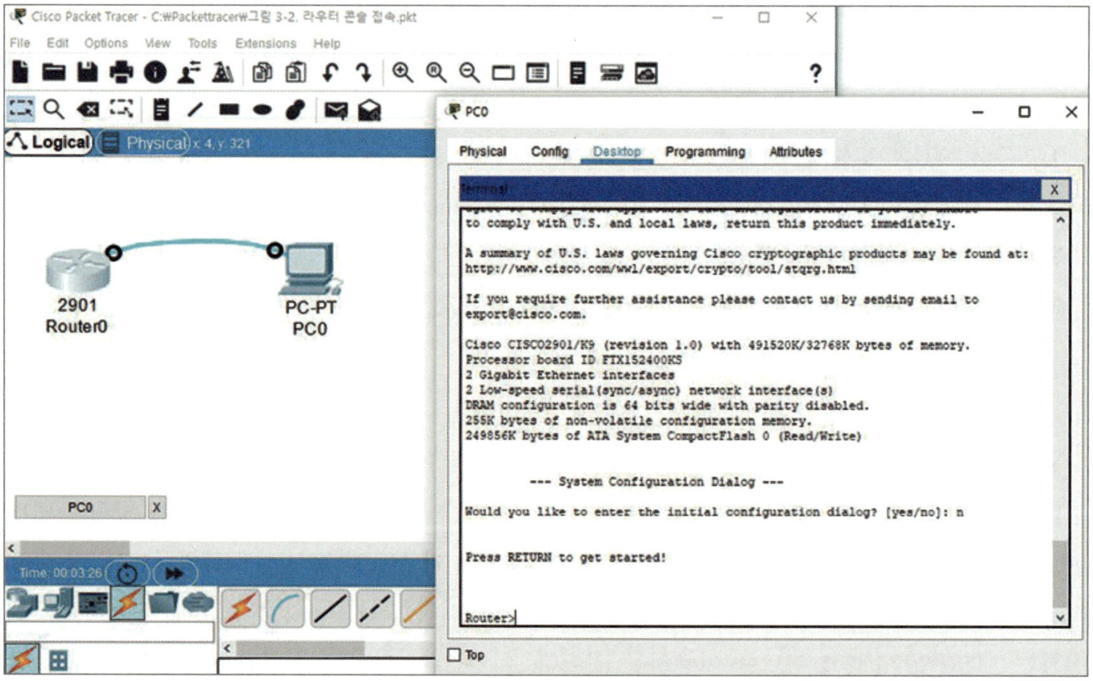

그림 3-2 라우터 콘솔 접속

스만 활성화시켜도 녹색으로 변하기 때문에 데이터를 주고받을 수 있는지에 대한 점검은 ***ping*** 테스를 활용하는 것이 좋다.

그림 3-3과 같은 기본 네트워크 토폴로지를 생성했다면 이제 라우터 2901을 클릭하여 CLI로 이동한다. 이때 그림 3-4에 보인 것처럼 "Continue with configuration dialog? [yes/no]:" 라는 문구를 볼 수 있는데, 이는 라우터를 처음 설정할 때 대화 모드로 설정할지를 물어보는 것인데 필요하지 않은 사항까지 입력해야 하거나 필요한 모든 사항을 설정할 수 있는 방법이 아니기 때문에 일반적으로 잘 사용하지 않는다. 즉 대부분의 네트워크 관리자는 이 방법을 사용하지 않으므로 ***no***를 입력하고 엔터키를 눌러 CLI 모드로 접속한다. 만약 ***yes***를 입력하고 설정에 들어갔다면 "Ctrl+C"를 눌러 대화 모드를 종료한다. 스위치 2960-24TT를 클릭하여 스위치에도 접속해본다. 스위치는 참고로 이러한 대화 모드가 없다. 그림 3-5는 스위치 접속 화면이다.

라우터와 스위치의 CLI는 표 3-1에 정리한 것처럼 크게 세 가지 모드를 가지며, 각 모드에서 사용할 수 있는 명령어가 제한된 계층화 모델을 사용한다. 계층화 모델은 보안성과 관리의 효율성을 위해 사용되는 것이며, 이 모델을 사용하면 모드별로 사용할 수 있는 명령어를 제한할 수 있게 된다.

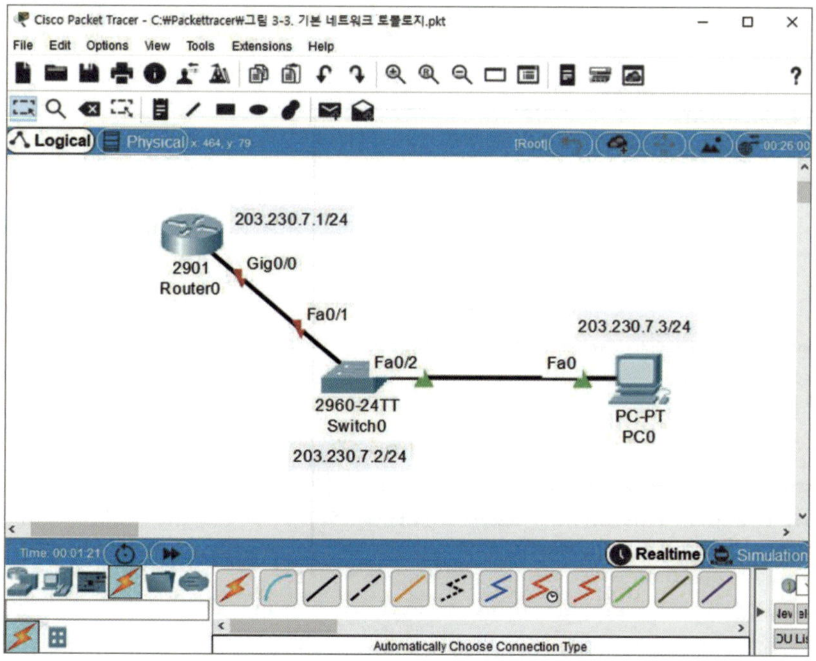

그림 3-3 기본 네트워크 토폴로지

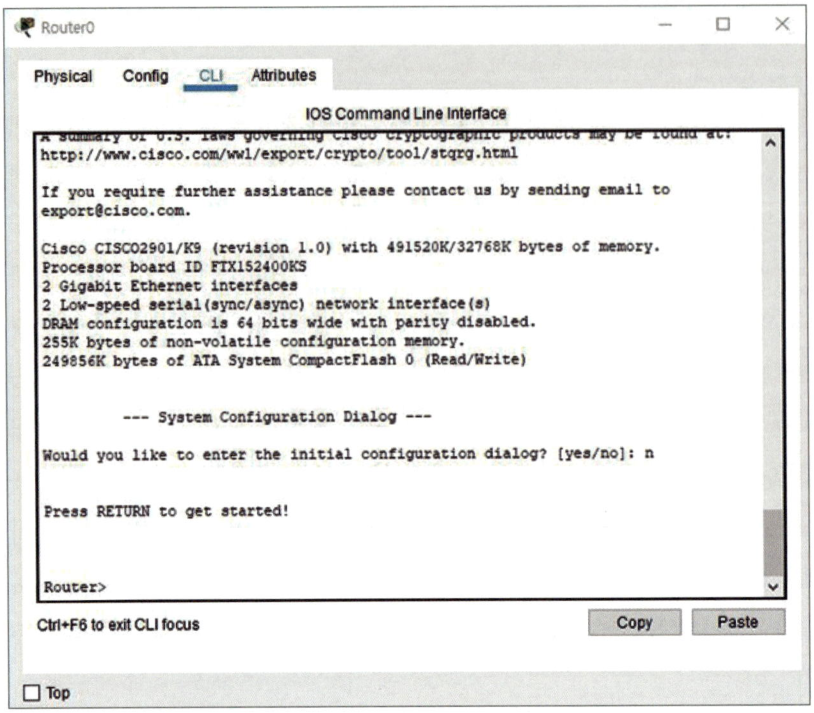

그림 3-4 라우터 접속 화면

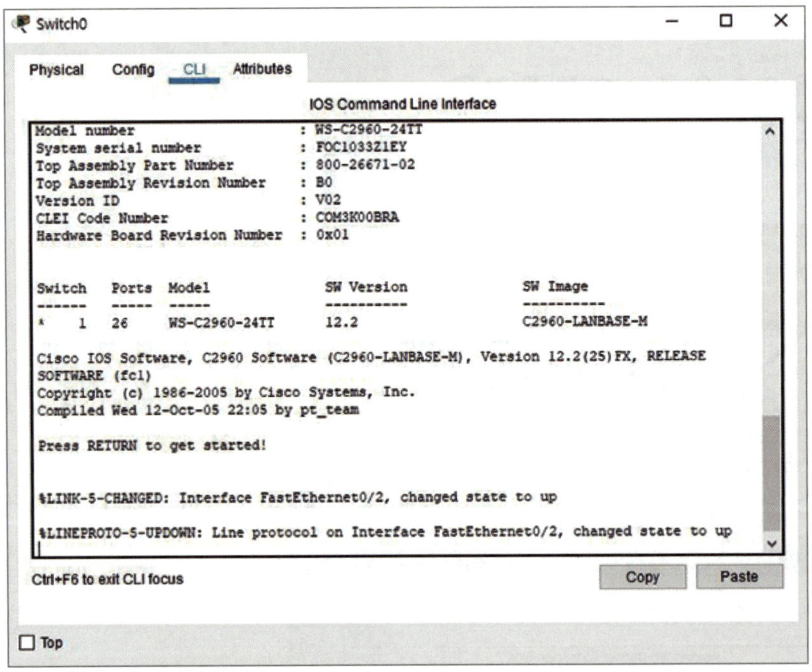

그림 3-5 스위치 접속 화면

라우터와 스위치의 기본적인 설정 방법은 동일하기 때문에 라우터를 기준으로 기본 설정 방법을 설명하기로 한다. 라우터에 처음 접속하면 사용자 모드로 접속된다. 이 모드에서는 제한적인 명령어만 사용 가능하고 라우터에서 설정할 수 있는 명령어가 없으므로 관리자 모드로 들어가야 한다. 관리자 모드로 들어가기 위해서는 ***enable*** 명령어를 입력한다.

```
Router>enable
Router#
```

관리자 모드에서는 아주 간단한 설정과, 라우터 동작에 대한 설정 내용을 볼 수 있다. 라우터를 직접 설정하기 위해서는 전역 설정 모드로 들어가야 하며 이를 위해 관리자 모드에서 ***configure terminal*** 명령어를 사용한다.

```
Router>enable
Router#configure terminal
Enter configuration commands, one per line. End with CNTL/Z.
Router(config)#
```

CLI 모드에서는 명령어 입력 시 키보드의 Tab 키를 이용하면 좀 더 쉽게 명령어를 입력할 수 있다. 예를 들어 관리자 모드에서 전역 설정 모드로 들어가기 위해 ***conf*** 까지 입력한 후 Tab 키를 누르면 ***configure*** 명령이 자동 입력되는 것을 볼 수 있으며, 이 상태에서 다시 ***t***만을 입력한 후 Tab 키를 누르면 ***configure terminal*** 명령어가 자동으로 완성되어 입력되는 것을 볼 수 있다. 결국 Tab 키를 이용하면 주요 문자 몇 개만을 입력하면서도 빠르고 정확한 명령이 입력을 할 수 있다. 단 Tab 키를 이용한 명령어 입력 시 주요 문자는 해당 모드에서 사용되는 유일한 문자 조합이어야 한다. 위의 예와는 달리, 다시 관리자 모드에서 ***con***만을 입력한 후 Tab 키를 눌러보라. 이번에는 명령어가 자동으로 입력되지 않는다. 왜 그럴까? 그 이유는 관리자 모드에서 제공되는 명령

표 3-1 IOS CLI 모드

모 드	설 명	프롬프트
사용자 모드 (User EXEC Mode)	제한된 명령어만 사용 가능하며, 장치 설정은 불가	Router>
관리자 모드 (Privileged EXEC Mode)	현재 동작 중인 장치의 설정 내용 등을 볼 수 있음	Router#
전역 설정 모드 (Global Configuration Mode)	장치 설정 가능	Router(config)#

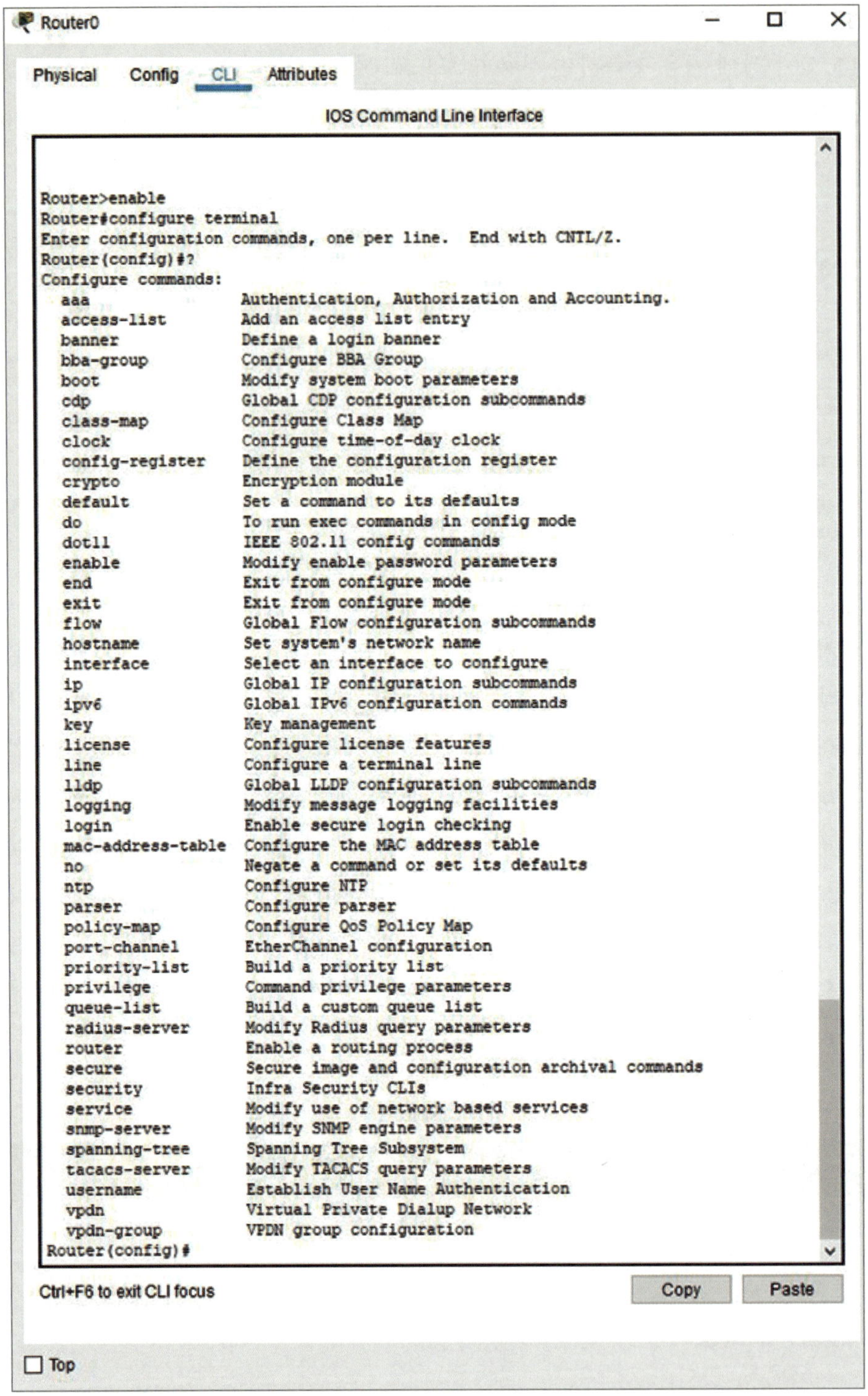

그림 3-6 도움말 명령어(help command) "?"

어 중에서 ***con***으로 시작하는 명령어는 ***configure*** 외에도 ***connect***라는 명령어가 있기 때문에 IOS가 자동 명령어 입력을 진행할 수 없는 것이다. 또한 명령어는 축약형으로 사용할 수도 있는데, 앞의 ***enable***, ***configure terminal*** 명령어를 아래와 같이 축약하여 사용할 수 있다. 물론 축약형 명령어 사용 시에도 해당 명령어의 중복되지 않는 유일한 주요 문자를 사용하여야 한다.

```
Router>en
Router#conf t
Enter configuration commands, one per line. End with CNTL/Z.
Router(config)#
```

한편 각각의 CLI 모드에서 어떠한 명령어를 사용할 수 있는지를 알아보는 유용한 도움말 명령어(help command)가 있다. 키보드의 물음표 "?"가 바로 그것이다. 그림 3-6은 사용자 모드 프롬프트에서 단순히 "?"만을 입력한 결과로, 이 모드에서 사용할 수 있는 명령어 목록이 출력되는 것을 볼 수 있다. 도움말 명령어는 또한 복잡한 명령어의 명령어 구문을 정확히 모를 경우에도 매우 유용하게 사용할 수 있다. 예를 들어 앞의 ***configure terminal*** 명령어를 입력해야 하는 상황에서, 우리가 이 명령어의 전체 구문 중 단지 ***con***만을 기억하고 있다고 가정할 때, 실제로 관리자 모드에서 ***con***만을 입력하고 이어서 바로 "?"를 입력하면("***con?***"의 형태임), 어떤 결과가 나타나는지 확인해보도록 한다. IOS가 관리자 모드에서 ***con***으로 시작되는 모든 명령어를 보여줄 것이다. 이 도움말 기능은 초중급자가 매우 복잡한 명령어 구문을 정확히 기억하고 있지 못할 경우에 매우 유용하게 사용될 수 있다.

다음으로 라우터와 스위치의 몇 가지 대표적인 기본 설정 명령어에 대하여 알아보자.

Clock 설정

라우터와 스위치에 설정된 시간을 볼 수 있고 또한 설정을 할 수가 있다. 날짜를 변경하고 싶으면 ***clock set*** 명령어를 사용하는데, 그림 3-7은 라우터의 현재 시간을 확인한 후 이를 2019년 3월 1일 12시 6분으로 설정하는 과정을 보인다. ***show clock*** 명령어의 출력 내용 중 "?"로 표시되는 부분은 요일이 표시되는 부분으로, 패킷트레이서에서는 이와 같이 요일 부분이 "?"로 표시된다.

이름 설정

시스코 장치들은 공장 출하 시에 기본적으로 장치의 명칭을 이름으로 가지게 된다. 예를 들어 라우터의 경우는 Router라는 이름으로 출시가 되고 스위치는 Switch라는 이름으로 출시가 된다. 이러한 기본 이름을 가지고 있는 장치는 관리자가 원하는 별도의 장치 이름을 부여할 수 있는데,

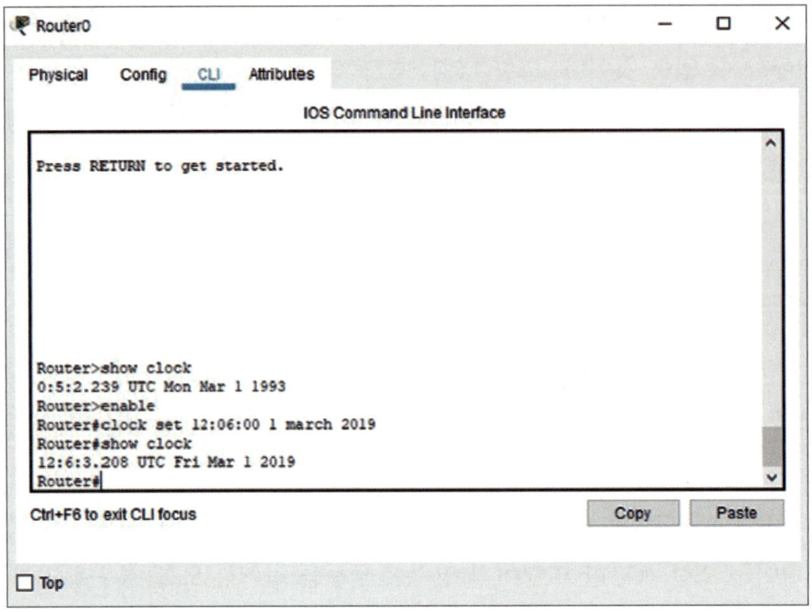

그림 3-7 시간 설정

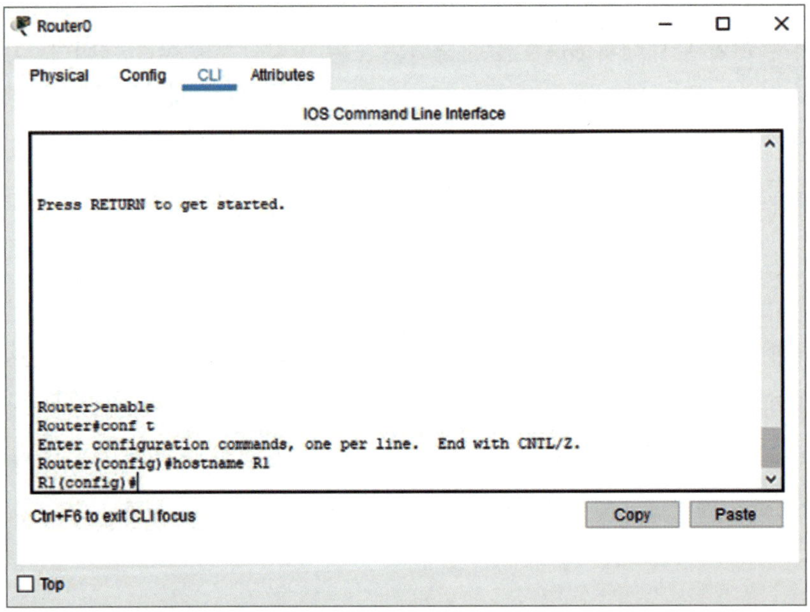

그림 3-8 이름 설정

이때 이름은 문자(숫자, 기호)로 시작할 수 있고, 63글자를 넘어갈 수 없으며, 띄어쓰기는 포함할 수 없다. 그림 3-8은 장치의 이름을 설정하는 ***hostname*** 명령어의 사용 예를 보이고 있다.

암호 설정

장치 관리자는 인가되지 않은 사용자의 접근을 막기 위해 암호를 사용하게 되는데 라우터와 스위치에 설정할 수 있는 암호는 다음과 같다.

- **Console Password**: 사용자 모드로 들어가기 전에 물어보는 암호이다.
- **Enable Password**: 사용자 모드에서 관리자 모드로 들어갈 때 물어보는 암호로서 평문으로 설정되고 암호화되어 저장되지는 않는다.
- **Enable Secret**: 사용자 모드에서 관리자 모드로 들어갈 때 물어보는 암호로서 설정 시 ***enable password***보다 우선적으로 적용되며, 암호화되어 저장된다. 예를 들어 ***enable password***가 "test"이고 ***enable secret*** 이 "Cisco"로 설정되어 있을 경우, 사용자 모드에서 관리자 모드로 들어갈 때 "Cisco"를 사용하여야 한다.
- **VTY Password**: 텔넷을 사용하여 접속할 때 물어보는 암호이다.

암호의 설정은 전역 설정 모드에서 하게 되며 추측이 가능하거나 단순한 암호는 사용하지 않도록 한다. 다음은 ***console*** 및 ***enable password***를 "cisco"로, ***enable secret***을 "class"로 설정하는 예이다.

```
R1(config)#line console 0
R1(config-line)#password cisco
R1(config-line)#login
R1(config-line)#exit
R1(config)#enable password cisco
R1(config)#enable secret class
```

위와 같이 설정하고 ***exit*** 명령어를 두 번 입력하여 라우터 모드를 완전히 빠져나간 후, 다시 라우터에 접속하기 위해 엔터를 치면 암호를 물어본다. 유의할 점은 CLI에서 암호를 입력할 때는 그림 3-9에서와 같이 어떠한 것도 보이지 않는다는 것이다. 라우터를 처음 접하는 경우에는 암호가 입력되지 않는 것으로 오해할 수 있으나 실제로는 암호가 제대로 입력이 되고 있고 그 상황을 보여주지 않는 것일 뿐이다.

설정 내용 확인

라우터나 스위치에 설정된 내용을 확인하거나 현재 어떠한 설정 내용으로 동작하고 있는지를 확인하려면 ***show running-config*** 명령어를 사용한다. 이 명령어는 ***show run***으로 축약하여 사용할 수 있다.

```
R1#show run
Building configuration...

Current configuration : 838 bytes
!
version 15.1
no service timestamps log datetime msec
no service timestamps debug datetime msec
no service password-encryption
!
hostname R1
!
enable secret 5 $1$mERr$9cTjUIEqNGurQiFU.ZeCi1
enable password cisco
!
!
no ip cef
 --More--
〈이하 생략〉
```

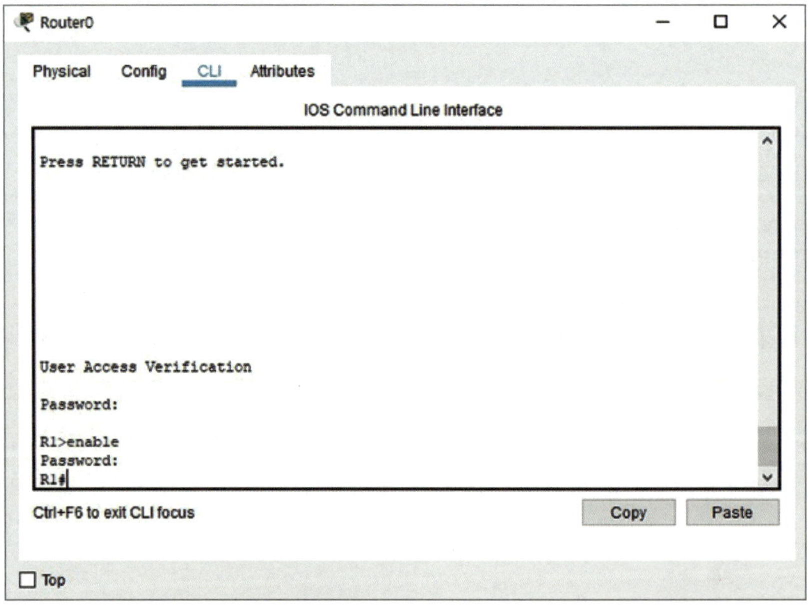

그림 3-9 라우터 CLI에서의 암호 입력

배너 메시지

배너 메시지는 라우터나 스위치에 접속하는 사용자들에게 보여주는 메시지인데, 이것이 중요한 것은 다음과 같은 이유 때문이다. 미국에서 한 해커가 라우터에 접속해 해킹을 했는데 그때 라우터의 배너 메시지가 "Welcome!"이었다는 이유로 무죄 판결을 받은 사건이 있었다. 따라서 그 뒤 배너 메시지에 법적 경고 문구를 넣는 것이 권장되고 있다. 배너 메시지에는 장치에 접근하려는 사람에게 합법적으로 권한이 있는 사람만 접근하여야 하고, 이를 어길 경우 법적 처벌을 받을 수 있다는 내용이 명시되어야 한다. 배너를 설정하는 방법은 아래와 같다.

```
R1>enable
R1#configure terminal
R1(config)#banner motd #
Enter TEXT message. End with the character '#'.
AUTHORIZED ACCESS ONLY!!!
#
```

위와 같이 설정하고 나서 ***exit*** 명령어를 이용해 라우터를 완전히 빠져나간 후 다시 라우터에 접속하려고 하면 그림 3-10에서와 같이 "AUTHORIZED ACCESS ONLY!!!"라는 배너 메시지를 볼

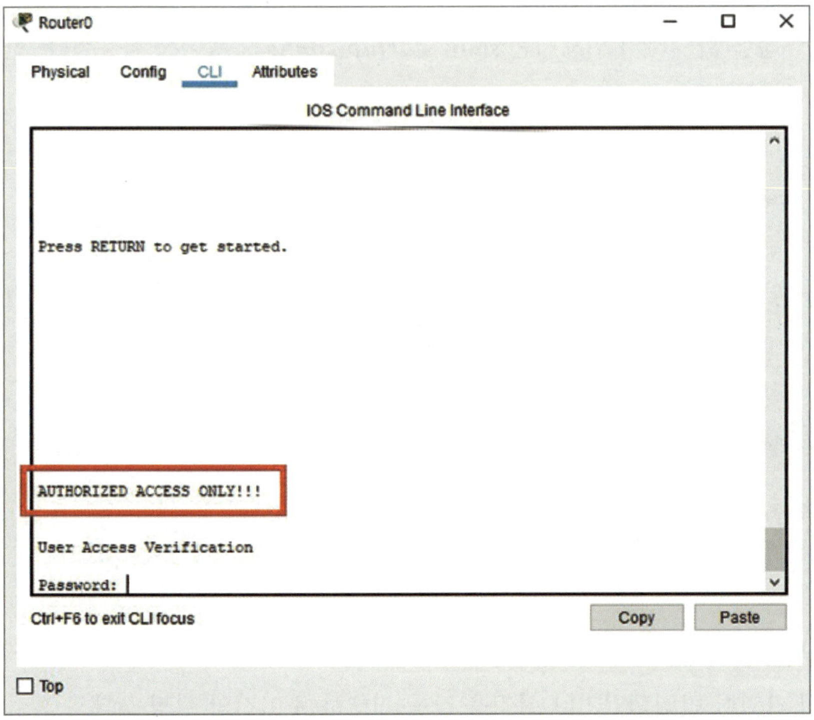

그림 3-10 배너 메시지

수 있다.

라우터와 스위치의 설정 파일 저장

라우터와 스위치에 설정된 내용은 RAM에 저장되어 라우터의 전원이 꺼지거나 재부팅될 경우에는 관련 내용이 전부 없어져 설정을 다시 해야 한다. 따라서 한번 설정한 내용을 유지하기 위해서는 RAM에 있는 내용이 전원이 꺼져도 보관될 수 있도록 NVRAM으로 복사해놓아야 하는데, ***copy running-config startup-config*** 명령이나 ***write memory*** 명령어를 사용하여 이 작업을 실행할 수 있다. 두 명령어는 동일한 결과를 가져오므로, 어떠한 명령어를 사용해도 무방하며, ***write memory***의 경우 ***wr***로 축약하여 사용 가능하다.

```
R1#copy running-config startup-config
Destination filename [startup-config]?
Building configuration...
[OK]

또는

R1#wr
```

NVRAM에 저장된 설정 내용을 확인하기 위해서는 ***show startup-config*** 명령어를 사용한다. 만약 저장된 내용이 없다면 아래와 같은 메시지가 나타난다.

```
R1#show startup-config
startup-config is not present
```

필요에 따라 ***erase startup-config*** 명령어를 사용하여 NVRAM에 저장되어 있는 설정 파일을 삭제할 수도 있다.

```
R1#erase startup-config
Erasing the nvram filesystem will remove all configuration files! Continue? [confirm]
[OK]
Erase of nvram: complete
%SYS-7-NV_BLOCK_INIT: Initialized the geometry of nvram
R1#
```

라우터와 스위치의 재부팅

라우터와 스위치의 설정 파일이 변경되었거나 설정을 잘못 진행하여 이전의 설정 상태로 되돌리고자 할 경우(단 최근의 설정 파일을 NVRAM에 저장해놓은 경우에 한함), 그림 3-11에서와 같

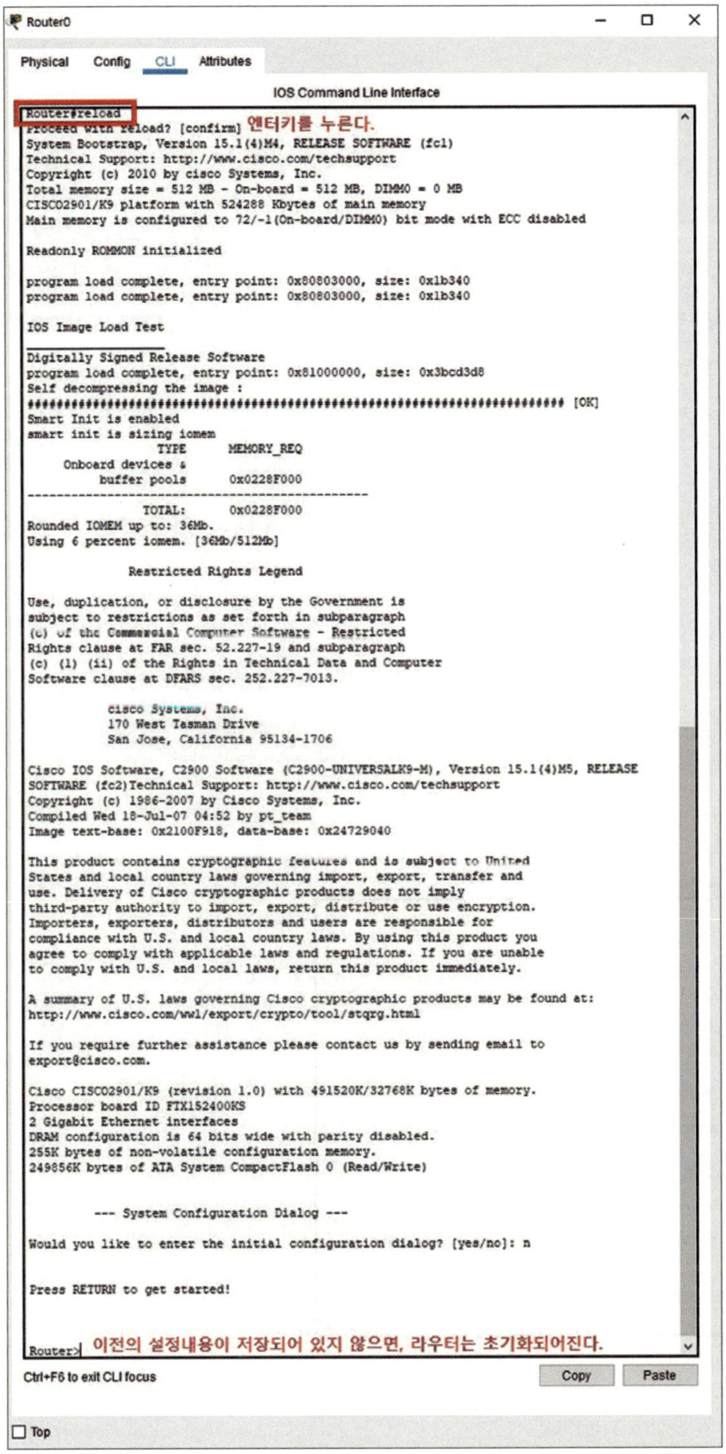
Router0
Physical
Config
CLI
Attributes
IOS Command Line Interface
Router#reload
Proceed with reload? [confirm]
엔터키를 누른다.
System Bootstrap, Version 15.1(4)M4, RELEASE SOFTWARE (fc1)
Technical Support: http://www.cisco.com/techsupport
Copyright (c) 2010 by cisco Systems, Inc.
Total memory size = 512 MB - On-board = 512 MB, DIMM0 = 0 MB
CISCO2901/K9 platform with 524288 Kbytes of main memory
Main memory is configured to 72/-1(On-board/DIMM0) bit mode with ECC disabled
Readonly ROMMON initialized
program load complete, entry point: 0x80803000, size: 0x1b340
program load complete, entry point: 0x80803000, size: 0x1b340
IOS Image Load Test
Digitally Signed Release Software
program load complete, entry point: 0x81000000, size: 0x3bcd3d8
Self decompressing the image :
[OK]
Smart Init is enabled
smart init is sizing iomem
TYPE MEMORY_REQ
Onboard devices &
buffer pools 0x0228F000
TOTAL: 0x0228F000
Rounded IOMEM up to: 36Mb.
Using 6 percent iomem. [36Mb/512Mb]
Restricted Rights Legend
Use, duplication, or disclosure by the Government is
subject to restrictions as set forth in subparagraph
(c) of the Commercial Computer Software - Restricted
Rights clause at FAR sec. 52.227-19 and subparagraph
(c) (1) (ii) of the Rights in Technical Data and Computer
Software clause at DFARS sec. 252.227-7013.
cisco Systems, Inc.
170 West Tasman Drive
San Jose, California 95134-1706
Cisco IOS Software, C2900 Software (C2900-UNIVERSALK9-M), Version 15.1(4)M5, RELEASE
SOFTWARE (fc2)Technical Support: http://www.cisco.com/techsupport
Copyright (c) 1986-2007 by Cisco Systems, Inc.
Compiled Wed 18-Jul-07 04:52 by pt_team
Image text-base: 0x2100F918, data-base: 0x24729040
This product contains cryptographic features and is subject to United
States and local country laws governing import, export, transfer and
use. Delivery of Cisco cryptographic products does not imply
third-party authority to import, export, distribute or use encryption.
Importers, exporters, distributors and users are responsible for
compliance with U.S. and local country laws. By using this product you
agree to comply with applicable laws and regulations. If you are unable
to comply with U.S. and local laws, return this product immediately.
A summary of U.S. laws governing Cisco cryptographic products may be found at:
http://www.cisco.com/wwl/export/crypto/tool/stqrg.html
If you require further assistance please contact us by sending email to
export@cisco.com.
Cisco CISCO2901/K9 (revision 1.0) with 491520K/32768K bytes of memory.
Processor board ID FTX152400KS
2 Gigabit Ethernet interfaces
DRAM configuration is 64 bits wide with parity disabled.
255K bytes of non-volatile configuration memory.
249856K bytes of ATA System CompactFlash 0 (Read/Write)
--- System Configuration Dialog ---
Would you like to enter the initial configuration dialog? [yes/no]: n
Press RETURN to get started!
Router>
이전의 설정내용이 저장되어 있지 않으면, 라우터는 초기화되어진다.
Ctrl+F6 to exit CLI focus
Copy
Paste
Top

그림 3-11 재부팅

이 *reload* 명령어를 사용하여 시스템을 이전의 설정 상태로 재부팅할 수 있다.

인터페이스 활성화

라우터의 모든 인터페이스는 기본적으로 비활성화되어 있으나, 스위치의 FastEthernet 인터페이스는 활성화되어 있다. 따라서 라우터의 경우에는 비활성화되어 있는 인터페이스를 활성화시킬 필요가 있으며 이를 위해 그림 3-12에 보인 것처럼 활성화하고자 하는 인터페이스에 대한 설정 모드로 들어가서 ***no shutdown*** 명령어를 입력한다. 만약 인터페이스를 비활성화하고자 한다면 ***shutdown*** 명령어를 입력하면 된다.

라우터 IP 주소 할당

라우터는 일반적으로 LAN 구간을 연결하는 FastEthernet 구간과 라우터와 라우터를 연결하는 WAN 구간이 있다. WAN 구간은 시리얼 케이블을 사용하여 연결하고, GigaEthernet 또는 FastEthernet 구간은 다이렉트 케이블이나 크로스 케이블을 이용하여 연결한다. 시리얼 케이블 양단의 인터페이스는 DCE(Data Circuit Terminating Equipment)와 DTE(Data Terminal

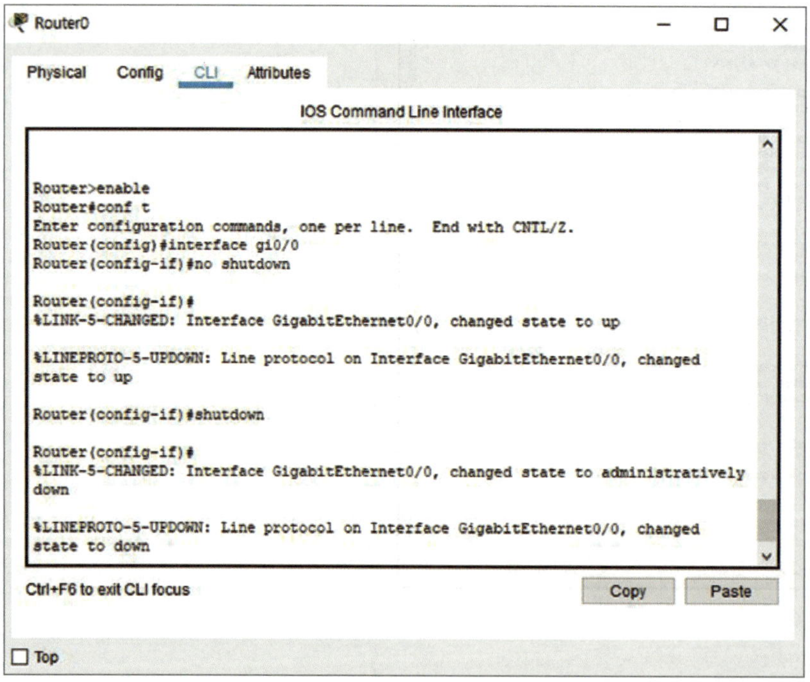

그림 3-12 인터페이스 활성화 및 비활성화

Equipment)로 구분되는데, DCE 인터페이스에는 항상 ***clock rate*** 명령어를 이용하여 클록을 제공해야 한다.

```
- 라우터의 LAN 인터페이스가 GigaEthernet일 경우
R1(config)#interface gi0/0
R1(config-if)#ip address IP 주소 서브넷 마스크
R1(config-if)#exit

(예제)
R1(config)#interface gi0/0
R1(config-if)#ip address 203.230.7.1 255.255.255.0
R1(config-if)#exit

- 라우터의 LAN 인터페이스가 FastEthernet일 경우
R1(config)#interface fa0/0
R1(config-if)#ip address IP 주소 서브넷 마스크
R1(config-if)#exit

(예제)
R1(config)#interface fa0/0
R1(config-if)#ip address 203.230.7.1 255.255.255.0
R1(config-if)#exit

- Serial 인터페이스가 DCE일 경우
R1(config)#interface serial0/2/0
R1(config-if)#ip address IP 주소 서브넷 마스크
R1(config-if)#clock rate 56000 (다른 값을 줄 수도 있다. 물음표를 통해 확인한다.)

(예제)
R1(config)#interface serial0/2/0
R1(config-if)#ip address 163.180.116.217 255.255.255.0
R1(config-if)#clock rate ?
Speed (bits per second
  1200
  2400
  4800
  9600
  19200
  38400
  56000
  64000
  72000
  125000
  128000
  148000
  250000
  500000
  800000
```

```
  1000000
  1300000
  2000000
  4000000
  <300-4000000>  Choose clockrate from list above
R1(config-if)#clock rate 56000
```

```
- Serial 인터페이스가 DTE일 경우(clock rate 설정을 하지 않는다.)
R1(config)#interface serial0/2/0
R1(config-if)#ip address IP 주소 서브넷 마스크

(예제)
R1(config)#interface serial0/2/0
R1(config-if)#ip address 163.180.116.217 255.255.255.0
```

스위치 IP 주소 할당

스위치는 제2계층 장치로서 MAC 주소를 이용하여 프레임을 전달하는 장치이다. 그러나 스위치에 원격으로 접속하기 위해서는 IP 주소가 필요하다. 스위치의 모든 포트는 기본적으로 VLAN 1번에 속하게 된다. 그러므로 가상 인터페이스인 VLAN 1에 IP 주소를 할당하여 원격 접속을 위해 이용할 수 있고, ***ip defatul-gateway*** 명령어를 통해 스위치에 디폴트 게이트웨이를 설정할 수도 있다. VLAN에 대해서는 뒤에서 자세히 다루기로 한다.

```
Switch>en
Switch#conf t
Enter configuration commands, one per line. End with CNTL/Z.
Switch(config)#int vlan 1
Switch(config-if)#ip add 203.230.7.2 255.255.255.0
Switch(config-if)#no shutdown

%LINK-5-CHANGED: Interface Vlan1, changed state to up

%LINEPROTO-5-UPDOWN: Line protocol on Interface Vlan1, changed state to up

Switch(config-if)#exit
Switch(config)#ip default-gateway 203.230.7.1
Switch(config)#exit
Switch#
```

인터페이스 설명

라우터와 스위치는 인터페이스를 통해 LAN이나 WAN에 연결된다. 토폴로지가 단순할 경우에

는 어떤 인터페이스가 어떤 네트워크에 연결되었는지 쉽게 알 수 있지만 토폴로지가 복잡하거나 관리하는 네트워크가 여러 개일 경우에는 이를 모두 기억하는 것이 쉽지 않은 일일 것이다. 따라서 이러한 문제를 해결하기 위해 인터페이스에 설명을 달아놓으면 해당 인터페이스에 연결된 네트워크나 해당 인터페이스의 역할을 파악하는 데 큰 도움이 될 수 있다. 인터페이스에 설명을 달아놓기 위해서는 아래와 같이 ***description*** 명령어를 사용한다. 설정한 내용은 해당 인터페이스에 접속할 때 화면에 나타나게 되며, 그림 3-13에서와 같이 ***show run*** 명령어를 통해 확인할 수 있다.

```
R1(config)#int gi0/0
R1(config-if)#description Connects to main Switch in Office
```

라우터와 스위치의 인터페이스 상태 및 IP 주소 할당 현황 보기

라우터와 스위치의 인터페이스에 IP 주소를 할당하고 활성화시키고 난 후 ***show run*** 명령어를 사용하여 설정 내용을 인터페이스별로 확인하는 방법은 다소 번거로운 작업이다. 또한 ***show run*** 명령어를 이용할 경우에는 인터페이스가 실제로 활성화되었는지를 확인할 수가 없다. 그런데 ***show ip interface brief*** 명령어를 이용하면 이러한 문제를 쉽게 해결할 수 있다. 이 명령어는 라

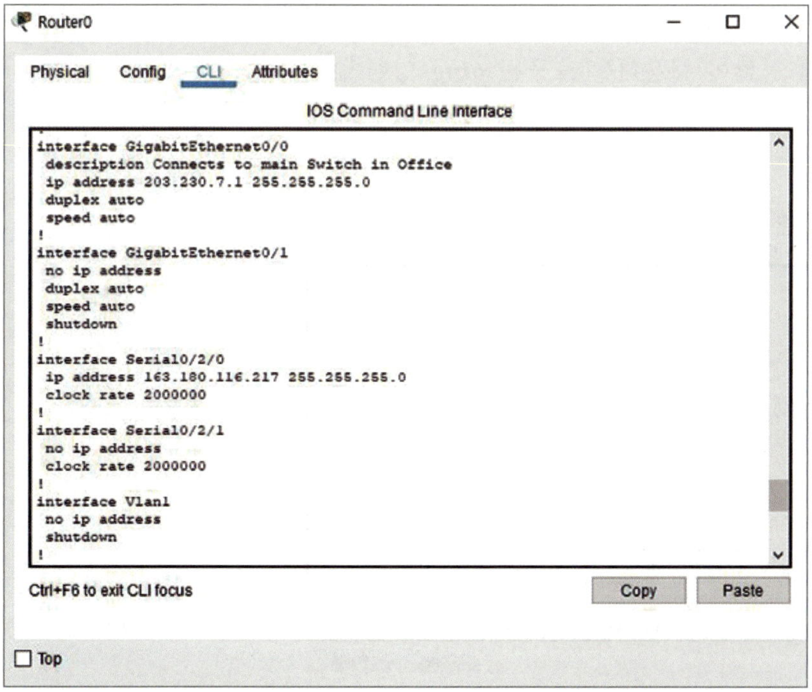

그림 3-13 인터페이스 설명

우터와 스위치의 모든 논리적 그리고 물리적 인터페이스를 보여주며, 해당 인터페이스가 활성화 상태인지 비활성화 상태인지와 어떠한 IP 주소가 할당되었는지를 일목요연하게 보여주는 유용한 명령어이다. 명령어 출력 화면의 주요 항목에 대한 설명은 다음과 같다.그림 3-14

- **Interface**: 현재 라우터에 장착되어 있는 모든 물리적 인터페이스와 논리적 인터페이스를 나타낸다.
- **IP-Address**: 인터페이스에 설정되어 있는 IP 주소를 나타내는데, IP 주소가 할당되지 않았을 경우에는 "unassigned"로 표시된다.
- **Status**: 인터페이스가 물리적으로 활성화 상태인지 비활성화 상태인지를 나타낸다. 그림 3-14의 Serial 0/2/0의 경우 "Administratively down"으로 되어 있는 경우는 인터페이스 활성화 명령어인 "no shutdown" 명령어가 입력되지 않았을 경우 나타나는 메시지이다.
- **Protocol**: 인터페이스가 논리적으로 활성화 상태인지 비활성화 상태인지 나타낸다. 인터페이스가 정상적으로 동작한다면 Status와 Protocol 항목이 모두 "UP"으로 나타나야 하며, 한 항목이라도 "UP"이 아닐 경우에는 인터페이스는 정상적으로 동작하지 않는다.

연결 확인하기

장치를 연결하고 IP 주소를 할당한 후 해당 장치와 데이터를 주고받을 수 있는지에 대한 연결성을 확인하기 위해 가장 많이 사용하는 도구는 ***ping*** 명령어이다. Ping은 Echo-Request

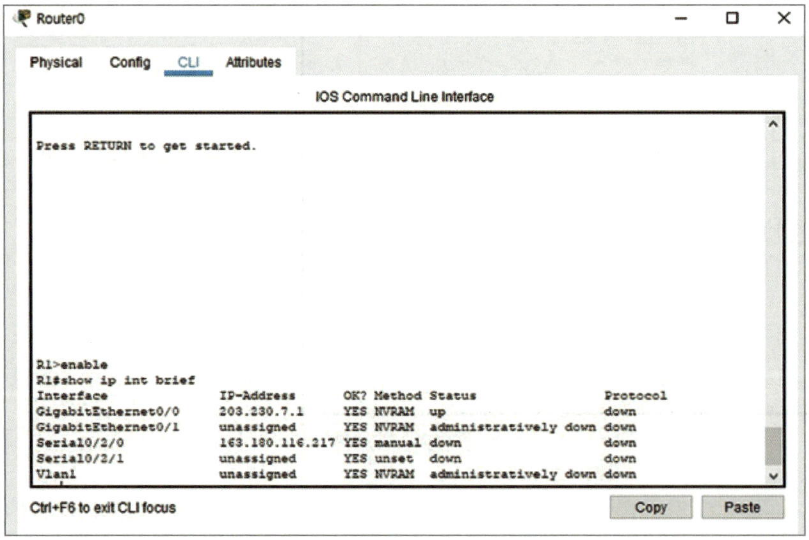

그림 3-14 *show ip interface brief* 명령어

와 Echo-Reply로 나뉘는데 Echo-Request는 선생님이 출석을 부르는 것에 비유할 수 있고, Echo-Reply는 학생이 이에 대답하는 것으로 비유할 수 있다. 라우터 CLI에서 ***ping*** 명령어를 입력하면 그 응답으로 "!"(느낌표), "."(마침표), 또는 "U"(영문자 U) 등의 세 가지 응답을 받게 되는데, 느낌표는 ***ping*** 명령을 성공적으로 수행했음을, 마침표는 ***ping*** 명령을 성공적으로 수행하지 못했음을, 그리고 영문자 U는 라우터가 목적지 주소를 가지고 있지 않거나 수신이 불가능한 상황을 알려준다. 그림 3-15는 라우터 Router0에서 스위치 Switch0과 PC0에 대한 ***ping*** 명령어 수행 결과를 보인다. 한편 ***ping*** 명령어에 대한 응답으로 마침표와 영문자 U가 나왔다고 해서 해당 목적지 장치가 정상적으로 동작하지 않는다고 판단할 수는 없음에 유의한다. 이는 해당 장치가 보안상의 이유로 Echo-Request에 대한 Echo-Reply를 하지 않도록 설정되어 있을 수도 있기 때문이다.

IP host 설정하기

그림 3-15에서와 같이 상대 장치의 IP 주소를 알고 있을 경우에는 이를 목적지 IP 주소로 사용하여 ***ping*** 명령을 수행할 수 있으나, ***ping*** 명령을 사용할 때 마다 IP 주소를 입력하는 것이 다소

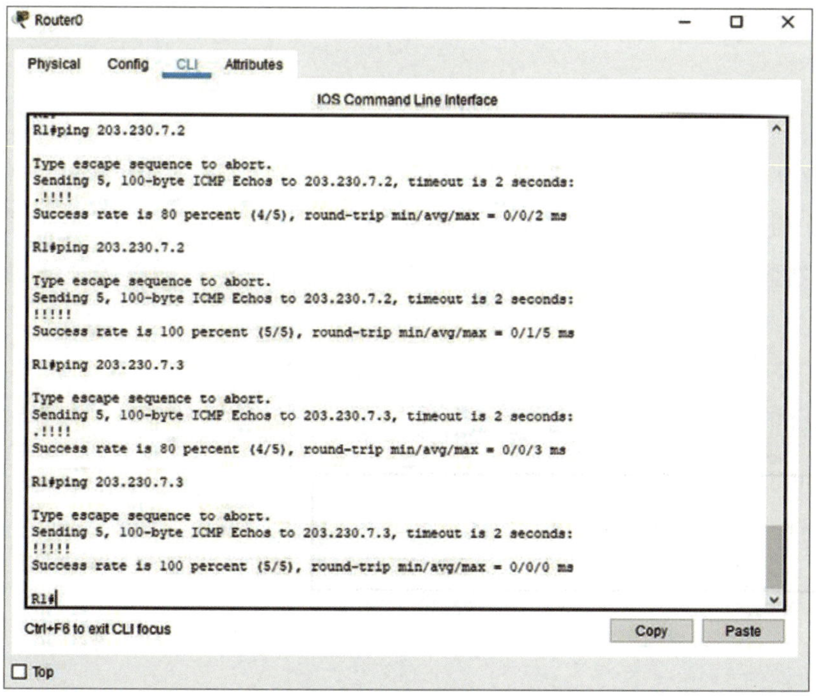

그림 3-15 *ping* 명령어 수행 결과

번거롭거나 해당 IP 주소를 사용하는 장치가 어떤 장치인지 혼돈스러울 경우가 있을 수 있다. 이러한 경우에는 ***ip host*** 명령어를 사용하여 임의의 사용자 정의 문자에 장치의 IP 주소를 할당해놓으면 된다. 예를 들어 PC의 IP 주소가 203.230.7.3일 경우, 라우터에서 PC로의 ping 테스트를 위해서 R1#***ping*** 203.230.7.3 명령어를 사용해야 했지만 ***ip host*** 명령어를 사용하여 호스트 PC의 IP 주소를 사용자 정의 문자 "PC"로 등록해놓으면 R1#***ping*** PC 명령어로 ping 테스트를 수행할 수가 있다. 사용자 정의 문자를 이용한 호스트 IP 주소의 등록 방법과 이를 이용한 ping 테스트를 수행한 다음의 예를 참고한다. 단 ***ip host*** 명령어 입력 시 사용자 정의 문자는 대소문자를 구분함에 유의한다.

```
R1(config)#ip host word IP 주소

(예제)
R1(config)#ip host PC 203.230.7.3
R1(config)#exit
R1#ping PC

Type escape sequence to abort.
Sending 5, 100-byte ICMP Echos to 203.230.7.3, timeout is 2 seconds:
!!!!!

Success rate is 100 percent(5/5), round-trip min/avg/max = 0/0/1 ms
```

텔넷 접속 설정하기

라우터에 텔넷을 설정하게 되면 원격 접속이 가능하게 된다. 전역 설정 모드에서 ***line vty*** 명령어를 사용하면 되는데, 이 명령어는 텔넷으로 접속되는 사용자의 수를 제한할 수 있다. 예를 들어, 텔넷 접속을 5명으로 제한하고자 한다면 ***line vty 0 4*** 와 같이 설정하면 된다. 지원 가능한 최

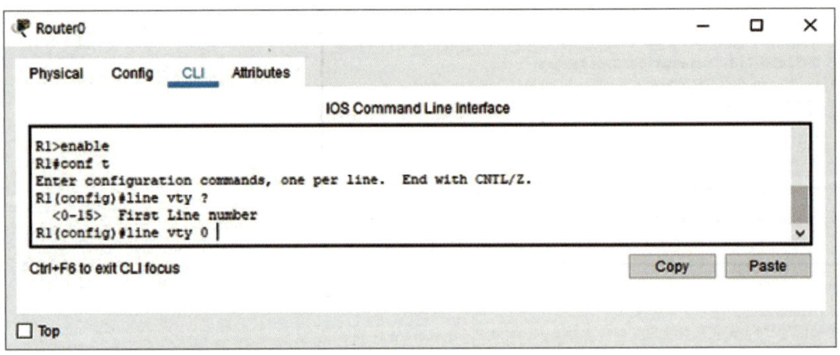

그림 3-16 텔넷 허용 세션 설정

대 텔넷 사용자 수는 장치별로 다를 수 있으므로 그림 3-16에서와 같이 도움말 명령어 "?"를 이용하여 확인한 후 사용하도록 한다. 패킷트레이서에서 지원하는 2901 라우터는 최대 16개의 텔넷 세션을 지원하는 것을 그림을 통해 확인할 수 있다.

텔넷 허용 세션 수를 설정한 후에는 텔넷 접속 시 사용할 암호를 설정해야 하는데, 라인 설정 세부 모드인 "Router(config-line)#" 프롬프트에서 ***password*** 명령어와 ***login*** 명령어를 다음과 같은 방법으로 입력한다.

```
R1#conf t
Enter configuration commands, one per line. End with CNTL/Z.
R1(config)#line vty 0 ?
 <1-15> Last Line number
 <cr>
R1(config)#line vty 0 4
R1(config-line)#password cisco
R1(config-line)#login
R1(config-line)#exit
R1(config)#
```

기본 네트워크 토폴로지의 라우터 Router0에 위와 같이 텔넷 접속을 설정한 후 PC0 → Desktop → Command Prompt에서 ***telnet 203.230.7.1*** 명령어를 입력해보자. 그림 3-17에 보인 것처

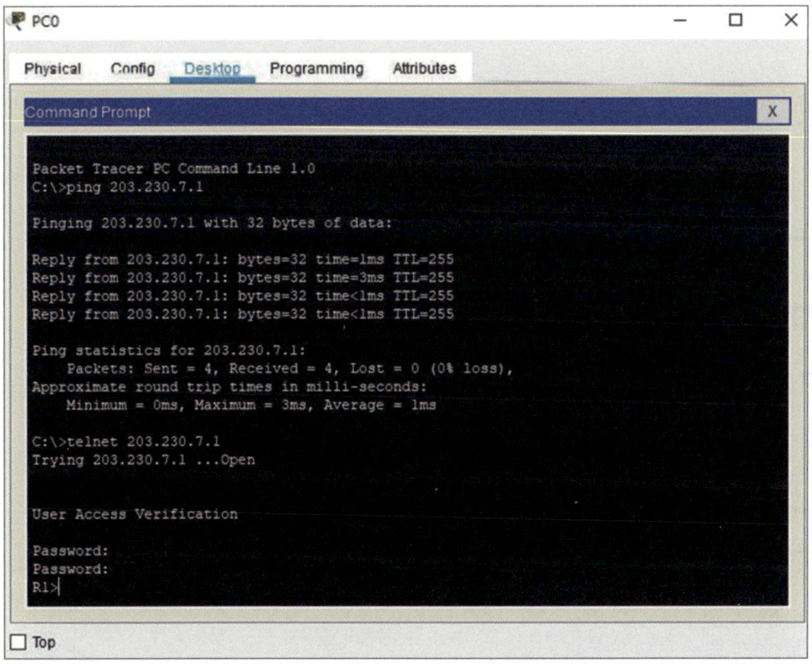

그림 3-17 라우터로의 텔넷 접속

럼 PC0에서 라우터 Router0으로 텔넷 접속이 가능한 것을 확인할 수 있다. 스위치에 대한 텔넷 접속 설정 방법도 동일하므로 스위치에도 이를 적용하여 확인해보도록 한다.

DNS 룩업 기능 해제하기

CLI 모드에서 명령어를 잘못 입력하거나 장치의 이름을 잘못 입력하여 ping 테스트를 하게 되면, 라우터 IOS는 DNS 서버를 찾아 이를 해결하려고 한다. 그런데 이때 DNS 서버가 없을 경우라도 도메인 서버 룩업을 통한 이름 해결을 위하여 라우터는 비교적 상당히 긴 시간을 소비하게 된다. 이와 같이 명령어를 잘못 입력했을 경우에는 키보드에서 "Ctrl+Shift+6" 키를 누르거나, 전역 설정 모드에서 ***no ip domain-lookup*** 명령어를 사용하면 쉽게 해결할 수 있다.그림 3-18

show version 명령어

이 명령어를 사용하면 현재 라우터에서 사용하고 있는 IOS의 버전을 비롯한 여러 가지 다양한 정보를 확인할 수 있다. 다음의 ***show version*** 명령어 출력 결과를 확인해본다.

```
R1#show version
Cisco IOS Software, C2900 Software (C2900-UNIVERSALK9-M), Version 15.1(4)M4, RE-
LEASE SOFTWARE (fc2)
Technical Support: http://www.cisco.com/techsupport
```

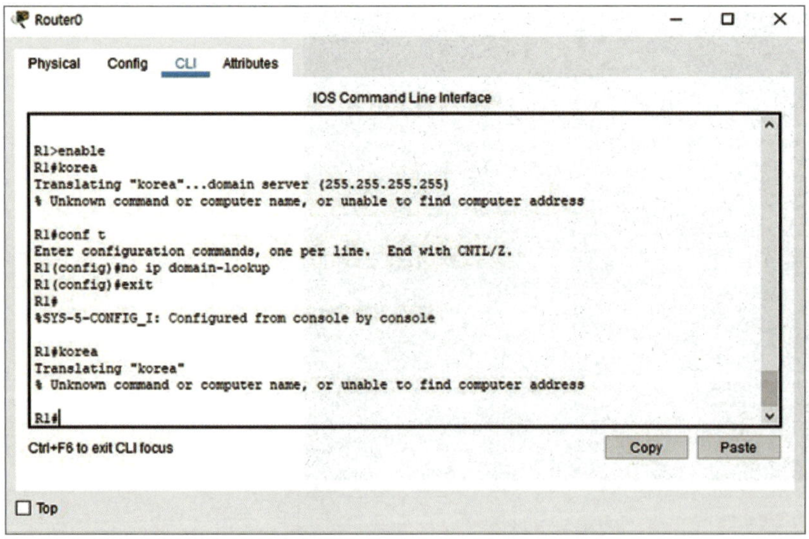

그림 3-18 no ip domain-lookup 적용

```
Copyright (c) 1986-2012 by Cisco Systems, Inc.
Compiled Thurs 5-Jan-12 15:41 by pt_team
```
라우터가 2900 시리즈라는 것과 C2900-UNIVERSALK9-M의 15.1(4)M4 IOS 이미지를 사용하고 있다는 것을 알 수 있다.

```
ROM: System Bootstrap, Version 15.1(4)M4, RELEASE SOFTWARE (fc1)
cisco2901 uptime is 7 hours, 16 minutes, 40 seconds
```
라우터의 Bootstrap Version이 15.1(4)M4 라는 것과, 7시간 16분 40초 동안 한 번도 꺼지지 않고 동작하고 있음을 알 수 있다.

```
System returned to ROM by power-on
System image file is "flash0:c2900-universalk9-mz.SPA.151-1.M4.bin"
Last reload type: Normal Reload
```
라우터의 운영체제는 flash0번에 위치해 있으며, 파일 이름이 "c2900-universalk9-mz.SPA.151-1.M4.bin" 라는 것을 알 수 있다.

```
This product contains cryptographic features and is subject to United
States and local country laws governing import, export, transfer and
use. Delivery of Cisco cryptographic products does not imply
third-party authority to import, export, distribute or use encryption.
Importers, exporters, distributors and users are responsible for
compliance with U.S. and local country laws. By using this product you
agree to comply with applicable laws and regulations. If you are unable
to comply with U.S. and local laws, return this product immediately.

A summary of U.S. laws governing Cisco cryptographic products may be found
at:http://www.cisco.com/wwl/export/crypto/tool/stqrg.html

If you require further assistance please contact us by sending email to
export@cisco.com.
```
라우터 운영체제인 IOS의 법적 고지 및 안내문을 볼 수 있다.

```
Cisco CISCO2901/K9 (revision 1.0) with 491520K/32768K bytes of memory.
Processor board ID FTX152400KS
2 Gigabit Ethernet interfaces
2 Low-speed serial(sync/async) network interface(s)
DRAM configuration is 64 bits wide with parity disabled.
255K bytes of non-volatile configuration memory.
249856K bytes of ATA System CompactFlash 0 (Read/Write)
```
현재 라우터에 장착되어 있는 물리적인 인터페이스의 종류 및 개수를 확인할 수 있으며, Flash 메모리의 용량도 확인할 수 있다.

```
License Info:

License UDI:
-------------------------------------------------
Device#    PID              SN
-------------------------------------------------
*0         CISCO2901/K9     FTX15249159
```

```
Technology Package License Information for Module:'c2900'

-----------------------------------------------------------------
Technology    Technology-package          Technology-package
              Current       Type          Next reboot
------------------------------------------------------------------
ipbase        ipbasek9      Permanent     ipbasek9
security      None          None          None
uc            None          None          None
data          None          None          None
```

라우터에 설정되어 있는 라이선스의 종류를 알 수 있으며, 어떠한 라이선스가 활성화가 되었는지 쉽게 파악할 수 있다. 위의 내용으로 보아 Security, UC(VoIP), Data 관련 라이선스는 설치되지 않았음을 알 수 있다.

```
Configuration register is 0x2102
```

라우터에 설정되어 있는 레지스터 값을 알 수 있다.

```
R1#
```

2901 및 2911 라우터의 라이선스 활성화

패킷트레이서에서 지원하는 2901 라우터 및 2911 라우터는 2811 라우터와 다른 라이선스 정책을 가진다. 2901 및 2911 라우터를 구매하면 가장 기본적인 ipbase 라이선스를 기본으로 제공하고, 만약 라우터가 보안과 관련된 설정을 하거나(Security), Voice Gateway(UC)로 동작하는 상황이 필요한 경우 그리고 MPLS와 관련된 설정이 필요하다면 반드시 라이선스를 따로 구매하여 설치하여야 한다. 각 라이선스별 IOS의 기본 기능은 표 3-2와 같다.

Show version 명령어를 통하여 확인하였지만, 패킷트레이서에서 지원하는 2901 및 2911 라우터를 처음 켜면, IPbase 라이선스만 설치되어 있는 것을 확인할 수 있었다. 이제 아래의 명령어를 입력하여 라이선스를 활성화시켜보고, 라이선스의 활성화 전과 활성화 후를 비교해보자.

표 3-2 라이선스 종류별 기능

라이선스 종류	기 능
IPbase	BGP, OSPF, EIGRP, ISIS, RIP, PBR, IGMP, Multicast 등
Security	Cisco IOS Firewall, SSL VPN, DMVPN, IPS, GET VPN, IPsec 등
UC(Unified Communication)	CUBE, SRST, Voice Gateway, CUCME, DSP, VXML 등
Data	MPLS, BFD, RSVP, L2VPN, L2TPv3, IP SLA 등

```
- Security 라이선스 활성화
R1>en
R1#conf t
Enter configuration commands, one per line. End with CNTL/Z.
R1(config)#license boot module c2900 technology-package securityk9
```

위의 명령어를 통해 Security 라이선스를 활성화하면, 아래와 같이 주의 사항이 나열된다. 중요한 점은 이 라이선스는 60일만 유효하다는 내용도 포함되어 있다. 그러나 패킷트레이서에서는 이러한 내용이 적용 받지 않는다. 다만, 실제 장비의 경우는 적용을 받으므로 필요한 기능이 있다면 라이선스를 구매하여 설치하여야 한다.

```
PLEASE READ THE FOLLOWING TERMS CAREFULLY. INSTALLING THE LICENSE OR LICENSE KEY
PROVIDED FOR ANY CISCO PRODUCT FEATURE OR USING SUCH PRODUCT FEATURE CONSTITUTES
YOUR FULL ACCEPTANCE OF THE FOLLOWING TERMS. YOU MUST NOT PROCEED FURTHER IF YOU
ARE NOT WILLING TO BE BOUND BY ALL THE TERMS SET FORTH HEREIN.

Use of this product feature requires an additional license from Cisco,
together with an additional payment. You may use this product feature
on an evaluation basis, without payment to Cisco, for 60 days. Your use
of the product, including during the 60 day evaluation period, is
subject to the Cisco end user license agreement
http://www.cisco.com/en/US/docs/general/warranty/English/EU1KEN_.html
If you use the product feature beyond the 60 day evaluation period, you
must submit the appropriate payment to Cisco for the license. After the
60 day evaluation period, your use of the product feature will be
governed solely by the Cisco end user license agreement(link above),
together with any supplements relating to such product feature. The
above applies even if the evaluation license is not automatically
terminated and you do not receive any notice of the expiration of the
evaluation period. It is your responsibility to determine when the
evaluation period is complete and you are required to make payment to
Cisco for your use of the product feature beyond the evaluation period.

Your acceptance of this agreement for the software features on one
product shall be deemed your acceptance with respect to all such
software on all Cisco products you purchase which includes the same
software. (The foregoing notwithstanding, you must purchase a license
for each software feature you use past the 60 days evaluation period,
so that if you enable a software feature on 1000 devices, you must
purchase 1000 licenses for use past the 60 day evaluation period.)

Activation of the software command line interface will be evidence of
your acceptance of this agreement.
```

라이선스에 대한 설명을 하고 있으며, 이에 동의하는지 아래와 같이 물어보면 yes를 입력하여 정책에 동의한다.

```
ACCEPT? [yes/no]: yes
% use 'write' command to make license boot config take effect on next boot
%IOS_LICENSE_IMAGE_APPLICATION-6-LICENSE_LEVEL: Module name = C2900 Next reboot
level = securityk9 and License = securityk9
%LICENSE-6-EULA_ACCEPTED: EULA for feature securityk9 1.0 has been accepted. UDI=-
CISCO2901/K9:FTX15249159; StoreIndex=0:Evaluation License Storage
```

정책에 동의하였으므로, 라이선스가 발급되었으며, 반드시 write 명령어를 통해 현재의 설정 내용을 저장한 후 reload를 해야만 라이선스가 동작하게 된다는 내용이다.

```
R1(config)#
```

- UC 라이선스 활성화

```
R1(config)#license boot module c2900 technology-package uck9
```

위의 명령어를 통해 UC 라이선스를 활성화하면, 아래와 같이 주의 사항이 나열된다. 중요한 점은 이 라이선스는 60일만 유효하다는 내용도 포함되어 있다. 그러나 패킷트레이서에서는 이러한 내용이 적용 받지 않는다. 다만, 실제 장비의 경우는 적용을 받으므로 필요한 기능이 있다면 라이선스를 구매하여 설치하여야 한다.

```
PLEASE READ THE FOLLOWING TERMS CAREFULLY. INSTALLING THE LICENSE OR LICENSE KEY
PROVIDED FOR ANY CISCO PRODUCT FEATURE OR USING SUCH PRODUCT FEATURE CONSTITUTES
YOUR FULL ACCEPTANCE OF THE FOLLOWING TERMS. YOU MUST NOT PROCEED FURTHER IF YOU
ARE NOT WILLING TO BE BOUND BY ALL THE TERMS SET FORTH HEREIN.

Use of this product feature requires an additional license from Cisco,
together with an additional payment. You may use this product feature
on an evaluation basis, without payment to Cisco, for 60 days. Your use
of the product, including during the 60 day evaluation period, is
subject to the Cisco end user license agreement
http://www.cisco.com/en/US/docs/general/warranty/English/EU1KEN_.html
If you use the product feature beyond the 60 day evaluation period, you
must submit the appropriate payment to Cisco for the license. After the
60 day evaluation period, your use of the product feature will be
governed solely by the Cisco end user license agreement(link above),
together with any supplements relating to such product feature. The
above applies even if the evaluation license is not automatically
terminated and you do not receive any notice of the expiration of the
evaluation period. It is your responsibility to determine when the
evaluation period is complete and you are required to make payment to
Cisco for your use of the product feature beyond the evaluation period.

Your acceptance of this agreement for the software features on one
product shall be deemed your acceptance with respect to all such
software on all Cisco products you purchase which includes the same
software. (The foregoing notwithstanding, you must purchase a license
for each software feature you use past the 60 days evaluation period,
so that if you enable a software feature on 1000 devices, you must
purchase 1000 licenses for use past the 60 day evaluation period.)

Activation of the software command line interface will be evidence of
your acceptance of this agreement.
```

라이선스에 대한 설명을 하고 있으며, 이에 동의하는지 아래와 같이 물어보면 yes를 입력하여 정책에 동의한다.

```
ACCEPT? [yes/no]: yes
% use 'write' command to make license boot config take effect on next boot
```

```
%IOS_LICENSE_IMAGE_APPLICATION-6-LICENSE_LEVEL: Module name = C2900 Next reboot
level = uck9 and License = uck9
%LICENSE-6-EULA_ACCEPTED: EULA for feature uck9 1.0 has been accepted. UDI=CIS-
CO2901/K9:FTX15249159; StoreIndex=2:Evaluation License Storage
```

정책에 동의하였으므로, 라이선스가 발급되었으며, 반드시 write 명령어를 통해 현재의 설정 내용을 저장한 후 reload를 해야만 라이선스가 동작하게 된다는 내용이다.

```
R1(config)#exit
R1#
%SYS-5-CONFIG_I: Configured from console by console

R1#write
Building configuration...
[OK]
R1#reload
Proceed with reload? [confirm]
```

위와 같이 Security 및 UC 라이선스를 활성화하였다. 아쉽게도 패킷트레이서에서는 Data 라이선스는 지원하지 않는다. 라이선스를 활성화한 이후 라우터를 재부팅한다.

위와 같이 설정하고 라우터를 재부팅하고 난 후 ***show run*** 명령어를 실행하여 어떠한 변화가 있었는지 먼저 살펴보자.

```
R1>enable
R1#show run
Building configuration...

Current configuration : 880 bytes
!
version 15.1
no service timestamps log datetime msec
no service timestamps debug datetime msec
no service password-encryption
!
hostname R1!
!
no ip cef
no ipv6 cef!
!
license udi pid CISCO2901/K9 sn FTX15249159
license boot module c2900 technology-package securityk9
license boot module c2900 technology-package uck9
```

- 이하 생략 -

"license boot module c2900 technology-package securityk9" 및 "license boot module c2900 technology-package uck9" 항목을 통하여 Securityk9 및 uck9이 설치되어 있는 것을 알 수 있다.

show version 명령어를 통해 어떠한 내용이 출력되는지 확인해보자.

```
R1#show version
Cisco IOS Software, C2900 Software (C2900-UNIVERSALK9-M), Version 15.1(4)M4, RE-
LEASE SOFTWARE (fc2)
Technical Support: http://www.cisco.com/techsupport
Copyright (c) 1986-2012 by Cisco Systems, Inc.
Compiled Thurs 5-Jan-12 15:41 by pt_team

ROM: System Bootstrap, Version 15.1(4)M4, RELEASE SOFTWARE (fc1)
cisco2901 uptime is 5 minutes, 10 seconds
System returned to ROM by power-on
System image file is "flash0:c2900-universalk9-mz.SPA.151-1.M4.bin"
Last reload type: Normal Reload

This product contains cryptographic features and is subject to United
States and local country laws governing import, export, transfer and
use. Delivery of Cisco cryptographic products does not imply
third-party authority to import, export, distribute or use encryption.
Importers, exporters, distributors and users are responsible for
compliance with U.S. and local country laws. By using this product you
agree to comply with applicable laws and regulations. If you are unable
to comply with U.S. and local laws, return this product immediately.

A summary of U.S. laws governing Cisco cryptographic products may be found at:
http://www.cisco.com/wwl/export/crypto/tool/stqrg.html

If you require further assistance please contact us by sending email to
export@cisco.com.
Cisco CISCO2901/K9 (revision 1.0) with 491520K/32768K bytes of memory.
Processor board ID FTX152400KS
2 Gigabit Ethernet interfaces
2 Low-speed serial(sync/async) network interface(s)
DRAM configuration is 64 bits wide with parity disabled.
255K bytes of non-volatile configuration memory.
249856K bytes of ATA System CompactFlash 0 (Read/Write)

License Info:

License UDI:
-------------------------------------------------
Device#    PID                 SN
-------------------------------------------------
*0         CISCO2901/K9        FTX15249159

Technology Package License Information for Module:'c2900'
```

```
----------------------------------------------------------------------
Technology     Technology-package          Technology-package
               Current       Type          Next reboot
-----------------------------------------------------------------------
ipbase         ipbasek9      Permanent     ipbasek9
security       securityk9    Evaluation    securityk9
uc             uck9          Evaluation    uck9
data           None          None          None

위의 내용처럼, Security 및 UC와 관련된 라이선스가 활성화되었음을 알 수 있다.

Configuration register is 0x2102

R1#
```

이제 확실히 라우터에 라이선스가 활성화되어 있다는 것을 알 수 있다. 라이선스가 설치되었을 때와 설치되지 않았을 때 어떠한 점이 틀린지 아래를 참고하여 비교해보자.

```
- Security 및 UC 라이선스 설치 전 Global Configuration 모드 명령어 리스트
R1>enable
R1#conf t
R1(config)#?
Configure commands:
  aaa                 Authentication, Authorization and Accounting.
  access-list         Add an access list entry
  banner              Define a login banner
  boot                Modify system boot parameters
  cdp                 Global CDP configuration subcommands
  class-map           Configure Class Map
  clock               Configure time-of-day clock
  config-register     Define the configuration register
  crypto              Encryption module
  do                  To run exec commands in config mode
  dot11               IEEE 802.11 config commands
  enable              Modify enable password parameters
  end                 Exit from configure mode
  exit                Exit from configure mode
  flow                Global Flow configuration subcommands
  hostname            Set system's network name
  interface           Select an interface to configure
  ip                  Global IP configuration subcommands
  ipv6                Global IPv6 configuration commands
  key                 Key management
  license             Configure license features
  line                Configure a terminal line
  logging             Modify message logging facilities
  login               Enable secure login checking
```

```
  mac-address-table   Configure the MAC address table
  no                  Negate a command or set its defaults
  ntp                 Configure NTP
  parser              Configure parser
  policy-map          Configure QoS Policy Map
  port-channel        EtherChannel configuration
  priority-list       Build a priority list
  privilege           Command privilege parameters
  queue-list          Build a custom queue list
  radius-server       Modify Radius query parameters
  router              Enable a routing process
  secure              Secure image and configuration archival commands
  security            Infra Security CLIs
  service             Modify use of network based services
  snmp-server         Modify SNMP engine parameters
  spanning-tree       Spanning Tree Subsystem
  tacacs-server       Modify TACACS query parameters
  username            Establish User Name Authentication
  vpdn                Virtual Private Dialup Network
  vpdn-group          VPDN group configuration
R1(config)#
```

```
- Security 및 UC 라이선스 설치 후 Global Configuration 모드 명령어 리스트
R1>en
R1#conf t
Enter configuration commands, one per line.  End with CNTL/Z.
R1(config)#?
Configure commands:
  aaa                 Authentication, Authorization and Accounting.
  access-list         Add an access list entry
  banner              Define a login banner
  boot                Modify system boot parameters
  cdp                 Global CDP configuration subcommands
  class-map           Configure Class Map
  clock               Configure time-of-day clock
  config-register     Define the configuration register
  crypto              Encryption module
  dial-peer           Dial Map (Peer) configuration commands
  do                  To run exec commands in config mode
  dot11               IEEE 802.11 config commands
  enable              Modify enable password parameters
  end                 Exit from configure mode
  ephone              define ethernet phone
  ephone-dn           Configure ephone phone lines (Directory Numbers)
  exit                Exit from configure mode
  flow                Global Flow configuration subcommands
  hostname            Set system's network name
  interface           Select an interface to configure
```

```
  ip                    Global IP configuration subcommands
  ipv6                  Global IPv6 configuration commands
  key                   Key management
  license               Configure license features
  line                  Configure a terminal line
  logging               Modify message logging facilities
  login                 Enable secure login checking
  mac-address-table     Configure the MAC address table
  no                    Negate a command or set its defaults
  ntp                   Configure NTP
  parameter-map         parameter map
  parser                Configure parser
  policy-map            Configure QoS Policy Map
  port-channel          EtherChannel configuration
  priority-list         Build a priority list
  privilege             Command privilege parameters
  queue-list            Build a custom queue list
  radius-server         Modify Radius query parameters
  router                Enable a routing process
  secure                Secure image and configuration archival commands
  security              Infra Security CLIs
  service               Modify use of network based services
  snmp-server           Modify SNMP engine parameters
  spanning-tree         Spanning Tree Subsystem
  tacacs-server         Modify TACACS query parameters
  telephony-service     Configure Cisco Unified Communications Manager Express
  username              Establish User Name Authentication
  vpdn                  Virtual Private Dialup Network
  vpdn-group            VPDN group configuration
  zone                  FW with zoning
  zone-pair             Zone pair command
R1(config)#
```

명령어 리스트를 비교해보면 설치 전과 설치 후에 사용이 가능한 명령어(ephone, ephone-dn, dial-peer, telephony-service, zone, zone-pair)가 틀린 것을 확인할 수 있다. 따라서 2901 또는 2911 라우터를 사용하여 네트워크를 구성하고자 한다면, 위의 내용을 충분히 숙지하고 라우터 설정하기 전에 반드시 라이선스를 활성화하도록 한다.

service password-encryption 명령어

라우터와 스위치에 설정되어 있는 암호(콘솔, enable, 텔넷)는 ***enable secret*** 명령어를 제외하고는 암호화되어 저장되지 않는다. 따라서 이러한 암호는 ***show run*** 명령어를 사용하여 누구라도 쉽게 확인할 수 있다. 그러나 ***service password-encryption*** 명령어를 적용하면 입력한 암호가 암호화되기 때문에 ***show run*** 명령을 입력하더라도 암호를 쉽게 확인할 수 없다.

```
service password-encryption 명령어 적용 전
R1#show ru
Building configuration...

Current configuration : 990 bytes
!
version 15.1
no service timestamps log datetime msec
no service timestamps debug datetime msec
no service password-encryption
!
hostname R1
!
!
!
enable secret 5 $1$mERr$9cTjUIEqNGurQiFU.ZeCi1
enable password cisco
!
line con 0
 password cisco
 login
!
line aux 0
!
line vty 0 4
 password cisco
 login

service password-encryption 적용 후
R1#show ru
Building configuration...

Current configuration : 1014 bytes
!
version 15.1
no service timestamps log datetime msec
no service timestamps debug datetime msec
service password-encryption
!
hostname R1
!
!
!
enable secret 5 $1$mERr$9cTjUIEqNGurQiFU.ZeCi1
enable password 7 0822455D0A16
!
line con 0
 password 7 0822455D0A16
 login
!
```

```
line aux 0
!
line vty 0 4
 password 7 0822455D0A16
 login
!
```

라우터의 암호 초기화

라우터에 콘솔이나 enable 암호를 설정한 후 이를 기억하지 못하거나 알 수 없는 경우가 있을 수 있다. 이러한 경우에는 암호를 초기화해야 하는데 패킷트레이서에서는 이러한 암호 초기화 실습까지도 가능하다. 암호를 초기화하기 위해서는 일단 라우터를 재부팅해야 하는데, 콘솔이나 enable 암호를 알지 못하는 경우에는 reload 명령어를 사용하여 라우터를 재부팅할 수가 없으므로 전원을 껐다가 켜야 한다. 장치에 대한 설정을 잘 하는 것 못지않게 암호 초기화는 네트워크 관리자라면 누구나 알고 있어야 할 필수 사항이므로, 다음에 설명된 단계를 잘 숙지하도록 하자.

① 라우터를 클릭 후 Physical 탭에서 라우터의 전원을 껐다가 켠다.그림 3-19

② 전원을 켠 후 CLI 탭으로 이동하여 이미지 압축 해제 메시지인 "########"가 끝나기 전에 키보드의 "Ctrl+Break" 키를 누르면 롬몬(rommon)) 모드로 들어가게 된다.그림 3-20

③ 라우터에는 설정 레지스터(configuration register)가 있어서 디폴트로 0x2102 값을 가지고 있는데 이는 부팅 시 NVRAM 내의 startup-config 파일을 읽어오도록 하는 설정이다. 따라서 설정 레지스터 값을 NVRAM의 startup-config 파일을 읽어오지 않도록 함으로써 암호를 재설정할 수가 있는데, 이를 위한 명령어는 *confreg 0x2142*이다. 아래의 예에서와 같이 롬몬 모드에서 *confreg 0x2142* 명령어를 입력하고, *reset* 명령어를 이용하여 라우터를 다시 부팅해보도록 한다.

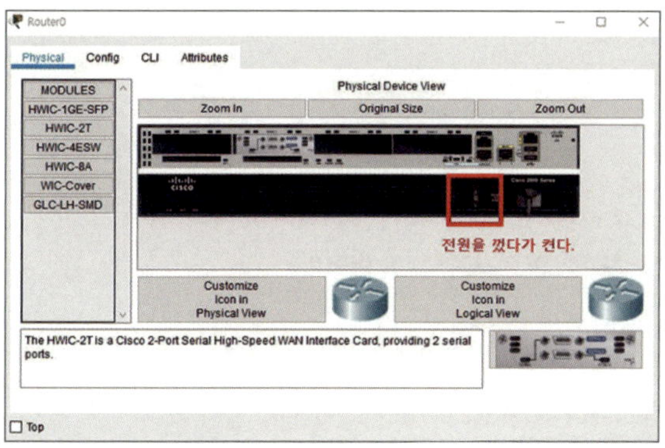

그림 3-19 라우터 전원 껐다 켜기

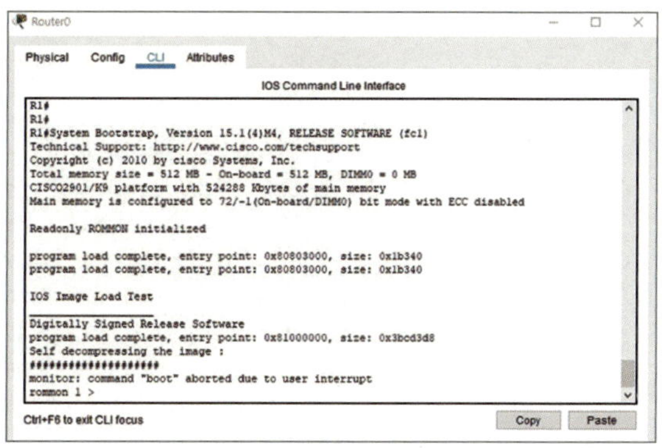

그림 3-20 Rommon 모드 진입

```
monitor: command "boot" aborted due to user interrupt
rommon 1 > confreg 0x2142
rommon 2 > reset
```

④ 이제 라우터의 설정 레지스터 값이 변경되어 부팅 시 NVRAM의 startup-config 설정 파일을 읽어오지 않는다. 사용자 모드에서 *enable* 명령어를 입력해본다. 암호를 물어오지 않는 것을 확인할 수 있다. 다음으로 *show version* 명령어를 입력해본다. 출력 결과 제일 아래에 설정 레지스터 값이 0x2142로 변경되어 있음을 확인할 수 있다.

⑤ 라우터 설정을 전부 새로 할 것이라면 그대로 필요한 설정을 진행하면 된다. 그러나 이전의 설정 내용을 모두 유지하고 암호만 복구하려면, *copy startup-config running-config* 명령을 입력하여 NVRAM 내의 설정 파일 내용을 RAM으로 복사한 후 새로운 암호를 설정해야 한다. 암호 설정을 한 후에는 설정 레지스터 값을 다시 원래대로 바꾸어놓아야 하며, 이를 위해 전역 설정 모드에서 *config-register 0x2102* 명령을 입력한다.

⑥ 다음으로 관리자 모드에서 *copy running-config startup-config* 명령을 입력하여 변경된 설정 내용을 다시 NVRAM에 저장한 후 reload 명령으로 라우터를 재부팅한다. 이제 새롭게 설정한 암호를 이용하여 작업을 진행할 수 있다.

기타 *show* 명령어들

마지막으로 라우터의 기본적인 상태 관리를 위해 알아두면 좋은 몇 가지 ***show*** 명령어를 소개한다. 물론 여기서 소개하는 것 외에도 관리자 모드에서 ***show?*** 명령을 입력해보면 상당히 많은 ***show*** 명령어가 있음을 확인할 수 있다. 이들 ***show*** 명령어는 해당 내용에 대한 학습을 할 때 살펴보기로 한다.

- ***show protocols* 명령어**: 현재 설정되어 있는 프로토콜을 확인할 수 있다.

```
R1#show protocols
Global values:
  Internet Protocol routing is enabled
GigabitEthernet0/0 is up, line protocol is up
  Internet address is 203.230.7.1/24
GigabitEthernet0/1 is administratively down, line protocol is down
Serial0/2/0 is down, line protocol is down
  Internet address is 163.180.116.217/24
Serial0/2/1 is down, line protocol is down
Vlan1 is administratively down, line protocol is down
R1#
```

• *show flash* **명령어**: 플래시 메모리에 대한 정보를 보여준다.

```
R1# show flash:

System flash  directory:
File     Length        Name/status
  3      33591768      c2900-universalk9-mz.SPA.151-4.M4.bin
  2      28282         sigdef-category.xml
  1      227537        sigdef-default.xml
[33847587 bytes used, 221896413 available, 255744000 total]
249856K bytes of processor board System flash(Read/Write)
```

• *show history* **명령어**: 관리자 모드에서 이전에 입력했던 명령어를 보여준다.

```
R1#show history
  en
  conf t
  show protocols
  show flash:
  show history
R1#
```

PACKET TRACER

Cisco Networking Academy Program
A Powerful Network Simulation Tool

제4장

정적 경로 설정

CHAPTER

04 정적 경로 설정

라우터는 라우팅 테이블을 이용하여 서로 다른 브로드캐스트 영역 간에 패킷을 전달하는 네트워크의 핵심 장치이다. 라우팅에는 크게 정적 경로(static route)와 동적 경로(dynamic route) 설정 방법이 있다. 정적 경로 설정이 동적인 네트워크 상황 변화에 자동으로 적응하지 못하고 라우팅 테이블을 수동으로 설정해야 하기 때문에 많이 사용되지 않을 것 같지만 실제의 네트워크 설정 시 폭넓게 사용되고 있다. 동적 경로 설정은 동적 라우팅 프로토콜에 의해 자동으로 네트워크 탐색 및 등록 과정을 수행하고, 이에 따라 라우팅 테이블을 완성한다.

정적 경로 설정이든 동적 경로 설정이든 라우터는 네트워크에 대해 학습하고, 이에 따른 라우

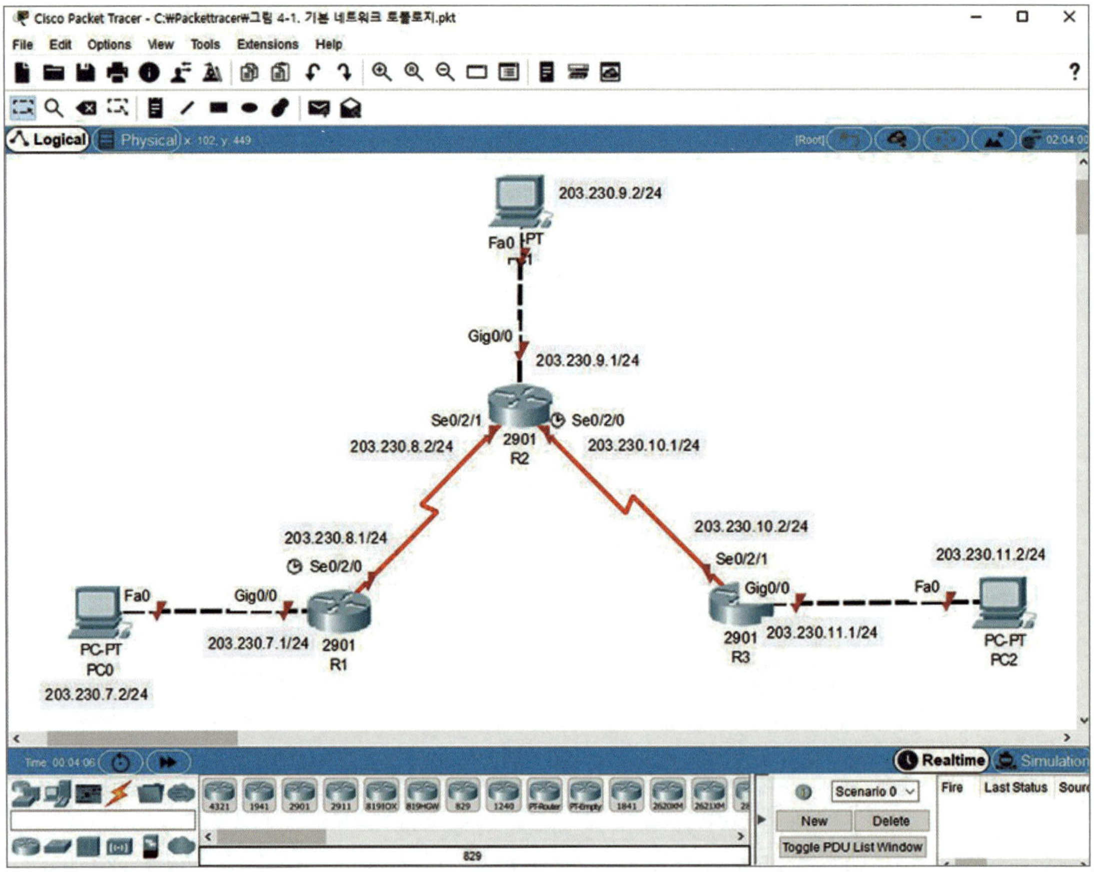

그림 4-1 기본 네트워크 토폴로지

팅 정보를 유지하며, 적용된 라우팅 프로토콜을 기반으로 최선의 경로를 선택하여 패킷을 전달한다. 정적 경로는 동적 경로에 비해 설정이 비교적 간단하고 경로 설정을 유지하기 위한 라우팅 정보를 주고받지 않기 때문에 네트워크 및 라우터 장치의 부담이 상대적으로 작다는 장점이 있다. 그러나 네트워크 토폴로지가 변경되면 이에 따른 경로 정보 수정을 네트워크 관리자가 일일이 수동으로 해야 하는 번거로움이 있다. 어떠한 경로 설정 방법을 사용할지를 결정하기 위해서는 네트워크의 전반적인 상황을 고려해야 한다. 일반적으로 소규모 네트워크에서는 정적 경로 설정 방법을 주로 사용하고 중·대규모 네트워크에서는 동적 경로 설정 방식을 사용하거나 또는 이 두 가지 방식을 혼합하여 사용한다.

정적 경로 설정 방법에 대한 실습을 위하여 먼저 그림 4-1의 네트워크 토폴로지를 패킷트레이서에서 구성하고, 모든 인터페이스에 대한 IP 주소 할당과 활성화를 수행한다. 이러한 기본적인 라우터 설정을 위한 라우터 R1, R2, R3에서의 명령어 스크립트를 아래에 정리하였다.

- **라우터 R1의 기본 설정을 위한 명령어 스크립트**

```
Router>enable
Router#configure terminal
Enter configuration commands, one per line. End with CNTL/Z.
Router(config)#hostname R1
R1(config)#interface gi0/0
R1(config-if)#ip address 203.230.7.1 255.255.255.0
R1(config-if)#no shutdown
R1(config-if)#exit
R1(config)#interface s0/2/0
R1(config-if)#ip address 203.230.8.1 255.255.255.0
R1(config-if)#clock rate 64000
R1(config-if)#no shutdown
R1(config-if)#exit
```

- **라우터 R2의 기본 설정을 위한 명령어 스크립트**

```
Router>enable
Router#configure terminal
Enter configuration commands, one per line. End with CNTL/Z.
Router(config)#hostname R2
R2(config)#interface gi0/0
R2(config-if)#ip address 203.230.9.1 255.255.255.0
R2(config-if)#no shutdown
R2(config-if)#exit
R2(config)#interface s0/2/0
R2(config-if)#ip address 203.230.10.1 255.255.255.0
```

```
R2(config-if)#clock rate 64000
R2(config-if)#no shutdown
R2(config-if)#exit
R2(config)#interface s0/2/1
R2(config-if)#ip address 203.230.8.2 255.255.255.0
R2(config-if)#no shutdown
R2(config-if)#exit
```

- **라우터 R3의 기본 설정을 위한 명령어 스크립트**

```
Router>enable
Router#configure terminal
Enter configuration commands, one per line. End with CNTL/Z.
Router(config)#hostname R3
R3(config)#interface gi0/0
R3(config-if)#ip address 203.230.11.1 255.255.255.0
R3(config-if)#no shutdown
R3(config-if)#exit
R3(config)#interface s0/2/1
R3(config-if)#ip address 203.230.10.2 255.255.255.0
R3(config-if)#no shutdown
R3(config-if)#exit
```

라우터에 어떠한 IP 주소도 설정하지 않고 인터페이스가 활성화되어 있지 않으면 라우팅 테이블에서 아무런 엔트리도 볼 수 없지만, IP 주소를 입력하고 인터페이스를 활성화하면 다음과 같이 라우팅 테이블을 확인할 수 있다. 이는 앞서 설명한 라우터 R1, R2, R3의 기본 설정을 위한 명령어 스크립트대로 각각의 라우터를 설정한 이후 라우터 R1, R2, R3에 라우팅 테이블 확인 명령어 ***show ip route*** 입력에 따른 출력 결과 화면이다.

```
R1#show ip route
Codes: L - local, C - connected, S - static, R - RIP, M - mobile, B - BGP
       D - EIGRP, EX - EIGRP external, O - OSPF, IA - OSPF inter area
       N1 - OSPF NSSA external type 1, N2 - OSPF NSSA external type 2
       E1 - OSPF external type 1, E2 - OSPF external type 2, E - EGP
       i - IS-IS, L1 - IS-IS level-1, L2 - IS-IS level-2, ia - IS-IS inter area
       * - candidate default, U - per-user static route, o - ODR
       P - periodic downloaded static route

Gateway of last resort is not set

     203.230.7.0/24 is variably subnetted, 2 subnets, 2 masks
C       203.230.7.0/24 is directly connected, GigabitEthernet0/0
```

```
L        203.230.7.1/32 is directly connected, GigabitEthernet0/0
     203.230.8.0/24 is variably subnetted, 2 subnets, 2 masks
C        203.230.8.0/24 is directly connected, Serial0/2/0
L        203.230.8.1/32 is directly connected, Serial0/2/0

R2#show ip route
Codes: L - local, C - connected, S - static, R - RIP, M - mobile, B - BGP
       D - EIGRP, EX - EIGRP external, O - OSPF, IA - OSPF inter area
       N1 - OSPF NSSA external type 1, N2 - OSPF NSSA external type 2
       E1 - OSPF external type 1, E2 - OSPF external type 2, E - EGP
       i - IS-IS, L1 - IS-IS level-1, L2 - IS-IS level-2, ia - IS-IS inter area
       * - candidate default, U - per-user static route, o - ODR
       P - periodic downloaded static route

Gateway of last resort is not set

     203.230.8.0/24 is variably subnetted, 2 subnets, 2 masks
C        203.230.8.0/24 is directly connected, Serial0/2/1
L        203.230.8.2/32 is directly connected, Serial0/2/1
     203.230.9.0/24 is variably subnetted, 2 subnets, 2 masks
C        203.230.9.0/24 is directly connected, GigabitEthernet0/0
L        203.230.9.1/32 is directly connected, GigabitEthernet0/0
     203.230.10.0/24 is variably subnetted, 2 subnets, 2 masks
C        203.230.10.0/24 is directly connected, Serial0/2/0
L        203.230.10.1/32 is directly connected, Serial0/2/0

R3#show ip route
Codes: L - local, C - connected, S - static, R - RIP, M - mobile, B - BGP
       D - EIGRP, EX - EIGRP external, O - OSPF, IA - OSPF inter area
       N1 - OSPF NSSA external type 1, N2 - OSPF NSSA external type 2
       E1 - OSPF external type 1, E2 - OSPF external type 2, E - EGP
       i - IS-IS, L1 - IS-IS level-1, L2 - IS-IS level-2, ia - IS-IS inter area
       * - candidate default, U - per-user static route, o - ODR
       P - periodic downloaded static route

Gateway of last resort is not set

     203.230.10.0/24 is variably subnetted, 2 subnets, 2 masks
C        203.230.10.0/24 is directly connected, Serial0/2/1
L        203.230.10.2/32 is directly connected, Serial0/2/1
     203.230.11.0/24 is variably subnetted, 2 subnets, 2 masks
C        203.230.11.0/24 is directly connected, GigabitEthernet0/0
L        203.230.11.1/32 is directly connected, GigabitEthernet0/0
R3#
```

명령어 ***show ip route*** 입력에 따른 출력 결과 화면을 확인하는 방법은 다음과 같다. 먼저 "Codes" 항목을 볼 수 있는데, 이는 해당 라우터에서 사용되고 있는 IOS가 현재 지원하고 있는 라우팅 프로토콜의 종류를 코드 값의 목록으로 표시된 것이다. 위의 결과로부터 직접 연결된 경로는 코드 값 "C"로 정적 경로는 "S"로 표시된다는 것을 알 수 있다. 다음으로는 라우팅 테이블에 등록된 각각의 라우팅 엔트리들이 표시된다. 라우터 R3의 첫 번째 라우팅 엔트리를 예로 들어 설명하면 다음과 같다.

```
C 203.230.10.0/24 is directly connected, Serial0/2/1
```

- **C**: 네트워크가 이 라우터에 직접 연결되었음을 나타낸다.
- **203.230.10.0**: 직접 연결된 네트워크 주소를 나타낸다.
- **/24**: 직접 연결된 네트워크의 서브넷 마스크 정보를 프리픽스로 나타낸다.
- **is directly connected**: 해당 네트워크가 직접 연결되어 있음을 명시하고 있다.
- **Serial0/2/1**: 해당 네트워크가 라우터의 어떤 인터페이스에 연결되었는지를 나타낸다.

지금까지 설명한 대로 그림 4-1의 기본 네트워크 토폴로지 설정을 모두 마쳤다면 이제 장치 간에 패킷 통신이 정상적으로 수행되는지 확인해야 할 것이다. 우선 동일한 브로드캐스트 영역 내의 장치 간에 ping 테스트를 해보자. 패킷트레이서에서는 작업 공간 우측의 공통 도구 막대 하단

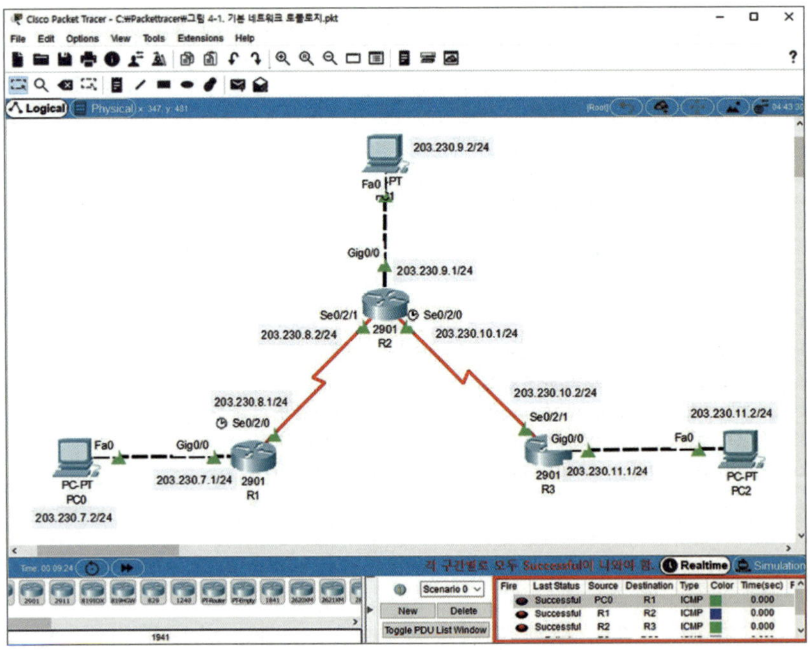

그림 4-2 Simple PDU를 이용한 ping 테스트

에 있는 편지지 모양의 "Add Simple PDU" 버튼을 이용하면 ping 테스트를 쉽게 수행할 수 있다. 그림 4-2는 이 버튼을 이용하여 각 구간별 ping 테스트를 수행한 결과이다. 그림 우측 하단의 사용자 생성 패킷 창 내의 각각의 ping 테스트에 대한 "Last Status"가 모두 "Successful"로 나타나고 있음을 확인할 수 있다.

로컬 네트워크 영역(각각의 브로드캐스트 영역)은 모두 연결이 올바로 되어 있으므로, 이제 서로 다른 네트워크 간의 패킷 통신을 위해 라우터에 정적 경로를 설정한다. 정적 경로 설정은 CLI 전역 설정 모드에서 하며 명령어 구문은 다음과 같다. 아래의 명령어 구문에서 중괄호 및 중괄호 내의 수직 막대(vertical bar)는 수직 막대로 구분된 옵션 항목 중 하나를 사용한다는 의미이다.

```
Router(config)#ip route network-address subnet-mask {ip-address | exit-interface}
```

- **ip route**: 정적 경로 설정을 위한 명령어이다.
- **network-address**: 목적지 네트워크의 네트워크 주소이다.
- **subnet-mask**: 목적지 네트워크의 서브넷 마스크이다.
- **ip-address**: 목적지 네트워크로 패킷을 전송하기 위해 사용해야 할 이웃 라우터(next hop)의 인터페이스 IP 주소를 지정한다.
- **exit-interface**: 목적지로 네트워크로 패킷을 전송하기 위해 사용해야 할 이 라우터의 출력 인터페이스를 지정한다.

그림 4-1의 기본 네트워크 토폴로지에는 총 5개의 브로드캐스트 도메인이 존재한다. 앞서 살펴보았듯이, 이 토폴로지에서 라우터 R1의 경우 직접 연결된 두 구간에 대해서는 패킷을 라우팅할 수 있는 정보를 가지고 있지만 나머지 세 구간(R2의 LAN 구간, R2와 R3의 연결 구간, R3의 LAN 구간)에 대해서는 라우팅 정보가 없었다. 따라서 직접 연결된 구간을 제외한 나머지 구간에 정적 경로를 지정해주어야 할 것이다. R2의 경우에도 직접 연결된 세 구간을 제외한 나머지 두 구간(R1의 LAN, R3의 LAN 구간)에 대해서는 라우팅 정보가 없으므로, 이들 두 구간에 대해서 정적 경로를 설정해주면 되고, 마찬가지로 R3의 경우에는 세 구간(R1의 LAN 구간, R1과 R2의 연결 구간, R2의 LAN 구간)에 대해서 정적 경로 설정을 해야 할 것이다.

정적 경로를 설정하는 방법은 전술한 명령어 ***ip route*** 를 사용하여 목적지 네트워크와 서브넷 마스크를 입력한 후, 이 목적지로 갈 수 있는 이웃 라우터의 IP 주소를 입력하거나 해당 라우터의 출력 인터페이스를 지정하면 된다. 다음은 라우터 R1에서 목적지 네트워크 203.230.9.0/24 네트워크로의 정적 경로 설정의 예이다.

```
R1(config)#ip route 203.230.9.0 255.255.255.0 203.230.8.2 또는
R1(config)#ip route 203.230.9.0 255.255.255.0 se0/2/0
```

둘 중 어떤 방법을 사용하더라도 결과는 동일하다. 이제 아래와 같이 그림 4-1의 기본 네트워크 토폴로지에 대한 모든 정적 경로를 완성하도록 하자.

```
R1>en
R1#conf t
Enter configuration commands, one per line. End with CNTL/Z.
R1(config)#ip route 203.230.9.0 255.255.255.0 203.230.8.2
R1(config)#ip route 203.230.10.0 255.255.255.0 203.230.8.2
R1(config)#ip route 203.230.11.0 255.255.255.0 203.230.8.2

R2>en
R2#conf t
Enter configuration commands, one per line. End with CNTL/Z.
R2(config)#ip route 203.230.7.0 255.255.255.0 203.230.8.1
R2(config)#ip route 203.230.11.0 255.255.255.0 203.230.10.2

R3>en
R3#conf t
Enter configuration commands, one per line. End with CNTL/Z.
R3(config)#ip route 203.230.7.0 255.255.255.0 203.230.10.1
R3(config)#ip route 203.230.8.0 255.255.255.0 203.230.10.1
R3(config)#ip route 203.230.9.0 255.255.255.0 203.230.10.1
```

위와 같이 설정을 완료했다면 우선 라우터 R1에서 라우터 R2와 라우터 R3의 인터페이스들에 대한 ping 테스트를 수행해보자. 아래의 예는 라우터 R1에서 라우터 R2의 인터페이스 203.230.9.1/24과 203.230.10.1/24, 그리고 라우터 R3의 인터페이스 203.230.11.1/24에 ping 테스트를 수행한 결과이다.

```
R1(config)#do ping 203.230.9.1

Type escape sequence to abort.
Sending 5, 100-byte ICMP Echos to 203.230.9.1, timeout is 2 seconds:
!!!!!
Success rate is 100 percent(5/5), round-trip min/avg/max = 1/7/13 ms

R1(config)#do ping 203.230.10.1

Type escape sequence to abort.
Sending 5, 100-byte ICMP Echos to 203.230.10.1, timeout is 2 seconds:
!!!!!
```

```
Success rate is 100 percent(5/5), round-trip min/avg/max = 7/8/11 ms

R1(config)#do ping 203.230.11.1

e escape sequence to abort.
Sending 5, 100-byte ICMP Echos to 203.230.11.1, timeout is 2 seconds:
!!!!!
Success rate is 100 percent(5/5), round-trip min/avg/max = 10/13/16 ms

R1(config)#
```

이와 같이 라우터 간에 패킷 통신이 잘 되고 있음을 확인할 수 있다. 물론 호스트 간의 통신도 문제가 없을 것이다. 그림 4-3은 PC0의 Desktop → Command Prompt에서 라우터 R2의 LAN 구간에 있는 PC1과 라우터 R3의 LAN 구간에 있는 PC3에 ping 테스트를 수행한 결과이다.

정적 경로를 설정하고 난 이후의 라우팅 테이블을 살펴보면 처음의 라우팅 테이블과는 다른 점을 발견할 수 있다. 아래는 정적 경로 설정 이후의 라우터 R1의 라우팅 테이블이다.

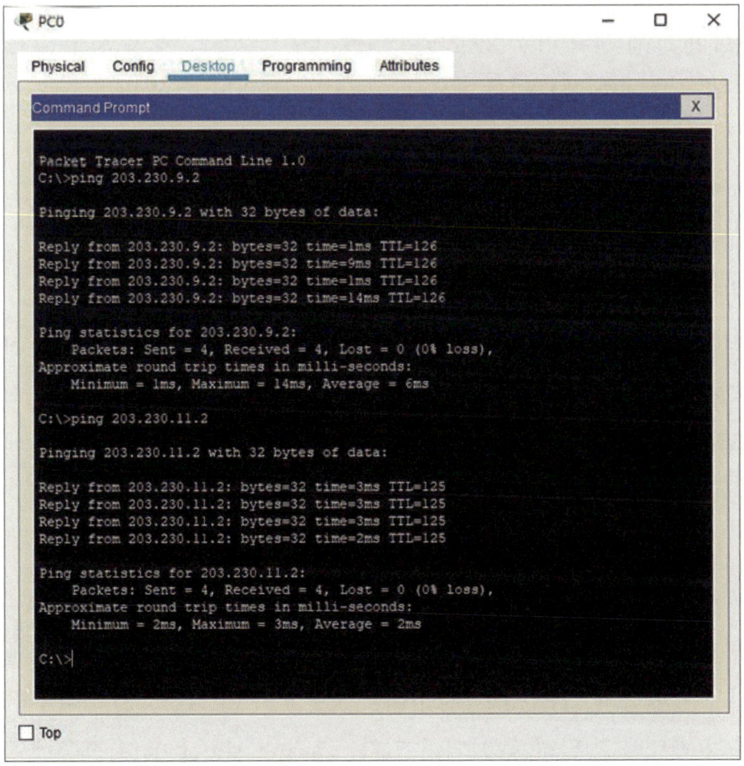

그림 4-3 호스트 컴퓨터간의 ping 테스트

```
R1#show ip route
Codes: L - local, C - connected, S - static, R - RIP, M - mobile, B - BGP
       D - EIGRP, EX - EIGRP external, O - OSPF, IA - OSPF inter area
       N1 - OSPF NSSA external type 1, N2 - OSPF NSSA external type 2
       E1 - OSPF external type 1, E2 - OSPF external type 2, E - EGP
       i - IS-IS, L1 - IS-IS level-1, L2 - IS-IS level-2, ia - IS-IS inter area
       * - candidate default, U - per-user static route, o - ODR
       P - periodic downloaded static route

Gateway of last resort is not set

     203.230.7.0/24 is variably subnetted, 2 subnets, 2 masks
C       203.230.7.0/24 is directly connected, GigabitEthernet0/0
L       203.230.7.1/32 is directly connected, GigabitEthernet0/0
     203.230.8.0/24 is variably subnetted, 2 subnets, 2 masks
C       203.230.8.0/24 is directly connected, Serial0/2/0
L       203.230.8.1/32 is directly connected, Serial0/2/0
S    203.230.9.0/24 [1/0] via 203.230.8.2
S    203.230.10.0/24 [1/0] via 203.230.8.2
S    203.230.11.0/24 [1/0] via 203.230.8.2
R1#
```

이전과는 달리 코드 값 S로 시작하는 세 개의 라우팅 엔트리를 확인할 수 있다. 세 개 모두 같은 형식이므로 203.230.9.0/24 네트워크에 대한 엔트리를 예로 들어 설명하면 다음과 같다.

- **S**: 네트워크가 정적으로 경로 설정이 되었음을 나타낸다.
- **203.230.9.0**: 정적 경로 설정된 네트워크 주소를 나타낸다.
- **/24**: 정적 경로 설정된 네트워크의 서브넷 마스크 정보를 프리픽스로 나타낸다.
- **[1/0]**: 대괄호 내의 전 방향 슬래시 기호(/) 앞의 값은 정적 라우팅 프로토콜의 관리 거리(AD; Administrative Distance)를, 뒤의 값은 메트릭 값을 나타낸다.
- **via 203.230.8.2**: 해당 목적지 네트워크로 패킷을 전송하려면 IP 주소 203.230.8.2를 가지는 인터페이스로 패킷을 보내면 된다는 의미이다.

AD 값은 작을수록 우선순위를 가지며, 라우터에서 사용되는 주요 AD 값은 표 4-1과 같다.

AD 값의 활용도는 다음과 같다. 임의의 한 라우터에서 RIP과 OSPF가 동일한 하나의 목적지 네트워크에 대한 경로 정보를 동시에 제공하고 있는 경우, 라우터는 AD 값이 더 작은 OSPF 라우팅 프로토콜의 경로 정보를 참조하여 패킷을 전달하도록 되어 있다. 그러나 AD 값이 더 작음에도 불구하고 RIP의 경로 정보를 참조하여 패킷을 전달할 경우가 있는데, 이는 해당 목적지 네트워크에 대한 서브넷 마스크 길이가 OSPF보다 RIP이 더 구체적인 경우이다. 예를 들어 클래스 B 네트워크 주소인 163.180.0.0에 대하여 OSPF가 163.180.0.0/16 정보를 가지고 있는 반면에 RIP은 이 네트워크의 서브네트워크인 163.180.116.0/24 정보를 가지고 있다면, 이러한 경우에는 AD 값을 우선순위로 하는 것이 아니라 서브넷 마스크의 길이가 긴 RIP의 라우팅 정보를 우선적으로 반영한다. 결국 어떠한 목적지 네트워크에 대해서 서브넷 마스크의 길이가 동일할 경우에만 위의 AD 값을 이용한 우선순위가 적용되는 것이다.

다음으로, 라우터 R1, R2, R3에 이웃 라우터의 인터페이스 IP 주소를 이용한 정적 경로 설정 내용을 삭제하고 해당 라우터의 출력 인터페이스 유형과 번호를 지정하는 정적 경로 설정을 해보자. 기존에 설정된 정적 경로를 삭제하기 위해서는 ***no*** 명령어를 해당 정적 경로 설정 명령어의 맨 앞에 붙이면 된다. 한편 인터페이스에 IP 주소를 다시 할당하거나 호스트 이름을 변경하는 등의 작업은 ***no*** 옵션이 필요 없이 관련 명령어를 입력해주면 새로 입력된 값으로 변경(덮어쓰기)된다. 아래 스크립트를 참조하여, 출력 인터페이스를 이용한 새로운 정적 경로 설정을 각각의 라우터에 적용해보자.

표 4-1 라우터에서 사용하는 주요 AD 값

Route Source	Default Administrative Distance
Connected Interface	0
Static	1
EIGRP Summary Route	5
eBGP	20
EIGRP(Internal)	90
IGRP	100
OSPF	110
IS-IS	115
RIP	120
EIGRP(External)	170
iBGP	200
Unknown	255

```
R1>en
R1#conf t
Enter configuration commands, one per line. End with CNTL/Z.
R1(config)#no ip route 203.230.9.0 255.255.255.0 203.230.8.2
R1(config)#no ip route 203.230.10.0 255.255.255.0 203.230.8.2
R1(config)#no ip route 203.230.11.0 255.255.255.0 203.230.8.2
R1(config)#ip route 203.230.9.0 255.255.255.0 se0/2/0
%Default route without gateway, if not a point-to-point interface, may impact
performance
R1(config)#ip route 203.230.10.0 255.255.255.0 se0/2/0
%Default route without gateway, if not a point-to-point interface, may impact
performance
R1(config)#ip route 203.230.11.0 255.255.255.0 se0/2/0
%Default route without gateway, if not a point-to-point interface, may impact
performance

R2>en
R2#conf t
Enter configuration commands, one per line. End with CNTL/Z.
R2(config)#no ip route 203.230.7.0 255.255.255.0 203.230.8.1
R2(config)#no ip route 203.230.11.0 255.255.255.0 203.230.10.2
R2(config)#ip route 203.230.7.0 255.255.255.0 se0/2/1
%Default route without gateway, if not a point-to-point interface, may impact
performance
R2(config)#ip route 203.230.11.0 255.255.255.0 se0/2/0
%Default route without gateway, if not a point-to-point interface, may impact
performance

R3>en
R3#conf t
Enter configuration commands, one per line. End with CNTL/Z.
R3(config)#no ip route 203.230.7.0 255.255.255.0 203.230.10.1
R3(config)#no ip route 203.230.8.0 255.255.255.0 203.230.10.1
R3(config)#ip route 203.230.7.0 255.255.255.0 se0/2/1
%Default route without gateway, if not a point-to-point interface, may impact
performance
R3(config)#ip route 203.230.8.0 255.255.255.0 se0/2/1
%Default route without gateway, if not a point-to-point interface, may impact
performance
```

위 설정을 완료한 후 각각의 라우터에 ***show ip route*** 명령어를 이용하여 라우팅 테이블을 확인해보자. 다음 출력 결과에서 보듯이 앞의 인터페이스 주소를 이용한 설정 결과와는 라우팅 테이블이 다소 다른 모습을 알 수 있다. 출력 인터페이스를 직접 지정할 때는 이웃 라우터의 인터페이스가 아닌 라우터 자신의 인터페이스를 직접 지정하는 것을 기억하고, 그 인터페이스가 라우팅 테이블의 각 라우팅 엔트리에도 직접 표시된다는 사실에 주목한다. 또한 전역설정모드(Global Configuration Mode)에서 do 명령어를 사용하여 관리자 모드의 명령어를 실행할 수 있음을 잘 알아두자. 모드를 이동하는 번거로움이 없다.

```
R1(config)#do show ip route
Codes: L - local, C - connected, S - static, R - RIP, M - mobile, B - BGP
       D - EIGRP, EX - EIGRP external, O - OSPF, IA - OSPF inter area
       N1 - OSPF NSSA external type 1, N2 - OSPF NSSA external type 2
       E1 - OSPF external type 1, E2 - OSPF external type 2, E - EGP
       i - IS-IS, L1 - IS-IS level-1, L2 - IS-IS level-2, ia - IS-IS inter area
       * - candidate default, U - per-user static route, o - ODR
       P - periodic downloaded static route

Gateway of last resort is not set

     203.230.7.0/24 is variably subnetted, 2 subnets, 2 masks
C       203.230.7.0/24 is directly connected, GigabitEthernet0/0
L       203.230.7.1/32 is directly connected, GigabitEthernet0/0
     203.230.8.0/24 is variably subnetted, 2 subnets, 2 masks
C       203.230.8.0/24 is directly connected, Serial0/2/0
L       203.230.8.1/32 is directly connected, Serial0/2/0
S    203.230.9.0/24 is directly connected, Serial0/2/0
S    203.230.10.0/24 is directly connected, Serial0/2/0
S    203.230.11.0/24 is directly connected, Serial0/2/0

R1(config)#

R2(config)#do show ip route
Codes: L - local, C - connected, S - static, R - RIP, M - mobile, B - BGP
       D - EIGRP, EX - EIGRP external, O - OSPF, IA - OSPF inter area
       N1 - OSPF NSSA external type 1, N2 - OSPF NSSA external type 2
       E1 - OSPF external type 1, E2 - OSPF external type 2, E - EGP
       i - IS-IS, L1 - IS-IS level-1, L2 - IS-IS level-2, ia - IS-IS inter area
       * - candidate default, U - per-user static route, o - ODR
       P - periodic downloaded static route

Gateway of last resort is not set

S    203.230.7.0/24 is directly connected, Serial0/2/1
     203.230.8.0/24 is variably subnetted, 2 subnets, 2 masks
C       203.230.8.0/24 is directly connected, Serial0/2/1
L       203.230.8.2/32 is directly connected, Serial0/2/1
     203.230.9.0/24 is variably subnetted, 2 subnets, 2 masks
C       203.230.9.0/24 is directly connected, GigabitEthernet0/0
L       203.230.9.1/32 is directly connected, GigabitEthernet0/0
     203.230.10.0/24 is variably subnetted, 2 subnets, 2 masks
C       203.230.10.0/24 is directly connected, Serial0/2/0
L       203.230.10.1/32 is directly connected, Serial0/2/0
S    203.230.11.0/24 is directly connected, Serial0/2/0

R3(config)#do show ip route
Codes: L - local, C - connected, S - static, R - RIP, M - mobile, B - BGP
```

```
       D - EIGRP, EX - EIGRP external, O - OSPF, IA - OSPF inter area
       N1 - OSPF NSSA external type 1, N2 - OSPF NSSA external type 2
       E1 - OSPF external type 1, E2 - OSPF external type 2, E - EGP
       i - IS-IS, L1 - IS-IS level-1, L2 - IS-IS level-2, ia - IS-IS inter area
       * - candidate default, U - per-user static route, o - ODR
       P - periodic do□wnloaded static route

Gateway of last resort is not set

S    203.230.7.0/24 is directly connected, Serial0/2/1
S    203.230.8.0/24 is directly connected, Serial0/2/1
S    203.230.9.0/24 [1/0] via 203.230.10.1
     203.230.10.0/24 is variably subnetted, 2 subnets, 2 masks
C       203.230.10.0/24 is directly connected, Serial0/2/1
L       203.230.10.2/32 is directly connected, Serial0/2/1
     203.230.11.0/24 is variably subnetted, 2 subnets, 2 masks
C       203.230.11.0/24 is directly connected, GigabitEthernet0/0
L       203.230.11.1/32 is directly connected, GigabitEthernet0/0
```

출력 인터페이스로 정적 경로 설정을 하거나 IP 주소 정보로 정적 경로 설정을 하는 두 가지 방법 모두 패킷 전달 결과는 동일하다. 단 라우팅 테이블에서의 엔트리 표기 방법이 조금 다르다는 것 외에 라우팅 동작에 큰 차이가 있는 점은 유념해야 할 사항이다. 반복적 또는 순환적 경로 참조(recursive route lookup)가 바로 그것이다. 반복적 경로 참조란 라우터가 패킷 전달을 하기 전에 라우팅 정보 룩업을 여러 번 수행하는 것을 의미한다. 즉 출력 인터페이스를 직접 설정할 경우에는 해당 출력 인터페이스 룩업 후 바로 패킷을 전송할 수 있지만, 이웃 라우터 인터페이스의 IP 주소로 정적 경로 설정을 할 경우에는 이러한 IP 주소를 가지는 인터페이스가 어디에 있는지에 대한 룩업 프로세스를 한 번 더 거쳐야 한다는 것이다. 결과적으로 라우팅 프로세스 측면에서는 출력 인터페이스를 직접 지정하여 정적 경로를 설정하는 것이 IP 주소 정보를 이용하는 설정 방법보다 더 효과적이라 할 수 있다.

한편 그림 4-1의 기본 네트워크 토폴로지에서 PC0가 PC1이나 PC2와 통신을 하기 위해서는 반드시 라우터 R2를 거쳐야 한다. 이는 다시 말해서 PC0가 PC1이나 PC2와 통신을 하기 위한 어떤 또 다른 우회 경로가 토폴로지상에 존재하지 않아 라우터 R1과 R2 간의 시리얼 연결 구간에 장애가 생긴다면 아예 통신을 할 수 없다는 의미이다. 이와 같이 외부 네트워크와의 통신 경로가 유일무이한 라우터 R1의 로컬 LAN(203.230.7.0/24)을 스터브 네트워크(Stub Network)라고 한다. 유사하게 R3의 로컬 LAN(203.230.11.0/24)도 스터브 네트워크이다.

디폴트 정적 경로(Default Static Route) 설정

라우터 R1에 연결된 PC0의 외부 네트워크와의 통신을 위해서 세 줄의 ***ip route*** 명령어를 사용해 정적 경로를 설정했는데, 이와 같이 패킷의 출입 경로가 하나밖에 없는 스터브 네트워크에 대해서는 디폴트 정적 경로 설정을 적용할 수 있다. 디폴트 정적 경로 설정을 위한 명령어 구문은 다음과 같다.

```
R1(config)#ip route 0.0.0.0 0.0.0.0 [exit-interface | ip-address ]
```

- **ip route**: 정적 경로 설정을 위한 명령어이다.
- **0.0.0.0(앞)**: 쿼드 제로(quad-zero) 네트워크 주소를 의미한다.
- **0.0.0.0(뒤)**: 쿼드 제로(quad-zero) 서브넷 마스크로 어떤 IP 주소라도 이 서브넷 마스크로 마스킹을 하게 되면 그 결과는 바로 앞에 있는 네트워크 값 0.0.0.0이 될 것이다. 따라서 다른 라우팅 엔트리에 매치되지 않는 모든 IP 주소는 여기에서 매치가 이루어진다.
- **exit-interface**: 디폴트 네트워크로 가기 위한 출력 인터페이스이다.
- **ip-address**: 디폴트 네트워크로 가기 이웃 라우터 인터페이스의 IP 주소이다.

라우터 R1은 앞서 원격 네트워크 모두에 대하여 세 번의 정적 경로 설정을 해야 했으나, 디폴트 정적 경로 설정을 사용하게 되면 아래와 같이 한 번의 설정으로 충분하며, 동일한 라우팅 동작 결과를 얻을 수 있다. 아래의 설정 시 기존의 정적 설정 내용은 삭제해야 할 것이다.

```
R1(config)#ip route 0.0.0.0 0.0.0.0 203.230.8.2
또는
R1(config)#ip route 0.0.0.0 0.0.0.0 serial0/2/0
```

다음으로 라우터 R1의 라우팅 테이블을 다시 확인해보자. 아래의 ***show ip route*** 명령어 출력 결과를 보면 203.230.9.0/24, 203.230.10.0/24, 203.230.11.0/24의 세 개의 네트워크에 대한 경로 정보가 코드 값 "S*"로 표시되는 한 개의 디폴트 정적 경로로 줄어든 것을 볼 수 있다.

```
R1(config)#do show ip route
Codes: L - local, C - connected, S - static, R - RIP, M - mobile, B - BGP
       D - EIGRP, EX - EIGRP external, O - OSPF, IA - OSPF inter area
       N1 - OSPF NSSA external type 1, N2 - OSPF NSSA external type 2
       E1 - OSPF external type 1, E2 - OSPF external type 2, E - EGP
       i - IS-IS, L1 - IS-IS level-1, L2 - IS-IS level-2, ia - IS-IS inter area
       * - candidate default, U - per-user static route, o - ODR
```

```
       P - periodic downloaded static route

Gateway of last resort is 0.0.0.0 to network 0.0.0.0

     203.230.7.0/24 is variably subnetted, 2 subnets, 2 masks
C       203.230.7.0/24 is directly connected, GigabitEthernet0/0
L       203.230.7.1/32 is directly connected, GigabitEthernet0/0
     203.230.8.0/24 is variably subnetted, 2 subnets, 2 masks
C       203.230.8.0/24 is directly connected, Serial0/2/0
L       203.230.8.1/32 is directly connected, Serial0/2/0
S*   0.0.0.0/0 [1/0] via 203.230.8.2
               is directly connected, Serial0/2/0
```

결과적으로 디폴트 정적 경로 설정은 특별한 네트워크 환경에 적용되어 라우팅 프로토콜 설정을 단순하게 해줄 뿐만 아니라 라우팅 테이블을 간소화할 수 있음을 알 수 있다. 한편 라우터 R2의 경우에는 두 개의 서로 다른 경로를 가지므로 디폴트 정적 경로 설정을 사용할 수 없고, 라우터 R3는 라우터 R1과 마찬가지로 스터브 네트워크를 연결하는 라우터이므로 디폴트 정적 경로 설정을 사용할 수 있다.

경로 요약(Route Summarization)

디폴트 정적 경로 설정과는 개념적으로 차이가 있지만, 여러 개의 경로를 요약하여 라우팅 테이블을 간소화할 수 있는 또 다른 방법이 있다. 이른바 경로 요약 또는 경로 통합(route aggregation)이라고 하는데, 유사한(엄밀하게는 "연속적인 네트워크주소를 가지는"이라고 하는 것이 더 정확한 표현임) 여러 개의 네트워크 정보를 하나로 묶어 라우팅 업데이트 정보를 간소화하는 방법이다.

경로를 요약하기 위한 첫 번째 단계는 우선 요약을 하고자 하는 대상 네트워크 주소들을 2진수로 변환하는 것이다. 그림 4-1의 기본 네트워크 토폴로지에 사용된 203.230.7.0/24~ 203.230.11.0/24의 5개 네트워크를 요약하기 위해서 이들 네트워크 주소를 2진수로 변환해보자. 그 결과는 다음과 같다.

```
203.230.7.0    11001011.11100110.00000111.00000000
203.230.8.0    11001011.11100110.00001000.00000000
203.230.9.0    11001011.11100110.00001001.00000000
203.230.10.0   11001011.11100110.00001010.00000000
203.230.11.0   11001011.11100110.00001011.00000000
```

경로 요약의 두 번째 단계는 요약 경로에 대한 서브넷 마스크를 찾는 것인데, 이를 위해 2진수로 표현된 대상 네트워크 주소들이 최상위 비트로부터 공통적으로 사용되고 있는 비트들을 찾는 것이다. 앞의 결과로부터, 최상위 비트로부터 총 20개의 비트들이 동일한 값을 가지고, 21번째 비트에서 값이 달라짐을 알 수 있다. 따라서 서브넷 마스크는 /20 또는 255.255.240.0이 된다.

경로 요약의 마지막 단계는 경로 요약된 네트워크 주소를 결정하는 것이다. 이를 위해서는 동일한 값을 갖는 20개의 비트 값은 그대로 사용하고, 나머지 12개 비트 위치에는 모두 "0"을 추가한다. 이에 따라 네트워크 주소는 11001011.11100110.00000000.00000000이 되고 서브넷 마스크는 /20이므로, 최종적으로 203.230.0.0/20이라는 요약된 네트워크 주소를 얻게 된다. 이와 같이 구해진 요약 네트워크 주소는 그림 4-1의 기본 네트워크 토폴로지를 또 다른 외부 네트워크와 연결할 때 유용하게 사용할 수 있다.

경로를 요약함에 있어서 꼭 주의해야 할 사항이 있다. 우선, 요약할 네트워크 주소들은 연속적이어야 한다는 것은 지적하였다. 연속적이지 않은 주소 값을 갖는 네트워크들을 요약하게 되면 대상 네트워크에는 포함되지 않으나 요약된 네트워크 주소에는 포함되는 네트워크를 더 이상 활용할 수 없게 되기 때문이다. 주의해야 할 또 다른 사항으로는, 요약을 할 대상 네트워크 수가 2의 멱승 값이어야 하고, 대상 네트워크 주소 중 첫 번째 네트워크 주소가 기저 값이 되어 요약 네트워크 주소가 만들어져야 한다는 점이다.

앞의 예에서 5개 네트워크를 통합하여 요약 네트워크 주소 203.230.0.0/20을 얻었다. 만약 우리의 기본 네트워크 토폴로지에 새로운 외부 네트워크를 구성하여 이 네트워크에 203.230.6.0/24 이나 203.230.12.0/24 주소를 사용해야 한다고 가정해보자. 이 경우 요약 경로 203.230.0.0/20을 가지는 기본 네트워크 토폴로지의 네트워크와 새롭게 추가된 외부 네트워크가 통신을 할 수 있겠는가? 또한 2의 멱승 값 4를 기반으로 203.230.7.0/24에서 203.230.10.0/24까지의 네트워크들을 요약해보라. 이번에는 문제가 없는가? 더 나아가 203.230.8.0/24에서 203.230.11.0/24까지의 네트워크들을 요약하면, 앞의 경우와는 달리 요약 네트워크 주소가 203.230.8.0/22가 된다. 이번에는 외부 네트워크(203.230.6.0/24 이나 203.230.12.0/24)와의 연결 시 통신에 문제가 없겠는가? 이들 질문에 답을 하고 그 이유를 설명할 수 있어야 한다.

디버깅(Debugging)

디버그(debug) 명령어를 잘 활용하면 라우팅 프로토콜의 동작과 관련된 모든 상세한 내용을 정확히 확인할 수 있고, 라우팅에 문제가 있을 경우 트러블슈팅을 하는데도 큰 도움이 된다. IP 라우팅 프로토콜에 대한 디버깅 기능을 이용하기 위해서는 관리자 모드에서 ***debug ip routing*** 명령어를 입력한다. 우리는 기본 네트워크 토폴로지의 라우터 R1에 이 설정을 하기로 하자.

```
R1>en
R1#debug ip routing
IP routing debugging is on
```

디버깅 기능을 활성화한 이후로는 라우팅 동작과 관련하여 변경된 사항을 라우터 R1이 수신할 때마다 CLI 콘솔 화면에 그 내용을 보여준다. 디버깅 메시지의 예를 보기 위해 기본 네트워크 토폴로지의 라우터 R2에서 라우터 R1과 연결된 시리얼 인터페이스를 비활성화해보자.아래의 디버깅 내용은 R1에 Default Static Route가 설정된 상태이며, 만약 Default Static Route가 아닌 Static Route가 설정되어 있다면 아래의 디버깅 내용과 다를 수 있다. 그러나 디버깅의 동작 및 메시지의 의미는 동일하므로 이를 참고한다.

```
R2>en
R2#conf t
Enter configuration commands, one per line. End with CNTL/Z.
R2(config)#int s0/2/1
R2(config-if)#shutdown
```

라우터 R2의 s0/2/1 인터페이스를 비활성화시킨 순간, 바로 라우터 R1의 콘솔에는 다음과 같은 메시지가 표시되는 것을 볼 수 있다.

```
R1#
%LINK-5-CHANGED: Interface Serial0/2/0, changed state to down

%LINEPROTO-5-UPDOWN: Line protocol on Interface Serial0/2/0, changed state to down

RT: interface Serial0/2/0 removed from routing table
RT: del 0.0.0.0 via 0.0.0.0, static metric [1/0]

RT: NET-RED 0.0.0.0/0
```

```
RT: del 203.230.8.0 via 0.0.0.0, connected metric [0/0]

RT: delete network route to 203.230.8.0

RT: NET-RED 203.230.8.0/24

RT: del 0.0.0.0 via 203.230.8.2, static metric [1/0]

RT: delete network route to 0.0.0.0

RT: NET-RED 0.0.0.0/0

RT: del 203.230.8.1 via 0.0.0.0, metric [0/0]

RT: delete network route to 203.230.8.1

RT: NET-RED 203.230.8.1/32
```

디버깅 메시지의 내용은 라우터 R1의 시리얼 인터페이스 0/2/0이 비활성화되어 라우팅 테이블로부터 해당 인터페이스를 삭제하였고, 이 인터페이스와 관련된 203.230.8.0/24 네트워크를 시작으로 203.230.9.0/24에서 203.230.11.0/24까지의 네트워크 경로를 제거했다는 것이다. 다음으로 라우터 R1의 라우팅 테이블을 확인해보자. 라우팅 테이블에는 이제 직접 연결된 203.230.7.0/24 네트워크 하나밖에 없음을 알 수 있다.

```
R1#show ip route
Codes: L - local, C - connected, S - static, R - RIP, M - mobile, B - BGP
       D - EIGRP, EX - EIGRP external, O - OSPF, IA - OSPF inter area
       N1 - OSPF NSSA external type 1, N2 - OSPF NSSA external type 2
       E1 - OSPF external type 1, E2 - OSPF external type 2, E - EGP
       i - IS-IS, L1 - IS-IS level-1, L2 - IS-IS level-2, ia - IS-IS inter area
       * - candidate default, U - per-user static route, o - ODR
       P - periodic downloaded static route

Gateway of last resort is not set

     203.230.7.0/24 is variably subnetted, 2 subnets, 2 masks
C       203.230.7.0/24 is directly connected, GigabitEthernet0/0
L       203.230.7.1/32 is directly connected, GigabitEthernet0/0
R1#
```

다시 라우터 R2의 시리얼 인터페이스 0/2/1을 활성화하고 라우터 R1의 콘솔에서 디버깅 메시지를 확인해보자.

```
R2>en
R2#conf t
Enter configuration commands, one per line.  End with CNTL/Z.
R2(config)#int s0/2/1
R2(config-if)#no shutdown

R1#
%LINK-5-CHANGED: Interface Serial0/2/0, changed state to up

%LINEPROTO-5-UPDOWN: Line protocol on Interface Serial0/2/0, changed state to up

RT: interface Serial0/2/0 added to routing table
RT: SET_LAST_RDB for 203.230.8.0/24

    NEW rdb: is directly connected


RT: add 203.230.8.0/24 via 0.0.0.0, connected metric [0/0]

RT: NET-RED 203.230.8.0/24
RT: SET_LAST_RDB for 0.0.0.0/0

    NEW rdb: via 203.230.8.2


RT: add 0.0.0.0/0 via 203.230.8.2, static metric [1/0]

RT: NET-RED 0.0.0.0/0
RT: SET_LAST_RDB for 0.0.0.0/0

    NEW rdb: via 203.230.8.2


RT: add 0.0.0.0/0 via 203.230.8.2, static metric [1/0]

RT: NET-RED 0.0.0.0/0
RT: SET_LAST_RDB for 0.0.0.0/0

    NEW rdb: is directly connected


RT: add 0.0.0.0/0 via 0.0.0.0, static metric [1/0]

RT: NET-RED 0.0.0.0/0
RT: SET_LAST_RDB for 203.230.8.1/32

    NEW rdb: is directly connected


RT: add 203.230.8.1/32 via 0.0.0.0,  metric [0/0]
```

```
RT: NET-RED 203.230.8.1/32
```

제거되었던 라우팅 엔트리가 라우팅 테이블에 모두 제대로 등록되었는지 ***show ip route*** 명령어를 입력해보자. 아래와 같이 모든 원격지 네트워크 정보가 라우팅 테이블에 등록되어 있음을 확인할 수 있다.

```
R1#show ip route
Codes: L - local, C - connected, S - static, R - RIP, M - mobile, B - BGP
       D - EIGRP, EX - EIGRP external, O - OSPF, IA - OSPF inter area
       N1 - OSPF NSSA external type 1, N2 - OSPF NSSA external type 2
       E1 - OSPF external type 1, E2 - OSPF external type 2, E - EGP
       i - IS-IS, L1 - IS-IS level-1, L2 - IS-IS level-2, ia - IS-IS inter area
       * - candidate default, U - per-user static route, o - ODR
       P - periodic downloaded static route

Gateway of last resort is 0.0.0.0 to network 0.0.0.0

     203.230.7.0/24 is variably subnetted, 2 subnets, 2 masks
C       203.230.7.0/24 is directly connected, GigabitEthernet0/0
L       203.230.7.1/32 is directly connected, GigabitEthernet0/0
     203.230.8.0/24 is variably subnetted, 2 subnets, 2 masks
C       203.230.8.0/24 is directly connected, Serial0/2/0
L       203.230.8.1/32 is directly connected, Serial0/2/0
S*   0.0.0.0/0 [1/0] via 203.230.8.2 is directly connected, Serial0/2/0
```

디버깅 명령어는 라우터와 스위치의 동작에 문제가 있는 경우 사용할 수 있는데, 디버깅 메시지 내용이 다소 복잡하기 때문에 이 메시지를 간과하는 경우가 많다. 그러나 디버깅 메시지만큼 라우터와 스위치의 동작 상태에 대한 많은 상세한 내용들이 표시되는 것도 없으므로 디버깅 메시지를 보는 것에 익숙해질 필요가 있다. 단 디버깅 명령어들은 시스템에 적지 않은 부하를 인가하므로 꼭 필요한 경우에만 주의하여 사용하도록 하고, 디버깅 작업이 끝나면 바로 비활성화하도록 한다. 디버깅 기능을 비활성화하기 위해서는 다른 일반 명령어에서와 마찬가지로 디버깅 명령어 앞에 ***no*** 명령을 붙이면 된다.

```
R1#no debug ip routing
IP routing debugging is off
```

한편 라우터에서 ***show arp*** 명령어를 입력하면 장치가 현재 가지고 있는 IP 주소와 MAC 주소 쌍에 대한 정보와 이 정보가 어떤 인터페이스에서 얻어진 것인지를 한눈에 볼 수 있다.

```
R1#show arp
Protocol  Address          Age (min)  Hardware Addr   Type   Interface
Internet  203.230.7.1      -          0030.A3E3.8201  ARPA   GigabitEthernet0/0
Internet  203.230.7.2      30         00D0.BA87.9D53  ARPA   GigabitEthernet0/0
```

시스코 탐색 프로토콜(CDP; Cisco Discovery Protocol)

네트워크 유지 및 관리를 위해 유용하게 쓰이는 프로토콜로서 CDP가 있다. CDP는 이웃하고 있는 네트워킹 장치가 어떤 장치인지를 알려주는 프로토콜로서, 시스코 시스템즈의 L2 및 L3 장치에서 동작하는 시스코 전용 프로토콜이다. 각 라우터에서 CDP를 활성화시켜보도록 하자.

```
R1>en
R1#conf t
Enter configuration commands, one per line. End with CNTL/Z.
R1(config)#cdp run

R2>en
R2#conf t
Enter configuration commands, one per line. End with CNTL/Z.
R2(config)#cdp run

R3>en
R3#conf t
Enter configuration commands, one per line. End with CNTL/Z.
R3(config)#cdp run
```

CDP 프로토콜에 의해 확인된 이웃 장치의 정보를 보려면 관리자 모드에서 ***show cdp neighbors*** 명령어를 입력한다.

```
R1#show cdp neighbors
Capability Codes: R - Router, T - Trans Bridge, B - Source Route Bridge
                  S - Switch, H - Host, I - IGMP, r - Repeater, P - Phone
Device ID    Local Intrfce    Holdtme    Capability    Platform    Port ID
R2           Ser 0/2/0        138        R             C2900       Ser 0/2/1
```

위의 출력 결과로부터 R2라는 이름을 가지는 2900 시리즈 라우터는 라우터 R1의 시리얼 인터페이스 0/2/0과 라우터 R2의 시리얼 인터페이스 0/2/1을 통해 연결되어 있음을 쉽게 알 수 있다. 만약 라우터 R2에 대한 더 상세한 정보를 확인하려면 그림 4-4에 보인 것처럼 ***show cdp entry ****

명령어를 입력한다.

그림 4-4의 출력으로부터 장치 ID 값이 R2인 장치가 Cisco 2900 시리즈 라우터이며, 203.230.8.2의 IP 주소를 가지고 있고, IOS 이미지 버전은 15.1(4)4이라는 것도 확인 가능하다. 이와 같이 장치에 대한 여러 가지 자세한 정보를 확인할 수 있는 CDP는 60초를 주기로 자신의 정보를

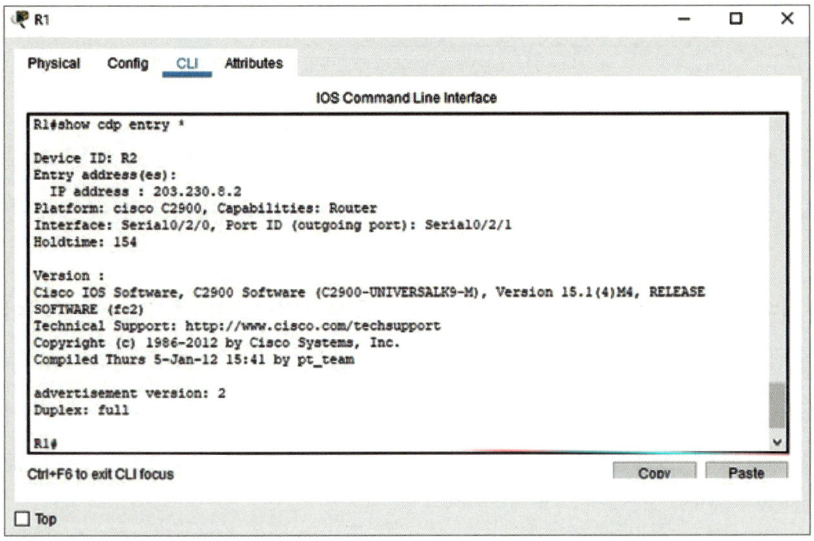

그림 4-4 *show cdp entry* 명령어

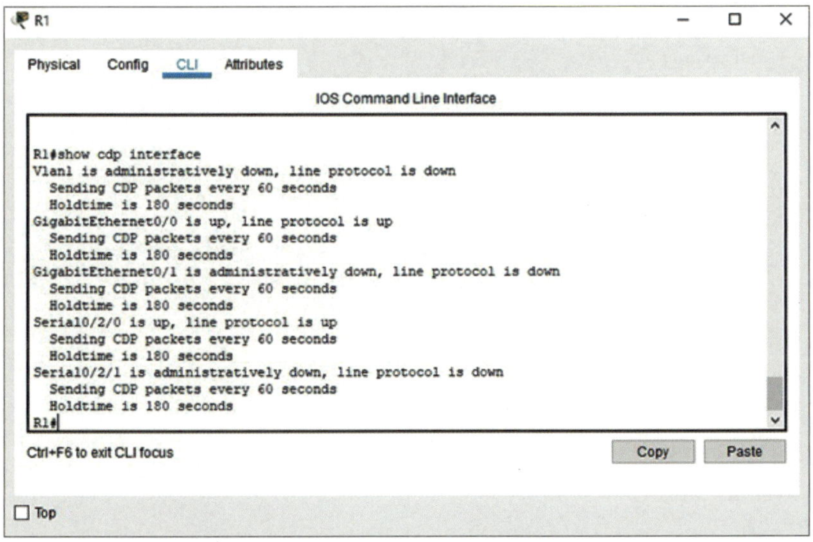

그림 4-5 *show cdp interface* 명령어

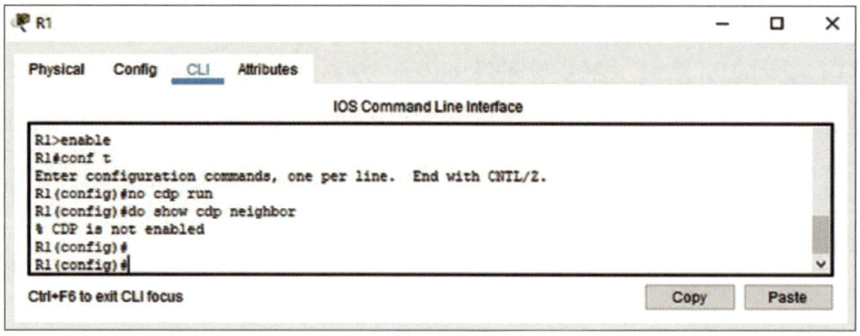

그림 4-6 *no cdp run* 명령어

이웃 장치에게 전송하는데, 만약 이웃 장치로부터 180초 동안 아무런 정보를 받지 못하면 해당 장치를 목록에서 삭제한다. 이러한 내용은 그림 4-5에서와 같이 ***show cdp interface*** 명령어를 통해 확인할 수 있다.

인터페이스가 비활성화되어 있는 경우에는 당연히 CDP 정보를 주고받을 수 없지만, 인터페이스가 활성화되어 있는 경우에는 시스코 장치는 디폴트로 이웃 장치와 CDP 정보를 주기적으로 주고받는다. 이러한 주기적인 CDP 정보 교환 역시 네트워킹 자원을 소모하므로, 만약 CDP 동작이 불필요하다면 라우터와 스위치에서 그림 4-6과 같이 ***no cdp run*** 명령어를 이용하여 CDP 프로토콜을 비활성화하도록 한다.

PACKET TRACER

Cisco Networking Academy Program
A Powerful Network Simulation Tool

제5장

라우팅 프로토콜: RIPv1과 RIPv2

CHAPTER

05 라우팅 프로토콜: RIPv1과 RIPv2

라우팅 프로토콜이란 라우팅 정보를 교환하여 이를 기초로 최적의 경로를 라우팅 테이블에 유지하고 기록하는데 이때 사용되는 모든 프로세스, 알고리즘, 메시지를 통틀어 라우팅 프로토콜이라고 한다. 지금까지 패킷이 어떻게 라우터를 통해 전달되는지 살펴보고 정적 경로 설정 방법에 대하여 알아보았다. 이번 제5장부터는 동적 라우팅 프로토콜(Dynamic Routing Protocol)을 학습하는데, 동적 라우팅 프로토콜은 일반적으로 중·대규모 네트워크에서 주로 사용되고, 현재 EIGRP와 OSPF가 주로 사용되고 있다. 규모가 작은 네트워크에는 정적 라우팅을 적용하거나, 동적 라우팅 프로토콜 RIP을 사용하는 경우도 있다. 정적 라우팅을 설정하는 방법은 제4장에서 살펴보았듯이 비교적 간단하다. 동적 라우팅도 설정이 어렵지는 않지만 동작하는 방식을 정확히 알아야 하므로, RIPv1과 RIPv2를 학습하기 전에 우선 동적 라우팅 프로토콜의 일반적인 특성에 대하여 알아보기로 한다.

동적 라우팅 프로토콜의 첫 번째 프로토콜로 1982년 RIP(Routing Information Protocol)이 공개되었다. 그러나 인터넷 사용자 수의 증가에 따라 네트워크가 한층 복잡해지고 더 효과적인 패킷 전송 환경이 요구되어 이를 만족하기 위한 라우팅 프로토콜들이 새롭게 등장하였다. RIP의 디폴트 버전인 RIPv1(RIP version 1)은 RIPv2(RIP version 2)로 업그레이드되었음에도 불구하고 여전히 중 · 대규모 네트워크에 적용하기에는 무리였다. 따라서 이후 OSPF(Open Shortest Path First), IS-IS(Intermediate-System-to-Intermediate-System), IGRP(Interior Gateway Routing Protocol), EIGRP(Enhanced Interior Gateway Routing Protocol)들이 개발되었다. 단 IGRP와 EIGRP는 시스코 독자적인 전용 프로토콜로서 시스코 장치에서만 동작되는 프로토콜이다.

동적 라우팅 프로토콜은 정적 라우팅 프로토콜과는 달리 주기적 또는 비주기적으로 라우터 간에 라우팅 정보를 업데이트한다. 그리고 이렇게 업데이트된 라우팅 정보와 현재 적용되어 있는 라우팅 프로토콜을 기반으로 최적의 경로를 결정한 후 이를 패킷 전달 시에 참조한다. 만약 새로운 네트워크가 발견이 되었다면 정적 라우팅의 경우는 이를 일일이 라우터에 설정해야 하는 번거로움이 있는 반면에, 동적 라우팅 프로토콜은 주기적 또는 비주기적으로 네트워크 변경 사항에 대한 정보를 주고받아 자동으로 라우팅 경로를 갱신한다. 동적 라우팅 프로토콜은 더 나아가 네트워킹 장치 및 링크의 장애로 인해 패킷을 주고받아왔던 경로를 사용하지 못할 경우에는 자동으로 우회 경로를 찾아 통신 세션의 연속성을 지원하므로 네트워크 가용성에도 큰 도움을 준다. 단

동적 라우팅 프로토콜은 정적 라우팅 프로토콜에 비해 라우터의 자원을 많이 사용한다. 따라서 네트워크의 규모와 형태, 그리고 트래픽 상황 등을 잘 파악하여 정적 또는 동적 라우팅 중 어떤 라우팅 프로토콜을 사용해야 할지를 신중하게 결정해야 할 필요가 있다. 동적 라우팅 프로토콜은 기본적인 동작 방법을 기준으로 볼 때 크게 거리 벡터 라우팅 프로토콜(Distant Vector Routing Protocol)과 링크 상태 라우팅 프로토콜(Link-State Routing Protocol)로 나눠진다.

거리 벡터 라우팅 프로토콜(Distance Vector Routing Protocol)

거리 벡터 라우팅 프로토콜은 Bellman-Ford 알고리즘을 사용하여 라우팅 테이블을 자신과 직접적으로 연결된 다른 이웃 라우터들에게 주기적으로(RIP: 30초, IGRP: 90초) 브로드캐스트 주소(255.255.255.255)를 사용하여 전송한다.(EIGRP 제외) 이러한 라우팅 정보 업데이트는 네트워크 상태 변화 여부에 관계없이 무조건적으로 이루어지며, 이 때문에 네트워크의 규모가 커지면 커질수록 업데이트 정보의 양이 증가할 수밖에 없다. 그림 5-1의 네트워크 토폴로지를 이용하여 거리 벡터 라우팅 프로토콜의 기본 동작에 대하여 살펴보자.

라우터 R1은 PC0와 라우터 R2에 직접 연결되어 있고, 라우터 R2는 라우터 R1 및 라우터 R3와, 그리고 라우터 R3는 라우터 R2 및 PC1과 직접 연결되어 있다. 직접 연결된 구간은 IP 주소를 할

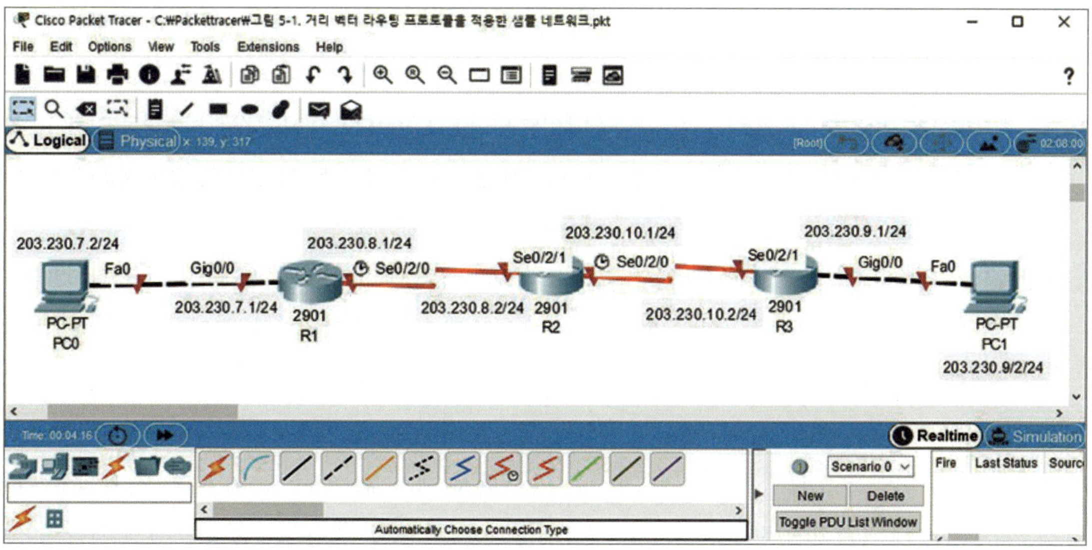

그림 5-1 거리 벡터 라우팅 프로토콜을 적용한 샘플 네트워크

당하고 인터페이스를 활성화시키면 자동으로 라우팅 테이블에 연결된 구간의 네트워크 정보가 올라오게 된다. 따라서 라우터 R1, R2, R3의 직접 연결된 구간은 패킷을 주고받는 데 문제가 없지만 직접 연결되지 않은 구간에 패킷을 전송하고자 할 경우에는 라우터(구체적으로 라우터의 라우팅 테이블)에 해당 목적지 네트워크에 대한 정보가 없기 때문에 패킷을 전달할 수 없다. 이를 위해 거리 벡터 라우팅 프로토콜은 기본적으로 어떤 정해진 주기의 시간이 도래하면, 각 라우터들이 상호간에 자신의 라우팅 테이블을 이웃 라우터와 교환함으로써 자신에게 없었던 경로 정보를 추가 또는 업데이트하여 라우팅 테이블을 완성해 나간다. 이러한 동작을 그림 5-1의 각각의 라우터를 기준으로 설명하면 다음과 같다. 단, 여기서 라우팅 정보의 주기적 업데이트가 수행되는 각 라우터의 타이머 만료 시간은 R1 → R2 → R3의 순으로 정해져 있고, 라우팅 루프 문제 해결을 위한 기능은 없고, 네트워크 상태는 더 이상 변하지 않는다고 가정하자.

- **1단계(R1의 업데이트 타이머 만료)**: R1은 203.230.7.0/24와 203.230.8.0/24의 정보를 R2로 전달한다. R2는 R1으로부터 받은 정보 중 203.230.8.0/24는 자신이 가지고 있지만, 203.230.7.0/24는 가지고 있지 않으므로 이를 자신의 라우팅 테이블에 등록하게 된다.(그림 5-2의 1단계 참조)
- **2단계(R2의 업데이트 타이머 만료)**: R2는 자신의 라우팅 테이블 정보, 즉 203.230.8.0/24, 203.230.10.0/24, 203.230.7.0/24를 R1과 R3로 전달한다. 이러한 업데이트 정보를 수신한 후 R1과 R3는 단계 1에서와 유사하게 자신의 라우팅 테이블을 업데이트한다.(그림 5-2의 2단계 참조)
- **3단계(R3의 업데이트 타이머 만료)**: R3는 자신의 라우팅 테이블 전도, 즉 203.230.9.0/24와 203.230.10.0/24, 203.230.8.0/24와 203.230.7.0/24을 R2로 전달한다. 이 업데이트 정보를 수신한 R2도 앞의 단계에서와 유사하게 자신의 라우팅 테이블을 업데이트한다.(그림 5-2의 3단계 참조)
- **4단계(R1의 업데이트 타이머 만료)**: 다시 R1의 업데이트 타이머가 만료되어 이전과 같은 방법으로 R1이 R2에 자신의 라우팅 정보를 전달한다. 하지만 이번 업데이트 정보는 R2가 이미 모두 가지고 있는 정보들이라서 별도의 라우팅 테이블 갱신이 이루어지지 않는다.(그림 5-2의 4단계 참조)
- **5단계(R2의 업데이트 타이머 만료)**: R2 역시 업데이트 타이머가 만료되어 이전과 같은 방법으로 R1과 R3에 자신의 라우팅 정보를 전달한다. R3의 라우팅 테이블은 변함이 없고, R1의 라우팅 테이블에는 203.230.9.0/24 네트워크가 새로 등록된다.

거리 벡터 라우팅 프로토콜의 이러한 동작은 아무런 문제가 없는 것 같지만, 제1단계에서 제4단계 까지 진행된 시점까지 라우터 R1, R2, R3는 동일한 하나의 네트워크 토폴로지에 대하여 서로 다른 라우팅 테이블 정보를 가지는 문제점이 발생한다. 정상적인 라우팅 기능의 수행을 위해서는, 네트워크상에 존재하는 모든 라우터의 라우팅 테이블이 같아야 한다. 동일한 라우팅 프로토콜을 사용하는 라우터들이 이와 같이 모두 같은 라우팅 정보를 가지게 되는 상태를 라우팅 프로토콜이 또는 네트워크가 수렴(convergence)했다고 한다. 위의 예에서는 제5단계를 완료한 시점이 되어서야 드디어 네트워크가 수렴 상태가 된다. 거리 벡터 라우팅 프로토콜을 사용하는 네트워크에서는 라우터들이 이와 같이 주기적인 업데이트 동작을 하기 때문에 라우팅 프로토콜의 수렴 시간이 상당히 소요된다.

앞에서는 최악의 경우를 가정하여 라우팅 테이블이 업데이트되는 시나리오를 설명했는데, 실제로는 라우터들 간에 동시다발적으로 업데이트가 이루어지므로 위에서보다는 빨리 수렴 상태가 이루어진다. 그럼에도 불구하고 네트워크 규모가 상당히 큰 경우에는 거리 벡터 라우팅 프로토콜의 주기적 업데이트라는 고유한 특성으로 인해, 네트워크 수렴 이슈는 항상 문제시될 수밖에

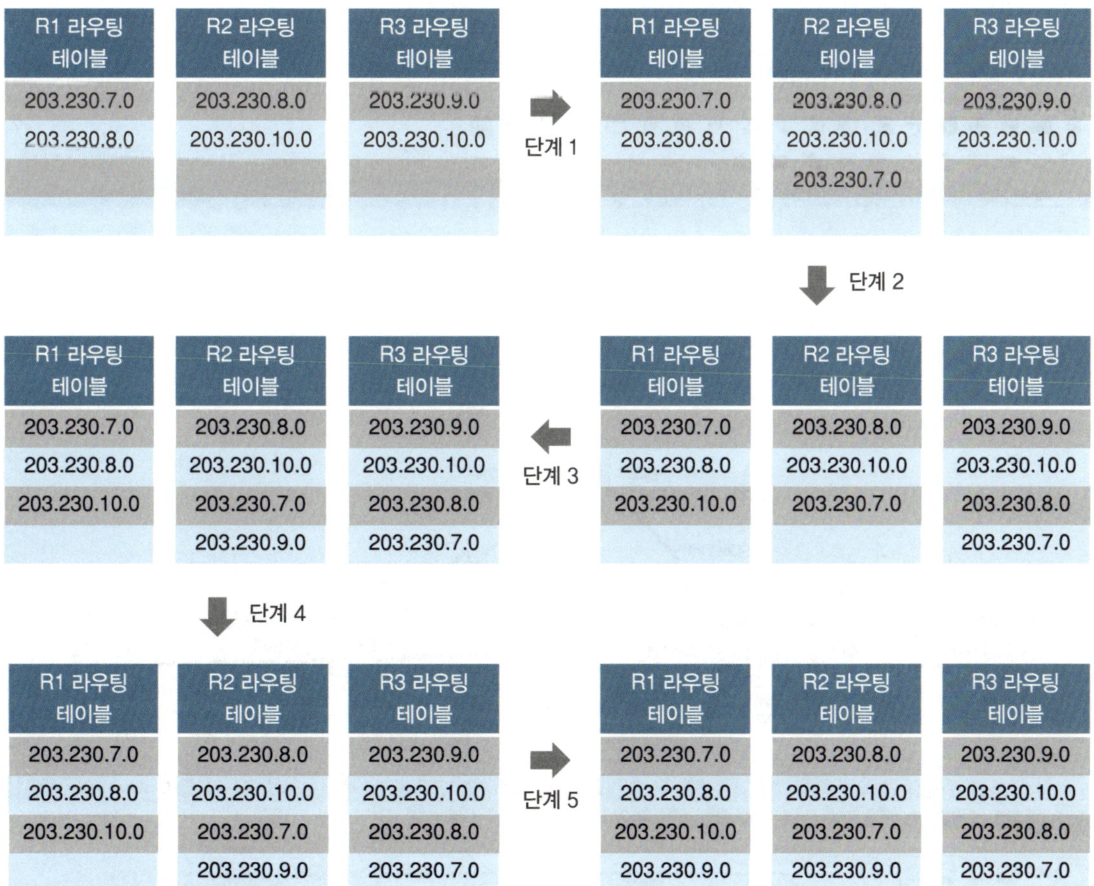

그림 5-2 라우팅 테이블 업데이트 과정

없다. 네트워크가 수렴 상태에 도달하지 못하면, 라우터가 패킷을 목적지 장치에 정상적으로 전달하지 못하는 문제가 발생할 수 있다. 거리 벡터 라우팅 기술을 기반으로 하는 라우팅 프로토콜로 RIP, IGRP, EIGRP 등이 있다. 이들 라우팅 프로토콜은 전술한 문제점과 그러한 문제를 유발하는 상황을 방지하기 위하여 여러 가지 해결책을 사용하고 있다. 이에 대해서는 해당 라우팅 프로토콜 학습 시 설명하기로 한다.

링크 상태 라우팅 프로토콜(Link State Routing Protocol)

링크 상태 라우팅 프로토콜은 다익스트라(Dijkstra) 알고리즘 또는 최단 경로 우선(SPF; Shortest Path First) 알고리즘을 사용하여 목적지까지의 최단 경로를 계산한 후 이를 기초로 패킷을 전

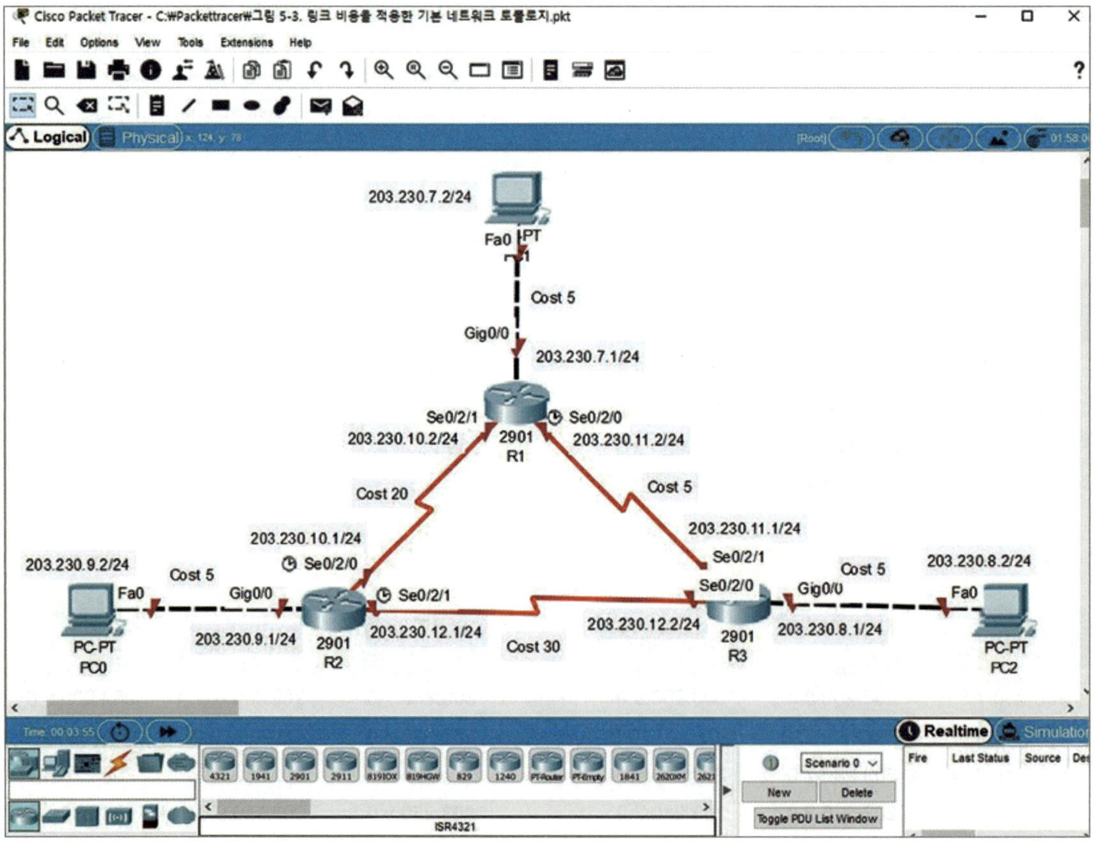

그림 5-3 링크 비용을 적용한 기본 네트워크 토폴로지

송하는 방법이다. 링크 상태 라우팅 프로토콜로 동작하는 각 라우터는 직접 연결되어 있는 링크에 대한 정보를 동일한 영역 내의 모든 다른 라우터들에게 알려줘야 하는데, 이를 위해 링크 상태 패킷(LSP; Link State Packet)이라는 것을 생성한다. 그리고 생성한 링크 상태 패킷의 전달은 플러딩(flooding) 방식으로 수행하고, 이 정보를 전달 받은 라우터들은 링크 상태 정보를 참조하여 최단 경로를 결정하게 된다. 링크 상태 라우팅 프로토콜을 기반으로 하는 라우팅 프로토콜로는 OSPF와 IS-IS가 있다.

다익스트라 알고리즘은 출발지 장치에서 목적지 장치까지의 모든 링크를 이용하는데 소요되는 비용(cost)을 누적 계산하여, 이 값이 가장 작게 나오는 경로를 선택하는 방식이다. 그림 5-3을 참고하여, 다익스트라 알고리즘의 경로 비용 계산 과정과 이에 따른 최단 경로 결정 과정을 이해해 보도록 하자.

라우터 간을 연결하는 3개의 WAN 구간은 링크 비용이 명시되어 있고, 나머지 로컬 LAN 구간의 링크 비용은 모두 5라고 가정하자. 이러한 링크 비용은 어디까지나 링크 상태 라우팅 프로토콜의 최단 경로 결정 동작을 이해하기 위해 사용한 임의의 비용으로 실제의 링크 비용이 아님에 유의한다. 이제 라우터 R2에 연결된 PC2가 라우터 R3에 연결된 PC3로 데이터를 전달하는 상황을 고려해보자. PC2에서 PC3로 갈 수 있는 경로가 2개 존재한다. 따라서 어떤 경로를 이용해야 할지는 출발지에서 목적지까지의 모든 링크 비용의 총합을 계산하여 결정해야 할 것이다. 어떤 경로가 선정될지 아래의 링크 비용 계산 과정을 잘 살펴보자.

- **R2 → R3 → PC3 경로를 사용할 경우의 링크 비용: 35**

링크	링크 비용
R2 → R3	30
R3 → PC3	5

- **R2 → R1→ R3 → PC3 경로를 사용할 경우의 링크 비용: 30**

링크	링크 비용
R2 → R1	20
R1 → R3	5
R3 → PC3	5

이제 PC2에서 PC3로의 데이터 전송 시 어떤 경로를 사용할지 결정할 수 있겠는가? 단순히 거쳐 가는 라우터의 수를 기준으로 생각하면 R1에서 R3로 데이터를 전송하는 것이 좋아 보이지만, 이렇게 하면 R1 → R2 → R3를 거쳐 가는 경로보다 비용이 더 많이 소요된다. 링크 비용은 일반적으로 링크의 속도나 대역폭 값에 의해 결정되기 때문에, 거쳐 가는 라우터의 수가 많다고 할지라도 누적 비용이 적은 경로를 이용하는 것이 실제로는 데이터를 더 빨리 전송할 수 있다. 각 라우터에서의 목적지 장치 대비 소요되는 경로 비용을 요약하면 다음과 같다.

- **라우터 R1에서의 목적지 네트워크별 링크 비용**

출발지	목적지	경로	링크 비용
PC1	PC2	R1 → R2 → R2 LAN	25
		R1 → R3 → R2 → R2 LAN	40
	PC3	R1 → R3 → R3 LAN	10
		R1 → R2 → R3 → R3 LAN	55

- **라우터 R2에서의 목적지 네트워크별 링크 비용**

출발지	목적지	경로	링크 비용
PC2	PC1	R2 → R1 → R1 LAN	25
		R2 → R3 → R1 → R1 LAN	40
	PC3	R2 → R3 → R3 LAN	35
		R2 → R1 → R3 → R3 LAN	30

- **라우터 R3에서의 목적지 네트워크별 링크 비용**

출발지	목적지	경로	링크 비용
PC3	PC1	R3 → R1 → R1 LAN	10
		R3 → R2 → R1 → R1 LAN	55
	PC2	R3 → R2 → R2 LAN	35
		R3 → R1 → R2 → R2 LAN	30

동일한 목적지에 대하여 어떤 경로를 사용하는가에 따라 비용이 달라지는 것을 위의 표를 통해 알 수 있으며, 이를 토대로 최단 경로가 결정된다. 결론적으로, 링크 상태 라우팅 프로토콜은 다음과 같은 단계를 거쳐 최단 경로를 결정하고 라우팅 테이블을 완성한다.

- **1단계**: 각각의 라우터는 자신의 활성화되어 있는 인터페이스를 통해 직접 연결된 모든 링크 상태 정보를 취득한다.
- **2단계**: 각각의 라우터는 헬로(Hello)라는 특별한 패킷을 이웃 라우터들에게 전송하며, 이 패킷을 통해 이웃하는 라우터가 자신과 동일한 링크 상태 라우팅 프로토콜을 사용하고 있는지를 확인한다.
- **3단계**: 각각의 라우터는 LSP라는 링크 상태 패킷을 생성한다.
- **4단계**: 각각의 라우터는 정해진 영역 내에서 동일한 링크 상태 라우팅 프로토콜로 동작하는 모든 다른 라우터들에게 자신이 생성한 LSP를 플러딩하며, 플러딩 정보를 수신한 라우터들은 정해진 영역 내의 모든 링크와 원격지 네트워크에 대한 상태를 학습한다.
- **5단계**: 각각의 라우터는 학습한 모든 링크와 네트워크 정보를 토대로 SPF 알고리즘을 수행하여 최적의 경로를 계산한 후 이를 자신의 라우팅 테이블에 반영한다.

RIPv1

RIP(Routing Information Protocol)은 거리 벡터 라우팅 프로토콜로서 2가지 버전(v1, v2)으

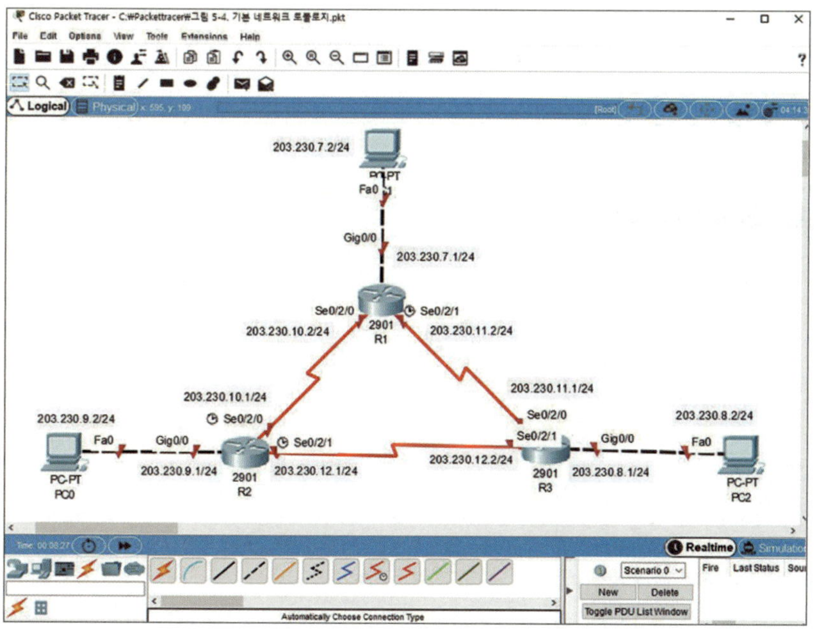

그림 5-4 기본 네트워크 토폴로지

로 지원되고 있다. RIP은 초창기에 GWINFO(Gateway Information Protocol)를 시점으로 발전되었으며, 1994년에 RIPv2, 1997년에 IPv6를 지원하는 RIPng로 발전되었다. RIP은 라우팅 정보 업데이트 시 UDP 포트 520번을 사용하며, 경로 결정을 위해 홉 카운트(Hop Count)를 사용한다.

RIP은 15보다 큰 홉 카운트를 지원하지 않는다. 즉 RIP을 사용하는 네트워크에서는 전달하고자 하는 패킷이 최대 15개의 라우터만을 거칠 수 있어서, 만약 어떤 패킷이 16번째 라우터에 도달한다면 이는 더 이상 전달되지 않고 폐기된다. 또한 매 30초 주기로 라우팅 테이블을 이웃 라우터

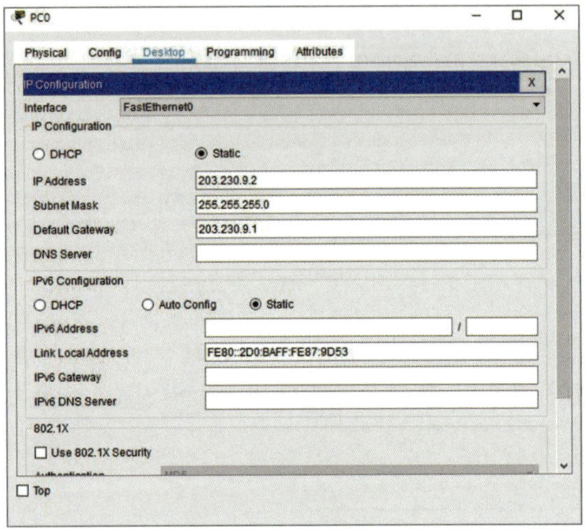

그림 5-5 PC0 IP 주소 할당

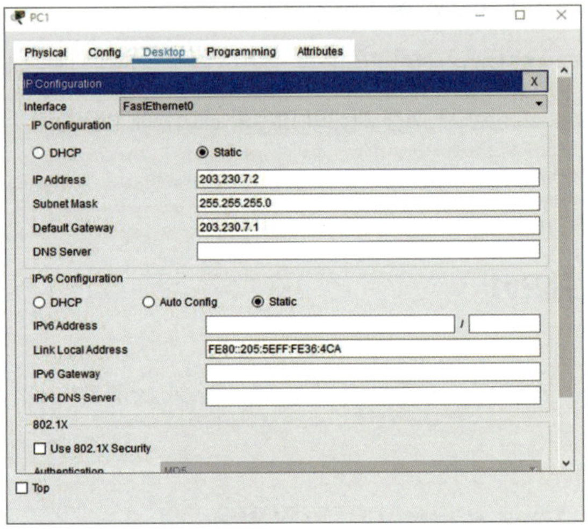

그림 5-6 PC1 IP 주소 할당

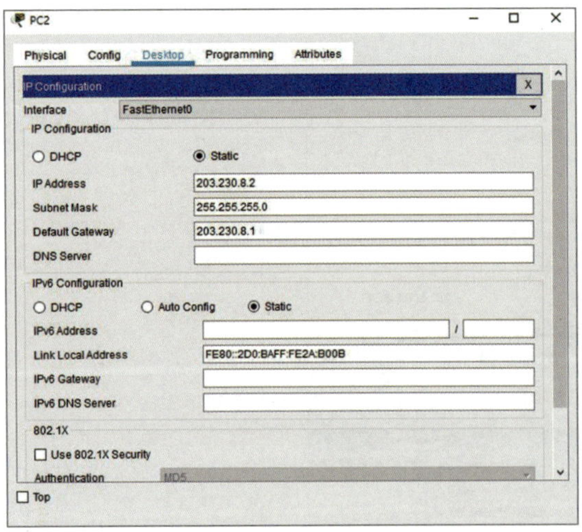

그림 5-7 PC2 IP 주소 할당

들에게 브로드캐스트하므로, 간단한 네트워크에서는 문제가 되지 않지만 복잡한 네트워크에 RIP을 적용할 경우에는 라우팅 정보 업데이트로 인한 상당한 오버헤드 트래픽이 발생하는 단점이 있다.

이제 RIPv1을 실제로 네트워크에 적용해보자. 실습에 사용할 기본 네트워크 토폴로지는 그림 5-4와 같다. 이 토폴로지를 기반으로 RIPv1을 설정하기 위해 우선 PC에 IP 주소를 할당해보자.

그림 5-5, 5-6, 5-7

다음으로 연결에 사용할 각각의 라우터 인터페이스에 IP 주소를 할당하고 ***no shutdown*** 명령어로 활성화시킨다. DCE 시리얼 인터페이스 설정 시에는 클록을 설정해야 함을 기억한다. 라우터 인터페이스 설정을 위해 다음 스크립트를 참조한다.

• 라우터 R1 인터페이스 설정

```
Router>en
Router#conf t
Enter configuration commands, one per line. End with CNTL/Z.
Router(config)#hostname R1
R1(config)#int gi0/0
R1(config-if)#ip add 203.230.7.1 255.255.255.0
R1(config-if)#no shutdown
R1(config-if)#exit
R1(config)#int s0/2/0
R1(config-if)#ip add 203.230.10.2 255.255.255.0
R1(config-if)#no shutdown
R1(config-if)#int s0/2/1
R1(config-if)#ip add 203.230.11.2 255.255.255.0
R1(config-if)#clock rate 64000
R1(config-if)#no shutdown
```

• 라우터 R2 인터페이스 설정

```
Router>en
Router#conf t
Enter configuration commands, one per line. End with CNTL/Z.
Router(config)#hostname R2
R2(config)#int gi0/0
R2(config-if)#ip add 203.230.9.1 255.255.255.0
R2(config-if)#no shutdown
R2(config-if)#exit
R2(config)#int s0/2/0
R2(config-if)#ip add 203.230.10.1 255.255.255.0
R2(config-if)#clock rate 64000
R2(config-if)#no shutdown
```

```
R2(config-if)#exit
R2(config)#int s0/2/1
R2(config-if)#ip add 203.230.12.1 255.255.255.0
R2(config-if)#clock rate 64000
R2(config-if)#no shutdown
```

• **라우터 R3 인터페이스 설정**

```
Router>en
Router#conf t
Enter configuration commands, one per line. End with CNTL/Z.
Router(config)#hostname R3
R3(config)#int gi0/0
R3(config-if)#ip add 203.230.8.1 255.255.255.0
R3(config-if)#no shutdown
R3(config-if)#exit
R3(config)#int s0/2/0
R3(config-if)#ip add 203.230.11.1 255.255.255.0
R3(config-if)#no shutdown
R3(config-if)#exit
R3(config)#int s0/2/1
R3(config-if)#ip add 203.230.12.2 255.255.255.0
R3(config-if)#no shutdown
```

이상으로 기본적인 IP 주소 체계 설정은 끝났다. 다음으로 라우팅 프로토콜을 설정해보자. RIPv1의 기본적인 설정 방법은 아래와 같다.

```
Router>enable
Router#conf t
Router(config)#router rip
  → 라우팅 프로토콜로 RIP을 사용할 것을 선언.
Router(config-network)#network 네트워크 주소
  → network 명령어로 라우터에 직접 연결되어 있는 네트워크 주소를 입력.
```

위의 명령어 구문에 따라 그림 5-8, 그림 5-9, 그림 5-10에서와 같이 RIP을 적용해본다. 그림의 설정에서 ***show ip int brief*** 명령어를 사용하는 이유는 RIP을 설정하기 전에 인터페이스가 정상적으로 활성화되어 있는지를 확인하기 위함과, 라우터 인터페이스에 할당된 모든 IP 주소를 기억하고 있기 어려우므로 이를 정확히 참조하기 위함이다. 또한 그림의 설정에서는 네트워크 주소 부분에 인터페이스의 IP 주소를 입력한 것을 볼 수 있는데, RIPv1은 클래스풀(classful) 라우팅 프로토콜이라 입력된 IP 주소를 클래스풀 네트워크 주소로 해석하므로 라우팅 동작에는 아무런 문제가 발생하지 않는다.

위와 같이 설정을 마친 후에는, ***show run*** 명령어를 통해 RIP 설정이 시스템에 잘 적용되었는지

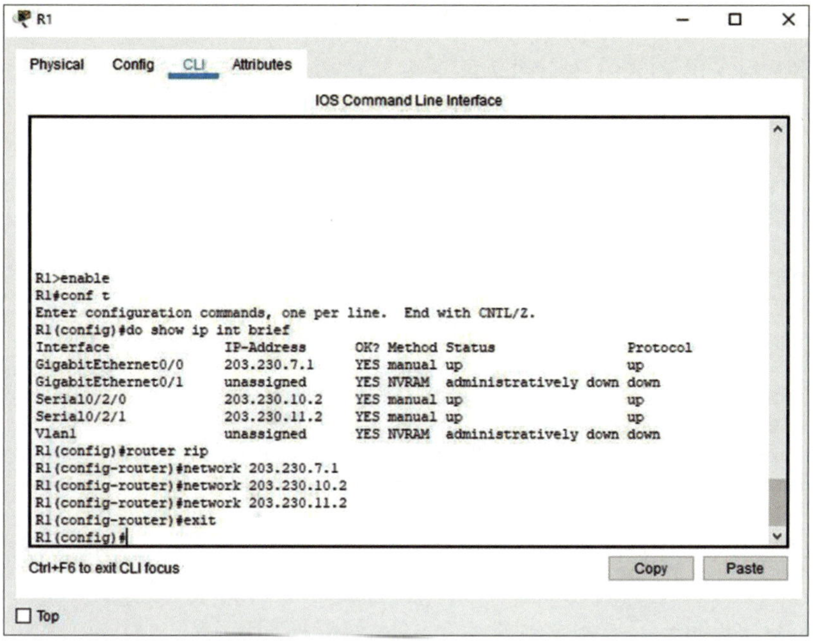

그림 5-8 R1에서 RIPv1 설정

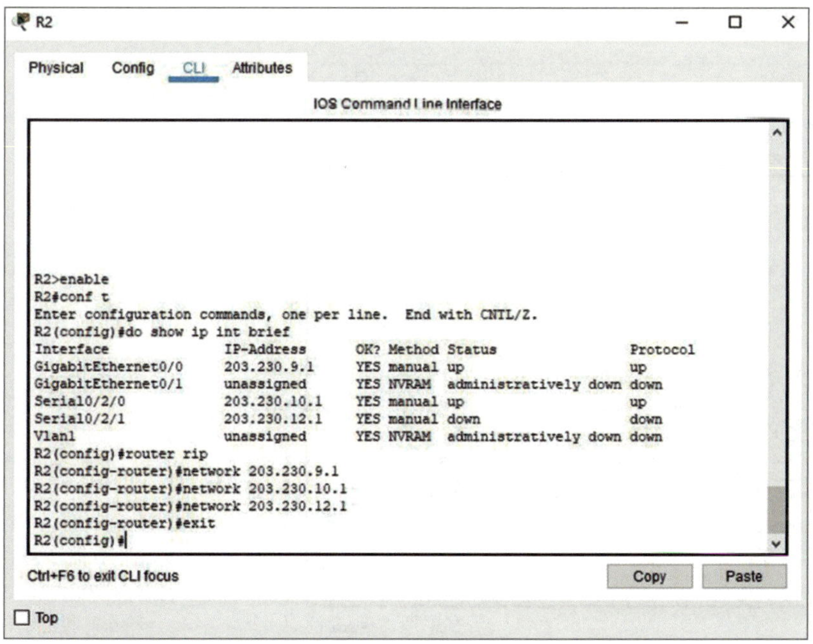

그림 5-9 R2에서 RIPv1 설정

를 확인하고, ***show ip route*** 명령어와 ***show ip protocols*** 명령어를 통해 라우팅 테이블이 제대로 생성되어 있는지 그리고 RIP 라우팅 기능이 정상적으로 동작하고 있는지를 확인해본다. 다음은 라우터 R1에서 ***show run*** 명령어와 ***show ip route*** 명령어 입력에 대한 출력이다.

```
R1#show run
router rip
 network 203.230.7.0
 network 203.230.10.0
 network 203.230.11.0
!
R1#show ip route
Codes: L - local, C - connected, S - static, R - RIP, M - mobile, B - BGP
       D - EIGRP, EX - EIGRP external, O - OSPF, IA - OSPF inter area
       N1 - OSPF NSSA external type 1, N2 - OSPF NSSA external type 2
       E1 - OSPF external type 1, E2 - OSPF external type 2, E - EGP
       i - IS-IS, L1 - IS-IS level-1, L2 - IS-IS level-2, ia - IS-IS inter area
       * - candidate default, U - per-user static route, o - ODR
       P - periodic downloaded static route

Gateway of last resort is not set

     203.230.7.0/24 is variably subnetted, 2 subnets, 2 masks
C       203.230.7.0/24 is directly connected, GigabitEthernet0/0
```

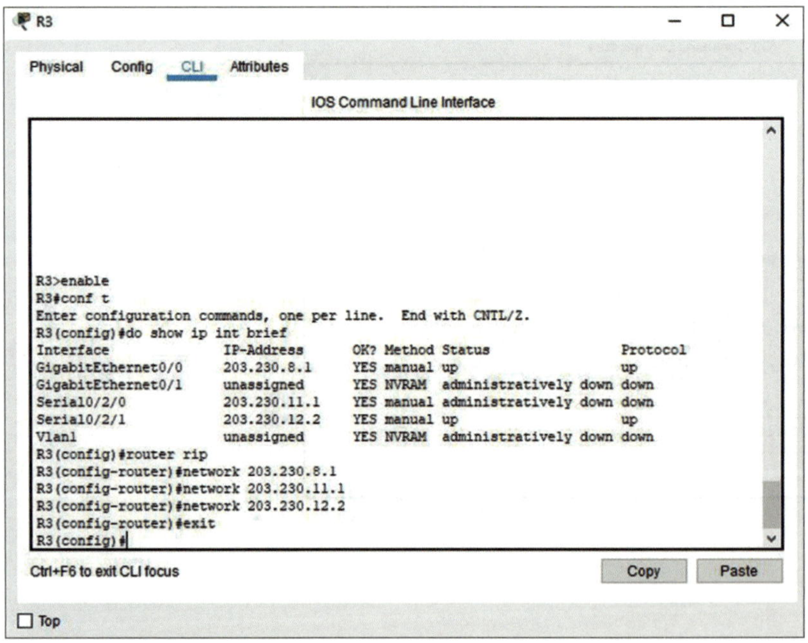

그림 5-10 R3에서 RIPv1 설정

```
L        203.230.7.1/32 is directly connected, GigabitEthernet0/0
R     203.230.8.0/24 [120/1] via 203.230.11.1, 00:00:15, Serial0/2/1
R     203.230.9.0/24 [120/1] via 203.230.10.1, 00:00:08, Serial0/2/0
      203.230.10.0/24 is variably subnetted, 2 subnets, 2 masks
C        203.230.10.0/24 is directly connected, Serial0/2/0

L        203.230.10.2/32 is directly connected, Serial0/2/0
      203.230.11.0/24 is variably subnetted, 2 subnets, 2 masks
C        203.230.11.0/24 is directly connected, Serial0/2/1
L        203.230.11.2/32 is directly connected, Serial0/2/1
R     203.230.12.0/24 [120/1] via 203.230.10.1, 00:00:08, Serial0/2/0
                      [120/1] via 203.230.11.1, 00:00:15, Serial0/2/1
R1#
```

위의 라우팅 테이블에서 RIP에 의해 만들어진 다음과 같은 라우팅 엔트리의 의미를 알아보자.

- R 203.230.8.0/24 [120/1] via 203.230.11.1, 00:00:04, Serial0/2/1

라우팅 엔트리의 각 구성 요소별 의미를 표 5-1에 정리하였다.

다음으로 ***show ip protocols*** 명령어를 입력해보자. 이 명령어는 현재 해당 라우터에서 동작중인 ip 라우팅 프로토콜에 대한 상세한 정보를 제공해준다. 아래의 출력 내용으로부터 현재 라우팅 프로토콜로 RIP을 사용하고 있으며, 매 30초마다 업데이트를 보내는데 앞으로 7초 후에 업데이트를 보낼 것이며, 어떤 인터페이스를 통해 라우팅 정보를 주고받고 있고, 자신이 보내는 RIP 정보의 내용은 어떤 것인지 등에 대한 정보를 상세히 확인할 수 있다.

```
R1#show ip protocols
Routing Protocol is "rip"
Sending updates every 30 seconds, next due in 14 seconds
Invalid after 180 seconds, hold down 180, flushed after 240
Outgoing update filter list for all interfaces is not set
Incoming update filter list for all interfaces is not set
Redistributing: rip
Default version control: send version 1, receive any version
  Interface              Send  Recv  Triggered RIP  Key-chain
  GigabitEthernet0/0     1     2 1
  Serial0/2/0            1     2 1
  Serial0/2/1            1     2 1
Automatic network summarization is in effect
Maximum path: 4
Routing for Networks:
        203.230.7.0
        203.230.10.0
```

```
      203.230.11.0
Passive Interface(s):
Routing Information Sources:
      Gateway          Distance      Last Update
      203.230.11.1     120           00:00:08
      203.230.10.1     120           00:00:25
Distance: (default is 120)
R1#
```

한편 ***debug ip rip*** 명령어를 사용하면 RIP이 어떠한 인터페이스를 통해 어떠한 정보를 주고받고 있는지를 포함한 모든 RIP 동작 상태를 실시간으로 확인할 수 있다. 그림 5-11은 라우터 R1에 ***debug ip rip*** 명령어 입력에 따른 출력 결과이다. 기본 네트워크 토폴로지를 염두에 두고 화면에 출력되는 각각의 항목을 유심히 살펴보기 바란다.

그런데 실제로 디버그 출력 화면을 계속 관찰하다 보면 각 라우터들이 상호간에 라우팅 정보를 주고받기 위해 시리얼 인터페이스를 이용하는 것 외에, 호스트 컴퓨터가 연결되어 있는 인터페이스, 즉 GigaEthernet0/0에도 RIP 정보를 보내고 있는 것을 알 수 있다. 그림 5-4 기본 네트워크 토폴로지에서 라우터들의 GigaEthernet0/0에는 라우터가 연결되어 있지 않기 때문에 사실 RIP 정보를 보낼 이유가 없다. 이와 같이 라우팅 업데이트 정보를 불필요하게 보내면 네트워크 자원을 아무런 의미 없이 소비하는 것이며 바람직한 설정이 못 된다. 따라서 이러한 경우에는 ***passive-interface*** 명령어를 사용하여 특정 인터페이스에 라우팅 업데이트 정보를 보내지 않도록 설정할 필요가 있다. 그림 5-12는 ***passive-interface*** 명령어를 라우터 R1에 적용한 후 ***show ip protocols*** 명령어를 통해 확인하는 과정을 보여주고 있다.

한편 ***show ip protocols*** 명령어를 통해 확인되는 정보에서 디폴트 "Invalid" 값이 180초로 되어

표 5-1 RIPv1 라우팅 테이블의 의미

라우팅 엔트리 구성 요소	의 미
R 203.230.8.0/24	RIP을 통해 203.230.8.0/24 네트워크를 학습함
[120/1]	RIP의 AD 값 120과 203.230.8.0/24로의 메트릭 값 1
via 203.230.11.1	목적지 네트워크로 가기 위한 이웃 라우터 인터페이스의 IP 주소
00:00:04	경로 업데이트를 한 이후의 경과 시간
Serial0/2/1	목적지 네트워크로 가기 위해 사용할 출구 인터페이스

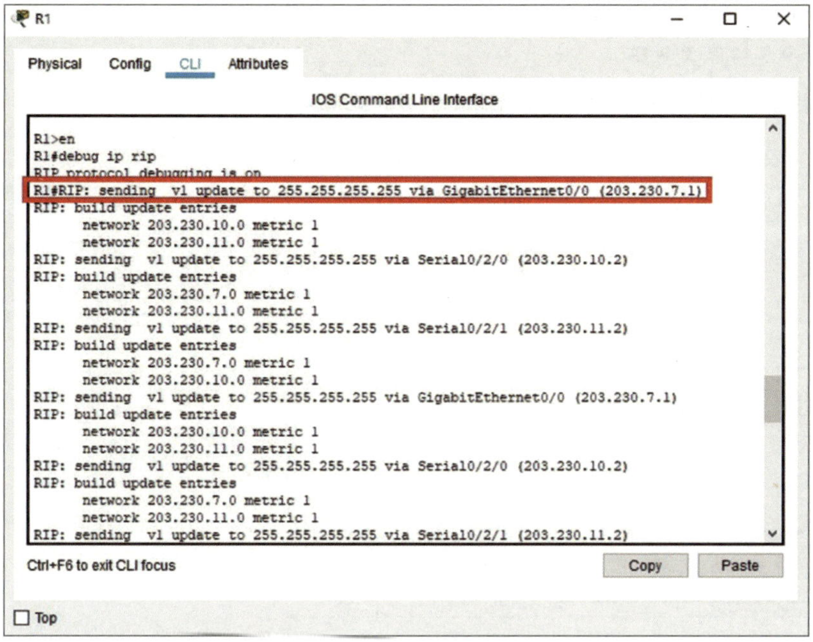

그림 5-11 *debug ip rip* 명령어

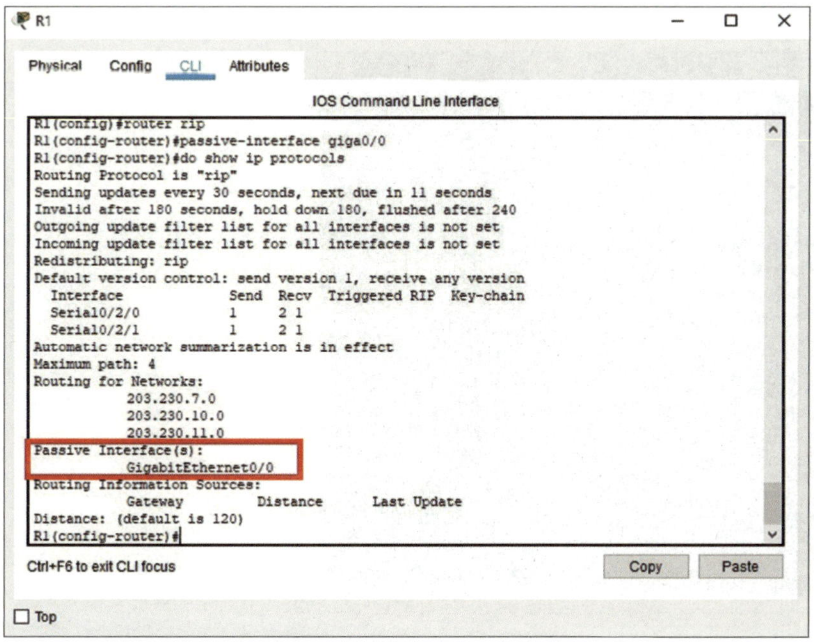

그림 5-12 *passive-interface* 명령어

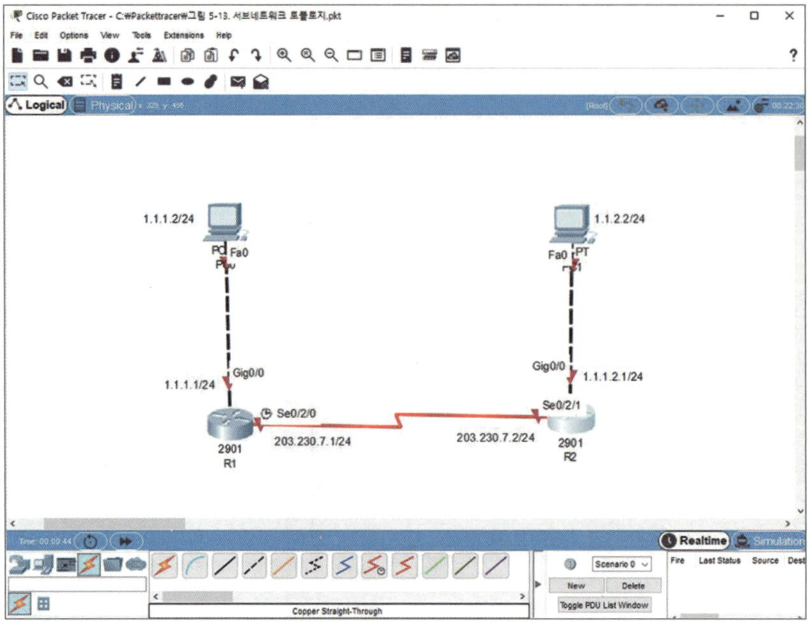

그림 5-13 서브네트워크 토폴로지

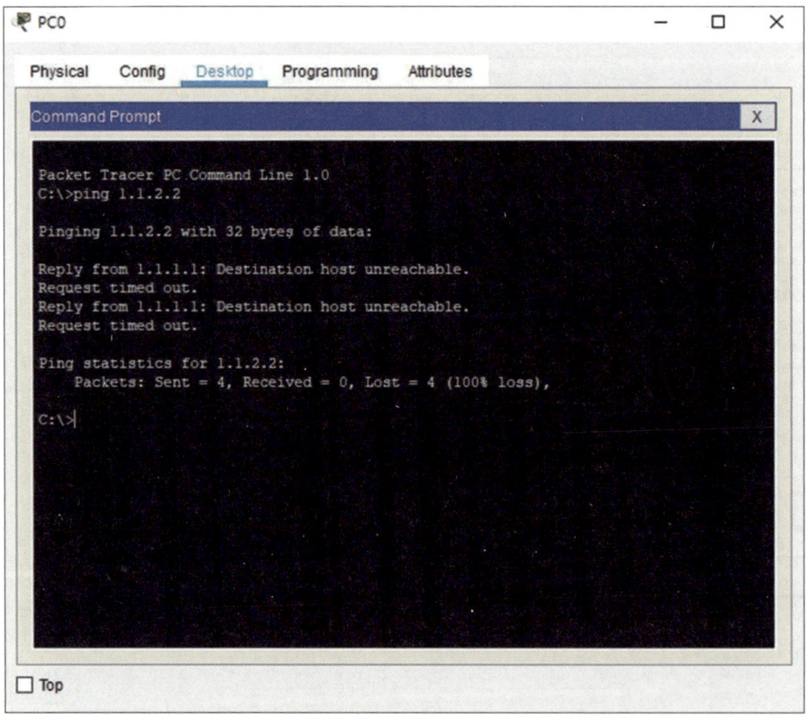

그림 5-14 PC0과 PC1 간의 ping 테스트(RIPv1)

있는 것을 볼 수 있는데, 이는 180초 안에 라우팅 업데이트를 받지 못하면 라우팅 동작이 "hold down" 상태로 들어간다는 것이다. "Hold down" 상태에서는 다른 라우터가 보내는 업데이트를 받아들이지 않는다. 또한 240초 안에 라우팅 업데이트가 되지 않으면 라우팅 프로토콜의 동작이 "flushed" 된다.

RIP은 전술한 바와 같이, 거리 벡터 라우팅 프로토콜이며 클래스풀 라우팅 프로토콜이다. 클래스풀 라우팅 프로토콜은 라우팅 정보를 업데이트할 때 서브넷 마스크 정보를 보내지 않는다. 즉 IP 주소 클래스를 기반으로만 네트워크 정보를 주고받는다는 뜻이다. 클래스풀 라우팅 프로토콜의 이러한 특성이 그림 5-13의 서브네트워크 토폴로지에서는 어떻게 나타나는지 살펴보도록 하자.

지금까지 학습한 내용을 토대로 그림 5-13의 네트워크를 구성하고 RIPv1을 적용한 후 PC0에서 PC1로 ping 테스트를 해보자.그림 5-14

인터페이스 설정과 라우팅 프로토콜의 설정에는 아무런 문제가 없는데, 호스트 컴퓨터 간에 ping 테스트가 실패하고 있다. 왜 이러한 결과가 나오는지 설명할 수 있겠는가? 그 이유를 파악해보기 위해 우선 라우터 R1의 라우팅 테이블을 확인해보자.

```
R1#show ip route
Codes: L - local, C - connected, S - static, R - RIP, M - mobile, B - BGP
       D - EIGRP, EX - EIGRP external, O - OSPF, IA - OSPF inter area
       N1 - OSPF NSSA external type 1, N2 - OSPF NSSA external type 2
       E1 - OSPF external type 1, E2 - OSPF external type 2, E - EGP
       i - IS-IS, L1 - IS-IS level-1, L2 - IS-IS level-2, ia - IS-IS inter area
       * - candidate default, U - per-user static route, o - ODR
       P - periodic downloaded static route

Gateway of last resort is not set

     1.0.0.0/8 is variably subnetted, 2 subnets, 2 masks
C       1.1.1.0/24 is directly connected, GigabitEthernet0/0
L       1.1.1.1/32 is directly connected, GigabitEthernet0/0
     203.230.7.0/24 is variably subnetted, 2 subnets, 2 masks
C       203.230.7.0/24 is directly connected, Serial0/2/0
L       203.230.7.1/32 is directly connected, Serial0/2/0
R1#
```

R1의 라우팅 테이블 확인 결과 R1에 직접 연결된 두 개의 네트워크는 보이는데, 라우터 R2의 로컬 LAN 구간인 1.1.2.0/24 네트워크가 보이지 않는다. 이러한 사실은 라우터 R2의 라우팅 테이블을 확인 해봐도 마찬가지이다. 즉 라우터 R2의 라우팅 테이블에는 라우터 R1의 로컬 LAN 구간인 1.1.1.0/24 네트워크가 보이지 않는다. 이러한 현상이 발생하는 이유는 무엇일까? 그 이유는 사실 매우 간단하다. RIPv1은 이미 언급한 것처럼 클래스풀 라우팅 프로토콜로서 라우팅 업데이

트 시 네트워크 정보와 함께 서브넷 마스크 정보를 보내지 않고 네트워크 정보에 대한 자동 요약(automatic summarization)을 수행하기 때문이다. 결과적으로, 비록 1.1.1.0/24와 1.1.2.0/24가 명백히 서로 다른 네트워크 주소임에도 불구하고 RIPv1은 이를 1.0.0.0/8 네트워크로 처리한다는 것이다. 이러한 사실은 다음과 같이 ***debug ip rip*** 명령어를 통해 직접 확인해볼 수 있다.

```
R1#debug ip rip
RIP protocol debugging is on
R1#RIP: sending  v1 update to 255.255.255.255 via GigabitEthernet0/0 (1.1.1.1)
RIP: build update entries
      network 203.230.7.0 metric 1
RIP: sending  v1 update to 255.255.255.255 via Serial0/2/0 (203.230.7.1)
RIP: build update entries
      network 1.0.0.0 metric 1
RIP: received v1 update from 203.230.7.2 on Serial0/2/0
      1.0.0.0 in 1 hops
RIP: sending  v1 update to 255.255.255.255 via GigabitEthernet0/0 (1.1.1.1)
RIP: build update entries
      network 203.230.7.0 metric 1
RIP: sending  v1 update to 255.255.255.255 via Serial0/2/0 (203.230.7.1)
RIP: build update entries
      network 1.0.0.0 metric 1
RIP: received v1 update from 203.230.7.2 on Serial0/2/0
      1.0.0.0 in 1 hops

R2#debug ip rip
RIP protocol debugging is on
R2#RIP: received v1 update from 203.230.7.1 on Serial0/2/1
      1.0.0.0 in 1 hops
RIP: sending  v1 update to 255.255.255.255 via Serial0/2/1 (203.230.7.2)
RIP: build update entries
      network 1.0.0.0 metric 1
RIP: sending  v1 update to 255.255.255.255 via GigabitEthernet0/0 (1.1.2.1)
RIP: build update entries
      network 203.230.7.0 metric 1
```

위의 결과를 보면 분명히 R1과 R2 간의 v1 업데이트 엔트리에 ***network 1.0.0.0***이 포함되어 있다. 그럼 R1과 R2가 모두 상대방에게 받은 네트워크 1.0.0.0을 라우팅 테이블에 반영하지 않는 이유는 무엇인지 설명할 수 있겠는가? 그 이유는 1.0.0.0 네트워크가 자신에 직접 연결된(directly connected) 인터페이스에서도 사용하는 네트워크 주소이고, 더 나아가 수신한 네트워크 정보 1.0.0.0의 AD 값은 120이지만 직접 연결된 네트워크 1.0.0.0의 AD 값은 0이기 때문에 상대 라우터로부터 수신한 1.0.0.0 네트워크 정보는 반영될 수가 없는 것이다. 혹시 독자는 이러한 문제를 해결하기 위해 RIPv1에서 경로의 자동 요약 기능을 해제하면 되지 않을까 생각할 수도 있겠지만,

이는 아무런 의미가 없다. RIPv1은 클래스풀 라우팅 프로토콜이지 않은가! 결국 그림 5-13의 서브네트워크 토폴로지의 통신 문제를 해결하기 위해서는 RIPv2, EIGRP, OSPF와 같은 클래스리스 라우팅 프로토콜(Classless Routing Protocol)을 사용해야 한다.

RIPv2

RIPv2는 클래스리스 라우팅 프로토콜로서 라우팅 업데이트 시 네트워크 정보와 함께 서브넷 마스크 정보도 전달하며, 자동 요약은 설정할 수도 해제할 수도 있다. 또한 RIPv2는 RIPv1에 비해 보안성이 강화되었으며, 라우팅 정보 전달 방식이 달라졌다. 즉 RIPv1의 경우는 라우팅 정보 전달 시 브로드캐스트 주소(255.255.255.255)를 사용하지만, RIPv2는 멀티캐스트 주소(224.0.0.9)를 사용한다. RIPv2는 전술한 몇 가지 항목을 제외하고는 RIPv1과 유사하다.

그림 5-13의 서브네트워크 토폴로지에 대하여 RIPv2를 사용하면 어떻게 되는지 아래의 설정을 통해 확인해보자. 이를 위해 R1과 R2에 RIPv2를 설정해야 하는데, RIPv2는 모든 설정 과정이 RIPv1과 같고 단순히 ***version 2*** 명령어만 추가하면 된다. 그리고 우리의 예에서는 1.0.0.0/8 네트워크의 서브네트워크들이 클래스풀 주소를 가진 또 다른 네트워크에 의해 분리된 구조를 가지므로 ***no auto-summary*** 명령어로 자동 요약 기능도 해제하자.

```
R1>en
R1#conf t
Enter configuration commands, one per line. End with CNTL/Z.
R1(config)#router rip
R1(config-router)#version 2
R1(config-router)#no auto-summary
R1(config-router)#

R2>en
R2#conf t
Enter configuration commands, one per line. End with CNTL/Z.
R2(config)#router rip
R2(config-router)#version 2
R2(config-router)#no auto-summary
R2(config-router)#
```

위와 같이 설정한 후 라우터 R1의 라우팅 테이블을 살펴보자. RIPv1을 사용했을 때는 보이지 않았던 원격지 네트워크에 대한 정보가 나타나 있는 것을 확인할 수 있다.

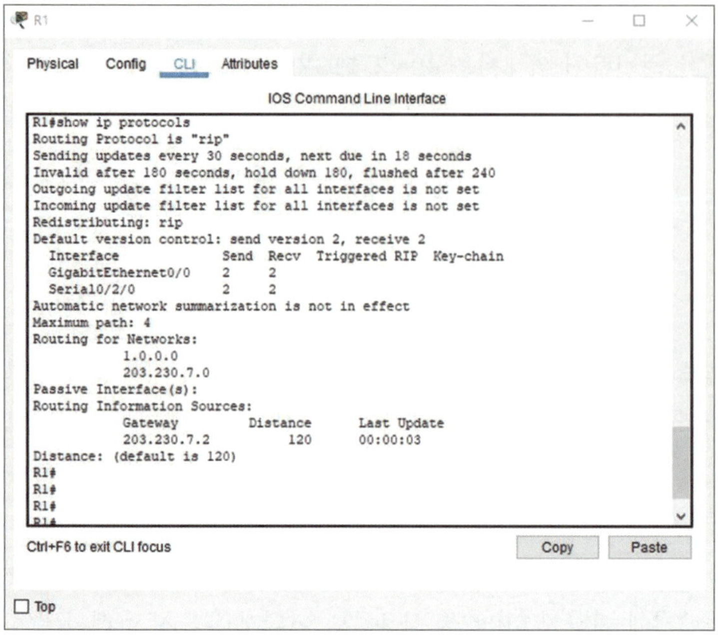

그림 5-15 RIPv2에 대한 *show ip protocols* 결과

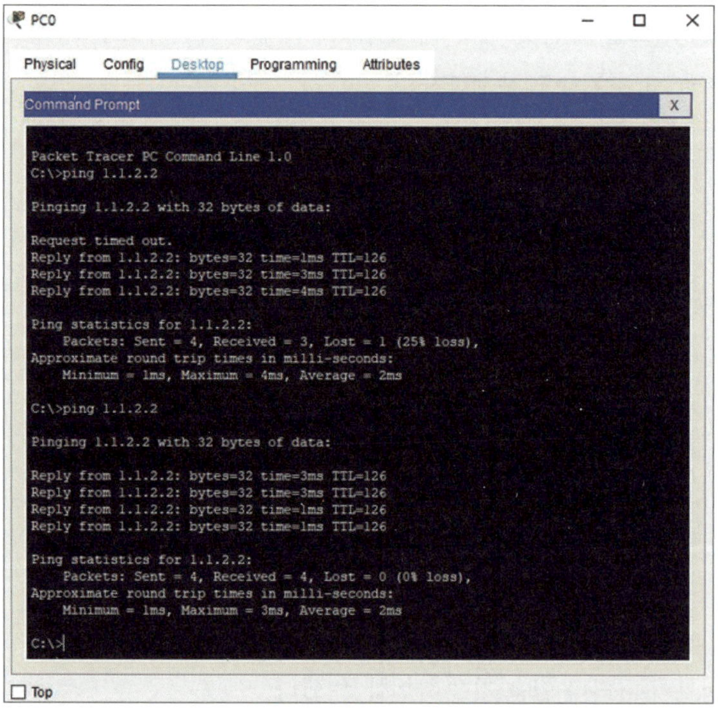

그림 5-16 PC0과 PC1 간의 ping 테스트(RIPv2)

```
R1#show ip route
Codes: L - local, C - connected, S - static, R - RIP, M - mobile, B - BGP
       D - EIGRP, EX - EIGRP external, O - OSPF, IA - OSPF inter area
       N1 - OSPF NSSA external type 1, N2 - OSPF NSSA external type 2
       E1 - OSPF external type 1, E2 - OSPF external type 2, E - EGP
       i - IS-IS, L1 - IS-IS level-1, L2 - IS-IS level-2, ia - IS-IS inter area
       * - candidate default, U - per-user static route, o - ODR
       P - periodic downloaded static route

Gateway of last resort is not set

     1.0.0.0/8 is variably subnetted, 3 subnets, 3 masks
R       1.0.0.0/8 [120/1] via 203.230.7.2, 00:00:28, Serial0/2/0
C       1.1.1.0/24 is directly connected, GigabitEthernet0/0
L       1.1.1.1/32 is directly connected, GigabitEthernet0/0
     203.230.7.0/24 is variably subnetted, 2 subnets, 2 masks
C       203.230.7.0/24 is directly connected, Serial0/2/0
L       203.230.7.1/32 is directly connected, Serial0/2/0
R1#
```

또한 그림 5-15에서와 같이 RIPv2 프로토콜의 동작 상세를 ***show ip protocols*** 명령어를 사용하여 확인해본다..

이제 다시 PC0과 PC1 간의 ping 테스트를 해보자. 그림 5-16과 같은 결과를 볼 수 있는가? Ping 테스트가 성공하지 않았다면, 앞의 내용을 참고하여 설정 내용을 다시 확인해보고 문제 해결을 하도록 한다.

마지막으로, ***debug ip rip*** 명령어를 통해 RIPv2가 멀티캐스트 주소인 224.0.0.9를 이용하여 라우팅 업데이트 정보를 전달한다는 사실도 확인해보도록 하자.

```
R1#debug ip rip
RIP protocol debugging is on
R1#RIP: sending  v2 update to 224.0.0.9 via GigabitEthernet0/0 (1.1.1.1)
RIP: build update entries
      1.0.0.0/8 via 0.0.0.0, metric 2, tag 0
      203.230.7.0/24 via 0.0.0.0, metric 1, tag 0
RIP: sending  v2 update to 224.0.0.9 via Serial0/2/0 (203.230.7.1)
RIP: build update entries
      1.0.0.0/8 via 0.0.0.0, metric 1, tag 0
RIP: received v2 update from 203.230.7.2 on Serial0/2/0
      1.0.0.0/8 via 0.0.0.0 in 1 hops
RIP: sending  v2 update to 224.0.0.9 via GigabitEthernet0/0 (1.1.1.1)
RIP: build update entries
      1.0.0.0/8 via 0.0.0.0, metric 2, tag 0
      203.230.7.0/24 via 0.0.0.0, metric 1, tag 0
```

```
RIP: sending  v2 update to 224.0.0.9 via Serial0/2/0 (203.230.7.1)
RIP: build update entries
      1.0.0.0/8 via 0.0.0.0, metric 1, tag 0
RIP: received v2 update from 203.230.7.2 on Serial0/2/0
      1.0.0.0/8 via 0.0.0.0 in 1 hops
RIP: received v2 update from 203.230.7.2 on Serial0/2/0
      1.0.0.0/8 via 0.0.0.0 in 1 hops
RIP: sending  v2 update to 224.0.0.9 via GigabitEthernet0/0 (1.1.1.1)
```

라우트 포이즈닝(Route Poisoning)과 포이즈닝 리버스(Poisoning Reverse)

그림 5-13의 서브네트워크 토폴로지에서 만약 R1에 연결된 gi0/0 인터페이스가 다운된다면 RIP은 어떤 동작을 취해야 할지 생각해보자. 당연히 R1은 이 사실을 R2에게 알려야 한다. RIP은 거리 백터 라우팅 프로토콜로서 라우팅 정보 업데이트 주기가 30초임을 우리는 이미 알고 있다. 그러면 R1의 gi0/0 인터페이스가 다운된 것을 R2가 알기까지 최대 30초의 시간이 소요될까? 실제로는 그렇지 않다. 그 이유는 슬립 타이머 때문이다. 슬립 타이머란 라우터에 어떤 긴급한 상황이 발생할 경우를 대비하기 위한 것으로 기본 시간이 "0"으로 설정되어 있다. 즉 RIP은 평상시에는 30초 주기로 라우팅 정보를 보내지만 인터페이스가 다운되는 등의 긴급한 상황이 발생하면 30초를 기다리지 않고 바로 이웃하는 라우터에게 이를 전달하는 것이다.

RIP의 이러한 동작을 확인해보자. 그림 5-13의 R1과 R2에 ***debug ip rip*** 명령어를 입력하고 R1의 gi0/0 인터페이스를 다운시켰을 때, 어떠한 정보를 보내고 받는지에 대해서 확인해보자. 다음의 출력 결과에서 알 수 있듯이 R1의 gi0/0 인터페이스가 다운되었다는 정보가 즉시 R2에 전달되는 것을 확인할 수 있다. 구체적으로, R1은 자신의 gi0/0 인터페이스에 정의된 네트워크 1.1.1.0/24에 대한 연결성이 유실되어 더 이상 패킷을 전송할 수 없다는 것을 알리기 위해 gi0/0 인터페이스의 메트릭 값을 16으로 설정하여 R2를 업데이트하고 있다. 익히 알고 있듯이 RIP에서 메트릭 값 16이란 무한대(도달할 수 없는) 거리를 의미하는 것으로, 이를 포이즌(poison)이라고도 한다. 독을 바른 경로(라우트 포이즈닝)는 당연히 이용할 수 없지 않은가! 한편 포이즈닝 리버스란 R1으로부터 1.1.1.0/24 네트워크에 대한 메트릭 값 16을 전달 받은 R2가 R1에게 해당 네트워크에 연결할 또 다른 우회 경로가 없음을 알려주기 위해 이 네트워크에 대한 메트릭 값 16을 다시 R1에게 전달하여 라우팅 루프(routing loop) 이슈를 해결하는 것을 말한다.

```
R1(config)#int gi0/0
R1(config-if)#shutdown
%LINK-5-CHANGED: Interface GigabitEthernet0/0, changed state to administratively
down

%LINEPROTO-5-UPDOWN: Line protocol on Interface GigabitEthernet0/0, changed state to
down
R2>en
R2#debug ip rip
RIP protocol debugging is on
R2#RIP: received v2 update from 203.230.7.1 on Serial0/2/1
      1.1.1.0/24 via 0.0.0.0 in 16 hops
```

다시 R1의 gi0/0 인터페이스를 활성화시켜보자. 이러한 상태 변화 정보 역시 즉시 R2에 전달되는 것을 확인할 수 있다.

```
R1(config-if)#no shutdown

%LINK-5-CHANGED: Interface GigabitEthernet0/0, changed state to up

%LINEPROTO-5-UPDOWN: Line protocol on Interface GigabitEthernet0/0, changed state to
up

R2#RIP: received v2 update from 203.230.7.1 on Serial0/2/1
      1.1.1.0/24 via 0.0.0.0 in 1 hops
```

디폴트 경로(Default Route) 설정하기

그림 5-13 서브네트워크 토폴로지에서 라우터 R1을 이 토폴로지에 있는 모든 로컬 LAN 들이 외부 인터넷과 연결하기 위한 라우터라고 가정하자. 즉 R2는 인터넷에 연결된 다른 라우터와 패킷을 주고받기 위해서는 반드시 R1을 거쳐야만 하는 것이다. 그렇다면 이러한 경우 라우터 R1이나 R2는 외부 인터넷에 있는 무수히 많은 네트워크에 대한 정보를 라우팅 테이블에 가지고 있어야 할까? 지금까지의 내용만을 기준으로 생각한다면 그렇다. 라우팅 테이블에 어떤 네트워크에 대한 정보가 없다면 해당 네트워크와는 통신을 할 수 없기 때문이다. 그러나 여기서 발생하는 아주 심각한 문제는 라우터의 라우팅 테이블이 매우 커지고 복잡해진다는 것이다.

디폴트 경로의 개념은 전술한 것과 같이 복잡하게 커지는 라우팅 테이블을 간소화하기 위해 사용할 수 있다. 그럼 이제 디폴트 경로의 설정 방법에 대하여 알아보자. 외부 인터넷을 시뮬레이션

하기 위한 목적으로 그림 5-13의 라우터 R1에 가상의 인터페이스를 하나 생성하자. 이를 위해 다음과 같이 전역 설정 모드에서 ***interface loopback 0*** 명령어를 입력하고, 이 인터페이스의 주소로 10.10.10.1/24를 설정한다. 또한 라우터 R1의 라우팅 테이블 확인 및 방금 설정한 외부 네트워크(10.10.10.0/24)로의 ping 테스트도 함께 진행해본다.

```
R1(config)#interface loopback 0

%LINK-5-CHANGED: Interface Loopback0, changed state to up

%LINEPROTO-5-UPDOWN: Line protocol on Interface Loopback0, changed state to up

R1(config-if)#ip address 10.10.10.1 255.255.255.0
R1(config-if)#exit
R1(config)#do show ip route
Codes: L - local, C - connected, S - static, R - RIP, M - mobile, B - BGP
       D - EIGRP, EX - EIGRP external, O - OSPF, IA - OSPF inter area
       N1 - OSPF NSSA external type 1, N2 - OSPF NSSA external type 2
       E1 - OSPF external type 1, E2 - OSPF external type 2, E - EGP
       i - IS-IS, L1 - IS-IS level-1, L2 - IS-IS level-2, ia - IS-IS inter area
       * - candidate default, U - per-user static route, o - ODR
       P - periodic downloaded static route

Gateway of last resort is not set

     1.0.0.0/8 is variably subnetted, 3 subnets, 2 masks
C       1.1.1.0/24 is directly connected, GigabitEthernet0/0
L       1.1.1.1/32 is directly connected, GigabitEthernet0/0
R       1.1.2.0/24 [120/1] via 203.230.7.2, 00:00:25, Serial0/2/0
     10.0.0.0/8 is variably subnetted, 2 subnets, 2 masks
C       10.10.10.0/24 is directly connected, Loopback0
L       10.10.10.1/32 is directly connected, Loopback0
     203.230.7.0/24 is variably subnetted, 2 subnets, 2 masks
C       203.230.7.0/24 is directly connected, Serial0/2/0
L       203.230.7.1/32 is directly connected, Serial0/2/0
R1(config)#do ping 10.10.10.1

Type escape sequence to abort.
Sending 5, 100-byte ICMP Echos to 10.10.10.1, timeout is 2 seconds:
!!!!!
Success rate is 100 percent (5/5), round-trip min/avg/max = 0/5/18 ms

R1(config)#
```

새로운 네트워크 10.10.10.0이 R1의 라우팅 테이블에 등록된 것을 확인할 수 있다. 이와 같이 설정한 상태에서, 라우터 R2는 10.10.10.0/24 네트워크와 통신을 할 수 있을까? 이 질문에 대한 답은 라우터 R2의 라우팅 테이블을 확인해보면 알 수 있다. 여러분도 직접 확인해보도록 한다.

라우터 R2의 라우팅 테이블에는 10.10.10.0/24 네트워크에 대한 아무런 정보도 존재하지 않는다. 당연히, 현재까지의 설정에서는 라우터 R1에 새로운 외부 네트워크가 추가되었을 뿐 라우터 간의 정보 업데이트를 담당하는 라우팅 프로토콜에 대한 아무런 설정도 하지 않았기 때문이다. 더 나아가서 R2의 입장에서 R1을 통해 또 다른 외부 네트워크들과 통신할 필요가 있다면 어떻게 해야 할까? 앞서 설명한 것처럼 매번 추가되는 외부 네트워크에 대한 라우팅 정보 업데이트와 이에 따른 라우팅 테이블의 증가를 피할 수 없을 것이다.

여러분은 이미 제4장에서 디폴트 정적 경로의 설정 방법에 대하여 알고 있을 것이다. 우선 디폴트 정적 경로를 라우터 R1에 설정해야 할 것이다. 다음으로 이와 같이 R1에 외부 네트워크와의 통신을 위한 디폴트 경로가 있음을 R2(또는 그 외의 모든 로컬 LAN에 존재하는 라우터들)에게 알려줘야 하지 않을까? 맞다. 이를 위해 라우팅 프로토콜에 대한 상세 설정 모드에서 ***default-information originate*** 명령어를 적용해야 한다. 다음을 참고하여 여러분도 직접 설정해보도록 한다. 설정 적용 후의 라우팅 테이블의 변화에도 주목한다.

위의 라우팅 테이블 출력 결과에서 "S*" 코드가 바로 모든 외부 네트워크로의 디폴트 정적 경로 정보를 의미한다. 이는 ***ip route 0.0.0.0 0.0.0.0 loopback 0*** 명령어를 입력함에 따라 생성된 라우팅 엔트리이다. 그리고 ***default-information originate*** 명령어를 입력함에 따라 이러한 디폴트 경로가 있다는 것을 RIP 업데이트 정보를 통해 로컬 LAN 내의 모든 다른 라우터에게 알리게 된다.

다시 라우터 R2에서 라우팅 테이블을 확인해보고, 이제는 외부 네트워크(10.10.10.0/24)와 통신을 할 수 있는지 확인해본다. 여러분의 화면에는 다음과 같은 결과가 나와야 한다.

```
R2>enable
R2#show ip route
Codes: L - local, C - connected, S - static, R - RIP, M - mobile, B - BGP
       D - EIGRP, EX - EIGRP external, O - OSPF, IA - OSPF inter area
       N1 - OSPF NSSA external type 1, N2 - OSPF NSSA external type 2
       E1 - OSPF external type 1, E2 - OSPF external type 2, E - EGP
       i - IS-IS, L1 - IS-IS level-1, L2 - IS-IS level-2, ia - IS-IS inter area
       * - candidate default, U - per-user static route, o - ODR
       P - periodic downloaded static route

Gateway of last resort is 203.230.7.1 to network 0.0.0.0

     1.0.0.0/8 is variably subnetted, 3 subnets, 2 masks
R       1.1.1.0/24 [120/1] via 203.230.7.1, 00:00:10, Serial0/2/1
C       1.1.2.0/24 is directly connected, GigabitEthernet0/0
L       1.1.2.1/32 is directly connected, GigabitEthernet0/0
     203.230.7.0/24 is variably subnetted, 2 subnets, 2 masks
C       203.230.7.0/24 is directly connected, Serial0/2/1
L       203.230.7.2/32 is directly connected, Serial0/2/1
```

```
R*    0.0.0.0/0 [120/1] via 203.230.7.1, 00:00:10, Serial0/2/1
R2#ping 10.10.10.1

Type escape sequence to abort.
Sending 5, 100-byte ICMP Echos to 10.10.10.1, timeout is 2 seconds:
!!!!!
Success rate is 100 percent (5/5), round-trip min/avg/max = 1/6/19 ms

R2#
```

실제로 라우터 R2에는 아무런 별도의 설정을 하지 않았음에도 불구하고, 외부 네트워크와 통신을 할 수 있다. 라우팅 테이블 엔트리 중 다음 정보에 주목한다.

- R* 0.0.0.0/0 [120/1] via 203.230.7.1, 00:00:22, Serial0/2/1

이 정보는 라우터 R2가 이웃 라우터 인터페이스 203.230.7.1(출구 인터페이스 Serial0/2/1)을 통해 외부 네트워크와 통신을 할 수 있다는 디폴트(0.0.0.0/0) 경로 정보이다. 코드 값이 "R*"로 되어 있는 것은 라우팅 프로토콜 RIP에 의해 이 디폴트 경로 정보를 학습했다는 의미이다. 이와 같이 외부 네트워크와의 경계 지점에 위치하는 한 라우터에서의 간단한 설정만으로 로컬 LAN 내의 라우터에게 디폴트 경로 정보를 전달할 수가 있다.

우리의 예에서는 단 하나의 외부 네트워크와 단 하나의 로컬 라우터(R2)만을 가정했다. 그런데 만약 외부 네트워크 및 로컬 LAN 내에 상당한 수의 라우터들이 존재하고 위에서와 같은 디폴트 경로 설정을 적용하지 않는다면, 라우터들 간의 정보 업데이트와 이에 따른 라우팅 테이블의 증가가 어떠할지 상상할 수 있겠는가? 디폴트 경로 설정의 중요성과 효율성을 이해할 수 있을 것이다.

PACKET TRACER

Cisco Networking Academy Program
A Powerful Network Simulation Tool

제6장

EIGRP

CHAPTER

06 EIGRP

EIGRP(Enhanced IGRP)는 IGRP(Interior Gateway Routing Protocol)의 기능을 향상시킨 라우팅 프로토콜로서 거리 벡터 라우팅 프로토콜에 속하면서 클래스리스의 속성을 가지고 있으며, 224.0.0.10의 멀티캐스트 주소를 사용하고 88번 프로토콜을 사용한다. EIGRP의 전신인 IGRP는 IOS 12.2 이후로는 지원을 하지 않는다. 현재 라우터는 거의 대부분 12.4 또는 15.0의 IOS를 사용하므로, IGRP를 현재의 네트워크에서는 사용할 수 없으며 사실상 단종되었다고 봐도 무방하다.

EIGRP는 기본적으로 자동 요약(auto-summary) 기능을 수행하고, Process-ID로 반드시 자율 시스템 번호(Autonomous System Number)를 사용하여야 한다. 자율 시스템 번호는 동일한 관리를 받는 라우터들의 집합 번호이며, RIP과는 달리 EIGRP는 Process-ID가 다른 여러 개의 EIGRP가 한 라우터상에서 동작할 수 있다. EIGRP는 독창성이 있는 신뢰할 수 있는 라우팅 프로토콜인데 이는 RTP(Reliable Transport Protocol) 프로토콜을 사용하기 때문이다. 제4계층 프로토콜에 속하는 이 프로토콜은 신뢰성 또는 비신뢰성의 패킷 전달 기능을 모두 가지고 있다. 다시 말해 EIGRP의 패킷 전달과 수신을 위해서 신뢰성 있는 RTP가 사용된다는 의미이다. 송신측은 수신측으로부터 수신확인(ACK)을 필요로 하지만 비신뢰성의 패킷을 전달할 경우는 수신 확인이 필요하지 않으며, 멀티캐스트나 유니캐스트 방식으로 패킷을 전달할 수 있다.

EIGRP는 기본적으로 RIP과 같은 거리 벡터 라우팅 프로토콜임에도 불구하고 DUAL(Diffusing Update Algorithm)을 수행하여 최적 경로를 선출하는 등 기능적으로는 많은 부분이 다르다. RIP은 이미 알고 있듯이 홉 카운트가 15이고, 네트워크의 상황을 반영하지 않은 채 무조건 홉 수가 적은 경로로 패킷을 전달하는 특성을 가지고 있다. 그러나 EIGRP는 라우팅 테이블과는 별도로 토폴로지 테이블이라는 것을 가지고 있다. 이 토폴로지 테이블에는 특정 네트워크에 도달할 수 있는 여러 경로 정보가 있는데, 이 경로들 중 DUAL 알고리즘을 수행하여 가장 좋은 경로를 선출하고, 이렇게 선출된 경로가 바로 라우팅 테이블에 등록되는 것이다. 만약 라우팅 테이블에 등록된 경로가 네트워크 상태 변화로 더 이상 사용할 수 없게 될 경우, EIGRP는 토폴로지 테이블로부터 또 다른 사용 가능한 우회 경로를 찾아내어 라우팅 테이블의 빠른 수렴(Fast Convergence)을 가능하게 한다. RIP은 홀드다운 타이머(Hold Down Timer)를 사용하지만 EIGRP는 홀드다운 타이머를 사용하지 않고 라우터들 간의 경로 계산(Diffusing Computation)을 통해 루프 없는(loop-free) 경로를 찾아내는 동작을 수행하므로 결과적으로 빠른 수렴이 가능하게 되는 것이다.

EIGRP 라우팅 프로토콜의 핵심인 DUAL의 기본적인 동작 과정을 이해하기 위하여 그림 6-1을 참조하자. DUAL을 위한 라우터 간의 정보 업데이트는 다음과 같은 순서로 진행된다.

① 그림 6-1의 토폴로지에서 정상적으로 연결되어 있던 R1의 Gi0/0 구간이 다운되면 R1은 이 사실을 자신과 직접 연결된 R2에게 바로 알리게 된다.

② R2는 R1에게 메시지를 받았다는 의미로 ACK를 전송한다.

③ R1은 R2에게 자신과 연결된 Gi0/0 구간으로 도달할 수 있는지를 질의하는 EIGRP Query 메시지를 전송한다.

④ R2는 R1에게 EIGRP Query를 수신하였다는 ACK를 보내고, 이에 대한 응답으로 EIGRP Reply 메시지를 전송하는데 이때 경로에 도달할 수 있는지 없는지에 대한 응답이 포함되어 전송된다.

⑤ R1은 R2에게 EIGRP Reply를 수신하였다는 ACK를 보낸다.

EIGRP는 RIP과 같이 자신의 라우팅 테이블 전체를 일정 주기를 가지고 이웃 라우터들에게 전송하지 않는다. 대신에 EIGRP는 부분적 업데이트(Partial Update)와 제한된 업데이트(Bounded Update)라는 2가지의 업데이트를 수행한다. 먼저 부분적 업데이트란 특정 경로에 변화가 생겼을 경우, 그 특정 경로의 변화된 부분만을 업데이트하는 것을 말한다. 즉 라우팅 정보 전체를 보내는 것이 아니라 변경된 부분만을 업데이트하는 것이 바로 부분적 업데이트이다. 제한된 업데이트란 부분적 업데이트에 영향을 받는 라우터들에게만 업데이트가 전달되어지는 현상을 말한다. 이렇듯 필요한 정보만을 업데이트하기 때문에 RIP과 비교했을 때 업데이트에 소요되는 네트워크 자

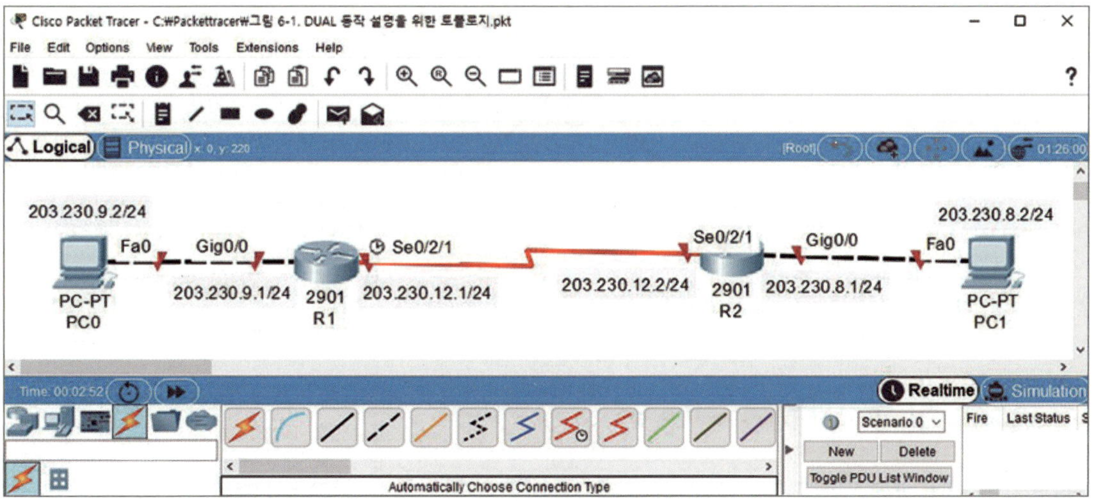

그림 6-1 DUAL 동작 설명을 위한 토폴로지

원을 최소화할 수 있는 장점이 있다.

EIGRP로 동작하는 라우터는 상호간에 라우팅 정보를 교환하기 전에 네이버(neighbor)를 확인하여 인접 관계를 구성하는데, 이때 사용되는 패킷이 헬로(hello) 패킷이다. 이 패킷은 IP 주소 224.0.0.10을 사용하며, 네트워크(링크)에 따라 헬로 패킷을 보내는 주기가 다르다.

표 6-1 EIGRP 헬로 패킷 전송 주기

네트워크(링크)	헬로 주기	유지 시간
1.544Mbps 이하 (멀티포인트 프레임 릴레이)	60초	180초
1.544Mbps 이상 (이더넷, T1, PPP, HDLC)	5초	15초

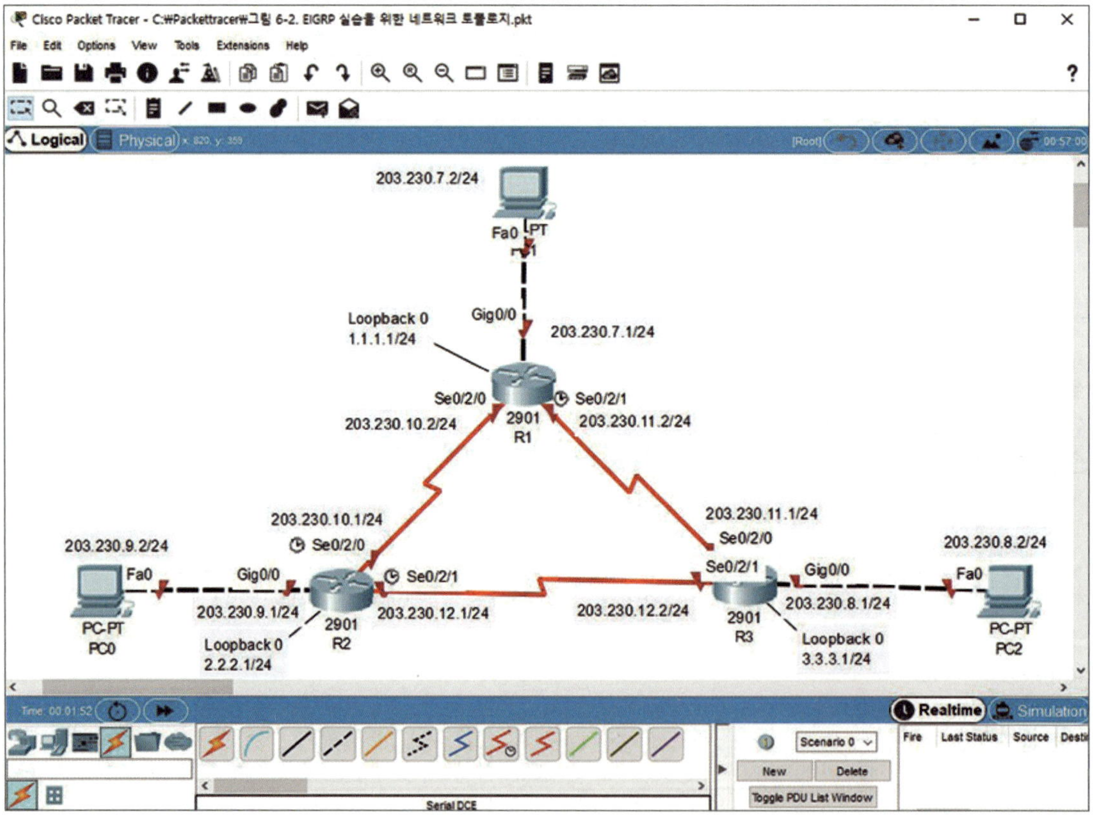

그림 6-2 EIGRP 실습을 위한 네트워크 토폴로지

표 6-1에서 보면, 1.544Mbps 이하의 네트워크 링크를 통해서는 60초에 한 번씩만 헬로 패킷을 주고받는다. 유지 시간이란 활성화되어 있는 이웃을 비활성 상태로 간주하기 전에 헬로 패킷 수신을 위해 최대한으로 기다리는 시간을 의미한다. 만약 60초가 지나도 헬로 패킷이 오지 않는다고 해서 바로 이웃 노드를 비활성화하는 것이 아니라 유지 시간인 180초 이내에 헬로 패킷이 다시 들어온다면 이웃을 계속 활성화 상태로 유지하는 것을 의미한다.

이제 EIGRP를 직접 설정해보자. 패킷트레이서를 활용하여 그림 6-2의 네트워크 토폴로지를 구성한다.

EIGRP의 특성을 알아보기 위해 ***bandwidth*** 명령어를 사용하여 대역폭을 조정하기로 하자. 루프백 인터페이스는 논리적인 인터페이스이므로 활성화를 시키지 않아도 인터페이스가 만들어지면 자동으로 활성화된다. 라우터 설정을 위한 다음 스크립트를 참조하도록 한다.

• **라우터 R1 설정 스크립트**

```
Router>en
Router#conf t
Router(config)#hostname R1
R1(config)#
R1(config)#int loopback 0
R1(config-if)#ip add 1.1.1.1 255.255.255.0
R1(config-if)#exit
R1(config)#int gi0/0
R1(config-if)#ip add 203.230.7.1 255.255.255.0
R1(config-if)#no shutdown
R1(config-if)#exit
R1(config)#int s0/2/0
R1(config-if)#ip add 203.230.10.2 255.255.255.0
R1(config-if)#no shutdown
R1(config-if)#bandwidth 1024
R1(config-if)#exit
R1(config)#int s0/2/1
R1(config-if)#ip add 203.230.11.2 255.255.255.0
R1(config-if)#bandwidth 64
R1(config-if)#clock rate 64000
R1(config-if)#no shutdown
```

• **라우터 R2 설정 스크립트**

```
Router>en
Router#conf t
Router(config)#hostname R2
```

```
R2(config)#int loopback 0
R2(config-if)# ip add 2.2.2.1 255.255.255.0
R2(config-if)#exit
R2(config)#int gi0/0
R2(config-if)#ip add 203.230.9.1 255.255.255.0
R2(config-if)#no shutdown
R2(config-if)#exit
R2(config)#int s0/2/0
R2(config-if)#clock rate 64000
R2(config-if)#ip add 203.230.10.1 255.255.255.0
R2(config-if)#bandwidth 1024
R2(config-if)#no shutdown
R2(config-if)#exit
R2(config)#int s0/2/1
R2(config-if)#ip add 203.230.12.1 255.255.255.0
R2(config-if)#no shutdown
R2(config-if)#clock rate 64000
R2(config-if)#exit
```

• **라우터 R3 설정 스크립트**

```
Router>en
Router#conf t
Router(config)#hostname R3
R3(config)#int loopback 0
R3(config-if)# ip add 3.3.3.1 255.255.255.0
R3(config-if)#exit
R3(config)#int gi0/0
R3(config-if)#ip add 203.230.8.1 255.255.255.0
R3(config-if)#no shutdown
R3(config-if)#exit
R3(config)#int s0/2/0
R3(config-if)#ip add 203.230.11.1 255.255.255.0
R3(config-if)#bandwidth 64
R3(config-if)#no shutdown
R3(config-if)#exit
R3(config)#int s0/2/1
R3(config-if)#ip add 203.230.12.2 255.255.255.0
R3(config-if)#no shutdown
R3(config-if)#exit
```

EIGRP 설정

이제 기본적인 EIGRP 설정을 해보자. EIGRP에서는 Router-Id를 설정할 수 있는데 EIGRP 설정 시 이를 설정하지 않으면 루프백 인터페이스에 설정된 주소 중에서 가장 높은 것을 Router-Id로 사용하고, 만약 루프백 인터페이스가 없다면 물리적인 인터페이스에 설정된 IP 주소 중에 가장 높은 주소를 router-id로 사용하도록 되어 있다.

```
R1>en
R1#conf t
R1(config)#router eigrp Process-ID (AS number)
  <1-65535>  Autonomous system number
R1(config)#router eigrp 7
R1(config-router)#network 1.1.1.1 (와일드카드 마스크를 사용하지 않았을 경우)
R1(config-router)#network 1.1.1.1 0.0.0.0 (와일드카드 마스크를 사용하였을 경우)
R1(config-router)#no auto-summary
```

EIGRP는 Process-ID로 자율 시스템 번호를 사용하며 1부터 65535의 범위 내에서 선택하여 사용한다. 단 이웃하는 라우터와 이 번호가 다르면 통신이 되지 않는다. 그 이유는 Process-ID로 자율 시스템 번호를 사용하기 때문이다. 그림 6-2의 토폴로지에서 루프백 인터페이스 주소가 이미 할당되어 있으므로 Router-Id를 따로 주지는 않는다. 어차피 루프백 인터페이스가 하나밖에 없기 때문에 Router-Id를 설정하지 않아도 자동으로 루프백 인터페이스의 IP 주소가 Router-Id로 설정될 것이기 때문이다. 단 패킷트레이서에서는 이러한 상황을 고려하지 않은 값들이 출력됨을 유의하자.

EIGRP는 네트워크를 선언하는 방식에 있어서 와일드카드 마스크를 가지는 ***network*** 명령어와 이를 가지지 않는 ***network*** 명령어로 선언하는 2가지 경우가 있다. 그러나 EIGRP가 클래스리스 라우팅 프로토콜이므로, 와일드카드 마스크를 사용하지 않아도 되는 네트워크 토폴로지의 경우를 제외하고는, 일반적으로 와일드카드 마스크를 사용하여 네트워크를 선언하는 습관을 가질 것을 권고한다. EIGRP 라우팅 프로토콜을 선언하면 라우터는 기본적으로 자동 경로 요약 기능을 수행한다. 따라서 자동 경로 요약을 원하지 않는다면 ***no auto-summary*** 명령어를 사용해야 한다. 이제 다음의 스크립트를 참조하여 라우터 R1, R2, R3에 EIGRP(AS 7번 사용)를 설정해보자.

• 라우터 R1 설정 스크립트

```
R1#conf t
Enter configuration commands, one per line.  End with CNTL/Z.
R1(config)#do show ip int brief
Interface              IP-Address      OK? Method                 Status    Protocol
GigabitEthernet0/0     203.230.7.1     YES manual                 up        up
GigabitEthernet0/1     unassigned      YES unset  administratively down      down
Serial0/2/0            203.230.10.2    YES manual                 up        up
Serial0/2/1            203.230.11.2    YES manual                 up        up
Loopback0              1.1.1.1         YES manual                 up        up
Vlan1                  unassigned      YES unset  administratively down      down
R1(config)#router eigrp 7
R1(config-router)#network 203.230.7.0
R1(config-router)#network 203.230.10.0
R1(config-router)#network 203.230.11.0
R1(config-router)#network 1.0.0.0
R1(config-router)#no auto-summary
```

• 라우터 R2 설정 스크립트

```
R2#conf t
Enter configuration commands, one per line.  End with CNTL/Z.
R2(config)#do show ip int brief
Interface              IP-Address      OK? Method                 Status    Protocol
GigabitEthernet0/0     203.230.9.1     YES manual                 up        up
GigabitEthernet0/1     unassigned      YES unset  administratively down      down
Serial0/2/0            203.230.10.1    YES manual                 up        up
Serial0/2/1            203.230.12.1    YES manual                 up        up
Loopback0              2.2.2.1         YES manual                 up        up
Vlan1                  unassigned      YES unset  administratively down      down
R2(config)#router eigrp 7
R2(config-router)#network 203.230.9.0
R2(config-router)#network 203.230.10.0
R2(config-router)#network 203.230.12.0
R2(config-router)#network 2.0.0.0
R2(config-router)#no auto-summary
```

• 라우터 R3 설정 스크립트

```
R3(config)#do show ip int brief
Interface              IP-Address      OK? Method                 Status    Protocol
GigabitEthernet0/0     203.230.8.1     YES manual                 up        up
GigabitEthernet0/1     unassigned      YES unset  administratively down      down
Serial0/2/0            203.230.11.1    YES manual                 up        up
Serial0/2/1            203.230.12.2    YES manual                 up        up
```

```
Loopback0            3.3.3.1         YES  manual                 up      up
Vlan1                unassigned      YES  unset  administratively down    down
R3(config)#router eigrp 7
R3(config-router)#network 203.230.8.0
R3(config-router)#network 203.230.11.0
R3(config-router)#network 203.230.12.0
R3(config-router)#network 3.0.0.0
R3(config-router)#no auto-summary
```

EIGRP 설정이 제대로 되었다면, 이웃 라우터와의 인접 관계가 맺어짐과 동시에 다음과 같은 메시지가 표시되는 것을 확인할 수 있다.

```
%DUAL-5-NBRCHANGE: IP-EIGRP 7: Neighbor 203.230.10.1(Serial0/2/0) is up: new
adjacency

%DUAL-5-NBRCHANGE: IP-EIGRP 7: Neighbor 203.230.11.1(Serial0/2/1) is up: new
adjacency
```

다음으로 ***show ip route*** 명령어를 통해 각 라우터의 라우팅 테이블을 살펴보도록 하자.

• **라우터 R1의 라우팅 테이블**

```
R1#show ip route
Codes: L - local, C - connected, S - static, R - RIP, M - mobile, B - BGP
       D - EIGRP, EX - EIGRP external, O - OSPF, IA - OSPF inter area
       N1 - OSPF NSSA external type 1, N2 - OSPF NSSA external type 2
       E1 - OSPF external type 1, E2 - OSPF external type 2, E - EGP
       i - IS-IS, L1 - IS-IS level-1, L2 - IS-IS level-2, ia - IS-IS inter area
       * - candidate default, U - per-user static route, o - ODR
       P - periodic downloaded static route

Gateway of last resort is not set

     1.0.0.0/8 is variably subnetted, 2 subnets, 2 masks
C       1.1.1.0/24 is directly connected, Loopback0
L       1.1.1.1/32 is directly connected, Loopback0
     2.0.0.0/24 is subnetted, 1 subnets
D       2.2.2.0/24 [90/3139840] via 203.230.10.1, 00:02:19, Serial0/2/0
     3.0.0.0/24 is subnetted, 1 subnets
D       3.3.3.0/24 [90/3651840] via 203.230.10.1, 00:00:42, Serial0/2/0
     203.230.7.0/24 is variably subnetted, 2 subnets, 2 masks
C       203.230.7.0/24 is directly connected, GigabitEthernet0/0
L       203.230.7.1/32 is directly connected, GigabitEthernet0/0
```

```
D     203.230.8.0/24 [90/3526400] via 203.230.10.1, 00:00:47, Serial0/2/0
D     203.230.9.0/24 [90/3014400] via 203.230.10.1, 00:02:26, Serial0/2/0
      203.230.10.0/24 is variably subnetted, 2 subnets, 2 masks
C        203.230.10.0/24 is directly connected, Serial0/2/0
L        203.230.10.2/32 is directly connected, Serial0/2/0
      203.230.11.0/24 is variably subnetted, 2 subnets, 2 masks
C        203.230.11.0/24 is directly connected, Serial0/2/1
L        203.230.11.2/32 is directly connected, Serial0/2/1
D     203.230.12.0/24 [90/3523840] via 203.230.10.1, 00:02:25, Serial0/2/0
R1#
```

• 라우터 R2의 라우팅 테이블

```
R2#show ip route
Codes: L - local, C - connected, S - static, R - RIP, M - mobile, B - BGP
       D - EIGRP, EX - EIGRP external, O - OSPF, IA - OSPF inter area
       N1 - OSPF NSSA external type 1, N2 - OSPF NSSA external type 2
       E1 - OSPF external type 1, E2 - OSPF external type 2, E - EGP
       i - IS-IS, L1 - IS-IS level-1, L2 - IS-IS level-2, ia - IS-IS inter area
       * - candidate default, U - per-user static route, o - ODR
       P - periodic downloaded static route

Gateway of last resort is not set

      1.0.0.0/24 is subnetted, 1 subnets
D        1.1.1.0/24 [90/3139840] via 203.230.10.2, 00:03:13, Serial0/2/0
      2.0.0.0/8 is variably subnetted, 2 subnets, 2 masks
C        2.2.2.0/24 is directly connected, Loopback0
L        2.2.2.1/32 is directly connected, Loopback0
      3.0.0.0/24 is subnetted, 1 subnets
D        3.3.3.0/24 [90/2297856] via 203.230.12.2, 00:01:29, Serial0/2/1
D     203.230.7.0/24 [90/3014400] via 203.230.10.2, 00:03:13, Serial0/2/0
D     203.230.8.0/24 [90/2172416] via 203.230.12.2, 00:01:34, Serial0/2/1
      203.230.9.0/24 is variably subnetted, 2 subnets, 2 masks
C        203.230.9.0/24 is directly connected, GigabitEthernet0/0
L        203.230.9.1/32 is directly connected, GigabitEthernet0/0
      203.230.10.0/24 is variably subnetted, 2 subnets, 2 masks
C        203.230.10.0/24 is directly connected, Serial0/2/0
L        203.230.10.1/32 is directly connected, Serial0/2/0
D     203.230.11.0/24 [90/41024000] via 203.230.10.2, 00:03:13, Serial0/2/0
                      [90/41024000] via 203.230.12.2, 00:01:34, Serial0/2/1
      203.230.12.0/24 is variably subnetted, 2 subnets, 2 masks
C        203.230.12.0/24 is directly connected, Serial0/2/1
L        203.230.12.1/32 is directly connected, Serial0/2/1
R2#
```

• 라우터 R3의 라우팅 테이블

```
R3#show ip route
Codes: L - local, C - connected, S - static, R - RIP, M - mobile, B - BGP
       D - EIGRP, EX - EIGRP external, O - OSPF, IA - OSPF inter area
       N1 - OSPF NSSA external type 1, N2 - OSPF NSSA external type 2
       E1 - OSPF external type 1, E2 - OSPF external type 2, E - EGP
       i - IS-IS, L1 - IS-IS level-1, L2 - IS-IS level-2, ia - IS-IS inter area
       * - candidate default, U - per-user static route, o - ODR
       P - periodic downloaded static route

Gateway of last resort is not set

     1.0.0.0/24 is subnetted, 1 subnets
D       1.1.1.0/24 [90/3651840] via 203.230.12.1, 00:02:59, Serial0/2/1
     2.0.0.0/24 is subnetted, 1 subnets
D       2.2.2.0/24 [90/2297856] via 203.230.12.1, 00:02:59, Serial0/2/1
     3.0.0.0/8 is variably subnetted, 2 subnets, 2 masks
C       3.3.3.0/24 is directly connected, Loopback0
L       3.3.3.1/32 is directly connected, Loopback0
D    203.230.7.0/24 [90/3526400] via 203.230.12.1, 00:02:59, Serial0/2/1
     203.230.8.0/24 is variably subnetted, 2 subnets, 2 masks
C       203.230.8.0/24 is directly connected, GigabitEthernet0/0
L       203.230.8.1/32 is directly connected, GigabitEthernet0/0
D    203.230.9.0/24 [90/2172416] via 203.230.12.1, 00:02:59, Serial0/2/1
D    203.230.10.0/24 [90/3523840] via 203.230.12.1, 00:02:59, Serial0/2/1
     203.230.11.0/24 is variably subnetted, 2 subnets, 2 masks
C       203.230.11.0/24 is directly connected, Serial0/2/0
L       203.230.11.1/32 is directly connected, Serial0/2/0
     203.230.12.0/24 is variably subnetted, 2 subnets, 2 masks
C       203.230.12.0/24 is directly connected, Serial0/2/1
L       203.230.12.2/32 is directly connected, Serial0/2/1
R3#
```

라우팅 테이블 엔트리 중 EIGRP를 통해 학습한 경로에 대해서는 코드 값 "D"로 표시하여 이를 알리고 있는데, 여기서 D는 DUAL의 의미로 해석한다.

자동 경로 요약

앞의 EIGRP 설정에서는 ***no auto-summary*** 명령어를 사용하여 경로 정보를 클래스풀 네트워크 주소로 자동 요약하지 못하게 하였다. 그런데 만약 경로를 자동 요약하도록 하면 어떻게 되는지 살펴보자. 이를 위해 다음 스크립트를 참조한다.

```
R1(config)#router eigrp 7
R1(config-network)#auto-summary

R2(config)#router eigrp 7
R2(config-network)#auto-summary

R3(config)#router eigrp 7
R3(config-network)#auto-summary
```

이제 라우팅 테이블이 어떻게 변하였는지에 R1의 라우팅 테이블을 다시 확인해보자.

```
R1#show ip route
Codes: L - local, C - connected, S - static, R - RIP, M - mobile, B - BGP
       D - EIGRP, EX - EIGRP external, O - OSPF, IA - OSPF inter area
       N1 - OSPF NSSA external type 1, N2 - OSPF NSSA external type 2
       E1 - OSPF external type 1, E2 - OSPF external type 2, E - EGP
       i - IS-IS, L1 - IS-IS level-1, L2 - IS-IS level-2, ia - IS-IS inter area
       * - candidate default, U - per-user static route, o - ODR
       P - periodic downloaded static route

Gateway of last resort is not set

     1.0.0.0/8 is variably subnetted, 3 subnets, 3 masks
D       1.0.0.0/8 is a summary, 00:00:22, Null0
C       1.1.1.0/24 is directly connected, Loopback0
L       1.1.1.1/32 is directly connected, Loopback0
D    2.0.0.0/8 [90/3139840] via 203.230.10.1, 00:00:14, Serial0/2/0
D    3.0.0.0/8 [90/3651840] via 203.230.10.1, 00:00:07, Serial0/2/0
     203.230.7.0/24 is variably subnetted, 2 subnets, 2 masks
C       203.230.7.0/24 is directly connected, GigabitEthernet0/0
L       203.230.7.1/32 is directly connected, GigabitEthernet0/0
D    203.230.8.0/24 [90/3526400] via 203.230.10.1, 00:00:07, Serial0/2/0
D    203.230.9.0/24 [90/3014400] via 203.230.10.1, 00:00:14, Serial0/2/0
     203.230.10.0/24 is variably subnetted, 2 subnets, 2 masks
C       203.230.10.0/24 is directly connected, Serial0/2/0
L       203.230.10.2/32 is directly connected, Serial0/2/0
     203.230.11.0/24 is variably subnetted, 2 subnets, 2 masks
C       203.230.11.0/24 is directly connected, Serial0/2/1
L       203.230.11.2/32 is directly connected, Serial0/2/1
D    203.230.12.0/24 [90/3523840] via 203.230.10.1, 00:00:14, Serial0/2/0
R1#
```

no auto-summary 명령어를 사용하였을 때와, 이를 사용하지 않도록 ***auto-summary*** 명령어를 사용하였을 때 라우팅 테이블이 약간 달라진 것을 볼 수 있다. 다음 엔트리에 주목하자.

- D 1.0.0.0/8 is a summary, 00:04:25, Null0
- D 3.0.0.0/8 is a summary, 00:04:25, Null0

EIGRP는 ***auto-summary*** 명령어 적용 이후 1.0.0.0과 3.0.0.0 네트워크를 자동으로 요약하면서 Null0를 포함하고 있다. 이 Null0 인터페이스는 실제 경로가 아닌 가상 경로로서 광고(advertisement) 목적으로 사용되는 인터페이스이다. 즉 1.0.0.0 이나 3.0.0.0은 패킷을 전달하기 위한 실제 인터페이스를 나타내는 것이 아니니다. 클래스풀 주소와 일치되면 해당하는 인터페이스로 패킷을 전송하고, 만약 일치하지 않는다면 Null0가 목적지가 되어 패킷은 라우터에서 폐기되는 것이다.

EIGRP는 헬로 패킷을 보내 이웃하는 라우터와 인접성을 맺은 후 라우팅 테이블을 교환한다고 하였다. 그런데 그림 6-2의 토폴로지에서 R1과 R3의 구간이 끊어진다 하여도 패킷을 전달하는 데는 아무런 문제가 없다. 왜냐하면 EIGRP가 자동으로 우회 경로를 탐색하여 이를 통해 패킷을 전달하기 때문이다. 따라서 EIGRP 설정 시 ***show ip eigrp neighbors*** 명령어를 사용하여 이웃하고 있는 라우터가 어떤 것인지 그리고 이들 이웃 라우터와 네이버 관계를 잘 맺고 있는지를 확인할 필요도 있다.

```
R1#show ip eigrp neighbors
IP-EIGRP neighbors for process 7
H    Address          Interface   Hold Uptime    SRTT   RTO    Q    Seq
                                  (sec)                 (ms)   Cnt  Num
0    203.230.10.1     Se0/2/0     13   00:10:04  40     1000   0    76
1    203.230.11.1     Se0/2/1     12   00:07:38  40     1000   0    186

R2#show ip eigrp neighbors
IP-EIGRP neighbors for process 7
H    Address          Interface   Hold Uptime    SRTT   RTO    Q    Seq
                                  (sec)                 (ms)   Cnt  Num
0    203.230.10.2     Se0/2/0     11   00:12:44  40     1000   0    123
1    203.230.12.2     Se0/2/1     14   00:10:19  40     1000   0    186

R3#show ip eigrp neighbors
IP-EIGRP neighbors for process 7
H    Address          Interface   Hold Uptime    SRTT   RTO    Q    Seq
                                                 (sec)  (ms)   Cnt  Num
0    203.230.11.2     Se0/2/0     11   00:10:31  40     1000   0    122
1    203.230.12.1     Se0/2/1     10   00:10:31  40     1000   0    77
```

라우터 R3에서의 ***show ip eigrp neighbors*** 명령어의 출력 정보를 기준으로 각각의 표시 정보가 어떤 의미인지를 알아보자.

- **IP-EIGRP neighbors for process 7**: EIGRP Process-ID가 7, 즉 AS Number가 7인 것을 나타낸다.
- **H**: 네이버가 학습된 순서에 따라 표시된다. 즉 203.230.11.2를 학습한 후 203.230.12.1을 학습했음을 알 수 있다.
- **Address**: 이웃하는 라우터의 주소를 표시한다.
- **Interface**: 이웃하는 라우터와 연결되어 있는 자신의 인터페이스를 표시한다. 즉 헬로 패킷을 수신한 자신의 인터페이스를 나타낸다.
- **Hold**: 헬로 패킷을 수신할 때마다 이 값은 해당 인터페이스에 최대 시간으로 다시 리셋 된다.
- **Uptime**: 네이버를 맺은 이후의 시간을 나타낸다.
- **SRTT(Smoothed Round Trip Timer)**: 패킷이 네이버에 갔다가 다시 되돌아오는 시간을 나타낸다.
- **RTO(Retransmit Timeout Interval)**: 신뢰성 있는 EIGRP 패킷 관리를 위해서 사용하는 재전송 타임아웃 정보이다.
- **Interface Queue Count**: 전송 대기 중인 EIGRP 패킷을 나타낸다. 즉 0이 아닌 다른 숫자가 있다면 그 숫자만큼 전송 대기 중인, 즉 전송하지 못한 EIGRP 패킷이 있음을 나타내므로 정상 값은 0이다.
- **Sequence Number**: 패킷 추적을 위해 사용하는 일련번호이다.

한편 EIGRP도 RIP과 마찬가지로 ***show ip protocols*** 명령어를 사용하여 여러 가지 상세 정보를 확인해볼 수 있다.

```
R1#show ip protocols
Routing Protocol is "eigrp  7 "
  Outgoing update filter list for all interfaces is not set
  Incoming update filter list for all interfaces is not set
  Default networks flagged in outgoing updates
  Default networks accepted from incoming updates
  Redistributing: eigrp 7
  EIGRP-IPv4 Protocol for AS(7)
    Metric weight K1=1, K2=0, K3=1, K4=0, K5=0
    NSF-aware route hold timer is 240
    Router-ID:
    Topology : 0 (base)
      Active Timer: 3 min
      Distance: internal 90 external 170
      Maximum path: 4
```

```
      Maximum hopcount 100
      Maximum metric variance 1
  Automatic Summarization: enabled
  Automatic address summarization:
    1.0.0.0/8 for GigabitEthernet0/0, Serial0/2/0, Serial0/2/1
      Summarizing with metric 128256
  Maximum path: 4
  Routing for Networks:
     1.0.0.0
     1.1.1.1/32
     203.230.7.0
     203.230.10.0
     203.230.11.0
  Routing Information Sources:
    Gateway         Distance    Last Update
    203.230.10.1    90          814625
    203.230.11.1    90          912227
  Distance: internal 90 external 170
R1#
```

위의 출력 정보를 보면 Process-ID가 7번인 것을 알 수 있으며, 라우팅되는 네트워크 주소를 볼 수 있다. EIGRP는 내부에서 들어오는 경로는 AD 값이 90으로 유지되지만, 외부에서 들어오는 경로는 AD 값이 170이 된다.

EIGRP 메트릭 값

위의 출력 정보를 잘 살펴보면, K1, K2, K3, K4, K5라는 5개의 EIGRP 메트릭 가중치가 있음을 알 수 있다. K1은 대역폭(Bandwidth), K3는 지연(Delay)에 관계되는 메트릭 가중치 값이다. EIGRP에서는 K1과 K3의 경우 디폴트로 1의 값을 가진다. K2는 부하(Load), K4와 K5는 신뢰성(Reliability) 메트릭과 관계되는 가중치로서 디폴트로 모두 0의 값을 가진다. 신뢰성의 경우에는 0에서부터 255의 값을 가질 수 있으며 255가 가장 신뢰도가 높은 수치이다. K1에서 K5까지의 값은 아래와 같은 방법으로 변경하여 사용할 수도 있지만, 꼭 필요한 경우가 아니거나 고급 네트워크 관리자가 아니라면 디폴트 값을 그대로 사용할 것을 권고한다.

```
R1(config)#router eigrp 7
R1(config-router)#metric weights 0 1 1 1 1 1
```

metric weights 명령어 이후의 첫 번째 값은 TOS(Type of Service) 값을 의미하며, 그다음부터 순차적으로 K1에서부터 K5에 대한 설정 값이다. 이 값들은 모든 EIGRP 라우팅 프로토콜에 동일하게 설정되어야 하는데, 만약 이 값이 다를 경우에는 아래와 같이 K 값이 다르다는 메시지가 표시되며, DUAL 네이버 관계는 이루어지지 않는다.

```
R1(config-router)#
%DUAL-5-NBRCHANGE: IP-EIGRP 7: Neighbor 203.230.10.1(Serial0/2/0) is down: K-val-
ue mismatch

%DUAL-5-NBRCHANGE: IP-EIGRP 7: Neighbor 203.230.11.1(Serial0/2/1) is down: K-val-
ue mismatch
```

다음으로 EIGRP가 목적지 네트워크로의 라우팅 경로 결정 시 메트릭 값을 어떻게 계산하는지를 알아보자. 우선 이를 위해 그림 6-2 토폴로지에 대한 정상 설정 완료 후의 라우터 R1에서의 인터페이스 및 라우팅 테이블 상세를 확인해보도록 한다.

```
R1#show interface s0/2/0
Serial0/2/0 is up, line protocol is up (connected)
  Hardware is HD64570
  Internet address is 203.230.10.2/24
  MTU 1500 bytes, BW 1024 Kbit, DLY 20000 usec,
     reliability 255/255, txload 1/255, rxload 1/255
  Encapsulation HDLC, loopback not set, keepalive set (10 sec)

R1#show ip route
Codes: L - local, C - connected, S - static, R - RIP, M - mobile, B - BGP
       D - EIGRP, EX - EIGRP external, O - OSPF, IA - OSPF inter area
       N1 - OSPF NSSA external type 1, N2 - OSPF NSSA external type 2
       E1 - OSPF external type 1, E2 - OSPF external type 2, E - EGP
       i - IS-IS, L1 - IS-IS level-1, L2 - IS-IS level-2, ia - IS-IS inter area
       * - candidate default, U - per-user static route, o - ODR
       P - periodic downloaded static route

Gateway of last resort is not set

     1.0.0.0/8 is variably subnetted, 3 subnets, 3 masks
D       1.0.0.0/8 is a summary, 00:05:50, Null0
C       1.1.1.0/24 is directly connected, Loopback0
L       1.1.1.1/32 is directly connected, Loopback0
D    2.0.0.0/8 [90/3139840] via 203.230.10.1, 00:01:21, Serial0/2/0
D    3.0.0.0/8 [90/3651840] via 203.230.10.1, 00:01:21, Serial0/2/0
     203.230.7.0/24 is variably subnetted, 2 subnets, 2 masks
C       203.230.7.0/24 is directly connected, GigabitEthernet0/0
L       203.230.7.1/32 is directly connected, GigabitEthernet0/0
D    203.230.8.0/24 [90/3526400] via 203.230.10.1, 00:01:21, Serial0/2/0
```

```
D     203.230.9.0/24 [90/3014400] via 203.230.10.1, 00:01:21, Serial0/2/0
      203.230.10.0/24 is variably subnetted, 2 subnets, 2 masks
C        203.230.10.0/24 is directly connected, Serial0/2/0
L        203.230.10.2/32 is directly connected, Serial0/2/0
      203.230.11.0/24 is variably subnetted, 2 subnets, 2 masks
C        203.230.11.0/24 is directly connected, Serial0/2/1
L        203.230.11.2/32 is directly connected, Serial0/2/1
D     203.230.12.0/24 [90/3523840] via 203.230.10.1, 00:01:21, Serial0/2/0
R1#
```

show interface 명령어를 통해 인터페이스의 하드웨어 및 IP 주소를 비롯하여 최대 전송 단위(MTU; Maximum Transmission Unit), 대역폭, 지연, 신뢰도, 부하 값에 대한 것을 확인할 수 있다. ***show ip route*** 명령어 출력 내용 중 직접 연결된 네트워크나 Null0 값을 갖는 경우에 대해서는 이미 알고 있을 것이다. EIGRP 라우팅 프로토콜에 의해 학습한 엔트리들 역시 기본적으로 RIP에서의 라우팅 엔트리 해석 방법과 동일하다. 단 조금 달라 보이는 것이 있다면 대괄호 내의 값일 것이다. 아래의 라우팅 엔트리를 살펴보자.

- **D 2.0.0.0/8 [90/3139840] via 203.230.10.1, 01:13:30, Serial0/2/0**

기본적으로 목적지 네트워크 2.0.0.0/8을 EIGRP에 의해 학습한 것임을 알 수 있고, 이 네트워크로 패킷을 전달하기 위해서는 출구 인터페이스 Serial0/2/0, 즉 이웃 라우터 주소 203.230.10.1을 이용해야 한다는 것도 알 수 있다. 그리고 [90/3139840]은 RIP에서의 설명과 마찬가지로 관리거리(90)와 메트릭(3139840) 값을 나타낸다. 그런데 메트릭 값이 왜 이렇게 큰(또는 이상한) 값을 가지고 있을까? 이 시점에서 우리는 EIGRP의 메트릭 값이 어떻게 계산되는지 알아볼 필요가 있다. EIGRP에서 메트릭 값을 계산하는 식은 다음과 같다.

```
메트릭 = [K1*대역폭 +(K2*대역폭)/(256-부하) + K3*지연] * [K5/(신뢰도+K4)]
```

위의 식에서 K1과 K3는 디폴트로 1의 값을 가지고 나머지(K2, K4, K5)는 0이므로, 메트릭은 단순히(대역폭 + 지연)으로 계산된다. 그런데, EIGRP는 대역폭 값 계산 시에는 출발지에서 목적지까지의 모든 링크 중에서 가장 작은 대역폭 값을 갖는 링크의 대역폭 값을 이용하고, 지연 값 계산 시에는 경로 상의 모든 지연 값의 총합을 이용한다. 이는 패킷 전달에 있어서 가장 작은 대역폭 값을 갖는 링크가 해당 경로의 병목 지점이 되기 때문이고, 지연은 모든 구간에 의해 영향을 받기 때문이다. 한편 대역폭과 지연 요소의 메트릭 값에 대한 영향을 적절히 조정하기 위하여 다음과 같은 변환 식을 적용하고 있다.

```
대역폭 = (10,000,000/kbps 단위의 병목 구간의 대역폭)*256
지연 = (μsec 단위의 지연 요소의 총합/10)*256
```

그럼, 앞서 네트워크 2.0.0.0/8에 대한 메트릭 3139840이 어떻게 계산된 것인지 확인해보자. 그림 6-2의 토폴로지에서 WAN 구간의 대역폭 값은 같기 때문에 R1은 시리얼 인터페이스 0/2/0을 통해 네트워크 2.0.0.0/8로의 경로 정보를 구성한다. 즉 R1의 S0/2/0 → R2의 s0/2/0 → R2의 Loopback 0가 패킷 이동 경로이다. 그러면 이 구간에서 가장 작은 대역폭 값을 갖는 구간이 어딘지 확인해보자.

```
R1#show interfaces s0/2/0
Serial0/2/0 is up, line protocol is up (connected)
  Hardware is HD64570
  Internet address is 203.230.10.2/24
  MTU 1500 bytes, BW 1024 Kbit, DLY 20000 usec,
     reliability 255/255, txload 1/255, rxload 1/255

R2#show interface s0/2/0
Serial0/2/0 is up, line protocol is up (connected)
  Hardware is HD64570
  Internet address is 203.230.10.1/24
  MTU 1500 bytes, BW 1024 Kbit, DLY 20000 usec,
     reliability 255/255, txload 1/255, rxload 1/255

R2#show interfaces loopback 0
Loopback0 is up, line protocol is up (connected)
  Hardware is Loopback
  Internet address is 2.2.2.1/24
  MTU 1500 bytes, BW 8000000 Kbit, DLY 5000 usec,
```

위의 결과에서 명백히 알 수 있듯이, 라우터 R1과 라우터 R2가 연결된 구간이 병목 지점으로 대역폭(BW) 값은 1024 Kbit이다. 앞의 대역폭 계산식에 의해 대역폭 = (10000000/1024) * 256 = (9,765.625) * 256 = 9,765(소수점 이하 버림) * 256 = 2499840이다. 다음으로 지연 값을 계산해보자. 라우터 R1과 R2 구간의 지연 값은 20000이고, 라우터 R2와 네트워크 2.0.0.0/8 간(Looopback 0 인터페이스)의 지연 값은 5000이다. 따라서(20000+5000)/10 * 256 = 2500 * 256 = 640000이 지연 값이 된다. 결국 다음과 같이 된다.

• **라우터 R1에서 네트워크 2.0.0.0/8로의 메트릭 = 2499840 + 640000 = 3139840**

마찬가지로 라우터 R1에서 네트워크 3.0.0.0/8로의 메트릭을 계산해보자. R1의 라우팅 테이블에서 알 수 있듯이 네트워크 3.0.0.0/8에 대한 경로는 시리얼 인터페이스 Se0/2/0을 통하고 있다. 따라서 R1의 Se0/2/0 → R2의 Se0/2/0 → R2의 Se0/2/1 → R3의 Se0/2/1 → R3의 Loopback 0가 패킷 이동 경로이다. 이 구간에서 병목 지점이 어디인지 찾아보자.

```
R1#show interfaces s0/2/0
Serial0/2/0 is up, line protocol is up (connected)
  Hardware is HD64570
  Internet address is 203.230.10.2/24
  MTU 1500 bytes, BW 1024 Kbit, DLY 20000 usec,
     reliability 255/255, txload 1/255, rxload 1/255

R2#show interface s0/2/0
Serial0/2/0 is up, line protocol is up (connected)
  Hardware is HD64570
  Internet address is 203.230.10.1/24
  MTU 1500 bytes, BW 1024 Kbit, DLY 20000 usec,
     reliability 255/255, txload 1/255, rxload 1/255

R2#show interfaces s0/2/1
Serial0/2/1 is up, line protocol is up (connected)
  Hardware is HD64570
  Internet address is 203.230.12.1/24
  MTU 1500 bytes, BW 1544 Kbit, DLY 20000 usec,
     reliability 255/255, txload 1/255, rxload 1/255

R3#show interfaces s0/2/1
Serial0/2/1 is up, line protocol is up (connected)
  Hardware is HD64570
  Internet address is 203.230.12.2/24
  MTU 1500 bytes, BW 1544 Kbit, DLY 20000 usec,

R3#show interfaces loopback 0
Loopback0 is up, line protocol is up (connected)
  Hardware is Loopback
  Internet address is 3.3.3.1/24
  MTU 1500 bytes, BW 8000000 Kbit, DLY 5000 usec,
     reliability 255/255, txload 1/255, rxload 1/255
```

위의 인터페이스 확인 명령어 결과에서 알 수 있듯이, 대역폭(BW) 값이 가장 작은 곳은 라우터 R1과 R2 간의 1024이다. 따라서 대역폭 계산식에 의해 대역폭 = (10000000/1024) * 256 = (9,765.625) * 256 = 9,765(소수점 이하 버림) * 256 = 2499840이다. 다음으로 지연 값을 계산해보

자. 라우터 R1과 R2 구간의 지연 값은 20000이고, 라우터 R2와 라우터 R3 간의 지연 값은 20000, 라우터 R3에서 네트워크 3.0.0.0/8 간(Looopback 0 인터페이스)의 지연 값은 5000이다. 따라서 (20000+20000+5000)/10 * 256 = 4500 * 256 = 1152000이 지연 값이 된다. 결국 아래와 같다.

- **라우터 R1에서 네트워크 3.0.0.0/8로의 메트릭 = 2499840 + 1152000 = 3651840**

인터페이스의 대역폭 값을 알아보기 위한 유용한 명령어로 ***show eigrp topology*** 목적지 주소 명령이 있다. 예를 들어 목적지 네트워크 3.0.0.0으로의 최소 대역폭과 총 지연 값을 확인하고자 한다면 다음과 같이 입력한다.

```
R1#show ip eigrp topology 3.0.0.0
IP-EIGRP (AS 7): Topology entry for 3.0.0.0/8
  State is Passive, Query origin flag is 1, 1 Successor(s), FD is 3651840
  Routing Descriptor Blocks:
  203.230.10.1 (Serial0/2/0), from 203.230.10.1, Send flag is 0x0
      Composite metric is (3651840/2297856), Route is Internal
      Vector metric:
        Minimum bandwidth is 1024 Kbit
        Total delay is 45000 microseconds
        Reliability is 255/255
        Load is 1/255
        Minimum MTU is 1500
        Hop count is 2
  203.230.11.1 (Serial0/2/1), from 203.230.11.1, Send flag is 0x0
      Composite metric is (40640000/128256), Route is Internal
      Vector metric:
        Minimum bandwidth is 64 Kbit
        Total delay is 25000 microseconds
        Reliability is 255/255
        Load is 1/255
        Minimum MTU is 1500
        Hop count is 1
```

그림 6-2의 토폴로지에서 라우터 R1으로부터 네트워크 3.0.0.0에 도달할 수 있는 경로는 2개다. 그런데 ***show ip route*** 명령어를 통해 확인한 바와 같이 패킷 전달을 위한 경로로는 Se0/2/0 인터페이스를 사용한다. 아울러 위의 ***show ip eigrp topology*** 명령어를 사용하면 Routing Descriptor Blocks: 203.230.10.1(Serial0/2/0) 바로 아래의 항목인 Minimum bandwidth is 1024Kbit와 Total delay is 45000 microseconds의 출력 내용으로 알 수 있듯이 경로 정보 확인을 매우 손쉽게 할 수 있다.

EIGRP DUAL

EIGRP는 DUAL(Diffusing Update Algorithm)을 사용하여 라우팅 테이블을 관리한다. DUAL을 이해하기 위해서는 우선 다음 용어들을 정확히 이해해야 할 필요가 있다.

- **Successor(후속 라우터)**: 후속 라우터는 목적지로 패킷을 전달하기 위해 사용하는 바로 이웃 라우터로서, 목적지로 가는 여러 경로 중에서 가장 최적의 경로를 나타내는데 이 경로가 바로 라우팅 테이블에 등록되는 경로이다.
- **Feasible Distance(유효 거리)**: 패킷을 목적지로 전달하는 데 있어 가장 작은 값을 가지는 메트릭을 말한다.
- **Feasible Successor(차기 후속 라우터)**: 토폴로지의 변화가 생겼을 경우, 이전의 후속 라우터를 대신할 차기 후속 라우터를 말하며, EIGRP는 바로 이러한 차기 후속 라우터를 이용함으로써 토폴로지 변화에 빠르게 대응할 수 있다.
- **Reported Distance(보고 거리) 또는 Advertised Distance(광고 거리)**: 이웃 라우터로부터 해당 목적지 네트워크까지의 메트릭 값이다.
- **Feasible Condition(유효 조건) 또는 Feasibility Condition(유효성 조건)**: 임의의 라우터가 차기 후속 라우터가 되기 위한 조건을 말한다.

라우터 R1에서 ***show ip eigrp topology*** 명령어를 입력해보자.

```
R1#show ip eigrp topology
IP-EIGRP Topology Table for AS 7/ID(1.1.1.1)

Codes: P - Passive, A - Active, U - Update, Q - Query, R - Reply, r - Reply status

P 1.0.0.0/8, 1 successors, FD is 128256
         via Summary (128256/0), Null0
P 1.1.1.0/24, 1 successors, FD is 128256
         via Connected, Loopback0
P 2.0.0.0/8, 1 successors, FD is 3139840
         via 203.230.10.1 (3139840/128256), Serial0/2/0
         via 203.230.11.1 (41152000/2297856), Serial0/2/1
P 3.0.0.0/8, 1 successors, FD is 3651840
         via 203.230.10.1 (3651840/2297856), Serial0/2/0
         via 203.230.11.1 (40640000/128256), Serial0/2/1
P 203.230.7.0/24, 1 successors, FD is 5120
         via Connected, GigabitEthernet0/0
P 203.230.8.0/24, 1 successors, FD is 3526400
         via 203.230.10.1 (3526400/2172416), Serial0/2/0
         via 203.230.11.1 (40514560/5120), Serial0/2/1
```

```
P 203.230.9.0/24, 1 successors, FD is 3014400
        via 203.230.10.1 (3014400/5120), Serial0/2/0
        via 203.230.11.1 (41026560/2172416), Serial0/2/1
P 203.230.10.0/24, 1 successors, FD is 3011840
        via Connected, Serial0/2/0
P 203.230.11.0/24, 1 successors, FD is 40512000
        via Connected, Serial0/2/1
P 203.230.12.0/24, 1 successors, FD is 3523840
        via 203.230.10.1 (3523840/2169856), Serial0/2/0 – 후속 라우터
        via 203.230.11.1 (41024000/2169856), Serial0/2/1 – 차기 후속 라우터
R1#
```

위의 출력 내용을 보면 어떤 목적지 네트워크(203.230.9.0/24, 2.0.0.0/8, 203.230.12.0/24, 203.230.8.0/24, 3.0.0.0/8)에 대해서는 해당 목적지에 도달하기 위한 경로가 2개인 것을 볼 수 있다. 그러나 이들 2개의 경로가 모두 라우팅 테이블에 등록되는 것은 아니고 FD(Feasible Distance) 값이 가장 작은 경로가 라우팅 테이블에 등록되는 것이다. 위의 ***show ip eigrp topology*** 명령어 출력 결과 중 3.0.0.0/8 항목을 예로 들어 각각의 구성요소를 설명하면 다음과 같다.

- **P**: DUAL에 의한 경로 등록 과정이 완료된 수렴 상태의 경로 정보임을 의미한다.
- **3.0.0.0/8**: 목적지 네트워크이다.
- **1 successors**: 목적지 네트워크로 패킷을 전송할 수 있는 1개의 후속 라우터가 존재하고 있음을 나타낸다.
- **FD is 3651840**: 해당 라우터(여기서는 라우터 R1임)로부터 목적지 네트워크까지의 메트릭 값을 나타낸다.
- **via 203.230.10.1**: 후속 라우터의 주소이다.
- **(3651840/2297856)**: 앞의 숫자는 FD, 뒤의 숫자는 후속 라우터로부터 보고 받은 RD 또는 AD를 나타낸다.
- **Serial0/2/0**: 목적지 네트워크로 가기 위한 출국 인터페이스 정보이다.

목적지 네트워크에 따라서 후속 라우터만 있고 차기 후속 라우터는 없는 경우가 있다. 어떤 이웃 라우터가 차기 후속 라우터가 되기 위해서는 이웃 라우터의 보고 거리가 로컬 라우터의 유효 거리보다 작아야 하는 유효성 조건을 만족해야 한다. 이러한 유효성 조건을 두는 이유는 라우팅 루프를 방지하기 위함이다. 따라서 만약 차기 후속 라우터가 없는 경우에는 해당 목적지 네트워크를 액티브 상태(Active state)로 바꾼 후 모든 이웃 라우터들에게 질의를 보내 새로이 DUAL 동작을 수행하고 후속 라우터를 결정하도록 되어 있다.

EIGRP의 다른 기능

EIGRP는 RIPv2와 마찬가지로 수동 경로 요약을 지원한다. 수동 경로 요약에 대한 내용은 제5장을 참고한다. EIGRP는 기본적으로 인터페이스의 대역폭 중 50%만 사용하도록 되어 있지만, 여러 관련 프로세스들이 대역폭을 너무 많이 사용하지 않도록 제한할 수가 있고 다음과 같이 헬로 주기를 1초에서 65535초 사이의 값으로 바꿀 수 있다.

```
R1(config-if)#ip hello-interval eigrp 7 <1-65535>
```

EIGRP는 또한 RIP과 마찬가지로 디폴트 경로를 설정할 수 있다. 다음과 같이 먼저 디폴트 정적 경로를 설정한 다음 이를 EIGRP에서 재분배하는 방식으로 설정하면 된다.

```
R2(config)#ip route 0.0.0.0 0.0.0.0 loopback 0
R2(config)#router eigrp 7
R2(config-router)#redistribute static
```

위의 설정 예에서 사용된 loopback 0 인터페이스는 외부 인터넷으로의 연결 경로를 가정한 것이다. 만약 외부 인터넷과 연결된 인터페이스가 있나면 그 인터페이스를 선언해주면 된다. 위와 같이 설정한 후 라우터 R1과 라우터 R3에서 라우팅 테이블을 확인해보자. 코드 값 "D*EX"를 가지는 디폴트 경로가 자동으로 생성되었음을 알 수 있다. 외부 EIGRP 경로이기 때문에 관리 거리가 170으로 되어 있는 것에도 유의하도록 한다.

```
R1#show ip route
〈중간 생략〉
D*EX 0.0.0.0/0 [170/4291840] via 203.230.10.1, 00:00:10, Serial0/2/0

R3#show ip route
〈중간 생략〉
D*EX 0.0.0.0/0 [170/3449856] via 203.230.12.1, 00:04:34, Serial0/2/1
```

PACKET TRACER

Cisco Networking Academy Program
A Powerful Network Simulation Tool

제7장

OSPF

CHAPTER

07 OSPF

OSPF(Open Shortest Path First)는 RFC 2328에 규정되어 있는 표준화된 라우팅 프로토콜로서 모든 라우터 벤더에서 지원되며, RIP이나 EIGRP보다 설정이 다소 복잡하지만 계층화된 라우팅 동작을 수행하기 때문에 중·대규모 네트워크에 사실상 가장 많이 사용되는 라우팅 프로토콜이다. OSPF는 라우팅 정보 업데이트 시 224.0.0.5와 224.0.0.6의 멀티캐스트 주소를 사용하며, 프로토콜 번호 89번을 사용하는 라우팅 프로토콜이다. OSPF는 경로(링크) 상태에 변화가 생기면 변화된 부분만 업데이트를 실시하며, 업데이트할 내용이 없더라도 30분 간격으로 링크 상태 재생(Link-State Refresh) 기능을 통해 주기적으로 라우팅 업데이트 정보를 교환한다.

OSPF는 목적지까지의 비용이 가장 적게 소요되는 경로를 최적의 경로로 설정하는 링크 상태 라우팅 프로토콜이며 이를 위해 최단 경로 우선 알고리즘(Dijkstra 알고리즘 참조)을 사용한다. 즉 앞 장에서 살펴본 바와 같이 RIP은 메트릭으로 홉 수(hop count)를 EIGRP는 대역폭과 지연값을 사용하지만, OSPF는 링크의 비용(cost)을 메트릭으로 사용하여 목적지 네트워크로의 경로를 결정한다는 것이다. 여기에서 링크 비용이란 어떤 미리 정해진 기준 대역폭을 실제 대역폭으로 나눈 값인데, 이에 대해서는 뒤에서 더 자세히 알아보기로 한다.

OSPF는 라우팅 테이블의 생성, 유지, 관리를 위해 다음과 같은 5가지의 독특한 패킷 유형을 사

표 7-1 OSPF LSA 유형

LSA 유형	설 명	라우팅 테이블 코드 값
1	라우터 LSA	O
2	네트워크 LSA	O
3 또는 4	요약 LSA	O IA
5	자율 시스템 외부 LSA	O E1 또는 O E2
6	멀티캐스트 OSPF LSA	없음
7	Not-So-Stubby 영역에 대하여 정의	O N1 또는 O N2
8	BGP를 위한 외부 속성 LSA	없음

용한다.

- **Hello**: OSPF가 설정된 이웃 라우터들과의 인접 관계를 맺기 위해 사용하는 패킷이다.
- **DBD(DataBase Description)**: 링크 상태 정보에 대한 데이터베이스이다. OSPF 라우터들 간의 데이터베이스 동기화를 검사하기 위해 사용한다.
- **LSR(Link-State Request)**: DBD를 받은 후 자신에게 없는 경로가 있을 경우 이 경로에 대한 상세한 링크 상태 정보를 요청할 때 사용한다.
- **LSU(Link-State Update)**: LSR에 대한 응답으로 사용되며, 이웃 라우터와 경로 비용과 같은 경로 상태 정보를 LSA(Link State Advertisement)로 전송하는 것을 포함한다. LSA 유형은 표 7-1과 같다.
- **LSAck(Link-State Acknowledgement)**: 상기의 다른 패킷 유형에 대한 수신 확인을 위해 사용한다.

LSA 유형 중 Hello는 Type 1, DBD는 Type 2, LSR은 Type 3, LSU는 Type 4, LSAck는 Type 5라 하며, 이들 모두는 OSPF 메시지 형식에 따라 그림 7-1과 같은 구조의 OSPF 패킷 헤더에 의해 캡슐화되어 전달된다.

OSPF 헤더 내의 각 필드의 기능 및 역할은 다음과 같다.

- **버전**: OSPF의 버전을 나타낸다. IPv4에서는 Version 2이며, IPv6에서는 Version 3이다.
- **타입**: OSPF 패킷 유형을 정의한다.
- **패킷 길이**: OSPF 패킷 헤더를 포함하여 OSPF의 패킷 길이를 바이트 단위로 나타낸다.
- **라우터 ID**: OSPF 패킷을 생성한 라우터의 ID 값을 나타낸다.

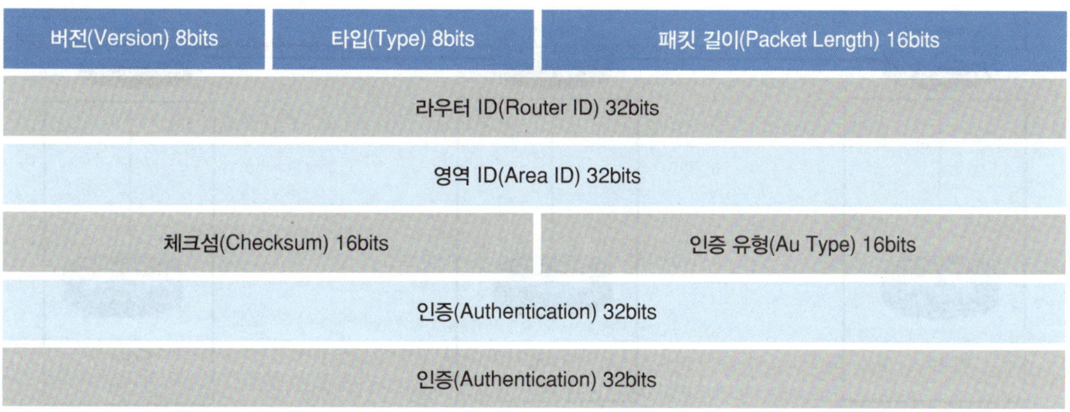

그림 7-1 OSPF 패킷 헤더

- **영역 ID**: OSPF 패킷이 생성된 영역의 ID를 나타낸다.
- **체크섬**: OSPF 패킷의 오류 검사를 위해 사용한다.
- **인증 유형**: OSPF 패킷의 인증을 위해 사용된 인증 절차를 정의한다.
- **인증**: OSPF는 패킷 인증을 위해 64비트를 사용하며, RFC 2328에 자세한 사항이 기술되어 있다. 대략적인 내용은 표 7-2와 같다.

OSPF는 계층적 구조로 구성되어 있다는 특징이 있는데, 이 계층적 구조의 핵심은 Area 0이라는 백본(Backbone) 영역을 반드시 경유하여 패킷을 전달하는 것이다. 예를 들어, 그림 7-2에서 라우터 F, G, H를 내부 라우터(Internal Router)라 하며, 라우터 C, D, E를 영역 경계 라우터(ABR; Area Border Rouer)라 부른다. Area 0는 외부 인터넷과 연결이 되어 있고, 다른 Area의 라우터들은 Area 0에 연결되어 있는 ABR 라우터들과 연결되어 있다. Area 1에 있는 라우터 F가 Area 2와 Area 3에 있는 다른 라우터들에게 패킷을 전달하기 위해서는 반드시 ABR 라우터를 통해 전달해야 하며, 이는 다른 라우터들도 마찬가지이다.

소규모 네트워크에서는 라우터 간의 링크 상태가 복잡하지 않지만, 중·대규모 네트워크 환경

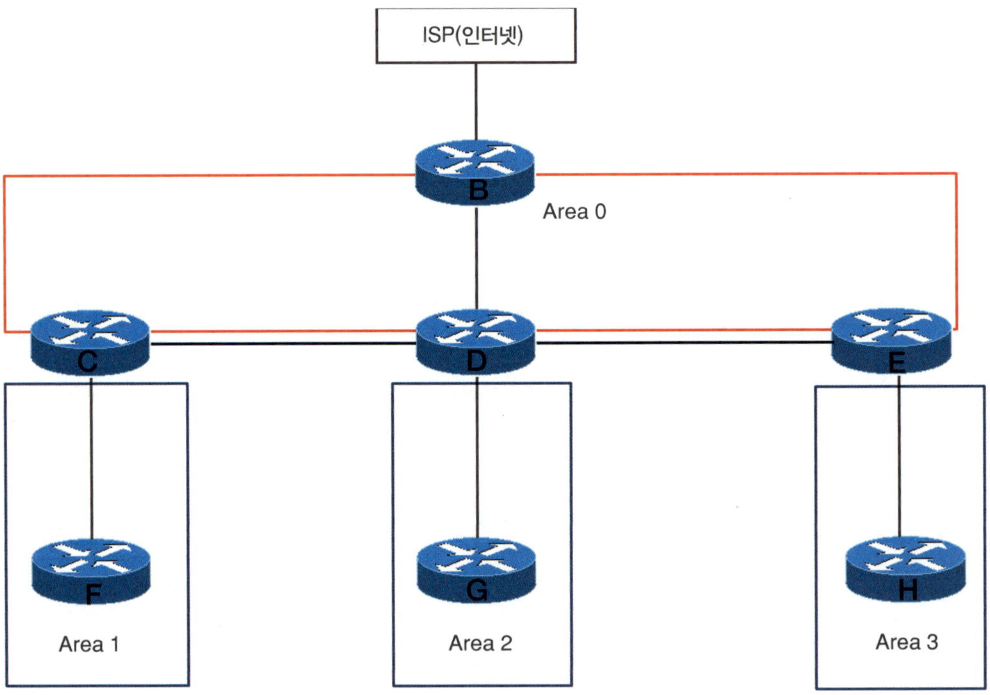

그림 7-2 OSPF 라우팅 프로토콜의 계층적 구조

에서는 최적의 경로를 선출하기 위해 SPF 계산이 증가하게 되고, 데이터베이스의 동기화를 위한 LSA 패킷 플러딩 범위가 증가하여 전체적으로 성능이 저하되는 문제점이 발생할 수 있다. 이러한 이유로 OSPF에서는 백본 영역을 경유하도록 하는 2계층 구조의 설계를 통해 LSA 플러딩 범위를 줄여 데이터베이스를 축소함으로써 좀 더 빠른 SPF 알고리즘 수행이 가능해지며, 전체 네트워크에 대한 유지, 관리 및 확장이 용이하도록 하였다. 하나의 영역에 몇 개의 라우터를 두는 것이 최적인지에 대해서는 정해져 있지는 않지만 통상 50개에서 100개 정도의 라우터를 권장하고 있다.

OSPF는 헬로 패킷을 자신과 인접한 라우터에 보낸 후 네이버(neighbor) 관계를 맺는다. OSPF에서 라우터 간에 이러한 인접성(adjacency)을 맺기 위해서는 몇 가지 조건이 존재하는데 첫 번째가 동일한 영역에 속해야 한다는 것이다. 두 번째로 인접성을 맺는 라우터 간에는 동일한 Hello 및 Dead Interval 값을 가져야 한다는 조건이 있는데, 이 값은 네트워크 토폴로지 유형에 따라서 값이 자동으로 바뀐다. 표 7-3은 네트워크 토폴로지 유형에 따른 Hello 및 Dead Interval 값을 보이고 있다. 마지막으로 OSPF 인증을 실시한다면 반드시 동일한 설정 내용으로 인증이 이루어져야 한다. 단 한 가지 주목할 사항은 OSPF는 자신과 네이버를 맺었다고 하여 무조건 라우팅 테이블을 교환하지는 않는다. 즉 네이버 관계를 형성하면서 라우팅 테이블을 교환하지 않는 네이버와 라우팅 테이블을 교환하는 네이버가 존재한다는 것이다. 네이버 관계를 형성하여 라우팅 테이블

표 7-2 OSPF 인증

인증(Authentication)	설명(Description)	참조 문서
0	인증 사용하지 않음	RFC 2328
1	단순한 패스워드 인증 방식 사용	RFC 2328
2	암호화된 인증 방식 사용	RFC 2328
3 ~ 65535	예약	-

표 7-3 OSPF Hello 및 Dead Interval 값

네트워크 토폴로지	Hello Interval	Dead Interval
Point-to-Point, Broadcast	10	40
NBMA(Non-Broadcast Multiple Access), Point-to-Multipoint, Point-to-Nonbroadcast (Frame-relay, X.25, ATM 등)	30	120

을 교환하는 네이버를 어드제이슨트 네이버(adjacent neighbor)라고 한다.

OSPF 네이버 관계 형성을 위해 사용되는 OSPF 헬로 패킷의 헤더 구조를 그림 7-3에 나타내었다.

- **네트워크 마스크**: OSPF 패킷을 보내는 라우터 인터페이스의 서브넷 마스크이다.
- **헬로 주기**: OSPF 헬로 패킷 전송 주기이다.
- **옵션**: 인접 관계 형성을 위한 OSPF 헬로 패킷 동작 옵션이다.
- **라우터 우선순위**: DR/BDR 선출에 사용되는 라우터의 우선순위 값을 나타낸다.
- **데드 주기**: OSPF 헬로 패킷을 보내는 라우터의 데드(dead) 시간을 정의한다.
- **DR**: DR가 존재할 경우, DR 라우터의 ID를 나타낸다.
- **BDR**: DR가 다운되었을 경우 DR의 역할을 대신할 백업 DR 라우터의 ID를 나타낸다.
- **네이버 목록**: 인접 관계를 형성하는 OSPF 라우터들의 ID 목록을 나타낸다.

이상에서와 같은 OSPF 라우팅 프로토콜의 기본 개념을 잘 이해하였다면, 이제 OSPF를 라우터에 직접 설정해보자. 패킷트레이서를 이용하여 우선 그림 7-4 네트워크 토폴로지에 대한 기본 구성을 완료하도록 한다. 독자는 이미 여러 차례의 패킷트레이서 실습을 통하여 이제는 그림과 같은 토폴로지가 주어졌다면 능숙하게 이에 대한 기본 설정을 할 수 있어야 한다. 필요하다면 각 라우터에 대한 아래의 설정 스크립트를 참고한다.

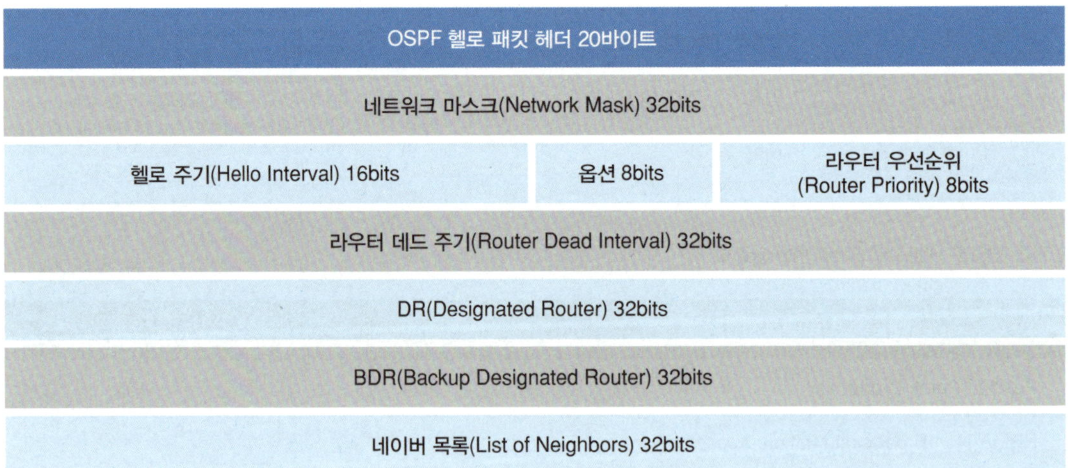

그림 7-3 OSPF 헬로 패킷 헤더

• 라우터 R1 기본 설정 스크립트

```
Router>en
Router#conf t
Router(config)#hostname R1
R1(config)#int loopback 0
R1(config-if)#ip add 1.1.1.1 255.255.255.0
R1(config-if)#exit
R1(config)#int gi0/0
R1(config-if)#ip add 203.230.7.1 255.255.255.0
R1(config-if)#no shutdown
R1(config-if)#exit
R1(config)#int s0/2/0
R1(config-if)#ip add 203.230.10.2 255.255.255.0
R1(config-if)#no shutdown
R1(config-if)#exit
R1(config)#int s0/2/1
R1(config-if)#ip add 203.230.11.2 255.255.255.0
R1(config-if)#clock rate 64000
R1(config-if)#no shutdown
```

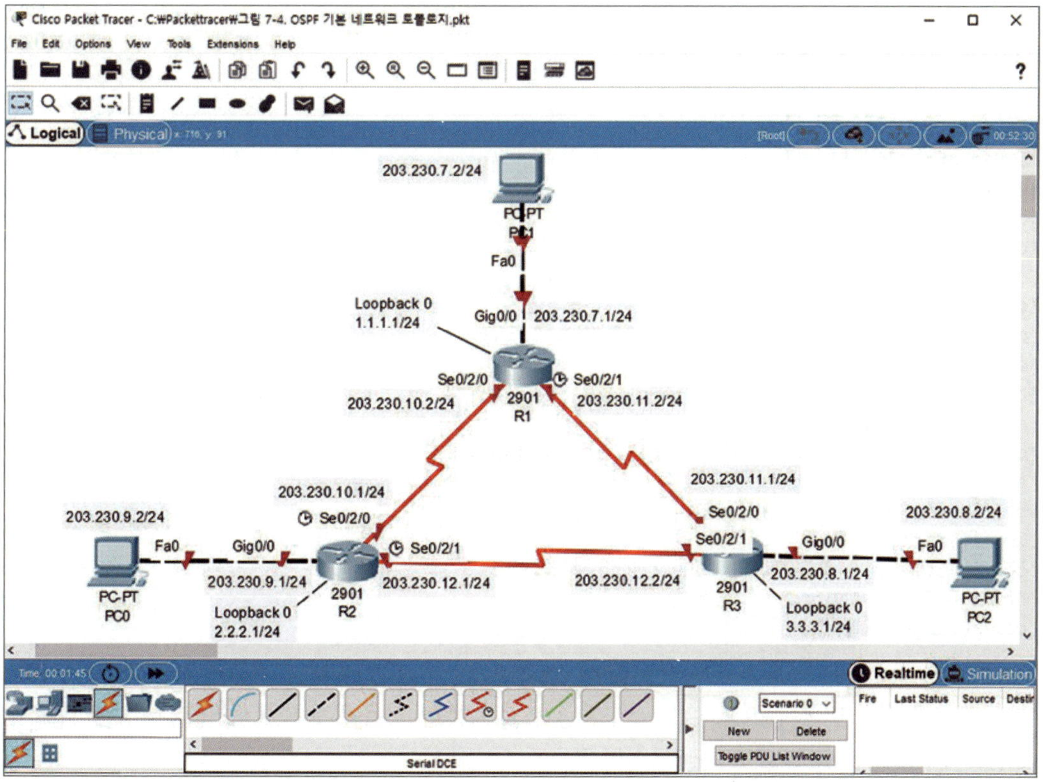

그림 7-4 OSPF 기본 네트워크 토폴로지

• 라우터 R2 기본 설정 스크립트

```
Router>en
Router#conf t
Router(config)#hostname R2
R2(config)#int loopback 0
R2(config-if)# ip add 2.2.2.1 255.255.255.0
R2(config-if)#exit
R2(config)#int gi0/0
R2(config-if)#ip add 203.230.9.1 255.255.255.0
R2(config-if)#no shutdown
R2(config-if)#exit
R2(config)#int s0/2/0
R2(config-if)#ip add 203.230.10.1 255.255.255.0
R2(config-if)#clock rate 64000
R2(config-if)#no shutdown
R2(config-if)#exit
R2(config)#int s0/2/1
R2(config-if)#ip add 203.230.12.1 255.255.255.0
R2(config-if)#no shutdown
R2(config-if)#clock rate 64000
R2(config-if)#exit
```

• 라우터 R3 기본 설정 스크립트

```
Router>en
Router#conf t
Router(config)#hostname R3
R3(config)#int loopback 0
R3(config-if)# ip add 3.3.3.1 255.255.255.0
R3(config-if)#exit
R3(config)#int gi0/0
R3(config-if)#ip add 203.230.8.1 255.255.255.0
R3(config-if)#no shutdown
R3(config-if)#exit
R3(config)#int s0/2/0
R3(config-if)#ip add 203.230.11.1 255.255.255.0
R3(config-if)#no shutdown
R3(config-if)#exit
R3(config)#int s0/2/1
R3(config-if)#ip add 203.230.12.2 255.255.255.0
R3(config-if)#no shutdown
R3(config-if)#exit
```

기본 설정이 끝났으면 다음으로 OSPF 라우팅 프로토콜을 적용해보자. OSPF 라우팅 프로토콜을 선언하기 위한 명령어 구문은 다음과 같다.

```
R1(config)#router ospf Process-ID
R1(config-router)#router-id OSPF router-ID
R1(config-router)#network network-address wildcard-mask area area-id

(예제)
R1(config)#router ospf 1
R1(config-router)#router-id 1.1.1.1
R1(config-router)#network 1.1.1.1 0.0.0.0 area 1
```

OSPF의 Process-ID로는 1에서 65535 사이의 숫자를 사용할 수 있다. EIGRP의 경우 Process-ID가 AS 번호이기 때문에 EIGRP로 라우팅 정보를 주고받고자 하는 라우터는 반드시 동일한 Process-ID를 사용해야 했으나, OSPF의 경우는 AS 번호가 아니기 때문에 반드시 일치시킬 필요는 없다. 다음으로 ***network*** 명령어를 사용하여 네트워크 주소 및 와일드카드 마스크를 입력하고 마지막에 Area-Id는 OSPF의 영역을 지정하는데, 동일한 Area-Id를 사용하여 OSPF의 라우터들을 하나의 영역으로 구성한 것을 단일 영역(Single-Area) OSPF라고 하고, 2개 이상의 영역으로 구성한 것을 다중 영역(Multi-area) OSPF라고 한다. OSPF는 네트워크 설정에 있어서 와일드카드 마스크를 사용한다. 와일드카드 마스크는 서브넷 마스크와는 반대되는 개념이지만, 32비트 주소 값 중 연속하지 않은 비트들도 지정할 수 있다는 장점이 있어 좀 더 세밀하게 대상을 선정할 수 있는 장점이 있다.

그럼 이제 위의 명령어 구문을 이용하여 각각의 라우터에 OSPF를 설정해보자. 기본 네트워크 토폴로지의 모든 라우터에 Process-ID는 7을 Area-ID는 0을 사용하는 단일 영역 OSPF를 구성해 보기로 하자. 각 라우터에 대한 다음의 OSPF 설정 스크립트를 참고하도록 한다.

• **라우터 R1 OSPF 설정 스크립트**

```
R1>en
R1#conf t
Enter configuration commands, one per line.  End with CNTL/Z.
R1(config)#do show ip int brief
Interface              IP-Address      OK? Method                      Status    Protocol
GigabitEthernet0/0     203.230.7.1     YES manual                      up        up
GigabitEthernet0/1     unassigned      YES unset  administratively     down      down
Serial0/2/0            203.230.10.2    YES manual                      up        up
Serial0/2/1            203.230.11.2    YES manual                      up        up
Loopback0              1.1.1.1         YES manual                      up        up
Vlan1                  unassigned      YES unset  administratively     down      down
R1(config)#router ospf 7
R1(config-router)#network 203.230.7.1 0.0.0.0 area 0
```

```
R1(config-router)#network 203.230.10.2 0.0.0.0 area 0
R1(config-router)#network 203.230.11.2 0.0.0.0 area 0
R1(config-router)#network 1.1.1.1 0.0.0.0 area 0
```

• 라우터 R2 OSPF 설정 스크립트

```
R2>en
R2#conf t
Enter configuration commands, one per line.  End with CNTL/Z.
R2(config)#do show ip int brief
Interface             IP-Address      OK? Method                  Status    Protocol
GigabitEthernet0/0    203.230.9.1     YES manual                  up        up
GigabitEthernet0/1    unassigned      YES unset  administratively down      down
Serial0/2/0           203.230.10.1    YES manual                  up        up
Serial0/2/1           203.230.12.1    YES manual                  up        up
Loopback0             2.2.2.1         YES manual                  up        up
Vlan1                 unassigned      YES unset  administratively down      down
R2(config)#router ospf 7
R2(config-router)#network 203.230.9.1 0.0.0.0 area 0
R2(config-router)#network 203.230.10.1 0.0.0.0 area 0
R2(config-router)#network 203.230.12.1 0.0.0.0 area 0
R2(config-router)#network 2.2.2.1 0.0.0.0 area 0
```

• 라우터 R3 OSPF 설정 스크립트

```
R3>en
R3#conf t
Enter configuration commands, one per line.  End with CNTL/Z.
R3(config)#do show ip int brief
Interface             IP-Address      OK? Method                  Status    Protocol
GigabitEthernet0/0    203.230.8.1     YES manual                  up        up
GigabitEthernet0/1    unassigned      YES unset  administratively down      down
Serial0/2/0           203.230.11.1    YES manual                  up        up
Serial0/2/1           203.230.12.2    YES manual                  up        up
Loopback0             3.3.3.1         YES manual                  up        up
Vlan1                 unassigned      YES unset  administratively down      down
R3(config)#router ospf 7
R3(config-router)#network 203.230.8.1 0.0.0.0 area 0
R3(config-router)#network 203.230.11.1 0.0.0.0 area 0
R3(config-router)#network 203.230.12.2 0.0.0.0 area 0
R3(config-router)#network 3.3.3.1 0.0.0.0 area 0
```

라우터 ID

라우터 ID는 OSPF를 통해 경로 정보를 주고받는 라우터들 중에서 해당하는 라우터를 나타내는 고유의 값으로 사용된다. 그러므로 물리적 인터페이스보다는 논리적 인터페이스인 루프백 인터페이스를 라우터 아이디로 선언하는데, 그 이유 중에 하나가 논리적 인터페이스는 라우터가 꺼지지 않는 이상 다운될 염려가 없어 물리적 인터페이스보다 안정성이 뛰어나기 때문이다. 루프백 주소가 여러 개 있으면 높은 주소가 라우터 아이디로 사용되고, 만약 루프백 주소가 없다면 활성화된 인터페이스의 주소 중에서 가장 높은 값을 가지는 주소를 라우터 ID로 사용하게 된다.

그림 7-4의 토폴로지에 대하여 비록 명시적으로 라우터 ID를 지정하였지만, 기본 설정에서 라우터별로 이미 루프백 인터페이스가 선언되었으므로 이 루프백 인터페이스가 라우터 ID로 사용되도록 되어 있다. ***show ip protocols*** 명령어를 이용하면 라우터 ID를 확인할 수 있다.

```
R1#show ip protocols

Routing Protocol is "ospf 7"
 Outgoing update filter list for all interfaces is not set
 Incoming update filter list for all interfaces is not set
 Router ID 1.1.1.1
<이하 생략>

R2#show ip protocols

Routing Protocol is "ospf 7"
 Outgoing update filter list for all interfaces is not set
 Incoming update filter list for all interfaces is not set
 Router ID 2.2.2.1
<이하 생략>

R3#show ip protocols

Routing Protocol is "ospf 7"
 Outgoing update filter list for all interfaces is not set
 Incoming update filter list for all interfaces is not set
 Router ID 3.3.3.1
<이하 생략>
```

OSPF 라우팅 프로토콜의 동작 상세를 살펴보기 위해 라우터 R3에 ***debug ip ospf events*** 명령어를 입력해본다. 디버깅 명령어 입력에 따른 아래의 결과를 보면 10초 간격으로 헬로 패킷을 받고 있는 것을 확인할 수 있다. 즉 그림 7-4의 기본 네트워크 토폴로지에서 각각의 라우터들이 시리얼 인터페이스를 통해 점-대-점(Point-to-Point) 토폴로지로 연결되어 있기 때문에, 앞의 표 7-3에 요약한 것과 같이 이들 구간에서는 헬로 패킷 간격이 10초로 설정되는 것이다.

```
R3#debug ip ospf events
OSPF events debugging is on
R3#
00:12:18: OSPF: Rcv hello from 1.1.1.1 area 0 from Serial0/2/0 203.230.11.2

00:12:18: OSPF: End of hello processing

00:12:21: OSPF: Rcv hello from 2.2.2.1 area 0 from Serial0/2/1 203.230.12.1

00:12:21: OSPF: End of hello processing

00:12:28: OSPF: Rcv hello from 1.1.1.1 area 0 from Serial0/2/0 203.230.11.2

00:12:28: OSPF: End of hello processing

00:12:31: OSPF: Rcv hello from 2.2.2.1 area 0 from Serial0/2/1 203.230.12.1

00:12:31: OSPF: End of hello processing

00:12:38: OSPF: Rcv hello from 1.1.1.1 area 0 from Serial0/2/0 203.230.11.2

00:12:38: OSPF: End of hello processing

00:12:41: OSPF: Rcv hello from 2.2.2.1 area 0 from Serial0/2/1 203.230.12.1

00:12:41: OSPF: End of hello processing

00:12:48: OSPF: Rcv hello from 1.1.1.1 area 0 from Serial0/2/0 203.230.11.2

00:12:48: OSPF: End of hello processing

00:12:51: OSPF: Rcv hello from 2.2.2.1 area 0 from Serial0/2/1 203.230.12.1

00:12:51: OSPF: End of hello processing
```

한편 OSPF도 EIGRP에서와 마찬가지로 데이터 패킷을 전송하기 위해서는 라우터들 간에 네이버 관계를 맺어야 한다. ***show ip ospf neighbor*** 명령어를 사용하여 현재 네이버를 맺고 있는 라우터들이 어떤 것인지 확인해보자.

```
R1#show ip ospf neighbor
Neighbor ID     Pri   State        Dead Time   Address         Interface
2.2.2.1         0     FULL/  -     00:00:34    203.230.10.1    Serial0/2/0
3.3.3.1         0     FULL/  -     00:00:36    203.230.11.1    Serial0/2/1

R2#show ip ospf neighbor
Neighbor ID     Pri   State        Dead Time   Address         Interface
1.1.1.1         0     FULL/  -     00:00:31    203.230.10.2    Serial0/2/0
```

```
3.3.3.1         0     FULL/  -      00:00:38      203.230.12.2     Serial0/2/1

R3#show ip ospf neighbor
Neighbor ID     Pri   State         Dead Time     Address          Interface
2.2.2.1         0     FULL/  -      00:00:38      203.230.12.1     Serial0/2/1
1.1.1.1         0     FULL/  -      00:00:35      203.230.11.2     Serial0/2/0
```

위의 출력 결과에서 각 항목은 다음과 같은 내용을 의미한다.

- **Neighbor ID**: 이웃하는 네이버 라우터의 라우터 ID이다.
- **Pri**: 해당 네이버 라우터의 우선순위를 나타낸다.
- **State**: 해당 라우터에 대한 현재의 OSPF 상태를 나타내는 것으로 FULL이란 정상적으로 네이버 관계를 맺고 있음을 의미한다.
- **Dead Time**: 헬로 패킷을 수신하기 위해 기다리는 시간을 나타내며, 헬로 패킷을 수신하면 이 시간은 디폴트 시간인 40초로 다시 초기화된다.
- **Address**: 직접 연결된 네이버 라우터의 IP 주소이다.
- **Interface**: 네이버 라우터로 가기 위한 출구 인터페이스 정보이다.

show ip ospf interface 명령어를 사용하면 Hello 및 Dead Interval을 확인할 수 있다.

```
R3#show ip ospf interface s0/2/0
Serial0/2/0 is up, line protocol is up
  Internet address is 203.230.11.1/24, Area 0
  Process ID 7, Router ID 3.3.3.1, Network Type POINT-TO-POINT, Cost: 1562
  Transmit Delay is 1 sec, State POINT-TO-POINT, Priority 0
  No designated router on this network
  No backup designated router on this network
  Timer intervals configured, Hello 10, Dead 40, Wait 40, Retransmit 5
    Hello due in 00:00:08
  Index 2/2, flood queue length 0
  Next 0x0(0)/0x0(0)
  Last flood scan length is 1, maximum is 1
  Last flood scan time is 0 msec, maximum is 0 msec
  Neighbor Count is 1 , Adjacent neighbor count is 1
    Adjacent with neighbor 1.1.1.1
  Suppress hello for 0 neighbor(s)
R3#
```

show ip ospf interface 명령어의 결과를 보면 해당 인터페이스 구간의 영역 번호를 포함하여 Process-ID, 라우터 ID, 네트워크 유형, 링크 비용과 같은 다양한 OSPF 세부 정보에 대해서도 알

수 있다. 다시 한 번 점-대-점 네트워크 유형에 대하여 Hello Interval은 10, Dead Interval은 40인 것을 확인할 수 있다. OSPF 설정 후 이러한 ***show*** 명령어들을 적절히 잘 활용하면 OSPF 운영 중 발생할 수 있는 다양한 문제들을 쉽게 해결할 수 있다. 특히, 우리의 기본 네트워크 토폴로지에서처럼 동일한 하나의 목적지 네트워크에 대한 우회 경로가 존재하는 상황에서는 네이버가 잘 맺어져 있는지를 꼭 확인할 필요가 있다. 한쪽의 네이버가 맺어지지 않더라도 다른 경로로 패킷을 전달할 수 있기 때문이다.

다음으로 각 라우터에서 OSPF 라우팅 테이블을 확인해보자. 라우팅 테이블을 보면 OSPF로 받아 오는 경로는 O로 표시되는 것을 알 수 있다. 한편 RIP이나 EIGRP와는 달리, OSPF는 자동 경로 요약을 하지 않는 것에 유의한다. 또한 라우팅 테이블을 보면 OSPF의 메트릭(비용) 값을 알 수 있는데, 이 값은 표 7-4와 같은 링크별 디폴트 비용 값을 기준으로 계산된다.

```
R1>en
R1#show ip route
Codes: L - local, C - connected, S - static, R - RIP, M - mobile, B - BGP
       D - EIGRP, EX - EIGRP external, O - OSPF, IA - OSPF inter area
       N1 - OSPF NSSA external type 1, N2 - OSPF NSSA external type 2
       E1 - OSPF external type 1, E2 - OSPF external type 2, E - EGP
       i - IS-IS, L1 - IS-IS level-1, L2 - IS-IS level-2, ia - IS-IS inter area
       * - candidate default, U - per-user static route, o - ODR
       P - periodic downloaded static route
```

표 7-4 대역폭에 따른 비용 값

인터페이스 유형 및 대역폭(Link Type and Bandwidth)	비용(Cost)
56Kbps	1785
64Kbps	1562
128Kbps	781
T1(1.544Mbps)	64
E1(2.048Mbps)	48
Ethernet(10Mbps)	10
FastEthernet(100Mbps)	1
GigabitEthernet(1000Mbps)	1
10-GigabitEthernet	1

```
Gateway of last resort is not set
      1.0.0.0/8 is variably subnetted, 2 subnets, 2 masks
C        1.1.1.0/24 is directly connected, Loopback0
L        1.1.1.1/32 is directly connected, Loopback0
      2.0.0.0/32 is subnetted, 1 subnets
O        2.2.2.1/32 [110/65] via 203.230.10.1, 00:10:19, Serial0/2/0
      3.0.0.0/32 is subnetted, 1 subnets
O        3.3.3.1/32 [110/65] via 203.230.11.1, 00:10:19, Serial0/2/1
      203.230.7.0/24 is variably subnetted, 2 subnets, 2 masks
C        203.230.7.0/24 is directly connected, GigabitEthernet0/0
L        203.230.7.1/32 is directly connected, GigabitEthernet0/0
O     203.230.8.0/24 [110/65] via 203.230.11.1, 00:10:19, Serial0/2/1
O     203.230.9.0/24 [110/65] via 203.230.10.1, 00:10:19, Serial0/2/0
      203.230.10.0/24 is variably subnetted, 2 subnets, 2 masks
C        203.230.10.0/24 is directly connected, Serial0/2/0
L        203.230.10.2/32 is directly connected, Serial0/2/0
      203.230.11.0/24 is variably subnetted, 2 subnets, 2 masks
C        203.230.11.0/24 is directly connected, Serial0/2/1
L        203.230.11.2/32 is directly connected, Serial0/2/1
O     203.230.12.0/24 [110/128] via 203.230.10.1, 00:10:19, Serial0/2/0
                      [110/128] via 203.230.11.1, 00:10:19, Serial0/2/1
R1#

R2>en
R2#show ip route
Codes: L - local, C - connected, S - static, R - RIP, M - mobile, B - BGP
       D - EIGRP, EX - EIGRP external, O - OSPF, IA - OSPF inter area
       N1 - OSPF NSSA external type 1, N2 - OSPF NSSA external type 2
       E1 - OSPF external type 1, E2 - OSPF external type 2, E - EGP
       i - IS-IS, L1 - IS-IS level-1, L2 - IS-IS level-2, ia - IS-IS inter area
       * - candidate default, U - per-user static route, o - ODR
       P - periodic downloaded static route

Gateway of last resort is not set

      1.0.0.0/32 is subnetted, 1 subnets
O        1.1.1.1/32 [110/65] via 203.230.10.2, 00:11:50, Serial0/2/0
      2.0.0.0/8 is variably subnetted, 2 subnets, 2 masks
C        2.2.2.0/24 is directly connected, Loopback0
L        2.2.2.1/32 is directly connected, Loopback0
      3.0.0.0/32 is subnetted, 1 subnets
O        3.3.3.1/32 [110/65] via 203.230.12.2, 00:12:00, Serial0/2/1
O     203.230.7.0/24 [110/65] via 203.230.10.2, 00:11:50, Serial0/2/0
O     203.230.8.0/24 [110/65] via 203.230.12.2, 00:12:00, Serial0/2/1
      203.230.9.0/24 is variably subnetted, 2 subnets, 2 masks
C        203.230.9.0/24 is directly connected, GigabitEthernet0/0
L        203.230.9.1/32 is directly connected, GigabitEthernet0/0
      203.230.10.0/24 is variably subnetted, 2 subnets, 2 masks
C        203.230.10.0/24 is directly connected, Serial0/2/0
L        203.230.10.1/32 is directly connected, Serial0/2/0
```

```
O     203.230.11.0/24 [110/128] via 203.230.10.2, 00:11:50, Serial0/2/0
                      [110/128] via 203.230.12.2, 00:11:50, Serial0/2/1
      203.230.12.0/24 is variably subnetted, 2 subnets, 2 masks
C        203.230.12.0/24 is directly connected, Serial0/2/1
L        203.230.12.1/32 is directly connected, Serial0/2/1
R2#

R3>en
R3#show ip route

Codes: L - local, C - connected, S - static, R - RIP, M - mobile, B - BGP
       D - EIGRP, EX - EIGRP external, O - OSPF, IA - OSPF inter area
       N1 - OSPF NSSA external type 1, N2 - OSPF NSSA external type 2
       E1 - OSPF external type 1, E2 - OSPF external type 2, E - EGP
       i - IS-IS, L1 - IS-IS level-1, L2 - IS-IS level-2, ia - IS-IS inter area
       * - candidate default, U - per-user static route, o - ODR
       P - periodic downloaded static route

Gateway of last resort is not set

      1.0.0.0/32 is subnetted, 1 subnets
O        1.1.1.1/32 [110/65] via 203.230.11.2, 00:13:16, Serial0/2/0
      2.0.0.0/32 is subnetted, 1 subnets
O        2.2.2.1/32 [110/65] via 203.230.12.1, 00:13:16, Serial0/2/1
      3.0.0.0/8 is variably subnetted, 2 subnets, 2 masks
C        3.3.3.0/24 is directly connected, Loopback0
L        3.3.3.1/32 is directly connected, Loopback0
O     203.230.7.0/24 [110/65] via 203.230.11.2, 00:13:16, Serial0/2/0
      203.230.8.0/24 is variably subnetted, 2 subnets, 2 masks
C        203.230.8.0/24 is directly connected, GigabitEthernet0/0
L        203.230.8.1/32 is directly connected, GigabitEthernet0/0
O     203.230.9.0/24 [110/65] via 203.230.12.1, 00:13:16, Serial0/2/1
O     203.230.10.0/24 [110/128] via 203.230.12.1, 00:13:16, Serial0/2/1
                      [110/128] via 203.230.11.2, 00:13:16, Serial0/2/0
      203.230.11.0/24 is variably subnetted, 2 subnets, 2 masks
C        203.230.11.0/24 is directly connected, Serial0/2/0
L        203.230.11.1/32 is directly connected, Serial0/2/0
      203.230.12.0/24 is variably subnetted, 2 subnets, 2 masks
C        203.230.12.0/24 is directly connected, Serial0/2/1
L        203.230.12.2/32 is directly connected, Serial0/2/1
R3#
```

라우터 R3의 엔트리 중에서 "O 203.230.7.0/24 [110/65] via 203.230.11.2, 00:13:16, Serial0/2/0"이 있는데, 이는 네트워크 203.230.7.0으로의 비용이 65라는 것과 R3 인터페이스 Se0/2/0을 거쳐 R1으로 패킷을 전달한다는 것을 알 수 있다. 인터페이스 명령어를 통해 확인해보면 알겠지만 라우터 간의 시리얼 구간은 대역폭이 1544Kbit이다. 따라서 표 7-4에 의해 링크 비용은 64의 값을 가지며, 여기에 라우터 R1의 Fa0/0 인터페이스에 대한 비용 1을 더하여 65가 되는 것이다.

DR와 BDR 선정

OSPF는 네트워크 토폴로지나 경로에 변화가 생기면 같은 영역에 있는 라우터들 간에 LSA를 주고받는다. 그런데 모든 라우터가 LSA를 주고받으면 간단한 토폴로지를 가지는 네트워크는 크게 영향을 받지 않지만 라우터를 많이 가지고 있는 토폴로지에서는 과도한 LSA 플러딩이 네트워크 운영에 영향을 줄 수 있다. 이에 대처하기 위하여 OSPF는 영역을 나누어 설계하는 구조적인 방식을 통해 이 문제를 해결하고 있다. 단 네트워크가 커질수록 계속적으로 영역을 나누어 설계하는 것도 좋은 방법은 아니다. 그래서 단일 네트워크 영역에 DR(Designated Router)와 BDR(Backup Designated Router)를 선정한다. DR와 BDR를 제외한 모든 라우터는 DROthers가 된다. DROthers 라우터들은 자신의 LSA 정보를 224.0.0.6의 멀티캐스트 주소를 사용하여 DR와 BDR에게 전송하고, LSA 정보는 반드시 224.0.0.5의 멀티캐스트 주소로 DR를 통해서만 수신

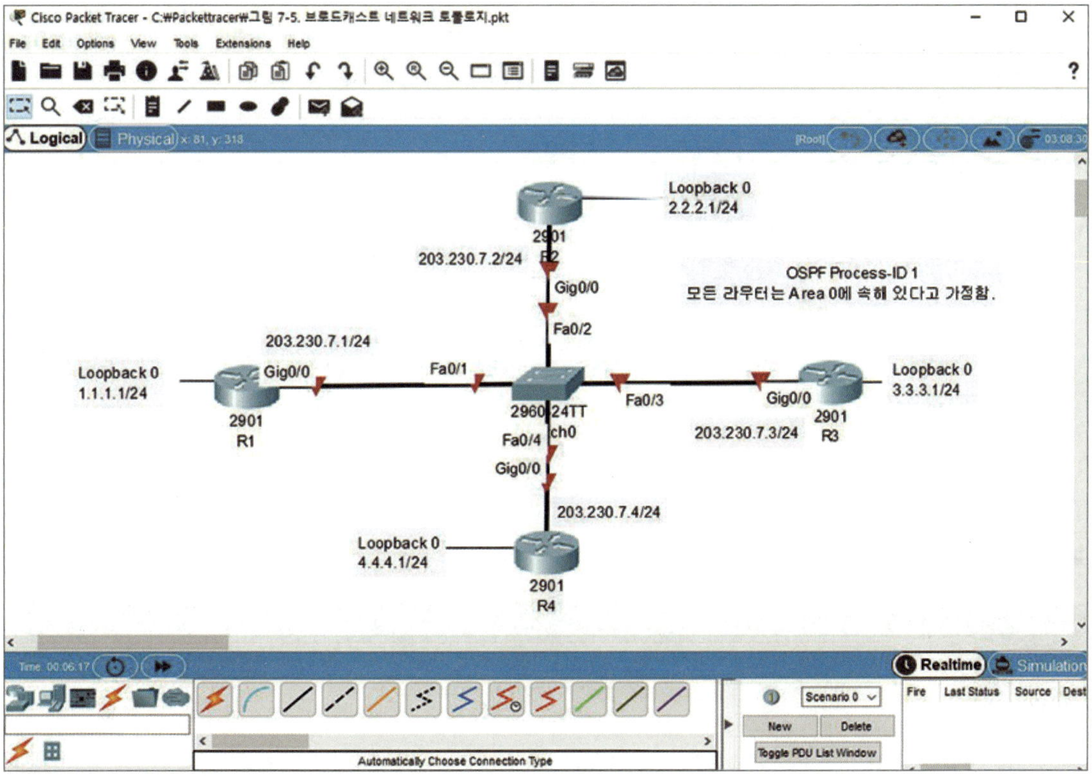

그림 7-5 브로드캐스트 네트워크 토폴로지

하는 것이다. 만약 DR가 어떠한 이유로 동작을 하지 못하게 된다면 BDR가 DR가 되는데, 이렇게 하면 같은 영역에서도 LSA 플러딩과 관련된 트래픽을 많이 줄일 수 있다는 장점이 있다.

OSPF를 사용하는 모든 네트워크에서 DR와 BDR를 선정하는 것은 아니다. DR/BDR는 점-대-점 네트워크에서는 선정하지 않는다. 그림 7-4는 라우터 R1, R2, R3가 모두 시리얼 인터페이스를 통해 점-대-점으로 연결되어 있는데, 이러한 환경에서는 DR 선정을 하지 않는다. 표 7-5에 네트워크 유형에 따른 DR/BDR 선정 여부를 정리하였다.

DR/BDR 선정 과정에 대하여 더 자세히 알아보기 위해 그림 7-5와 같은 브로드캐스트 네트워크 토폴로지를 구성해보자. 다음의 스크립트를 이용하여 패킷트레이서에서 이 토폴로지를 구성한다.

- **라우터 R1 설정 스크립트**

```
Router>en
Router#conf t
Router(config)#hostname R1
R1(config)#int lo 0
R1(config-if)#ip add 1.1.1.1 255.255.255.0
R1(config-if)#exit
R1(config)#int gi0/0
R1(config-if)#ip add 203.230.7.1 255.255.255.0
R1(config-if)#no shut
R1(config-if)#exit
R1(config)#do show ip int brief
Interface             IP-Address    OK?  Method                  Status  Protocol
GigabitEthernet0/0    203.230.7.1   YES  manual                  up      up
GigabitEthernet0/1    unassigned    YES  unset  administratively down    down
Serial0/2/0           unassigned    YES  unset  administratively down    down
Serial0/2/1           unassigned    YES  unset  administratively down    down
Loopback0             1.1.1.1       YES  manual                  up      up
Vlan1                 unassigned    YES  unset  administratively down    down
R1(config)#router ospf 1
```

표 7-5 네트워크 유형에 따른 DR/BDR 선정 여부

네트워크 유형	DR/BDR 선정 여부
Point-to-Point	X
Broadcast	O
NBMA(Nonbroadcast Multiple Access)	O

```
R1(config-router)#network 203.230.7.1 0.0.0.0 area 0
R1(config-router)#network 1.1.1.1 0.0.0.0 area 0
R1(config-router)#exit
```

• 라우터 R2 설정 스크립트

```
Router>en
Router#conf t
Router(config)#hostname R2
R2(config)#int lo 0
R2(config-if)#ip add 2.2.2.1 255.255.255.0
R2(config-if)#exit
R2(config)#int gi0/0
R2(config-if)#ip add 203.230.7.2 255.255.255.0
R2(config-if)#no shut
R2(config-if)#exit
R2(config)#do show ip int brief
Interface            IP-Address    OK?  Method                  Status  Protocol
GigabitEthernet0/0   203.230.7.2   YES  manual                  up      up
GigabitEthernet0/1   unassigned    YES  unset  administratively down    down
Serial0/2/0          unassigned    YES  unset  administratively down    down
Serial0/2/1          unassigned    YES  unset  administratively down    down
Loopback0            2.2.2.1       YES  manual                  up      up
Vlan1                unassigned    YES  unset  administratively down    down
R2(config)#router ospf 1
R2(config-router)#network 203.230.7.2 0.0.0.0 area 0
R2(config-router)#network 2.2.2.1 0.0.0.0 area 0
R2(config-router)#exit
```

• 라우터 R3 설정 스크립트

```
Router>en
Router#conf t
Router(config)#hostname R3
R3(config)#int lo 0
R3(config-if)#ip add 3.3.3.1 255.255.255.0
R3(config-if)#exit
R3(config)#int gi0/0
R3(config-if)#ip add 203.230.7.3 255.255.255.0
R3(config-if)#no shut
R3(config-if)#exit
R3(config)#do show ip int brief
Interface            IP-Address    OK?  Method                  Status  Protocol
GigabitEthernet0/0   203.230.7.3   YES  manual                  up      up
GigabitEthernet0/1   unassigned    YES  unset  administratively down    down
Serial0/2/0          unassigned    YES  unset  administratively down    down
Serial0/2/1          unassigned    YES  unset  administratively down    down
Loopback0            3.3.3.1       YES  manual                  up      up
```

```
Vlan1               unassigned      YES  unset  administratively  down     down
R3(config)#router ospf 1
R3(config-router)#network 203.230.7.3 0.0.0.0 area 0
R3(config-router)#network 3.3.3.1 0.0.0.0 area 0
R3(config-router)#exit
```

• **라우터 R4 설정 스크립트**

```
Router>en
Router#conf t
Router(config)#hostname R4
R4(config)#int lo 0
R4(config-if)#ip add 4.4.4.1 255.255.255.0
R4(config-if)#exit
R4(config)#int gi0/0
R4(config-if)#ip add 203.230.7.4 255.255.255.0
R4(config-if)#no shut
R4(config-if)#exit
R4(config)#do show ip int brief
Interface           IP-Address      OK?  Method                   Status   Protocol
GigabitEthernet0/0  203.230.7.4     YES  manual                   up       up
GigabitEthernet0/1  unassigned      YES  unset  administratively  down     down
Serial0/2/0         unassigned      YES  unset  administratively  down     down
Serial0/2/1         unassigned      YES  unset  administratively  down     down
Loopback0           4.4.4.1         YES  manual                   up       up
Vlan1               unassigned      YES  unset  administratively  down     down
R4(config)#router ospf 1
R4(config-router)#network 203.230.7.4 0.0.0.0 a 0
R4(config-router)#network 4.4.4.1 0.0.0.0 a 0
R4(config-router)#exit
```

위와 같은 브로드캐스트 네트워크 토폴로지 환경에서 OSPF를 설정하면 DR/BDR가 선정되고, DR와 BDR에 선출되지 않은 모든 라우터는 DROthers가 된다. DR/BDR는 다음과 같은 우선순위 값을 기준으로 선정된다.

① 라우터 인터페이스에 설정되어 있는 OSPF 기본 우선순위(Priority) 값을 비교하여 가장 큰 값을 가진 라우터가 DR, 그다음 값을 가진 라우터가 BDR가 된다. 기본 값은 1로 설정되어 있다.

② 인터페이스의 우선순위 값이 같다면 라우터 ID가 가장 높은 라우터가 DR, 그다음으로 높은 라우터가 DBR가 된다.

우리는 그림 7-5의 네트워크 설정 시 우선순위에 대한 별도의 설정을 하지 않았으므로, 모든 라우터의 기본 우선순위 값은 1이 된다. 따라서 라우터 ID가 가장 높은 R4가 DR로 선출되고, R3가

BDR로 선정될 것이다. DR/BDR 선정 결과를 확인하기 위해 라우터 R4에서 ***show ip ospf neighbor*** 명령어를 입력해보자.

```
R4#show ip ospf neighbor
Neighbor ID     Pri     State           Dead Time     Address         Interface
1.1.1.1         1       FULL/DROTHER    00:00:36      203.230.7.1     GigabitEthernet0/0
2.2.2.1         1       FULL/BDR         00:00:32     203.230.7.2     GigabitEthernet0/0
3.3.3.1         1       FULL/DROTHER    00:00:37      203.230.7.3     GigabitEthernet0/0
```

독자가 설정한 네트워크에서는 위와 같은 결과가 나오지 않을 수도 있다. DR/BDR가 일단 한 번 선정된 이후에는 해당 DR/BDR에 문제가 생기지 않는 한 그 상태를 계속 유지하기 때문이다. 따라서 특정 라우터를 DR로 선출하기 위해서는 DR로 선출될 라우터를 먼저 설정한 후 그다음 나머지 라우터들을 설정하면 된다. 한편 전술한 바와 같이 OSPF의 우선순위 값을 조정하여 DR/BDR 선정이 가능한데, 그림 7-5 토폴로지에서 R1을 DR로 R2를 BDR로 선정하기 위해 OSPF Priority 값을 변경하고 그 결과를 확인해보자. OSPF 우선순위 값 변경은 다음과 같이 인터페이스 설정 모드에서 ***ip ospf priority*** 명령어를 이용한다.

```
R1(config)#int gi0/0
R1(config-if)#ip ospf priority 255

R2(config)#int gi0/0
R2(config-if)#ip ospf priority 254
```

우선순위 값 변경에 따른 DR/BDR 선정 결과를 확인하기 위해 모든 라우터의 OSPF Process를 재시작한다. 이를 위한 명령어는 ***clear ip ospf process*** 이다. R1, R2, R3도 같은 방법으로 재시작하되, 부팅 순서에 유의하도록 한다.

```
R4#clear ip ospf process
Reset ALL OSPF processes? [no]: yes
08:09:19: %OSPF-5-ADJCHG: Process 1, Nbr 1.1.1.1 on GigabitEthernet0/0 from FULL
to DOWN, Neighbor Down: Adjacency forced to reset

08:09:19: %OSPF-5-ADJCHG: Process 1, Nbr 2.2.2.1 on GigabitEthernet0/0 from FULL
to DOWN, Neighbor Down: Adjacency forced to reset

08:09:19: %OSPF-5-ADJCHG: Process 1, Nbr 3.3.3.1 on GigabitEthernet0/0 from 2WAY
to DOWN, Neighbor Down: Adjacency forced to reset

08:09:19: %OSPF-5-ADJCHG: Process 1, Nbr 1.1.1.1 on GigabitEthernet0/0 from FULL
```

```
to DOWN, Neighbor Down: Interface down or detached

08:09:19: %OSPF-5-ADJCHG: Process 1, Nbr 2.2.2.1 on GigabitEthernet0/0 from FULL
to DOWN, Neighbor Down: Interface down or detached

08:09:19: %OSPF-5-ADJCHG: Process 1, Nbr 3.3.3.1 on GigabitEthernet0/0 from 2WAY
to DOWN, Neighbor Down: Interface down or detached

08:09:28: %OSPF-5-ADJCHG: Process 1, Nbr 1.1.1.1 on GigabitEthernet0/0 from LOAD-
ING to FULL, Loading Done

08:09:33: %OSPF-5-ADJCHG: Process 1, Nbr 2.2.2.1 on GigabitEthernet0/0 from LOAD-
ING to FULL, Loading Done
```

이제 아래와 같이 라우터 R1이 새로운 DR로, 라우터 R2가 새로운 BDR로 선정되어 있음을 확인할 수 있다. OSPF 우선순위 값이 0이면 DR/BDR 선정 과정에 참여하지 않는다는 의미이며, 255가 되면 가장 큰 숫자로 선정에 있어서 항상 우선순위를 가진다는 의미이다.

```
R4#show ip ospf neighbor
Neighbor ID     Pri    State           Dead Time    Address        Interface
1.1.1.1         255    FULL/DR         00:00:37     203.230.7.1    GigabitEthernet0/0
3.3.3.1         1      2WAY/DROTHER    00:00:39     203.230.7.3    GigabitEthernet0/0
2.2.2.1         254    FULL/BDR        00:00:33     203.230.7.2    GigabitEthernet0/0
R4#
```

OSPF도 RIP이나 EIGRP와 같이 디폴트 정적 경로를 설정하고 이를 동일 영역 내의 모든 라우터들에게 광고할 수 있다. 이를 위해 다음과 같이 디폴트 경로를 먼저 설정한 다음 OSPF 라우팅 프로토콜 설정 모드에서 ***default-information originate*** 명령어를 입력한다. 아래의 예제에서는 인터페이스 Loopback 0를 사용했지만 실제 네트워크 환경에서는 외부 네트워크로 향하는 인터페이스 유형과 번호가 사용되어야 할 것이다.

```
R1(config)#ip route 0.0.0.0 0.0.0.0 loopback 0
%Default route without gateway, if not a point-to-point interface, may impact per-
formance
R1(config)#router ospf 1
R1(config-router)#default-information originate
```

다음으로 라우터 R3의 라우팅 테이블을 확인해보자. 아래와 같이 디폴트 경로가 라우팅 테이블에 등록된 것을 알 수 있다. 이러한 디폴트 경로는 R2, R3에서도 확인할 수 있다. OSPF는 외부 경로에 대해서는 코드 값 E1 또는 E2를 가지는데, E1은 경로에 대한 누적 값을 반영하고 E2는 반영하지 않는 것이다. OSPF는 외부 경로에 대해서 기본적으로 E2가 적용된다.

```
R3>en
R3#show ip route
Codes: L - local, C - connected, S - static, R - RIP, M - mobile, B - BGP
       D - EIGRP, EX - EIGRP external, O - OSPF, IA - OSPF inter area
       N1 - OSPF NSSA external type 1, N2 - OSPF NSSA external type 2
       E1 - OSPF external type 1, E2 - OSPF external type 2, E - EGP
       i - IS-IS, L1 - IS-IS level-1, L2 - IS-IS level-2, ia - IS-IS inter area
       * - candidate default, U - per-user static route, o - ODR
       P - periodic downloaded static route

Gateway of last resort is 203.230.7.1 to network 0.0.0.0

     1.0.0.0/32 is subnetted, 1 subnets
O       1.1.1.1/32 [110/2] via 203.230.7.1, 00:11:00, GigabitEthernet0/0
     2.0.0.0/32 is subnetted, 1 subnets
O       2.2.2.1/32 [110/2] via 203.230.7.2, 00:11:00, GigabitEthernet0/0
     3.0.0.0/8 is variably subnetted, 2 subnets, 2 masks
C       3.3.3.0/24 is directly connected, Loopback0
L       3.3.3.1/32 is directly connected, Loopback0
     4.0.0.0/32 is subnetted, 1 subnets
O       4.4.4.1/32 [110/2] via 203.230.7.4, 00:11:00, GigabitEthernet0/0
     203.230.7.0/24 is variably subnetted, 2 subnets, 2 masks
C       203.230.7.0/24 is directly connected, GigabitEthernet0/0
L       203.230.7.3/32 is directly connected, GigabitEthernet0/0
O*E2 0.0.0.0/0 [110/1] via 203.230.7.1, 00:00:02, GigabitEthernet0/0
R3#
```

표 7-4에서 보았듯이 OSPF는 링크 비용을 계산할 때 기본적으로 "기준 대역폭 / 링크 대역폭 = 100000000 / 대역폭"의 계산식을 사용한다. 그런데 위의 식을 사용하게 되면 100Mbps, 1Gbps, 10Gbps 속도의 인터페이스에 대한 링크 비용 산정에 문제가 있을 수 있다. 이는 정확한 최적 경로 계산에 영향을 주게 된다. 이 문제를 해결하기 위하여 ***auto-cost reference-bandwidth*** 명령어를 사용하여 기준 대역폭 값을 변경할 수 있으며, OSPF로 동작하는 모든 라우터에 동일하게 설정해야 한다. 단 유감스럽게도 현 버전의 패킷트레이서에서는 이 명령어를 지원하지 않고 있다. 실제 라우터 장치에서는 다음과 같이 설정한다는 것을 참고하기 바란다. 아래 설정에서는 기준 대역폭 값을 10G로 변경하고 있다.

```
R1(config)#router ospf 1
R1(config-router)#auto-cost reference-bandwidth ?
  <1-4294967> The reference bandwidth in terms of Mbit per second
R1(config-router)#auto-cost reference-bandwidth 10000
% OSPF: Reference bandwidth is changed.
```

```
        Please ensure reference bandwidth is consistent across all routers.
R1(config-router)#
```

OSPF는 Hello 및 Dead Interval을 인터페이스 설정 모드에서 수정할 수 있다. 그림 7-5의 토폴로지에서 R1 라우터의 Gi0/0에 설정돼 있는 Hello 값 및 Dead Interval 값을 변경해보자. 이 값을 변경하면 다른 라우터와의 Hello 값 및 Dead Interval 값이 일치하지 않으므로, 네이버 관계가 끊어지는 것을 아래와 같이 확인할 수 있다.

```
R1>en
R1#conf t
R1(config)#int gi0/0
R1(config-if)#ip ospf hello-interval 10
R1(config-if)#ip ospf dead-interval 20
01:01:47: %OSPF-5-ADJCHG: Process 1, Nbr 2.2.2.1 on GigabitEthernet0/0 from FULL
to DOWN, Neighbor Down: Dead timer expired

01:01:47: %OSPF-5-ADJCHG: Process 1, Nbr 2.2.2.1 on GigabitEthernet0/0 from FULL
to DOWN, Neighbor Down: Interface down or detached

01:01:53: %OSPF-5-ADJCHG: Process 1, Nbr 3.3.3.1 on GigabitEthernet0/0 from FULL
to DOWN, Neighbor Down: Dead timer expired

01:01:53: %OSPF-5-ADJCHG: Process 1, Nbr 3.3.3.1 on GigabitEthernet0/0 from FULL
to DOWN, Neighbor Down: Interface down or detached

01:01:53: %OSPF-5-ADJCHG: Process 1, Nbr 4.4.4.1 on GigabitEthernet0/0 from FULL
to DOWN, Neighbor Down: Dead timer expired

01:01:53: %OSPF-5-ADJCHG: Process 1, Nbr 4.4.4.1 on GigabitEthernet0/0 from FULL
to DOWN, Neighbor Down: Interface down or detached

R1(config-if)#
```

show ip ospf interface gi0/0 명령어를 통해 변경된 Hello 및 Dead Interval 값을 확인할 수 있다.

```
R1#show ip ospf interface gi0/0
GigabitEthernet0/0 is up, line protocol is up
  Internet address is 203.230.7.1/24, Area 0
  Process ID 1, Router ID 1.1.1.1, Network Type BROADCAST, Cost: 100
  Transmit Delay is 1 sec, State DR, Priority 255
  Designated Router (ID) 1.1.1.1, Interface address 203.230.7.1
  No backup designated router on this network
  Timer intervals configured, Hello 10, Dead 20, Wait 20, Retransmit 5
```

```
    Hello due in 00:00:02
  Index 1/1, flood queue length 0
  Next 0x0(0)/0x0(0)
  Last flood scan length is 1, maximum is 1
  Last flood scan time is 0 msec, maximum is 0 msec
  Neighbor Count is 0, Adjacent neighbor count is 0
  Suppress hello for 0 neighbor(s)
R1#
```

OSPF 보안

OSPF에 보안 기능을 사용하여 보안 값이 일치하는 라우터들만 라우팅 정보를 교환하게 할 수 있다. OSPF는 이를 위해서 영역 인증(Area Authentication)과 네이버 인증(Neighbor Authentication)을 사용하는데, 인증 기능 설정 시 사용하는 인증키 값은 평문으로 전송할 것인지 아니면 MD5 방식을 사용하여 암호화하여 전달할 것인지 선택할 수도 있다.

평문을 사용한 네이버 인증

```
R1(config)#int gi0/0
R1(config-if)#ip ospf authentication
R1(config-if)#ip ospf authentication-key cisco
```

MD5 방식을 사용한 네이버 인증

아래의 설정에서 키 값은 1~255의 숫자이며, 이웃하는 라우터와 반드시 동일해야 한다.

```
R1(config)#int gi0/0
R1(config-if)#ip ospf authentication message-digest
R1(config-if)#ip ospf message-digest-key 1 md5 cisco
```

평문을 사용한 영역 인증

```
R1(config)#router ospf 1
R1(config-router)#area 0 authentication
R1(config-router)#exit
R1(config)#int gi0/0
R1(config-if)#ip ospf authentication-key cisco
```

MD5 방식을 사용한 영역 인증

```
R1(config)#router ospf 1
R1(config-router)#area 0 authentication message-digest
R1(config-router)#exit
R1(config)#int gi0/0
R1(config-if)#ip ospf message-digest-key 1 md5 cisco
```

그림 7-5의 토폴로지에서 모든 라우터의 gi0/0에 MD5 방식을 사용한 네이버 인증 방식을 적용해보도록 한다. 이를 적용하기 전에 R1의 gi0/0 인터페이스에 설정되어 있는 Hello 값과 Dead Interval 값을 원래의 값으로 되돌려야 할 것이다.

PACKET TRACER

Cisco Networking Academy Program
A Powerful Network Simulation Tool

제8장

VLAN과 Inter-VLAN 라우팅

CHAPTER

08 VLAN과 Inter-VLAN 라우팅

스위치 장치는 LAN 구간에서 주로 사용되는 장치로서 L2, L3, L4, L7 스위치로 구분할 수 있다. L2 스위치는 MAC 주소를 기반으로 프레임을 전달하는 장비로서 보통 스위치라 하면 바로 L2 스위치를 지칭하는 말이다. MAC 주소를 기반으로 하기 때문에 L2 스위치는 MAC 테이블을 가지고 있으며, MAC 주소를 기반으로 보안을 제공하기도 한다. L3 스위치는 MAC 주소가 아닌 IP 주소를 기반으로 패킷을 전달하는 기능을 가지는 스위치 인데, L3 스위치는 L2의 기능을 포함하고 있다. L3가 L2보다 하드웨어 성능이 더 좋다. L4는 TCP, UDP 등을 스위칭하면서 RTP 등의 헤더를 사용해서 응용 프로그램에서 사용하는 프로토콜 중 어떠한 것을 우선적으로 전달할 것인지를 결정할 수 있다. 또한 주로 서버나 네트워크의 트래픽에 대한 로드 밸런싱(Load Balancing)을 하는 데도 사용된다. L7 스위치는 패킷의 헤더 정보만 확인하는 L4에 비해서 URL, e-mail의 제목 및 내

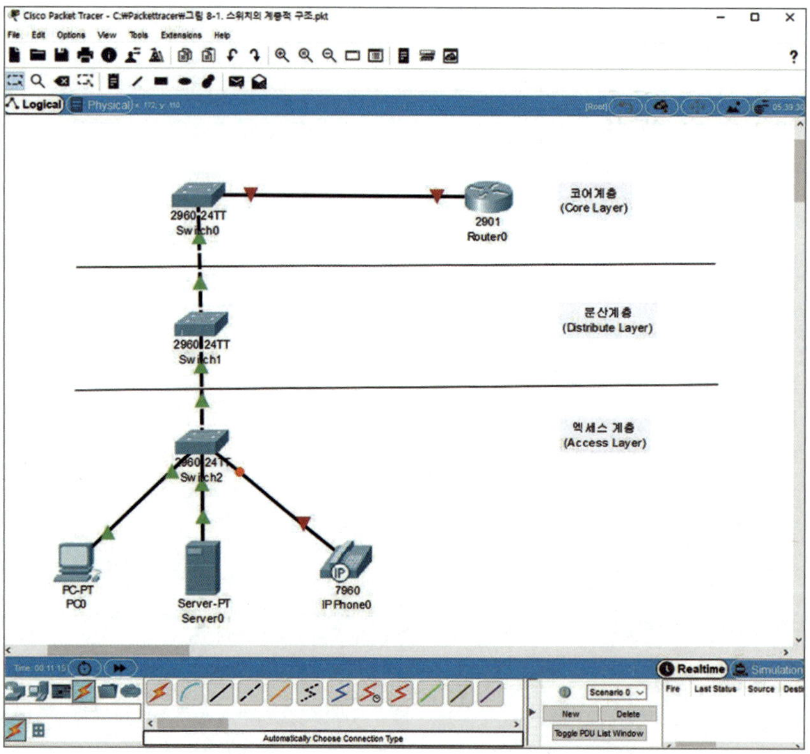

그림 8-1 스위치의 계층적 구조

용, 쿠키 등의 패턴을 분석해 패킷을 처리하는 방식으로 높은 보안성을 제공할 수 있고 더욱 정교한 QoS 및 로드 밸런싱을 설정할 수 있다.

이렇게 다양한 스위치는 네트워크를 구성할 때 어떻게 디자인되느냐가 중요한데, 라우터와 달리 스위치를 이용해 네트워크를 구성할 경우 계층적인 구조를 사용해 구성하면 안정성과 확장성은 물론 성능까지 향상되는 결과를 가져온다. 그래서 계층적인 구조를 사용하게 되면 세 개의 계층으로 나뉘게 되는데 액세스(Access), 분산(Distribution), 코어(Core) 계층으로 나눌 수가 있다.그림 8-1

- **액세스(Access) 계층**: 액세스 계층은 가장 밑에 있는 계층으로서 PC, 프린터, IP 전화기, 허브, 무선 AP (Access Point) 등과 같은 장치가 직접적으로 연결되는 계층을 말한다. Port Security, VLAN(Voice 포함), PoE(Power of Ethernet), Link Aggregation, QoS 등의 기능을 주로 설정한다.
- **분산(Distribution) 계층**: 액세스 계층으로부터 받은 프레임을 코어 계층으로 전송하기 전의 계층으로서 주로 트래픽을 분리하는 역할을 하는 계층이다. 예를 들어 VLAN을 나누어 브로드캐스트 도메인을 나눈다거나 내부 사용자와 외부 사용자를 구분하는 것, 높은 가용성 및 신뢰성을 위해 여러 정책을 시행하는 단계이다. ACL, IP 라우팅, 이중화 구성, QoS 등의 기능을 주로 설정한다.
- **코어(Core) 계층**: 인터넷과 연결되어 있어 외부와 패킷을 주고받을 수 있는 계층으로서 어떠한 정책도 선언되지 않는다. 코어 계층의 주된 역할이 패킷의 전달을 빠르고 정확하게 하는 것이기 때문이다.

전술한 바와 같이 스위치는 MAC Table을 가지게 되는데, 이를 만드는 순서를 그림 8-2를 참조하여 알아보자.

① 스위치가 부팅을 마치고 동작 모드로 들어가게 된다. 이때 스위치의 MAC Table에는 어떠한 내용도 없다.

```
switch>en
Switch#show mac-address-table
          Mac Address Table
-------------------------------------------

Vlan    Mac Address       Type        Ports
----    --------------    --------    -----

Switch#
```

② PC0이 PC3에게 프레임을 전달하기 위해서 해당 프레임을 스위치에게 전달하였다. 이때 스위치는 PC0의

MAC 주소를 알 수 있고, fa0/1 포트에 연결되어 있다는 사실을 인지한다. 그런데 스위치는 PC3이 어디에 연결되어 있는지 알지 못하기 때문에 해당 프레임을 복사하여 프레임이 올라온 fa0/1 포트를 제외한 다른 모든 포트에 해당 프레임을 보내게 된다. 이러한 현상을 플러딩(Flooding)이라고 한다.

③ 스위치에게 프레임을 받은 PC1, PC2는 목적지의 MAC 주소가 자신이 아님을 알고 받은 프레임을 바로 폐기하지만, PC3는 목적지가 자신이라는 것을 알고 프레임을 받는다.

④ 위의 과정을 반복하면서 스위치는 MAC Table을 완성하게 되는 것이다.

```
Switch>en
Switch#show mac-address-table
          Mac Address Table
-------------------------------------------

Vlan    Mac Address       Type        Ports
----    -----------       --------    -----

   1    0001.9665.acca    DYNAMIC     Fa0/2
   1    0002.1652.62eb    DYNAMIC     Fa0/4
   1    0005.5e91.6a9c    DYNAMIC     Fa0/1
   1    00d0.bca5.4a75    DYNAMIC     Fa0/3
Switch#
```

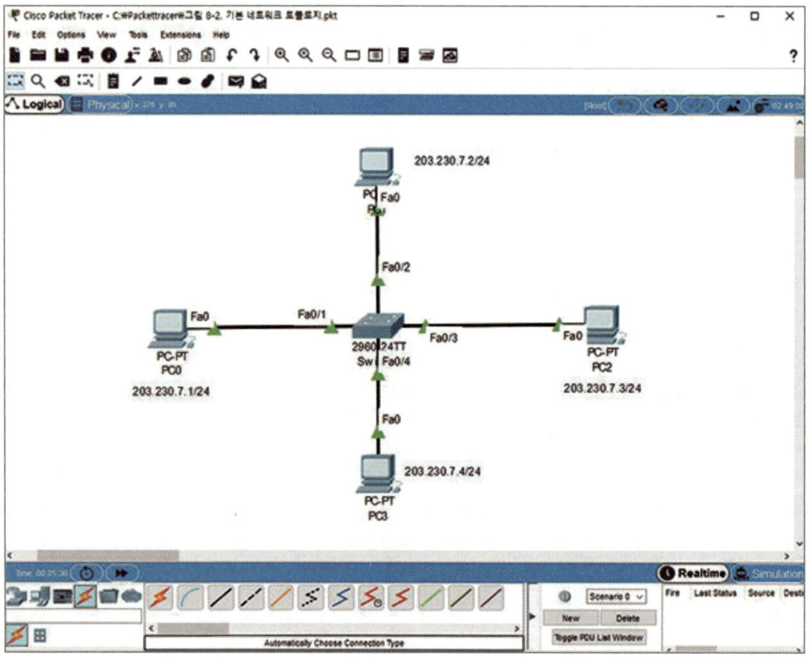

그림 8-2 기본 네트워크 토폴로지

⑤ 스위치의 MAC Table이 완성되면 플러딩을 하지 않고 유니캐스트 통신을 통해 프레임을 전달하는데, 스위치는 MAC Table의 값을 계속 저장하지 않고 300초(기본 설정)만 저장하며, 이 시간을 에이징 시간(Aging Time)이라고 한다.

VLAN(Virtual LAN)

만약 위의 그림 8-2 토폴로지가 많은 네트워크 장치(PC, 프린터, AP 등등)에 연결된다면 플러딩 데이터가 커지게 되어 일정한 대역폭을 차지하게 된다. 또한 스위치는 자신이 브로드캐스트 프레임을 받으면 브로드캐스트 프레임을 받은 포트를 제외한 모든 포트에게 이 트래픽을 전달하게 되므로 결과적으로 네트워크의 크기가 클수록 이러한 데이터가 늘어나는 문제점을 가지게 된다. 또한 내부에서 권한이 없는 사용자가 아무런 제약 없이 특정 장치에 접속할 수 있게 되는 문제점이 생기게 되어 이를 L2 계층에서 해결하고자 사용되는 것이 바로 VLAN(Virtual LAN)이다.

VLAN은 브로트캐스트 도메인을 분할하여 브로드캐스트 트래픽으로 인한 장비들의 성능 저하를 막을 수 있으며, 서로 다른 VLAN에 속해 있는 장치들은 통신이 불가능하기 때문에 보안에도 도움을 준다. 서로 다른 VLAN이 통신을 하기 위해서는 반드시 L3 장치인 라우터나 스위치가 있어야만 데이터를 주고받을 수 있다. 기본적으로 스위치의 모든 포트는 기본 VLAN 1번에 속해 있다.

```
Switch>en
Switch#show vlan

VLAN Name                             Status    Ports
---- -------------------------------- --------- -------------------------------
1    default                          active    Fa0/1, Fa0/2, Fa0/3, Fa0/4
                                                Fa0/5, Fa0/6, Fa0/7, Fa0/8
                                                Fa0/9, Fa0/10, Fa0/11, Fa0/12
                                                Fa0/13, Fa0/14, Fa0/15, Fa0/16
                                                Fa0/17, Fa0/18, Fa0/19, Fa0/20
                                                Fa0/21, Fa0/22, Fa0/23, Fa0/24
                                                Gig0/1, Gig0/2
1002 fddi-default                     act/unsup
1003 token-ring-default               act/unsup
1004 fddinet-default                  act/unsup
1005 trnet-default                    act/unsup

VLAN Type  SAID       MTU   Parent RingNo BridgeNo Stp  BrdgMode Trans1 Trans2
---- ----- ---------- ----- ------ ------ -------- ---- -------- ------ ------
```

```
1    enet   100001 1500  -     -     -     -    -        0      0
1002 fddi   101002 1500  -     -     -     -    -        0      0
1003 tr     101003 1500  -     -     -     -    -        0      0
1004 fdnet  101004 1500  -     -     -     ieee -        0      0
1005 trnet  101005 1500  -     -     -     ibm  -        0      0

Remote SPAN VLANs
------------------------------------------------------------------------------

Primary  Secondary  Type          Ports
-------  ---------  ------------  ------------------------------------------
```

VLAN은 1부터 1005까지의 번호로 나눌 수 있는데 이 번호를 VLAN ID라고 부른다. 1002번부터 1005번까지는 예약되어 있는 것을 알 수 있으며, 이 번호를 제외한 1~1001까지 사용할 수 있다. 위에 보이는 1, 1002~1005번의 VLAN ID는 삭제할 수 없으며, 기본적으로 설정되어 있는 VLAN이다. VLAN의 정보는 vlan.dat라는 파일에 저장되고, 이 파일은 스위치의 flash에서 확인할 수 있다.

```
Switch#show flash:
Directory of flash:/
    1  -rw-     4414921          <no date>  c2960-lanbase-mz.122-25.FX.bin
    2  -rw-         616          <no date>  vlan.dat
```

이제 VLAN을 만들어보고 이를 직접 할당해보기 위해서 패킷트레이서를 사용해 그림 8-3과 같은 간단한 토폴로지를 만들어보자.

아직 스위치에 VLAN을 설정하지 않았으므로, PC에 IP 주소를 설정한 후 PC0, PC1, PC2는 Ping을 주고받을 수 있다. 이제 아래와 같이 스위치에 VLAN을 설정해보자. VLAN을 설정하는 방법은 2가지가 있고, 어떠한 방법을 사용하더라도 결과는 똑같다.

```
Switch>en
Switch#vlan database
% Warning: It is recommended to configure VLAN from config mode,
  as VLAN database mode is being deprecated. Please consult user
  documentation for configuring VTP/VLAN in config mode.

Switch(vlan)#vlan 10 name VLAN_10
VLAN 10 added:
    Name: VLAN_10
Switch(vlan)#vlan 20 name VLAN_20
VLAN 20 added:
    Name: VLAN_20
```

```
Switch(vlan)#vlan 30 name VLAN_30
VLAN 30 added:
    Name: VLAN_30
Switch(vlan)#exit
APPLY completed.
Exiting....
Switch#

또는
Switch>en
Switch#conf t
Enter configuration commands, one per line.  End with CNTL/Z.
Switch(config)#vlan 10
Switch(config-vlan)#name VLAN_10
Switch(config-vlan)#vlan 20
Switch(config-vlan)#name VLAN_20
Switch(config-vlan)#vlan 30
Switch(config-vlan)#name VLAN_30
Switch(config-vlan)#exit
Switch(config)#
```

VLAN을 생성했으면 잘 만들어져 있는지 ***show vlan*** 명령어를 통해 확인해보자.

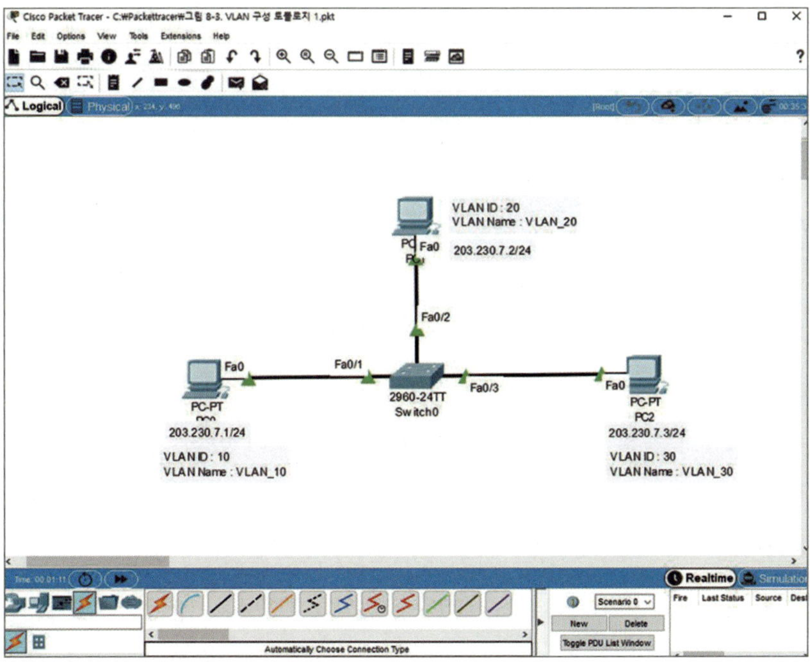

그림 8-3 VLAN 구성 도플로지 1

```
Switch#show vlan

VLAN Name                             Status    Ports
---- -------------------------------- --------- -------------------------------
1    default                          active    Fa0/1, Fa0/2, Fa0/3, Fa0/4
                                                Fa0/5, Fa0/6, Fa0/7, Fa0/8
                                                Fa0/9, Fa0/10, Fa0/11, Fa0/12
                                                Fa0/13, Fa0/14, Fa0/15, Fa0/16
                                                Fa0/17, Fa0/18, Fa0/19, Fa0/20
                                                Fa0/21, Fa0/22, Fa0/23, Fa0/24
                                                Gig0/1, Gig0/2
10   VLAN_10                          active
20   VLAN_20                          active
30   VLAN_30                          active
1002 fddi-default                     act/unsup
1003 token-ring-default               act/unsup
1004 fddinet-default                  act/unsup
1005 trnet-default                    act/unsup

VLAN Type  SAID       MTU   Parent RingNo BridgeNo Stp  BrdgMode Trans1 Trans2
---- ----- ---------- ----- ------ ------ -------- ---- -------- ------ ------
1    enet  100001     1500  -      -      -        -    -        0      0
10   enet  100010     1500  -      -      -        -    -        0      0
20   enet  100020     1500  -      -      -        -    -        0      0
30   enet  100030     1500  -      -      -        -    -        0      0
1002 fddi  101002     1500  -      -      -        -    -        0      0
1003 tr    101003     1500  -      -      -        -    -        0      0
1004 fdnet 101004     1500  -      -      -        ieee -        0      0
1005 trnet 101005     1500  -      -      -        ibm  -        0      0

Remote SPAN VLANs
------------------------------------------------------------------------------

Primary Secondary Type              Ports
------- --------- ----------------- ------------------------------------------
Switch#
```

VLAN 10, 20, 30번이 잘 만들어진 것을 볼 수 있다. VLAN을 만들었으면 이제 해당하는 포트를 VLAN에 선언하여야 한다. PC1의 경우 스위치포트 fa0/1번에 연결되어 있으므로, 이 포트가 VLAN 10번에 속한다고 선언을 해주어야 VLAN 설정이 마무리되며 다른 포트도 마찬가지로 해당하는 VLAN ID를 선언해야 한다.

```
Switch(config)#int fa0/1
Switch(config-if)#switchport mode access
Switch(config-if)#switchport access vlan 10
Switch(config-if)#exit
Switch(config)#int fa0/2
Switch(config-if)#switchport mode access
Switch(config-if)#switchport access vlan 20
Switch(config-if)#exit
Switch(config)#int fa0/3
Switch(config-if)#switchport mode access
Switch(config-if)#switchport access vlan 30
Switch(config-if)#exit
Switch(config)#do show vlan

VLAN Name                             Status    Ports
---- -------------------------------- --------- -------------------------------
1    default                          active    Fa0/4, Fa0/5, Fa0/6, Fa0/7
                                                Fa0/8, Fa0/9, Fa0/10, Fa0/11
                                                Fa0/12, Fa0/13, Fa0/14, Fa0/15
                                                Fa0/16, Fa0/17, Fa0/18, Fa0/19
                                                Fa0/20, Fa0/21, Fa0/22, Fa0/23
                                                Fa0/24, Gig0/1, Gig0/2
10   VLAN_10                          active    Fa0/1
20   VLAN_20                          active    Fa0/2
30   VLAN_30                          active    Fa0/3
1002 fddi-default                     act/unsup
1003 token-ring-default               act/unsup
1004 fddinet-default                  act/unsup
1005 trnet-default                    act/unsup

VLAN Type  SAID       MTU   Parent RingNo BridgeNo Stp  BrdgMode Trans1 Trans2
---- ----- ---------- ----- ------ ------ -------- ---- -------- ------ ------
1    enet  100001     1500  -      -      -        -    -        0      0
10   enet  100010     1500  -      -      -        -    -        0      0
20   enet  100020     1500  -      -      -        -    -        0      0
30   enet  100030     1500  -      -      -        -    -        0      0
1002 fddi  101002     1500  -      -      -        -    -        0      0
1003 tr    101003     1500  -      -      -        -    -        0      0
1004 fdnet 101004     1500  -      -      -        ieee -        0      0
1005 trnet 101005     1500  -      -      -        ibm  -        0      0

Remote SPAN VLANs
------------------------------------------------------------------------------

Primary Secondary Type              Ports
------- --------- ----------------- ------------------------------------------
Switch(config)#
```

위와 같이 설정한 후에 PC들은 서로 Ping을 주고받을 수 없다. 같은 IP 주소 대역을 가졌다 하더라도 VLAN ID가 틀리기 때문에 서로 통신을 할 수가 없는 것이다. VLAN에 대해서 좀 더 알아보기 위해 그림 8-4와 같은 토폴로지를 구성하고 다음의 스크립트를 참고하여 스위치를 설정한다.

```
- SW1 설정
Switch>en
Switch#conf t
Swtich(config)#hostname SW1
SW1(config)#vlan 10
SW1(config-vlan)#name VLAN_10
SW1(config-vlan)#vlan 20
SW1(config-vlan)#name VLAN_20
SW1(config-vlan)#vlan 30
SW1(config-vlan)#name VLAN_30
SW1(config-vlan)#int fa0/1
SW1(config-if)#switchport mode access
SW1(config-if)#switchport access vlan 10
SW1(config-if)#int fa0/2
SW1(config-if)#switchport mode access
SW1(config-if)#switchport access vlan 20
```

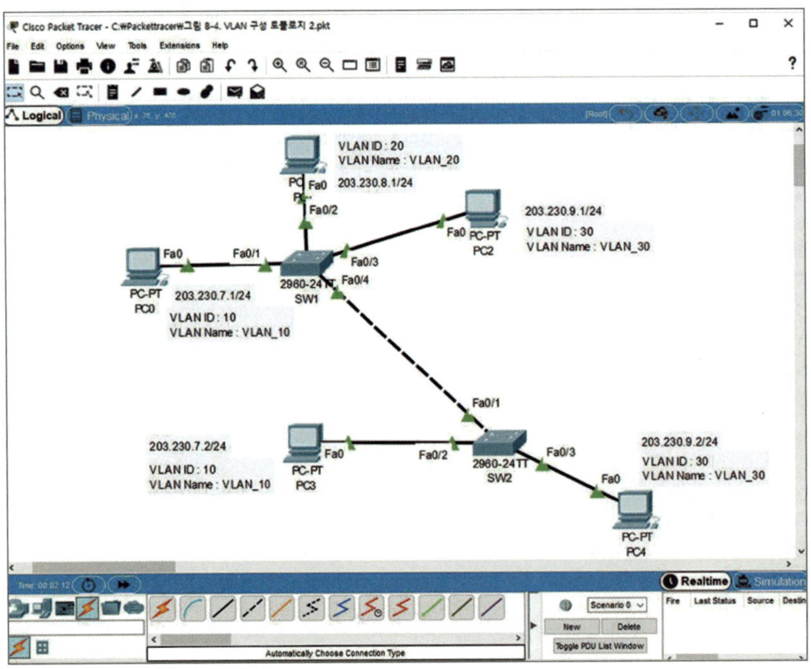

그림 8-4 VLAN 구성 토폴로지 2

```
SW1(config-if)#int fa0/3
SW1(config-if)#switchport mode access
SW1(config-if)#switchport access vlan 30
SW1(config-if)#do show vlan

VLAN Name                             Status    Ports
---- -------------------------------- --------- -------------------------------
1    default                          active    Fa0/4, Fa0/5, Fa0/6, Fa0/7
                                                Fa0/8, Fa0/9, Fa0/10, Fa0/11
                                                Fa0/12, Fa0/13, Fa0/14, Fa0/15
                                                Fa0/16, Fa0/17, Fa0/18, Fa0/19
                                                Fa0/20, Fa0/21, Fa0/22, Fa0/23
                                                Fa0/24, Gig0/1, Gig0/2
10   VLAN_10                          active    Fa0/1
20   VLAN_20                          active    Fa0/2
30   VLAN_30                          active    Fa0/3
1002 fddi-default                     act/unsup
1003 token-ring-default               act/unsup
1004 fddinet-default                  act/unsup
1005 trnet-default                    act/unsup

VLAN Type  SAID       MTU   Parent RingNo BridgeNo Stp  BrdgMode Trans1 Trans2
---- ----- ---------- ----- ------ ------ -------- ---- -------- ------ ------
1    enet  100001     1500  -      -      -        -    -        0      0
10   enet  100010     1500  -      -      -        -    -        0      0
20   enet  100020     1500  -      -      -        -    -        0      0
30   enet  100030     1500  -      -      -        -    -        0      0
1002 fddi  101002     1500  -      -      -        -    -        0      0
1003 tr    101003     1500  -      -      -        -    -        0      0
1004 fdnet 101004     1500  -      -      -        ieee -        0      0
1005 trnet 101005     1500  -      -      -        ibm  -        0      0

Remote SPAN VLANs
------------------------------------------------------------------------------

Primary Secondary Type              Ports
------- --------- ----------------- ------------------------------------------
SW1(config-if)#
```

```
- SW2 설정
Switch>en
Switch#conf t
Swtich(config)#hostname SW2
SW2(config)#vlan 10
SW2(config-vlan)#name VALN_10
SW2(config-vlan)#vlan 30
SW2(config-vlan)#name VLAN_30
```

```
SW2(config-vlan)#int fa0/2
SW2(config-if)#switchport mode access
SW2(config-if)#switchport access vlan 10
SW2(config-if)#int fa0/3
SW2(config-if)#switchport mode access
SW2(config-if)#switchport access vlan 30
SW2(config-if)#do show vlan

VLAN Name                             Status    Ports
---- -------------------------------- --------- -------------------------------
1    defaul                           active    Fa0/1, Fa0/4, Fa0/5, Fa0/6
                                                Fa0/7, Fa0/8, Fa0/9, Fa0/10
                                                Fa0/11, Fa0/12, Fa0/13, Fa0/14
                                                Fa0/15, Fa0/16, Fa0/17, Fa0/18
                                                Fa0/19, Fa0/20, Fa0/21, Fa0/22
                                                Fa0/23, Fa0/24, Gig0/1, Gig0/2
10   VLAN_10                          active    Fa0/2
30   VLAN_30                          active    Fa0/3
1002 fddi-default                     act/unsup
1003 token-ring-default               act/unsup
1004 fddinet-default                  act/unsup
1005 trnet-default                    act/unsup

VLAN Type  SAID       MTU   Parent RingNo BridgeNo Stp  BrdgMode Trans1 Trans2
---- ----- ---------- ----- ------ ------ -------- ---- -------- ------ ------
1    enet  100001     1500  -      -      -        -    -        0      0
10   enet  100010     1500  -      -      -        -    -        0      0
30   enet  100030     1500  -      -      -        -    -        0      0
1002 fddi  101002     1500  -      -      -        -    -        0      0
1003 tr    101003     1500  -      -      -        -    -        0      0
1004 fdnet 101004     1500  -      -      -        ieee -        0      0
1005 trnet 101005     1500  -      -      -        ibm  -        0      0

Remote SPAN VLANs
------------------------------------------------------------------------------

Primary Secondary Type              Ports
------- --------- ----------------- ------------------------------------------
SW2(config-if)#
```

위와 같이 SW1 및 SW2를 설정한 다음 동일한 VLAN ID 10번을 가지고 있는 PC0과 PC3, 그리고 VLAN ID 30번을 가지고 있는 PC2번과 PC4번에게 서로 Ping을 보내보자. 결과는 Ping을 주고받을 수 없다.

SW1은 3개의 VLAN ID를 가지고 있고, SW2는 2개의 VLAN ID를 가지고 있다. 그런데 SW1과 SW2는 하나의 회선으로만 연결되어 있다. 서로 같은 VLAN ID를 가지는 PC가 통신이 되기 위해

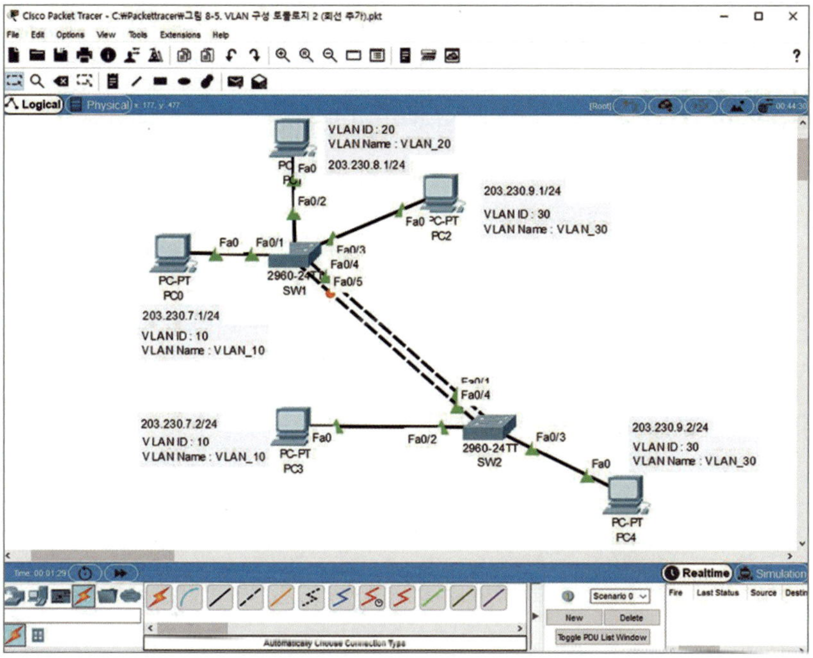

그림 8-5 VLAN 구성 토폴로지 2(회선 추가)

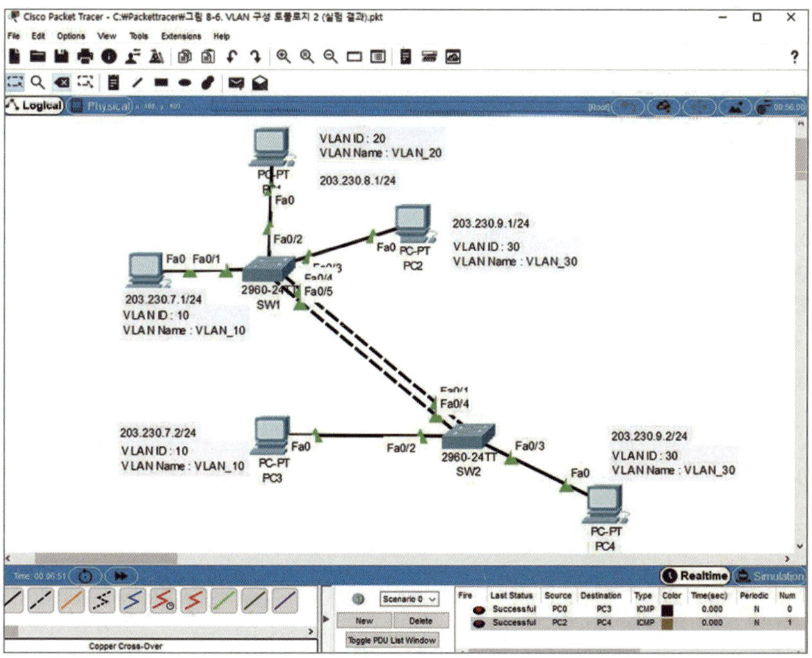

그림 8-6 VLAN 구성 토폴로지 2(실험 결과)

서는 SW1과 SW2에 동일한 VLAN ID를 가지는 회선이 있어야 가능하다. 그래서 위와 같은 토폴로지에서 통신이 되게 하기 위해서는 그림 8-5와 같이 SW1과 SW2 구간에 회선을 하나 더 연결한 후 VLAN을 선언해주면, 그림 8-6의 실험 결과에서 알 수 있듯이 서로 Ping을 주고받을 수 있다.

그런데 SW1에 5개의 VLAN이 존재하고, SW2에 5개의 VLAN이 존재하여 서로 간의 통신을 원한다면 SW1 및 SW2 구간에 5개의 회선이 존재해야 한다는 결론이 나온다. 이렇게 되면 스위치에 가용 포트가 부족하게 되는 현상이 있다. 따라서 이를 해결하기 위한 방법이 SW1과 SW2 사이에 회선을 1개만 연결하고 그 회선에 트렁크(Trunk)를 선언한다. 트렁크가 선언된 회선은 VLAN ID를 구분하지 않고 VLAN Frame을 전송한다. 즉 다시 말해 아무리 많은 VLAN이 존재하더라도 이 트렁크 포트 한 개의 회선으로 VLAN 프레임을 보내고 받을 수 있다는 의미이다.

트렁크(Trunk)

```
SW1(config)#int fa0/5
SW1(config-if)#switchport mode access
SW1(config-if)#switchport access vlan 10
SW1(config-if)#int fa0/4
SW1(config-if)#switchport mode access
SW1(config-if)#switchport access vlan 30

SW2(config)#int fa0/4
SW2(config-if)#switchport mode access
SW2(config-if)#switchport access vlan 10
SW2(config-if)#int fa0/1
SW2(config-if)#switchport mode access
SW2(config-if)#switchport access vlan 30
```

트렁크에 쓰이는 프로토콜은 2가지가 존재하는데 802.1Q와 ISL(Inter-Switch Link)이다. 802.1Q의 경우에는 L2 및 L3 장치에서 다 사용할 수 있는 프로토콜인 반면에 ISL은 시스코 전용 프로토콜로 L3 장치에서만 사용 가능하다는 점이 가장 큰 차이점이다. 그림 8-4의 토폴로지에서 아래와 같이 트렁킹을 설정한 후 ping을 보내보면 그림 8-6과 동일한 결과를 얻을 수 있으니, 독자도 직접 확인해보도록 한다.

```
SW1(config)#int fa0/4
SW1(config-if)#no switchport mode access
SW1(config-if)#no switchport access vlan 30
```

```
SW1(config-if)#switchport mode trunk
SW1(config-if)#exit
SW1(config)#exit
SW1#show interfaces trunk
Port        Mode         Encapsulation       Status        Native vlan
Fa0/4       on           802.1q              trunking      1

Port        Vlans allowed on trunk
Fa0/4       1-1005

Port        Vlans allowed and active in management domain
Fa0/4       1,10,20,30

Port        Vlans in spanning tree forwarding state and not pruned
Fa0/4       1,10,20,30
SW1#

SW2(config)#int fa0/1
SW2(config-if)#no switchport mode access
SW2(config-if)#no switchport access vlan 31
SW2(config-if)#switchport mode trunk
SW2(config-if)#exit
SW2(config)#exit
SW2#show interfaces trunk
Port        Mode         Encapsulation       Status        Native vlan
Fa0/1       on           802.1q              trunking      1

Port        Vlans allowed on trunk
Fa0/1       1-1005

Port        Vlans allowed and active in management domain
Fa0/1       1,10,30

Port        Vlans in spanning tree forwarding state and not pruned
Fa0/1       1,10,30
SW2#
```

Native VLAN

VLAN은 3가지 형태의 프레임을 가지는데 VLAN 정보가 없는 프레임(Untagged frames), 우선순위 프레임(Priority-tagged frames), 일반 VLAN 정보가 있는 프레임(VLAN-tagged frames)이 그것이다. VLAN 정보가 없는 프레임이나 우선순위 프레임의 경우에는 VLAN 정보를 가지고 있지 않다. 그래서 MAC 주소나 IP 프로토콜 ID 등으로 이 프레임을 분류하며, VLAN 정보가 있는 프레임은 VLAN ID로 VLAN을 분류한다. 802.1Q를 포함하고 있는 802.3 프레임 포맷은 다음과 같다. 이 프레임에 있는 필드 중 802.1Q 태그 부분에 VLAN ID를 넣는다. 802.1Q의 경우는 VLAN ID가 없는 프레임을 수신하면 네이티브 VLAN(Native VLAN) ID를 부여하여 프레임을 전달하게 되지만 ISL의 경우는 프레임을 폐기한다. 기본 네이티브 VLAN ID는 1번이다.

목적지 주소	출발지 주소	802.1Q 태그	유형/길이	데이터	FCS

이제 그림 8-7의 네이티브 VLAN 토폴로지를 살펴보자. 스위치와 연결된 PC에서 올라오는 데이터는 스위치에서 설정되어 있는 VLAN ID를 부여받아 트렁크 포트를 통해 이웃하는 스위치에게 전달되게 된다. 그런데 허브에서 올라오는 PC는 VLAN ID를 부여 받지 못하고 스위치에게 전달된다. 만약 트렁킹 프로토콜이 802.1Q라면 기본 네이티브 VLAN ID를 부여하여 VLAN 1번에 속한 포트들과 통신을 할 수 있지만, 트렁킹 프로토콜이 ISL이라면 프레임을 폐기해버리므로 통신 자체가 불가능하다.

그런데 위의 토폴로지에서는 VLAN 1번을 사용하는 PC가 없다. 따라서 기본 네이티브 VLAN을 변경해야 할 필요가 있으며, 아래와 같은 명령어로 변경할 수 있다. 반드시 트렁크 포트에 선언되어야 하며, SW1과 SW2에 똑같이 설정되어야 한다.

```
SW1(config)#int fa0/4
SW1(config-if)#switchport trunk native vlan 10

SW2(config)#int fa0/1
SW2(config-if)#switchport trunk native vlan 10
```

PC0의 IP 주소를 임의로 1.1.1.3/24로 정했고, 1.1.1.0/24 주소는 SW1과 SW2 모두 VLAN 10번에 속하기 때문에 위와 같이 VLAN 10번으로 네이티브 VLAN을 변경하였다. 다른 VLAN과 통신을 하고 싶다면 IP 주소를 해당 VLAN의 IP 주소로 변경하고 네이티브 VLAN을 변경하면 된다.

DTP(Dynamic Trunking Protocol)

DTP는 시스코에서 개발한 프로토콜로서 상대 스위치와 트렁크 관련 협상 및 트렁크 캡슐화(Trunk Encapsulation)를 협상하기 위한 프로토콜이다. DTP는 스위치 포트에 트렁크 모드가 설정되면 자동으로 활성화되며, 802.1Q 및 ISL 두 가지 프로토콜을 모두 지원한다. 트렁크를 설정할 때 기본적으로 사용되는 명령어가 ***switchport mode trunk***(이 명령어를 사용하면 mode가 on 상태가 됨)이다. 이 명령어는 상태 포트가 어떠한 설정으로 되어 있든지 상관없이 자신은 트렁크

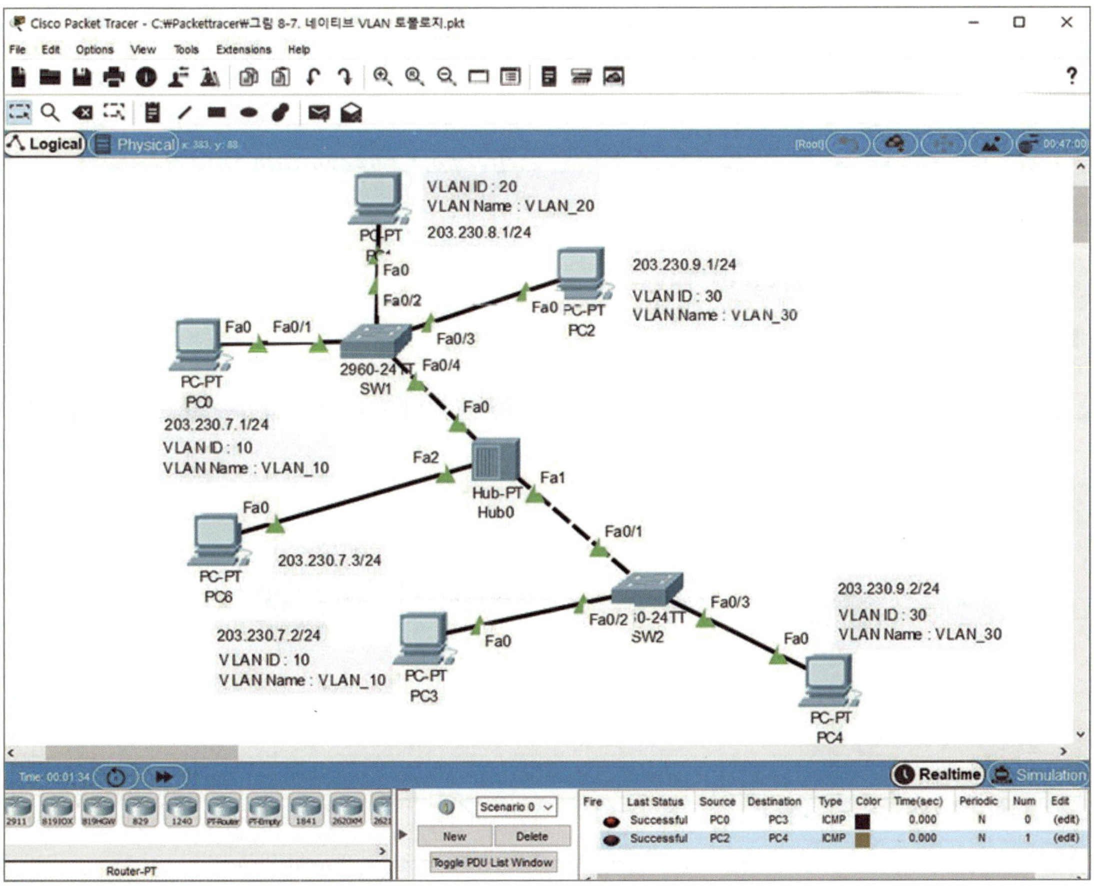

그림 8-7 네이티브 VLAN 토폴로지

로 동작하겠다는 의미이다. ***switchport mode dynamic auto*** 명령어를 사용해도 트렁크를 설정할 수 있는데, 상대방의 포트에 on이나 desirable이 선언되어 있는 경우에만 트렁크로 동작을 한다. ***switchport mode dynamic desirable*** 명령어는 상대측 포트가 on, auto, desirable일 경우에만 트렁크 포트로 동작한다. 따라서 ***switchport mode dynamic auto***가 두 트렁크 사이에 쓰일 경우, 이 포트는 트렁크로 동작하지 않는다는 사실을 알 수 있다. 이를 확인해보기 위해 그림 8-8과 같은 간단한 토폴로지를 패킷트레이서상에 만들고 다음의 스크립트를 적용해보자.

```
SW1(config-if)#int fa0/1
SW1(config-if)#switchport mode dynamic auto

SW2config-if)#int fa0/1
SW2(config-if)#switchport mode dynamic auto

SW1#show interfaces trunk
SW1#
SW2#show interfaces trunk

SW2#
```

한편 DTP 패킷을 전송하지 않는다는 의미로 ***switchport nonegotiate*** 명령어가 있다. 트렁

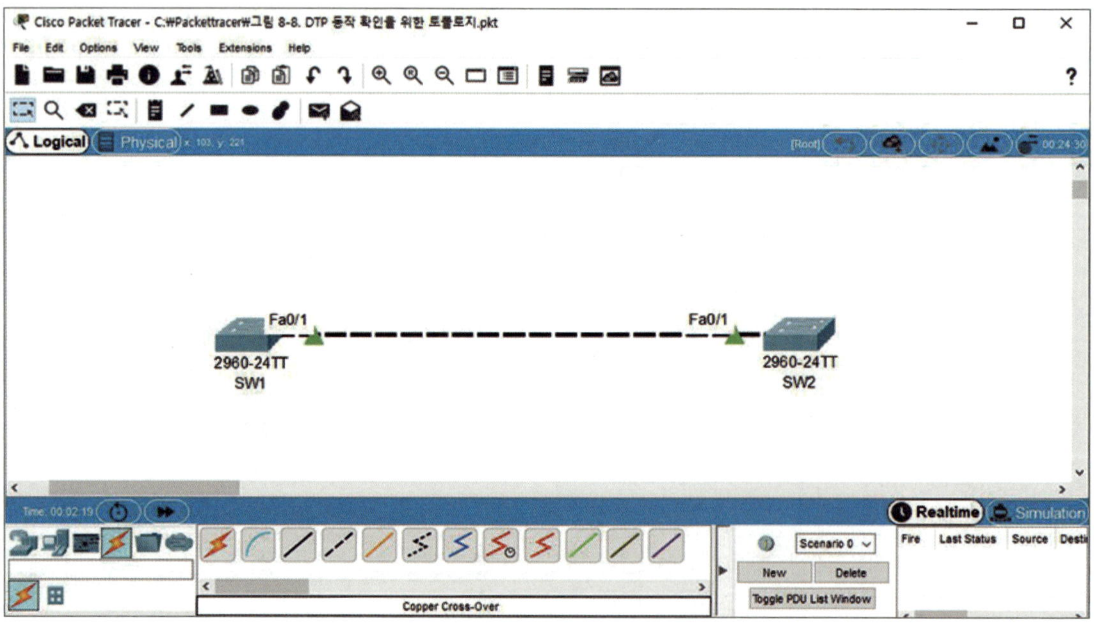

그림 8-8 DTP 동작 확인을 위한 토폴로지

크 포트로 설정되어 있으면 모든 VLAN 데이터는 트렁크 링크를 통해 이웃하는 스위치로 전달될 수 있는 반면에 특정 VLAN 데이터는 전달할 수 없도록 설정할 수도 있다. ***switchport trunk allowed vlan*** 명령어를 사용하여 가능하다. 다시 그림 8-4의 토폴로지를 참조하여 SW1과 SW2를 VLAN ID 30번의 데이터만 이 트렁크 링크를 사용할 수 있도록 설정해보자.

```
SW1config-if)#int fa0/4
SW1(config-if)#switchport trunk allowed vlan 30
SW1(config-if)#do show interface trunk
Port        Mode      Encapsulation     Status        Native vlan
Fa0/4       on        802.1q            trunking      1

Port         Vlans allowed on trunk
Fa0/4        30
```

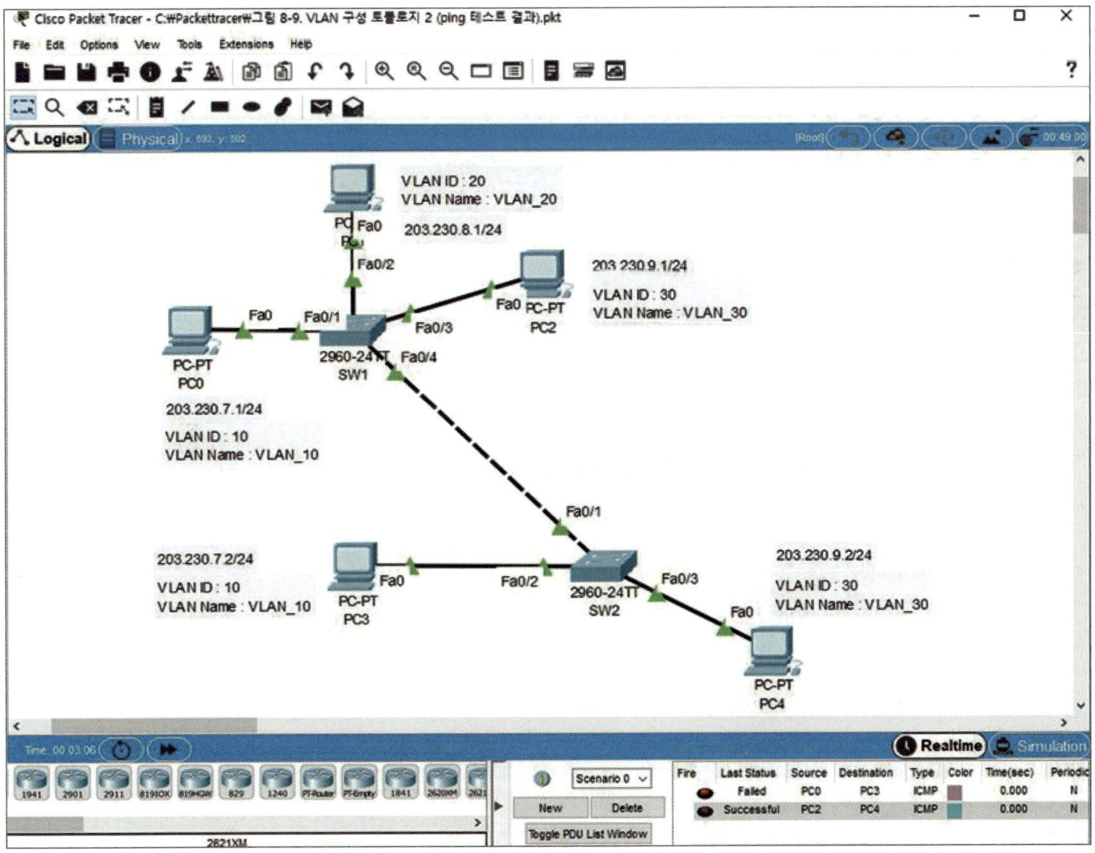

그림 8-9 VLAN 구성 토폴로지 2(ping 테스트 결과)

```
Port        Vlans allowed and active in management domain
Fa0/4       30

Port        Vlans in spanning tree forwarding state and not pruned
Fa0/4       30
SW1(config-if)#
```

위의 결과를 보면 30번 VLAN만 통신이 가능하다는 것을 알 수 있으며, 패킷트레이서에서 ping을 보내보면 30번 VLAN만 ping을 주고받을 수 있다는 것을 그림 8-9에서와 같이 확인할 수 있다.

Inter-VLAN

이제 서로 다른 VLAN에 속한 PC가 서로 ping을 주고받을 수 있도록 Inter-VLAN을 설정해보자. 어떠한 이유에서든지 VLAN을 설정한 후에도 서로 다른 VLAN에 속해 있는 장치들은 통신을 할 필요가 있다. 물론 이렇게 하면 VLAN이 가지는 보안에 단점이 있을 수 있으나 특정 VLAN의 접근

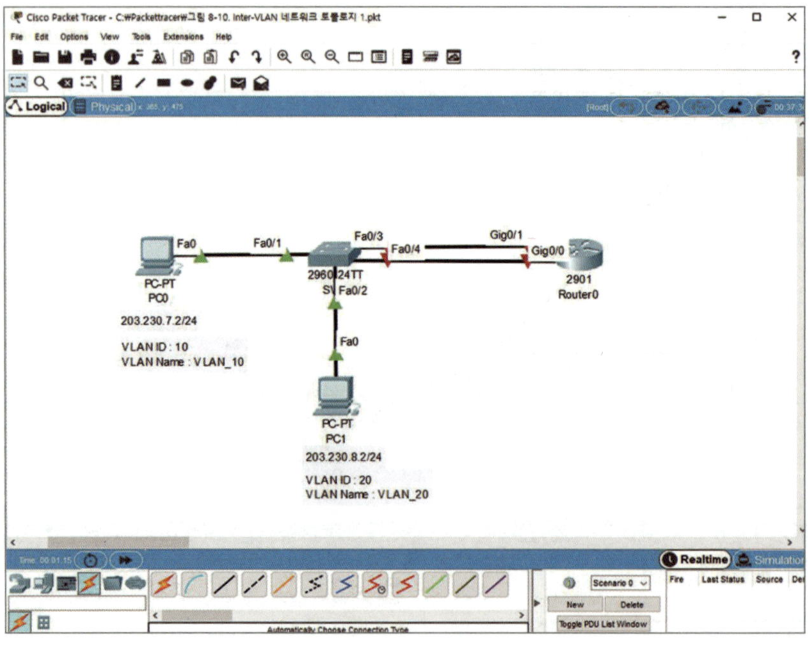

그림 8-10 Inter-VLAN 네트워크 토폴로지 1

자체를 트렁킹을 통해 막을 수 있으므로 크게 걱정하지 않아도 된다. 서로 다른 VLAN이 통신을 하기 위해서는 반드시 L3 장치를 거쳐야 통신할 수 있다. 패킷트레이서에서 그림 8-10과 같은 토폴로지를 구성하여 서로 다른 VLAN 간의 통신 설정을 해보자.

라우터와 스위치의 연결 구간에 2개의 물리 회선을 연결하여 VLAN별로 데이터를 주고받게 하는 형태이다. 설정이 쉽다는 장점이 있다. 각 VLAN의 기본 게이트웨이(Default-Gateway)는 할당 가능한 IP 주소 대역에서 가장 첫 번째 주소를 사용하는 것으로 하였다. 즉 VLAN 10번의 경우 203.230.7.0/24 주소 체계를 가지므로 첫 번째 할당 가능한 203.230.7.1/24 주소를, VLAN 20은 203.230.8.0/24 주소 체계를 가지므로 첫 번째 할당 가능한 203.230.8.1/24 주소를 기본 게이트웨이 주소로 사용한다.

```
Switch>en
Switch#conf t
Enter configuration commands, one per line.  End with CNTL/Z.
Switch(config)#hostname SW1
SW1(config)#vlan 10
SW1(config-vlan)#name VLAN_10
SW1(config-vlan)#vlan 20
SW1(config-vlan)#name VLAN_20
SW1(config-vlan)#exit
SW1(config)#int range fa0/1, fa0/3
SW1(config-if-range)#switchport mode access
SW1(config-if-range)#switchport access vlan 10
SW1(config-if-range)#exit
SW1(config)#int range fa0/2, fa0/4
SW1(config-if-range)#switchport mode access
SW1(config-if-range)#switchport access vlan 20
SW1(config-if-range)#exit
SW1(config)#do show vlan
VLAN Name                             Status    Ports
---- -------------------------------- --------- -------------------------------
1    default                          active    Fa0/5, Fa0/6, Fa0/7, Fa0/8
                                                Fa0/9, Fa0/10, Fa0/11, Fa0/12
                                                Fa0/13, Fa0/14, Fa0/15, Fa0/16
                                                Fa0/17, Fa0/18, Fa0/19, Fa0/20
                                                Fa0/21, Fa0/22, Fa0/23, Fa0/24
                                                Gig0/1, Gig0/2
10   VLAN_10                          active    Fa0/1, Fa0/3
20   VLAN_20                          active    Fa0/2, Fa0/4
1002 fddi-default                     act/unsup
1003 token-ring-default               act/unsup
1004 fddinet-default                  act/unsup
1005 trnet-default                    act/unsup
```

```
VLAN Type  SAID   MTU   Parent RingNo BridgeNo Stp  BrdgMode Trans1 Trans2
---- ----- ------ ----- ------ ------ -------- ---- -------- ------ ------
1    enet  100001 1500  -      -      -        -    -        0      0
10   enet  100010 1500  -      -      -        -    -        0      0
20   enet  100020 1500  -      -      -        -    -        0      0
1002 fddi  101002 1500  -      -      -        -    -        0      0
1003 tr    101003 1500  -      -      -        -    -        0      0
1004 fdnet 101004 1500  -      -      -        ieee -        0      0
1005 trnet 101005 1500  -      -      -        ibm  -        0      0

Remote SPAN VLANs
------------------------------------------------------------------------------

Primary Secondary Type              Ports
------- --------- ----------------- ------------------------------------------
SW1(config)#
```

스위치의 Fa0/1과 Fa0/3은 같은 VLAN 10번에 소속되므로 설정 내용이 같다. 이렇게 같은 내용을 포트에 설정할 때는 range 명령어를 사용하면 쉽게 설정할 수 있으며 사용 예는 다음과 같다.

```
SW1(config)#int range fa0/2, fa0/4
설명: fa0/2번과 fa0/4번을 동시에 설정하겠다.
SW1(config)#int range fa0/1-15, fa0/20
설명: fa0/1번부터 15번까지의 포트와 fa0/20번 포트를 동시에 설정하겠다.
```

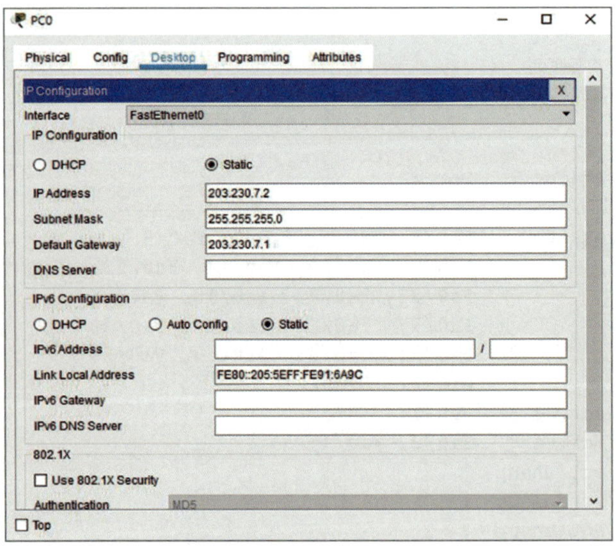

그림 8-11 PC0 IP 주소 설정

```
Router>en
Router#conf t
Enter configuration commands, one per line.  End with CNTL/Z.
Router(config)#int gi0/0
Router(config-if)#ip add 203.230.8.1 255.255.255.0
Router(config-if)#no shutdown
Router(config-if)#exit
Router(config)#int gi0/1
Router(config-if)#ip add 203.230.7.1 255.255.255.0
Router(config-if)#no shutdown
Router(config-if)#exit
Router(config)#do show ip route
Codes: L - local, C - connected, S - static, R - RIP, M - mobile, B - BGP
       D - EIGRP, EX - EIGRP external, O - OSPF, IA - OSPF inter area
       N1 - OSPF NSSA external type 1, N2 - OSPF NSSA external type 2
       E1 - OSPF external type 1, E2 - OSPF external type 2, E - EGP
       i - IS-IS, L1 - IS-IS level-1, L2 - IS-IS level-2, ia - IS-IS inter area
       * - candidate default, U - per-user static route, o - ODR
       P - periodic downloaded static route

Gateway of last resort is not set

     203.230.7.0/24 is variably subnetted, 2 subnets, 2 masks
C       203.230.7.0/24 is directly connected, GigabitEthernet0/0
L       203.230.7.1/32 is directly connected, GigabitEthernet0/0
     203.230.8.0/24 is variably subnetted, 2 subnets, 2 masks
C       203.230.8.0/24 is directly connected, GigabitEthernet0/1
L       203.230.8.1/32 is directly connected, GigabitEthernet0/1
Router(config)#
```

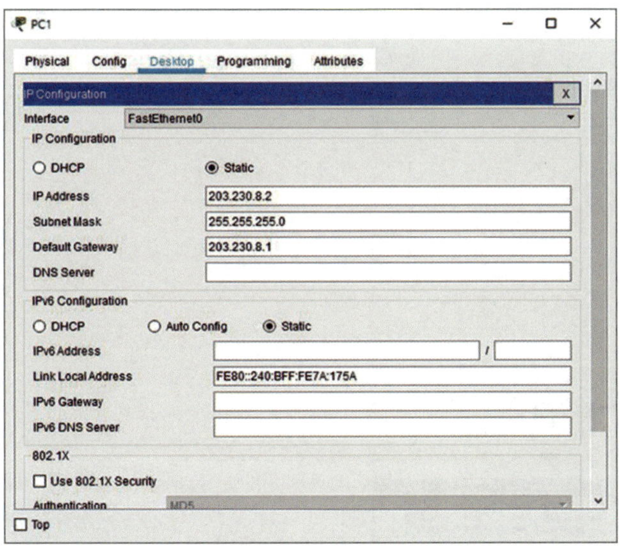

그림 8-12 PC1 IP 주소 설정

위와 같이 설정한 후 ping 테스트를 실시해보자. 그림 8-13에 보인 것과 같은 결과를 확인할 수 있는가?

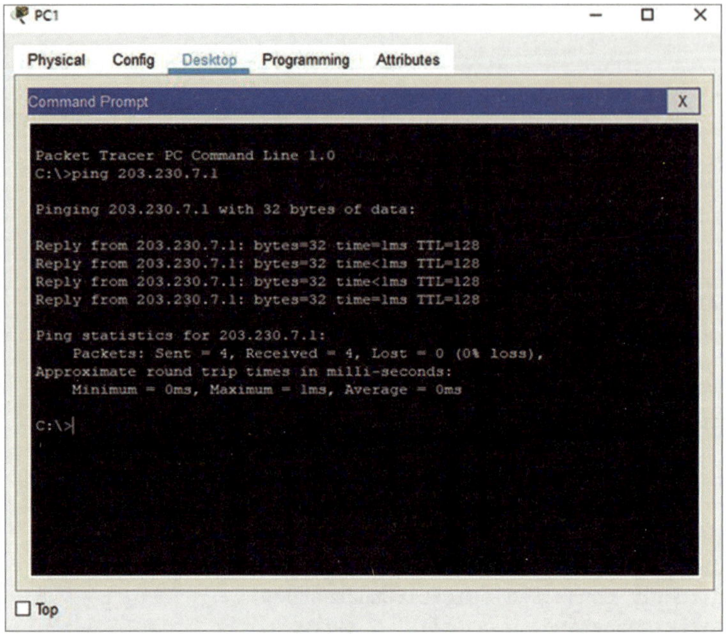

그림 8-13 Inter-VLAN ping 테스트 결과

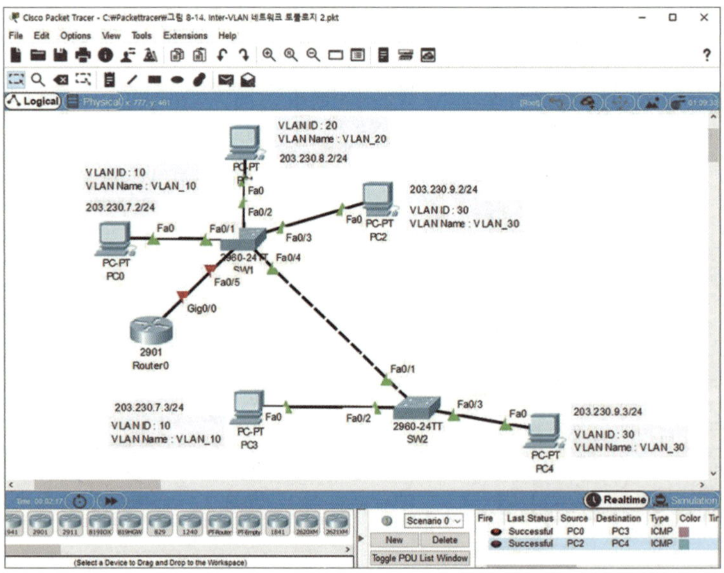

그림 8-14 Inter-VLAN 네트워크 토폴로지 2

위의 설정 방법은 VLAN의 숫자만큼 라우터 인터페이스를 할당하는 방식인데 적은 개수의 VLAN을 지원하는 데는 문제가 없으나 많은 수의 VLAN이 할당된 네트워크라면 인터페이스를 일일이 할당할 수 없다. 그림 8-14를 보자. SW1과 SW2에 트렁크를 설정한 것처럼 스위치와 라우터가 연결되어 있는 구간에도 트렁크를 구성하여 Inter-VLAN을 실시하면 한 개의 인터페이스만으로 통신이 가능하다. 이러한 방식을 라우터-온-어-스틱(router-on-a-stick)이라고 한다. 라우터-온-어-스틱 방식은 VLAN별로 라우터 인터페이스를 할당하기 위해 SVI(Switch Virtual Interface), 즉 서브 인터페이스라는 가상 인터페이스를 사용한다.

라우터의 gi0/0 포트가 SW1에 연결되어 있으므로, 다음 스크립트와 같이 스위치와 라우터를 설정한다. 즉 라우터 gi0/0에 서브 인터페이스를 생성하고, SW1의 Fa0/5에 트렁크를 설정하여 라우터-온-어-스틱 Inter-VLAN을 설정하는 것이다.

```
SW1(config)#vlan 10
SW1(config-vlan)#name VLAN_10
SW1(config-vlan)#vlan 20
SW1(config-vlan)#name VLAN_20
SW1(config-vlan)#vlan 30
SW1(config-vlan)#name VLAN_30
SW1(config-vlan)#int fa0/1
SW1(config-if)#switchport mode access
SW1(config-if)#switchport access vlan 10
SW1(config-if)#int fa0/2
SW1(config-if)#switchport mode access
SW1(config-if)#switchport access vlan 20
SW1(config-if)#int fa0/3
SW1(config-if)#switchport mode access
SW1(config-if)#switchport access vlan 30
SW1(config)#int range fa0/4, fa0/5
SW1(config-if)#switchport mode trunk

SW2(config)#vlan 10
SW2(config-vlan)#name VALN_10
SW2(config-vlan)#vlan 30
SW2(config-vlan)#name VLAN_30
SW2(config-vlan)#int fa0/2
SW2(config-if)#switchport mode access
SW2(config-if)#switchport access vlan 10
SW2(config-if)#int fa0/3
SW2(config-if)#switchport mode access
SW2(config-if)#switchport access vlan 30
SW2(config-if)#exit
SW2(config)#int fa0/1
SW2(config-if)#switchport mode trunk
```

```
Router>en
Router#conf t
Router(config)#hostname R1
R1(config)#int gi0/0
R1(config-if)#no shutdown
R1(config-if)#exit
R1(config)#int gi0/0.10 (10은 편의상 VLAN ID로 한다. 다른 숫자가 와도 상관없다.)
R1(config-subif)#encapsulation dot1Q 10(반드시 VLAN ID를 사용한다.)
R1(config-subif)#ip add 203.230.7.1 255.255.255.0
R1(config-subif)#exit
R1(config)#int gi0/0.20
R1(config-subif)#encapsulation dot1Q 20
R1(config-subif)#ip add 203.230.8.1 255.255.255.0
R1(config-subif)#exit
R1(config)#int gi0/0.30
R1(config-subif)#encapsulation dot1Q 30
R1(config-subif)#ip add 203.230.9.1 255.255.255.0
R1(config-subif)#exit
R1(config)#do show ip int brief
Interface              IP-Address      OK? Method                   Status    Protocol

GigabitEthernet0/0     unassigned      YES unset                    up        up

GigabitEthernet0/0.10  203.230.7.1     YES manual                   up        up

GigabitEthernet0/0.20  203.230.8.1     YES manual                   up        up

GigabitEthernet0/0.30  203.230.9.1     YES manual                   up        up

GigabitEthernet0/1     unassigned      YES unset administratively   down      down

Serial0/2/0            unassigned      YES unset administratively   down      down

Serial0/2/1            unassigned      YES unset administratively   down      down

Vlan1                  unassigned      YES unset administratively   down      down

R1(config)#do show ip route
Codes: L - local, C - connected, S - static, R - RIP, M - mobile, B - BGP
       D - EIGRP, EX - EIGRP external, O - OSPF, IA - OSPF inter area
       N1 - OSPF NSSA external type 1, N2 - OSPF NSSA external type 2
       E1 - OSPF external type 1, E2 - OSPF external type 2, E - EGP
       i - IS-IS, L1 - IS-IS level-1, L2 - IS-IS level-2, ia - IS-IS inter area
       * - candidate default, U - per-user static route, o - ODR
       P - periodic downloaded static route

Gateway of last resort is not set

     203.230.7.0/24 is variably subnetted, 2 subnets, 2 masks
C       203.230.7.0/24 is directly connected, GigabitEthernet0/0.10
```

```
L        203.230.7.1/32 is directly connected, GigabitEthernet0/0.10
     203.230.8.0/24 is variably subnetted, 2 subnets, 2 masks
C        203.230.8.0/24 is directly connected, GigabitEthernet0/0.20
L        203.230.8.1/32 is directly connected, GigabitEthernet0/0.20
     203.230.9.0/24 is variably subnetted, 2 subnets, 2 masks
C        203.230.9.0/24 is directly connected, GigabitEthernet0/0.30
L        203.230.9.1/32 is directly connected, GigabitEthernet0/0.30
R1(config)#
```

라우터의 모든 인터페이스는 기본적으로 비활성화 상태이다. 비활성화 상태에서 가상 인터페이스를 만들면 이 가상 인터페이스가 활성화가 되지 않으므로, R1의 gi0/0 인터페이스를 활성화 시킨 후 가상 인터페이스를 만든다. 설정이 완료된 후 라우팅 테이블을 보면 코드 값 "C"가 나와 있는 것을 볼 수 있는데 이는 직접 연결되었다는 뜻이고, 직접 연결된 인터페이스에 대해서는 따로 라우팅 프로토콜을 사용할 필요가 없다. 설정이 제대로 되었다면 모든 PC들은 상호간에 ping을 주고받을 수 있어야 한다. PC0 → Desktop → Command Prompt에서 아래와 같이 Ping 테스트를 실시해보자. 만약 ping 테스트에 실패한다면 장치에 설정된 내용을 다시 확인하여 문세를 해결해야 할 것이다.

```
Packet Tracer PC Command Line 1.0
PC>ping 203.230.7.3

Pinging 203.230.7.3 with 32 bytes of data:

Reply from 203.230.7.3: bytes=32 time=0ms TTL=128
Reply from 203.230.7.3: bytes=32 time=6ms TTL=128
Reply from 203.230.7.3: bytes=32 time=0ms TTL=128
Reply from 203.230.7.3: bytes=32 time=0ms TTL=128

Ping statistics for 203.230.7.3:
    Packets: Sent = 4, Received = 4, Lost = 0 (0% loss),
Approximate round trip times in milli-seconds:
    Minimum = 0ms, Maximum = 6ms, Average = 1ms

PC>ping 203.230.8.2

Pinging 203.230.8.2 with 32 bytes of data:

Request timed out. (처음 ping을 보낼 때, 첫 응답은 오지 않을 수 있다.)
Reply from 203.230.8.2: bytes=32 time=0ms TTL=127
Reply from 203.230.8.2: bytes=32 time=1ms TTL=127
Reply from 203.230.8.2: bytes=32 time=0ms TTL=127
```

```
Ping statistics for 203.230.8.2:
    Packets: Sent = 4, Received = 3, Lost = 1 (25% loss),
Approximate round trip times in milli-seconds:
    Minimum = 0ms, Maximum = 1ms, Average = 0ms

PC>ping 203.230.9.2

Pinging 203.230.9.2 with 32 bytes of data:

Request timed out. (처음 ping을 보낼 때, 첫 응답은 오지 않을 수 있다.)
Reply from 203.230.9.2: bytes=32 time=0ms TTL=127
Reply from 203.230.9.2: bytes=32 time=0ms TTL=127
Reply from 203.230.9.2: bytes=32 time=1ms TTL=127

Ping statistics for 203.230.9.2:
    Packets: Sent = 4, Received = 3, Lost = 1 (25% loss),
Approximate round trip times in milli-seconds:
    Minimum = 0ms, Maximum = 1ms, Average = 0ms

PC>ping 203.230.7.3

Pinging 203.230.7.3 with 32 bytes of data:

Reply from 203.230.7.3: bytes=32 time=0ms TTL=128
Reply from 203.230.7.3: bytes=32 time=0ms TTL=128
Reply from 203.230.7.3: bytes=32 time=0ms TTL=128
Reply from 203.230.7.3: bytes=32 time=0ms TTL=128

Ping statistics for 203.230.7.3:
    Packets: Sent = 4, Received = 4, Lost = 0 (0% loss),
Approximate round trip times in milli-seconds:
    Minimum = 0ms, Maximum = 0ms, Average = 0ms

PC>ping 203.230.9.3

Pinging 203.230.9.3 with 32 bytes of data:

Reply from 203.230.9.3: bytes=32 time=0ms TTL=127
Reply from 203.230.9.3: bytes=32 time=0ms TTL=127
Reply from 203.230.9.3: bytes=32 time=0ms TTL=127
Reply from 203.230.9.3: bytes=32 time=0ms TTL=127

Ping statistics for 203.230.9.3:
    Packets: Sent = 4, Received = 4, Lost = 0 (0% loss),
Approximate round trip times in milli-seconds:
    Minimum = 0ms, Maximum = 0ms, Average = 0ms

PC>
```

Port-Security 설정

스위치는 L2 장치로서 MAC Table을 가지고 있다. L2에서 MAC 주소를 기반으로 프레임을 수신할 것인지 아닌지를 결정할 수 있는 기능이 있는데, 이 기능을 Port-Security라고 한다. Port-Security는 다양하게 설정할 수 있다. 예를 들어 스위치의 어떤 한 포트가 학습할 수 있는 MAC 주소의 개수를 제한할 수도 있고, 특정 MAC 주소를 수동으로 입력한 후 해당하는 MAC 주소를 가지는 장치만 스위치를 통해 프레임을 전송하게끔 할 수 있다. 만약 제한한 수 이상의 MAC 주소를 학습하거나 등록되지 않은 MAC 주소가 프레임을 전송하려고 하면 포트를 다운시키는 등의 방법을 사용할 수 있기 때문에 실질적으로 L2 보안이라고도 불린다. Port-Security를 실습해보기 위해 그림 8-15과 같은 토폴로지를 패킷트레이서에서 구성하자.

그림 8-15의 토폴로지를 보면 Switch0의 Fa0/1의 경우 2개의 MAC 주소를 학습해야 하는데 그 개수를 1개로 줄이고, 만약 1개 이상의 MAC 주소가 학습되면 Switch0의 Fa0/1 포트가 다운되도록 설정해보자. Port-Security는 액세스, 트렁크, 터널 포트에서만 설정할 수 있으므로, Fa0/1에 액세스 설정을 한다.

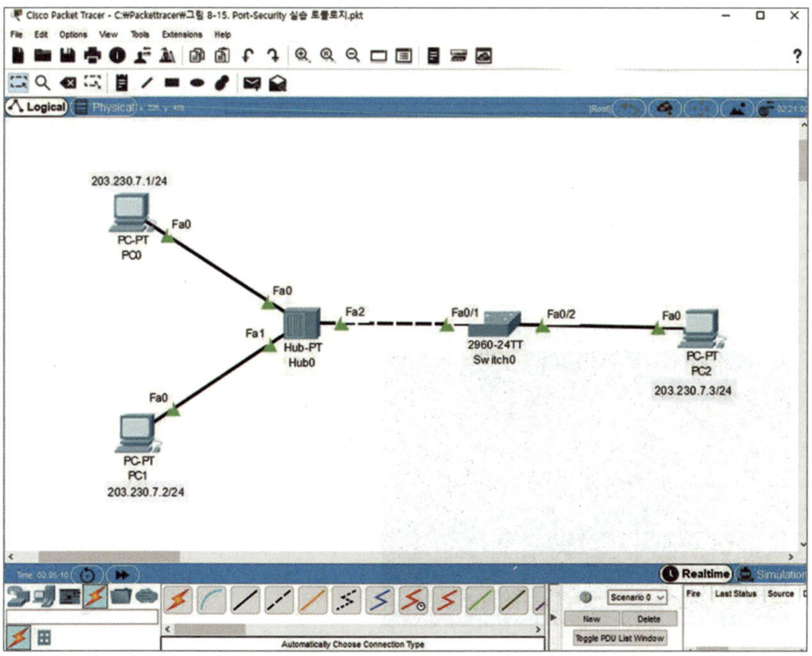

그림 8-15 Port-Security 실습 토폴로지

```
Switch(config)#int fa0/1
Switch(config-if)#switchport mode access
Switch(config-if)#switchport port-security
Switch(config-if)#switchport port-security maximum 1
Switch(config-if)#switchport port-security violation shutdown
```

설정이 다 되었으면 PC1에서 PC2로 ping을 보내보자. Ping을 보내더라도 그림 8-16과 같이 포트가 계속 활성화되어 있어야 한다.

다음으로 PC0에서 P2로 ping을 보내보자. Ping을 보내는 즉시 그림 8-17과 같이 포트가 다운되어 Ping Test가 실패하는 것을 확인할 수 있을 것이다.

한편 비활성화된 포트를 다시 활성화시키기 위해서는 해당 포트에 대한 설정 모드에 들어간 후 다음과 같이 ***shutdown, no shutdown*** 명령어를 순차적으로 입력해야 한다.

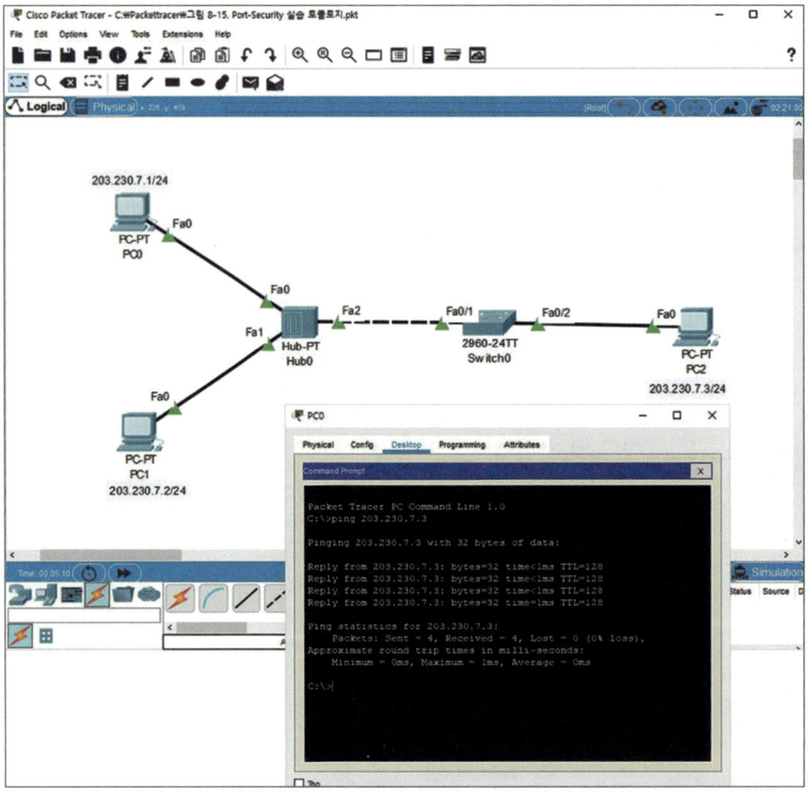

그림 8-16 Port-Security ping 테스트 1

```
Switch(config-if)#shutdown
Switch(config-if)#no shutdown
```

이제 PC0의 MAC 주소를 수동으로 Switch0에 등록하고 PC0만 PC2와 통신할 수 있도록 설정해보자. PC0의 MAC 주소를 확인하는 방법은 PC0를 클릭하고, Config 탭으로 이동한 후 INTERFACE 항목 아래에 있는 FastEthernet0를 클릭하면 MAC 주소를 확인할 수 있다.그림 8-18

아래와 같이 설정한 후, PC1에서 PC2로 ping을 보내면 바로 Switch0의 Fa0/1 포트가 다운되는 것을 확인할 수 있다.

```
Switch(config)#int fa0/1
Switch(config-if)#switchport mode access
Switch(config-if)#switchport port-security
Switch(config-if)#switchport port-security maximum 1
Switch(config-if)#switchport port-security mac-address 000D.BD1A.E47B
Switch(config-if)#switchport port-security violation shutdown
```

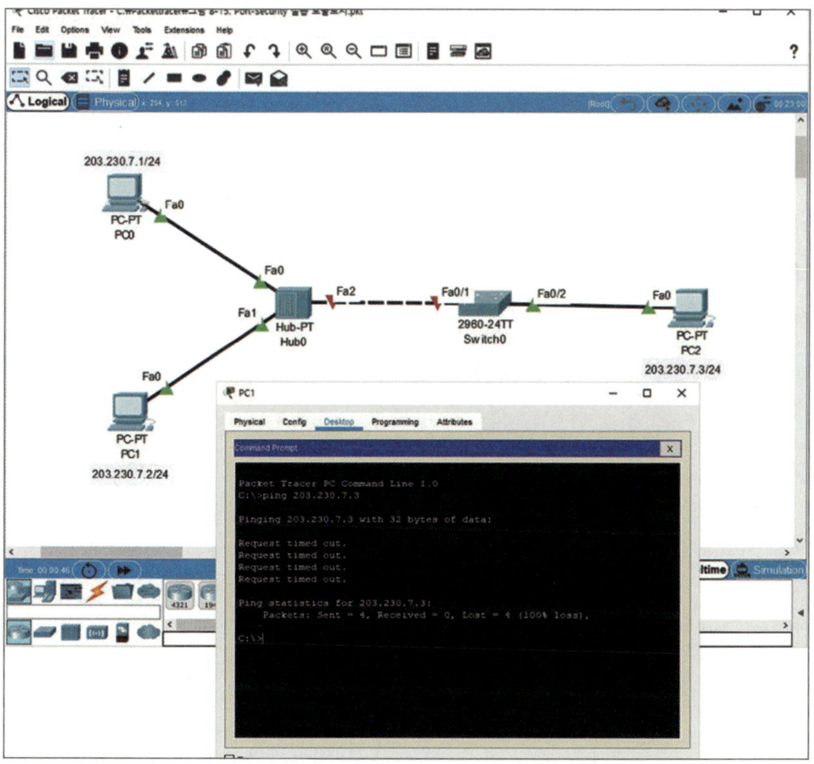

그림 8-17 Port-Security ping 테스트 2

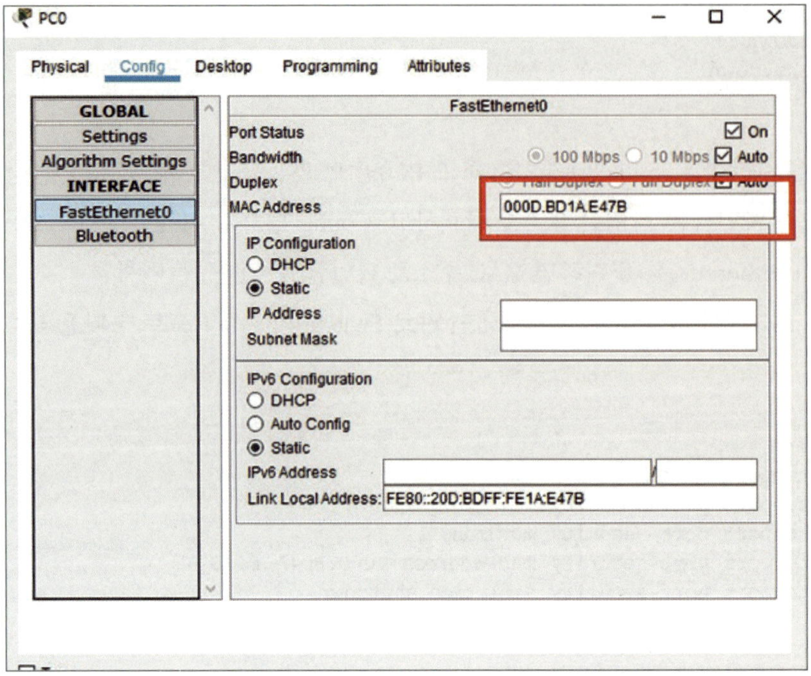

그림 8-18 PC0 MAC 주소 확인

Port-security의 정책을 설정해놓고 이 정책을 위반할 경우 스위치가 어떻게 작동할 것인지를 결정하는 명령어로 ***switchport port-security violation [restrict|protect|shutdown]***이 있다. ***protect***는 위반하더라도 현 상태를 유지하고, ***restrict***은 ***protect***의 기능을 수행하면서 로그 메시지를 출력하는 기능이며, ***shutdown***은 포트 자체를 비활성화시키는 명령어이다. L2에서의 보안이라고 하면 port-security가 빠지지 않지만, 현재 MAC 주소의 경우 쉽게 바꿀 수 있기 때문에 MAC 주소만을 이용한 포트 보안은 신뢰할 만한 보안 기능이라고 말하기 어렵다. 따라서 port-security는 스위치 포트에서 허용하는 MAC 주소와 접속할 수 있는 사용자 수 제어, 더 나아가서 MAC ACL을 사용하는 것이 효과적이다.

PACKET TRACER

Cisco Networking Academy Program
A Powerful Network Simulation Tool

제9장

VTP와 STP

CHAPTER

09 VTP와 STP

VTP(VLAN Trunking Protocol)

제8장에서 VLAN을 어떻게 설정하고 관리하는지에 대해서 알아보았다. 그런데 만약 규모가 큰 네트워크에서 스위치별로 VLAN을 생성해야 하거나 스위치별로 따로 생성된 VLAN을 삭제해야 한다면 이 일들을 일일이 수작업으로 하는 것이 대단히 번거로운 일이 아닐 수 없다. VTP(VLAN Trunking Protocol)는 이러한 환경에서 VLAN의 생성, 수정, 삭제와 같은 관리를 손쉽게 할 수 있도록 하는 프로토콜이다. VTP가 동작하기 위해서는 스위치와 스위치 사이에 반드시 트렁크가 설정되어 있어야 하며, 다음과 같은 3가지 모드로 동작한다.

- **서버 모드(Server Mode)**: 모든 스위치는 기본적으로 서버 모드로 동작하며, VLAN의 생성, 수정, 삭제를 자유롭게 할 수 있는 모드이다.
- **트랜스페어런트 모드(Transparent Mode)**: 독립적으로 동작하는 모드이며, 서버 모드로부터 받은 VLAN 정보

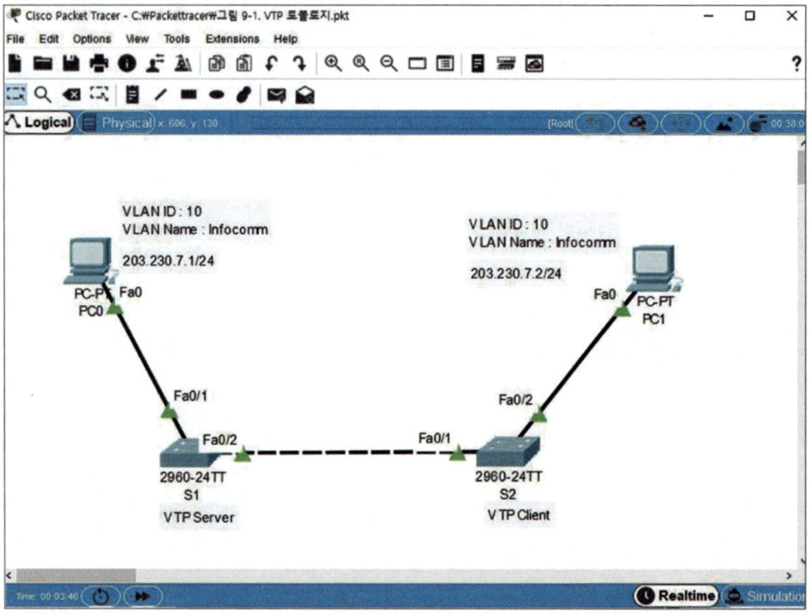

그림 9-1 VTP 토폴로지

를 자신에게 반영하지 않지만 이 정보를 이웃하는 스위치에게 전달한다.

- **클라이언트 모드(Client Mode)**: 오직 서버로부터 받은 VLAN 정보만을 반영하며, 자신이 직접 VLAN을 생성하거나 수정하거나 삭제할 수 없다.

VTP는 VLAN ID 1~1005에 대해서만 인식하며, 확장된 범위의 VLAN(1006 이상의 ID를 가지는 VLAN)에서는 VTP를 지원하지 않는다. 또한 VTP는 VLAN 정보만을 전달하는 것이지 포트의 설정까지 전달하지는 않는다. 그림 9-1의 토폴로지를 살펴보자.

S1은 VTP 서버이고, S2는 VTP 클라이언트인 상황에서 S1은 S2에게 VLAN과 관련된 정보인 VLAN ID 및 VLAN Name 정보만 전달하며, S1에 Fa0/1에 설정되어 있는 VLAN 할당과 관련된 정보는 전달하지 않는다. 그러므로 VTP 클라이언트는 VTP 서버로부터 받은 VLAN 정보를 기반으로 직접 스위치의 어떠한 포트가 어떠한 VLAN에 속하는지 일일이 설정해야 하는 번거로움이 있을 수 있다. 그러나 VTP를 사용하면 네트워크 전체에 일관성 있는 VLAN 설정을 실시할 수 있다는 점과 일일이 VLAN을 만들지 않아도 된다는 큰 장점이 있다.

VTP가 어떻게 동작하는지 알아보기 위해 패킷트레이서에서 그림 9-2와 같은 토폴로지를 구성해보자.

스위치가 가지는 VTP에 대한 기본 설정 값은 표 9-1과 같다. VTP는 VTP 도메인에 VLAN 정보

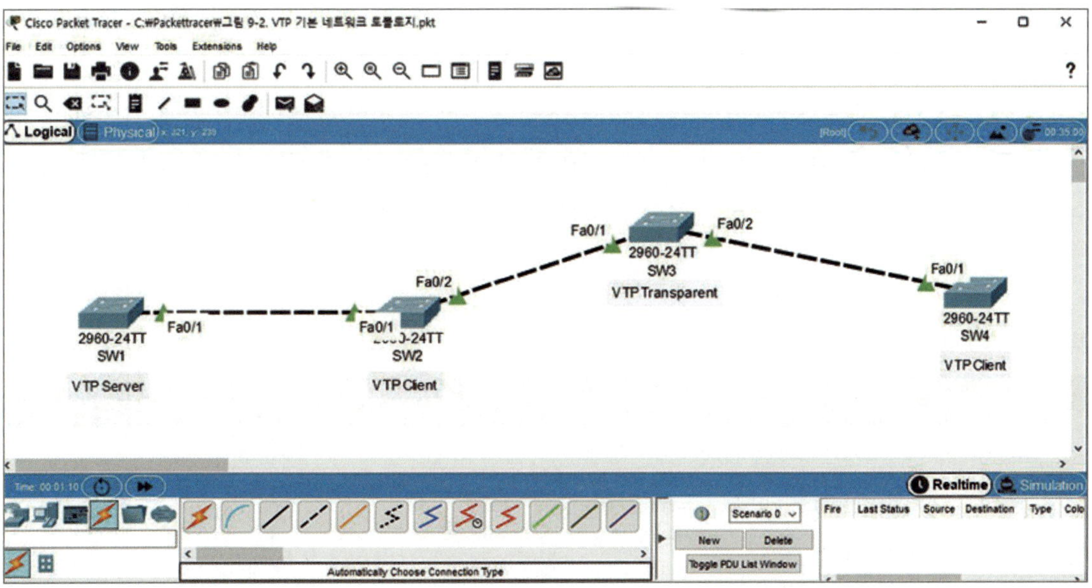

그림 9-2 VTP 기본 네트워크 토폴로지

를 전달하는데 이를 VTP 광고(advertisement)라고 하며, 이는 같은 도메인을 사용하는 스위치에게 VLAN 설정의 동기화를 위해 사용된다. VTP는 Version 1, 2, 3가 존재한다. 그러나 Version 3는 현재 사용할 수 없고 Version 2는 비활성화되어 있다.

VTP 설정 방법을 단계별로 요약하면 다음과 같다.

① VTP Version 설정

```
Switch>en
Switch#conf t
Switch(config)#vtp version ?
  <1-2>  Set the adminstrative domain VTP version number
Switch(config)#vtp version 2
```

Version은 1과 2 두 개의 값 중에서 하나를 선택하는데 Version 1을 사용한다면 굳이 설정할 필요가 없다. Version 2를 사용하고자 한다면 위와 같이 입력한다.

② VTP Mode 설정

```
Switch(config)#vtp mode ?
  client       Set the device to client mode.
  server       Set the device to server mode.
  transparent  Set the device to transparent mode.
Switch(config)#vtp mode server
Device mode already VTP SERVER.
```

VTP 모드를 설정한다. Server Client, Transparent 모드로 설정할 수 있으며, 위에서는 서 버 모드로 설정하였다. 출력되는 내용의 요지는 이미 기본 값으로 서버로 설정되어 있다는 내용이 출력된 것이다. VTP 서버로 사용될 스위치라면 설정할 필요가 없다.

표 9-1 VTP 기본 설정 값

기본 설정 내용	기본 설정 값
VTP Version	Version 1
VTP 도메인 이름	null
VTP 모드	Server
설정 개정 번호	0

③ **VTP 도메인 설정**

```
Switch(config)#vtp domain cisco
Changing VTP domain name from NULL to cisco
```

VTP 도메인을 cisco로 설정하였으며, 이 값은 바뀔 수 있다. 기본 값이 null이므로 이 값이 cisco로 바뀌었다는 메시지가 출력되었다.

④ **VTP 암호 설정**

```
Switch(config)#vtp password cisco
Setting device VLAN database password to cisco
```

VTP Password를 cisco로 설정하였다.

VTP가 올바르게 동작하기 위해서는 VTP Mode를 제외한 다른 값이 반드시 일치하여야 한다.

이제 위의 내용을 기초로 하여, 그림 9-2의 토폴로지에 알맞은 VTP를 다음의 스크립트를 참고하면서 설정해보자. VTP Version은 2를 사용하고, VTP 도메인과 암호로 infocomm을 사용하고 있다.

```
- SW1 설정
Switch>en
Switch#conf t
Switch(config)#vtp version 2
Switch(config)#vtp mode server
Device mode already VTP SERVER.
Switch(config)#vtp domain infocomm
Changing VTP domain name from NULL to infocomm
Switch(config)#vtp password infocomm
Setting device VLAN database password to infocomm
Switch(config)#int fa0/1
Switch(config-if)#switchport mode trunk

- SW2 설정
Switch>en
Switch#conf t
Switch(config)#vtp version 2
Switch(config)#vtp mode client
Setting device to VTP CLIENT mode.
Switch(config)#vtp domain infocomm
Domain name already set to infocomm.
Switch(config)#vtp password infocomm
```

```
Setting device VLAN database password to infocomm
Switch(config)#int range fa0/1-2
Switch(config-if)#switchport mode trunk

- SW3 설정
Switch>en
Switch#conf t
Enter configuration commands, one per line. End with CNTL/Z.
Switch(config)#vtp version 2
Switch(config)#vtp mode transparent
Setting device to VTP TRANSPARENT mode.
Switch(config)#vtp domain infocomm
Domain name already set to infocomm.
Switch(config)#vtp password infocomm
Setting device VLAN database password to infocomm
Switch(config)#int range fa0/1-2
Switch(config-if-range)#switchport mode trunk

- SW4 설정
Switch>en
Switch#conf t
Switch(config)#vtp version 2
Switch(config)#vtp mode client
Setting device to VTP CLIENT mode.
Switch(config)#vtp domain infocomm
Domain name already set to infocomm.
Switch(config)#vtp password infocomm
Setting device VLAN database password to infocomm
Switch(config)#int range fa0/1
Switch(config-if)#switchport mode trunk
```

위와 같이 입력한 후 설정이 제대로 되었는지 확인하기 위해 ***show vtp status*** 명령어를 SW1에서 입력한다. 이 명령어의 출력은 다음과 같아야 하며, 각각의 출력 항목에 대한 설명을 잘 이해하도록 한다.

```
Switch#show vtp status
VTP Version                     : 2
Configuration Revision          : 1
Maximum VLANs supported locally : 255
Number of existing VLANs        : 5
VTP Operating Mode              : Server
VTP Domain Name                 : infocomm
VTP Pruning Mode                : Disabled
VTP V2 Mode                     : Enabled
VTP Traps Generation            : Disabled
MD5 digest                      : 0xFB 0xEE 0xF1 0x68 0x1D 0x3D 0x88 0xB7
Configuration last modified by 0.0.0.0 at 3-1-93 00:08:51
```

```
Local updater ID is 0.0.0.0 (no valid interface found)
Switch#
```

- **VTP Version:** 현재 동작하고 있는 VTP의 버전을 표시한다.
- **VTP Configuration Revision:** 설정 개정 번호를 나타내며, VLAN이 추가되거나 삭제될 때마다 번호가 증가하게 된다. VTP 정보를 수신한 스위치는 자신의 VTP 설정 개정 번호와 수신된 설정 개정 번호를 비교하여 수신한 VTP 설정 개정 번호가 높으면 이 정보를 자신에게 반영하지만, 수신된 VTP 설정 개정 번호가 동일하면 해당 VTP 정보를 반영하지 않는다. 만약 수신한 VTP 정보의 설정 개정 번호가 자신보다 낮다면 자신의 VTP 정보를 전송하는 방식으로 동작한다.
- **Maximum VLANs supported locally:** 지원 가능한 최대 VLAN 수이다.
- **Number of existing VLANs:** 현재 스위치에 존재하는 VLAN 수이다.
- **VTP Operating Mode:** VTP 동작 모드를 나타낸다.
- **VTP Domain Name:** VTP 도메인 이름이다.
- **VTP Pruning Mode:** VTP 프루닝의 활성화 여부를 나타낸다.
- **VTP V2 Mode:** VTP 버전 2 활성화 여부를 나타낸다.
- **VTP Traps Generation:** VTP 트랩이 네트워크 관리 스테이션에 보내지는지의 여부를 나타낸다.
- **MD5 digest:** VTP는 자신의 메시지에 해시를 추가하고 다른 스위치들은 메시지를 확인하기 위해 해시를 사용한다.
- **Configuration last modified by 0.0.0.0:** 최종으로 업데이트된 시간과 해당 스위치의 IP 주소를 나타낸다.
- **Local updater ID is 0.0.0.0:** 스위치가 VTP 정보를 전송할 때 사용하는 IP 주소이다.

VTP 프루닝(VTP Pruning)이란 필요 없는 브로드캐스트 트래픽이 전달되지 않게 하는 것인데, 예를 들어 그림 9-3의 토폴로지에서 S2는 VLAN 20번에 해당하는 PC가 없으므로 VLAN 20번으로 보내지는 브로드캐스트 트래픽을 SW2가 전달 받아야 할 필요가 없는 것이다. 그래서 이렇게 필요하지 않는 트래픽이 트렁크 포트를 통해서 전달 받지 않게 설정하는 것이 바로 VTP 프루닝이다.

이제 스위치에 VTP 설정이 끝났다. VTP 서버로 동작하는 SW1에서 VLAN을 생성하고 이 정보가 어떻게 반영되는지 확인해보자.

```
- SW1 설정
Switch#conf t
Enter configuration commands, one per line.  End with CNTL/Z.
```

```
Switch(config)#vlan 10
Switch(config-vlan)#name VLAN_10
Switch(config-vlan)#vlan 20
Switch(config-vlan)#name VLAN_20
Switch(config-vlan)#vlan 30
Switch(config-vlan)#name VLAN_30
Switch(config-vlan)#exit
Switch(config)#do show vlan
VLAN Name                             Status    Ports
---- -------------------------------- --------- -------------------------------
1    default                          active    Fa0/2, Fa0/3, Fa0/4, Fa0/5
                                                Fa0/6, Fa0/7, Fa0/8, Fa0/9
                                                Fa0/10, Fa0/11, Fa0/12, Fa0/13
                                                Fa0/14, Fa0/15, Fa0/16, Fa0/17
                                                Fa0/18, Fa0/19, Fa0/20, Fa0/21
                                                Fa0/22, Fa0/23, Fa0/24, Gig0/1
                                                Gig0/2
10   VLAN_10                          active
20   VLAN_20                          active
30   VLAN_30                          active
```

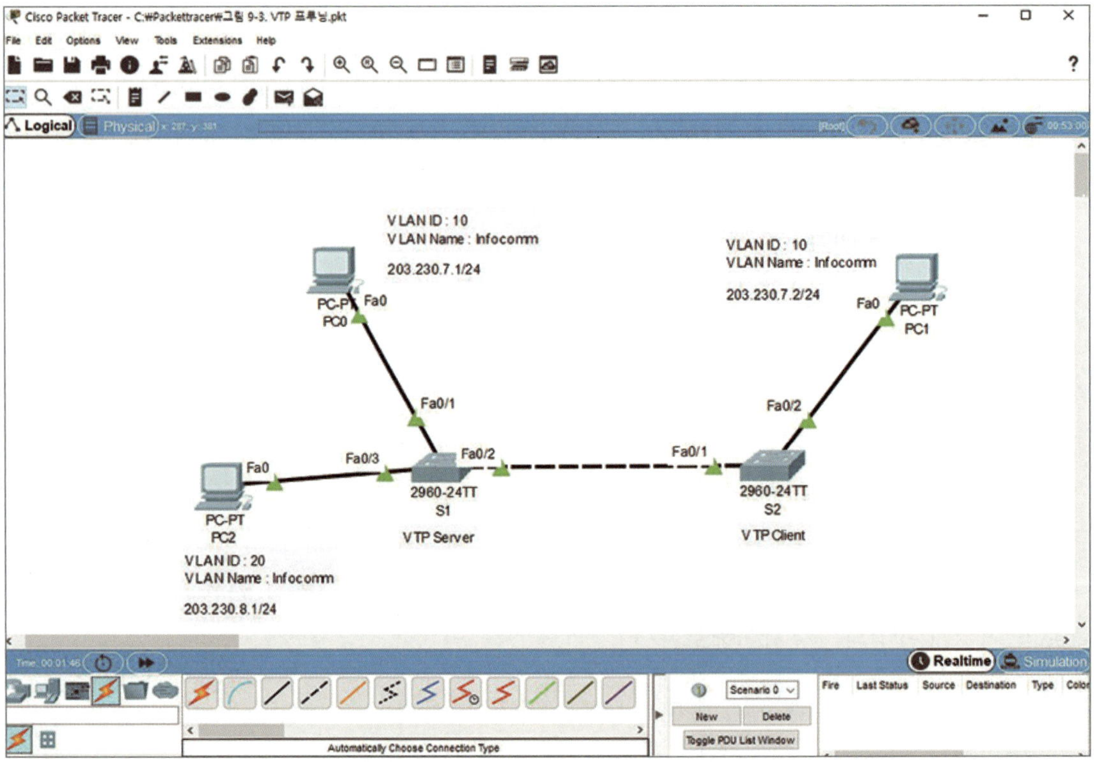

그림 9-3 VTP 프루닝

```
1002 fddi-default                     act/unsup
1003 token-ring-default               act/unsup
1004 fddinet-default                  act/unsup
1005 trnet-default                    act/unsup

VLAN Type  SAID   MTU   Parent RingNo BridgeNo Stp  BrdgMode Trans1 Trans2
---- ----- ------ ----- ------ ------ -------- ---- -------- ------ ------
1    enet  100001 1500  -      -      -        -    -        0      0
10   enet  100010 1500  -      -      -        -    -        0      0
20   enet  100020 1500  -      -      -        -    -        0      0
30   enet  100030 1500  -      -      -        -    -        0      0
1002 fddi  101002 1500  -      -      -        -    -        0      0
1003 tr    101003 1500  -      -      -        -    -        0      0
1004 fdnet 101004 1500  -      -      -        ieee -        0      0
1005 trnet 101005 1500  -      -      -        ibm  -        0      0

Remote SPAN VLANs
------------------------------------------------------------------------------

Primary Secondary Type              Ports
------- --------- ----------------- ------------------------------------------
Switch(config)#
```

VTP 서버인 SW1에서는 위와 같이 VLAN을 생성할 수 있고, 생성한 VLAN 정보가 잘 반영된 것을 확인할 수 있다. 이제 VTP 클라이언트 모드로 동작하고 있는 SW2와 SW4를 확인해보자.

```
- SW2 설정
Switch#conf t
Enter configuration commands, one per line.  End with CNTL/Z.
Switch(config)#vlan 10
VTP VLAN configuration not allowed when device is in CLIENT mode.
VTP 모드가 서버 모드가 아니라 클라이언트 모델이므로 VLAN의 생성 및 수정이 지원되지 않는다.

Switch(config)#do show vlan
VLAN Name                             Status    Ports
---- -------------------------------- --------- -------------------------------
1    default                          active    Fa0/3, Fa0/4, Fa0/5, Fa0/6
                                                Fa0/7, Fa0/8, Fa0/9, Fa0/10
                                                Fa0/11, Fa0/12, Fa0/13, Fa0/14
                                                Fa0/15, Fa0/16, Fa0/17, Fa0/18
                                                Fa0/19, Fa0/20, Fa0/21, Fa0/22
                                                Fa0/23, Fa0/24, Gig0/1, Gig0/2
10   VLAN_10                          active
20   VLAN_20                          active
30   VLAN_30                          active
1002 fddi-default                     act/unsup
```

```
1003 token-ring-default               act/unsup
1004 fddinet-default                  act/unsup
1005 trnet-default                    act/unsup

VLAN Type  SAID   MTU   Parent RingNo BridgeNo Stp  BrdgMode Trans1 Trans2
---- ----- ------ ----- ------ ------ -------- ---- -------- ------ ------
1    enet  100001 1500  -      -      -        -    -        0      0
10   enet  100010 1500  -      -      -        -    -        0      0
20   enet  100020 1500  -      -      -        -    -        0      0
30   enet  100030 1500  -      -      -        -    -        0      0
1002 fddi  101002 1500  -      -      -        -    -        0      0
1003 tr    101003 1500  -      -      -        -    -        0      0
1004 fdnet 101004 1500  -      -      -        ieee -        0      0
1005 trnet 101005 1500  -      -      -        ibm  -        0      0

Remote SPAN VLANs
------------------------------------------------------------------------------

Primary Secondary Type              Ports
------- --------- ----------------- ------------------------------------------
Switch(config)#
```

```
Switch#conf t
Enter configuration commands, one per line.  End with CNTL/Z.
Switch(config)#vlan 10
VTP VLAN configuration not allowed when device is in CLIENT mode.
Switch(config)#do show vlan

VLAN Name                             Status    Ports
---- -------------------------------- --------- -------------------------------
1    default                          active    Fa0/2, Fa0/3, Fa0/4, Fa0/5
                                                Fa0/6, Fa0/7, Fa0/8, Fa0/9
                                                Fa0/10, Fa0/11, Fa0/12, Fa0/13
                                                Fa0/14, Fa0/15, Fa0/16, Fa0/17
                                                Fa0/18, Fa0/19, Fa0/20, Fa0/21
                                                Fa0/22, Fa0/23, Fa0/24, Gig0/1
                                                Gig0/2
10   VLAN_10                          active
20   VLAN_20                          active
30   VLAN_30                          active
1002 fddi-default                     act/unsup
1003 token-ring-default               act/unsup
1004 fddinet-default                  act/unsup
1005 trnet-default                    act/unsup

VLAN Type  SAID   MTU   Parent RingNo BridgeNo Stp  BrdgMode Trans1 Trans2
---- ----- ------ ----- ------ ------ -------- ---- -------- ------ ------
```

```
1    enet  100001 1500  -      -      -        -    -        0      0
10   enet  100010 1500  -      -      -        -    -        0      0
20   enet  100020 1500  -      -      -        -    -        0      0
30   enet  100030 1500  -      -      -        -    -        0      0
1002 fddi  101002 1500  -      -      -        -    -        0      0
1003 tr    101003 1500  -      -      -        -    -        0      0
1004 fdnet 101004 1500  -      -      -        ieee -        0      0
1005 trnet 101005 1500  -      -      -        ibm  -        0      0

Remote SPAN VLANs
------------------------------------------------------------------------------

Primary Secondary Type              Ports
------- --------- ----------------- ------------------------------------------
Switch(config)#
```

SW2와 SW4에서 VLAN을 생성하려 하였으나 실패한 것을 확인할 수 있었고, SW1에서 생성한 VLAN 정보가 동일하게 SW2와 SW4에 반영된 것을 확인할 수 있다. 다음으로 독립 모드로 동작하는 SW3을 살펴보자.

```
- SW3 설정
Switch>en
Switch#conf t
Enter configuration commands, one per line.  End with CNTL/Z.
Switch(config)#vlan 10
Switch(config-vlan)#name Test
Switch(config-vlan)#exit
Switch(config)#do show vlan
VLAN Name                             Status    Ports
---- -------------------------------- --------- -------------------------------
1    default                          active    Fa0/3, Fa0/4, Fa0/5, Fa0/6
                                                Fa0/7, Fa0/8, Fa0/9, Fa0/10
                                                Fa0/11, Fa0/12, Fa0/13, Fa0/14
                                                Fa0/15, Fa0/16, Fa0/17, Fa0/18
                                                Fa0/19, Fa0/20, Fa0/21, Fa0/22
                                                Fa0/23, Fa0/24, Gig0/1, Gig0/2
10   Test                             active
1002 fddi-default                     act/unsup
1003 token-ring-default               act/unsup
1004 fddinet-default                  act/unsup
1005 trnet-default                    act/unsup

VLAN Type  SAID   MTU   Parent RingNo BridgeNo Stp  BrdgMode Trans1 Trans2
---- ----- ------ ----- ------ ------ -------- ---- -------- ------ ------
1    enet  100001 1500  -      -      -        -    -        0      0
10   enet  100010 1500  -      -      -        -    -        0      0
1002 fddi  101002 1500  -      -      -        -    -        0      0
```

```
1003 tr     101003 1500  -      -      -        -    -    0     0
1004 fdnet  101004 1500  -      -      -        ieee -    0     0
1005 trnet  101005 1500  -      -      -        ibm  -    0     0

Remote SPAN VLANs
------------------------------------------------------------------------------

Primary Secondary Type              Ports
------- --------- ----------------- ------------------------------------------
Switch(config)#
```

SW3에서 VLAN을 생성할 수는 있었지만, SW1에서 보내온 VLAN 정보는 반영하지 않고 자신에게 전달된 VTP정보를 SW4에게 전달하였음을 알 수 있다. SW3은 트랜스페어런트 모드로 동작하므로, SW3에서 만들어진 VLAN 10은 SW3에서만 적용되며, 다른 스위치에서는 적용되지 않는다. 만약 VTP 설정을 끝마치고도 VTP가 제대로 적용되지 않았다면 아래의 내용을 점검해보자.

- 스위치와 스위치 사이에 트렁크 설정이 올바르게 되어 있는가?
- VTP 버전과 도메인 이름 및 패스워드가 동일한가?
- VTP 모드를 올바르게 설정하였는가?

VTP는 VLAN을 효율적으로 관리할 수 있는 시스코 전용 프로토콜로서 동일한 도메인과 패스워드를 사용하는 스위치에 VLAN이 전파되어 적용될 수 있도록 해주는 효율적인 프로토콜이다. VTP를 적용한 후 스위치를 추가하고 나서 모드를 변경하지 않으면 기본 모드는 서버로 동작하게 되므로 주의를 기울여야 한다.

그림 9-4의 기본 LAN 토폴로지를 잠시 살펴보자. PC4가 PC5에게 데이터를 전달하기 위해서는 반드시 SW1와 SW2를 거쳐야 한다. 그런데 만약 SW1과 SW2가 연결된 회선이 예기치 못한 문제로 동작하지 못한다면, PC4와 PC5는 데이터를 주고받을 수 없는 문제가 생기게 된다.

이러한 문제를 해결하기 위해 그림 9-5와 같이 이중화(redundancy)를 구성한다. 이중화는 앞서 말한 스위치의 계층 구조 설계에서도 중요한 요소 중 하나이다. 이중화 구성이 되지 않은 네트워크는 가용성이 떨어질 수밖에 없다. 그런데 이렇게 이중화를 구성하게 되면 스위치의 특성으로 인해 동일한 프레임 반복 수신(Multiple Frame Receive)과 2계층 스위치 루프가 발생하는 문제점이 있다.

PC0에서 PC1으로 데이터를 보낸다고 가정하고 어떠한 문제가 발생하는지 알아보자.

① PC0는 PC1에게 데이터를 보내기 위해 SW1에게 프레임을 전달한다.

② PC0로부터 프레임을 전달 받은 SW1은 Mac Table이 완성되지 않은 관계로 해당 프레임을 플러딩한다.

③ SW1으로부터 플러딩된 프레임을 받은 SW2번과 SW3번은 해당 프레임을 다시 플러딩한다.

④ SW2번 및 SW3번으로부터 플러딩된 프레임을 받은 SW4번은 S2번에서 플러딩된 프레임을 다시 플러딩하고,

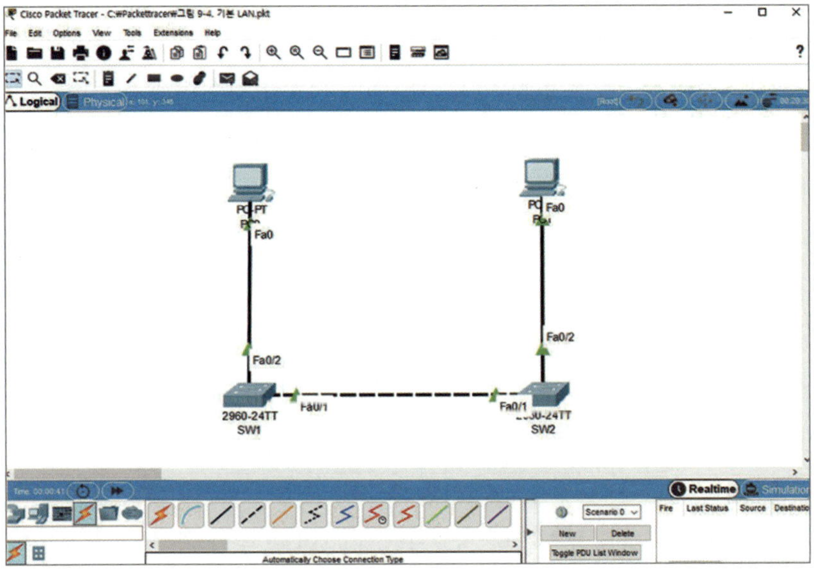

그림 9-4 기본 LAN

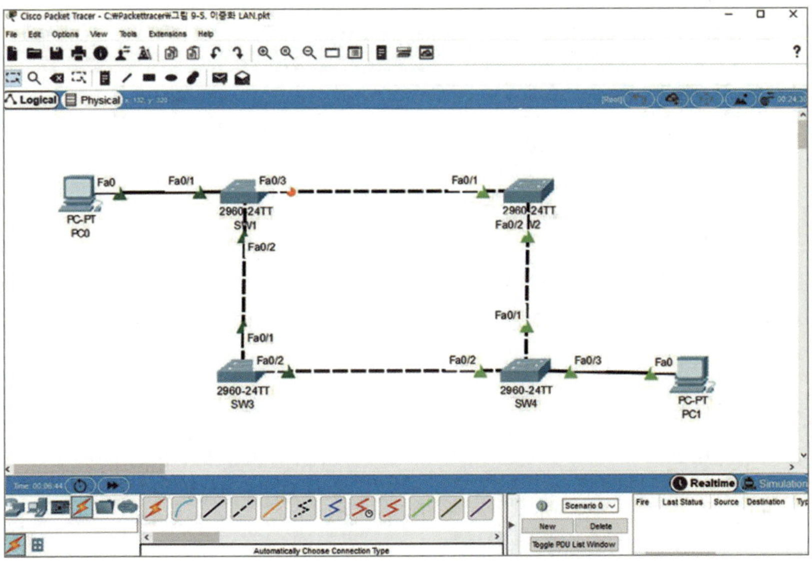

그림 9-5 이중화 LAN

SW3번으로부터 받은 프레임을 다시 플러딩한다.

⑤ 위의 전 과정이 계속 반복된다.

STP(Spanning Tree Protocol)

스위치는 플러딩 프레임을 받으면 다시 플러딩해야 하므로, 결국 PC0는 자신이 보낸 데이터를 계속 받게 되고, PC1은 이미 받은 프레임을 다시 계속 받는 동일한 프레임을 반복하여 수신하는 문제가 발생하게 되며, 계속적으로 프레임이 플러딩되므로, 결과적으로 루프가 발생하게 된다. 이와 같은 문제점을 해결하기 위해 STP가 사용되는 것이다.

STP는 모든 스위치에 기본적으로 동작하도록 되어 있다. STP는 IEEE 802.1D로 발표되었으며, 루프가 발생할 수 있는 경로를 논리적으로 차단함으로 인해 목적지로 가는 경로를 하나로 만들어서 네트워크가 이중화되었을 때 발생하는 문제점을 해결한다. 경로를 논리적으로 차단한다는 의미는 물리적으로 연결되어 있는 상태에서 통신을 위한 프레임을 주고받지 않겠다는 뜻이며, 사용하던 경로에 문제점이 생겼을 때 이 경로를 통해 통신이 가능하도록 한다는 의미이다.

그림 9-5는 이미 STP가 적용되었다는 것을 보여준다. SW1의 Fa0/3번 포트의 색이 다른 포트와

표 9-2 BPDU 필드

필 드	바이트	내 용	역 할
Protocol ID	2	프로토콜 ID는 항상 0.	프로토콜, 버전, 메시지의 종류와 상태 플래그 식별
Version	1	BPDU의 버전을 나타낸다.	
Message Type	1	BPDU의 종류를 나타낸다.	
Flags	1	토폴로지 변화를 표시	
Root ID	8	루트 브리지의 ID를 표시	루트 브리지와 루트 브리지까지 도달하는 경로 비용 식별
Cost of Path	4	루트 브리지까지의 경로 값	
Bridge ID	8	루트 브리지 결정 위해 사용	
Port ID	2	포트 ID	
Message Age	2	루트 브리지	BPDU 전송 주기 및 수신 정보 유지 시간을 결정
Max Age	2	BPDU 정보 저장 시간	
Hello Time	2	BPDU 전송 주기(2초)	
Forward Delay	2	Listen 및 Learning 상태에 머무르는 시간	

달리 황색으로 되어 있는 것을 볼 수 있는데, 패킷트레이서에서 포트의 색이 황색으로 되어 있는 경우에는 데이터를 주고받지 않는 상황을 나타낸다. 따라서 PC0가 PC1과 데이터를 주고받을 때는 SW1 → SW2 → SW4의 경로를 이용하지 않는다는 것을 알 수 있고, 만약 SW1 → SW3 → SW4의 경로에 문제가 생긴다는 것을 인지하면 Fa0/3번의 포트색이 연두색으로 변해 데이터를 주고받는 경로가 되는 것이다. 그러면 여기서 STP는 왜 하필 SW1의 Fa0/3 포트를 막았을까? 그리고 어떻게 프레임을 주고받던 경로에 이상이 있는지를 알 수 있을까? 이는 BPDU(Bridge Protocol Data Unit)라는 특별한 정보를 주고받기 때문에 가능한 일이다. BPDU는 STP가 동작하는 스위치에 의해서 교환되는 STP 정보를 포함하고 있는 프레임이며, 이 BPDU 프레임을 받아 STA(Spanning-Tree Algorithm)을 통해 어떠한 포트가 차단될지를 결정하게 되는 것이다. 표 9-2에 이러한 BPDU의 필드를 요약한다.

루트 브리지 선출

그림 9-5의 이중화 LAN에 STP를 적용하기 위해 BPDU를 주고받은 후 루트 브리지(Root Bridge)를 선출하게 된다. 위의 Bridge ID는 루트 브리지를 결정하기 위해서 사용되며 2바이트 우선순위 + 6바이트 MAC 주소로 구성된다. 2바이트 우선순위는 다시 4비트의 브리지 우선순위 + 12비트의 확장 시스템 ID(VLAN ID)로 구성된다. 4비트의 우선순위에 올 수 있는 값은 0~61440의 값 중, 4096만큼 증가한 값인 0 4096 8192 12288 16384 20480 24576 28672 32768 36864 40960 45056 49152 53248 57344 61440 값만 사용할 수 있다. 스위치는 기본 값으로 32768을 가지고 있고, VLAN 1번이 기본 값이므로 32769가 기본 우선순위 값이 된다. 그런데 SW1부터 4번까지는 어떠한 VLAN 설정도 실시하지 않았으므로, 우선순위 값이 모두 32769로 동일하다. 이럴 경우 가장 작은 MAC 주소를 가진 스위치가 루트 브리지로 선출된다. 각 스위치별로 ***show spanning-tree*** 명령어를 사용하여 Bridge 값과 MAC 주소를 확인할 수 있다. ***show spanning-tree***을 보는 방법을 SW1의 예를 들어 설명하면 아래와 같다.

```
- SW1의 Spanning-tree 정보
Switch>en
Switch#show spanning-tree
VLAN0001
  Spanning tree enabled protocol ieee
  Root ID     Priority      32769
              Address       0001.64AA.4D02
              Cost          38
              Port          2(FastEthernet0/2)
              Hello Time    2 sec  Max Age 20 sec  Forward Delay 15 sec
```

```
  Bridge ID  Priority      32769  (priority 32768 sys-id-ext 1)
             Address       00E0.F71E.3793
             Hello Time    2 sec  Max Age 20 sec  Forward Delay 15 sec
             Aging Time    20

Interface        Role Sts  Cost       Prio.Nbr  Type
---------------- ---- --- --------- -------- --------------------------------
Fa0/1            Desg FWD 19          128.1     P2p
Fa0/2            Root FWD 19          128.2     P2p
Fa0/3            Altn BLK 19          128.3     P2p
```

- **VLAN0001**: VLAN 1번에 대한 Spanning-Tree에 대해서 보여준다. 다수의 VLAN이 존재하면 Spanning-Tree도 다수가 존재하게 된다.
- **Root ID Priority**: 루트 브리지의 우선순위 값이다.
- **Root Address**: 루트 브리지의 MAC 주소이다.
- **Root Cost**: 현재의 스위치에서 루트 브리지로의 경로 값을 나타낸다.
- **Root Port**: 현재 스위치에서 루트 브리지로 연결된 인터페이스를 나타낸다.
- **Bridge ID Priority**: 현재 스위치의 우선순위 값을 나타낸다.
- **Bridge Address**: 현재 스위치의 MAC 주소이다.
- **Interface:** 현재 스위치에서 활성화되어 있는 인터페이스를 보여준다.
- **Role:** 포트의 Spanning-Tree 상태를 보여준다.
- **Sts:** 포트의 동작 상태를 보여준다.
- **Cost:** 포트의 Cost 값을 알려준다.
- **Prio.Nbr:** 포트 값으로 128은 기본 값이고 구두점(.) 뒤에 오는 숫자는 포트 번호이다. 예를 들어 fa0/1의 경우 128.1이 되는 것이다.

표 9-3 경로 비용

대역폭(Bandwidth)	경로 비용(Path Cost)
10M	100
100M	19
1G	4
10G	2

경로의 비용 값은 표 9-3과 같다.

위의 SW1의 Spanning-Tree의 결과를 보면 Root의 MAC주소와 Bridge의 MAC 주소가 틀린 것을 알 수 있다. 따라서 SW1은 루트 브리지로 선출되지 않았다. 이제 나머지 다른 스위치들의 Spanning-Tree 정보를 확인해보자.

```
- SW2의 Spanning-Tree 정보
Switch>en
Switch#show spanning-tree
VLAN0001
  Spanning tree enabled protocol ieee
  Root ID       Priority      32769
                Address       0001.64AA.4D02
                Cost          38
                Port          2(FastEthernet0/2)
                Hello Time    2 sec  Max Age 20 sec  Forward Delay 15 sec

  Bridge ID     Priority      32769  (priority 32768 sys-id-ext 1)
                Address       00E0.F71E.3793
                Hello Time    2 sec  Max Age 20 sec  Forward Delay 15 sec
                Aging Time    20

Interface       Role Sts  Cost       Prio.Nbr  Type
------------    ---- ---  ---------  --------  --------------------------------
Fa0/1           Desg FWD  19         128.1     P2p
Fa0/2           Root FWD  19         128.2     P2p
```

```
- SW3의 Spanning-Tree 정보
Switch>en
Switch#show spanning-tree
VLAN0001
  Spanning tree enabled protocol ieee
  Root ID       Priority      32769
                Address       0001.64AA.4D02
                Cost          19
                Port          2(FastEthernet0/2)
                Hello Time    2 sec  Max Age 20 sec  Forward Delay 15 sec

  Bridge ID     Priority      32769  (priority 32768 sys-id-ext 1)
                Address       0001.C781.1D88
                Hello Time    2 sec  Max Age 20 sec  Forward Delay 15 sec
                Aging Time    20

Interface       Role Sts  Cost       Prio.Nbr  Type
------------    ---- ---  ---------  --------  --------------------------------
Fa0/2           Root FWD  19         128.2     P2p
Fa0/1           Desg FWD  19         128.1     P2p
```

```
- SW4의 Spanning-Tree 정보
Switch>en
Switch# show spanning-tree
VLAN0001
  Spanning tree enabled protocol ieee
  Root ID     Priority     32769
              Address      0001.64AA.4D02
              This bridge is the root
              Hello Time   2 sec  Max Age 20 sec  Forward Delay 15 sec

  Bridge ID   Priority     32769  (priority 32768 sys-id-ext 1)
              Address      0001.64AA.4D02
              Hello Time   2 sec  Max Age 20 sec  Forward Delay 15 sec
              Aging Time   20

Interface      Role Sts Cost       Prio.Nbr Type
-------------- ---- --- ---------- -------- --------------------------------
Fa0/1          Desg FWD 19         128.1    P2p
Fa0/3          Desg FWD 19         128.3    P2p
Fa0/2          Desg FWD 19         128.2    P2p

Switch#
```

위의 결과를 보면 SW4번의 MAC 주소 값이 가장 작은 것과 Root의 MAC 주소와 Bridge의 MAC 주소가 같은 것을 볼 수 있다. 따라서 그림 9-5의 토폴로지에서 SW4가 루트 브리지로 선출되었다는 것을 알 수 있다. 이렇게 루트 브리지가 선출되면 STA는 경로 비용(Path Cost) 및 포트 비용(Port Cost)을 사용하여 루트 브리지를 목적지로 하는 전체 경로 비용을 계산하고 최단 경로를 결정한다. STA가 루트 브리지로 가는 최적의 경로를 선택하면 스위치 포트들은 다음과 같은 3가지 역할로 구분된다.

① **루트 포트(Root Port)**: 루트 브리지와 가장 가까운 스위치의 포트이다. 그림 9-5의 토폴로지에서 루트 포트는 SW1의 Fa0/2 및 SW2의 Fa0/2와 SW3번의 Fa0/2가 된다. 루트 포트는 정상적으로 데이터를 송수신할 수 있는 포트이다.

② **지정 포트(Designated Port)**: 루트 포트가 아니면서 정상적으로 데이터를 주고받을 수 있는 포트이다. 그림 9-5의 토폴로지에서는 SW1의 Fa0/1, SW2의 Fa0/1, SW3의 Fa0/1이 지정 포트이다.

③ **비지정 포트(Nondesignated port)**: 데이터를 주고받지 않는 포트이지만 BPDU는 주고받는 포트를 말한다. SW1의 Fa0/3번이 비지정 포트이다.

그러면 왜 SW1의 Fa0/3이 비지정 포트가 되어서 데이터 전송을 하지 않는지 이유를 알 필요가 있다. SW2번과 SW3번의 경우 루트 브리지와 바로 연결된 포트 즉 루트 포트를 가지고 있는데, 루트 포트는 절대 비지정 포트로 설정되지 않는다. 참고로 루트 브리지의 모든 포트는 지정 포트로 동작한다. STA는 경로 비용과 포트 비용을 토대로 SW1이 루트 브리지와 가장 멀리 있다는 것을 알 수 있다. 그런데 PC0가 PC1으로 데이터를 전송할 때 Fa0/2번으로 전송하나 Fa0/3번으로 전송하거나 도달 비용이 같다는 것을 알 수 있다. 이러한 경우에는 포트 우선순위 값이 가장 큰 포트를 선택해서 차단하게 되는데, Fa0/2의 우선순위 값은 128.2이고 Fa0/3의 우선순위 값은 128.3이다. 그래서 Fa0/3이 차단되고 Fa0/2가 루트 포트가 되는 것이다.

표 9-3에서와 같이 기본적으로 경로 비용 값이 정해져 있긴 하지만 재설정이 가능하다. 경로 비용을 변경하고자 하는 인터페이스에 들어가서 다음과 같이 ***spanning-tree cost*** 명령어를 사용한다. 경로 비용은 1~200,000,000까지의 값을 가질 수 있다. 단 이 명령어는 패킷트레이서는 현재 지원하고 있지 않으므로 실제 장치를 통해 확인해보도록 한다.

```
Switch0(config)#int fa0/2
Switch0(config-if)#spanning-tree cost 10
Switch0(config-if)#no spanning-tree cost
```

STP는 논리적인 학습을 효율적으로 수행하기 위해 표 9-4에 정리한 것과 같은 5가지의 포트 상태와 3가지 타이머를 가진다. 포트 상태에 머무르는 시간은 BPDU 타이머에 의해서 결정되는데, 루트 브리지만 이 값을 변경할 수 있는 권한이 있다.

- **헬로 타이머(Hello Timer)**: 각각의 포트에서 보내지는 BPDU의 주기적인 전송 시간으로 기본 설정 값은 2초이다.
- **전송 지연(Forward delay)**: 기본 설정 값은 15초이며, 4~30초 사이로 변경할 수 있다.
- **최대 시간(Maximum Age)**: 포트가 BPDU 설정 값을 저장하는 시간으로 기본 값은 20초이며 6초에서 40초 사이로 변경할 수 있다.

TCN(Topology Change Notification) BPDU

스위치는 포워딩 상태였던 포트가 동작하지 않거나 토폴로지가 변경되면 이를 루트 브리지에 통보하는데 이때 사용되는 프레임이 TCN(Topology Change Notification) BPDU이다. 루트 브리지가 아닌 스위치가 TCN BPDU를 수신하면 TCA(Topology Acknowledge) BPDU를 보내 자신이 TCN BPDU를 수신했다는 사실을 통보하며, 이러한 교환은 루트 브리지가 TCN BPDU를 수신할 때 까지 계속된다. TCN BPDU를 수신한 루트 브리지는 TC(Topology Change) 값을 가지는 BPDU를 전송하고, 이 TC BPDU를 수신함으로써 토폴로지가 변경되었다는 사실을 인지한 스위치는 STP를 다시 계산하고 적용하여 토폴로지 변화에 유동적으로 대처한다.

루트 브리지는 아무런 설정을 하지 않아도 자동으로 선출되지만 임의의 스위치를 선택해 그 스위치가 루트 브리지가 되도록 설정할 수 있다. 예를 들어, 그림 9-5의 SW1을 루트 브리지로 설정하고자 한다면 다음과 같이 설정한다.

```
- SW1 설정
Switch>en
Switch#conf t
Enter configuration commands, one per line.  End with CNTL/Z.
Switch(config)#spanning-tree vlan 1 priority ?
  <0-61440>  bridge priority in increments of 4096
Switch(config)#spanning-tree vlan 1 priority 2096
아래의 메시지를 통해, 브리지 Priority 값은 반드시 4096씩 증가하여야 한다는 것을 알 수 있다.
% Bridge Priority must be in increments of 4096.
% Allowed values are:
  0     4096  8192  12288 16384 20480 24576 28672
  32768 36864 40960 45056 49152 53248 57344 61440
```

표 9-4 스패닝 트리 프로토콜에서의 포트 상태

포트 상태	설 명	BPDU	시 간
차단 (Blocking)	• 프레임이 수신되더라도 폐기 • 토폴로지 변화에 대응하기 위해 BPDU 수신 • 상대 포트로부터 MAX Age 시간 동안 BPDU를 수신하지 못하면 청취 상태로 변경	수신/동작	Max Age 20초
청취 (Listening)	• 프레임이 수신되더라도 폐기 • 자신의 BPDU 및 인접 스위치의 정보 전송 • 루트 포트이거나 지정 포트일 경우에만 청취 상태로 변경 • 전송 지연 시간 동안 토폴로지 변경이 없으면 학습 상태로 전환	수신/동작/전송	전송 지연 15초
학습 (Learning)	• 프레임이 수신되더라도 폐기 • 프레임을 전송하기 위해 MAC 주소 학습하고 복제 • 토폴로지의 변화가 없을 경우 전송 지연 시간 후 포워딩으로 변경	수신/동작/전송	전송 지연 15초
포워딩 (Forwarding)	• 프레임 송/수신 및 주소 학습	수신/동작/전송	–
비활성화 (Disable)	• 프레임이 수신되더라도 폐기하고 주소 학습하지 않음	비수신/비동작	–

```
Switch(config)#spanning-tree vlan 1 priority 4096
Switch(config)#do show spanning-tree
VLAN0001
  Spanning tree enabled protocol ieee
  Root ID     Priority      4097
              Address       00E0.F71E.3793
              This bridge is the root
              Hello Time    2 sec  Max Age 20 sec  Forward Delay 15 sec

  Bridge ID   Priority      4097  (priority 4096 sys-id-ext 1)
              Address       00E0.F71E.3793
              Hello Time    2 sec  Max Age 20 sec  Forward Delay 15 sec
              Aging Time    20

Interface        Role Sts Cost      Prio.Nbr Type
---------------- ---- --- --------- -------- --------------------------------
Fa0/1            Desg FWD 19        128.1    P2p
Fa0/2            Altn BLK 19        128.2    P2p
Fa0/3            Desg LSN 19        128.3    P2p

Switch(config)#
```

4개의 스위치 중에서 우선순위의 값이 가장 낮기 때문에 SW1이 루트 브리지로 선출되었다. 다시 루트 브리지를 SW4로 바꿔보자. 이번에는 우선순위 값을 정하는 것이 아니라 다음과 같이 primary라고 선언을 하는 방식이다. 이와 같이 설정하고 나면 SW4가 다시 루트 브리지가 된 것을 확인할 수 있다.

```
Switch>en
Switch#conf t
Enter configuration commands, one per line.  End with CNTL/Z.
Switch(config)#spanning-tree vlan 1 root ?
  primary    Configure this switch as primary root for this spanning tree
  secondary  Configure switch as secondary root
Switch(config)#spanning-tree vlan 1 root primary
Switch(config)#do show spanning-tree
VLAN0001
  Spanning tree enabled protocol ieee
  Root ID     Priority      1
              Address       0001.64AA.4D02
              This bridge is the root
              Hello Time    2 sec  Max Age 20 sec  Forward Delay 15 sec

  Bridge ID   Priority      1  (priority 0 sys-id-ext 1)
              Address       0001.64AA.4D02
              Hello Time    2 sec  Max Age 20 sec  Forward Delay 15 sec
```

```
           Aging Time    20

Interface        Role Sts  Cost       Prio.Nbr  Type
---------------- ---- ---  ---------  --------  --------------------------------
Fa0/1            Desg LSN  19         128.1     P2p
Fa0/3            Desg FWD  19         128.3     P2p
Fa0/2            Desg FWD  19         128.2     P2p

Switch(config)#
```

포트패스트(PortFast)

패킷트레이서에서 스위치와 스위치를 연결하거나 스위치와 PC를 연결할 경우 포트가 바로 연두색으로 변하지 않고 특정 시간동안 황색으로 변했다가 연두색으로 변하는 경험을 해보았을 것이다. 그 이유는 STP가 기본으로 동작하기 때문에 포트에 연결된 장치가 위의 표 9-4와 같은 포트 변화를 거치기 때문이며, 그림 9-5의 Fa0/2 포트를 비활성화시켰을 경우 바로 Fa0/3 포트가 활성화가 되지 않는 이유이기도 하다. 그런데 스위치 이중화에 따른 이슈는 사실 스위치와 스위치가 연결될 경우에만 나타난다. 즉 스위치와 스위치가 연결된 구간에만 STP가 동작하면 된다는 뜻이며, 스위치 이외의 장치인 라우터나 허브, AP, PC가 스위치와 연결되었을 경우에는 STP 동작이 필요 없다는 뜻이다. 그런데 STP는 기본적으로 스위치의 모든 포트에서 동작하고 있다.

이런 불편을 해소하기 위해 사용하는 것이 포트패스트 설정이다. 포트패스트를 이용하면 바로 포워딩 상태로 포트 상태가 변경되기 때문에 라우터나 허브, AP, PC가 스위치와 연결된 경우 STP 동작이 끝날 때까지 기다릴 필요가 없다. 그러나 스위치와 스위치가 연결된 구간에 포트패스트를 사용하면 스위치 루프가 일어날 수 있으므로 주의해야 한다. 포트패스트 설정 방법은 다음과 같다.

```
Switch(config)#int fa0/1
Switch(config-if)#spanning-tree portfast
%Warning: portfast should only be enabled on ports connected to a single
host. Connecting hubs, concentrators, switches, bridges, etc... to this
interface when portfast is enabled, can cause temporary bridging loops.
Use with CAUTION

%Portfast has been configured on FastEthernet0/1 but will only
have effect when the interface is in a non-trunking mode.
Switch(config-if)#
```

포트패스트를 설정하면 경고 문구가 나오는데 브리지 루프가 발생할 수 있으므로 사용에 주의하라는 내용이다. 위와 같이 설정 후 그림 9-5의 토폴로지에서 PC0의 물리 회선 연결을 끊고 다시 연결해보자. 포트 상태가 바로 연두색으로 변하는 것을 확인할 수 있다.

여러 종류의 STP

STP는 시스코 전용 및 IEEE 표준이 존재하는데 대략적인 사항은 표 9-5를 참고한다.

시스코는 802.1Q에서 STP를 지원하기 위해 PVST+를 개발했으며, 2960 L2 스위치는 기본적으로 PVST+를 지원하고 있으므로 각각의 VLAN에 대하여 STP가 독립적으로 동작하고 있다.

이를 정확히 이해하기 위해 패킷트레이서에서 그림 9-6과 같은 스위치 토폴로지를 구성하되 스위치와 스위치 간의 트렁킹 프로토콜로 802.1Q를 사용한다. 정확한 실습을 위하여 스위치별로 제공된 다음 스크립트를 참고하도록 한다.

- **SW1 설정 스크립트**

```
Switch>en
Switch#conf t
Enter configuration commands, one per line. End with CNTL/Z.
```

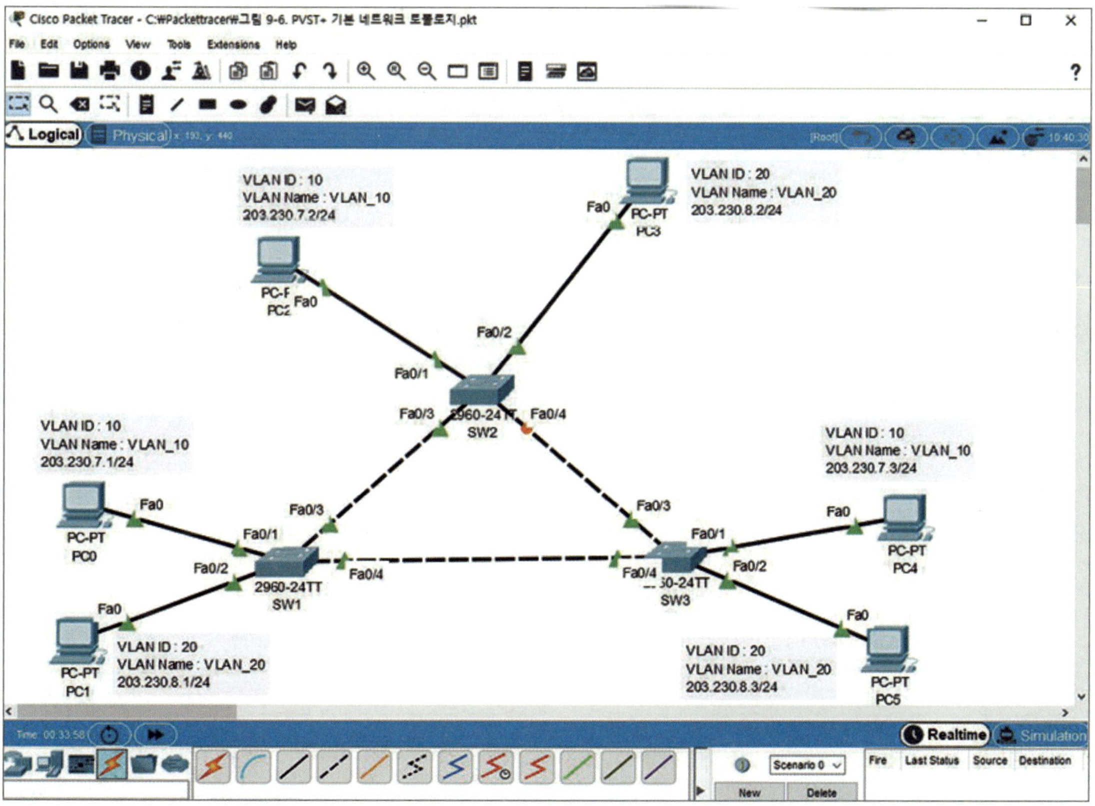

그림 9-6 PVST+ 기본 네트워크 토폴로지

```
Switch(config)#hostname SW1
SW1(config)#vlan 10
SW1(config-vlan)#name VLAN_10
SW1(config-vlan)#vlan 20
SW1(config-vlan)#name VLAN_20
SW1(config-vlan)#exit
SW1(config)#int fa0/1
SW1(config-if)#switchport mode access
SW1(config-if)#switchport access vlan 10
SW1(config-if)#exit
SW1(config)#int fa0/2
SW1(config-if)#switchport mode access
SW1(config-if)#switchport access vlan 20
SW1(config-if)#exit
SW1(config)#int range fa0/3-4
SW1(config-if-range)#switchport mode trunk
SW1(config-if-range)#exit
SW1(config)#
```

- **SW2 설정 스크립트**

```
Switch>en
Switch#conf t
Enter configuration commands, one per line. VLAN_10 End with CNTL/Z.
Switch(config)#hostname SW2
SW2(config)#vlan 10
```

표 9-5 STP 종류

표준 여부	STP 명칭	기 능
시스코 전용	PVST (Per-VLAN Spanning Tree)	• ISL 트렁킹 프로토콜 사용하는 경우에만 지원 • Layer2 트래픽에 대한 로드 밸런싱 기능 • VLAN별로 STP가 동작 • 백본패스트, 업링크패스트, 포트패스트를 포함
	PVST+ (Per-VLAN Spanning TreePlus)	• ISL 및 802.1Q 트렁킹 프로토콜 지원 • BPDU가드 및 루트 가드 지원 포함
	Radid PVST+	• 802.1D보다 수렴이 빠름 • IEEE 802.1w 기반
IEEE 표준	RSTP (Rapid Spanning Tree Protocol)	• 시스코 전용 프로토콜 확장 • 802.1D보다 수렴이 빠름
	MSTP (Multiple Spanning Tree Protocol)	• 다수의 VLAN을 동일한 STP로 묶을 수 있음

```
SW2(config-vlan)#name VLAN_10
SW2(config-vlan)#vlan 20
SW2(config-vlan)#name VLAN_20
SW2(config-vlan)#exit
SW2(config)#int fa0/1
SW2(config-if)#switchport mode access
SW2(config-if)#switchport access vlan 10
SW2(config-if)#exit
SW2(config)#int fa0/2
SW2(config-if)#switchport mode access
SW2(config-if)#switchport access vlan 20
SW2(config-if)#exit
SW2(config)#int range fa0/3-4
SW2(config-if-range)#switchport mode trunk
SW2(config-if-range)#exit
SW2(config)#
```

- **SW3 설정 스크립트**

```
Switch>en
Switch#conf t
Enter configuration commands, one per line. End with CNTL/Z.
Switch(config)#hostname SW3
SW3(config)#vlan 10
SW3(config-vlan)#name VLAN_10
SW3(config-vlan)#vlan 20
SW3(config-vlan)#name VLAN_20
SW3(config-vlan)#exit
SW3(config)#int fa0/1
SW3(config-if)#switchport mode access
SW3(config-if)#switchport access vlan 10
SW3(config-if)#exit
SW3(config)#int fa0/2
SW3(config-if)#switchport mode access
SW3(config-if)#switchport access vlan 20
SW3(config-if)#exit
SW3(config)#int range fa0/3-4
SW3(config-if-range)#switchport mode trunk
SW3(config-if-range)#exit
SW3(config)#
```

위와 같이 설정한 후 ***show spanning-tree*** 명령어를 실행하여 VLAN별로 어떠한 스위치가 루트 스위치인지 알아보자.

SW1의 경우는 VLAN 1번, SW3가 VLAN 10, 20번 모두에 대하여 루트 브리지로 동작하고 있음을 알 수 있다.

```
SW1#show spanning-tree
VLAN0001
  Spanning tree enabled protocol ieee
  Root ID     Priority     4097
              Address      00E0.F71E.3793
              This bridge is the root
              Hello Time   2 sec  Max Age 20 sec  Forward Delay 15 sec

  Bridge ID   Priority     4097  (priority 4096 sys-id-ext 1)
              Address      00E0.F71E.3793
              Hello Time   2 sec  Max Age 20 sec  Forward Delay 15 sec
              Aging Time   20

Interface        Role Sts Cost      Prio.Nbr Type
---------------- ---- --- --------- -------- --------------------------------
Fa0/4            Desg FWD 19        128.4    P2p
Fa0/3            Desg FWD 19        128.3    P2p


SW3#show spanning-tree
VLAN0001
  Spanning tree enabled protocol ieee
  Root ID     Priority     4097
              Address      00E0.F71E.3793
              Cost         19
              Port         4(FastEthernet0/4)
              Hello Time   2 sec  Max Age 20 sec  Forward Delay 15 sec

  Bridge ID   Priority     32769  (priority 32768 sys-id-ext 1)
              Address      0001.C781.1D88
              Hello Time   2 sec  Max Age 20 sec  Forward Delay 15 sec
              Aging Time   20

Interface        Role Sts Cost      Prio.Nbr Type
---------------- ---- --- --------- -------- --------------------------------
Fa0/3            Desg FWD 19        128.3    P2p
Fa0/4            Root FWD 19        128.4    P2p

VLAN0010
  Spanning tree enabled protocol ieee
  Root ID     Priority     32778
              Address      0001.C781.1D88
              This bridge is the root
              Hello Time   2 sec  Max Age 20 sec  Forward Delay 15 sec

  Bridge ID   Priority     32778  (priority 32768 sys-id-ext 10)
              Address      0001.C781.1D88
              Hello Time   2 sec  Max Age 20 sec  Forward Delay 15 sec
              Aging Time   20
```

```
Interface        Role Sts  Cost        Prio.Nbr  Type
------------ ---- --- --------- -------- --------------------------------
Fa0/3            Desg FWD  19          128.3     P2p
Fa0/4            Desg FWD  19          128.4     P2p
Fa0/1            Desg FWD  19          128.1     P2p

VLAN0020
  Spanning tree enabled protocol ieee
  Root ID      Priority      32788
               Address       0001.C781.1D88
               This bridge is the root
               Hello Time    2 sec  Max Age 20 sec  Forward Delay 15 sec

  Bridge ID    Priority      32788  (priority 32768 sys-id-ext 20)
               Address       0001.C781.1D88
               Hello Time    2 sec  Max Age 20 sec  Forward Delay 15 sec
               Aging Time    20

Interface        Role Sts  Cost        Prio.Nbr  Type
------------ ---- --- --------- -------- --------------------------------
Fa0/3            Desg FWD  19          128.3     P2p
Fa0/4            Desg FWD  19          128.4     P2p
Fa0/2            Desg FWD  19          128.2     P2p

SW3#
```

다음으로는 SW1을 VLAN 1에 대한 루트 브리지, SW2를 VLAN 10에 대한 루트 브리지, SW3을 VLAN 20에 대한 루트 브리지, SW1를 VLAN 20에 대한 세컨더리 루트 브리지(Secondary Root Bridge), SW2를 VLAN 1에 대한 세컨더리 루트 브리지, SW3을 VLAN 10에 대한 세컨더리 루트 브리지로 설정해보자. 다음의 스크립트를 참조한다. 세컨더리 루트 브리지는 루트 브리지에 문제가 생겼을 경우 바로 루트 브리지가 된다.

```
SW1(config)#spanning-tree vlan 1 root primary
SW1(config)#spanning-tree vlan 20 root secondary
또는
SW1(config)#spanning-tree vlan 1 priority 4096
SW1(config)#spanning-tree vlan 20 priority 28672

SW2(config)#spanning-tree vlan 10 root primary
SW2(config)#spanning-tree vlan 1 root secondary
또는
SW2(config)#spanning-tree vlan 10 priority 4096
SW2(config)#spanning-tree vlan 1 priority 28672

SW3(config)#spanning-tree vlan 20 root primary
SW3(config)#spanning-tree vlan 10 root secondary
```

```
또는
SW3(config)#spanning-tree vlan 20 priority 4096
SW3(config)#spanning-tree vlan 10 priority 28672
```

위와 같이 설정한 후 ***show spanning-tree*** 명령어를 사용하여 VLAN별로 루트 브리지를 확인한다.

```
SW1#show spanning-tree vlan 1
VLAN0001
  Spanning tree enabled protocol ieee
  Root ID     Priority      4097
              Address       00E0.F71E.3793
              This bridge is the root
              Hello Time    2 sec  Max Age 20 sec  Forward Delay 15 sec

  Bridge ID   Priority      4097  (priority 4096 sys-id-ext 1)
              Address       00E0.F71E.3793
              Hello Time    2 sec  Max Age 20 sec  Forward Delay 15 sec
              Aging Time    20

Interface      Role Sts Cost       Prio.Nbr  Type
------------ ---- --- --------- -------- --------------------------------
Fa0/4          Desg FWD 19         128.4     P2p
Fa0/3          Desg FWD 19         128.3     P2p

SW1#
```

```
SW2#show spanning-tree vlan 10
VLAN0010
  Spanning tree enabled protocol ieee
  Root ID     Priority      24586
              Address       0030.F212.8830
              This bridge is the root
              Hello Time    2 sec  Max Age 20 sec  Forward Delay 15 sec
  Bridge ID   Priority      24586  (priority 24576 sys-id-ext 10)
              Address       0030.F212.8830
              Hello Time    2 sec  Max Age 20 sec  Forward Delay 15 sec
              Aging Time    20

Interface      Role Sts Cost       Prio.Nbr  Type
------------ ---- --- --------- -------- --------------------------------
Fa0/4          Desg FWD 19         128.4     P2p
Fa0/1          Desg FWD 19         128.1     P2p
Fa0/3          Desg FWD 19         128.3     P2p

SW2#
```

```
SW3#show spanning-tree vlan 20
VLAN0020
  Spanning tree enabled protocol ieee
  Root ID      Priority      24596
               Address       0001.C781.1D88
               This bridge is the root
               Hello Time    2 sec   Max Age 20 sec   Forward Delay 15 sec

  Bridge ID    Priority      24596   (priority 24576 sys-id-ext 20)
               Address       0001.C781.1D88
               Hello Time    2 sec   Max Age 20 sec   Forward Delay 15 sec
               Aging Time    20

Interface        Role Sts Cost      Prio.Nbr  Type
---------------- ---- --- --------- --------  --------------------------------
Fa0/3            Desg FWD 19        128.3     P2p
Fa0/4            Desg FWD 19        128.4     P2p
Fa0/2            Desg FWD 19        128.2     P2p

SW3#
```

Rapid PVST+

PVST+의 경우 STP가 동작하면서 네트워크 장애 및 토폴로지 변화 발생 시 특정 시간을 기다려야 한다는 단점이 있다. 그래서 이러한 단점을 보완한 것이 바로 Rapid PVST+이다. 시스코 스위치에서 동작하는 Rapid PVST+는 IEEE 표준 RSTP(Rapid Spanning Tree Protocol)의 시스코 버전이라 보면 된다. Rapid PVST+라고 하여 특별히 설정이 달라지는 건 없다. 단지 STP가 Rapid PVST+로 동작하고 있다는 것을 선언하기만 하면 되며, VLAN별로 우선순위 값을 설정하는 것은 위의 PVST+와 동일하다.

Rapid PVST+가 동작하는 스위치에서는 토폴로지가 변경되었을 때 스위치와 스위치가 연결된 구간만 바로 변경이 되며, PC, 라우터, 허브 등의 종단 장치가 연결된 포트는 바로 활성화가 되지 않으므로 포트패스트를 설정하여야 한다. 그림 9-6을 기반으로 Rapid PVST+를 아래와 같이 설정해보고 결과를 확인해보자. VLAN별 루트 브리지와 세컨더리 루트 브리지는 위의 설정을 그대로 적용하므로 아래에서는 따로 설정하지 않는다.

```
SW1(config)#spanning-tree mode rapid-pvst
SW1(config)#vlan 10
SW1(config-vlan)#name VLAN_10
SW1(config-vlan)#vlan 20
SW1(config-vlan)#name VLAN_20
```

```
SW1(config-vlan)#int fa0/1
SW1(config-if)#switchport mode access
SW1(config-if)#switchport access vlan 10
SW1(config-if)#spanning-tree portfast
SW1(config-if)#exit
SW1(config)#int fa0/2
SW1(config-if)#switchport mode access
SW1(config-if)#switchport access vlan 20
SW1(config-if)#spanning-tree portfast
SW1(config-if)#exit
SW1(config)#int range fa0/3-4
SW1(config-if-range)#switchport mode trunk
SW1(config-if-range)#spanning-tree link-type point-to-point
SW1(config-if-range)#exit
SW1(config)#

SW2(config)#spanning-tree mode rapid-pvst
SW2(config)#vlan 10
SW2(config-vlan)#name VLAN_10
SW2(config-vlan)#vlan 20
SW2(config-vlan)#name VLAN_20
SW2(config-vlan)#int fa0/1
SW2(config-if)#switchport mode access
SW2(config-if)#switchport access vlan 10
SW2(config-if)#spanning-tree portfast
SW2(config-if)#exit
SW2(config)#int fa0/2
SW2(config-if)#switchport mode access
SW2(config-if)#switchport access vlan 20
SW2(config-if)#spanning-tree portfast
SW2(config-if)#exit
SW2(config)#int range fa0/3-4
SW2(config-if-range)#switchport mode trunk
SW2(config-if-range)#spanning-tree link-type point-to-point
SW2(config-if-range)#exit
SW2(config)#

SW3(config)#spanning-tree mode rapid-pvst
SW3(config)#vlan 10
SW3(config-vlan)#name VLAN_10
SW3(config-vlan)#vlan 20
SW3(config-vlan)#name VLAN_20
SW3(config-vlan)#int fa0/1
SW3(config-if)#switchport mode access
SW3(config-if)#switchport access vlan 10
SW3(config-if)#spanning-tree portfast
SW3(config-if)#exit
SW3(config)#int fa0/2
SW3(config-if)#switchport mode access
SW3(config-if)#switchport access vlan 20
```

```
SW3(config-if)#spanning-tree portfast
SW3(config-if)#exit
SW3(config)#int range fa0/3-4
SW3(config-if-range)#switchport mode trunk
SW3(config-if-range)#spanning-tree link-type point-to-point
SW3(config-if-range)#exit
SW3(config)#
```

위와 같이 설정한 후 ***show spanning-tree*** 명령어를 통해 확인해본다. "Spanning tree enabled protocol rstp" 출력 문구를 보면 Rapid PVST+로 동작하는 것을 알 수 있다. STP는 이중화 스위치 구조에서 여러 가지 문제점을 해결하기 위해 논리적으로 특정 포트를 막아 프레임이 전송되지 못하게 하는 프로토콜이다. 만약 차단되는 포트가 많이 생긴다면 네트워크에 그다지 좋은 영향을 주지 못하게 된다. 그러므로 L2 계층의 네트워크 디자인에서 트렁크를 설정할 때 특정 VLAN은 통신할 수 없도록 설정하거나, VTP 프루닝을 설정하거나, 불필요한 이중화 구간을 줄이는 방법으로 설계해야 한다. 또한 이중화를 구성하지 않는다고 하여 STP를 해제하는 실수는 범하지 말자. STP는 스위치 자원을 많이 활용하지도 않기 때문에 항상 활성화하도록 한다.

```
SW1#show spanning-tree
VLAN0001
  Spanning tree enabled protocol rstp
  Root ID     Priority     4097
              Address      00E0.F71E.3793
              This bridge is the root
              Hello Time   2 sec  Max Age 20 sec  Forward Delay 15 sec

  Bridge ID   Priority     4097  (priority 4096 sys-id-ext 1)
              Address      00E0.F71E.3793
              Hello Time   2 sec  Max Age 20 sec  Forward Delay 15 sec
              Aging Time   20
Interface      Role Sts Cost       Prio.Nbr Type
------------ ---- --- --------- -------- --------------------------------
Fa0/4          Desg FWD 19         128.4    P2p
Fa0/3          Desg FWD 19         128.3    P2p

VLAN0010
  Spanning tree enabled protocol rstp
  Root ID     Priority     24586
              Address      0030.F212.8830
              Cost         19
              Port         3(FastEthernet0/3)
              Hello Time   2 sec  Max Age 20 sec  Forward Delay 15 sec

  Bridge ID   Priority     32778  (priority 32768 sys-id-ext 10)
```

```
              Address       00E0.F71E.3793
              Hello Time    2 sec  Max Age 20 sec  Forward Delay 15 sec
              Aging Time    20

Interface     Role Sts Cost      Prio.Nbr Type
------------- ---- --- --------- -------- --------------------------------
Fa0/4         Altn BLK 19        128.4    P2p
Fa0/1         Desg FWD 19        128.1    P2p
Fa0/3         Root FWD 19        128.3    P2p

VLAN0020
  Spanning tree enabled protocol rstp
  Root ID     Priority      24596
              Address       0001.C781.1D88
              Cost          19
              Port          4(FastEthernet0/4)
              Hello Time    2 sec  Max Age 20 sec  Forward Delay 15 sec

  Bridge ID   Priority      28692  (priority 28672 sys-id-ext 20)
              Address       00E0.F71E.3793
              Hello Time    2 sec  Max Age 20 sec  Forward Delay 15 sec
              Aging Time    20

Interface     Role Sts Cost      Prio.Nbr Type
------------- ---- --- --------- -------- --------------------------------
Fa0/4         Root FWD 19        128.4    P2p
Fa0/2         Desg FWD 19        128.2    P2p
Fa0/3         Desg FWD 19        128.3    P2p

SW1#
```

```
SW2#show spanning-tree
VLAN0001
  Spanning tree enabled protocol rstp
  Root ID     Priority      4097
              Address       00E0.F71E.3793
              Cost          19
              Port          3(FastEthernet0/3)
              Hello Time    2 sec  Max Age 20 sec  Forward Delay 15 sec

  Bridge ID   Priority      28673  (priority 28672 sys-id-ext 1)
              Address       0030.F212.8830
              Hello Time    2 sec  Max Age 20 sec  Forward Delay 15 sec
              Aging Time    20

Interface     Role Sts Cost      Prio.Nbr Type
------------- ---- --- --------- -------- --------------------------------
Fa0/4         Desg FWD 19        128.4    P2p
```

```
Fa0/3            Root FWD 19         128.3     P2p

VLAN0010
  Spanning tree enabled protocol rstp
  Root ID     Priority     24586
              Address      0030.F212.8830
              This bridge is the root
              Hello Time   2 sec  Max Age 20 sec  Forward Delay 15 sec

  Bridge ID   Priority     24586  (priority 24576 sys-id-ext 10)
              Address      0030.F212.8830
              Hello Time   2 sec  Max Age 20 sec  Forward Delay 15 sec
              Aging Time   20

Interface        Role Sts Cost       Prio.Nbr Type
---------------- ---- --- --------- -------- --------------------------------
Fa0/4            Desg FWD 19         128.4    P2p
Fa0/1            Desg FWD 19         128.1    P2p
Fa0/3            Desg FWD 19         128.3    P2p

VLAN0020
  Spanning tree enabled protocol rstp
  Root ID     Priority     24596
              Address      0001.C781.1D88
              Cost         19
              Port         4(FastEthernet0/4)
              Hello Time   2 sec  Max Age 20 sec  Forward Delay 15 sec

  Bridge ID   Priority     32788  (priority 32768 sys-id-ext 20)
              Address      0030.F212.8830
              Hello Time   2 sec  Max Age 20 sec  Forward Delay 15 sec
              Aging Time   20

Interface        Role Sts Cost       Prio.Nbr Type
---------------- ---- --- --------- -------- --------------------------------
Fa0/2            Desg FWD 19         128.2    P2p
Fa0/4            Root FWD 19         128.4    P2p
Fa0/3            Altn BLK 19         128.3    P2p

SW2#


SW3#show spanning-tree
VLAN0001
  Spanning tree enabled protocol rstp
  Root ID     Priority     4097
              Address      00E0.F71E.3793
              Cost         19
              Port         4(FastEthernet0/4)
```

```
             Hello Time   2 sec  Max Age 20 sec  Forward Delay 15 sec

  Bridge ID  Priority     32769  (priority 32768 sys-id-ext 1)
             Address      0001.C781.1D88
             Hello Time   2 sec  Max Age 20 sec  Forward Delay 15 sec
             Aging Time   20

Interface      Role Sts Cost      Prio.Nbr Type
-------------- ---- --- --------- -------- --------------------------------
Fa0/3          Altn BLK 19        128.3    P2p
Fa0/4          Root LRN 19        128.4    P2p

VLAN0010
  Spanning tree enabled protocol rstp
  Root ID    Priority     24586
             Address      0030.F212.8830
             Cost         19
             Port         3(FastEthernet0/3)
             Hello Time   2 sec  Max Age 20 sec  Forward Delay 15 sec

  Bridge ID  Priority     28682  (priority 28672 sys-id-ext 10)
             Address      0001.C781.1D88
             Hello Time   2 sec  Max Age 20 sec  Forward Delay 15 sec
             Aging Time   20

Interface      Role Sts Cost      Prio.Nbr Type
-------------- ---- --- --------- -------- --------------------------------
Fa0/3          Root LRN 19        128.3    P2p
Fa0/4          Desg FWD 19        128.4    P2p
Fa0/1          Desg FWD 19        128.1    P2p

VLAN0020
  Spanning tree enabled protocol rstp
  Root ID    Priority     24596
             Address      0001.C781.1D88
             This bridge is the root
             Hello Time   2 sec  Max Age 20 sec  Forward Delay 15 sec

  Bridge ID  Priority     24596  (priority 24576 sys-id-ext 20)
             Address      0001.C781.1D88
             Hello Time   2 sec  Max Age 20 sec  Forward Delay 15 sec
             Aging Time   20

Interface      Role Sts Cost      Prio.Nbr Type
-------------- ---- --- --------- -------- --------------------------------
Fa0/3          Desg LRN 19        128.3    P2p
Fa0/4          Desg LRN 19        128.4    P2p
Fa0/2          Desg FWD 19        128.2    P2p

SW3#
```

PACKET TRACER

Cisco Networking Academy Program
A Powerful Network Simulation Tool

제10장

무선 LAN의 기본 개념과 설정 방법

CHAPTER

10 무선 LAN의 기본 개념과 설정 방법

오늘날 네트워크를 구성하고 있는 물리적 회선을 보면 무선보다 유선이 더 많은 비중을 차지하지만 그 비율은 점차 줄어들고 있다. Layer1에서 Layer2로 연결되는 회선이 유선이면 유선 네트워크가 되는 것이고, 만약 무선을 사용한다면 무선 네트워크가 되는 것이다. 무선 랜은 Layer1에서 Layer2까지의 연결이 유선이 아닌 무선을 사용하고 있다는 뜻으로 해석해도 큰 무리가 없을 정도로 무선 랜의 대부분 연결 구간이 바로 여기에 해당한다.

무선 랜은 많은 발전을 해왔고 지금도 계속 발전하고 있다. 네트워크의 규모를 설명할 때 LAN (Local Area Network), MAN(Metropolitan Area Network), WAN(Wide Area Network) 등으로 과거에 주로 구분하여 설명했지만 최근에는 무선 랜이 활성화되고 나서 PAN(Personal Area Network)이란 개념도 추가되었다. PAN은 LAN보다 작은 개념으로 개인 사용자가 사용하는 무선 랜의 구간을 일컫는다.

무선 랜을 사용하게 된 계기는 누가 뭐라 하더라도 연결의 편리함과 복잡한 케이블 연결 문제를 해결한다는 점일 것이다. 일일이 LAN 케이블을 연결하지 않아도 무선 랜 카드만 장착하면 되는 무선 랜은 사용에 있어 유연성을 제공하고 비용을 감소시키는 큰 장점을 가지고 있다. 그러나 인터넷상에서 누구나 다운로드 받을 수 있는 무선 랜 분석 도구를 통해 여러 정보를 쉽게 알아낼 수 있으며, 암호화된 키 값을 유추할 수도 있는 보안 문제가 있다. 이러한 기술은 여러 가지 무선 랜 해킹 기술(MAC Spoofing, Sniffing 등등)을 기반으로 한다. 위와 같은 문제점을 가지고 있다 하더라도 무선 랜이 많이 쓰이고 보급되는 이유는 유선 LAN과는 비교할 수 없는 이동성이다. 요즘은 스마트폰이 많이 보급되어 3G나 4G 이동통신 망을 사용해 인터넷을 하거나 무선 랜이 지원되는 지역에서는 무선 랜을 사용한다.

무선 랜에는 여러 가지 표준이 있는데, 이를 표 10-1에 요약한다.

무선 랜을 구성하는 요소는 크게 무선 랜 카드와 AP(Access Point), 무선 라우터(Wireless Router)가 있다. 무선 랜 카드의 경우는 몇 년 전부터 노트북에 기본 장착되어 나오고 있으며, 스마트폰 등 다양한 기기에 적용하고 있으며, 데스크톱에도 장착하여 사용이 가능하다. 무선 랜을 사용하는 장치들을 유선 랜으로 연결시켜주는 장치를 AP라고 하는데, 무선 랜을 사용하는 장치들은 서로 직접적으로 데이터를 주고받는 것이 아니라 AP를 거쳐서 주고받는 2계층 장치이다. 802.3 이더넷은 CSMA/CD(Carrier Sense Multiple Access with Collision Detection)가 동작한다면 무선 랜은 CSMA/CA(Carrier Sense Multiple Access with Collision Avoidance)로 동작하는데, 이는 무선 랜을 사용하는 장치들이 데이터를 전송하기 전에 유휴 상태를 확인해야 하기 때문이다.

무선 랜을 사용하여 데이터를 전송하는 기기들이 공평하게 데이터를 네트워크 자원을 사용하기 위해서 AP는 매체 접근을 동등하게 하기 위한 기능이 있으며, AP가 데이터를 수신하면 반드시 응답 메시지를 데이터를 보낸 장치에게 전송하여 충돌 발생을 막음과 동시에 데이터 재송신을 막는다. 무선 랜에서 무선 라우터는 유선 랜과 연결되어 유선 랜에서의 스위치 역할 및 라우터의 역할을 수행하게 된다. 패킷트레이서에서는 이러한 무선 라우터로 Linksys WRT300N이라는 무선 라우터를 지원하는데 이 모델은 일반 가정집이나 소규모 무선 랜을 구축하고자 할 때 사용되는 모델이다.

무선 라우터 설정

이제 무선 랜을 구축하기 위해 패킷트레이서에서 그림 10-1과 같은 토폴로지를 구성해보자. 단 PC는 유선 랜 카드를 제거하고 무선 랜 카드를 장착하여야 한다. 무선 랜 카드의 장착 방법은 제1장을 참고하도록 한다. 패킷트레이서에서 지원하는 WRTN300N 무선 라우터의 경우 실제 장치에서와 같은 모든 기능을 지원하는 것이 아니라 기본적인 설정만 지원하므로 참고한다.

패킷트레이서에서 무선 라우터를 클릭하면 그림 10-2와 같은 화면이 나오는데 무선 라우터를 설정하기 위한 방법으로 Config 탭을 이용하는 방법과 GUI를 이용하는 방법이 있는 것을 알 수 있다. GUI로 설정하는 방법을 알면 쉽게 Config 탭을 이용해 무선 라우터를 설정할 수 있으므로

표 10-1 무선 랜 표준

표준	제정 시기	대역	채널	전송률	서비스범위	장점	단점
802.11a	1999	5.7GHz	최대 23개	54Mbps	35M	빠른 속도	고가, 범위 작음
802.11b	1999	2.4GHz	3	11Mbps	35M	저가, 넓은 범위	느림
802.11g	2003	2.4GHz	3	54Mbps	35M	빠르고 넓은 범위	동일 대역대의 간섭에 약함
802.11n	2009	2.4 및 5GHz	-	248Mbps	70M	매우 빠르고 넓은 범위	–

여기에서는 GUI로 설정하는 방법에 대해서만 알아본다.

위의 화면을 보면 **Internet Setup**과 **Network Setup**이 있다. **Internet Setup**의 경우 외부 네트워크와 통신하기 위해 사용하는 IP 주소를 설정하는 것으로 설정 방법으로는 3가지가 있는데 DHCP로부터 IP 주소를 받아 오는 방법과 PPPoE를 사용하는 방법, IP 주소를 수동 설정하여 사용하는 방법이 있다. 그림 10-1의 토폴로지에서 무선 라우터에게 IP 주소를 할당해줄 서버나 라우터가 존재하지 않으므로 그림 10-3에서와 같이 수동 설정을 실시하고 라우터에 IP 주소를 할당하고 인터페이스를 활성화시킨 후 PC1에서 ping을 보내보자. 무선 라우터의 경우 설정 값을 입력하고 난 후 화면 제일 하단의 **Save Settings**를 눌러 설정 내용을 저장해야만 설정 내용이 적용된다.

라우터의 설정은 아래의 스크립트를 참조한다.

```
Router(config)#int gi0/0
Router(config-if)#ip add 1.1.1.1 255.255.255.0
Router(config-if)#no shutdown
Router(config-if)#int gi0/1
Router(config-if)#ip add 2.2.2.1 255.255.255.0
Router(config-if)#no shutdown
Router(config-if)#exit
Router(config)#
```

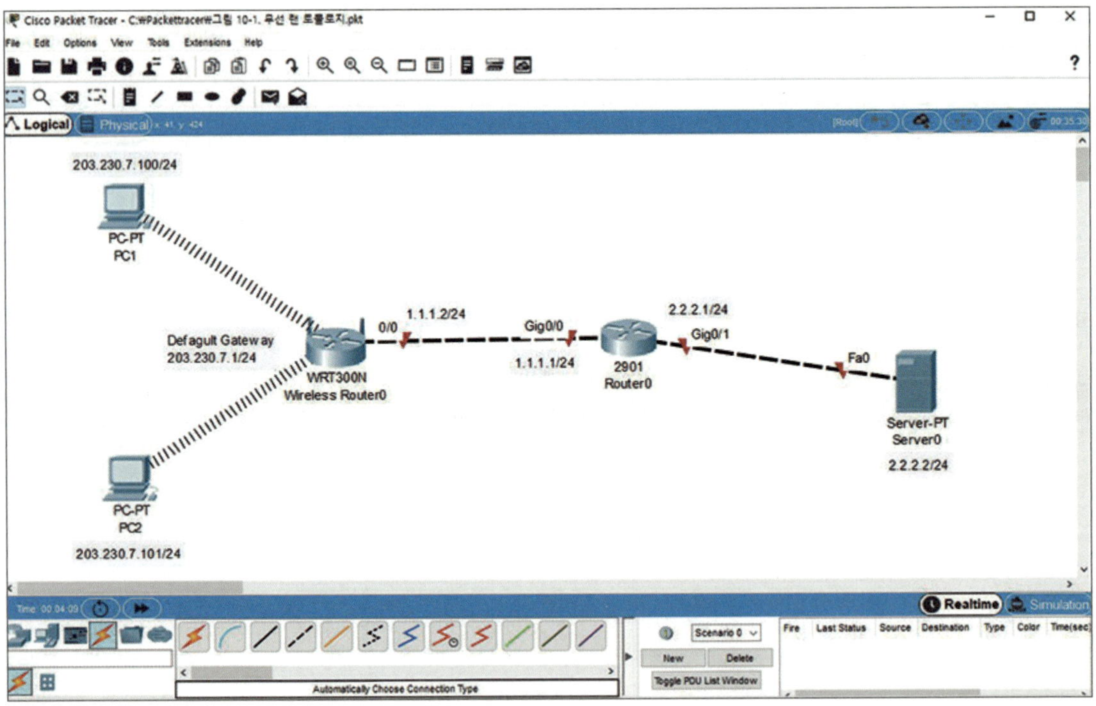

그림 10-1 무선 랜 토폴로지

PC의 경우 무선 랜 카드를 장착하면 자동으로 DHCP를 통해 IP 주소를 받아 오도록 설정되는데, 무선 라우터는 기본적으로 DHCP가 동작하게 되어 있다. 무선 라우터에서 기본적으로 동작하는 DHCP의 주소는 192.168.0.100~192.168.0.149이며, **Network Setup** 부분을 조절하여 IP 주소를 그림 10-4에서와 같이 변경한다.

Router IP 부분에 주소를 넣은 후 설정을 저장하면 DHCP Server 설정 부분의 시작 주소(Start IP Address)가 192.168.0.100에서 203.230.7.100으로 변경된다. 최대 사용자 수(Maximum number of Users)가 2로 설정되었기 때문에 2대의 PC만 무선 라우터를 통해 IP 주소를 할당 받을 수 있다. 변경된 내용의 IP 주소 체계를 PC에서 할당 받을 수 있게 하기 위해 토폴로지에서 PC1을 클릭한 후 Desktop → IP Configuration으로 이동한다. 그림 10-5와 같이 무선 라우터의 기본 설정

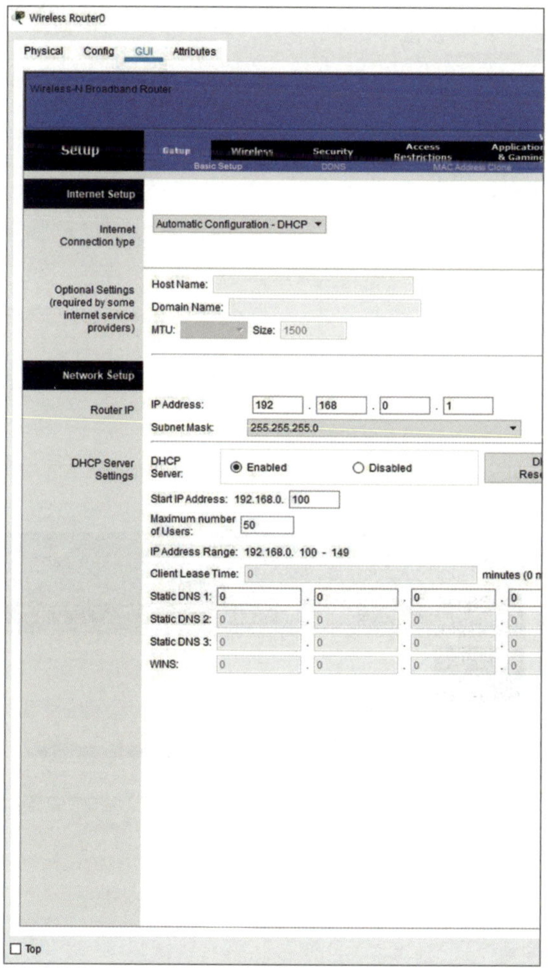

그림 10-2 무선 라우터 기본 설정

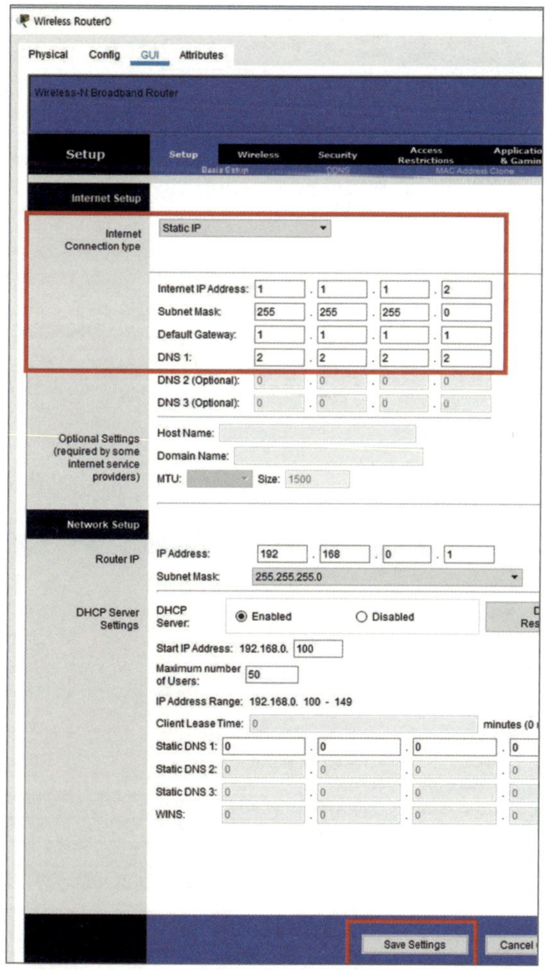

그림 10-3 무선 라우터에서 IP 수동 설정

주소가 보인다면 IP 주소를 다시 받아야 한다.

Static을 클릭한 후 다시 DHCP를 클릭하면 그림 10-6과 같이 IP 주소가 변경되는 것을 확인할 수 있다.

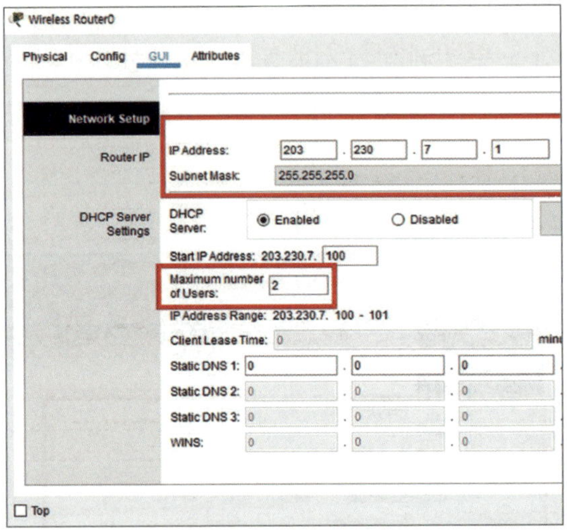

그림 10-4 무선 라우터에서 DHCP 설정

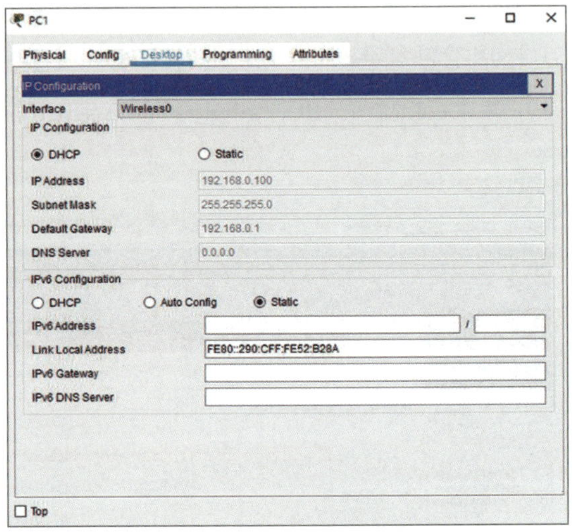

그림 10-5 무선 라우터에서 할당받은 초기 IP 주소

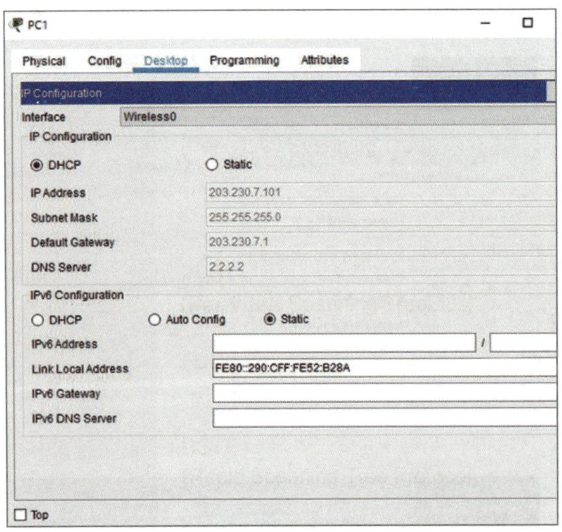

그림 10-6 무선 라우터에서 할당받은 IP주소

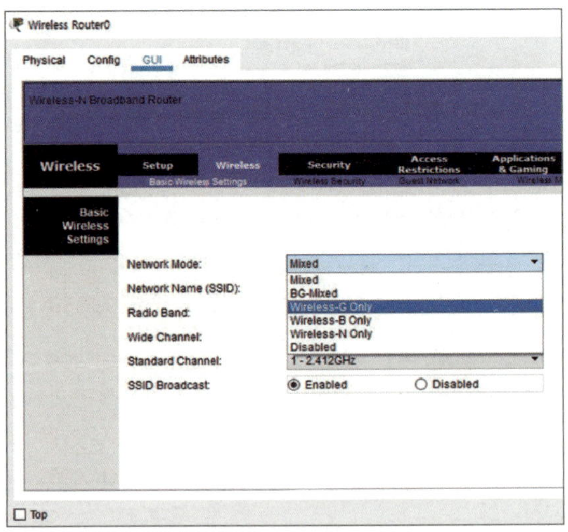

그림 10-7 무선 라우터 무선 환경 설정

PC2도 위와 같은 과정을 수행하여 IP 주소를 받아 오며, PC1 및 PC2에서 Server0로 ping 테스트를 실시하여 테스트가 성공하는지를 확인한다.

```
PC>ping 2.2.2.2

Pinging 2.2.2.2 with 32 bytes of data:

Reply from 2.2.2.2: bytes=32 time=18ms TTL=126
Reply from 2.2.2.2: bytes=32 time=13ms TTL=126
Reply from 2.2.2.2: bytes=32 time=8ms TTL=126
Reply from 2.2.2.2: bytes=32 time=9ms TTL=126

Ping statistics for 2.2.2.2:
    Packets: Sent = 4, Received = 4, Lost = 0 (0% loss),
Approximate round trip times in milli-seconds:
    Minimum = 8ms, Maximum = 18ms, Average = 12ms

PC>
```

지금까지 IP 주소 설정이 끝났으므로 그림 10-7을 참고하여 기본 무선 설정을 시작해보자. 무선 네트워크의 모드(Network Mode)가 기본적으로 **Mixed**로 되어 있는데 이는 802.11b, 11g, 11n을 모두 지원한다는 의미이다. 만약 802.11g만 지원하고자 한다면 네트워크 모드에서 **Wireless-G Only**로 변경하면 된다.

무선 라우터 보안 설정

SSID(Service Set IDentifier)는 다수의 무선 네트워크를 구별하기 위해서 사용하는 문자를 말한다. 기본 값이 **Default**로 되어 있으나, 변경이 가능하며 32문자를 넘길 수 없다. **Radio Band**와 **Wide Channel**은 기본 값인 **Auto**를 사용하는데 만약 **Wireless-N**을 사용할 경우 **Wide-40MHz**를 사용하고 **Wireless-G** 및 **Wirelss-B**를 사용할 경우 **Standard-20MHz**를 사용한다. 인접한 무선 라우터와 같은 채널을 사용하지 않는 것이 무선 랜 환경에서 필요하며, 이를 위해 특정 무선 라우터의 경우는 자동으로 채널 설정을 변경하기도 하고, 무선 구간을 모니터링하기도 한다. 2.4GHz 대역은 북미 지역에서는 11개의 채널로 유럽 지역에서는 13개의 채널로 나눠진다. 여기서는 기본 설정 값인 1번을 사용한다.

무선 보안(Wireless Security)에서는 다양한 방법을 통해 무선 보안을 설정할 수 있는데 그림

10-8과 같이 **WEP**(Wired Equivalent Privacy)과 **WPA**(Wi-Fi Protected Access) 등으로 설정할 수 있다.

WEP 공유 키 암호화의 경우 일반적은 무선 보안으로 사용되기도 하나, 암호화를 위해 사용되는 알고리즘이 해석 가능하다는 단점과 확장성에 문제가 있기 때문에 WPA를 사용하면서 이와 연계된 TKIP(Temporal Key Integrity Protocol) 암호화 알고리즘과 AES(Advanced Encryption Standard)가 개발되었다. TKIP는 현재 WPA 방식으로 공인된 암호화 방식으로서 2계층의 페이로드를 암호화하고 메시지가 임의로 변경되는 것을 막을 수 있으며, 암호화된 패킷의 무결성을 검사한다. WPA2는 WPA의 개선된 버전으로 TKIP보다 강력한 AES(CCMP)를 사용하며, 802.11n의 경우 AES를 권장하고 있다. 만약 AES를 사용하지 않을 경우 최대 54M로 속도를 제안하는데 그 이유는 취약한 암호화 알고리즘을 사용해 무선 라우터와 빠른 통신을 하게 되면 많은 데이터가 무선에 노출되어 해킹 문제가 생길 수 있기 때문이다.

그림 10-8는 **WEP**에서 **WPA2 Enterprise**까지 여러 항목이 있으며 맨 위에 위치할수록 보안 수준이 낮다. **WPA Personal**(PSK Personal), **WPA Enterprise**(PSK Enterprise), **WPA2 Personal**(PSK2 Personal), **WPA2 Enterprise**(PSK2 Enterprise)에서 **Personal**과 **Enterprise**의 차이점은 AAA 인증 서버의 사용 유무에 따라 달라진다. **Enterprise**는 AAA 인증 서버를 사용하지만 **Personal**은 사용하지 않는다. 이제 패킷 트레이서를 사용하여 위의 인증 방식을 설정해보자. 먼저 **WEP**을 사용한 인증 설정으로, 인증 값으로 1234567890을 사용하기로 하자. 우선 PC1을 WRT300N 라우터에 연결해보기 위해 그림 10-9와 같이 설정한다. 이와 같이 설정하고 저장을 누

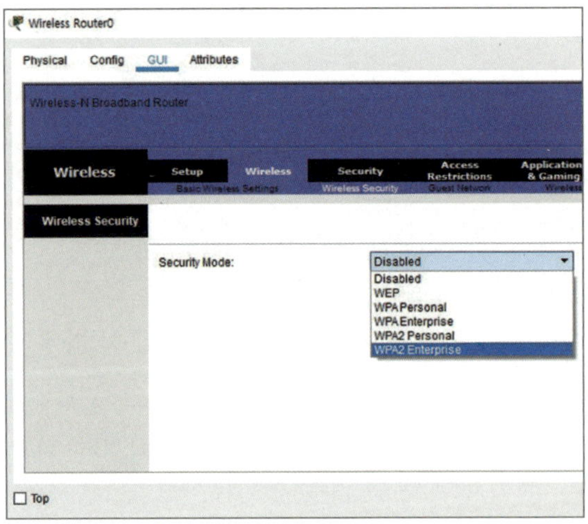

그림 10-8 무선 라우터 보안 설정

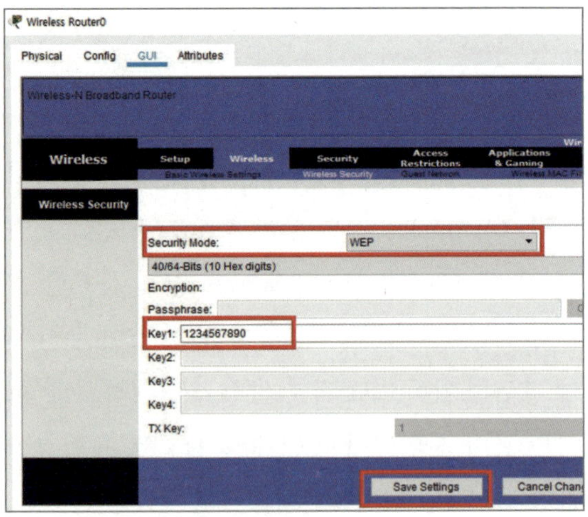

그림 10-9 무선 라우터 WEP 설정

르면 연결되었던 무선 연결이 끊기는 것을 볼 수 있다.

이제 PC1 → Config → Wireless로 이동하여 WEP 키를 입력한다.그림 10-10

패킷트레이서에서 지원하는 PC에는 설정 저장 버튼이 없다. 화면을 종료하면 설정 내용이 바로 적용되며, 패킷 트레이서상에서 PC1만 무선 라우터에 연결된 것을 확인할 수 있다. **WPA Personal** 방식에 **AES** 알고리즘을 적용하여 PC1을 인증해보자. 그림 10-11과 그림 10-12의 설정 방법을 참고한다.

다음으로 AAA 서버로 Radius를 이용하여 **WPA2 Enterprise** 방식에 **AES** 알고리즘을 사용하여

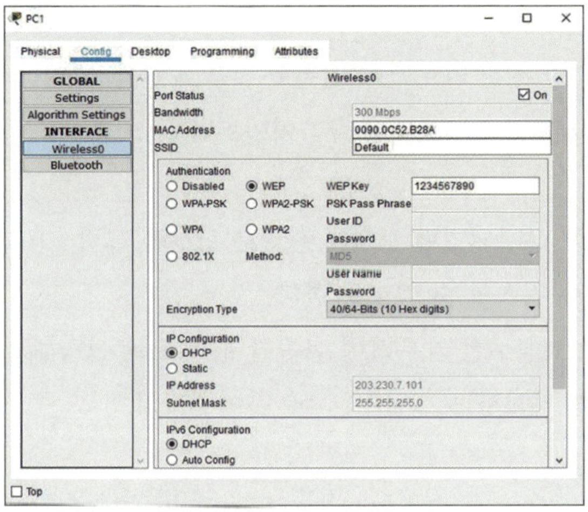

그림 10-10 PC1에서의 WEP 인증

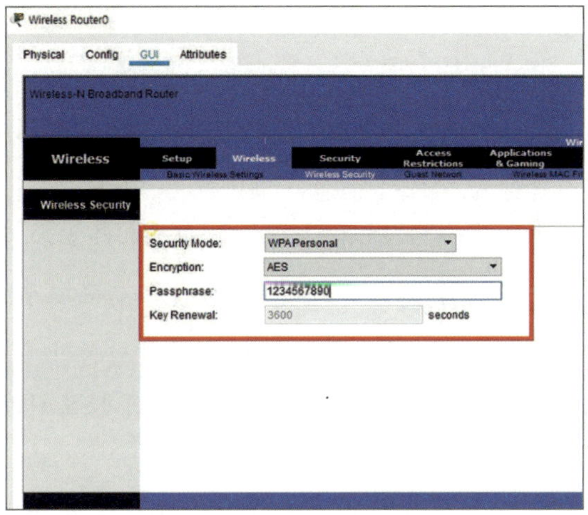

그림 10-11 WPA Personal 인증(무선 라우터)

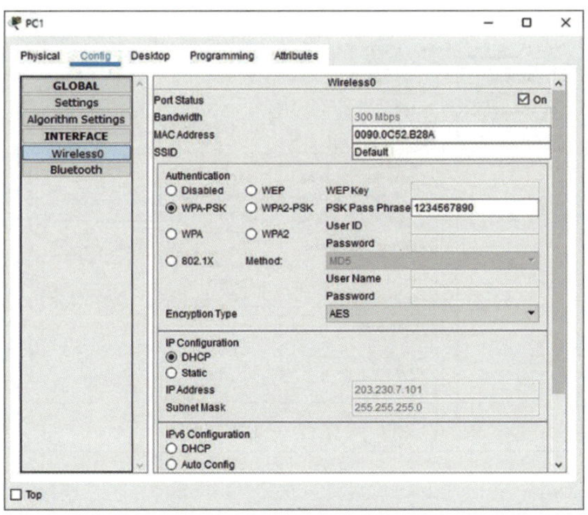

그림 10-12 WPA Personal 인증(PC)

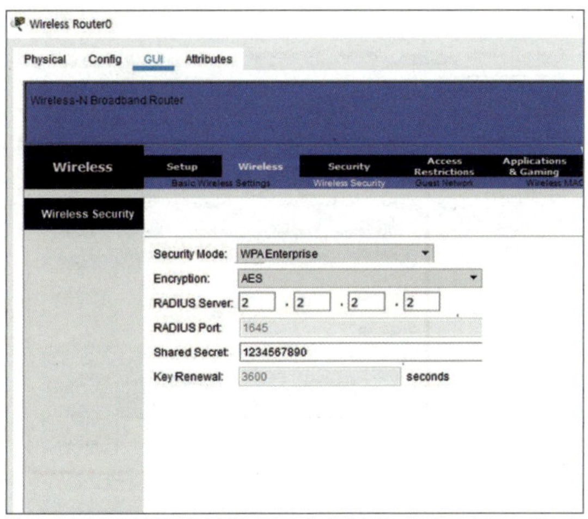

그림 10-13 무선 라우터 WPA2 설정

PC1을 인증해보자. 이 경우 PC1은 아이디(cisco)와 암호(class)를 사용하여 무선 라우터 접속을 위한 인증을 실시하며, 무선 라우터는 Radius에 인증 키를 저장하여야 하며, Radius 서버로 토폴로지상의 Server0를 사용하기로 한다. 다음 단계에 따라 설정을 진행한다.

① 무선 라우터를 설정한다.그림 10-13

② Radius 서버를 설정한다. **Network Configuration**은 무선 라우터를, **User Setup**은 PC에서 인증될 사용자 정보를 입력한 후 "Add" 버튼을 눌러 저장한다. AAA 서비스는 반드시 ON 상태여야 한다.그림 10-14

③ PC1에서 그림 10-15와 같이 설정한다.

위와 같이 설정이 끝나면 패킷트레이서에서 PC1만 무선 라우터에 연결된 것을 확인할 수 있다.

무선 라우터는 그림 10-16에서와 같이 MAC 필터링을 통해 특정 클라이언트만 무선 라우터에 접속할 수 있도록 연결을 제한할 수 있다.

패킷트레이서에서 이 항목을 실습하기 위해 위에 설정되었던 보안과 관련된 항목을 그림 10-17과 같이 모두 제거하여 PC1과 PC2가 무선 라우터에 접속할 수 있도록 한다.

PC1의 MAC 주소를 무선 라우터에 등록한 후 PC1만 무선 라우터에 접속할 수 있도록 설정해보자. PC1의 MAC 주소를 무선 라우터에 등록시키기 위해서는 그림 10-18과 같이 PC1의 MAC 주소를 확인하여야 한다.

MAC 주소를 확인하였으면, 그림 10-19를 참조하여 무선 라우터에 MAC 필터링을 활성화시키

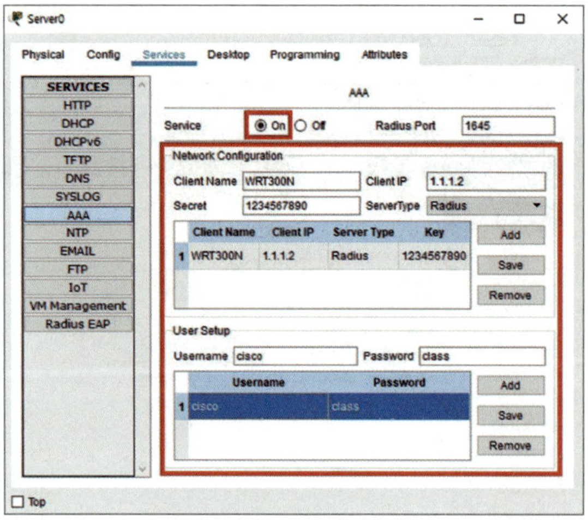

그림 10-14 Radius 서버 설정

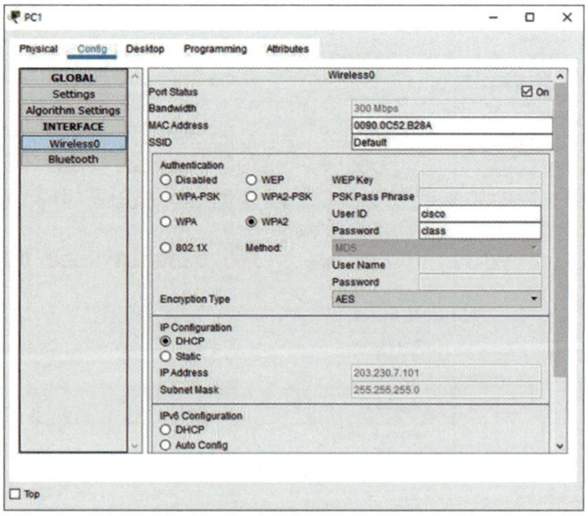

그림 10-15 PC1 WPA2 Radius 인증 설정

고(단계 ①), 등록된 MAC 주소만 통신이 가능하도록 설정하고(단계 ②), MAC 주소를 입력하고(단계 ③), 이를 저장한다. 다시 패킷트레이서 작업 공간에서 확인하면 PC1만 연결된 것을 확인할 수 있다.

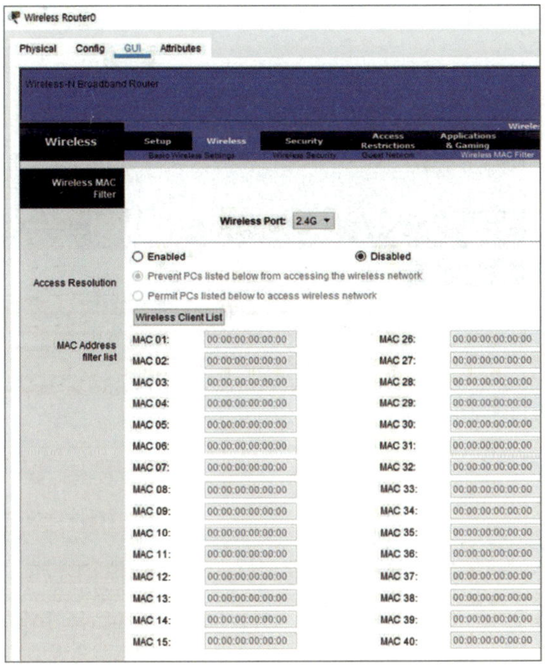

그림 10-16 무선 라우터 MAC 필터링

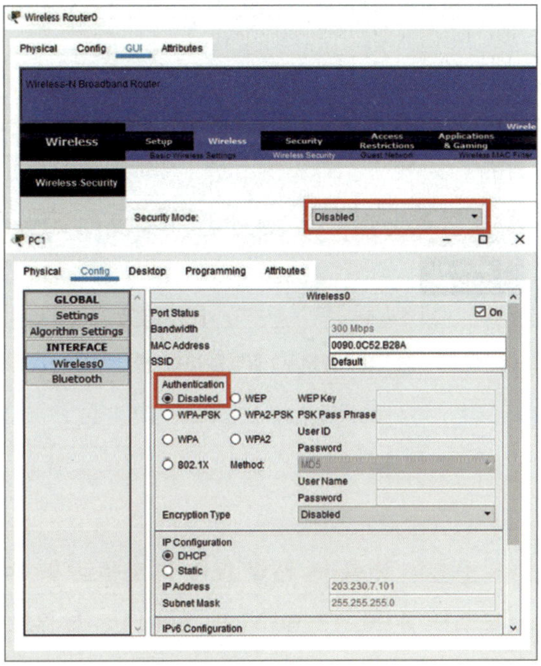

그림 10-17 무선 라우터 인증 해제

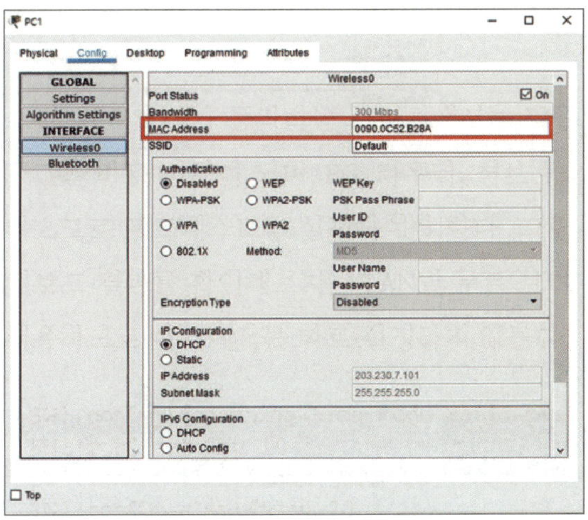

그림 10-18 PC1 무선 랜카드의 MAC 주소

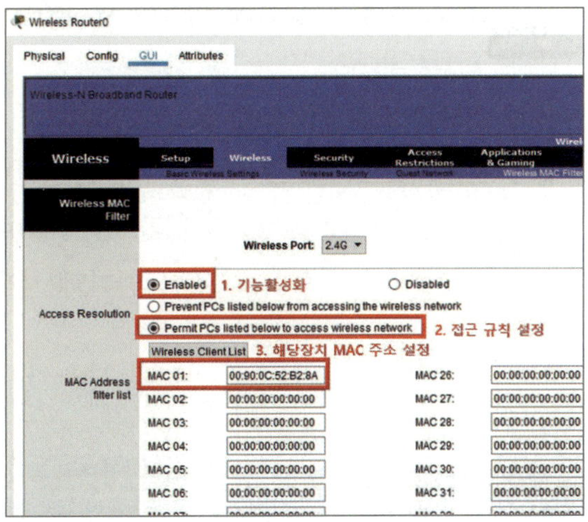

그림 10-19 무선 라우터 MAC 필터링 설정

접속 제한(Access Restrictions)

접속 제한 기능을 이용하면 MAC 필터링보다 더 자세히 PC로부터의 접속을 제한할 수 있다. 특정 URL에 접속을 하지 못하게 한다거나 특정 단어가 들어간 웹사이트에 접속하지 못하게 할 수 있고, 시간대별로 인터넷을 사용하지 못하게 할 수도 있고, 응용프로그램 사용 여부를 설정할 수

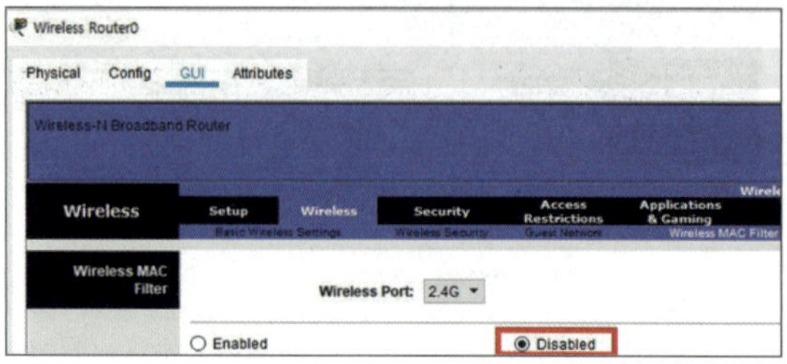

그림 10-20 무선 라우터 MAC 필터링 비활성화

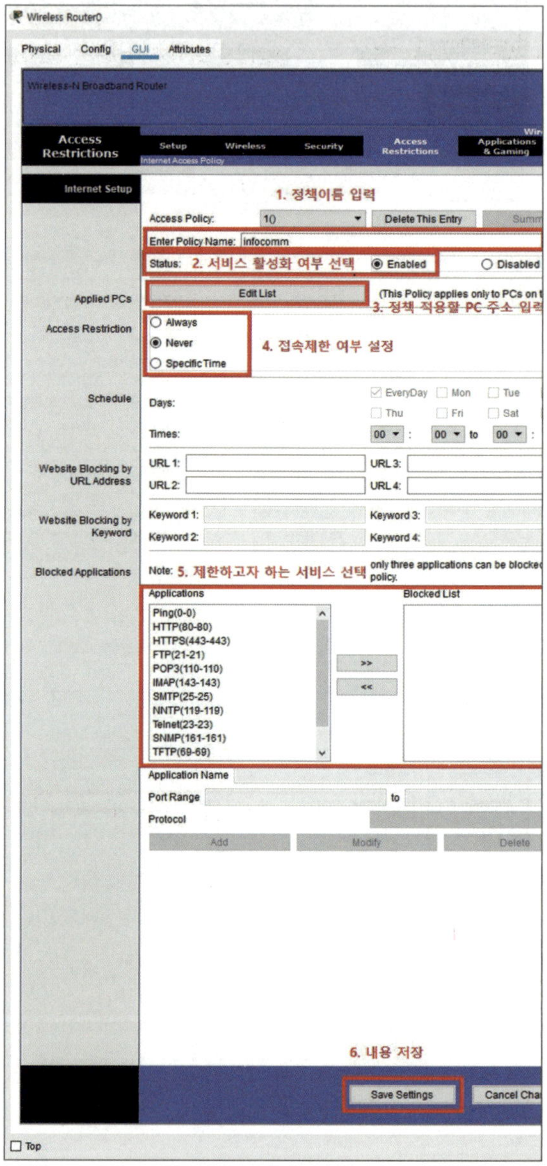

그림 10-21 접속 제한 설정

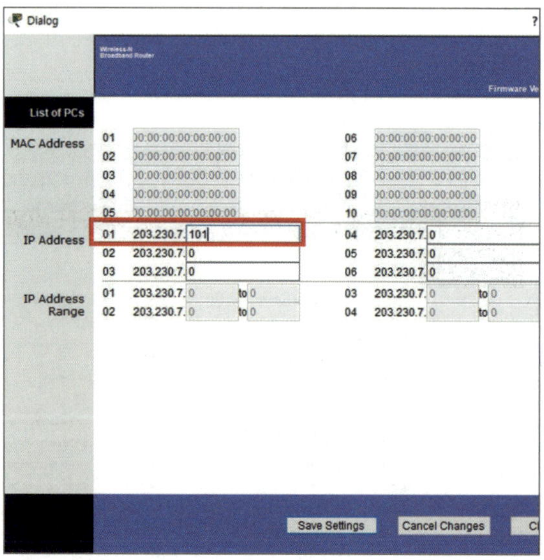

그림 10-22 접속 제한에서 PC 지정

있다.

PC1은 telnet을 사용하여 라우터에 접속할 수 있고 다른 장치로 ping을 보낼 수 있지만, PC2는 telnet과 ping만 사용하지 못하도록 무선 라우터를 설정해보자. 접속 제한 실습을 위해서 활성화했던 MAC 필터링을 그림 10-20에서와 같이 비활성화해서 PC1과 PC2가 무선 라우터에 접속할 수 있도록 한다.

접속 제한을 설정하기 위해서는 그림 10-21과 같이 정책의 이름을 결정하고(단계 ①), 서비스를 활성화(단계 ②)시킨 다음, 정책을 적용할 PC를 입력(단계 ③)한 후 접속 제한 여부(단계 ④) 및 제한하고자 하는 서비스를 선택하고(단계 ⑤), 마지막으로 저장하면 된다. 그림 10-21에서 정책을 적용할 PC를 입력하기 위해 편집 목록(Edit List)를 누르면 그림 10-22와 같이 MAC 주소나 IP 주소, IP 주소 범위를 지정하여 접속 제한에 적용하고자 하는 PC를 설정할 수 있다.

Telnet 접속 확인을 위해서 라우터에 telnet 접속과 관련된 설정을 다음과 같이 실시한다.

```
Router(config)#line vty 0 4
Router(config-line)#password cisco
Router(config-line)#login
```

위와 같이 설정 후 결과를 확인해보자. PC1 클릭 → Desktop → Command Prompt에서 라우터(1.1.1.1)로 telnet 접속 및 ping 테스트를 실시해본다.

```
Packet Tracer PC Command Line 1.0
PC>ping 2.2.2.2

Pinging 2.2.2.2 with 32 bytes of data:

Request timed out.
Reply from 2.2.2.2: bytes=32 time=7ms TTL=126
Reply from 2.2.2.2: bytes=32 time=7ms TTL=126
Reply from 2.2.2.2: bytes=32 time=12ms TTL=126

Ping statistics for 2.2.2.2:
    Packets: Sent = 4, Received = 3, Lost = 1 (25% loss),
Approximate round trip times in milli-seconds:
    Minimum = 7ms, Maximum = 12ms, Average = 8ms

PC>telnet 1.1.1.1
Trying 1.1.1.1 ...Open


User Access Verification

Password:
```

```
Router>exit
[Connection to 1.1.1.1 closed by foreign host]
PC>ping 1.1.1.1

Pinging 1.1.1.1 with 32 bytes of data:

Reply from 1.1.1.1: bytes=32 time=9ms TTL=254
Reply from 1.1.1.1: bytes=32 time=16ms TTL=254
Reply from 1.1.1.1: bytes=32 time=12ms TTL=254
Reply from 1.1.1.1: bytes=32 time=17ms TTL=254

Ping statistics for 1.1.1.1:
    Packets: Sent = 4, Received = 4, Lost = 0 (0% loss),
Approximate round trip times in milli-seconds:
    Minimum = 9ms, Maximum = 17ms, Average = 13ms

PC>
```

위와 같이 telnet 접속 및 ping 테스트에 아무런 문제가 없다. 같은 내용으로 PC2에서도 확인해 보자.

```
Packet Tracer PC Command Line 1.0
PC>ping 2.2.2.2

Pinging 2.2.2.2 with 32 bytes of data:

Reply from 203.230.7.1: Destination host unreachable.
Reply from 203.230.7.1: Destination host unreachable.
Reply from 203.230.7.1: Destination host unreachable.
Reply from 203.230.7.1: Destination host unreachable.

Ping statistics for 2.2.2.2:
    Packets: Sent = 4, Received = 0, Lost = 4 (100% loss),

PC>telnet 1.1.1.1
Trying 1.1.1.1 ...
% Connection timed out; remote host not responding
PC>
```

Telnet 접속과 ping 테스트가 모두 안 되는 것을 확인할 수 있다. PC2에서는 telnet과 ping을 막았기 때문이다. 한편 다른 프로토콜을 이용한 통신은 모두 허락되어야 하는데, 이를 확인하기 위해서 그림 10-23과 같이 PC2 → Desktop → Web Browser에서 URL 창에 http://2.2.2.2를 입력해 보자. http 프로토콜을 사용한 2.2.2.2 서버로의 접속은 아무런 문제가 없음을 확인할 수 있다.

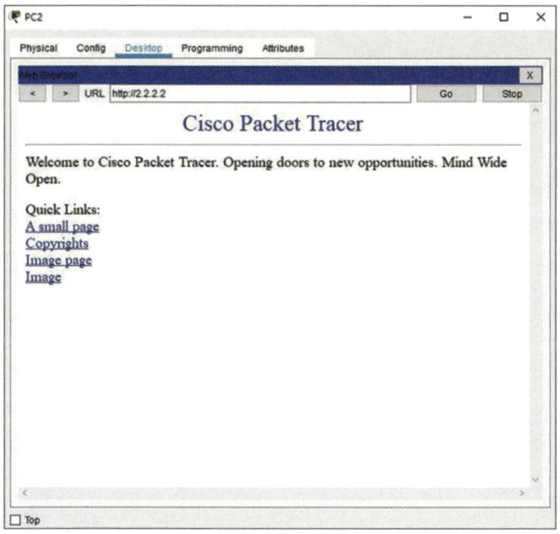

그림 10-23 PC Web Browser

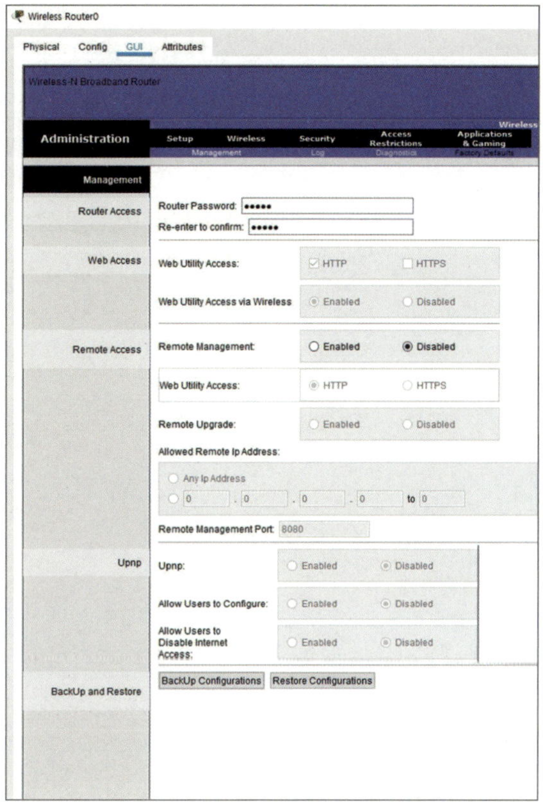

그림 10-24 무선 라우터 관리자 모드

관리자(Administration) 항목에서는 무선 라우터 접속을 위한 암호를 변경할 수 있고, 무선 라우터에 접속할 수 있는 프로토콜 및 다른 사항에 대해서 설정할 수 있다.그림 10-24 패킷트레이서에서는 암호만 변경할 수 있다.

마지막 메뉴 항목인 **WRT300N Status**에서는 무선 라우터의 펌웨어 버전과 내부 및 외부의 IP 주소 체계 등에 관한 정보 및 무선 네트워크에 대한 정보를 볼 수 있는 항목이다. 무선 랜을 구축할 때 AP 또는 무선 라우터를 어디에 설치하는지도 중요한 구축 요소 중 하나이기 때문에 충분히 고려하여야 한다.

PACKET TRACER

Cisco Networking Academy Program
A Powerful Network Simulation Tool

제11장

WAN 기술 (PPP, Frame-Relay)

CHAPTER

11 WAN 기술(PPP, Frame-Relay)

WAN(Wide Area Network)은 넓은 의미로 LAN과 MAN을 포괄하는 크기의 네트워크를 지칭할 때 쓰는 용어이다. 즉 크기가 LAN과 MAN보다 큰 것일 뿐 데이터를 전송하는 데 있어서 크게 다를 것은 없다. 그러나 사용되는 장치가 라우터와 스위치에 국한되어 있지 않은 많은 다양한 장비들이 사용되고 있으며, 특히 요즘과 같이 스마트폰을 많이 사용하는 환경과 무선 네트워크가 많이 구성되어 있는 환경에서 WAN은 다양한 접속 기술과 접속 장치들을 통해 네트워크를 구성하고 있다. 표 11-1에 WAN에서 사용되는 몇 가지 주요 장치를 요약한다.

OSI 2계층에서 WAN과 관련된 서비스로 ATM(Asynchronous Transfer Mode), 프레임릴레이(Frame-relay), HDLC(High-level Data Link Control), PPP(Point to Point) 등이 있다. ATM은 데이터를 53바이트 길이의 셀(cell)로 나눠서 전송하며, 지연에 민감하기 때문에 음성이나 영상 정보와 같은 실시간 데이터를 전송하는 데 효과적인 방식이며, HDLC는 WAN에서 쓰이는 일반적인 캡슐화의 종류 중 하나로, 1970년대에 제안된 SDLC 표준으로부터 개발되었다. HDLC는 오류가 없는 통신을 제공하기 위해 동기식 시리얼 전송을 사용하며, 연결 지향형 서비스와 비연결 지향형 서비스를 모두 지원한다. 시스코 라우터와 시스코 라우터가 시리얼 인터페이스로 연결될 경우 기본 WAN Encapsulation(캡슐화) 방식으로 HDLC를 사용하고 있으며, cHDLC는 HDLC와 같은 개념으로 시스코 장비를 통해 WAN에서 HDLC를 사용한다는 의미이다. 어차피 HDLC는 시스

표 11-1 WAN에서 사용되는 장치들

장비	기능
모뎀(Modem)	아날로그 신호를 디지털 신호로 변환하거나 디지털 신호를 아날로그 신호로 변환할 때 사용한다. 전송회선이 아날로그 신호로만 데이터 전송이 가능할 때(ADSL, 케이블 모뎀 등) 사용한다. 요즘은 댁내까지 고속 전용 인터넷 연결과 광케이블이 들어오는 경우도 있으므로 점차 사용이 줄어드는 추세이다.
WAN 스위치	ATM, Frame-relay 등의 데이터를 교환하기 위해서 사용되는 라우터를 WAN 스위치라 한다.
라우터	DSU/CSU 등을 통해 데이터를 전달 받아 이를 처리하는 장치이다.
CSU(Channel Service unit)/ DSU(Data Service unit)	CSU/DSU 장비 하나로 통합되어 있으며, T1이나 T3 등의 전용선을 사용해 데이터 통신을 할 경우 필요한 장치이다.

코 전용이므로 HDLC = cHDLC라는 관계가 성립하게 되며, 시스코 라우터가 비-시스코 라우터와 연결될 때는 HDLC를 사용할 수 없고 PPP를 사용하여야 한다. PPP는 HDLC와 같은 WAN Encapsulation 방식의 하나인데, HDLC와 달리 CHAP와 PAP라는 보안 설정이 가능하다는 장점이 있고, 점-대-점 네트워킹 환경에서 많은 오류가 발생된다면 링크를 다운시키기도 한다. 시스코 라우터는 HDLC와 PPP를 모두 지원한다.

WAN Encapsulation을 정확히 알아보기 위해 패킷트레이서에서 그림 11-1같이 토폴로지를 구성해보자. 라우터 R1과 R2 설정을 위한 다음 스크립트를 참조한다.

- **R1 설정 스크립트**

```
Router>en
Router#conf t
Router(config)#hostname R1
R1(config)#int gi0/0
R1(config-if)#ip add 163.180.116.1 255.255.255.0
R1(config-if)#no shutdown
R1(config-if)#exit
R1(config)#int s0/2/0
R1(config-if)#ip add 203.230.7.1 255.255.255.0
```

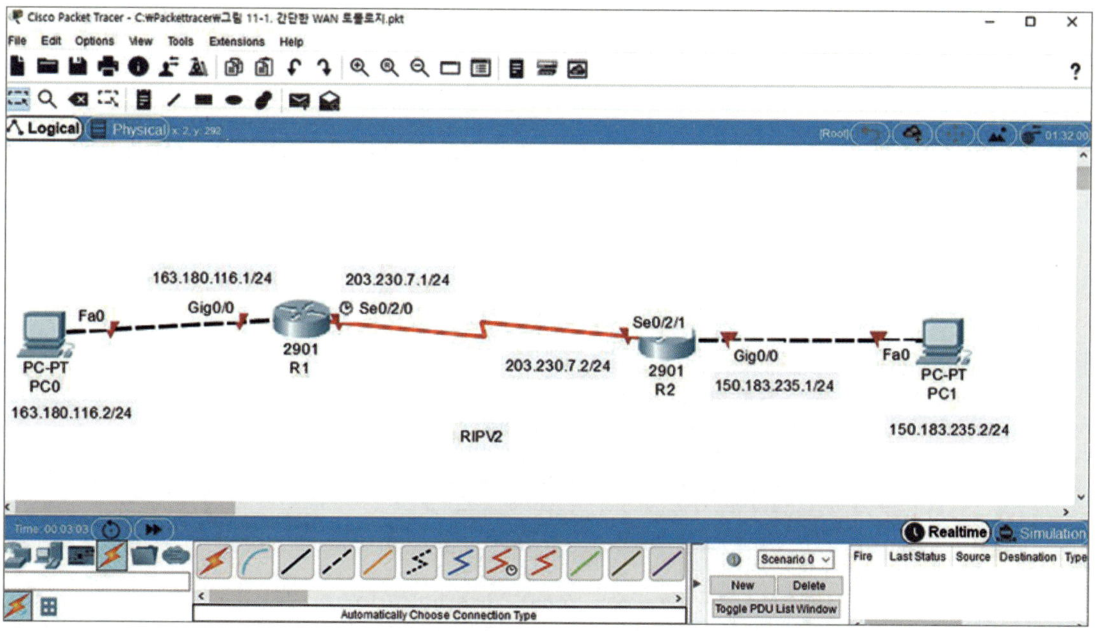

그림 11-1 간단한 WAN 토폴로지

```
R1(config-if)#clock rate 64000
R1(config-if)#no shutdown
R1(config-if)#exit
R1(config)#router rip
R1(config-router)#version 2
R1(config-router)#network 163.180.0.0
R1(config-router)#network 203.230.7.0
R1(config-router)#exit
R1(config)#
```

• **R2 설정 스크립트**

```
Router>en
Router#conf t
Router(config)#hostname R2
R2(config)#int gi0/0
R2(config-if)#ip add 150.183.235.1 255.255.255.0
R2(config-if)#no shutdown
R2(config-if)#exit
R2(config)#int s0/2/1
R2(config-if)#ip add 203.230.7.2 255.255.255.0
R2(config-if)#no shutdown
R2(config-if)#exit
R2(config)#router rip
R2(config-router)#version 2
R2(config-router)#network 150.183.0.0
R2(config-router)#network 203.230.7.0
R2(config-router)#exit
```

위의 설정을 마친 후 라우터 R1에서 ***show interface serial0/2/0*** 명령어를 입력하여 시리얼 인터페이스의 Encapsulation 방식을 확인해보자.

```
R1#show interface serial 0/2/0
Serial0/2/0 is up, line protocol is up (connected)
  Hardware is HD64570
  Internet address is 203.230.7.1/24
  MTU 1500 bytes, BW 1544 Kbit, DLY 20000 usec,
     reliability 255/255, txload 1/255, rxload 1/255
  Encapsulation HDLC, loopback not set, keepalive set (10 sec)
  Last input never, output never, output hang never
  Last clearing of "show interface" counters never
  Input queue: 0/75/0 (size/max/drops); Total output drops: 0
  Queueing strategy: weighted fair
  Output queue: 0/1000/64/0 (size/max total/threshold/drops)
     Conversations  0/0/256 (active/max active/max total)
```

```
    Reserved Conversations 0/0 (allocated/max allocated)
    Available Bandwidth 1158 kilobits/sec
  5 minute input rate 2 bits/sec, 0 packets/sec
  5 minute output rate 4 bits/sec, 0 packets/sec
    2 packets input, 104 bytes, 0 no buffer
    Received 0 broadcasts, 0 runts, 0 giants, 0 throttles
    0 input errors, 0 CRC, 0 frame, 0 overrun, 0 ignored, 0 abort
    3 packets output, 156 bytes, 0 underruns
    0 output errors, 0 collisions, 1 interface resets
    0 output buffer failures, 0 output buffers swapped out
    0 carrier transitions
    DCD=up  DSR=up  DTR=up  RTS=up  CTS=up
R1#
```

"Encapsulation HDLC"이 출력된 결과에서 확인할 수 있듯이 기본 Encapsulation 방식은 HDLC이다.

PPP PAP(Password Authentication Protocol)

이제 캡슐화 방식을 PPP로 변경해보고 인증 방식으로는 PAP를 적용해보자. ID로는 호스트 이름을 사용하고, 암호는 infocomm을 사용하기로 한다.

- **R1 PPP PAP 설정**

```
R1(config)#username R2 password infocomm
R1(config)#int s0/2/0
R1(config-if)#encapsulation ppp
R1(config-if)#ppp authentication pap
R1(config-if)#ppp pap sent-username R1 password infocomm
```

- **R2 PPP PAP 설정**

```
R2(config)#username R1 password infocomm
R2(config)#int s0/2/1
R2(config-if)#encapsulation ppp
R2(config-if)#ppp authentication pap
R2(config-if)#ppp pap sent-username R2 password infocomm
```

설정이 끝났으면 라우팅 테이블을 확인하여 회선의 연결 상태를 확인하고, ***show interface s0/2/0*** 명령어를 통해 encapsulation 방식이 PPP 인지를 확인한다.

```
R1#show ip route
Codes: L - local, C - connected, S - static, R - RIP, M - mobile, B - BGP
       D - EIGRP, EX - EIGRP external, O - OSPF, IA - OSPF inter area
       N1 - OSPF NSSA external type 1, N2 - OSPF NSSA external type 2
       E1 - OSPF external type 1, E2 - OSPF external type 2, E - EGP
       i - IS-IS, L1 - IS-IS level-1, L2 - IS-IS level-2, ia - IS-IS inter area
       * - candidate default, U - per-user static route, o - ODR
       P - periodic downloaded static route

Gateway of last resort is not set

     150.183.0.0/24 is subnetted, 1 subnets
R       150.183.235.0/24 [120/1] via 203.230.7.2, 00:00:03, Serial0/2/0
     163.180.0.0/16 is variably subnetted, 2 subnets, 2 masks
C       163.180.116.0/24 is directly connected, GigabitEthernet0/0
L       163.180.116.1/32 is directly connected, GigabitEthernet0/0
     203.230.7.0/24 is variably subnetted, 3 subnets, 2 masks
C       203.230.7.0/24 is directly connected, Serial0/2/0
L       203.230.7.1/32 is directly connected, Serial0/2/0
C       203.230.7.2/32 is directly connected, Serial0/2/0
R1#show interface s0/2/0
R1#show interface s0/2/0
Serial0/2/0 is up, line protocol is up (connected)
  Hardware is HD64570
  Internet address is 203.230.7.1/24
  MTU 1500 bytes, BW 1544 Kbit, DLY 20000 usec,
     reliability 255/255, txload 1/255, rxload 1/255
  Encapsulation PPP, loopback not set, keepalive set (10 sec)
  LCP Open
  Open: IPCP, CDPCP
  Last input never, output never, output hang never
  Last clearing of "show interface" counters never
  Input queue: 0/75/0 (size/max/drops); Total output drops: 0
  Queueing strategy: weighted fair
  Output queue: 0/1000/64/0 (size/max total/threshold/drops)
     Conversations  0/0/256 (active/max active/max total)
     Reserved Conversations 0/0 (allocated/max allocated)

     Available Bandwidth 1158 kilobits/sec
  5 minute input rate 8 bits/sec, 0 packets/sec
  5 minute output rate 9 bits/sec, 0 packets/sec
     6 packets input, 312 bytes, 0 no buffer
     Received 0 broadcasts, 0 runts, 0 giants, 0 throttles
     0 input errors, 0 CRC, 0 frame, 0 overrun, 0 ignored, 0 abort
     7 packets output, 364 bytes, 0 underruns
     0 output errors, 0 collisions, 1 interface resets
     0 output buffer failures, 0 output buffers swapped out
     0 carrier transitions
     DCD=up  DSR=up  DTR=up  RTS=up  CTS=up
R1#
```

라우팅 테이블도 잘 올라오고 Encapsulation 방식도 PPP로 변경되어 있음을 확인할 수 있다. 다음으로는 R2에 ***debug ppp authentication*** 명령어를 입력한 후 R1에서 암호를 틀리게 입력해 보자. PPP PAP는 연결될 당시에 한 번만 인증을 실시하기 때문에 틀린 암호를 입력한 후 인터페이스를 비활성화시킨 다음 다시 활성화시켜야 한다.

```
R2#debug ppp authentication

R1(config)#int s0/2/0
R1(config-if)#no ppp pap sent-username R1 password infocomm
R1(config-if)#ppp pap sent-username R1 password info
R1(config-if)#shutdown
%LINK-5-CHANGED: Interface Serial0/2/0, changed state to administratively down

%LINEPROTO-5-UPDOWN: Line protocol on Interface Serial0/2/0, changed state to down
R1(config-if)#no shutdown
```

R2에서 디버그 내용을 확인해보자.

```
Serial0/2/1 PAP: I AUTH-REQ id 17 len 15

Serial0/2/1 PAP: Authenticating peer

Serial0/2/1 PAP: Phase is AUTHENTICATING, Unauthenticated User

Serial0/2/1 PAP: O AUTH-NAK id 17 len 26 msg is "Authentication failed"

Serial0/2/1 Using hostname from interface PAP

Serial0/2/1 Using password from interface PAP

Serial0/2/1 PAP: O AUTH-REQ id 17 len 15

Serial0/2/1 PAP: Phase is FORWARDING, Attempting Forward

Serial0/2/1 PAP: I AUTH-REQ id 17 len 15

Serial0/2/1 PAP: Authenticating peer

Serial0/2/1 PAP: Phase is AUTHENTICATING, Unauthenticated User

Serial0/2/1 PAP: O AUTH-NAK id 17 len 26 msg is "Authentication failed"

Serial0/2/1 Using hostname from interface PAP

Serial0/2/1 Using password from interface PAP

Serial0/2/1 PAP: O AUTH-REQ id 17 len 15
```

```
Serial0/2/1 PAP: Phase is FORWARDING, Attempting Forward

Serial0/2/1 PAP: I AUTH-REQ id 17 len 15

Serial0/2/1 PAP: Authenticating peer

Serial0/2/1 PAP: Phase is AUTHENTICATING, Unauthenticated User

Serial0/2/1 PAP: O AUTH-NAK id 17 len 26 msg is "Authentication failed"
```

"Authentication failed" 라는 메시지를 볼 수 있는데, 이 메시지는 인증이 실패했을 경우에 나타나는 메시지이다. 디버그 메시지는 처음 접할 때 복잡하고 어려울 수 있지만 라우팅이 안 되는 등의 여러 가지 문제를 해결하는 데 있어 정확하고 많은 도움을 주기 때문에 익숙해질 필요가 있다.

PPP CHAP(Challenge Handshake Authentication Protocol)

PPP PAP는 사용자 이름과 암호를 평문으로 전달하지만 PPP CHAP은 3-way handshake 인증 과정을 통해 주기적인 인증을 실시하며, MD5 형태로 사용자 이름과 암호가 전송된다. 기존에 설정된 PAP 인증을 지우고 다음과 같이 PPP CHAP 인증을 실시해보자.

- **R1 PPP CHAP 설정**

```
R1(config)#username R2 password infocomm
R1(config)#int s0/2/0
R1(config-if)#encapsulation ppp
R1(config-if)#ppp authentication chap
```

- **R2 PPP CHAP 설정**

```
R2(config)#username R1 password infocomm
R2(config)#int s0/2/1
R2(config-if)#encapsulation ppp
R2(config-if)#ppp authentication chap
```

프레임 릴레이(Frame Relay)

프레임 릴레이는 OSI 참조 모델에서 물리 계층과 데이터링크 계층에서 동작하는 WAN 프로토콜이며, X.25의 패킷 스위칭에 한계를 극복하기 위해 X.25가 가지고 있던 오버헤드를 제거하여 만든 프로토콜이다. X.25에 기반을 두고 개발되었다고 해서 프레임 릴레이가 X.25와 똑같은 것은 아니며, X.25보다 효율성이 더 좋고 패킷에 오류가 검출되면 오류 복원을 제공하는 것이 아니라 패킷을 폐기해버린다. 프레임 릴레이는 하나의 물리적인 회선에 여러 논리적인 회선인 가상 회선을 만들어, 이를 마치 전용선처럼 취급하여 서비스하기 때문에 전용선을 사용하여 DSU/CSU 등을 사용하는 것보다 비용적인 면에서도 유리하다는 장점이 있다. 가상 회선은 SVC(Switched Virtual Circuit)와 PVC(Permanent Virtual Circuit)으로 나눠진다. SVC는 임시적인 패킷 전송에 사용되는 회선으로 논리적인 경로가 고정되어 있지 않고 패킷을 전달할 때마다 별도로 경로가 제공되는 임시적 회선이다. PVC는 고정적인 논리 경로를 가지고 있는 회선이며, 가입자마다 고유 식별 번호(DLCI)가 제공된다. PVC 회선은 데이터가 전송되는 중이든지 아니면 회선에 데이터가 전송되지 않든지 둘 중 하나의 상태를 유지한다. 프레임 릴레이를 이해하기 위해서는 다음과 같은 몇 가지 주요 용어에 대한 이해가 필요하다.

- **DLCI(Data link Connection identifier)**: 프레임 릴레이에서 각 PVC들을 구별하기 위한 식별 주소로서 고유한 값을 가진다.
- **LMI(Local Management Interface)**: 프레임 릴레이 스위치와 라우터 사이에서 PVC의 상태 정보를 교환하기 위해 사용되는 표준 프로토콜이며, 매 10초마다 채널 상태 정보 갱신을 위해 네트워크에 폴링을 실시하고, 만약 응답이 없을 경우 장치 연결이 끊어진 것으로 간주한다.
- **FECN(Forward Explicit Congestion Notification)**: 프레임 릴레이 네트워크에서 트래픽 혼잡 현상이 발생하면 이 상황을 데이터를 수신하는 라우터에게 알리는 통지이다.
- **BECN(Backward Explicit Congestion Notification)**: 프레임 릴레이 네트워크에서 트래픽 혼잡 현상이 발생했을 경우 송신 라우터의 전송률을 조정하기 위한 통지이다.
- **DE(Discard Eligibility)**: 프레임 릴레이에서 트래픽 혼잡 시 가장 우선적으로 버려지는 프레임에 설정되는 비트이다.
- **CIR(Committed Information Rate)**: 프레임 릴레이 네트워크에서 계약에 의해 허용하는 데이터 전송 속도이다.
- **Inverse ARP(Inverse Address Resolution Protocol)**: PVC상에서 자신의 DLCI 번호와 특정 라우터의 IP 주소를 자동으로 연동하는 것을 의미한다.

허브-앤-스포크(hub-and-spoke) 토폴로지

프레임 릴레이는 여러 가지 네트워크 토폴로지를 가질 수 있는데, 가장 일반적인 토폴로지는 성형(star) 토폴로지에 속하는 허브-앤-스포크 토폴로지이다.그림 11-2

프레임 릴레이 스위치는 L2나 L3 스위치가 아니라 라우터이며, 프레임 릴레이에서 프레임 전달을 하기 위해 중간에 위치해 있는 라우터를 프레임 릴레이 스위치라 부르며, 이 스위치의 중요한 역할은 각 라우터에 할당된 DLCI 번호를 기반으로 프레임을 전달한다. 허브-앤-스포크 토폴로지는 프레임 릴레이에서 가장 기본적인 토폴로지이며, 모든 프레임이 프레임 릴레이 스위치를 기반으로 전달되기 때문에 프레임 릴레이 스위치의 성능이 중요하다. 프레임 릴레이에 들어가는 비용은 거리와 무관하기 때문에 프레임 릴레이 스위치가 꼭 중앙에 위치할 필요는 없으며 위의 구조를 만족하기만 하면 된다.

완전 그물망(full-mesh) 토폴로지와 부분 그물망(partial-mesh) 토폴로지

다음으로 그림 11-3과 같은 완전 그물망 토폴로지가 있다.

프레임 릴레이 스위치가 상호 연결되어 있어 허브-앤-스포크 토폴로지보다 많은 연결을 가지며

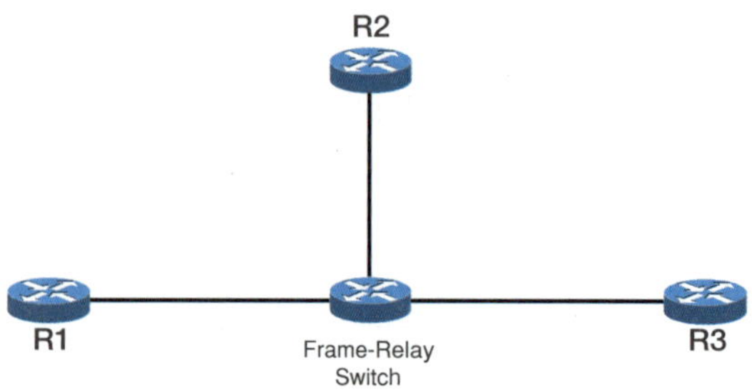

그림 11-2 허브-앤-스포크 토폴로지

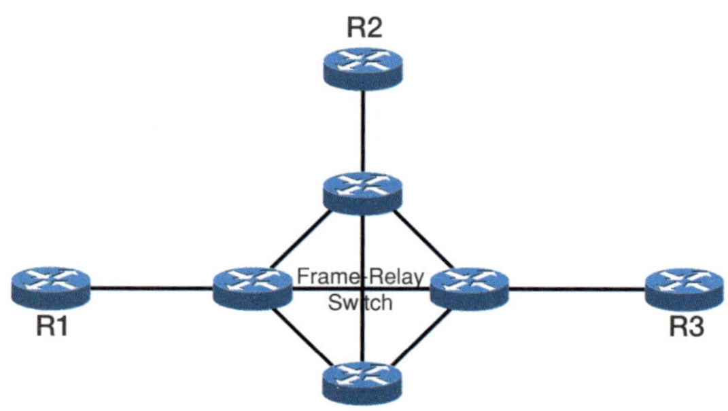

그림 11-3 완전 그물망 토폴로지

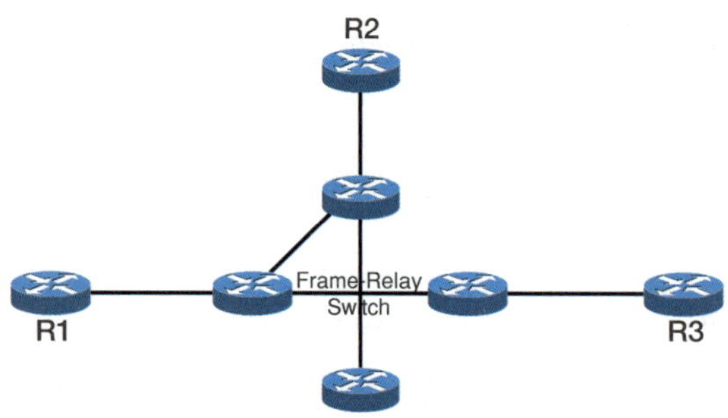

그림 11-4 부분 그물망 토폴로지

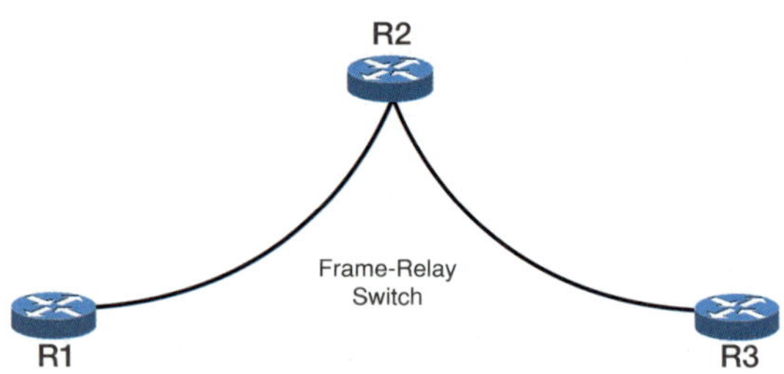

그림 11-5 Multi-point를 가지는 프레임 릴레이 네트워크

이중화 기능을 제공할 수 있어 네트워크 안정에는 좋을지 모르겠지만 연결되는 PVC만큼 비용이 추가되는 문제가 있을 수 있다. 완전 그물망 토폴로지를 약간 변형한 부분 그물망 토폴로지가 있는데, 완전 그물망처럼 모든 프레임 릴레이 스위치를 연결하는 것이 아니라, 그림 11-4와 같이 특정 부분만을 연결하는 구조이며, 이는 트래픽을 분산시키기 위한 방법으로 사용할 수도 있다.

프레임 릴레이는 NBMA(Non Broadcast Multiple Access) 네트워크라고도 하는데, 이는 브로드캐스트 기능이 지원되지 않는 다중 접속망을 의미한다. 이더넷의 경우 한 포트로 보낸 브로드캐스트 트래픽은 다른 포트로도 전송이 되지만 NBMA는 전송되지 않는다는 특징을 가지고 있다. 그렇기 때문에 점-대-점 통신 환경이나 이더넷의 경우는 라우팅 프로토콜을 어떠한 것을 사용해도 네이버를 맺거나 라우팅 테이블을 교환하는 데 문제가 없지만 프레임 릴레이 네트워크에서는 별도의 설정을 통해 네이버를 맺게 해주는 등의 절차가 필요하다.

스플릿 호라이즌(Split Horizon) 실습

스플릿 호라이즌이란 거리 벡터 라우팅 프로토콜을 사용할 때 라우팅 루프를 방지하기 위해서 사용하는 기술로 임의의 한 인터페이스에서 학습한 경로를 동일한 인터페이스를 통해 전달하지 않게 하는 기술이다. 그림 11-5와 같이 프레임 릴레이 네트워크가 구성되었을 경우 라우팅을 위한 라우팅 프로토콜로 거리 벡터 라우팅 프로토콜을 사용하게 되면 R1은 R2와 라우팅 정보를 교환하지만 R1에게 받은 라우팅 정보를 R3에게 전달할 수 없는 문제가 발생한다. 마찬가지로 R3도 자신의 경로를 R2에게 전달하지만 R2는 R1에게 라우팅 정보를 전달할 수 없다. 이러한 문제점을 해결하기 위해서 물리적으로 다중 점(Multi-point)으로 연결되어 있는 물리적 인터페이스에 가상 인터페이스를 만들어 점-대-점 네트워킹 환경을 만들어주는 것이다.

프레임 릴레이 네트워크의 실습을 위해 패킷트레이서에서 그림 11-6과 같은 토폴로지를 구성해보자. 프레임 릴레이 스위치로 2811 라우터를 사용해야 하지만 패킷트레이서에서는 관련 명령어를 지원하지 않는다. 따라서 장치 목록 상자에서 WAN Emulation을 선택한 후 Generic (Cloud-PT)를 사용하여 프레임 릴레이 스위치를 대신하고 DLCI 값은 토폴로지의 번호를 참조한다.

라우터 R1, R2, R3에 대한 다음의 설정 스크립트를 참조한다.

- **R1 프레임 릴레이 설정 스크립트**

```
Router>en
Router#conf t
Router(config)#hostname R1
```

```
R1(config)#int lo 0
R1(config-if)#ip add 1.1.1.1 255.255.255.0
R1(config-if)#exit
R1(config)#int gi0/0
R1(config-if)#ip add 10.10.10.1 255.255.255.0
R1(config-if)#no shutdown
R1(config-if)#exit
R1(config)#int s0/2/0
R1(config-if)#ip add 203.230.7.1 255.255.255.0
R1(config-if)#encapsulation frame-relay
R1(config-if)#frame-relay map ip 203.230.7.2 102 broadcast
R1(config-if)#frame-relay map ip 203.230.7.3 102 broadcast
R1(config-if)#no shutdown
R1(config-if)#exit
R1(config)#router rip
R1(config-router)#version 2
R1(config-router)#network 1.0.0.0
R1(config-router)#network 10.0.0.0
R1(config-router)#network 203.230.7.0
R1(config-router)#no auto-summary
```

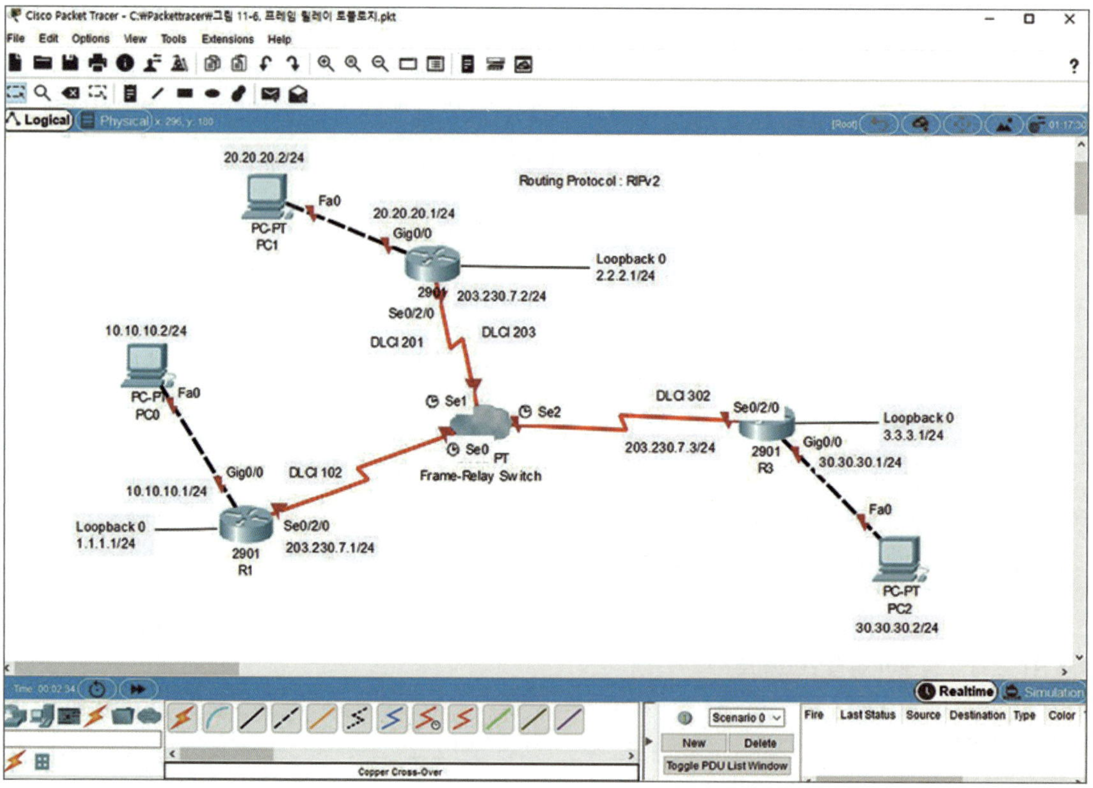

그림 11-6 프레임 릴레이 토폴로지

• R2 프레임 릴레이 설정 스크립트

```
Router>en
Router#conf t
Router(config)#hostname R2
R2(config)#int lo 0
R2(config-if)#ip add 2.2.2.1 255.255.255.0
R2(config-if)#exit
R2(config)#int gi0/0
R2(config-if)#ip add 20.20.20.1 255.255.255.0
R2(config-if)#no shutdown
R2(config-if)#exit
R2(config)#int s0/2/0
R2(config-if)#ip add 203.230.7.2 255.255.255.0
R2(config-if)#encapsulation frame-relay
R2(config-if)#frame-relay map ip 203.230.7.1 201 broadcast
R2(config-if)#frame-relay map ip 203.230.7.3 203 broadcast
R2(config-if)#no shutdown
R2(config-if)#exit
R2(config)#router rip
R2(config-router)#version 2
R2(config-router)#network 2.0.0.0
R2(config-router)#network 20.0.0.0
R2(config-router)#network 203.230.7.0
R2(config-router)#no auto-summary
```

• R3 프레임 릴레이 설정 스크립트

```
Router>en
Router#conf t
Router(config)#hostname R3
R3(config)#int lo 0
R3(config-if)#ip add 3.3.3.1 255.255.255.0
R3(config-if)#exit
R3(config)#int gi0/0
R3(config-if)#ip add 30.30.30.1 255.255.255.0
R3(config-if)#no shutdown
R3(config-if)#exit
R3(config)#int s0/2/0
R3(config-if)#ip add 203.230.7.3 255.255.255.0
R3(config-if)#encapsulation frame-relay
R3(config-if)#frame-relay map ip 203.230.7.2 302 broadcast
R3(config-if)#frame-relay map ip 203.230.7.1 302 broadcast
R3(config-if)#no shutdown
R3(config-if)#exit
R3(config)#router rip
R3(config-router)#version 2
R3(config-router)#network 3.0.0.0
```

```
R3(config-router)#network 30.0.0.0
R3(config-router)#network 203.230.7.0
R3(config-router)#no auto-summary
```

다음으로 프레임 릴레이 스위치를 클릭하여 Config 탭에서 그림 11-7, 그림 11-8, 그림 11-9와 같이 설정한다. 설정 완료 후에는 각 라우터에서 라우팅 테이블을 살펴보자.그림 11-10

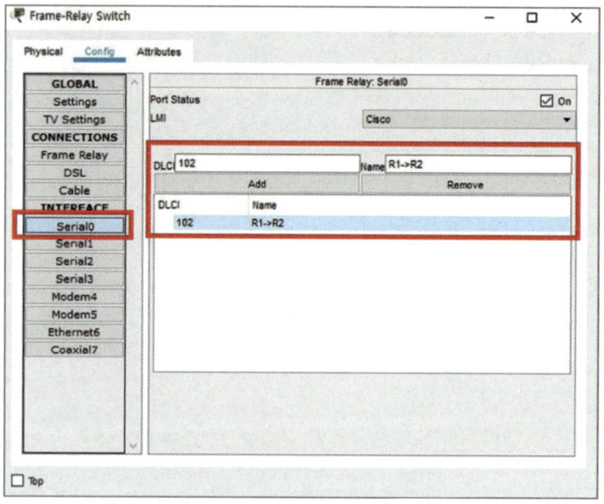

그림 11-7 프레임 릴레이 스위치 Serial 0 설정

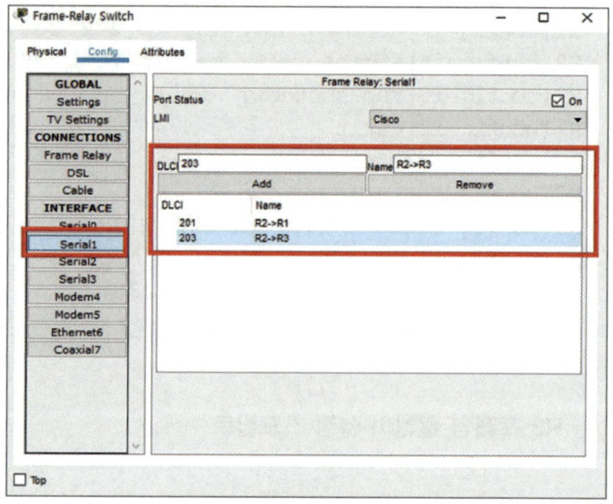

그림 11-8 프레임 릴레이 스위치 Serial 1 설정

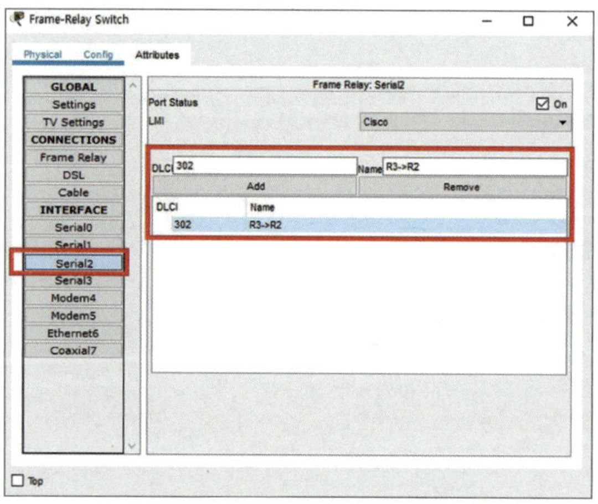

그림 11-9 프레임 릴레이 스위치 Serial 2 설정

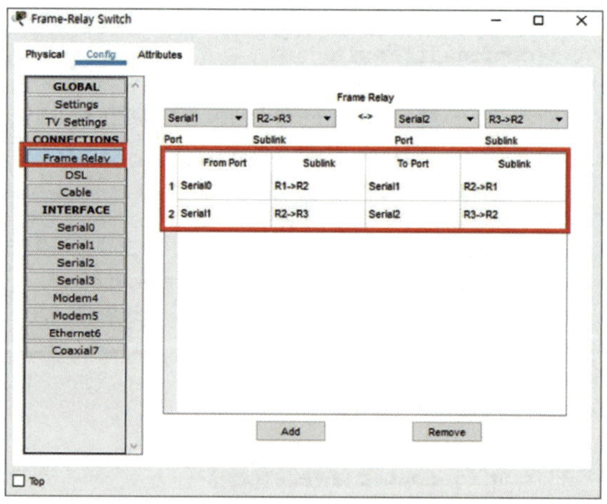

그림 11-10 프레임 릴레이 스위치 Connection 설정

- **R1 라우팅 테이블**

```
R1# show ip route
Codes: L - local, C - connected, S - static, R - RIP, M - mobile, B - BGP
       D - EIGRP, EX - EIGRP external, O - OSPF, IA - OSPF inter area
       N1 - OSPF NSSA external type 1, N2 - OSPF NSSA external type 2
       E1 - OSPF external type 1, E2 - OSPF external type 2, E - EGP
       i - IS-IS, L1 - IS-IS level-1, L2 - IS-IS level-2, ia - IS-IS inter area
       * - candidate default, U - per-user static route, o - ODR
       P - periodic downloaded static route

Gateway of last resort is not set

      1.0.0.0/8 is variably subnetted, 2 subnets, 2 masks
C        1.1.1.0/24 is directly connected, Loopback0
L        1.1.1.1/32 is directly connected, Loopback0
      2.0.0.0/24 is subnetted, 1 subnets
R        2.2.2.0/24 [120/1] via 203.230.7.2, 00:00:24, Serial0/2/0
      10.0.0.0/8 is variably subnetted, 2 subnets, 2 masks
C        10.10.10.0/24 is directly connected, GigabitEthernet0/0
L        10.10.10.1/32 is directly connected, GigabitEthernet0/0
      20.0.0.0/24 is subnetted, 1 subnets
R        20.20.20.0/24 [120/1] via 203.230.7.2, 00:00:24, Serial0/2/0
      203.230.7.0/24 is variably subnetted, 2 subnets, 2 masks
C        203.230.7.0/24 is directly connected, Serial0/2/0
L        203.230.7.1/32 is directly connected, Serial0/2/0
R1#
```

RIPv2를 사용하여 라우팅을 설정했음에도 불구하고 R3의 정보는 올라오지 않은 것을 확인할 수 있다. 이는 R3의 라우팅 정보가 R2의 s0/2/0으로 보내졌으나, 스플릿 호라이즌 때문에 R2의 s0/2/0을 통해 다시 R1으로 라우팅 정보가 전해질 수 없기 때문이다. 반대로 R3도 R1의 라우팅 정보를 확인할 수 없는데 스플릿 호라이즌 때문이며, 스플릿 호라이즌이 적용된 것으로 보아 R2의 S0/2/0은 multi-point로 동작하고 있음을 알 수 있다.

- **R3 라우팅 테이블**

```
R3#show ip route
Codes: L - local, C - connected, S - static, R - RIP, M - mobile, B - BGP
       D - EIGRP, EX - EIGRP external, O - OSPF, IA - OSPF inter area
       N1 - OSPF NSSA external type 1, N2 - OSPF NSSA external type 2
       E1 - OSPF external type 1, E2 - OSPF external type 2, E - EGP
       i - IS-IS, L1 - IS-IS level-1, L2 - IS-IS level-2, ia - IS-IS inter area
       * - candidate default, U - per-user static route, o - ODR
       P - periodic downloaded static route
```

```
Gateway of last resort is not set

     2.0.0.0/24 is subnetted, 1 subnets
R       2.2.2.0/24 [120/1] via 203.230.7.2, 00:00:06, Serial0/2/0
     3.0.0.0/8 is variably subnetted, 2 subnets, 2 masks
C       3.3.3.0/24 is directly connected, Loopback0
L       3.3.3.1/32 is directly connected, Loopback0
     20.0.0.0/24 is subnetted, 1 subnets
R       20.20.20.0/24 [120/1] via 203.230.7.2, 00:00:06, Serial0/2/0
     30.0.0.0/8 is variably subnetted, 2 subnets, 2 masks
C       30.30.30.0/24 is directly connected, GigabitEthernet0/0
L       30.30.30.1/32 is directly connected, GigabitEthernet0/0
     203.230.7.0/24 is variably subnetted, 2 subnets, 2 masks
C       203.230.7.0/24 is directly connected, Serial0/2/0
L       203.230.7.3/32 is directly connected, Serial0/2/0
R3#
```

R2는 R1과 R3로부터 라우팅 정보를 받으므로 완전한 라우팅 정보를 가지고 있다.

• **R2 라우팅 테이블**

```
R2#show ip route
Codes: L - local, C - connected, S - static, R - RIP, M - mobile, B - BGP
       D - EIGRP, EX - EIGRP external, O - OSPF, IA - OSPF inter area
       N1 - OSPF NSSA external type 1, N2 - OSPF NSSA external type 2
       E1 - OSPF external type 1, E2 - OSPF external type 2, E - EGP
       i - IS-IS, L1 - IS-IS level-1, L2 - IS-IS level-2, ia - IS-IS inter area
       * - candidate default, U - per-user static route, o - ODR
       P - periodic downloaded static route

Gateway of last resort is not set

     1.0.0.0/24 is subnetted, 1 subnets
R       1.1.1.0/24 [120/1] via 203.230.7.1, 00:00:09, Serial0/2/0
     2.0.0.0/8 is variably subnetted, 2 subnets, 2 masks
C       2.2.2.0/24 is directly connected, Loopback0
L       2.2.2.1/32 is directly connected, Loopback0
     3.0.0.0/24 is subnetted, 1 subnets
R       3.3.3.0/24 [120/1] via 203.230.7.3, 00:00:05, Serial0/2/0
     10.0.0.0/24 is subnetted, 1 subnets
R       10.10.10.0/24 [120/1] via 203.230.7.1, 00:00:09, Serial0/2/0
     20.0.0.0/8 is variably subnetted, 2 subnets, 2 masks
C       20.20.20.0/24 is directly connected, GigabitEthernet0/0
L       20.20.20.1/32 is directly connected, GigabitEthernet0/0
     30.0.0.0/24 is subnetted, 1 subnets
R       30.30.30.0/24 [120/1] via 203.230.7.3, 00:00:05, Serial0/2/0
```

```
     203.230.7.0/24 is variably subnetted, 2 subnets, 2 masks
C       203.230.7.0/24 is directly connected, Serial0/2/0
L       203.230.7.2/32 is directly connected, Serial0/2/0
R2#
```

R2가 완전한 라우팅 테이블을 가졌다고 해서 R1과 R3가 이를 참고하는 것이 아니다. 따라서 위와 같이 스플릿 호라이즌 문제가 발생하면 완전한 라우팅이 구성되었다고 보기 힘들다. 위와 같은 문제를 해결하기 위해 R2의 s0/2/0 인터페이스에 ***no ip split-horizon*** 명령어를 입력하여 스플릿 호라이즌이 동작하지 않도록 설정한다. R2의 설정을 아래와 같이 변경해보자.

• **R2 설정 변경**

```
R2(config)#int s0/2/0
R2(config-if)#no ip split-horizon
```

이제 다시 R1과 R3에서 라우딩 테이블을 확인해보자.

• **R1 라우팅 테이블(설정 변경 후)**

```
R1#show ip route
Codes: L - local, C - connected, S - static, R - RIP, M - mobile, B - BGP
       D - EIGRP, EX - EIGRP external, O - OSPF, IA - OSPF inter area
       N1 - OSPF NSSA external type 1, N2 - OSPF NSSA external type 2
       E1 - OSPF external type 1, E2 - OSPF external type 2, E - EGP
       i - IS-IS, L1 - IS-IS level-1, L2 - IS-IS level-2, ia - IS-IS inter area
       * - candidate default, U - per-user static route, o - ODR
       P - periodic downloaded static route

Gateway of last resort is not set

     1.0.0.0/8 is variably subnetted, 2 subnets, 2 masks
C       1.1.1.0/24 is directly connected, Loopback0
L       1.1.1.1/32 is directly connected, Loopback0
     2.0.0.0/24 is subnetted, 1 subnets
R       2.2.2.0/24 [120/1] via 203.230.7.2, 00:00:06, Serial0/2/0
     3.0.0.0/24 is subnetted, 1 subnets
R       3.3.3.0/24 [120/2] via 203.230.7.2, 00:00:06, Serial0/2/0
     10.0.0.0/8 is variably subnetted, 2 subnets, 2 masks
C       10.10.10.0/24 is directly connected, GigabitEthernet0/0
L       10.10.10.1/32 is directly connected, GigabitEthernet0/0
     20.0.0.0/24 is subnetted, 1 subnets
```

```
R        20.20.20.0/24 [120/1] via 203.230.7.2, 00:00:06, Serial0/2/0
      30.0.0.0/24 is subnetted, 1 subnets
R        30.30.30.0/24 [120/2] via 203.230.7.2, 00:00:06, Serial0/2/0
      203.230.7.0/24 is variably subnetted, 2 subnets, 2 masks
C        203.230.7.0/24 is directly connected, Serial0/2/0
L        203.230.7.1/32 is directly connected, Serial0/2/0
R1#
```

• R3 라우팅 테이블(설정 변경 후)

```
R3#show ip route
Codes: L - local, C - connected, S - static, R - RIP, M - mobile, B - BGP
       D - EIGRP, EX - EIGRP external, O - OSPF, IA - OSPF inter area
       N1 - OSPF NSSA external type 1, N2 - OSPF NSSA external type 2
       E1 - OSPF external type 1, E2 - OSPF external type 2, E - EGP
       i - IS-IS, L1 - IS-IS level-1, L2 - IS-IS level-2, ia - IS-IS inter area
       * - candidate default, U - per-user static route, o - ODR
       P - periodic downloaded static route

Gateway of last resort is not set

      1.0.0.0/24 is subnetted, 1 subnets
R        1.1.1.0/24 [120/2] via 203.230.7.2, 00:00:20, Serial0/2/0
      2.0.0.0/24 is subnetted, 1 subnets
R        2.2.2.0/24 [120/1] via 203.230.7.2, 00:00:20, Serial0/2/0
      3.0.0.0/8 is variably subnetted, 2 subnets, 2 masks
C        3.3.3.0/24 is directly connected, Loopback0
L        3.3.3.1/32 is directly connected, Loopback0
      10.0.0.0/24 is subnetted, 1 subnets
R        10.10.10.0/24 [120/2] via 203.230.7.2, 00:00:20, Serial0/2/0
      20.0.0.0/24 is subnetted, 1 subnets
R        20.20.20.0/24 [120/1] via 203.230.7.2, 00:00:20, Serial0/2/0
      30.0.0.0/8 is variably subnetted, 2 subnets, 2 masks
C        30.30.30.0/24 is directly connected, GigabitEthernet0/0
L        30.30.30.1/32 is directly connected, GigabitEthernet0/0
      203.230.7.0/24 is variably subnetted, 2 subnets, 2 masks
C        203.230.7.0/24 is directly connected, Serial0/2/0
L        203.230.7.3/32 is directly connected, Serial0/2/0
R3#
```

이제 라우팅 테이블이 잘 올라오는 것을 확인할 수 있다.

프레임 릴레이 연결성 확인

프레임 릴레이 설정 내용에 대한 동작 검증 및 문제 해결을 위해 사용하는 여러 가지 명령어에 대해서 알아보도록 하자. ***show ip int brief*** 명령어를 사용하여 인터페이스에 IP 주소가 잘 할당되었는지 확인하고 인터페이스가 활성화되었는지 확인한다.

```
R2#show ip int brief
Interface           IP-Address    OK?  Method   Status                 Protocol

GigabitEthernet0/0  20.20.20.1    YES  manual   up                     up

GigabitEthernet0/1  unassigned    YES  unset    administratively down  down

Serial0/2/0         203.230.7.2   YES  manual   up                     up

Serial0/2/1         unassigned    YES  unset    administratively down  down

Loopback0           2.2.2.1       YES  manual   up                     up

Vlan1               unassigned    YES  unset    administratively down  down
R2#
```

show interface 명령어를 사용하여 s0/2/0 인터페이스가 프레임 릴레이로 잘 동작하고 있는지 확인한다.

```
R2#show interface s0/2/0
Serial0/2/0 is up, line protocol is up (connected)
  Hardware is HD64570
  Internet address is 203.230.7.2/24
  MTU 1500 bytes, BW 1544 Kbit, DLY 20000 usec,
     reliability 255/255, txload 1/255, rxload 1/255
  ③Encapsulation Frame Relay, loopback not set, keepalive set (10 sec)
  LMI enq sent  123, LMI stat recvd 123, LMI upd recvd 0, DTE LMI up
  LMI enq recvd 0, LMI stat sent  0, LMI upd sent  0
  LMI DLCI 1023  ②LMI type is CISCO  frame relay DTE
  Broadcast queue 0/64, broadcasts sent/dropped 0/0, interface broadcasts 0
  Last input never, output never, output hang never
  Last clearing of "show interface" counters never
  Input queue: 0/75/0 (size/max/drops); Total output drops: 0
  Queueing strategy: weighted fair
  Output queue: 0/1000/64/0 (size/max total/threshold/drops)
     Conversations  0/0/256 (active/max active/max total)
     Reserved Conversations 0/0 (allocated/max allocated)
     Available Bandwidth 1158 kilobits/sec
  5 minute input rate 44 bits/sec, 0 packets/sec
  5 minute output rate 50 bits/sec, 0 packets/sec
     93 packets input, 6656 bytes, 0 no buffer
     Received 0 broadcasts, 0 runts, 0 giants, 0 throttles
     0 input errors, 0 CRC, 0 frame, 0 overrun, 0 ignored, 0 abort
   ① 24 packets output, 2828 bytes, 0 underruns
     0 output errors, 0 collisions, 1 interface resets
```

```
     0 output buffer failures, 0 output buffers swapped out
     0 carrier transitions
     DCD=up  DSR=up  DTR=up  RTS=up  CTS=up
R2#
```

위의 출력 결과로부터 패킷을 얼마만큼 주고받았는지(①), LMI 타입은 어떻게 되는지(②), 캡슐화 방식이 프레임 릴레이로 되어 있는지(③) 등을 확인할 수 있다. 한편 ***show frame-relay pvc*** 명령어를 사용하여 PVC 상태들을 알 수 있다. DLCI 번호와 PVC 상태 그리고 사용하고 있는 인터페이스도 알 수 있다. 특히 PVC 상태는 3가지로 나타낼 수 있는데 현재 Active라고 나와 있는 경우는 올바르게 잘 동작하고 있다는 뜻이며, Inactive 또는 Deleted가 나오면 프레임 릴레이와 관련된 설정이 다른 것이므로 설정을 잘 살펴보도록 한다.

```
R2# show frame-relay pvc

PVC Statistics for interface Serial0/2/0 (Frame Relay DTE)
DLCI = 201, DLCI USAGE = LOCAL, PVC STATUS = ACTIVE, INTERFACE = Serial0/2/0

input pkts 14055          output pkts 32795          in bytes 1096228
out bytes 6216155         dropped pkts 0             in FECN pkts 0
in BECN pkts 0            out FECN pkts 0            out BECN pkts 0
in DE pkts 0              out DE pkts 0
out bcast pkts 32795      out bcast bytes 6216155

DLCI = 203, DLCI USAGE = LOCAL, PVC STATUS = ACTIVE, INTERFACE = Serial0/2/0

input pkts 14055          output pkts 32795          in bytes 1096228
out bytes 6216155         dropped pkts 0             in FECN pkts 0
in BECN pkts 0            out FECN pkts 0            out BECN pkts 0
in DE pkts 0              out DE pkts 0
out bcast pkts 32795      out bcast bytes 6216155

R2#
```

show frame-relay lmi 명령어를 입력하면 LMI 통계와 관련된 정보들을 확인할 수 있다. 출력 결과에서 0이 아닌 값들만 살펴보도록 한다.

```
R2#show frame-relay lmi
LMI Statistics for interface Serial0/2/0 (Frame Relay DTE) LMI TYPE = CISCO
  Invalid Unnumbered info 0        Invalid Prot Disc 0
  Invalid dummy Call Ref 0         Invalid Msg Type 0
  Invalid Status Message 0         Invalid Lock Shift 0
```

```
  Invalid Information ID 0        Invalid Report IE Len 0
  Invalid Report Request 0        Invalid Keep IE Len 0
  Num Status Enq. Sent 154        Num Status msgs Rcvd 154
  Num Update Status Rcvd 0        Num Status Timeouts 16

R2#
```

show frame-relay map 명령어를 입력하면 DLCI가 올바르게 맵핑되어 있는지 확인할 수 있다.

```
R2#show frame-relay map
Serial0/2/0 (up): ip 203.230.7.1 dlci 201, static,
              broadcast,
              CISCO, status defined, active
Serial0/2/0 (up): ip 203.230.7.3 dlci 203, static,
              broadcast,
              CISCO, status defined, active
R2#
```

프레임 릴레이는 전 세계적으로 가장 많이 사용되는 WAN 기술이며, 구축이 쉽고, 복잡하지 않으면서 적은 장치로 구성할 수 있다는 장점이 있다. 시스코 라우터와 비-시스코 라우터 간에도 프레임 릴레이를 구성할 수 있는데, 이럴 때는 LMI 타입을 cisco가 아닌 다른 타입으로 변경해주면 된다.

```
R2(config-if)#frame-relay lmi-type ?
  ansi
  cisco
  q933a
```

PACKET TRACER

Cisco Networking Academy Program
A Powerful Network Simulation Tool

제12장

접근 제어 목록

CHAPTER

12 접근 제어 목록

라우터는 출발지 주소와 목적지 주소를 참고하여 라우팅 테이블에 기초해 패킷을 전달하는 장치이며, 접근 제어 목록(ACL; Access Control List)은 이러한 주소를 기반으로 하여 만든 패킷 출입 통제 문장이다. ACL을 이용하면 IP 주소를 기반으로 패킷의 전달 여부를 통제할 수 있을 뿐만 아니라 특정 프로토콜 사용하는 패킷을 전달하지 않을 수 있는데 이러한 일련의 과정을 패킷 필터링(Packet Filtering)이라고 한다. ACL을 사용하는 가장 큰 목적은 라우터에서 보안을 제공하기 위해서 이기도 하지만 네트워크의 트래픽을 제어하고자 하는 목적도 있다. 예를 들어 내부 사용자들이 외부의 FTP로부터 많은 파일을 다운로드 받는다거나 비디오 스트리밍을 통해 외부 네트워크에서 내부로 들어오는 트래픽이 많다면 이를 제한할 수 있다. 표 12-1에 ACL의 종류를 요약한다.

표준 ACL은 1~99, 1300~1999의 번호를 사용하며, 확장 ACL은 100~199, 2000~2699의 번호를 사용한다. Named ACL은 빈칸은 사용될 수 없고 반드시 영문자로 시작되어야 한다. 라우터에 ACL이 설정되어 있으면 출발지 주소 및 목적지 주소, 사용하는 프로토콜 및 포트(서비스)를 기반으로 라우터를 통과하는 모든 패킷을 검사하여 ACL에 부합 여부를 판단하고 패킷을 처리하게 되는데 이와 같은 이유로 ACL은 라우터의 리소스를 많이 차지하므로 꼭 필요한 곳에 적절하게 ACL을 선언하여야 한다. ACL을 모든 라우터에 설정하게 된다면 이는 네트워크 성능 저하로 이어질 수도 있으며 라우터 과부하의 원인이 된다. 따라서 ACL을 어디에 설정할 것인지 결정하는 것 또한 ACL을 작성하여 적용하는 것 못지않게 중요하다.

표 12-1 ACL의 종류

ACL 종류	설 명
표준 ACL	출발지 IP 주소만 참조하여 패킷을 필터링한다.
확장 ACL	출발지 및 목적지 IP 주소와 TCP, UDP, 포트 번호를 참조하여 패킷을 필터링한다.
Named 표준 ACL	표준 ACL과 같으며, ACL 선언 시 번호가 아닌 사용자 설정 값을 사용한다.
Named 확장 ACL	확장 ACL과 같으며, ACL 선언 시 번호가 아닌 사용자 설정 값을 사용한다.

네트워크 트래픽은 2가지가 존재하는데 하나는 들어오는 트래픽(Inbound Traffic)이며 또 다른 하나는 나가는 트래픽(Outbound Traffic)이다. 그림 12-1의 라우터들이 한 회사에서 동작한다면 차단되어야 할 트래픽이 생성되는 가장 가까운 라우터 인터페이스에 ACL을 선언하고, 만약 라우터 3대가 각각 다른 회사에 소속되어 있어 통신을 위해 연결된 것이라면 목적지와 가까운 라우터 인터페이스에 ACL을 설정해야 한다. 라우터 3대가 같은 회사일 경우 어차피 목적지에 도착해서 폐기될 패킷인데 이를 목적지 라우터에서 폐기하면 목적지까지 패킷이 전달되기 위해 다른 라우터들의 자원과 네트워크 대역폭을 사용하게 된다. 즉 사용하지 않아도 될 라우터의 자원과 네트워크 대역폭을 사용하게 된다는 의미이다. 반면에 라우터 3대가 다른 회사일 경우, 외부로 나가는 패킷에 대한 ACL이 설정되어 있으면 이를 검사하기 위해 라우터의 자원을 사용하는 단점이 있으므로 ACL을 적용하지 않는다. 그러나 위의 경우는 오로지 나가는 트래픽에 대해서만 적용되며, 내부로 들어오는 불필요한 패킷을 막기 위해 ACL을 따로 설정하여야 한다.

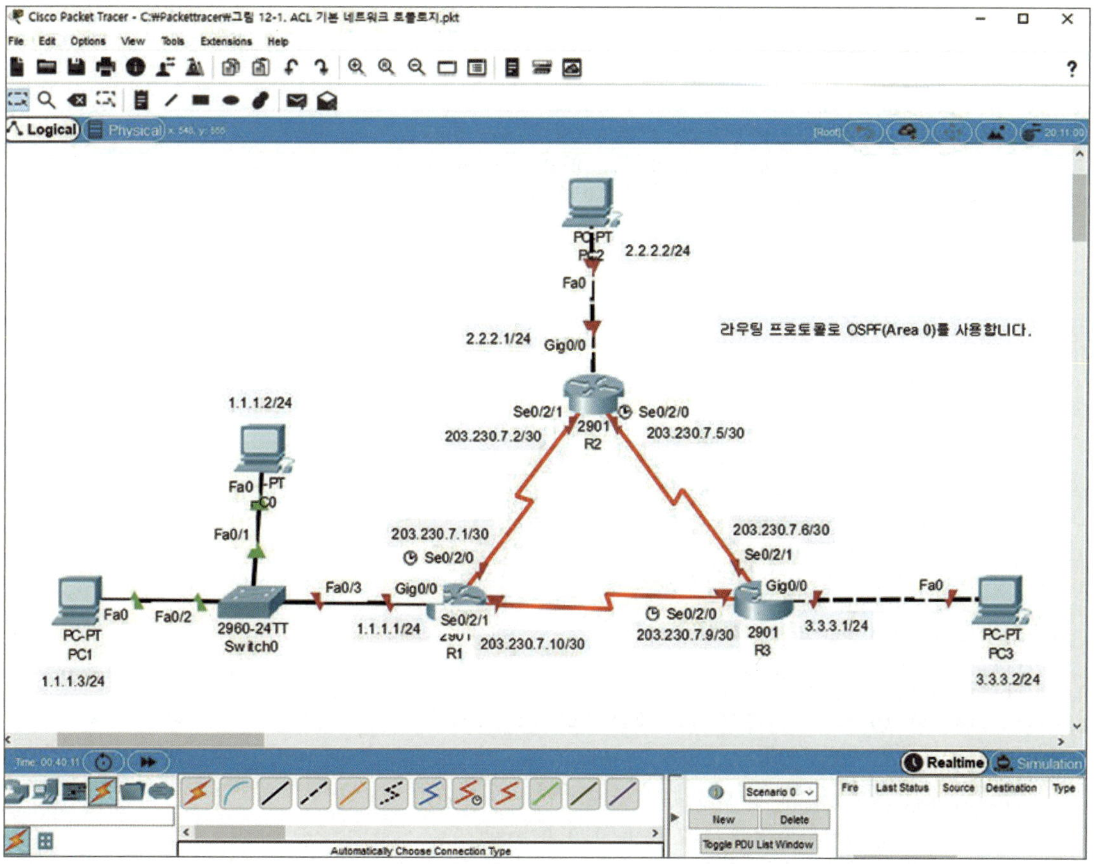

그림 12-1 ACL 기본 네트워크 토폴로지

실제적인 ACL의 동작을 알아보기 위해 패킷트레이서에서 그림 12-1의 ACL 기본 네트워크 토폴로지를 구성하고 다음 스크립트를 참조하여 각각의 라우터를 설정하자.

• **라우터 R1 설정 스크립트**

```
Router>en
Router#conf t
Router(config)#hostname R1
R1(config)#int gi0/0
R1(config-if)#ip add 1.1.1.1 255.255.255.0
R1(config-if)#no shutdown
R1(config-if)#exit
R1(config)#int s0/2/0
R1(config-if)#ip add 203.230.7.1 255.255.255.252
R1(config-if)#clock rate 64000
R1(config-if)#no shutdown
R1(config-if)#exit
R1(config)#int s0/2/1
R1(config-if)#ip add 203.230.7.10 255.255.255.252
R1(config-if)#no shutdown
R1(config-if)#exit
R1(config)#router ospf 1
R1(config-router)#network 1.1.1.1 0.0.0.0 area 0
R1(config-router)#network 203.230.7.1 0.0.0.0 area 0
R1(config-router)#network 203.230.7.10 0.0.0.0 area 0
```

• **라우터 R2 설정 스크립트**

```
Router>en
Router#conf t
Router(config)#hostname R2
R2(config)#int gi0/0
R2(config-if)#ip add 2.2.2.1 255.255.255.0
R2(config-if)#no shutdown
R2(config-if)#exit
R2(config)#int s0/2/0
R2(config-if)#ip add 203.230.7.5 255.255.255.252
R2(config-if)#clock rate 64000
R2(config-if)#no shutdown
R2(config-if)#exit
R2(config)#int s0/2/1
R2(config-if)#ip add 203.230.7.2 255.255.255.252
R2(config-if)#no shutdown
R2(config-if)#exit
R2(config)#router ospf 1
R2(config-router)#network 2.2.2.1 0.0.0.0 area 0
R2(config-router)#network 203.230.7.5 0.0.0.0 area 0
R2(config-router)#network 203.230.7.2 0.0.0.0 area 0
```

• **라우터 R3 설정 스크립트**

```
Router>en
Router#conf t
Router(config)#hostname R3
R3(config)#int gi0/0
R3(config-if)#ip add 3.3.3.1 255.255.255.0
R3(config-if)#no shutdown
R3(config-if)#exit
R3(config)#int s0/2/0
R3(config-if)#ip add 203.230.7.9 255.255.255.252
R3(config-if)#clock rate 64000
R3(config-if)#no shutdown
R3(config-if)#exit
R3(config)#int s0/2/1
R3(config-if)#ip add 203.230.7.6 255.255.255.252
R3(config-if)#no shutdown
R3(config-if)#exit
R3(config)#router ospf 1
R3(config-router)#network 3.3.3.1 0.0.0.0 a 0
R3(config-router)#network 203.230.7.9 0.0.0.0 a 0
R3(config-router)#network 203.230.7.6 0.0.0.0 a 0
```

라우터는 ACL에 명시된 조건들을 기반으로 패킷의 통과 여부를 결정하기 위해서 모든 패킷을 ACL의 순서대로 검사한다. 만약 내부로 들어오는 모든 트래픽을 허용하도록 조건 문장을 맨 먼저 생성한다면, 그 뒤에 오는 문장들은 검사되지 않는다. 즉 ACL은 네트워크 관리자가 생성한 ACL의 순서대로 ACL의 조건에 일치될 때까지 순서대로 패킷을 비교하며, 문장에 조건에 일치되면 그 문장대로 수행하고 만약 남은 문장이 있다 하더라도 그 문장들에 대해서는 검사를 실시하지 않는다. ACL을 작성 후 어떤 인터페이스에 적용할 것인지(나가는 패킷에 대해 적용할 것인지 들어오는 트래픽에 대해서 적용할 것인지 포함) 반드시 선언하여야 한다.

표준 ACL

표준 ACL은 단순히 출발지 IP 주소만을 판단하여 패킷 필터링을 실시한다. 그림 12-1의 R1에 연결되어 있는 PC1은 토폴로지 내의 모든 장치와 통신할 수 있지만 PC0는 통신할 수 없도록 표준 ACL을 작성해보자.

```
R1(config)#access-list 1 deny 1.1.1.2 0.0.0.0
R1(config)#access-list 1 permit any
R1(config)#int gi0/0
R1(config-if)#ip access-group 1 in
R1(config-if)#exit
R1(config)#
```

표준 ACL 명령어 구문에서 각 항목은 다음과 같은 의미를 갖는다.

- **access-list 1:** 표준 ACL이므로 번호는 1~99번, 1300~1900 사이의 번호를 사용한다.
- **deny:** 조건에 맞는 트래픽을 전달할(permit) 것인지, 버릴(deny) 것인지 결정한다.
- **1.1.1.2:** ACL이 적용될 출발지 주소를 적는다.
- **0.0.0.0:** ACL이 적용될 주소에 대한 와일드카드 마스크(wildcard mask) 값을 적는다.
- **access-list 1 permit any:** ACL이 deny 구문으로 이루어져 있을 경우에는 deny 된 트래픽을 제외한 다른 모든 트래픽을 전달시키겠다는 의미로 반드시 작성하여야 한다.
- **ip access-group 1 in:** 위에서 작성한 ACL 1번을 적용하는데 들어오는 트래픽(in)에 적용할 것인지 아니면 나가는 트래픽(out)에 적용할 것인지 선언한다.

아래의 설정은 1.1.1.3의 주소를 가지는 패킷만 전달시키고(①) 다른 모든 패킷들은 버리겠다는(②) 의미의 ACL 문장이다. 즉 위의 내용과 설정 방법은 다르지만 같은 결과를 나타낸다.

```
R1(config)#access-list 1 permit 1.1.1.3 0.0.0.0 ①
R1(config)#access-list 1 deny any ②
R1(config)#int gi0/0
R1(config-if)#ip access-group 1 in
R1(config-if)#exit
R1(config)#
```

위의 ACL을 R1에 적용시키고 난 후 PC0에서 ACL 동작을 확인해보자.

그림 12-2에서 표준 ACL을 적용하고 난 후에는 3.3.3.2로 ping을 보낼 수 없다는 것을 확인할 수 있다. PC1의 경우는 그림 12-3에서와 같이 ping을 보낼 수 있음을 확인할 수 있다.

위의 결과들을 보면 ACL이 잘 적용되었다는 것을 알 수 있다. 라우터는 ACL별로 패킷을 얼마나 전달하였는지 또는 얼마나 버렸는지 ***show access-list*** 명령어를 통해 간략히 확인할 수 있다. 1.1.1.3의 주소를 가지는 호스트에서 출발한 4개의 패킷을 전달하였고(①), 그 이외의 주소에서 올라오는 4개의 패킷을 전달하지 않았음을(②) 다음의 출력 결과로부터 알 수 있다.

```
R1#show access-lists 1
Standard IP access list 1
    permit host 1.1.1.3 (4 match(es))①
    deny any (4 match(es)) ②
```

ACL Remark 설정

ACL의 개수가 많을 경우 각각의 ACL의 역할에 대해서 일일이 기억하는 것은 매우 어려운 일이 아닐 수 없다. 따라서 ACL을 작성할 때 해당하는 ACL이 어디서 쓰이는 것인지에 대한 간단한 주석을 달아놓으면 나중에라도 해당 ACL의 역할에 대해서 쉽게 알 수가 있는데 ***Remark*** 명령어를 사용하여 ACL 주석을 달아놓을 수 있다.

예를 들어 아래에서는 ACL 1번이 PC0의 패킷은 버리고 PC1의 패킷을 전달하기 위한 것이라는 주석을 달아놓았고 이는 ***show run*** 명령어를 통해 확인할 수 있다 .

```
R1(config)#access-list 1 remark PC0 packet deny and pc1 packet permit
```

```
R1#show run
<중간 생략>
!
access-list 1 permit host 1.1.1.3
access-list 1 deny any
access-list 1 remark PC0 packet deny and pc1 packet permit
!
<이하 생략>
```

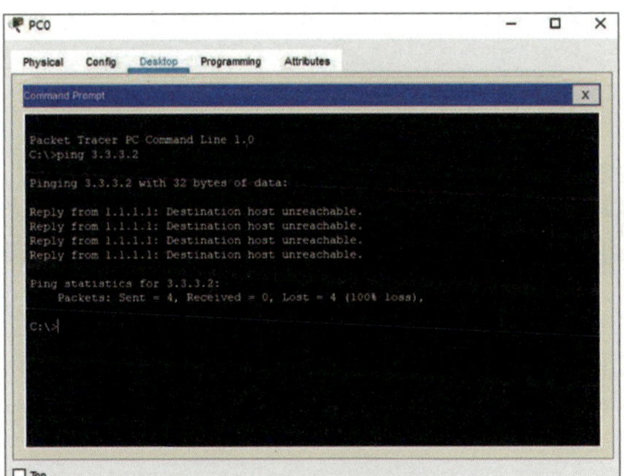

그림 12-2 PC0의 표준 ACL 적용 결과

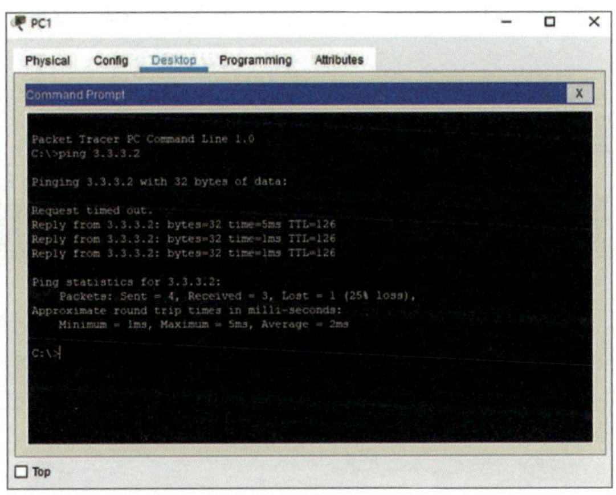

그림 12-3 PC1의 표준 ACL 적용 결과

와일드카드마스크

ACL은 호스트의 범위를 결정하기 위해 IP 주소와 와일드카드 마스크를 사용한다. 와일드카드 마스크는 서브넷 마스크의 반대되는 값이다.표 12-2

와일드카드 마스크는 서브넷 마스크보다 좀 더 세밀하게 호스트를 구별할 수 있다. 예를 들어 203.230.7.0/24에서 맨 마지막의 IP 주소가 짝수인 경우와 홀수인 경우를 구별해야 할 때, 서브넷 마스크는 이를 구별할 수 없지만 와일드카드 마스크를 사용하면 이를 구별할 수 있다. 예를 들어 다음의 몇 가지 주소를 관찰해보자.

203.230.7.1 = 11001011.11100110.00000111.00000001

203.230.7.2 = 11001011.11100110.00000111.00000010

203.230.7.3 = 11001011.11100110.00000111.00000011

203.230.7.4 = 11001011.11100110.00000111.00000100

203.230.7.5 = 11001011.11100110.00000111.00000101

203.230.7.6 = 11001011.11100110.00000111.00000110

십진수 IP 주소를 2진수로 변경해보면 공통점을 발견할 수 있는데 IP 주소가 짝수로 끝나는 경우는 맨 마지막 숫자가 0으로 끝나고 홀수로 끝나는 경우는 1로 끝나는 공통점을 확인할 수 있다. 따라서 위의 결과를 토대로 203.230.7.0/24 주소 중 짝수의 IP 주소 값만을 지정하고자 한다면 203.230.7.0 0.0.0.254로 정의하면 되고, 홀수만 지정하고자 한다면 203.230.7.1 0.0.0.254로 정의하면 된다.

또한 203.230.7.0/24 네트워크 중 203.230.7.1/24 ~ 203.230.7.5/24만 정의하고자 한다면

표 12-2 서브넷 마스크 값과 와일드카드 마스크 값

서브넷 마스크 값	와일드카드 마스크 값
255.0.0.0	0.255.255.255
255.255.0.0	0.0.255.255
255.255.255.0	0.0.0.255
255.255.255.255	0.0.0.0

203.230.7.0/29가 된다. 그러므로 255.255.255.248가 서브넷 마스크가 되고, 서브넷 마스크와 반대인 와일드카드 마스크로 변환하면 0.0.0.7이 되는 것이다. 이렇듯 와일드카드 마스크는 표현하고자 하는 주소를 줄일 수 있고, 이는 ACL의 문장을 그만큼 줄일 수 있다는 것이므로 잘 알아두어야 할 내용이다.

ACL 문장 구성 및 순서

ACL을 구성하는 문장 중에 인자 **any**의 의미는 0.0.0.0 255.255.255.255의 의미로서 모든 패킷을 의미할 때 사용한다. 반면 **host**는 단 하나의 IP 주소를 지정할 때 사용하는 인자로서 203.230.7.1 0.0.0.0은 host 203.230.7.1과 같은 의미이다. 그럼 이제 1.1.1.0/24 네트워크가 외부와 통신이 가능하도록 하되, 1.1.1.2/24의 IP 주소를 가지는 호스트만은 외부와 통신할 수 없도록 하는 ACL을 다음과 같이 작성해보자.

```
R1(config)#access-list 1 deny host 1.1.1.2 ①
R1(config)#access-list 1 permit 1.1.1.0 0.0.0.255 ②
R1(config)#int gi0/0
R1(config-if)#ip access-group 1 in
R1(config-if)#
```

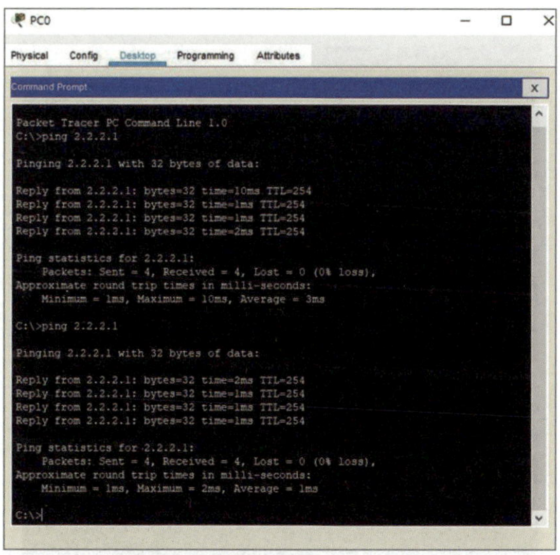

그림 12-4 잘못된 ACL 설정 결과

위의 ACL에서 만약 ②의 목록을 첫 번째 줄에 작성하고 ①의 목록을 두 번째 줄에 작성하면 두 번째 줄에 작성된 내용에 대해서 ACL은 검사하지 않게 되므로, 그림 12-4의 결과처럼 원하는 결과를 얻을 수 없다. 위와 같은 이유 때문에 ACL을 작성할 때는 반드시 ACL 항목 간의 순서에 주의를 기울여야 한다.

ACL을 이용한 원격 접속 제어

라우터에 원격 접속할 수 있는 방법은 텔넷, SSH(Secure Shell), http, https가 있다. http와 https는 Cisco SDM(Secure Device Manager) 프로그램을 사용하여 GUI(Graphic User Interface) 환경에서 라우터를 제어하고자 할 경우 많이 사용하며, 텔넷 또는 SSH의 경우는 텍스트 기반의 원격 접속 시 많이 사용하는 환경이다. 텔넷은 라우터와 원격 접속 시 주고받는 데이터가 암호화되지 않기 때문에 SSH의 사용을 권장하고 있으며, ACL을 사용하여 텔넷이나 SSH를 통해 라우터에 접속하고자 하는 호스트를 지정할 수 있다. 이렇게 호스트를 지정하게 되면 보안성을 향상시킬 수 있다. 그림 12-1의 토폴로지에서 PC0만 R2에 텔넷 접속이 가능하도록 설정해보자.

```
R2(config)#access-list 1 permit host 1.1.1.2
R2(config)#line vty 0 4
R2(config-line)#password cisco
R2(config-line)#login
R2(config-line)#access-class 1 in
R2(config-line)#exit
```

위의 설정을 보면 ***access-list 1 permit host 1.1.1.2***를 설정한 후 ***access-list 1 deny any*** 명령어는 없는 것을 볼 수 있다. ACL이 permit으로 이루어져 있는 경우에는 ***deny any***는 따로 선언하지 않아도 암묵적으로 선언된 것으로(implicit deny) 라우터에 정의가 된다. 그림 12-5를 보면 PC0의 경우 R2에 접속할 수 있지만 PC1, PC2, PC3은 그림 12-6과 같이 접속이 되지 않는 것을 확인할 수 있다.

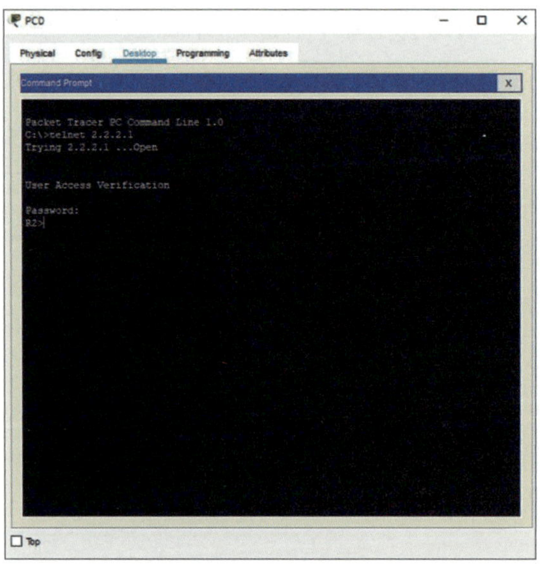

그림 12-5 PC0에서 R2 텔넷 접속 화면

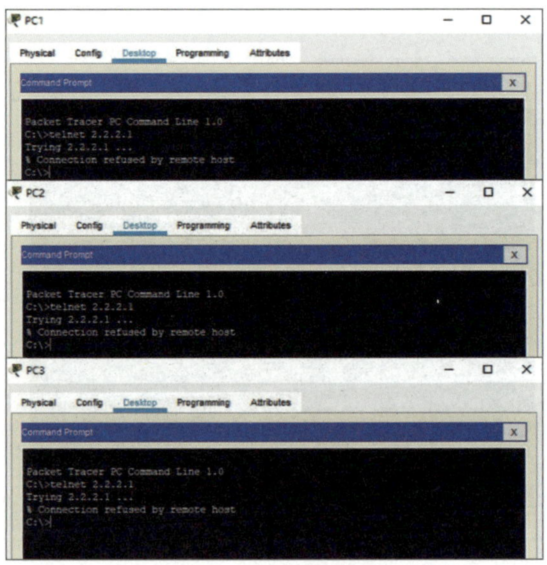

그림 12-6 PC1, PC2, PC3의 R2 텔넷 접속 화면

확장 ACL

표준 ACL은 단순히 출발지 주소만을 가지고 패킷을 전달할 것인지 전달하지 않을 것인지 결정한다. 예를 들어 PC0가 R2에 텔넷 접속은 허락하지만 ping은 보낼 수 없도록 설정하고자 할 때 표준 ACL은 이 조건을 만족시킬 수 없다. 만약 표준 ACL을 사용하여 ping을 막았다면 다른 모든 서비스도 다 막혔을 것이다. 이러한 단점을 보완하고자 확장 ACL을 사용하는데, 확장 ACL은 출발지 주소뿐만이 아니라 목적지 주소 및 프로토콜까지 제어할 수 있기 때문에 표준 ACL보다 훨씬 넓은 범위의 제어 기능을 제공한다.

그럼, 그림 12-1의 기본 네트워크 토폴로지에서 PC0는 R3에만 ping을 보낼 수 없도록 설정해보자. Ping을 제외한 다른 모든 서비스는 사용 가능하여야 하므로, 텔넷 접속 시 반드시 접속이 되어야 한다. ACL은 R1에 다음과 같이 설정한다.

```
R1(config)#access-list 100 deny icmp host 1.1.1.2 host 203.230.7.9 echo
R1(config)#access-list 100 deny icmp host 1.1.1.2 host 203.230.7.6 echo
R1(config)#access-list 100 deny icmp host 1.1.1.2 host 3.3.3.1 echo
R1(config)#access-list 100 permit ip any any
R1(config)#int gi0/0
R1(config-if)#ip access-group 100 in
```

사용된 확장 ACL 구문의 각 구성 요소는 다음과 같은 의미를 가진다.

- **access-list 100**: 확장 ACL의 경우 100~199번, 2000~2699번의 번호를 사용한다. 여기에서는 100번을 사용하였다.
- **deny**: 패킷을 버리겠다는 의미이며, 패킷을 허용하겠다는 의미인 permit도 사용할 수 있다.
- **icmp**: 확장 ACL을 통해 제어하고자 하는 프로토콜의 이름을 입력한다.
- **host 1.1.1.2**: 관찰 대상의 출발지 주소를 나타낸다.
- **host 203.230.7.9**: 관찰 대상의 목적지 주소를 나타낸다.
- **echo**: 옵션 항목으로 프로토콜을 선택할 수 있다.
- **access-list 100 permit ip any any**: ACL이 deny 구문들로 이루어져 있으므로 deny로 설정된 항목 이외의 모든 통신이 가능하도록 설정해야 하기 때문에 사용되었다.

R3는 3개의 인터페이스를 가지고 있으며, 라우팅 프로토콜을 통해 3개의 인터페이스 주소를 모

든 라우터가 알고 있다. 즉 라우터에 텔넷 접속을 위해 3개의 IP 주소가 사용될 수 있기 때문에 위와 같이 설정하였다. 설정을 마친 후 PC0에서 다음과 같은 결과를 확인할 수 있어야 할 것이다.

```
PC>ping 203.230.7.9

Pinging 203.230.7.9 with 32 bytes of data:

Reply from 1.1.1.1: Destination host unreachable.
Reply from 1.1.1.1: Destination host unreachable.
Reply from 1.1.1.1: Destination host unreachable.
Reply from 1.1.1.1: Destination host unreachable.

Ping statistics for 203.230.7.9:
    Packets: Sent = 4, Received = 0, Lost = 4 (100% loss),

PC>ping 203.230.7.6

Pinging 203.230.7.6 with 32 bytes of data:

Reply from 1.1.1.1: Destination host unreachable.
Reply from 1.1.1.1: Destination host unreachable.
Reply from 1.1.1.1: Destination host unreachable.
Reply from 1.1.1.1: Destination host unreachable.

Ping statistics for 203.230.7.6:
    Packets: Sent = 4, Received = 0, Lost = 4 (100% loss),

PC>ping 3.3.3.1

Pinging 3.3.3.1 with 32 bytes of data:

Reply from 1.1.1.1: Destination host unreachable.
Reply from 1.1.1.1: Destination host unreachable.
Reply from 1.1.1.1: Destination host unreachable.
Reply from 1.1.1.1: Destination host unreachable.

Ping statistics for 3.3.3.1:
    Packets: Sent = 4, Received = 0, Lost = 4 (100% loss),

PC>telnet 3.3.3.1
Trying 3.3.3.1 ...Open

[Connection to 3.3.3.1 closed by foreign host]
PC>
```

라우터 R3에서 다음과 같은 설정을 적용해도 똑같은 결과를 얻을 수 있다.

```
R3(config)#access-list 100 deny icmp host 1.1.1.2 host 203.230.7.9 echo
R3(config)#access-list 100 deny icmp host 1.1.1.2 host 203.230.7.6 echo
R3(config)#access-list 100 deny icmp host 1.1.1.2 host 3.3.3.1 echo
R3(config)#access-list 100 permit ip any any
R3(config)#int s0/2/0
R3(config-if)#ip access-group 100 in
R3(config-if)#exit
R3(config)#in s0/2/1
R3(config-if)#ip access-group 100 in
R3(config-if)#
```

이번에는 PC1만 R2에 텔넷 접속이 불가능하도록 확장 ACL을 구성하되 ACL 적용을 R1에서 해 보자.

```
R1(config)#access-list 100 deny tcp host 1.1.1.3 host 203.230.7.2 eq telnet
R1(config)#access-list 100 deny tcp host 1.1.1.3 host 203.230.7.5 eq telnet
R1(config)#access-list 100 deny tcp host 1.1.1.3 host 2.2.2.1 eq telnet
R1(config)#access-list 100 permit ip any any
R1(config)#int gi0/0
R1(config-if)#ip access-group 100 in
```

위의 설정을 완료한 후의 PC1에서의 테스트 결과는 그림 12-7과 같다. 2.2.2.1 주소를 사용하여 R2에 Telnet 접속을 할 수 없는 결과와 마찬가지로 203.230.7.2 및 203.230.7.5의 주소를 사용하여 R3에 Telnet 접속을 하여도 그림 12-7과 같이 텔넷 접속이 되어서는 안 된다.

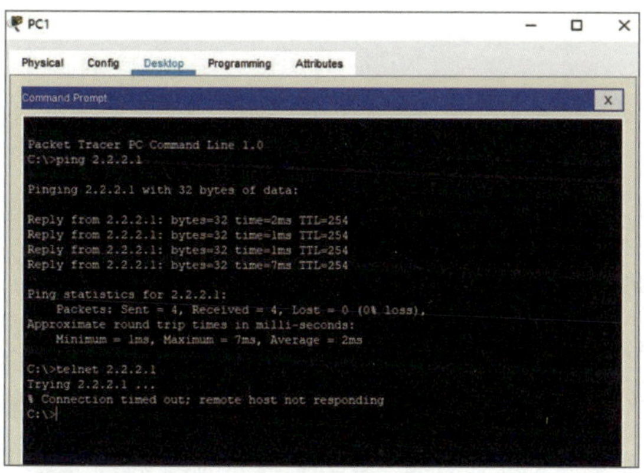

그림 12-7 PC1에서 R2로의 텔넷 접속 결과

Named 표준 ACL

Named 표준 ACL은 표준 ACL과 동일하지만 표준 ACL에서 쓰였던 번호 대신 문자를 정의하여 사용한다는 점이 다르다. 그림 12-1의 R1에 연결되어 있는 PC1은 토폴로지 내의 모든 장치와 통신할 수 있지만 PC0는 통신할 수 없도록 하는 named 표준 ACL을 작성해보자. 다음과 같이 named 표준 ACL을 작성한 후에 PC0에서 테스트를 해보면 그림 12-2와 같은 결과를 얻는다는 것을 확인할 수 있다.

```
R1(config)#ip access-list standard infocomm
R1(config-std-nacl)#permit host 1.1.1.3
R1(config-std-nacl)#deny any
R1(config-std-nacl)#exit
R1(config)#int gi0/0
R1(config-if)#ip access-group infocomm in
R1(config-if)#
```

Named 표준 ACL을 정의하는 명령어 구문 ***ip access-list standard infocomm***의 각 요소는 다음과 같은 의미를 갖는다.

- **ip access-list**: 표준이나 확장 ACL과 달리 named ACL을 시작할 때 사용한다.
- **standard**: named 표준 ACL의 경우 standard를 사용하고 named 확장 ACL의 경우 extended를 사용한다.
- **infocomm**: named ACL에 사용되는 ACL의 이름을 정의하였다. 원하는 다른 어떤 이름으로도 변경하여 사용할 수 있다.

Named 확장 ACL

Named 확장 ACL을 설정하는 방법은 named 표준 ACL을 설정하는 것과 유사한데, 단지 추가적인 옵션만 더 설정한다. Named 확장 ACL이나 확장 ACL을 사용하여 TCP를 제어하는 경우 **established** 옵션을 사용하면 내부로 들어오는 TCP 패킷에 대해서 **RST**나 **ACK**가 있을 경우에만 패킷을 전달한다. 이것의 의미는 외부에서 시작하는 TCP 세션에 대해서는 ACL이 패킷을 전달하지 않고, 내부에서 시작해서 그에 대한 응답으로 외부에서 들어오는 TCP 응답에 대해서는 전달하겠다는 의미이다. 현 버전의 패킷트레이서에서는 **established** 옵션이 있긴 하지만 100% 정확하게 동작하지는 않으므로 설정 시에 유의하도록 한다.

그림 12-1의 토폴로지에서 PC0는 R3에만 ping을 보낼 수 없도록 하는 확장 named ACL을 설정해보자. Ping을 제외한 다른 모든 서비스는 사용 가능해야 하므로, 텔넷 접속 시 반드시 접속이 되어야 하며 ACL은 R1에 설정한다.

```
R1(config)#ip access-list extended ping
R1(config-ext-nacl)#deny icmp host 1.1.1.2 host 3.3.3.1
R1(config-ext-nacl)#deny icmp host 1.1.1.2 host 203.230.7.6
R1(config-ext-nacl)#deny icmp host 1.1.1.2 host 203.230.7.9
R1(config-ext-nacl)#permit ip any any
R1(config-ext-nacl)#remark PC0 Ping deny(R3)
R1(config-ext-nacl)#exit
R1(config)#do show access-lists
Extended IP access list ping
    10 deny icmp host 1.1.1.2 host 3.3.3.1
    20 deny icmp host 1.1.1.2 host 203.230.7.6
    30 deny icmp host 1.1.1.2 host 203.230.7.9
    40 permit ip any any
R1(config)#int gi0/0
R1(config-if)#ip access-group ping in
```

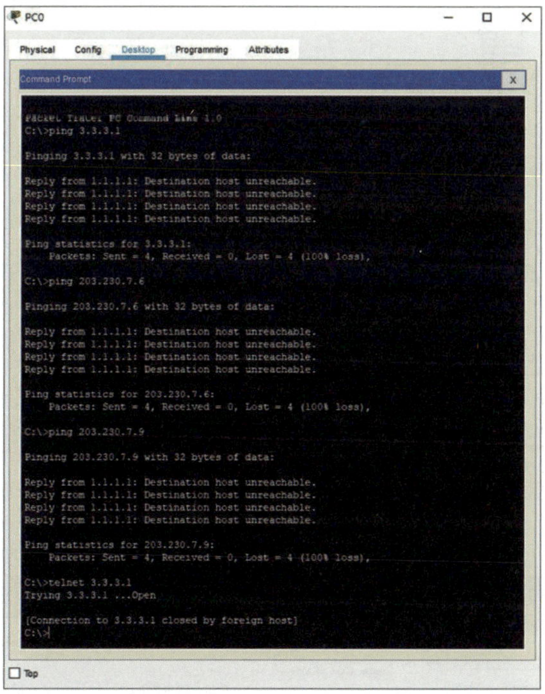

그림 12-8 PC0에서 R3로의 ping 및 텔넷 접속 시험 결과

상기 ACL의 적용 결과는 그림 12-8에서와 같이PC0에서 R3로 ping을 보낼 수는 없지만 텔넷 접속은 가능함을 확인할 수 있다.

확장 ACL에 대해서 좀 더 알아보기 위해 그림 12-1의 토폴로지에서 PC1과 PC3을 서버로 교체한 후 PC1과 PC3이 사용했던 동일한 IP 주소를 이들 서버에 할당하자.그림 12-9 그리고 PC2가 Server0의 http와 ftp에 접속할 수 없도록 하는 ACL을 작성하여 R2에 적용해보자. 다음의 스크립트를 참조하도록 한다.

```
R2(config)#access-list 100 deny tcp host 2.2.2.2 host 1.1.1.3 eq www
R2(config)#access-list 100 deny tcp host 2.2.2.2 host 1.1.1.3 eq ftp
R2(config)#access-list 100 deny tcp host 2.2.2.2 host 1.1.1.3 eq 20
R2(config)#access-list 100 permit ip any any
R2(config)#int gi0/0
R2(config-if)#ip access-group 100 in
또는
R2(config)#ip access-list extended http_ftp
R2(config-ext-nacl)#deny tcp host 2.2.2.2 host 1.1.1.3 eq www
R2(config-ext-nacl)#deny tcp host 2.2.2.2 host 1.1.1.3 eq ftp
R2(config-ext-nacl)#deny tcp host 2.2.2.2 host 1.1.1.3 eq 20
R2(config-ext-nacl)#permit ip any any
R2(config-ext-nacl)#exit
R2(config)#int gi0/0
R2(config-if)#ip access-group http_ftp in
R2(config-if)#
```

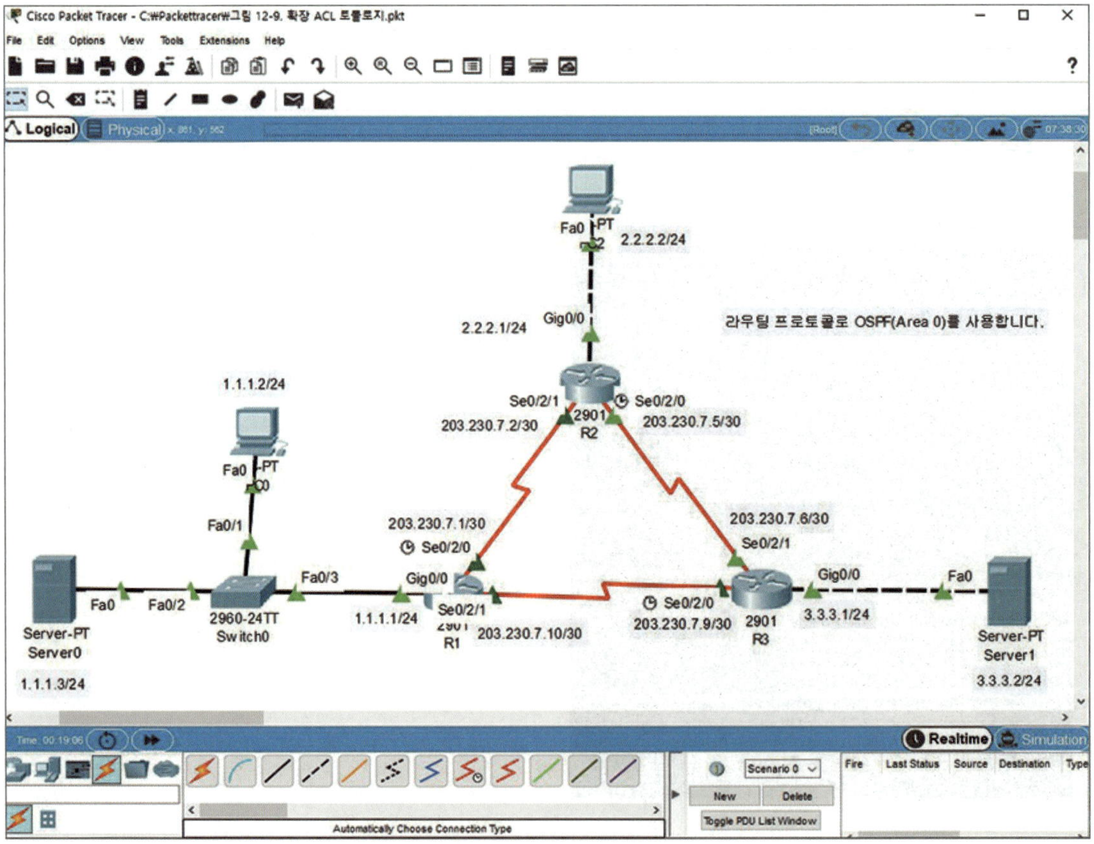

그림 12-9 확장 ACL 토폴로지

FTP의 경우에는 포트 20번과 21번 모두를 막아야 한다. 패킷트레이서에서는 21번 포트인 FTP는 옵션 항목에 나와 있지만 20번인 FTP data는 옵션에 나와 있지 않으므로 직접 포트를 선언하여 차단하도록 한다. 위와 같이 설정한 후 PC2 → Desktop → Web Browser로 이동하여 주소 창에 http://1.1.1.3을 입력하면 응답이 없지만 http://3.3.3.2를 입력하면 그림 12-10과 같은 응답 화면을 볼 수 있다.

그림 12-10의 내용을 확인하였으면 Command Prompt로 가서 FTP도 확인해보자. 그림 12-11과 같은 결과를 얻을 수 있다.

TCP Established

Tcp established 실습을 위한 토폴로지는 그림 12-12와 같으며, 라우팅 프로토콜은 RIPv2를 사용한다. 패킷트레이서에서 established 관련 명령어를 ACL에서 지원하지만, 올바로 동작하지는 않으므로 유의하도록 한다. 본 상의 실습은 실세 장비를 통해서 진행하였다.

위의 토폴로지에서 R1에서 R2로 telnet을 시도하면 R1의 fa0/0 IP 주소가 출발지 주소가 된다. R1에 tcp established를 설정하여 출발지 주소가 1.1.1.0/24인 경우에만 R2와 통신이 가능하도록 설정해보자. 아래에 제공된 설정 스크립트를 이용하도록 한다. tcp established가 적용된다면 출

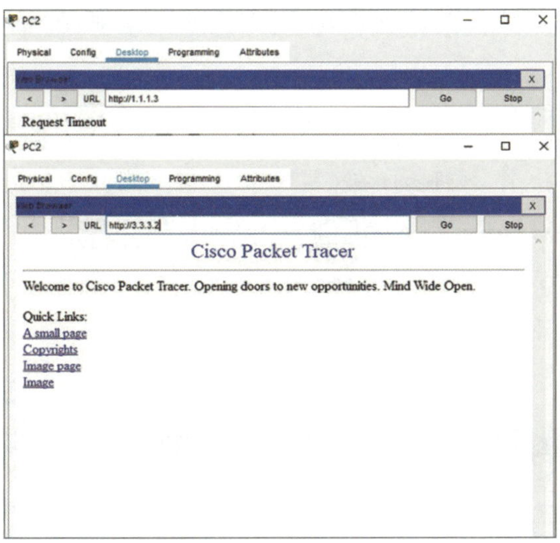

그림 12-10 PC2 응답 화면(http)

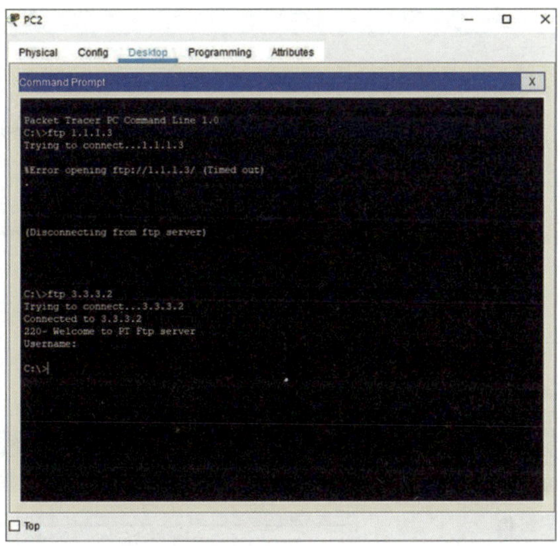

그림 12-11 PC2 응답 화면(ftp)

발지 주소가 1.1.1.0/24인 호스트들은 외부와의 통신이 자유롭지만 1.1.1.0/24 이외의 주소가 출발지 주소가 되거나 외부에서 1.1.1.0/24로 TCP 통신을 하고자 한다면 이는 허락하지 않는다.

```
R1(config)#access-list 100 permit tcp any 1.0.0.0 0.255.255.255 established
R1(config)#access-list 100 deny ip any any
R1(config)#int fa0/0
R1(config-if)#ip access-group 100 in
R1(config-if)#exit
R1#telnet 203.230.7.2
Trying 203.230.7.2 ...
% Connection timed out; remote host not responding
R1#telnet 203.230.7.2 /source-interface loopback 0
Trying 203.230.7.2 ... Open

User Access Verification

Password:
R2>

R2#telnet 1.1.1.1
Trying 1.1.1.1 ...
% Destination unreachable; gateway or host down
```

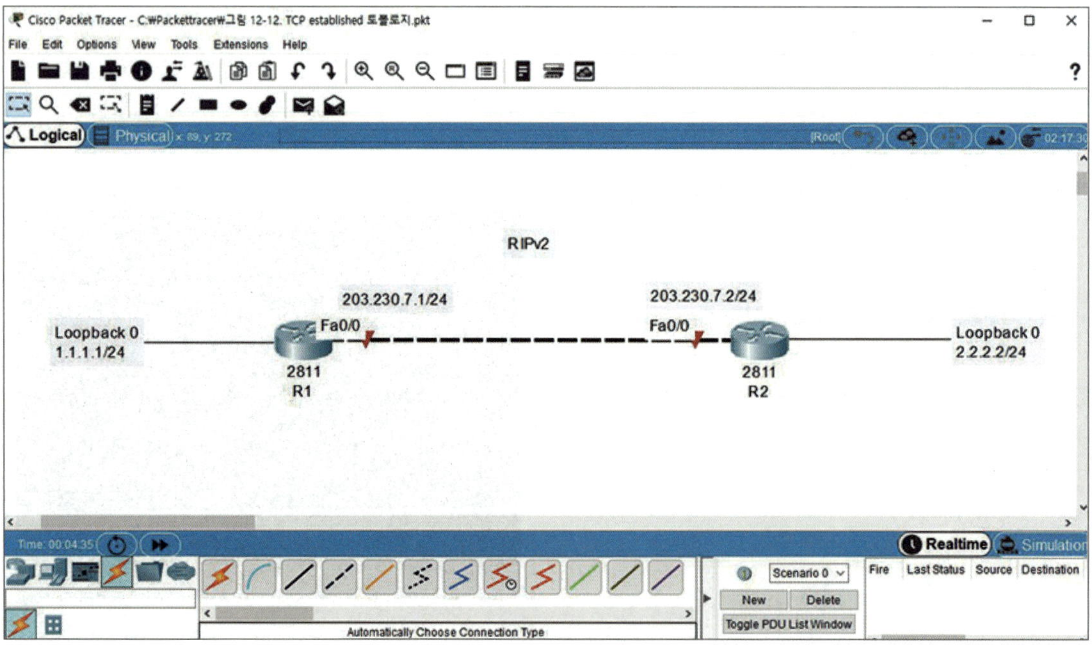

그림 12-12 TCP established 토폴로지

```
R2#telnet 203.230.7.1
Trying 203.230.7.1 ...
% Destination unreachable; gateway or host down
```

위와 같이 동작이 확인되었으면 R1에서 ***show access-list*** 명령어를 사용해 ACL을 확인해보자.

```
R1#show access-lists
Extended IP access list 100
      10 permit tcp any 1.0.0.0 0.255.255.255 established (640 matches)
      20 deny ip any any (250 matches)
```

ACL 중간 삽입

만약 확장 ACL을 위와 같이 작성한 후 10번과 20번 사이에 ACL이 삽입되어야 하는 경우가 생기면 ACL을 지우고 다시 설정해야 한다. 그러나 named 확장 ACL의 경우는 중간에 ACL 문구를 삽입할 수 있다.

```
R2(config)#ip access-list extended inokyuni
R2(config-ext-nacl)#permit tcp any host 1.1.1.1
R2(config-ext-nacl)#deny ip any any
R2(config-ext-nacl)#exit
R2(config)#do show access-list
Extended IP access list inokyuni
    10 permit tcp any host 1.1.1.1
    20 deny ip any any
R2(config)#
```

위와 같이 설정되어 있는 상황에서 10과 20번 사이에 ***permit tcp any host 203.230.7.1***의 명령어 구문을 추가해보자.

```
R2(config)#ip access-list extended inokyuni
R2(config-ext-nacl)#15 permit tcp any host 203.230.7.1
R2(config-ext-nacl)#do show access-list
Extended IP access list inokyuni
    10 permit tcp any host 1.1.1.1
    15 permit tcp any host 203.230.7.1
    20 deny ip any any
```

락-앤-키(Lock-and-Key) 인증

락-앤-키는 라우터를 통해 패킷을 전달하고자 하는 사용자가 라우터에 텔넷을 통해 접속하고 아이디와 패스워드를 통해 인증을 받아야만 패킷을 외부로 전달할 수 있도록 하는 서비스이다. 인증을 받기 전까지는 ACL에 의해 패킷이 외부로 전달될 수 없으며, 특정 시간 동안만 트래픽을 허가하기 때문에 해커들이 네트워크로 침입할 기회를 그만큼 줄일 수 있고 다른 보안 사항들에 영향을 끼치지 않는다는 장점을 가지고 있다.

외부와 통신을 하고자 하는 사용자가 텔넷을 통해 인증을 시도할 때 라우터뿐만이 아니라 Radius 서버나 TACACS+에서 인증을 받을 수도 있다. 이 또한 현 버전의 패킷트레이서에서는 지원되지 않는 기능이므로 실제 라우터에서 실습을 토대로 설명하기로 한다. 이 실습에 사용한 토폴로지는 그림 12-12이다.

```
R1(config)#username inokyuni password infocomm
R1(config)#ip access-list extended LK
R1(config-ext-nacl)#permit tcp any host 203.230.7.1 eq telnet
R1(config-ext-nacl)#dynamic LK_test permit ip any any
R1(config-ext-nacl)#deny ip any any
R1(config-ext-nacl)#exit
R1(config)#int fa0/0
R1(config-if)#ip access-group LK in
R1(config-if)#exit
R1(config)#line vty 0 4
R1(config-line)#login local
R1(config-line)#autocommand access-enable host timeout 1
R1(config-line)#exit
R1(config)#

또는

R1(config)#username inokyuni password infocomm
R1(config)#access-list 100 permit tcp any host 203.230.7.1 eq telnet
R1(config)#access-list 100 dynamic LK_Test timeout 1 permit ip any any
R1(config)#access-list 100 deny ip any any
R1(config)#int s0/0/0
R1(config-if)#ip access-group 100 in
R1(config-if)#exit
R1(config)#line vty 0 4
R1(config-line)#login local
R1(config-line)#autocommand access-enable host timeout 1
R1(config-line)#exit
```

위의 락-앤-키 설정 명령어 구문의 각 항목은 다음과 같은 의미를 갖는다.

- **username inokyuni password infocomm**: 텔넷 접속 시 인증하고자 하는 아이디와 암호를 라우터에 생성한다.
- **ip access-list extended LK**: 락–앤–키가 적용될 named 확장 ACL을 생성한다.
- **permit tcp any host 203.230.7.1 eq telnet**: 텔넷 접속이 가능한 주소를 설정한다.
- **dynamic LK_test permit ip any any**: 락–앤–키가 동작할 때 동작할 ACL을 만든다.
- **deny ip any any**: 텔넷 접속 이외의 모든 접속을 차단하는 구문이다.
- **ip access-group LK in**: 인터페이스의 들어오는 방향으로 락–앤–키 ACL을 적용한다.
- **login local**: 텔넷 접속 시 미리 만들어놓은 아이디와 암호를 물어보도록 한다.
- **autocommand access-enable host timeout 1**: 텔넷 접속에서 인증이 되었으면 통신이 가능하도록 설정하고, 타임아웃 값을 설정한다.

이제 R2에서 R1의 Loopback 과 Fa0/0 인터페이스로 ping을 보내어 통신이 되지 않는 것을 확인한 후 텔넷 접속을 통해 인증을 실시하고 나서 다시 ping 테스트를 시도해보자.

```
R2#ping 1.1.1.1
Type escape sequence to abort.
Sending 5, 100-byte ICMP Echos to 1.1.1.1, timeout is 2 seconds:
U.U.U
Success rate is 0 percent (0/5)

R2#ping 203.230.7.1
Type escape sequence to abort.
Sending 5, 100-byte ICMP Echos to 203.230.7.1, timeout is 2 seconds:
U.U.U
Success rate is 0 percent (0/5)
R2#telnet 203.230.7.1
Trying 203.230.7.1 ... Open

User Access Verification

Username: inokyuni
Password:
[Connection to 203.230.7.1 closed by foreign host]
R2#ping 1.1.1.1
Type escape sequence to abort.
Sending 5, 100-byte ICMP Echos to 1.1.1.1, timeout is 2 seconds:
!!!!!
R2#ping 203.230.7.1
```

```
Type escape sequence to abort.
Sending 5, 100-byte ICMP Echos to 203.230.7.1, timeout is 2 seconds:
!!!!!

- R1으로 이동하여 Access-list가 어떻게 적용되었는지 확인해보자.

R1#show access-lists
Extended IP access list LK
    10 permit tcp any host 203.230.7.1 eq telnet (80 matches)
    20 Dynamic LK_test permit ip any any
       permit ip host 203.230.7.2 any (16 matches) (time left 54)
    30 deny ip any any (30 matches)
```

R2가 텔넷 인증을 받기 전에는 ping을 보낼 수 없었지만 텔넷 인증을 받고 난 후에는 ping을 보낼 수 있었으며, 이때 R1에서 ***show access-list*** 명령어를 입력해보면 **Dynamic ACL**이 활성화되어 동작하고 있는 것을 확인할 수 있다.

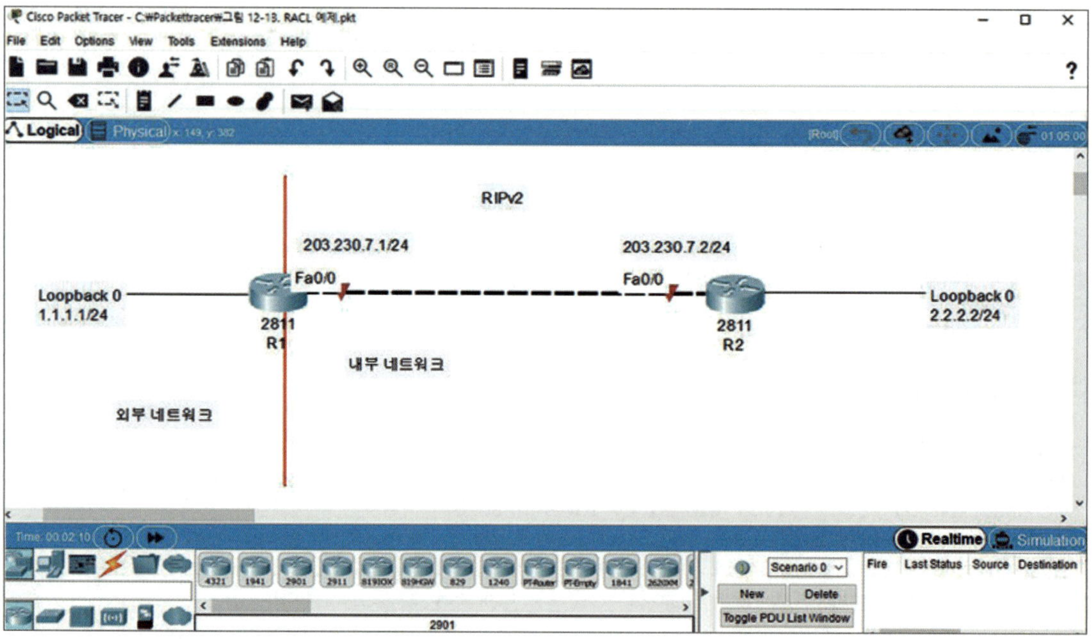

그림 12-13 RACL 예제

RACL(Reflexive ACL)

RACL은 내부에서는 외부로 자유롭게 통신이 가능하지만 외부에서 내부로는 통신할 수 없도록 설정하는 것이다. 전술한 바와 같이 TCP의 경우 established 옵션을 사용하기도 하지만 이 옵션은 출발지와 목적지의 주소를 확인하지 않고 오직 ACK, RST만을 확인하여 패킷의 전달 여부를 결정한다. 그러나 RACL의 경우 출발지와 목적지 주소와 함께 ACK, RST, 포트 번호를 검사하기 때문에 DoS 공격이나 스푸핑(spoofing)과 같은 네트워크 공격에 대한 방어 시 효과적으로 쓰일 수 있다.

이제 그림 12-13에 보인 것처럼, R1과 R2 간의 TCP와 UDP의 경우 내부(R2)에서 TCP와 UDP가 시작된 경우만 통신이 가능하며 다른 모든 트래픽은 차단하도록 하는 설정을 다음 스크립트를 참조하여 적용해보자.

```
R2(config)#ip access-list extended in_in
R2(config-ext-nacl)#permit tcp any any reflect tcp
R2(config-ext-nacl)#permit udp any any reflect udp
R2(config-ext-nacl)#deny ip any any
R2(config-ext-nacl)#exit
R2(config)#ip access-list extended out_out
R2(config-ext-nacl)#evaluate tcp
R2(config-ext-nacl)#evaluate udp
R2(config-ext-nacl)#deny ip any any
R2(config-ext-nacl)#exit
R2(config)#int fa0/0
R2(config-if)#ip access-group in_in in
R2(config-if)#ip access-group out_out out
R2(config-if)#exit
R2(config)
```

위와 같이 설정한 후 R1과 R2는 서로 ping을 주고받을 수 없다. TCP와 UDP를 제외한 모든 트래픽은 차단하도록 설정했기 때문이다. R2는 R1의 1.1.1.1로 텔넷 접속을 할 수 있지만, R1은 R2의 어떠한 주소로도 텔넷 접속을 할 수 없다.

```
R2#telnet 1.1.1.1
Trying 1.1.1.1 ... Open


User Access Verification
```

```
Password:
R1>exit

[Connection to 1.1.1.1 closed by foreign host]
R2#show access-list
Extended IP access list in_in
    10 permit tcp 1.1.1.0 0.0.0.255 any reflect tcp (80 matches)
    20 permit udp any any reflect udp (24 matches)
    30 deny ip any any (11 matches)
    40 permit tcp any any reflect tcp
Extended IP access list out_out
    10 evaluate tcp
    20 evaluate udp
    30 deny ip any any
Reflexive IP access list tcp
     permit tcp host 203.230.7.2 eq 12455 host 1.1.1.1 eq telnet (20 matches) (time
left 297)
Reflexive IP access list udp
     permit udp host 255.255.255.255 eq rip host 203.230.7.1 eq rip (24 matches)
(time left 282)
R2#

R1#telnet 2.2.2.2
Trying 2.2.2.2 ...
% Destination unreachable; gateway or host down

R1#telnet 203.230.7.2
Trying 203.230.7.2 ...
% Destination unreachable; gateway or host down
```

시간 기반의(time-based) ACL

ACL을 특정 시간에만 동작할 수 있도록 설정할 수 있는 기능이 라우터에 있는데 이를 time-based ACL이라고 한다. Time-based ACL은 주중의 특정 날짜 또는 시간을 정의하는 범위를 만들고 ACL을 만들면 해당하는 ACL이 특정 시간에만 동작하는 구조이다. 주중 월요일부터 금요일까지 오전 8시부터 오후 6시까지는 외부 인터넷을 사용하는 데 문제가 없지만 이 시간을 제외한 다른 모든 시간에는 인터넷을 포함한 어떠한 통신도 할 수 없도록 하는 time-based ACL을 설정해보자. 다음 스크립트를 참조한다.

```
R1(config)#time-range weekday
R1(config-time-range)#periodic ?
  Friday      Friday
  Monday      Monday
  Saturday    Saturday
  Sunday      Sunday
  Thursday    Thursday
  Tuesday     Tuesday
  Wednesday   Wednesday
  daily       Every day of the week
  weekdays    Monday thru Friday
  weekend     Saturday and Sunday
R1(config-time-range)#periodic weekdays 8:00 to 18:00
R1(config-time-range)#exit
R1(config)#access-list 100 permit ip any any time-range weekday
R1(config)#access-list 100 deny ip any any time-range weekday
R1(config)#int fa0/0
R1(config-if)#ip access
R1(config-if)#ip access-group 100 in
```

라우터의 시간이 정확해야 하므로 time-based ACL 설정을 적용하기 전에 시간을 확인한다. NTP(Network Time Protocols) 서버를 통해 네트워크 장비의 시간을 동기화시킬 수 있으므로 이를 활용하는 것도 좋은 방법이다.

이상에서 살펴본 바와 같이 ACL에는 다양한 여러 가지 종류가 있고 그 활용도도 다양하지만 설정을 잘못했을 경우에는 통신이 되지 않으므로 세심한 주의를 기울여 작성하도록 한다. 만약 의도한 대로 ACL이 작동하지 않는다면 ***show access-list*** 명령어를 이용하여 패킷이 전달 또는 폐기되는지 확인해보는 것도 좋은 방법이다. 특히 확장 ACL을 설정할 경우에는 출발지 주소와 목적지 주소를 바꿔 쓰는 일이 없도록 주의한다.

PACKET TRACER

Cisco Networking Academy Program
A Powerful Network Simulation Tool

제13장

VPN

CHAPTER

13 VPN

네트워크의 종류에는 공중망(Public Network)과 사설망(Private Network)이 있는데 공중망의 경우 가격이 저렴하지만 네트워크를 공동으로 이용하기 때문에 보안에 취약하다는 단점이 있는 반면, 사설망의 경우 가격이 공중망보다 비싸지만 보안성이 우수하다는 장점이 있다. VPN(Virtual Private Network)은 사설망의 장점을 공중망에서 터널링(tunneling) 기술을 이용하여 제공하는 전체적인 서비스를 의미한다. IPv4의 경우 자체적으로 보안성이 없기 때문에 IPSec을 같이 사용하기도 하고, 또 다른 많은 알고리즘을 사용하여 보안성을 강화한다.

시스코에서 출시되는 라우터와 스위치, 방화벽 장치들이 VPN을 지원하지만 IOS의 종류 및 라이선스에 의해 지원이 될 수도 안 될 수도 있다. 특히 12.4의 IOS가 ISR 2811에서 주류를 이루었다면 최근에는 ISR에서 15.0의 IOS가 주류를 이루고 있고, 특히 15.0의 IOS는 라이선스 등 VPN과 관련된 정보를 ***show version*** 명령어를 사용하여 자세히 알 수 있다. VPN은 재택근무에 활용될 수도 있다. 집에서 업무를 보기 위해 회사 서버에 접속해야 하는 경우 공중망을 통해서 회사 서버

표 13-1 VPN의 종류

VPN 종류		기 능	참고 사항
IPSec 기반	Site-to-Site	인트라넷 또는 외부 네트워크 접속 제공	가장 기본적인 IPSec VPN
	Remote-Access	VPN Client 소프트웨어를 이용하여 접속	집에서 회사 접속 시 사용
	GRE over IPSec	인트라넷 또는 외부 네트워크 접속 제공	터널링을 이용한 VPN
	DMVPN	규모가 큰 VPN 설정 시 사용	본사와 다수의 지사 간의 VPN 구축 시 사용
	Easy VPN	라우터가 VPN 서버 역할을 수행함	Client의 설정이 간단함
SSL 기반	Clientless SSL	웹브라우저 활용	Layer 5 이상에서 동작
	Thin Client	TCP에서만 지원	Layer 5 이상에서 동작
	SSL VPN Client	자바 애플릿 사용	Layer 5 이상에서 동작
MPLS VPN		MPLS를 기반으로 동작	암호화 기능 없음

에 접속하게 되면 암호화되지 않은 데이터로 인해 해킹을 당할 수 있는 가능성이 있지만 VPN은 그러한 가능성이 없으며, 최근 많이 구축되고 있는 VoIP 네트워크 및 멀티캐스트를 이용한 IPTV, 비디오 회의 등에 적용될 수 있다. 이러한 VPN의 종류를 표 13-1에 정리하였다.

VPN은 인증, 보안, 기밀성 유지 등을 위한 암호화 프로토콜과 데이터 위조 및 변조를 방지하기 위한 키(암호)를 사용한다. 연결되는 장치들이 동일한 키를 사용할 경우 대칭키 암호화(Symmetric Encryption)라고 하며, 서로 다른 키를 사용할 경우 비대칭키 암호화(Asymmetric Encryption)라고 한다. 대칭키 암호화의 대표적인 방식이 바로 PSK(Pre-Shared Key)와 디피-헬먼(Diffie-Hellman)이며, 비대칭키 암호화 방식 중 하나가 바로 인증서(CA; Certificate Authority)를 사용하는 방식이다.

키의 길이가 길면 암호를 해독하기가 어렵지만 전송이 늦어질 수 있는 단점이 있으며, 키가 짧으면 암호를 해독하기 쉬워지지만 전송이 조금 빨라진다는 장점이 있을 수 있다. VPN에서 사용하는 암호화 알고리즘은 표 13-2와 같다.

허가되지 않은 사용자가 전송되는 데이터를 변경하거나 삭제할 수 없게끔 함으로써 데이터의 무결성과 인증을 제공하는 것을 해시(Hash)라고 하며, 이 해시는 메시지 다이제스트라고도 불린다. VPN은 따로 추가적인 사항 없이 데이터의 무결성과 신뢰성을 제공하는데 이를 위해 HMAC(Hashed Message Authentication Code) 알고리즘을 사용하는데, MD5(Message Digest 5)와 SHA-1(Secure Hash Algorithm)은 HMAC의 일반적인 알고리즘이다. MD5의 경우 128비트의 공유키를 사용하며, SHA-1은 160비트를 사용하는데 가변 길이 메시지와 160비트의 공유키가 조합되는 형태를 가지고 있다.

표 13-2 VPN에서 사용하는 암호화 알고리즘

암호화 알고리즘	설 명
DES(Data Encryption Standard)	대칭키 방식이며 키 길이는 56비트이다.
3DES(Triple DES)	처음에 사용한 키와 다른 키를 사용하여 데이터를 복원한다.
AES(Advanced Encryption Standard)	DES 방식을 대체하기 위해 채택하였으며 128, 192, 256비트의 키 길이를 제공한다.
RSA(Rivest, Shamir, Adleman)	1024 또는 이보다 큰 키 길이를 제공한다.

VPN을 통해 연결되는 장치들 간의 인증 및 SA(Security Association)를 결정하기 위해 ISAKMP (Internet Security Association and Key Management Protocol) 및 IKE(Internet Key Exchange) 프로토콜을 사용하고, VPN을 통해 전달되는 데이터의 인증 및 무결성 지원을 위해 AH(Authentication Header), 보안 기능 강화를 위해 ESP(Encapsulation Security Payload)를 사용하는데 AH와 ESP는 같이 쓰인다.

VPN 터널링은 정보 운반을 위하여 캐리어 프로토콜(Carrier Protocol)을 사용하고, 원본 데이터를 캡슐화하기 위한 캡슐화 프로토콜(Encapsulation Protocol) 및 원본 데이터를 운반하기 위한 패신저 프로토콜(Passenger Protocol)을 사용한다. 패킷트레이서에서는 IPSec과 관련된 VPN(터널 포함)을 실습할 수 있으며 이에 대한 실습을 위해 그림 13-1과 같은 토폴로지를 패킷트레이서에서 직접 구성해보자.

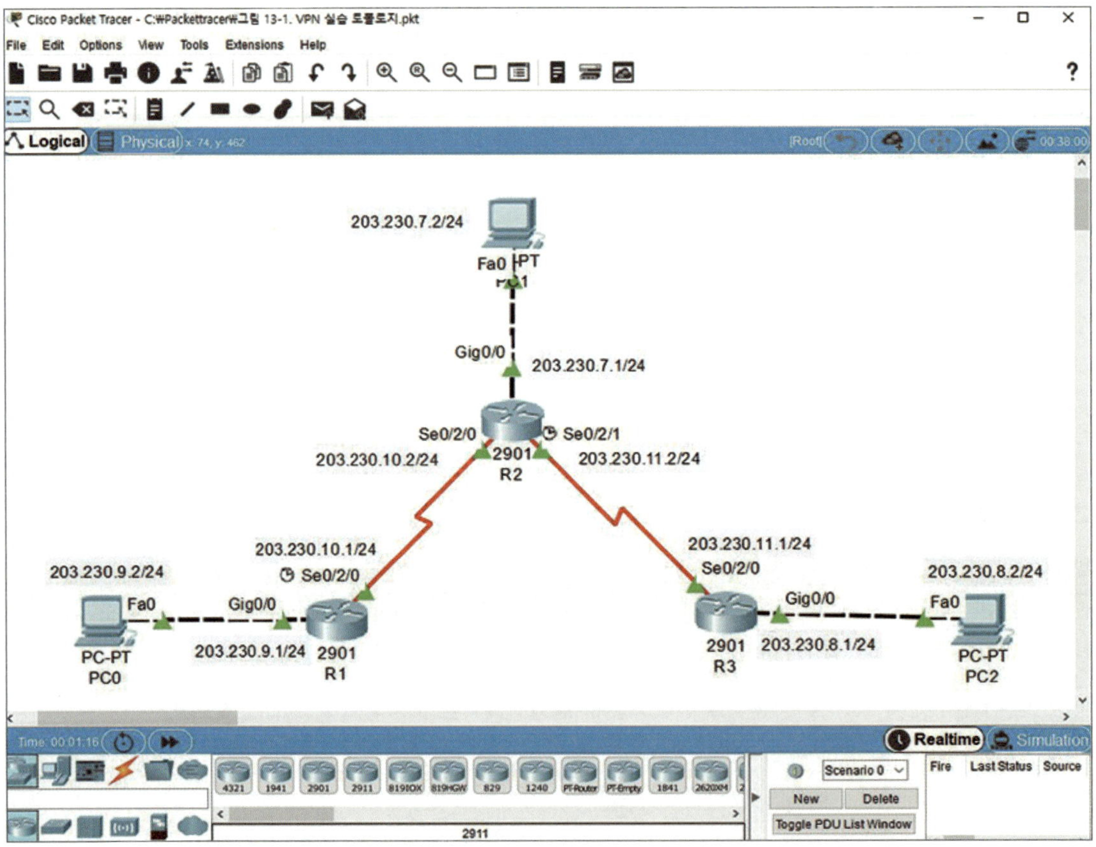

그림 13-1 VPN 실습 토폴로지

라우터 R1, R2, R3 설정을 위한 스크립트는 다음과 같다.

- **R1 설정 스크립트**

```
Router>en
Router#conf t
Router(config)#hostname R1
R1(config)#int gi0/0
R1(config-if)#ip add 203.230.9.1 255.255.255.0
R1(config-if)#no shutdown
R1(config-if)#exit
R1(config)#int s0/2/0
R1(config-if)#ip add 203.230.10.1 255.255.255.0
R1(config-if)#clock rate 64000
R1(config-if)#no shutdown
R1(config-if)#exit
R1(config)#router ospf 7
R1(config-router)#network 203.230.9.1 0.0.0.0 area 0
R1(config-router)#network 203.230.10.1 0.0.0.0 area 0
R1(config-router)#exit
R1(config)#
```

- **R2 설정 스크립트**

```
Router>en
Router#conf t
Router(config)#hostname R2
R2(config)#int gi0/0
R2(config-if)#ip add 203.230.7.1 255.255.255.0
R2(config-if)#no shutdown
R2(config-if)#exit
R2(config)#int s0/2/0
R2(config-if)#ip add 203.230.10.2 255.255.255.0
R2(config-if)#no shutdown
R2(config-if)#exit
R2(config)#int s0/2/1
R2(config-if)#ip add 203.230.11.2 255.255.255.0
R2(config-if)#clock rate 64000
R2(config-if)#no shutdown
R2(config-if)#router ospf 7
R2(config-router)#network 203.230.7.1 0.0.0.0 area 0
R2(config-router)#network 203.230.10.2 0.0.0.0 area 0
R2(config-router)#network 203.230.11.2 0.0.0.0 area 0
R2(config-router)#exit
R2(config)#
```

• R3 설정 스크립트

```
Router>en
Router#conf t
Router(config)#hostname R3
R3(config)#int gi0/0
R3(config-if)#ip add 203.230.8.1 255.255.255.0
R3(config-if)#no shutdown
R3(config-if)#exit
R3(config)#int s0/2/0
R3(config-if)#ip add 203.230.11.1 255.255.255.0
R3(config-if)#no shutdown
R3(config-if)#exit
R3(config)#router ospf 7
R3(config-router)#network 203.230.8.1 0.0.0.0 area 0
R3(config-router)#network 203.230.11.1 0.0.0.0 area 0
R3(config-router)#exit
R3(config)#
```

이상에서와 같은 라우터 설정이 완료되었다면 각 라우터별로 통신에 문제는 없는지 ***show ip route*** 명령어를 이용하여 라우팅 테이블을 확인해본다. 아래는 R1의 라우팅 테이블이다.

```
R1#show ip ro
Codes: L - local, C - connected, S - static, R - RIP, M - mobile, B - BGP
       D - EIGRP, EX - EIGRP external, O - OSPF, IA - OSPF inter area
       N1 - OSPF NSSA external type 1, N2 - OSPF NSSA external type 2
       E1 - OSPF external type 1, E2 - OSPF external type 2, E - EGP
       i - IS-IS, L1 - IS-IS level-1, L2 - IS-IS level-2, ia - IS-IS inter area
       * - candidate default, U - per-user static route, o - ODR
       P - periodic downloaded static route

Gateway of last resort is not set

O     203.230.7.0/24 [110/65] via 203.230.10.2, 00:03:11, Serial0/2/0
O     203.230.8.0/24 [110/129] via 203.230.10.2, 00:00:46, Serial0/2/0
      203.230.9.0/24 is variably subnetted, 2 subnets, 2 masks
C        203.230.9.0/24 is directly connected, GigabitEthernet0/0
L        203.230.9.1/32 is directly connected, GigabitEthernet0/0
      203.230.10.0/24 is variably subnetted, 2 subnets, 2 masks
C        203.230.10.0/24 is directly connected, Serial0/2/0
L        203.230.10.1/32 is directly connected, Serial0/2/0
O     203.230.11.0/24 [110/128] via 203.230.10.2, 00:01:01, Serial0/2/0
R1#
```

GRE 터널링

이제 GRE 터널링을 통해 라우팅 정보를 주고 받아보자. 터널링을 위한 네트워크 주소로 163.180.116.0/24를 사용하고, 라우터 R1, R3에 새로이 루프백 인터페이스 1번을 생성하여 IP 주소로는 각각 1.1.1.1/24, 3.3.3.1/24을 할당하자. 한편 이들 주소들은 OSPF가 아닌 RIPv2를 사용하도록 설정한다. 라우터 R1에 대한 다음의 터널 설정 스크립트를 참조하도록 한다.

- **R1 터널 설정 스크립트**

```
R1(config)#int tunnel 13
R1(config-if)#ip add 163.180.116.1 255.255.255.0
R1(config-if)#tunnel source s0/2/0
R1(config-if)#tunnel destination 203.230.11.1
R1(config-if)#exit
R1(config)#int lo 1
R1(config-if)#ip add 1.1.1.1 255.255.255.0
R1(config-if)#exit
R1(config)#router rip
R1(config-router)#version 2
R1(config-router)#no auto-summary
R1(config-router)#network 1.0.0.0
R1(config-router)#network 163.180.0.0
R1(config-router)#exit
R1(config)#
```

위에서 사용된 명령어 구문의 각 구성 요소에 대한 설명은 다음과 같다.

- **int tunnel 13**: 터널 인터페이스를 생성한다. 인터페이스 번호는 0부터 2147483647까지의 범위에서 선택하여 사용한다.
- **ip add 163.180.116.1 255.255.255.0**: 터널 인터페이스가 사용할 IP 주소를 할당한다.
- **tunnel source s0/2/0**: 터널 인터페이스는 실제 인터페이스가 아닌 논리적 인터페이스, 즉 가상 인터페이스이므로 실제 패킷이 전송될 물리적 인터페이스를 설정해준다.
- **tunnel destination 203.230.7.2**: 터널의 도착지 주소를 설정한다.
- **router rip**: 터널의 주소와 터널을 통해 주고받을 네트워크를 선언한다.

라우터 R3도 위와 같은 방법으로 설정한다.

• **R3 터널 설정 스크립트**

```
R3>en
R3#conf t
R3(config)#interface tunnel 13
R3(config-if)#ip add 163.180.116.2 255.255.255.0
R3(config-if)#tunnel source s0/2/0
R3(config-if)#tunnel destination 203.230.10.1
R3(config-if)#exit
R3(config)#int lo 1
R3(config-if)#ip add 3.3.3.1 255.255.255.0
R3(config-if)#exit
R3(config)#router rip
R3(config-router)#version 2
R3(config-router)#no auto-summary
R3(config-router)#network 3.0.0.0
R3(config-router)#network 163.180.0.0
R3(config-router)#exit
R3(config)#
```

터널 설정을 마친 상태에서고, ***show ip ro rip*** 명령어를 사용하여 RIP의 라우팅 테이블 정보가 어떻게 구성되어 있는지 확인해보도록 한다.

```
R1#show ip route rip
     3.0.0.0/24 is subnetted, 1 subnets
R       3.3.3.0 [120/1] via 163.180.116.2, 00:00:21, Tunnel13
R1#
```

```
R3#show ip route rip
     1.0.0.0/24 is subnetted, 1 subnets
R       1.1.1.0 [120/1] via 163.180.116.1, 00:00:02, Tunnel13
R3#
```

위의 라우팅 테이블을 확인해보면 RIP 정보를 받아 오는 인터페이스가 물리적인 인터페이스가 아닌 가상 인터페이스 터널인 것을 확인할 수 있다. 즉 OSPF 라우팅 정보는 물리적인 인터페이스를 통해 라우팅 정보를 주고받고, RIP 라우팅 정보는 논리적 인터페이스인 터널을 통해 주고받는다는 것을 알 수 있다. R1에서 R3로 ***traceroute*** 명령어를 실시하여 구체적으로 어떠한 경로를 선택하는지 확인해보자.

```
R1#traceroute 3.3.3.1
Type escape sequence to abort.
Tracing the route to 3.3.3.1

  1   163.180.116.2   6 msec    11 msec   8 msec

R1#traceroute 203.230.8.2
Type escape sequence to abort.
Tracing the route to 203.230.8.2

  1   203.230.10.2    11 msec   5 msec    3 msec
  2   203.230.11.1    5 msec    0 msec    6 msec
  3   203.230.8.2     1 msec    2 msec    0 msec
R1#
```

3.3.3.1의 경우는 논리적 인터페이스인 터널을, 203.230.8.2의 경우는 물리 인터페이스를 거치는 경로를 이용한다는 사실을 확인할 수 있다.

터널링을 통한 트래픽 분산과 제어

다음으로 그림 13-2와 같은 토폴로지를 패킷트레이서에서 구성해보자. PC1이 PC2로 ping을 보낼 때는 논리적 인터페이스인 터널을 통히지만, 그 이외의 장치로 ping을 보내면 물리적 인터페이스를 이용하도록 라우터를 구성해보자. 이 실습을 위한 라우터 R1, R2 설정 스크립트는 다음과 같다.

• **R1 설정 스크립트**

```
Router>en
Router#conf t
Router(config)#hostname R1
R1(config)#int gi0/0
R1(config-if)#ip add 203.230.9.1 255.255.255.0
R1(config-if)#no shutdown
R1(config-if)#exit
R1(config)#int s0/2/0
R1(config-if)#ip add 203.230.10.1 255.255.255.0
R1(config-if)#clock rate 64000
R1(config-if)#no shutdown
R1(config-if)#exit
```

```
R1(config)#int tunnel 1
R1(config-if)#ip add 150.183.235.1 255.255.255.0
R1(config-if)#tunnel source s0/2/0
R1(config-if)#tunnel destination 203.230.10.2
R1(config-if)#exit
R1(config)#router rip
R1(config-router)#version 2
R1(config-router)#network 203.230.9.0
R1(config-router)#network 203.230.10.0
R1(config-router)#no auto-summary
R1(config-router)#exit
R1(config)#ip route 203.230.7.0 255.255.255.0 150.183.235.2
```

- R2 설정 스크립트

```
Router>en
Router#conf t
Router(config)#hostname R2
R2(config)#int gi0/0
R2(config-if)#ip add 203.230.7.1 255.255.255.0
R2(config-if)#no shutdown
R2(config-if)#exit
R2(config)#int s0/2/0
```

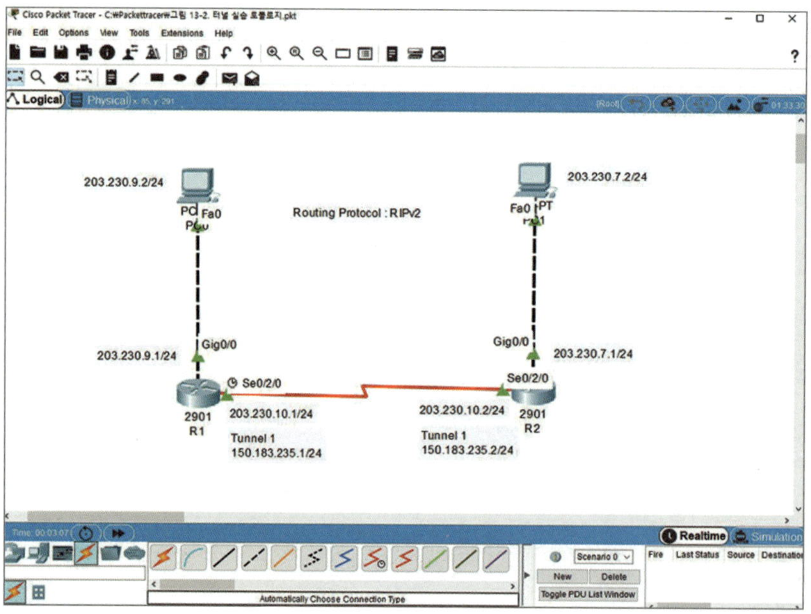

그림 13-2 터널 실습 토폴로지

```
R2(config-if)#ip add 203.230.10.2 255.255.255.0
R2(config-if)#no shutdown
R2(config-if)#exit
R2(config)#int tunnel 1
R2(config-if)#ip add 150.183.235.2 255.255.255.0
R2(config-if)#tunnel source s0/2/0
R2(config-if)#tunnel destination 203.230.10.1
R2(config-if)#exit
R2(config)#router rip
R2(config-router)#version 2
R2(config-router)#network 203.230.7.0
R2(config-router)#network 203.230.10.0
R2(config-router)#no auto-summary
R2(config-router)#exit
R2(config)#ip route 203.230.9.0 255.255.255.0 150.183.235.1
```

또한 위와 같이 설정한 후 PC0에서 ***tracert*** 명령어를 통해 목적지에 따라 어떠한 경로를 선택하는지 알아보자.그림 13-3

목적지가 203.230.7.2일 때는 150.183.235.2의 경로를 거쳐 가는 것이 확인되었으므로 논리적인 인터페이스인 터널을 사용한다는 것을 알 수 있다.

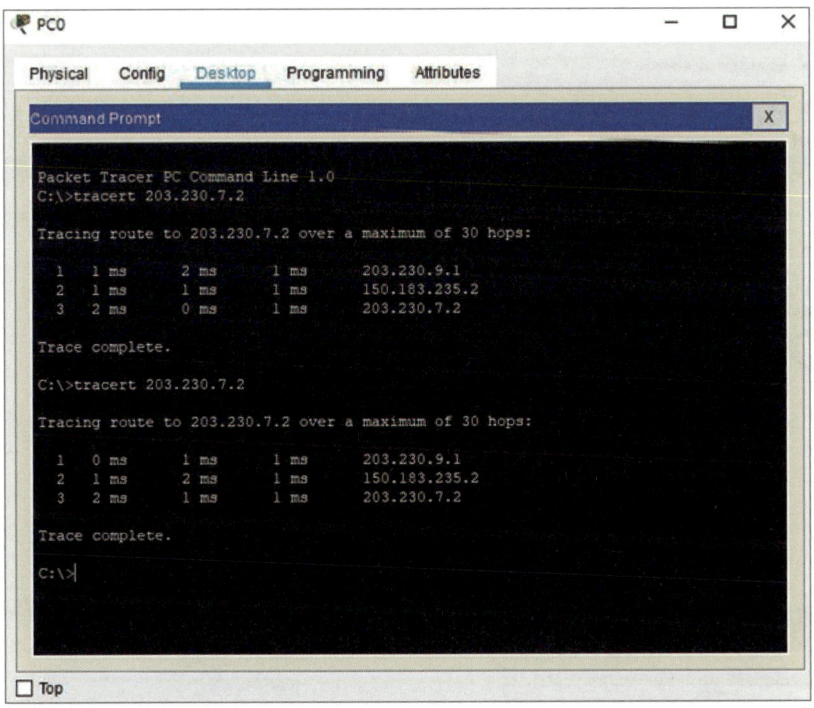

그림 13-3 PC0에서의 터널링 통신 결과

GRE 터널링을 이용한 IPSec VPN

GRE 터널링을 이용하여 패킷을 주고받는 것은 공중망에서 사설망을 구성하는 효과를 얻을 수 있지만, 데이터 자체의 보안성은 없다. 이를 위해 IPSec VPN을 GRE와 함께 사용하여 보안성을 향상시킬 수 있다. 그림 13-4의 토폴로지를 패킷트레이서에서 구성해보자.

다음으로, IPSec VPN을 아래의 조건을 만족하도록 설정한다.

① ISAKMP 정책

- **Authentication**: pre-share
- **Encryption**: Advanced Encryption Standard 256 bit key
- **Hash**: sha
- **Lifetime**: 36000초

② IPSec 정책

- **대상 트래픽**: 각 라우터의 시리얼 인터페이스를 통해 나가는 모든 트래픽

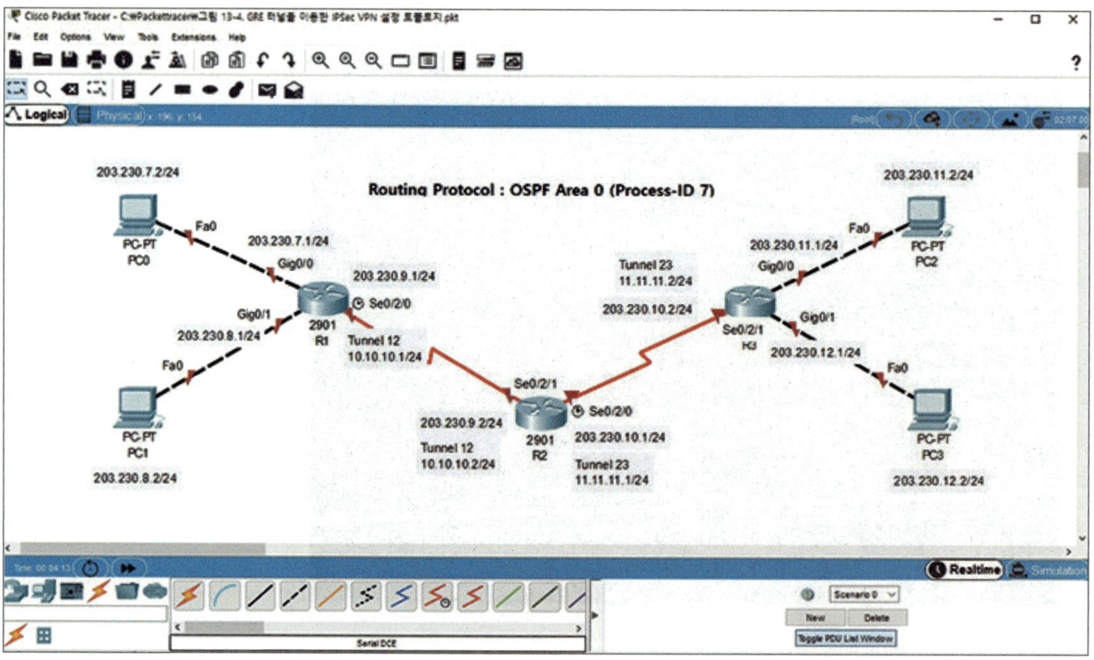

그림 13-4 GRE 터널을 이용한 IPSec VPN 설정 토폴로지

- **Encapsulation**: esp-3des
- **Encryption**: esp-aes 256 bit keys
- **Hash**: esp-md5-hmac

위의 조건을 만족하는 라우터 설정 스크립트는 다음과 같다.

- **R1 설정 스크립트**

```
Router>en
Router#conf t
Router(config)#hostname R1
R1(config)#int gi0/0
R1(config-if)#ip add 203.230.7.1 255.255.255.0
R1(config-if)#no shutdown
R1(config-if)#exit
R1(config)#int gi0/1
R1(config-if)#ip add 203.230.8.1 255.255.255.0
R1(config-if)#no shut
R1(config-if)#exit
R1(config)#int s0/2/0
R1(config-if)#ip add 203.230.9.1 255.255.255.0
R1(config-if)#clock rate 64000
R1(config-if)#no shutdown
R1(config-if)#exit
R1(config)#int tunnel 12
R1(config-if)#ip add 10.10.10.1 255.255.255.0
R1(config-if)#tunnel source s0/2/0
R1(config-if)#tunnel destination 203.230.9.2
R1(config-if)#exit
R1(config)#license boot module c2900 technology-package securityk9
PLEASE READ THE FOLLOWING TERMS CAREFULLY. INSTALLING THE LICENSE ORLICENSE KEY
PROVIDED FOR ANY CISCO PRODUCT FEATURE OR USING SUCHPRODUCT FEATURE CONSTITUTES
YOUR FULL ACCEPTANCE OF THE FOLLOWINGTERMS. YOU MUST NOT PROCEED FURTHER IF YOU
ARE NOT WILLING TO BE BOUND BY ALL THE TERMS SET FORTH HEREIN.

Use of this product feature requires an additional license from Cisco,
together with an additional payment. You may use this product feature
on an evaluation basis, without payment to Cisco, for 60 days. Your use
of the product, including during the 60 day evaluation period, is
subject to the Cisco end user license agreement
http://www.cisco.com/en/US/docs/general/warranty/English/EU1KEN_.html
If you use the product feature beyond the 60 day evaluation period, you
must submit the appropriate payment to Cisco for the license. After the
60 day evaluation period, your use of the product feature will be
governed solely by the Cisco end user license agreement(link above),
together with any supplements relating to such product feature. The
```

```
above applies even if the evaluation license is not automatically
terminated and you do not receive any notice of the expiration of the
evaluation period. It is your responsibility to determine when the
evaluation period is complete and you are required to make payment to
Cisco for your use of the product feature beyond the evaluation period.

Your acceptance of this agreement for the software features on one
product shall be deemed your acceptance with respect to all such
software on all Cisco products you purchase which includes the same
software. (The foregoing notwithstanding, you must purchase a license
for each software feature you use past the 60 days evaluation period,
so that if you enable a software feature on 1000 devices, you must
purchase 1000 licenses for use past the 60 day evaluation period.)

Activation of the software command line interface will be evidence of
your acceptance of this agreement.


ACCEPT? [yes/no]: yes
% use 'write' command to make license boot config take effect on next boot

R1(config)#do write
Building configuration...
[OK]
R1(config)#exit
R1#
%SYS-5-CONFIG_I: Configured from console by console

R1#reload
Proceed with reload? [confirm] 재부팅한 후 아래와 같이 입력

R1>en
R1#conf t
R1(config)#crypto isakmp policy 10
R1(config-isakmp)#encryption aes 256
R1(config-isakmp)#authentication pre-share
R1(config-isakmp)#lifetime 36000
R1(config-isakmp)#hash sha
R1(config-isakmp)#exit
R1(config)#crypto ipsec transform-set strong esp-3des esp-md5-hmac
R1(config)#crypto isakmp key cisco123 address 0.0.0.0 0.0.0.0
R1(config)#crypto map vpn 10 ipsec-isakmp
R1(config-crypto-map)#set peer 203.230.9.2
R1(config-crypto-map)#set transform-set strong
R1(config-crypto-map)#match address 110
R1(config-crypto-map)#exit
R1(config)#access-list 110 permit gre host 203.230.9.1 host 203.230.9.2
R1(config)#int s0/2/0
R1(config-if)#crypto map vpn
R1(config-if)#exit
```

```
R1(config)#router ospf 7
R1(config-router)#network 203.230.7.1 0.0.0.0 area 0
R1(config-router)#network 203.230.8.1 0.0.0.0 area 0
R1(config-router)#network 203.230.9.1 0.0.0.0 area 0
R1(config-router)#network 10.10.10.1 0.0.0.0 area 0
R1(config-router)#exit
R1(config)#
```

관련 설정 명령어의 주요 요소에 대한 설명은 다음과 같다.

- **crypto isakmp policy 10**: ISAKMP에서 사용할 정책을 선언한다.
- **crypto ipsec transform-set strong esp-3des esp-md5-hmac**: IPSec에서 사용할 정책을 선언한다.
- **crypto isakmp key cisco123 address 0.0.0.0 0.0.0.0**: ISAKMP 인증을 위한 암호를 선언하고 0.0.0.0 0.0.0.0는 모든 IP 주소를 의미한다. 만약 특정 IP 주소만을 인증하기 위한 암호를 교환하고자 한다면 해당 IP 주소를 적으면 된다.
- **crypto map vpn 10 ipsec-isakmp**: 어떠한 트래픽에 대해서 IPSec과 ISAKMP을 적용할 것인지 설정한다.
- **crypto map vpn**: VPN 동작을 신인힌다.
- **int tunnel 12**: 트래픽이 통하는 터널을 설정한다.
- **router ospf 7**: full-routing을 실시한다.
- **access-list 110 permit gre host 203.230.9.1 host 203.230.9.2**: 정책이 적용될 범위를 ACL로 정의한다.

R2와 R3에 대해서도 R1에서와 마찬가지의 설정을 실시한다.

- **R2 설정 스크립트**

```
Router>en
Router#conf t
Router(config)#hostname R2
R2(config)#int s0/2/0
R2(config-if)#ip add 203.230.10.1 255.255.255.0
R2(config-if)#clock rate 64000
R2(config-if)#no shutdown
R2(config-if)#exit
R2(config)#int s0/2/1
R2(config-if)#ip add 203.230.9.2 255.255.255.0
R2(config-if)#no shutdown
R2(config-if)#exit
R2(config)#int tunnel 12
R2(config-if)#ip add 10.10.10.2 255.255.255.0
```

```
R2(config-if)#tunnel source s0/2/1
R2(config-if)#tunnel destination 203.230.9.1
R2(config-if)#exit
R2(config)#int tunnel 23
R2(config-if)#ip add 11.11.11.1 255.255.255.0
R2(config-if)#tunnel source s0/2/0
R2(config-if)#tunnel destination 203.230.10.2
R2(config-if)#exit
R2(config)#license boot module c2900 technology-package securityk9
PLEASE READ THE FOLLOWING TERMS CAREFULLY. INSTALLING THE LICENSE ORLICENSE KEY
PROVIDED FOR ANY CISCO PRODUCT FEATURE OR USING SUCHPRODUCT FEATURE CONSTITUTES
YOUR FULL ACCEPTANCE OF THE FOLLOWING TERMS. YOU MUST NOT PROCEED FURTHER IF YOU
ARE NOT WILLING TO BE BOUND BY ALL THE TERMS SET FORTH HEREIN.

Use of this product feature requires an additional license from Cisco,
together with an additional payment. You may use this product feature
on an evaluation basis, without payment to Cisco, for 60 days. Your use
of the product, including during the 60 day evaluation period, is
subject to the Cisco end user license agreement
http://www.cisco.com/en/US/docs/general/warranty/English/EU1KEN_.html
If you use the product feature beyond the 60 day evaluation period, you
must submit the appropriate payment to Cisco for the license. After the
60 day evaluation period, your use of the product feature will be
governed solely by the Cisco end user license agreement(link above),
together with any supplements relating to such product feature. The
above applies even if the evaluation license is not automatically
terminated and you do not receive any notice of the expiration of the
evaluation period. It is your responsibility to determine when the
evaluation period is complete and you are required to make payment to
Cisco for your use of the product feature beyond the evaluation period.

Your acceptance of this agreement for the software features on one
product shall be deemed your acceptance with respect to all such
software on all Cisco products you purchase which includes the same
software. (The foregoing notwithstanding, you must purchase a license
for each software feature you use past the 60 days evaluation period,
so that if you enable a software feature on 1000 devices, you must
purchase 1000 licenses for use past the 60 day evaluation period.)

Activation of the software command line interface will be evidence of
your acceptance of this agreement.

ACCEPT? [yes/no]: yes
% use 'write' command to make license boot config take effect on next boot

R2(config)#do write
Building configuration...
[OK]
R2(config)#exit
R2#reload
Proceed with reload? [confirm] 재부팅한 후 아래와 같이 입력
```

```
R2>en
R2#conf t
R2(config)#crypto isakmp policy 10
R2(config-isakmp)#encryption aes 256
R2(config-isakmp)#authentication pre-share
R2(config-isakmp)#lifetime 36000
R2(config-isakmp)#hash sha
R2(config-isakmp)#exit
R2(config)#crypto ipsec transform-set strong esp-3des esp-md5-hmac
R2(config)#crypto isakmp key cisco123 address 0.0.0.0 0.0.0.0
R2(config)#crypto map vpn 10 ipsec-isakmp
R2(config-crypto-map)#set peer 203.230.9.1
R2(config-crypto-map)#set transform-set strong
R2(config-crypto-map)#match address 110
R2(config-crypto-map)#exit
R2(config)#crypto map vpn 20 ipsec-isakmp
R2(config-crypto-map)#set peer 203.230.10.2
R2(config-crypto-map)#set transform-set strong
R2(config-crypto-map)#match address 120
R2(config-crypto-map)#exit
R2(config)#access-list 110 permit gre host 203.230.9.2 host 203.230.9.1
R2(config)#access-list 120 permit gre host 203.230.10.1 host 203.230.10.2
R2(config)#int s0/2/0
R2(config-if)#crypto map vpn
R2(config-if)#exit
R2(config)#int s0/2/1
R2(config-if)#crypto map vpn
R2(config-if)#exit
R2(config)#router ospf 7
R2(config-router)#network 203.230.9.2 0.0.0.0 area 0
R2(config-router)#network 203.230.10.1 0.0.0.0 area 0
R2(config-router)#network 10.10.10.2 0.0.0.0 area 0
R2(config-router)#network 11.11.11.1 0.0.0.0 area 0
R2(config-router)#exit
R2(config)#
```

- R3 설정 스크립트

```
Router>en
Router#conf t
Router(config)#hostname R3
R3(config)#int gi0/0
R3(config-if)#ip add 203.230.11.1 255.255.255.0
R3(config-if)#no shutdown
R3(config-if)#exit
R3(config)#int gi0/1
R3(config-if)#ip add 203.230.12.1 255.255.255.0
R3(config-if)#no shutdown
```

```
R3(config-if)#exit
R3(config)#int s0/2/1
R3(config-if)#ip add 203.230.10.2 255.255.255.0
R3(config-if)#no shutdown
R3(config-if)#exit
R3(config)#int tunnel 23
R3(config-if)#ip add 11.11.11.2 255.255.255.0
R3(config-if)#tunnel source s0/2/1
R3(config-if)#tunnel destination 203.230.10.1
R3(config-if)#exit
R3(config)#license boot module c2900 technology-package securityk9
PLEASE READ THE FOLLOWING TERMS CAREFULLY. INSTALLING THE LICENSE ORLICENSE KEY
PROVIDED FOR ANY CISCO PRODUCT FEATURE OR USING SUCH PRODUCT FEATURE CONSTITUTES
YOUR FULL ACCEPTANCE OF THE FOLLOWING TERMS. YOU MUST NOT PROCEED FURTHER IF YOU
ARE NOT WILLING TO BE BOUND BY ALL THE TERMS SET FORTH HEREIN.

Use of this product feature requires an additional license from Cisco,
together with an additional payment. You may use this product feature
on an evaluation basis, without payment to Cisco, for 60 days. Your use
of the product, including during the 60 day evaluation period, is
subject to the Cisco end user license agreement
http://www.cisco.com/en/US/docs/general/warranty/English/EU1KEN_.html
If you use the product feature beyond the 60 day evaluation period, you
must submit the appropriate payment to Cisco for the license. After the
60 day evaluation period, your use of the product feature will be
governed solely by the Cisco end user license agreement(link above),
together with any supplements relating to such product feature. The
above applies even if the evaluation license is not automatically
terminated and you do not receive any notice of the expiration of the
evaluation period. It is your responsibility to determine when the
evaluation period is complete and you are required to make payment to
Cisco for your use of the product feature beyond the evaluation period.

Your acceptance of this agreement for the software features on one
product shall be deemed your acceptance with respect to all such
software on all Cisco products you purchase which includes the same
software. (The foregoing notwithstanding, you must purchase a license
for each software feature you use past the 60 days evaluation period,
so that if you enable a software feature on 1000 devices, you must
purchase 1000 licenses for use past the 60 day evaluation period.)

Activation of the software command line interface will be evidence of
your acceptance of this agreement.

ACCEPT? [yes/no]: yes
% use 'write' command to make license boot config take effect on next boot

R3(config)#do write
Building configuration...
[OK]
```

```
R3(config)#exit
R3#reload
Proceed with reload? [confirm] 재부팅한 후 아래와 같이 입력

R3>en
R3#conf t
R3(config)#crypto isakmp policy 10
R3(config-isakmp)#encryption aes 256
R3(config-isakmp)#authentication pre-share
R3(config-isakmp)#lifetime 36000
R3(config-isakmp)#hash sha
R3(config-isakmp)#exit
R3(config)#crypto ipsec transform-set strong esp-3des esp-md5-hmac
R3(config)#crypto isakmp key cisco123 address 0.0.0.0 0.0.0.0
R3(config)#crypto map vpn 10 ipsec-isakmp
R3(config-crypto-map)#set peer 203.230.10.1
R3(config-crypto-map)#set transform-set strong
R3(config-crypto-map)#match address 110
R3(config-crypto-map)#exit
R3(config)#access-list 110 permit gre host 203.230.10.2 host 203.230.10.1
R3(config)#int s0/2/1
R3(config-if)#crypto map vpn
R3(config-if)#exit
R3(config)#router ospf 7
R3(config-router)#network 203.230.10.2 0.0.0.0 area 0
R3(config-router)#network 203.230.11.1 0.0.0.0 area 0
R3(config-router)#network 203.230.12.1 0.0.0.0 area 0
R3(config-router)#network 11.11.11.2 0.0.0.0 area 0
R3(config-router)#exit
R3(config)#
```

※ 위의 설정을 마친 후 파일을 저장하고 패킷트레이서를 재시작하여 파일을 다시 읽어 들여야 한다. 이는 패킷트레이서 상의 문제점이다.

설정을 마쳤으면 설정이 올바르게 되었는지 확인해보자. PC0과 PC1에서 PC2로 ***tracert*** 명령어를 실시하여 어떠한 경로를 사용하는지 확인한다. 이 테스트에서는 반드시 터널 IP 주소 10.10.10.0/24 및 11.11.11.0/24 경로인 터널을 거쳐야 한다. 그림 13-5와 13-6을 보면 두 PC 모두 터널 IP 주소 10.10.10.0/24 및 11.11.11.0/24 경로인 터널을 통해 패킷이 전달되고 있으므로 설정이 올바르게 되어 있음을 알 수 있다.

VPN 정보 확인하기

show crypto ipsec sa 명령어를 이용하면 VPN이 적용된 인터페이스별로 VPN에 관한 모든 정보를 확인할 수 있다.

```
R2#show crypto ipsec sa

interface: Serial0/2/0
    Crypto map tag: vpn, local addr 203.230.10.1

   protected vrf: (none)
   local  ident (addr/mask/prot/port): (203.230.9.2/255.255.255.255/47/0)
   remote  ident (addr/mask/prot/port): (203.230.9.1/255.255.255.255/47/0)
   current_peer 203.230.9.1 port 500
    PERMIT, flags={origin_is_acl,}
   #pkts encaps: 0, #pkts encrypt: 0, #pkts digest: 0
   #pkts decaps: 0, #pkts decrypt: 0, #pkts verify: 0
   #pkts compressed: 0, #pkts decompressed: 0
   #pkts not compressed: 0, #pkts compr. failed: 0
   #pkts not decompressed: 0, #pkts decompress failed: 0
   #send errors 0, #recv errors 0

     local crypto endpt.: 203.230.10.1, remote crypto endpt.:203.230.9.1
     path mtu 1500, ip mtu 1500, ip mtu idb Serial0/2/0
     current outbound spi: 0x0(0)

     inbound esp sas:
```

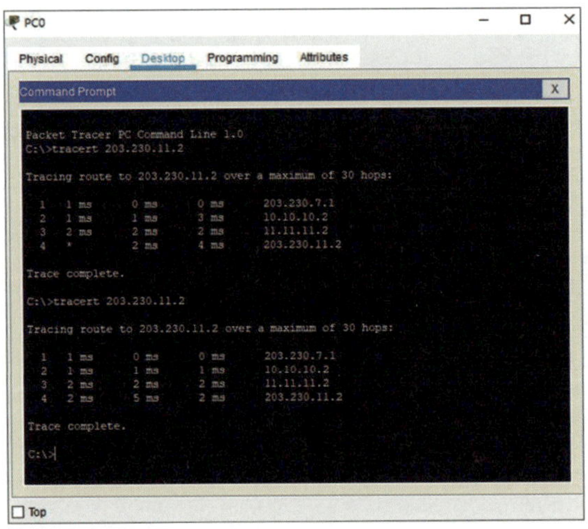

그림 13-5 IPSec VPN 적용 결과 테스트(PC0)

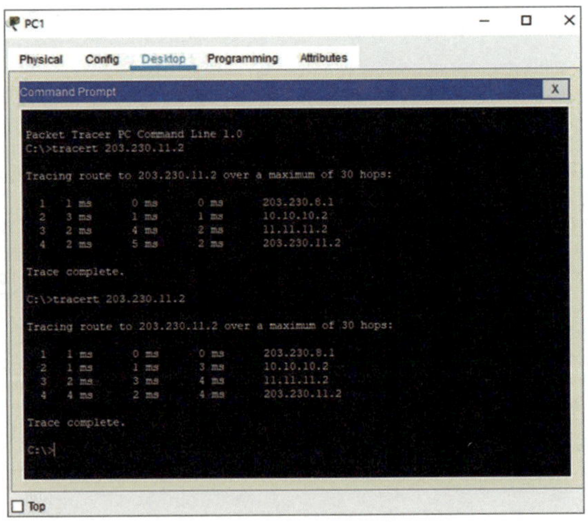

그림 13-6 IPSec VPN 적용 결과 테스트(PC1)

```
    inbound ah sas:

    inbound pcp sas:

    outbound esp sas:

    outbound ah sas:

    outbound pcp sas:

  local  ident (addr/mask/prot/port): (203.230.10.1/255.255.255.255/47/0)
  remote  ident (addr/mask/prot/port): (203.230.10.2/255.255.255.255/47/0)
  current_peer 203.230.10.2 port 500
   PERMIT, flags={origin_is_acl,}
  #pkts encaps: 86, #pkts encrypt: 86, #pkts digest: 0
  #pkts decaps: 84, #pkts decrypt: 84, #pkts verify: 0
  #pkts compressed: 0, #pkts decompressed: 0
  #pkts not compressed: 0, #pkts compr. failed: 0
  #pkts not decompressed: 0, #pkts decompress failed: 0
  #send errors 1, #recv errors 0

    local crypto endpt.: 203.230.10.1, remote crypto endpt.:203.230.10.2
    path mtu 1500, ip mtu 1500, ip mtu idb Serial0/2/0
    current outbound spi: 0x558B2CAA(1435184298)

    inbound esp sas:
     spi: 0x352B20AF(892018863)
        transform: esp-3des esp-md5-hmac ,
        in use settings ={Tunnel, }
        conn id: 2008, flow_id: FPGA:1, crypto map: vpn
        sa timing: remaining key lifetime (k/sec): (4525504/3099)
        IV size: 16 bytes
        replay detection support: N
        Status: ACTIVE

    inbound ah sas:

    inbound pcp sas:

    outbound esp sas:
     spi: 0x558B2CAA(1435184298)
        transform: esp-3des esp-md5-hmac ,
        in use settings ={Tunnel, }
        conn id: 2009, flow_id: FPGA:1, crypto map: vpn
        sa timing: remaining key lifetime (k/sec): (4525504/3099)
        IV size: 16 bytes
        replay detection support: N
        Status: ACTIVE

    outbound ah sas:
```

```
     outbound pcp sas:

interface: Serial0/2/1
    Crypto map tag: vpn, local addr 203.230.9.2

   protected vrf: (none)
   local  ident (addr/mask/prot/port): (203.230.9.2/255.255.255.255/47/0)
   remote  ident (addr/mask/prot/port): (203.230.9.1/255.255.255.255/47/0)
   current_peer 203.230.9.1 port 500
    PERMIT, flags={origin_is_acl,}
   #pkts encaps: 89, #pkts encrypt: 89, #pkts digest: 0
   #pkts decaps: 92, #pkts decrypt: 92, #pkts verify: 0
   #pkts compressed: 0, #pkts decompressed: 0
   #pkts not compressed: 0, #pkts compr. failed: 0
   #pkts not decompressed: 0, #pkts decompress failed: 0
   #send errors 0, #recv errors 0

     local crypto endpt.: 203.230.9.2, remote crypto endpt.:203.230.9.1
     path mtu 1500, ip mtu 1500, ip mtu idb Serial0/2/1
     current outbound spi: 0x0B0D691A(185428250)

     inbound esp sas:
      spi: 0x31D870D5(836268245)
        transform: esp-3des esp-md5-hmac ,
        in use settings ={Tunnel, }
        conn id: 2005, flow_id: FPGA:1, crypto map: vpn
        sa timing: remaining key lifetime (k/sec): (4525504/3123)
        IV size: 16 bytes
        replay detection support: N
        Status: ACTIVE

     inbound ah sas:

     inbound pcp sas:

     outbound esp sas:
      spi: 0x0B0D691A(185428250)
        transform: esp-3des esp-md5-hmac ,
        in use settings ={Tunnel, }
        conn id: 2006, flow_id: FPGA:1, crypto map: vpn
        sa timing: remaining key lifetime (k/sec): (4525504/3123)
        IV size: 16 bytes
        replay detection support: N
        Status: ACTIVE

     outbound ah sas:

     outbound pcp sas:

   local  ident (addr/mask/prot/port): (203.230.10.1/255.255.255.255/47/0)
```

```
    remote  ident (addr/mask/prot/port): (203.230.10.2/255.255.255.255/47/0)
    current_peer 203.230.10.2 port 500
     PERMIT, flags={origin_is_acl,}
    #pkts encaps: 0, #pkts encrypt: 0, #pkts digest: 0
    #pkts decaps: 0, #pkts decrypt: 0, #pkts verify: 0
    #pkts compressed: 0, #pkts decompressed: 0
    #pkts not compressed: 0, #pkts compr. failed: 0
    #pkts not decompressed: 0, #pkts decompress failed: 0
    #send errors 0, #recv errors 0

      local crypto endpt.: 203.230.9.2, remote crypto endpt.:203.230.10.2
      path mtu 1500, ip mtu 1500, ip mtu idb Serial0/2/1
      current outbound spi: 0x0(0)

      inbound esp sas:

      inbound ah sas:

      inbound pcp sas:

      outbound esp sas:

      outbound ah sas:

      outbound pcp sas:

R2#
```

show crypto ipsec transform-set 명령어를 이용하면 IPSec 설정이 올바로 적용되었는지와 어떠한 인터페이스에서 동작하는지를 쉽게 알 수 있다.

```
R2#show crypto ipsec transform-set
Transform set strong: {      { esp-3des esp-sha-hmac  }
   will negotiate = { Tunnel,  },
Transform set #$!default_transform_set_1: { esp-aes esp-sha-hmac  }
   will negotiate = { Transport,  },
Transform set #$!default_transform_set_0: { esp-3des esp-sha-hmac  }
   will negotiate = { Transport,  },

R2#
```

show crypto isakmp policy 명령어를 이용하면 설정된 ISAKMP에 대해서 확인할 수 있다.

```
R2#show crypto isakmp policy

Global IKE policy
Protection suite of priority 10
   encryption algorithm:    AES - Advanced Encryption Standard (256 bit keys).
        hash algorithm:          Secure Hash Standard
        authentication method:  Pre-Shared Key
        Diffie-Hellman group:   #1 (768 bit)
        lifetime:                36000 seconds, no volume limit
R2#
```

show crypto isakmp sa 명령어를 이용하면 VPN의 출발지와 도착지를 확인할 수 있고 현재의 상태도 확인할 수 있다.

```
R2#show crypto isakmp sa
IPv4 Crypto ISAKMP SA
dst             src             state          conn-id     slot    status
203.230.10.2    203.230.10.1    QM_IDLE        1039        0       ACTIVE

203.230.9.1     203.230.9.2     QM_IDLE        1045        0       ACTIVE


IPv6 Crypto ISAKMP SA


R2#
```

show crypto map 명령어를 이용하면 VPN의 연결 정보 및 ACL을 통해 어떠한 트래픽을 정의하는지에 대한 정보를 확인할 수 있다.

```
R2#show crypto map
Crypto Map vpn 10 ipsec-isakmp
        Peer = 203.230.9.1
        Extended IP access list 110
            access-list 110 permit gre host 203.230.9.2 host 203.230.9.1
        Current peer: 203.230.9.1
        Security association lifetime: 4608000 kilobytes/3600 seconds
        PFS (Y/N): N
        Transform sets={
                strong,
        }
        Interfaces using crypto map vpn:
                Serial0/2/0
                Serial0/2/1

Crypto Map vpn 20 ipsec-isakmp
        Peer = 203.230.10.2
```

```
        Extended IP access list 120
            access-list 120 permit gre host 203.230.10.1 host 203.230.10.2
        Current peer: 203.230.10.2
        Security association lifetime: 4608000 kilobytes/3600 seconds
        PFS (Y/N): N
        Transform sets={
                strong,
        }
        Interfaces using crypto map vpn:
                Serial0/2/0
                Serial0/2/1

R2#
```

PACKET TRACER

Cisco Networking Academy Program
A Powerful Network Simulation Tool

제14장

DHCP, NAT, IPv6

CHAPTER

14 DHCP, NAT, IPv6

DHCP(Dynamic Host Configuration Protocol)

DHCP는 TCP/IP 통신을 실행하기 위해 필요한 설정 정보를 자동적으로 할당하고 관리하기 위한 통신 규약으로서 RFC 1541에 정의되어 있다. TCP/IP 환경의 통신망에서 IP 주소를 주로 관리하는 서비스를 제공하는 DHCP는 IPv4에서 주소 부족 문제를 해결할 수 있는 한 방법으로도 소개되고 있지만 해결책은 될 수가 없다. 하지만 주소 부족 문제가 심각해지고 IPv6로 넘어가는 단계에 있는 지금의 환경에서는 관리의 편리성과 함께 IP 주소의 가용성을 높여주는 역할을 하기 때문에 많이 사용되고 있다.

DHCP는 여러 가지 주소 할당 방식을 가지고 있는데 어떤 주소 할당 방식을 사용하는가에 따라 가용성에도 영향을 주므로 DHCP 구현 시 꼭 참고하도록 한다.표 14-1

DHCP가 IP 주소 할당을 완료하기까지는 통상 다음과 같은 4가지 단계를 순차적으로 수행하도록 되어 있다.

① **Discover**: DHCP 클라이언트는 부팅이 시작되는 동안에는 IP 주소가 없다. 부팅하고 네트워크가 시작되면 IP 주소를 설정하여 TCP/IP를 초기화하려는 시도를 하고, 그 방법으로 DHCP 서버를 찾는 요청을 만들어 2계층과 3계층 브로드캐스트 주소를 이용하여 브로드캐스트한다.

② **Offer**: Discover 메시지를 받은 DHCP 서버는 사용 가능한 IP 주소 하나를 포함한 DHCP 패킷을 만들어 브로드캐스트로 전파한다. 만약 하나의 네트워크에 여러 개의 DHCP 서버가 있다면 서버마다 같은 작업을 하게

표 14-1 DHCP 주소 할당 방식

DHCP 주소 할당 방식	특 징
동적 할당(Dynamic Allocation)	주소를 할당 받은 장치에서 주소가 필요 없다는 메시지를 보낼 때까지 주소를 할당한다.
자동 할당(Automatic Allocation)	주소를 영구적으로 할당한다.
수동 할당(Manual Allocation)	미리 할당된 IP 주소를 장치에게 전달하여 장치가 IP 주소를 사용할 수 있도록 한다.

된다.

③ **Request**: DHCP 서버로부터 IP 주소를 받은 DHCP 클라이언트가 즉시 IP 주소를 사용하지 않고, 자신에게 IP 주소를 임대해준 서버에 IP 주소를 포함한 패킷을 만들어 다시 네트워크에 브로드캐스트한다. 하나의 네트워크에 여러 대의 DHCP 서버가 있을 수 있기 때문에 이러한 과정이 필요하다.

④ **ACK**: DHCP 클라이언트로부터 DHCP Request 브로드캐스트를 받은 DHCP 서버는 다음의 두 가지 작업 중 한 가지 작업을 할 수 있다. 자신이 보낸 IP 주소가 채택되지 않았다면 DHCP 서버는 해당 IP 주소를 자신의 주소 풀에 유지하고, 자신이 보낸 IP 주소가 채택되었다면 IP 주소 임대 기간 등의 옵션을 담은 수신 확인(Acknowledge) 패킷을 만들어 최종적으로 브로드캐스트한다.

DHCP 서버를 구성하는 방법은 2가지가 있는데 하나는 라우터를 DHCP 서버로 구성하는 방법이고, 다른 하나는 DHCP 기능을 하는 서버를 구축하는 방법이다. 소규모 네트워크에서 동작하는 라우터의 경우는 DHCP 서버의 기능을 수행하더라도 큰 무리가 없지만 중규모 이상에서 라우팅을 수행하는 라우터에 DHCP 기능을 수행하는 것은 라우터에 무리를 줄 수 있으므로 가급적 피하는 것이 좋다.

라우터에서의 DHCP 서버 설정

DHCP 기능을 실습하기 위해 패킷트레이서에서 그림 14-1의 토폴로지를 구성해보자. 라우터를 위한 설정 스크립트는 다음과 같다.

• **R1 기본 설정 스크립트**

```
R1(config)#int gi0/0
R1(config-if)#ip add 163.180.116.1 255.255.255.0
R1(config-if)#no shutdown
```

먼저 라우터에 DHCP 서버를 설정한 후 Server0, PC0, PC1이 IP 주소를 받아 오도록 설정해보자. 라우터에서 DHCP 서버를 구성할 경우에는 다음과 같은 사항을 정의해야 한다.

① **제외시킬 IP 주소 범위 정의**: IP 주소를 할당할 때 브로드캐스트 주소나 디폴트 게이트웨어 주소 그리고 이미 사용 중인 IP 주소를 할당하면 안 된다. 따라서 DHCP 서버에서 할당하면 안 될 주소가 있다면 이를 먼저 제외시켜야 한다. IP 주소 제외를 위한 다음의 명령어 구문을 참고한다.

• **[구문]** ip dhcp excluded-address [low ip a,b,c,d] [high ip a,b,c,d]

• **[예]** ip dhcp excluded-address 163.180.116.1 → (163.180.116.1 IP 주소를 할당하지 않음)

• **[예]** ip dhcp excluded-address 163.180.116.1 163.180.116.20 → (163.180.116.1에서 163.180.116.20까지의 IP 주소를 할당하지 않음)

② **DHCP 서버 이름 설정**: 서비스되는 DHCP 주소 풀의 이름을 설정한다.

• **[구문]** ip dhcp pool pool-name

• **[예]** ip dhcp pool test → (DHCP 주소 풀의 이름을 test로 정의함)

③ **DHCP를 통해 할당되는 IP 주소 대역 및 서브넷 마스크 설정**: DHCP 서버가 할당할 IP 주소 대역 및 서브넷 마스크를 설정한다. 이때 제외시킬 IP 주소의 범위가 설정되어 있다면 그 주소는 할당되지 않는다.

• **[구문]** network [network a.b.c.d] [subnetmask]

• **[예]** network 163.180.116.0 255.255.255.0 → (네트워크 주소 163.180.116.0/24을 할당함. 즉 163.

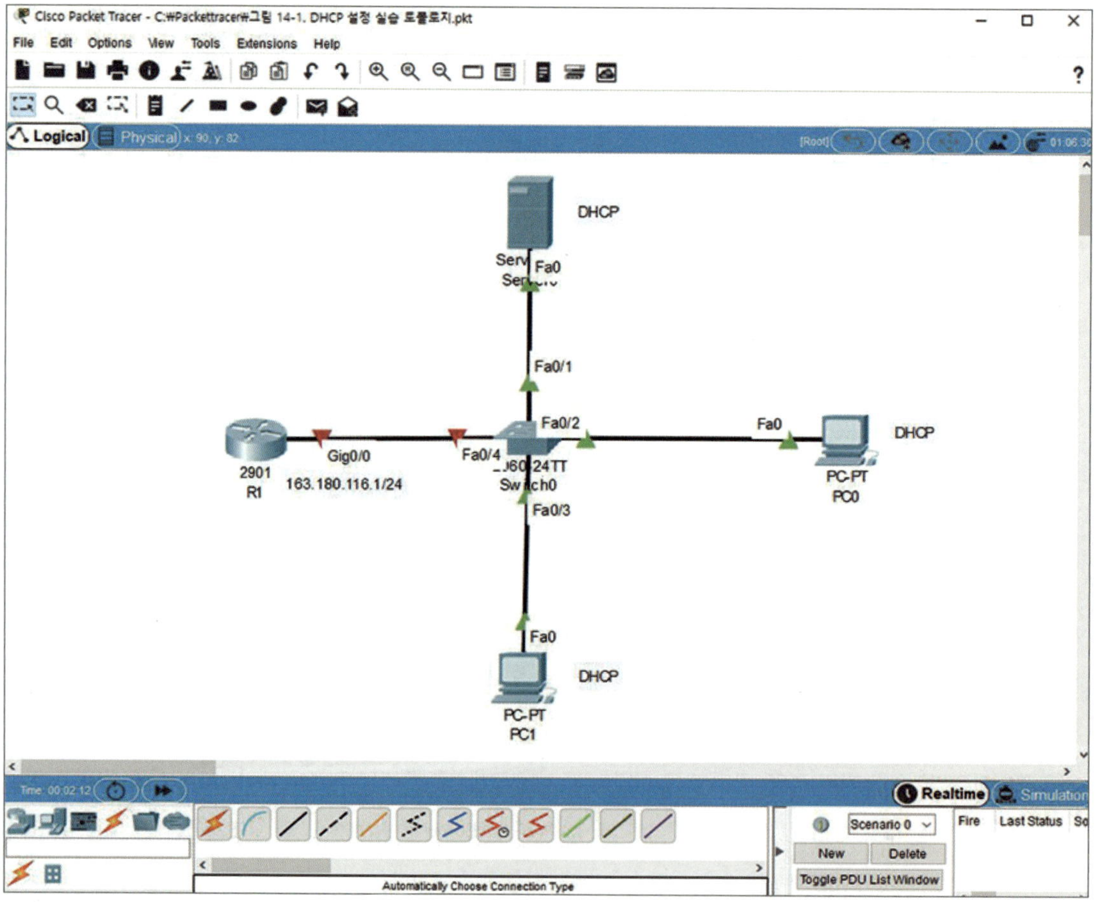

그림 14-1 DHCP 설정 실습 토폴로지

180.116.1/24에서 163.180.116.254/24까지의 IP 주소를 할당함)

④ **DNS 서버 설정**: DNS를 직접 수동으로 설정할 경우에는 작성하지 않아도 되지만 DNS를 DHCP와 같이 자동으로 설정하고자 한다면 DNS 주소를 적어준다. DNS 서버는 한 개 이상 등록할 수 있다.

- **[구문]** dns-server [1st dns server] [2nd dns server][...]
- **[예]** dns-server 1.1.1.1 → (DNS 서버로 1.1.1.1의 IP 주소를 사용함)

⑤ **디폴트 게이트웨이 설정**: 만약 한 개 이상의 디폴트 게이트웨이를 가지고 있다면 이것도 등록이 가능하다.

- **[구문]** default-router [1st default-router] [2nd default-router][...]
- **[예]** default-router 163.180.116.1 → (디폴트 게이트웨이 주소는 163.180.116.1임)

⑥ **Netbios 서버 IP**: netbios 서버를 사용한다면 이 주소도 등록할 수 있다.

- **[구문]** netbios-name-server [1st Net-server] [2nd Net-server][...]
- **[예]** netbios-name-server 2.2.2.2 → (netbios 서버로 2.2.2.2를 사용함)

⑦ **도메인 네임 설정**: 도메인 네임을 설정한다.

- **[구문]** domain-name [Domain Name]
- **[예]** domain-name cisco.com → (도메인 네임이 cisco.com임)

⑧ **임대기간 설정**: IP 주소를 얼마동안 임대할 것인지 설정한다.

- **[구문]** lease [infinite | 0-365 days 0-23 Hours 0-59Minutes]
- **[예]** lease infinite → (영구적으로 할당함)
- **[예]** lease 10 10 30 → (10일 10시간 30분 동안 할당함)

⑨ **서비스 실행**: DHCP서비스를 수동으로 시작해야 하는 경우에 사용한다.

- **[구문]** service dhcp

현 버전의 패킷트레이서는 위의 9가지 사항을 모두 다 지원하지는 않고 처음 5가지 사항에 대한 명령어만 사용이 가능하다. 이제 라우터에 DHCP 서버를 구성하여 Server 0, PC0, PC1에 IP 주소를 할당해보자.

```
R1(config)#ip dhcp excluded-address 163.180.116.1
R1(config)#ip dhcp pool cisco
R1(dhcp-config)#network 163.180.116.0 255.255.255.0
R1(dhcp-config)#dns-server 1.1.1.1
R1(dhcp-config)#default-router 163.180.116.1
R1(dhcp-config)#exit
```

필요한 설정은 다 끝났다. 이제 Server0, PC0, PC1에서 IP 주소를 받아 오도록 설정해보자. 패킷트레이서의 기본 모드는 **Static**인 수동 할당이다. 따라서 이를 DHCP로 바꿔주어야 IP 주소를 받아 올 수 있다. Server, PC0, PC1를 클릭 → Desktop → IP Configuration에서 DHCP를 선택하면 바로 IP 주소를 받아 오는 것을 확인할 수 있다. 그림 14-2는 Server0에 대한 DHCP IP 주소 할당 결과이다.

show ip dhcp binding 명령어를 사용하면 라우터에서 어떤 주소가 어떤 장치에게 할당되었는지 확인할 수 있다.

```
R1#show ip dhcp binding
IP address          Client-ID/              Lease expiration        Type
                    Hardware address
163.180.116.2       0001.96ED.59AB          --                      Automatic
163.180.116.3       0005.5E72.4783          --                      Automatic
163.180.116.4       0004.9A1A.E641          --                      Automatic
R1#
```

DHCP 서버를 통한 DHCP 서비스 구성

이제는 패킷트레이서에 있는 Server에 DHCP 서비스를 구축하고 PC0, PC1에게 IP 주소를 할당해보자. 우선 라우터에 설정되어 있는 DHCP 구성을 다음과 같이 삭제한다.

```
R1(config)#no ip dhcp excluded-address 163.180.116.1
R1(config)#no ip dhcp pool cisco
```

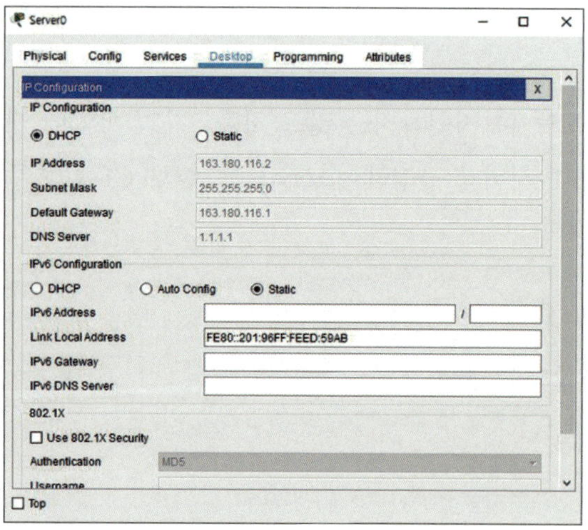

그림 14-2 DHCP IP 주소 할당 결과(Server0)

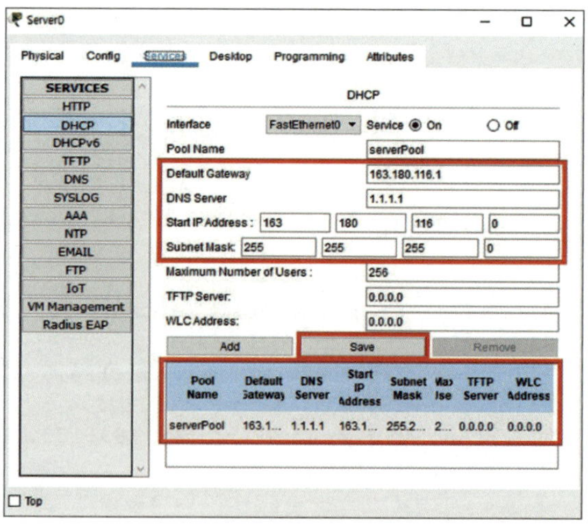

그림 14-3 Server0의 DHCP 서비스 설정

서버에 DHCP 서비스를 설정하기 위해서 패킷트레이서에서 Server0 클릭 → Services → DHCP로 이동하여 그림 14-3에서와 같이 설정한다.

마지막에 반드시 **Add** 버튼을 눌러 설정을 저장하여야 한다. 위와 같이 설정한 후 Desktop → IP Configuration에서 DHCP 서버의 IP 주소를 설정한다.그림 14-4

다음으로 PC0 및 PC1 클릭 → Desktop → IP Configuration에서 DHCP를 선택하면 바로 IP 주소를 받아 오는 것을 확인할 수 있다.그림 14-5

다른 브로드캐스트 영역을 위한 DHCP 서비스

그림 14-6에서 PC2를 제외한 PC나 Server0가 DHCP 서비스를 통해 IP 주소를 할당 받고자 한다면 앞에서와 같은 방법을 사용하여 IP 주소를 할당할 수 있다. 그러나 PC2는 여타 호스트들과는 다른 브로드캐스트 영역에 있기 때문에 PC2에 DHCP 서비스를 지원하기 위해 해당 브로드캐스트 영역을 위한 서버를 별도로 구축한다거나 또는 라우터의 경우 일반적으로 많은 데이터 패킷을 전달하고 있는 상황이기 때문에 라우터를 DHCP 서버로 동작하게 하는 것이 여의치 않을 경우가 있다. 이러한 경우에는 DHCP 서버 한 대를 통해 다른 브로드캐스트 영역까지 DHCP 서비스가 가능하도록 설정할 수 있다. DHCP 설정은 똑같고 DHCP 서비스를 받고자 하는 네트워크가 연결된 라우터 인터페이스에 특정 명령어를 입력하여 다른 브로드캐스트 영역에 있는 호스트와 DHCP 정보를 주고받을 수 있도록 설정하면 된다. 이러한 설정을 위해서 ***ip helper-address*** 명령어를 사용하는데, 이 명령어는 UDP 브로드캐스트를 다른 브로드캐스트 영역으로 넘기는 역할을 한다.

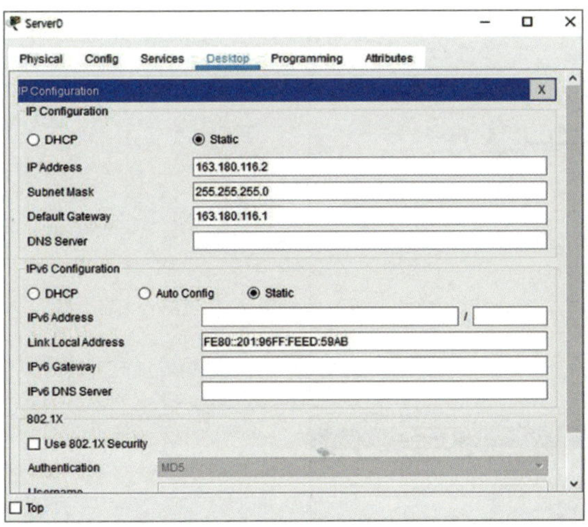

그림 14-4 Server0의 IP 주소 설정

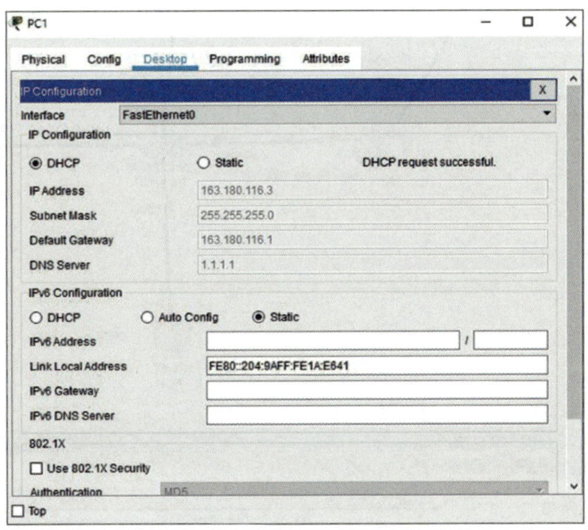

그림 14-5 DHCP IP 주소 할당 결과(PC1)

다른 브로드캐스트 영역을 위한 DHCP 서비스 설정 방법을 정확히 알아보기 위해 그림 14-6의 토폴로지를 패킷트레이서에서 구성해보자. 라우터 설정 스크립트는 다음과 같다.

- **R1 기본 설정 스크립트**

```
R1(config)#int gi0/0
R1(config-if)#ip add 163.180.116.1 255.255.255.0
R1(config-if)#no shutdown
R1(config-if)#exit
R1(config)#int gi0/1
R1(config-if)#ip add 203.230.7.1 255.255.255.0
R1(config-if)#no shutdown
R1(config-if)#exit
R1(config)#
```

Server0에서 DHCP 서비스를 구성할 때, 그림 14-7과 같이 R1의 gi0/0 구간을 위한 DHCP와 R1의 gi0/1을 위한 DHCP를 각각 구성하여 저장한다.

마지막에 반드시 **Add** 버튼을 눌러 설정을 저장하여야 한다. 위와 같이 설정한 후 Desktop → IP Configuration에서 그림 14-4를 참조하여 DHCP 서버의 IP 주소를 설정하고 라우터에 아래의

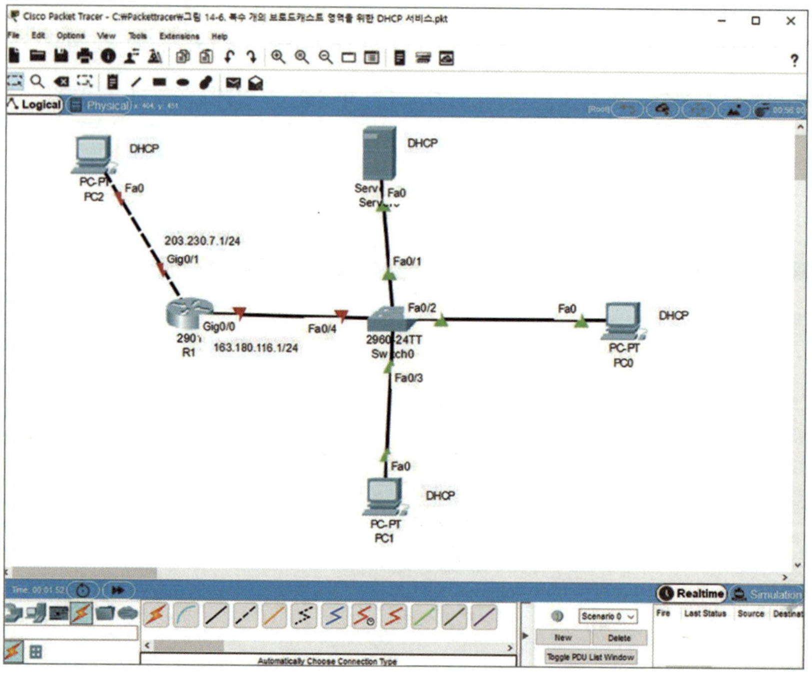

그림 14-6 복수 개의 브로드캐스트 영역을 위한 DHCP 서비스

사항을 추가한다.

```
R1(config)#int gi0/1
R1(config-if)#ip helper-address 163.180.116.2
```

위와 같이 설정이 끝났으면 다른 브로드캐스트 영역에 있는 PC2가 Server0로부터 IP 주소를 제대로 할당 받는지 확인해보자. 그림 14-8

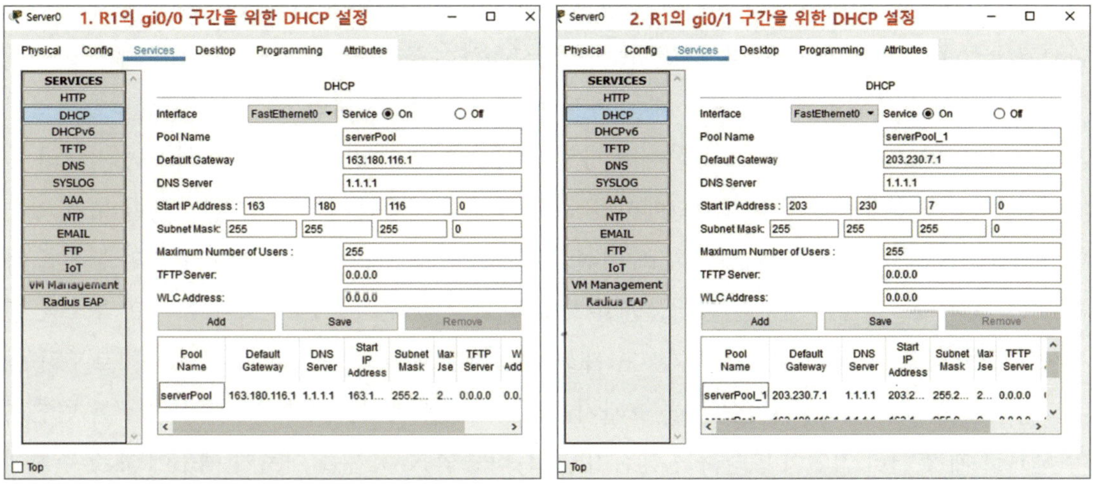

그림 14-7 Multi DHCP 서비스를 위한 Server0 구성

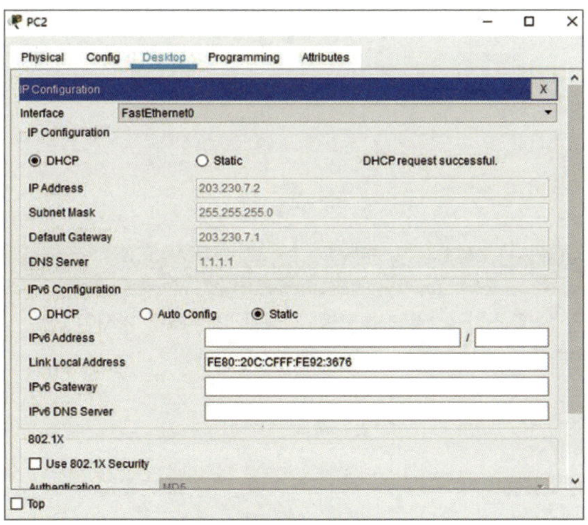

그림 14-8 DHCP IP 주소 할당 결과(PC2)

NAT(Network Address Translation)

NAT(Network Address Translation)도 DHCP와 마찬가지로 IPv4 환경에서의 주소 활용도를 높일 수 있는 기술의 하나이다. IP 주소는 사설 주소와 공인 주소로 나눠지는데 사설 주소는 사설 네트워크에서 사용되는 주소이며, 공인 주소는 인터넷과 같은 일반적인 네트워크에서 사용되는 주소이다. 공인 주소는 인터넷과 같은 공중 네트워크에서 사용되기 때문에 주소가 중복되면 안 되지만 사설 주소는 사설 네트워크라는 한정된 공간에서만 사용되기 때문에 중복이 되어도 문제가 안 된다. 만약 사설 IP 주소를 이용하여 공중 네트워크에 접속하게 되면 주소 충돌의 문제가 일어나므로 공중 네트워크로의 통신은 공인 주소만을 사용하여 통신한다.

NAT는 사설 네트워크에서 통신할 때는 사설 IP 주소를 사용하지만 사설 IP 주소를 쓰는 장치가 공중 네트워크로 통신을 하고자 한다면 사설 IP 주소를 공인 IP 주소로 변환해주는 기술의 통칭이다. 이렇게 된다면 사설 네트워크에서 공인 IP 주소를 사용하지 않고도 통신을 할 수가 있는데 이는 곧 주소 비용의 절감을 의미하고, 사설 네트워크의 모든 PC가 공중 네트워크와 통신을 하는 것은 아니므로 필요한 개수만큼만 공인 IP 주소를 할당 받아 사설 IP 주소와 공인 IP 주소를 매칭시켜 공중 네트워크와 통신하도록 한다. 또한 사설 네트워크의 내부 IP 주소를 외부로부터 숨김으로써 네트워크 보안성이 증가하는 효과가 있다. 그러나 패킷 헤더 내의 각 IP 주소를 변환해야 하므로 패킷 처리 지연이 발생하는 단점이 있고, 다중의 NAT 홉을 거치기 때문에 패킷 추적에 어려움이 있을 수 있다. 그리고 NAT 환경에서 연결성 문제가 생겼을 경우 원인을 찾기가 어렵기 때문에 이러한 경우에는 NAT가 정상적으로 동작을 하고 있는지부터 확인을 해야 한다. ***debug ip nat*** 명령어는 이러한 문제점을 찾기 위한 유용한 도구이다. 주요 NAT 유형을 분류하면 표 14-2와 같다.

표 14-2 NAT 유형

NAT 유형	동작 형태
정적 NAT(Static NAT)	사설 IP 주소와 공인 IP 주소가 1:1로 매칭되며, 고정된 IP 주소를 가져야 하는 웹 서버 등에 사용한다.
동적 NAT(Dynamic NAT)	클라이언트가 요청하는 순서대로 공인 IP 주소를 부여한다.
NAT 오버로딩(NAT Overloading) = PAT(Port Address Translation)	여러 개의 사설 IP 주소를 하나의 공인 IP 주소(포트 번호 이용)로 변환할 때 사용한다.

정확한 NAT 설정과 문제 해결을 위하여 다음과 같은 4개의 주소에 대한 의미를 잘 알고 있어야 한다.

- **인사이드 로컬(Inside Local):** 사설 주소
- **인사이드 글로벌(Inside Global):** 공인주소
- **외부 글로벌(Outside Global):** 공중 네트워크에서 도달 가능한 주소
- **외부 로컬(Outside Local):** 외부 장치에 할당된 IP 주소. NAT를 적용하는 네트워크 장치에 접속하는 것이라면 외부 글로벌 주소와 외부 로컬 주소는 같다.

NAT 실습을 위하여 그림 14-9와 같은 토폴로지를 패킷트레이서에 구성해보자. 라우터 R1, R2에 대한 설정 스크립트는 다음과 같다. R1의 gi0/0 구간은 사설 IP 주소이므로 라우팅에 선언되지 않는다.

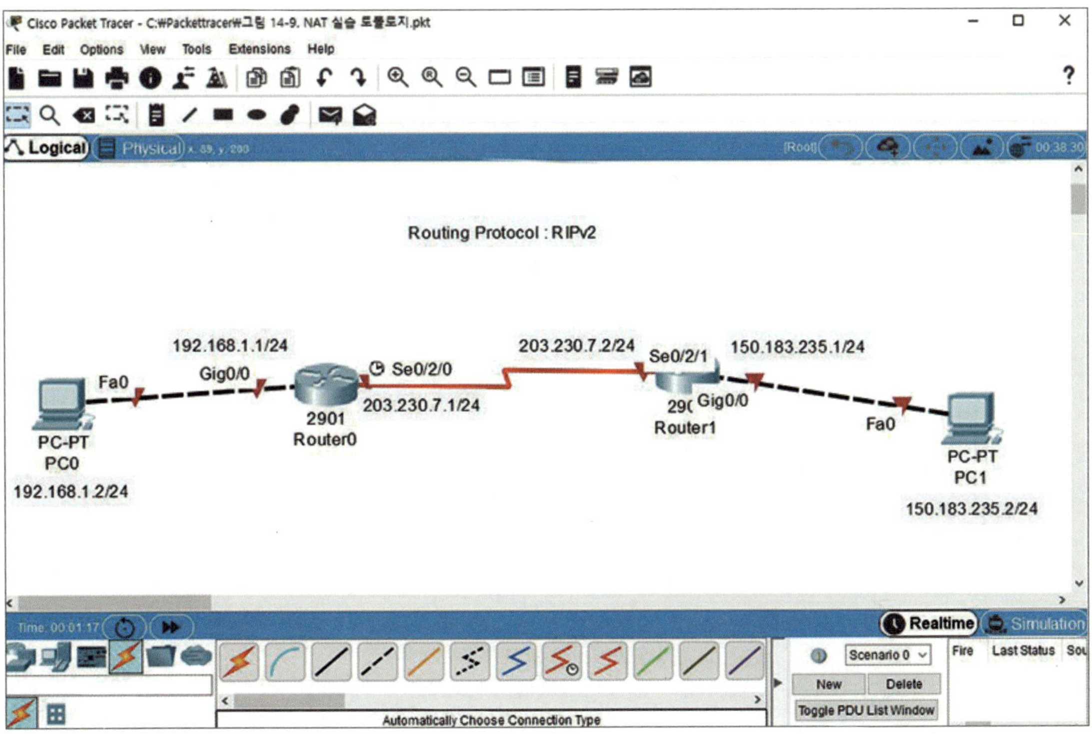

그림 14-9 NAT 실습 토폴로지

- R1 설정 스크립트

```
Router>en
Router#conf t
Router(config)#hostname R1
R1(config)#int gi0/0
R1(config-if)#ip add 192.168.1.1 255.255.255.0
R1(config-if)#no shutdown
R1(config-if)#exit
R1(config)#int s0/2/0
R1(config-if)#ip add 203.230.7.1 255.255.255.0
R1(config-if)#clock rate 64000
R1(config-if)#no shutdown
R1(config-if)#exit
R1(config)#router rip
R1(config-router)#version 2
R1(config-router)#network 203.230.7.0
R1(config-router)#no auto-summary
R1(config-router)#exit
R1(config)#
```

- R2 설정 스크립트

```
Router>en
Router#conf t
Router(config)#hostname R2
R2(config)#int gi0/0
R2(config-if)#ip add 150.183.235.1 255.255.255.0
R2(config-if)#no shutdown
R2(config-if)#exit
R2(config)#int s0/2/1
R2(config-if)#ip add 203.230.7.2 255.255.255.0
R2(config-if)#no shutdown
R2(config-if)#exit
R2(config)#router rip
R2(config-router)#version 2
R2(config-router)#network 150.183.1.0
R2(config-router)#network 203.230.7.0
R2(config-router)#no auto-summary
R2(config-router)#exit
R2(config)#
```

정적 NAT

192.168.1.2/24 주소를 가지는 PC0가 150.183.235.0/24 네트워크로 접근 시 203.230.7.3의 주소로 변환되어 나가도록 하는 NAT를 다음과 같이 설정해보자.

```
R1(config)#ip nat inside source static 192.168.1.2 203.230.7.3
R1(config)#int s0/2/0
R1(config-if)#ip nat outside
R1(config-if)#int gi0/0
R1(config-if)#ip nat inside
```

정적 NAT 명령어 구문에 대한 설명은 다음과 같다.

- **ip nat inside source static 192.168.1.2 203.230.7.3**: 내부 사설 IP 주소와 공인 IP 주소의 변환 관계를 설정한다. 192.168.1.2의 주소가 외부로 통신할 때는 203.230.7.3의 주소로 변환된다는 내용의 수동 설정이다.
- **int fa0/0**: 외부 인터페이스를 지정한다.
- **int fa0/1**: 내부 인터페이스를 지정한다.

만약 내부 및 외부 인터페이스의 지정이 틀리면 변환이 안 되니 주의하여야 하며, 통상 내부란 사설 IP 주소를 사용하는 네트워크를, 외부 인터페이스란 사설 IP 주소를 통해 접속하고자 하는 네트워크를 의미한다. 위와 같이 설정한 다음 PC0에서 150.183.235.1로 ping을 보낸 후(처음에 한 번은 핑이 안 갈 수 있으나 이후부터는 정상 동작하므로 아무런 이상이 없다), 라우터에서 주소 변환이 제대로 잘 일어나는지 확인하기 위해 ***show ip nat translation*** 명령어를 사용하여 주소 변환 테이블을 확인한다.그림 14-10

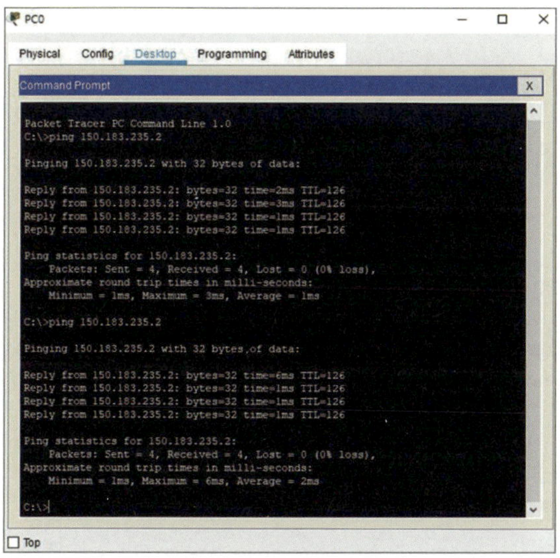

그림 14-10 NAT ping 테스트(PC0)

```
R1#show ip nat translations
Pro    Inside global      Inside local       Outside local        Outside global
icmp   203.230.7.3:17     192.168.1.2:17     150.183.235.2:17     150.183.235.2:17
icmp   203.230.7.3:18     192.168.1.2:18     150.183.235.2:18     150.183.235.2:18
icmp   203.230.7.3:19     192.168.1.2:19     150.183.235.2:19     150.183.235.2:19
icmp   203.230.7.3:20     192.168.1.2:20     150.183.235.2:20     150.183.235.2:20
---    203.230.7.3        192.168.1.2        ---                  ---

R1#
```

위의 ***show ip nat translation*** 명령어 출력 내용의 각 요소에 대한 설명은 다음과 같다.

- **Pro**: NAT 서비스를 사용하는 프로토콜
- **Inside global**: 공인 주소
- **Inside local**: 사설 주소
- **Outside local**: 공중 네트워크에서 도달 가능한 주소
- **Outside global**: 공중 네트워크에서 할당된 주소

결국 ICMP 프로토콜을 사용하는 패킷을 150.183.235.2로 보냈음을 알 수 있으며, 이때 192.168.1.2의 주소가 203.230.7.3의 주소로 변환되었다는 것을 확인할 수 있다.

동적 NAT

다음으로 동적 NAT를 설정해보자. 조건은 192.168.1.2/24 주소를 가진 호스트가 150.183.235.0/24 네트워크로 접근 시 203.230.7.7/24 ~ 203.230.7.15/24 내의 주소로 변환되어 나가도록 설정해보자.

```
R1(config)#no ip nat inside source static 192.168.1.2 203.230.7.3
R1(config)#ip nat pool cisco 203.230.7.7 203.230.7.15 netmask 255.255.255.0 R1(-
config)#ip nat inside source list 100 pool cisco
R1(config)#access-list 100 permit ip host 192.168.1.2 150.183.235.0 0.0.0.255
R1(config)#int se0/2/0
R1(config-if)#ip nat outside
R1(config-if)#exit
R1(config)#int gi0/0
R1(config-if)#ip nat inside
```

동적 NAT 명령어 구문에 대한 설명은 다음과 같다.

- **no ip nat inside source static 192.168.1.2 203.230.7.3**: 먼저 설정된 정적 NAT를 삭제한다.
- **ip nat pool cisco 203.230.7.7 203.230.7.15 netmask 255.255.255.0**: cisco라는 이름을 가진 NAT를 구성하는데 사설 IP 주소가 변환되어 나갈 공인 IP 주소 대역을 정의한다.
- **ip nat inside source list 100 pool cisco**: ACL 100번의 조건을 만족할 경우 cisco NAT를 실행한다.
- **access-list 100 permit ip host 192.168.1.2 150.183.235.0 0.0.0.255**: NAT가 동작할 조건을 ACL로 명시한다. 192.168.1.2 주소를 갖는 호스트가 150.183.235.0/24로 접근하는 경우를 정의하고 있다. ACL은 패킷을 필터링하기 위해서도 사용되지만 이처럼 특정 패킷을 정의할 때도 사용된다는 것에 주목한다.

위와 같이 설정한 후 PC0에서 150.183.235.1로 ping을 보낸 후 라우터에서 주소 변환이 제대로 실행되는지 확인하기 위해 ***show ip nat translation*** 명령어를 사용하여 주소 변환 테이블을 확인하고 ***show ip nat statistics*** 명령어를 사용하여 주소 변환 회수와 인사이드 및 아웃사이드 인터페이스 정보를 확인한다.

```
R1#show ip nat translations
Pro     Inside global       Inside local        Outside local         Outside global
icmp    203.230.7.7:21      192.168.1.2:21      150.183.235.2:21      150.183.235.2:21
icmp    203.230.7.7:22      192.168.1.2:22      150.183.235.2:22      150.183.235.2:22
icmp    203.230.7.7:23      192.168.1.2:23      150.183.235.2:23      150.183.235.2:23
icmp    203.230.7.7:24      192.168.1.2:24      150.183.235.2:24      150.183.235.2:24

R1#show ip nat statistics
Total translations: 0 (0 static, 0 dynamic, 0 extended)
Outside Interfaces: Serial0/2/0
Inside Interfaces: GigabitEthernet0/0
Hits: 8  Misses: 20
Expired translations: 8
Dynamic mappings:
-- Inside Source
access-list 100 pool cisco refCount 0
 pool cisco: netmask 255.255.255.0
       start 203.230.7.7 end 203.230.7.15
       type generic, total addresses 9 , allocated 0 (0%), misses 0
R1#
```

PAT(Port Address Translation)

이번에는 192.168.1.2/24 주소를 가진 호스트가 150.183.235.0/24의 네트워크로 접근 시 라우터 R1의 gi0/0 인터페이스 주소를 사용하여 통신을 하도록 PAT를 설정해보자.

```
R1(config)#ip nat inside source list 100 interface se0/2/0 overload
R1(config)#access-list 100 permit ip host 192.168.1.2 150.183.235.0 0.0.0.255
R1(config)#int se0/2/0
R1(config-if)#ip nat outside
R1(config-if)#exit
R1(config)#int gi0/0
R1(config-if)#ip nat inside
```

설정을 마쳤으면 우선 라우터 R1에 ***debug ip nat*** 명령어를 입력한 후 PC0에서 PC1으로 ping을 보내어 NAT 동작 상태를 모니터링하고 또한 ***show ip nat translation*** 명령어를 통해 주소 변환 결과를 확인해본다.

```
R1#debug  ip nat
IP NAT debugging is on
R1#
NAT: s=192.168.1.2->203.230.7.1, d=150.183.235.2 [25]

NAT*: s=150.183.235.2, d=203.230.7.1->192.168.1.2 [24]

NAT: s=192.168.1.2->203.230.7.1, d=150.183.235.2 [26]

NAT*: s=150.183.235.2, d=203.230.7.1->192.168.1.2 [25]

NAT: s=192.168.1.2->203.230.7.1, d=150.183.235.2 [27]

NAT*: s=150.183.235.2, d=203.230.7.1->192.168.1.2 [26]

NAT: s=192.168.1.2->203.230.7.1, d=150.183.235.2 [28]

NAT*: s=150.183.235.2, d=203.230.7.1->192.168.1.2 [27]

R1#show ip nat translations
Pro  Inside global       Inside local        Outside local        Outside global
icmp 203.230.7.1:25      192.168.1.2:25      150.183.235.2:25     150.183.235.2:25
icmp 203.230.7.1:26      192.168.1.2:26      150.183.235.2:26     150.183.235.2:26
icmp 203.230.7.1:27      192.168.1.2:27      150.183.235.2:27     150.183.235.2:27
icmp 203.230.7.1:28      192.168.1.2:28      150.183.235.2:28     150.183.235.2:28
icmp 203.230.7.1:29      192.168.1.2:29      150.183.235.2:29     150.183.235.2:29
icmp 203.230.7.1:30      192.168.1.2:30      150.183.235.2:30     150.183.235.2:30
icmp 203.230.7.1:31      192.168.1.2:31      150.183.235.2:31     150.183.235.2:31
```

```
icmp 203.230.7.1:32     192.168.1.2:32      150.183.235.2:32  150.183.235.2:32
R1#
```

IPv6

IPv6는 현재 네트워크 주소 부족 문제를 해결하기 위한 궁극적 해결책으로 여겨지고 있다. IPv6 주소는 주소 길이로 128비트를 사용하므로 32비트의 IPv4 주소의 수(4,294,967,296)에 비하면 거의 무한대에 가까운 주소를 가지고 있는 주소 체계이다. 주소가 거의 무한대에 가깝기 때문에 앞에서와 같은 NAT도 사실상 필요 없다.

IPv6 주소는 유니캐스트(Unicast), 멀티캐스트(Multicast), 애니캐스트(Anycast) 주소 유형을 갖는다. 또한 주소 자동 생성 기능을 지원하고 IPv4의 일부 헤더 필드를 삭제하고 확장 헤더를 도입하여 패킷을 전달하여 라우터의 부하를 줄일 수 있다. IPv4는 보안 관련 기능이 없이서 보안 기능 지원을 위해서는 IPSec을 함께 이용해야 했지만, IPv6에서는 IPSec이 기본으로 탑재되어 있다. 비-상태형 자동 설정(Stateless auto-configuration)을 통해 호스트가 자신의 인터페이스 정보와 라우터로부터 받은 네트워크 정보를 기반으로 스스로 주소를 생성할 수가 있다. IPv4와 IPv6의 주요 차이점을 표 14-3에 요약한다.

IPv6 주소는 IPv4와 달리 생략이 가능한데 주소 생략 표기 규칙은 다음과 같다.

- 각 필드에서 선행하는 0은 생략이 가능하다.

  [예] 0207 → 207, 00BC → BC, 0000 → 0

  [예] BCAF : 2012 : 0711 : F207 : 0000 : 0001 : F9FF : 4102

  → BCAF : 2012 : 0711 : F207 : 0 : 1 : F9FF : 4102

- 연속된 0은 모두 삭제할 수 있으며 이때 2개의 이중 콜론으로 이를 나타내며 주소당 한 번만 사용할 수 있다.

  [예] BCAF : 0 : 0 : 0 : 0 : 5641 : F9FF : 4102 → BCAF :: 5641 : F9FF : 4102

그림 14-11은 IPv6의 헤더인데, IPv4 헤더보다 상당히 간단해졌음을 알 수 있다. 헤더 내 각 필드의 역할 및 기능은 다음과 같다.

- **버전(Version)**: IP 프로토콜의 버전을 나타낸다.(IPv6의 경우 6)
- **트래픽 클래스(Traffic Class)**: IPv6 패킷의 클래스나 우선순위를 나타낸다.(IPv4의 TOS 필드와 유사)
- **플로 레이블(Flow Label)**: 네트워크상에서 패킷들의 어떤 특정한 흐름에 대한 특성을 나타내며, 기본적으로 0으로 되어 있고, 음성이나 화상 등의 실시간 데이터의 트래픽을 나타내기 위해 0이 아닌 값으로 설정한다.
- **페이로드 길이(Payload Length)**: 페이로드의 길이를 바이트 단위로 표시하는데 필드의 길이가 16비트이므로 65536바이트까지 표시한다. 더 큰 데이터그램을 보내기 위해서는 홉-바이-홉(Hop-by-Hop) 확장 헤더의 점보 페이로드(Jumbo Payload) 옵션을 이용하며, 점보 페이로드 옵션을 사용할 경우 페이로드 길이 필드는 모두 0으로 설정된다.

표 14-3 IPv4와 IPv6

구 분	IPv4	IPv6
주소 길이	32비트	128비트
표시 방법	8비트씩 4개 부분으로 나누어 10진수로 표시. (예) 203.203.7.1	16비트씩 8개 부분으로 나누어 16진수로 표시 ex) 2002:0221:ABCD:DCBA::FFFF:4002
주소 개수	4,294,967,296개	2^{128}개
주소 할당 방식	A,B,C,D 등의 클래스 단위로 비순차적 할당	네트워크 규모, 단말기 수에 따라 순차적 할당
브로드캐스트 주소	있음	없음(로컬 범위 내에서의 모든 노드에 대한 멀티캐스트 주소 사용)
보안	IPSec 별도 설치	IPSec 지원
서비스 품질	제한적 품질 보장(Type of Service에 의한 서비스 품질 일부 지원)	확장된 품질 보장(트래픽 클래스, 플로우 레이블에 의한 서비스 품질 지원)

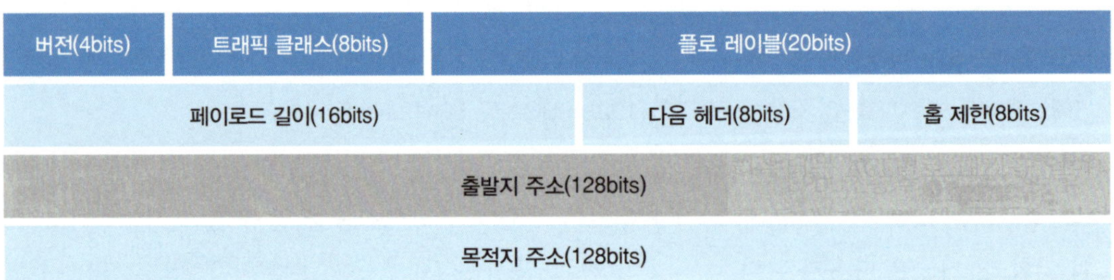

그림 14-11 IPv6 헤더

- **다음 헤더(Next Header)**: IPv6 기본 헤더 다음에 어떠한 종류의 확장 헤더가 오는지를 나타내는 필드이다.
- **홉 제한(Hop Limit)**: IP 패킷이 전송되는 거리를 홉(hop) 단위로 제한할 때 사용하는 필드로서 헤더 생성 시 임의의 초기 값으로 설정되고 각 라우터를 지날 때마다 이 값을 1씩 감소시키며 홉 제한 값이 0이 되면 패킷을 폐기한다. 라우팅 루프가 발생하는 것을 방지하는 것 외에 멀티캐스트 그룹 내에서 가장 가까운 서버를 찾는 용도로도 이용된다.

IPv6에서는 사이트 로컬 주소와 링크 로컬 주소가 존재하는데, 먼저 사이트 로컬 주소의 경우에는 사설 네트워크를 위한 주소 할당과 유사하며 FE로 시작한다. 링크 로컬 주소는 자동 주소 설정 및 네이버 발견 등과 같은 링크 통신에 사용되며, 개별적인 물리적 네트워크 세그먼트상에서 로컬 통신만을 위해 사용되는 주소이다.

IPv6 주소는 총 128비트 길이를 가지는데, 이 중 64비트는 네트워크 주소로 나머지 64비트는 인터페이스 주소로 구분된다. 일반적으로 64비트의 네트워크 주소는 라우터에서, 인터페이스의 주소 64비트는 MAC 주소를 eui-64비트로 변환하여 사용한다. 예를 들어, 0090:2277:0FFC인 48비트의 MAC 주소를 24비트로 나누고 그 중간에 FFFE를 삽입하여 0090:22FF:FE77:0FFC로 변환하는 것이 eui-64이다.

IPv6 실습을 위하여 그림 14-12와 같은 토폴로지를 패킷트레이서에서 구성해보자. 라우터 설정

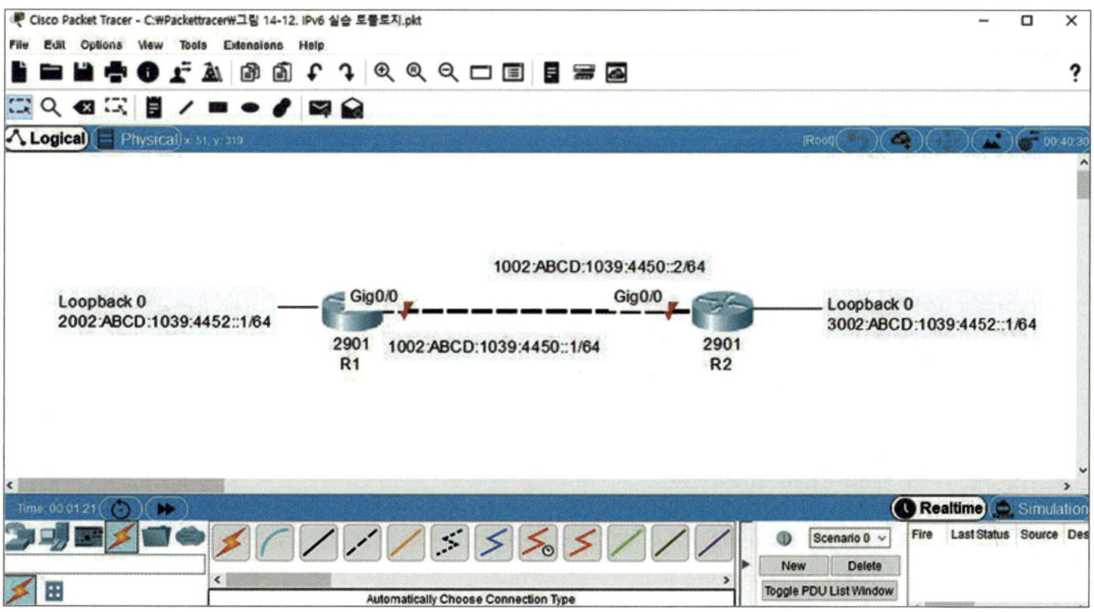

그림 14-12 IPv6 실습 토폴로지

스크립트는 다음과 같다.

- **R1 설정 스크립트**

```
Router>en
Router#conf t
Router(config)#hostname R1
R1(config)#ipv6 unicast-routing
R1(config)#int lo 0
R1(config-if)#ipv6 address 2002:ABCD:1039:4452::1/64
R1(config-if)#exit
R1(config)#int gi0/0
R1(config-if)#ipv6 address 1002:ABCD:1039:4450::1/64
R1(config-if)#no shutdown
R1(config-if)#exit
R1(config)#do show ipv6 int brief
GigabitEthernet0/0          [up/down]
    FE80::290:21FF:FE9C:4D01
    1002:ABCD:1039:4450::1
GigabitEthernet0/1          [administratively down/down]
Serial0/2/0                 [administratively down/down]
Serial0/2/1                 [administratively down/down]
Loopback0                   [up/up]
    FE80::202:4AFF:FE12:889
    2002:ABCD:1039:4452::1
Vlan1                       [administratively down/down]
R1(config)#
```

- **R2 설정 스크립트**

```
Router>en
Router#conf t
Router(config)#hostname R2
R2(config)#ipv6 unicast-routing
R2(config)#int lo 0
R2(config-if)#ipv6 address 3002:ABCD:1039:4452::1/64
R2(config-if)#exit
R2(config)#int gi0/0
R2(config-if)#ipv6 address 1002:ABCD:1039:4450::2/64
R2(config-if)#no shutdown
R2(config-if)#exit
R2(config)#do show ipv6 int brief
GigabitEthernet0/0          [up/up]
    FE80::20B:BEFF:FE5C:6901
    1002:ABCD:1039:4450::2
GigabitEthernet0/1          [administratively down/down]
Serial0/2/0                 [administratively down/down]
```

```
Serial0/2/1                [administratively down/down]
Loopback0                  [up/up]
    FE80::2D0:FFFF:FEC4:1DDA
    3002:ABCD:1039:4452::1
Vlan1                      [administratively down/down]
R2(config)#
```

설정을 마쳤으면 라우터 R1에서 다음과 같이 ping을 보내 연결성을 확인해보자.

```
R2#ping 1002:ABCD:1039:4450::2
Type escape sequence to abort.
Sending 5, 100-byte ICMP Echos to 1002:ABCD:1039:4450::2, timeout is 2 seconds:
!!!!!
Success rate is 100 percent (5/5), round-trip min/avg/max = 0/3/6 ms

R2#ping 1002:ABCD:1039:4450::1
Type escape sequence to abort.
Sending 5, 100-byte ICMP Echos to 1002:ABCD:1039:4450::1, timeout is 2 seconds:
!!!!!
Success rate is 100 percent (5/5), round-trip min/avg/max = 0/0/1 ms

R2#
```

서로 ping을 잘 주고받는 것을 확인할 수 있다. 그러나 현재로서는 서로 다른 브로드캐스트 영역에 있는 loopback 인터페이스로는 ping을 보낼 수 없다. 따라서 RIPng를 적용하여 ping을 보낼 수 있도록 설정해보자.

RIPng 설정

RIPng는 라우팅 업데이트를 위해 FF02::9를 사용하며, UDP 521번을 사용하고 RIPv2와 거의 같다. 각 라우터에 대한 RIPng 설정 스크립트는 다음과 같다.

- **R1 RIPng 설정 스크립트**

```
R1(config)#ipv6 router rip cisco
R1(config-rtr)#exit
R1(config)#int loopback 0
R1(config-if)#ipv6 rip cisco enable
R1(config-if)#exit
```

```
R1(config)#int gi0/0
R1(config-if)#ipv6 rip cisco enable
```

• R2 RIPng 설정 스크립트

```
R2(config)#ipv6 router rip cisco
R2(config-rtr)#exit
R2(config)#int loopback 0
R2(config-if)#ipv6 rip cisco enable
R2(config-if)#exit
R2(config)#int gi0/0
R2(config-if)#ipv6 rip cisco enable
```

• R1 라우팅 테이블 확인 및 ping 테스트

```
R1#show ipv6 route
IPv6 Routing Table - 6 entries
Codes: C - Connected, L - Local, S - Static, R - RIP, B - BGP
       U - Per-user Static route, M - MIPv6
       I1 - ISIS L1, I2 - ISIS L2, IA - ISIS interarea, IS - ISIS summary
       O - OSPF intra, OI - OSPF inter, OE1 - OSPF ext 1, OE2 - OSPF ext 2
       ON1 - OSPF NSSA ext 1, ON2 - OSPF NSSA ext 2
       D - EIGRP, EX - EIGRP external
C   1002:ABCD:1039:4450::/64 [0/0]
     via GigabitEthernet0/0, directly connected
L   1002:ABCD:1039:4450::1/128 [0/0]
     via GigabitEthernet0/0, receive
C   2002:ABCD:1039:4452::/64 [0/0]
     via Loopback0, directly connected
L   2002:ABCD:1039:4452::1/128 [0/0]
     via Loopback0, receive
R   3002:ABCD:1039:4452::/64 [120/2]
     via FE80::20B:BEFF:FE5C:6901, GigabitEthernet0/0
L   FF00::/8 [0/0]
     via Null0, receive
R1#ping 3002:ABCD:1039:4452::1

Type escape sequence to abort.
Sending 5, 100-byte ICMP Echos to 3002:ABCD:1039:4452::1, timeout is 2 seconds:
!!!!!
Success rate is 100 percent (5/5), round-trip min/avg/max = 0/0/0 ms

R1#
```

- **R2 라우팅 테이블 확인 및 ping 테스트**

```
R2#show ipv6 route
IPv6 Routing Table - 6 entries
Codes: C - Connected, L - Local, S - Static, R - RIP, B - BGP
       U - Per-user Static route, M - MIPv6
       I1 - ISIS L1, I2 - ISIS L2, IA - ISIS interarea, IS - ISIS summary
       O - OSPF intra, OI - OSPF inter, OE1 - OSPF ext 1, OE2 - OSPF ext 2
       ON1 - OSPF NSSA ext 1, ON2 - OSPF NSSA ext 2
       D - EIGRP, EX - EIGRP external
C   1002:ABCD:1039:4450::/64 [0/0]
     via GigabitEthernet0/0, directly connected
L   1002:ABCD:1039:4450::2/128 [0/0]
     via GigabitEthernet0/0, receive
R   2002:ABCD:1039:4452::/64 [120/2]
     via FE80::290:21FF:FE9C:4D01, GigabitEthernet0/0
C   3002:ABCD:1039:4452::/64 [0/0]
     via Loopback0, directly connected
L   3002:ABCD:1039:4452::1/128 [0/0]
     via Loopback0, receive
L   FF00::/8 [0/0]
     via Null0, receive
R2#ping 2002:ABCD:1039:4452::1

Type escape sequence to abort.
Sending 5, 100-byte ICMP Echos to 2002:ABCD:1039:4452::1, timeout is 2 seconds:
!!!!!
Success rate is 100 percent (5/5), round-trip min/avg/max = 0/0/1 ms

R2#
```

OSPFv3 설정

OSPFv3을 설정해보자. OSPFv3 프로토콜 동작은 앞에서 학습한 OSPFv2 프로토콜과 유사하므로 별도의 설명은 하지 않는다.

- **R1 OSPFv3 설정 스크립트**

```
R1(config)#ipv6 router ospf 1
R1(config-rtr)#router-id 1.1.1.1
R1(config-rtr)#exit
R1(config)#int loopback 0
R1(config-if)#ipv6 ospf 1 area 1
```

```
R1(config-if)#exit
R1(config)#int gi0/0
R1(config-if)#ipv6 ospf 1 area 0
```

• **R2 OSPFv3 설정 스크립트**

```
R2(config)#ipv6 router ospf 1
R2(config-rtr)#router-id 2.2.2.2
R2(config-rtr)#exit
R2(config)#int loopback 0
R2(config-if)#ipv6 ospf 1 area 2
R2(config-if)#exit
R2(config)#int gi0/0
R2(config-if)#ipv6 ospf 1 area 0
```

이제 설정이 끝났다. 라우팅 테이블을 확인하여 상대측 라우터의 Loopback 0 주소가 라우팅 테이블에 보이는지 확인해보자.

```
R1#show ipv6 route
IPv6 Routing Table - 6 entries
Codes: C - Connected, L - Local, S - Static, R - RIP, B - BGP
       U - Per-user Static route, M - MIPv6
       I1 - ISIS L1, I2 - ISIS L2, IA - ISIS interarea, IS - ISIS summary
       O - OSPF intra, OI - OSPF inter, OE1 - OSPF ext 1, OE2 - OSPF ext 2
       ON1 - OSPF NSSA ext 1, ON2 - OSPF NSSA ext 2
       D - EIGRP, EX - EIGRP external
C   1002:ABCD:1039:4450::/64 [0/0]
     via GigabitEthernet0/0, directly connected
L   1002:ABCD:1039:4450::1/128 [0/0]
     via GigabitEthernet0/0, receive
C   2002:ABCD:1039:4452::/64 [0/0]
     via Loopback0, directly connected
L   2002:ABCD:1039:4452::1/128 [0/0]
     via Loopback0, receive
OI  3002:ABCD:1039:4452::1/128 [110/1]
     via FE80::20B:BEFF:FE5C:6901, GigabitEthernet0/0
L   FF00::/8 [0/0]
     via Null0, receive
R1#
```

```
R2#show ipv6 route
IPv6 Routing Table - 6 entries
Codes: C - Connected, L - Local, S - Static, R - RIP, B - BGP
```

```
       U - Per-user Static route, M - MIPv6
       I1 - ISIS L1, I2 - ISIS L2, IA - ISIS interarea, IS - ISIS summary
       O - OSPF intra, OI - OSPF inter, OE1 - OSPF ext 1, OE2 - OSPF ext 2
       ON1 - OSPF NSSA ext 1, ON2 - OSPF NSSA ext 2
       D - EIGRP,      EX - EIGRP external
C    1002:ABCD:1039:4450::/64 [0/0]
      via GigabitEthernet0/0, directly connected
L    1002:ABCD:1039:4450::2/128 [0/0]
      via GigabitEthernet0/0, receive
OI  2002:ABCD:1039:4452::1/128 [110/1]
      via FE80::290:21FF:FE9C:4D01, GigabitEthernet0/0
C    3002:ABCD:1039:4452::/64 [0/0]
      via Loopback0, directly connected
L    3002:ABCD:1039:4452::1/128 [0/0]
      via Loopback0, receive
L    FF00::/8 [0/0]
      via Null0, receive
R2#
```

show ipv6 ospf neighbor 명령어를 사용하여 네이버를 확인할 수 있다.

```
R1#show ipv6 ospf neighbor

Neighbor ID     Pri     State        Dead Time    Interface ID    Interface
2.2.2.2         1       FULL/DR      00:00:36     1               GigabitEthernet0/0
R1#

R2#show ipv6 ospf neighbor

Neighbor ID     Pri     State        Dead Time    Interface ID    Interface
1.1.1.1         1       FULL/BDR     00:00:33     1               GigabitEthernet0/0
R2#
```

IPv6를 위한 EIGRP 설정

다음과 같이 IPv6를 위한 EIGRP를 설정해보자.

• **R1 IPv6 EIGRP 설정 스크립트**

```
R1(config)#ipv6 router eigrp 10
R1(config-rtr)#eigrp router-id 1.1.1.1
R1(config-rtr)#no shutdown
R1(config-rtr)#exit
R1(config)#int lo 0
R1(config-if)#ipv6 eigrp 10
R1(config-if)#exit
R1(config)#int gi0/0
R1(config-if)#ipv6 eigrp 10
```

• **R2 IPv6 EIGRP 설정 스크립트**

```
R2(config)#ipv6 router eigrp 10
R2(config-rtr)#eigrp router-id 2.2.2.2
R2(config-rtr)#no shutdown
R2(config-rtr)#exit
R2(config)#int lo 0
R2(config-if)#ipv6 eigrp 10
R2(config-if)#exit
R2(config)#int gi0/0
R2(config-if)#ipv6 eigrp 10
```

설정을 마쳤으면 라우팅 테이블을 확인하여 상대측 라우터의 Loopback 0 주소가 라우팅 테이블에 보이는지 확인해보자.

```
R1#show ipv6 route
IPv6 Routing Table - 6 entries
Codes: C - Connected, L - Local, S - Static, R - RIP, B - BGP
       U - Per-user Static route, M - MIPv6
       I1 - ISIS L1, I2 - ISIS L2, IA - ISIS interarea, IS - ISIS summary
       O - OSPF intra, OI - OSPF inter, OE1 - OSPF ext 1, OE2 - OSPF ext 2
       ON1 - OSPF NSSA ext 1, ON2 - OSPF NSSA ext 2
       D - EIGRP, EX - EIGRP external
C   1002:ABCD:1039:4450::/64 [0/0]
     via GigabitEthernet0/0, directly connected
L   1002:ABCD:1039:4450::1/128 [0/0]
     via GigabitEthernet0/0, receive
```

```
C    2002:ABCD:1039:4452::/64 [0/0]
      via Loopback0, directly connected
L    2002:ABCD:1039:4452::1/128 [0/0]
      via Loopback0, receive
D    3002:ABCD:1039:4452::/64 [90/130816]
      via FE80::20B:BEFF:FE5C:6901, GigabitEthernet0/0
L    FF00::/8 [0/0]
      via Null0, receive
R1#
```

```
R2#show ipv6 route
IPv6 Routing Table - 6 entries
Codes: C - Connected, L - Local, S - Static, R - RIP, B - BGP
       U - Per-user Static route, M - MIPv6
       I1 - ISIS L1, I2 - ISIS L2, IA - ISIS interarea, IS - ISIS summary
       O - OSPF intra, OI - OSPF inter, OE1 - OSPF ext 1, OE2 - OSPF ext 2
       ON1 - OSPF NSSA ext 1, ON2 - OSPF NSSA ext 2
       D - EIGRP, EX - EIGRP external
C    1002:ABCD:1039:4450::/64 [0/0]
      via GigabitEthernet0/0, directly connected
L    1002:ABCD:1039:4450::2/128 [0/0]
      via GigabitEthernet0/0, receive
D    2002:ABCD:1039:4452::/64 [90/130816]
      via FE80::290:21FF:FE9C:4D01, GigabitEthernet0/0
C    3002:ABCD:1039:4452::/64 [0/0]
      via Loopback0, directly connected
L    3002:ABCD:1039:4452::1/128 [0/0]
      via Loopback0, receive
L    FF00::/8 [0/0]
      via Null0, receive
R2#
```

PACKET TRACER

Cisco Networking Academy Program
A Powerful Network Simulation Tool

제15장

VoIP와 패킷트레이서 서버 기능

CHAPTER

15 VoIP와 패킷트레이서 서버 기능

VoIP(Voice over Internet Protocol)

전화는 가장 보편화된 통신 서비스 중 하나이다. 일반적인 유선 전화는 PSTN(Public Switched Telephony Network)을 사용하므로 전화 회선을 사용하는 만큼 비용을 지불하는 시스템이다. 댁내에서는 1990년대 중반만 해도 모뎀을 이용하여 PSTN 망 기반의 데이터 통신을 했다. 그러나 1990년대 말부터는 고속, 더 나아가 초고속 인터넷 망이 전개되어, 오늘날에는 상당히 저렴한 비용으로 인터넷 망을 통한 데이터 통신은 물론 VoIP 기술을 이용해 전 세계 어디에 있는 상대와도 통화를 할 수 있다. 또한 2000년대 말부터는 스마트폰이 널리 보급되어 이동통신 환경에서 모바일 VoIP 서비스를 이용한 통화까지도 가능해졌다.

인터넷 전화로 많이 알려져 있는 VoIP 기술은 PSTN과 여러모로 다른데 가장 큰 차이점은 아날로그 음성 정보를 데이터 패킷으로 변환하고 이 패킷들을 실시간으로 처리한다는 점이다. 네트워크가 혼잡한 상황에서 이메일이나 파일 전송 등은 다시 보내거나 조금 늦게 받으면 되지만 VoIP 서비스는 실시간 특성을 지원해야 하므로 상황이 다르다. 이러한 VoIP 서비스의 특성을 지원하기 위해서, 스위치는 VLAN을 데이터 VLAN과 보이스 VLAN으로 나누어 처리할 수 있다. 이 방법을 사용하게 되면 데이터 VLAN이 혼잡한 상태가 되더라도 보이스 VLAN과는 서로 다른 VLAN에 속해 있으므로 영향을 미치지 않게 되어 안정적인 VoIP 서비스가 가능하다는 장점이 있다. 라우터에서는 VoIP 패킷에 대해 QoS를 설정하여 혼잡한 WAN 구간을 지날 때 패킷이 최대한 빠르게 전달될 수 있도록 설정할 수 있다. VoIP 서비스의 품질을 나타내는 2가지 척도가 있는데 하나는 MOS(Mean Option Score)로서 1에서 5까지의 숫자로 나타내며, 숫자가 높을수록 통화 품질이 우수하다는 것을 나타낸다. 다른 한 가지는 PSQM(Perceptual Speech Quality Measurement)라고 하여 ITU-T 표준화 기구에서 표준으로 정의한 것으로 0에서 6의 값을 가지며 MOS와 반대로 낮을수록 통화 품질이 우수하다는 것을 의미한다.

VoIP 네트워크에서는 아날로그 음성을 디지털로 변환하기 위하여 코덱을 사용하며, VoIP 게이트웨이의 역할을 수행하는 라우터가 이를 주도하게 된다. 코덱은 여러 가지가 있지만 시스코에서는 G.729과 G.711만 지원한다. G.729는 음성 부호화 기술로 주로 사용되는 CELP(Code Excitation Linear Prediction) 압축을 사용하며, G.729 Annex A라는 약간 다른 모델이 존재한다. 하지만 두 모델 모두 32Kbps ADPCM(Adaptive Differential Pulse Code Modulation)과 같은 수준의 음성 품질을 제공한다. 참고로 G.729 Annex A는 G.729와 비교했을 때 좀 더 단순한 알고리즘을 사용하므로 부하가 상대적으로 작다는 장점이 있으며 MOS 3.9로서 대부분의 VoIP 장치를 생산하는 업체에서 기본 코덱으로 사용하고 있다. G.711은 64Kbps PCM 음성 코딩 기법을 규정하는데, 이 방식을 사용한 음성은 공공 전화망에서 또는 PBX를 통하여 디지털 음성으로 전달할 수 있으며 MOS 4.1 정도로 PSTN과 유사한 통화 품질을 가진다.

시스코는 VoIP 유선 및 무선 전화기를 비롯하여 라우터 장치를 통해 VoIP를 지원하는데, CIPC (Cisco IP Communicator)를 통해 소프트웨어를 동작시켜 VoIP 서비스를 제공 받을 수 있다. 패킷트레이서에서도 VoIP 폰을 지원하기는 하지만 설정할 수 있는 항목이 매우 제한적이다. 본서에서는 CIPC를 통한 VoIP 서비스 지원 방법에 대하여 살펴보기로 한다. 그림 15-1은 VoIP 실습을 위한 토폴로지인데, 패킷트레이서를 이용하여 이를 구성해보자.

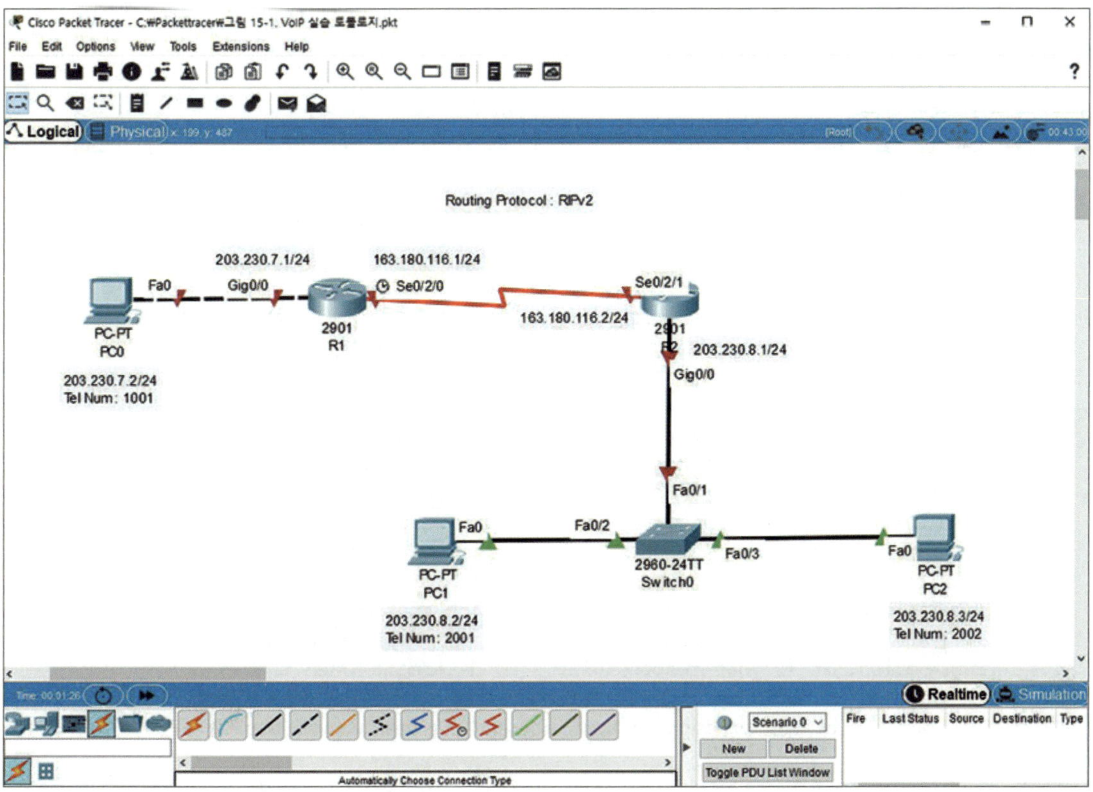

그림 15-1 VoIP 실습 토폴로지

VoIP가 동작하기 위해서는 기본적으로 라우팅이 되어야 하므로 RIPv2를 사용하여 라우팅을 실시하기로 하자. 실습 토폴로지의 라우터에 대한 설정 스크립트는 다음과 같다.

• **R1 설정 스크립트**

```
Router>en
Router#conf t
Router(config)#hostname R1
R1(config)#int gi0/0
R1(config-if)#ip add 203.230.7.1 255.255.255.0
R1(config-if)#no shutdown
R1(config-if)#exit
R1(config)#int s0/2/0
R1(config-if)#ip add 163.180.116.1 255.255.255.0
R1(config-if)#clock rate 64000
R1(config-if)#no shutdown
R1(config-if)#exit
R1(config)#router rip
R1(config-router)#version 2
R1(config-router)#network 203.230.7.0
R1(config-router)#network 163.180.0.0
R1(config-router)#no auto-summary
R1(config-router)#exit
R1(config)#license boot module c2900 technology-package uck9
PLEASE READ THE FOLLOWING TERMS CAREFULLY. INSTALLING THE LICENSE OR LICENSE KEY
PROVIDED FOR ANY CISCO PRODUCT FEATURE OR USING SUCH PRODUCT FEATURE CONSTITUTES
YOUR FULL ACCEPTANCE OF THE FOLLOWING TERMS. YOU MUST NOT PROCEED FURTHER IF YOU
ARE NOT WILLING TO BE BOUND BY ALL THE TERMS SET FORTH HEREIN.

Use of this product feature requires an additional license from Cisco,
together with an additional payment. You may use this product feature
on an evaluation basis, without payment to Cisco, for 60 days. Your use
of the product, including during the 60 day evaluation period, is
subject to the Cisco end user license agreement
http://www.cisco.com/en/US/docs/general/warranty/English/EU1KEN_.html
If you use the product feature beyond the 60 day evaluation period, you
must submit the appropriate payment to Cisco for the license. After the
60 day evaluation period, your use of the product feature will be
governed solely by the Cisco end user license agreement(link above),
together with any supplements relating to such product feature. The
above applies even if the evaluation license is not automatically
terminated and you do not receive any notice of the expiration of the
evaluation period. It is your responsibility to determine when the
evaluation period is complete and you are required to make payment to
Cisco for your use of the product feature beyond the evaluation period.

Your acceptance of this agreement for the software features on one
product shall be deemed your acceptance with respect to all such
```

```
software on all Cisco products you purchase which includes the same
software. (The foregoing notwithstanding, you must purchase a license
for each software feature you use past the 60 days evaluation period,
so that if you enable a software feature on 1000 devices, you must
purchase 1000 licenses for use past the 60 day evaluation period.)

Activation of the software command line interface will be evidence of
your acceptance of this agreement.


ACCEPT? [yes/no]: yes
% use 'write' command to make license boot config take effect on next boot
%IOS_LICENSE_IMAGE_APPLICATION-6-LICENSE_LEVEL: Module name = C2900 Next reboot
level = uck9 and License = uck9
%LICENSE-6-EULA_ACCEPTED: EULA for feature uck9 1.0 has been accepted. UDI=CIS-
CO2901/K9:FTX1524ZPC1; StoreIndex=2:Evaluation License Storage

R1(config)#do write
Building configuration...
[OK]
R1(config)#exit
R1#
reload
Proceed with reload? [confirm] 라우터를 재부팅한다.
```

• R2 설정 스크립트

```
Router>en
Router#conf t
Router(config)#hostname R2
R2(config)#int gi0/0
R2(config-if)#ip add 203.230.8.1 255.255.255.0
R2(config-if)#no shutdown
R2(config-if)#exit
R2(config)#int s0/2/1
R2(config-if)#ip add 163.180.116.2 255.255.255.0
R2(config-if)#no shutdown
R2(config-if)#exit
R2(config)#router rip
R2(config-router)#version 2
R2(config-router)#network 203.230.8.0
R2(config-router)#network 163.180.0.0
R2(config-router)#no auto-summary
R2(config-router)#exit
R2(config)#license boot module c2900 technology-package uck9
PLEASE READ THE FOLLOWING TERMS CAREFULLY. INSTALLING THE LICENSE OR LICENSE KEY
PROVIDED FOR ANY CISCO PRODUCT FEATURE OR USING SUCH PRODUCT FEATURE CONSTITUTES
```

```
YOUR FULL ACCEPTANCE OF THE FOLLOWING TERMS. YOU MUST NOT PROCEED FURTHER IF YOU
ARE NOT WILLING TO BE BOUND BY ALL THE TERMS SET FORTH HEREIN.

Use of this product feature requires an additional license from Cisco,
together with an additional payment. You may use this product feature
on an evaluation basis, without payment to Cisco, for 60 days. Your use
of the product, including during the 60 day evaluation period, is
subject to the Cisco end user license agreement
http://www.cisco.com/en/US/docs/general/warranty/English/EU1KEN_.html
If you use the product feature beyond the 60 day evaluation period, you
must submit the appropriate payment to Cisco for the license. After the
60 day evaluation period, your use of the product feature will be
governed solely by the Cisco end user license agreement(link above),
together with any supplements relating to such product feature. The
above applies even if the evaluation license is not automatically
terminated and you do not receive any notice of the expiration of the
evaluation period. It is your responsibility to determine when the
evaluation period is complete and you are required to make payment to
Cisco for your use of the product feature beyond the evaluation period.

Your acceptance of this agreement for the software features on one
product shall be deemed your acceptance with respect to all such
software on all Cisco products you purchase which includes the same
software. (The foregoing notwithstanding, you must purchase a license
for each software feature you use past the 60 days evaluation period,
so that if you enable a software feature on 1000 devices, you must
purchase 1000 licenses for use past the 60 day evaluation period.)

Activation of the software command line interface will be evidence of
your acceptance of this agreement.


ACCEPT? [yes/no]: yes
% use 'write' command to make license boot config take effect on next boot
%IOS_LICENSE_IMAGE_APPLICATION-6-LICENSE_LEVEL: Module name = C2900 Next reboot
level = uck9 and License = uck9
%LICENSE-6-EULA_ACCEPTED: EULA for feature uck9 1.0 has been accepted. UDI=CIS-
CO2901/K9:FTX1524ZPC1; StoreIndex=2:Evaluation License Storage

R2(config)#do write
Building configuration...
[OK]
R2(config)#exit
R2#
reload
Proceed with reload? [confirm] 라우터를 재부팅한다.
```

위와 같이 설정이 끝나면 그림 15-1의 실습 토폴로지에서 PC0 클릭 → Desktop → Command Prompt에서 PC1(203.230.8.2)과 PC2(203.230.8.3)로의 ping 테스트가 성공하는지 확인해본다.

```
PC>ping 203.230.8.2

Pinging 203.230.8.2 with 32 bytes of data:

Request timed out.
Reply from 203.230.8.2: bytes=32 time=5ms TTL=126
Reply from 203.230.8.2: bytes=32 time=5ms TTL=126
Reply from 203.230.8.2: bytes=32 time=1ms TTL=126

Ping statistics for 203.230.8.2:
    Packets: Sent = 4, Received = 3, Lost = 1 (25% loss),
Approximate round trip times in milli-seconds:
    Minimum = 1ms, Maximum = 5ms, Average = 3ms

PC>ping 203.230.8.2

Pinging 203.230.8.2 with 32 bytes of data:

Request timed out.
Reply from 203.230.8.2: bytes=32 time=5ms TTL=126
Reply from 203.230.8.2: bytes=32 time=5ms TTL=126
Reply from 203.230.8.2: bytes=32 time=1ms TTL=126

Ping statistics for 203.230.8.2:
    Packets: Sent = 4, Received = 3, Lost = 1 (25% loss),
Approximate round trip times in milli-seconds:
    Minimum = 1ms, Maximum = 5ms, Average = 3ms
```

※ 처음 한 번은 Ping이 안 갈 수도 있으나 통신에는 문제가 없다.

VoIP 설정

Ping 테스트를 확인했으면 이제 CIPC를 설정하자. PC0 클릭 → Desktop → Cisco IP Communicator에서 오른쪽 위의 버튼을 클릭한다. 버튼을 클릭하면 메뉴가 나오는데 Preference를 선택한 후 TFTP Server 1구간에 PC0의 디폴트 게이트웨이 주소인 203.230.7.1을 입력하고 OK를 누른다. 그림 15-2, 그림 15-3

PC1과 PC2도 PC0에서와 같이 Cisco IP Communicator → Preferences → Network → TFTP Server 1에 디폴트 게이트웨이 주소를 입력하고 저장한다. 그림 15-4

CIPC Preference 설정을 마쳤으면 R1과 R2에 VoIP call 처리와 관련된 설정을 다음 스크립트에서와 같이 수행한다.

• R1 VoIP call 처리 설정 스크립트

```
R1(config)#telephony-service
R1(config-telephony)#max-ephones 1
R1(config-telephony)#max-dn 1
R1(config-telephony)#ip source-address 203.230.7.1 port 2000
R1(config-telephony)#auto assign 1 to 1
R1(config-telephony)#exit
R1(config)#ephone-dn 1
R1(config-ephone-dn)#number 1001
```

그림 15-2 PC0 CIPC 실행 화면

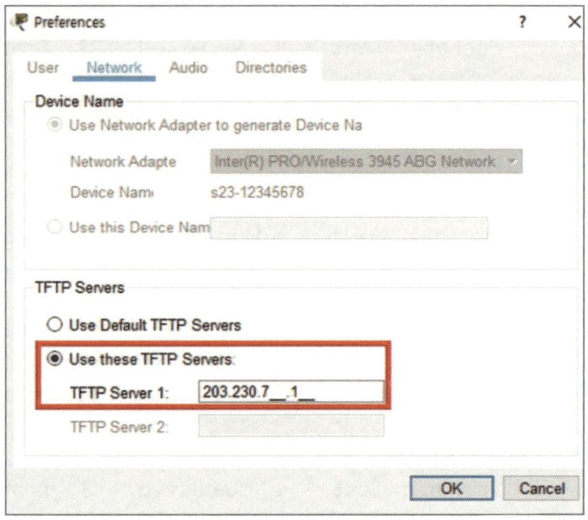

그림 15-3 PC0 CIPC Preference 화면

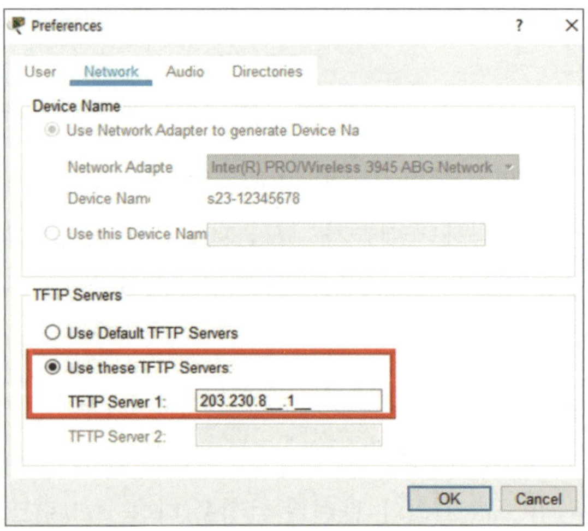

그림 15-4 PC1과 PC2 CIPC Preference 화면

그림 15-5 PC0 전화번호 등록 확인

위 설정 구문의 주요 요소에 대한 설명은 다음과 같다.

- **telephony-service**: VoIP 설정을 수행한다.
- **max-ephones 1**: 라우터에 연결될 VoIP 장치의 개수를 입력한다. 그림 15-1에서 라우터 R1에 연결되는 장치는 1개이므로 1을 입력한다.
- **max-dn 1**: 사용할 전화번호의 개수를 입력한다.
- **ip source-address 203.230.7.1 port 2000**: VoIP call을 처리할 디폴트 게이트웨이 주소와 포트 번호이다.
- **auto assign 1 to 1**: 전화번호 자동 할당 및 등록을 1개 실시하겠다는 의미이다.
- **ephone-dn 1**: 첫 번째 디렉터리 번호에 연결될 장치에 대해서 설정한다.
- **number 1001**: 장치의 전화번호를 설정한다.

위와 같이 라우터를 설정한 후 PC0의 CIPC에서 전화번호가 등록이 되었는지 확인하여야 하며, 만약 그림 15-5와 같이 전화번호가 등록되지 않았다면 위의 과정을 다시 확인해본다.

PC0 CIPC 화면에서 전화번호 등록을 확인할 수 있지만, 다음과 같이 라우터에서 ***show cphone*** 명령어를 입력하여 등록된 전화번호를 확인할 수도 있다.

```
R1#show ephone

ephone-1 Mac:0004.9A76.B622 TCP socket:[1] activeLine:0 REGISTERED in SCCP ver 12
and Server in ver 8
mediaActive:0 offhook:0 ringing:0 reset:0 reset_sent:0 paging 0 debug:0 caps:8
IP:203.230.7.2 1049 CIPC    keepalive 43 max_line 2
 button 1: dn 1  number 1001 CH1   IDLE
R1#
```

위의 출력 내용으로부터 203.230.7.2의 IP 주소를 가지는 CIPC에 1001번이 할당된 것을 확인할 수 있다. 이제 R1의 설정을 마쳤으므로 R2에 대해서도 마찬가지의 설정을 수행한다.

- **R2 VoIP call 처리 설정 스크립트**

```
R2(config)#telephony-service
R2(config-telephony)#max-ephones 2
R2(config-telephony)#max-dn 2
R2(config-telephony)#ip source-address 203.230.8.1 port 2000
R2(config-telephony)#auto assign 1 to 2
R2(config-telephony)#exit
```

```
R2(config)#ephone-dn 1
R2(config-ephone-dn)#number 2001
R2(config-ephone-dn)#exit
R2(config)#ephone-dn 2
R2(config-ephone-dn)#number 2002
```

위와 같이 설정한 후 PC1과 PC2에 전화번호가 올바로 설정되었는지 확인해보자.

그림 15-6 및 15-7과 같이 전화번호가 등록되었다. 그러나 간혹 전화번호 등록이 되긴 했는데 원하는 장치에 전화번호가 할당되지 않는 경우도 발생한다. 예를 들면 그림 15-1의 실습 토폴로지대로라면 PC1의 전화번호가 2001번이고 PC2의 전화번호가 2002번이어야 하는데 번호가 서로 바뀌어버린 것이다. 이는 먼저 전화번호 할당을 요구하는 CIPC에 자동으로 번호가 할당되기 때문에 발생하는 현상이다.

만약 위와 같은 상황이 발생되면 ***show run*** 명령어를 입력하여 ephone1 및 ephone2의 상세 정보를 볼 수 있고, 그 정보 중에 MAC 주소가 자동으로 등록된 것을 확인할 수 있다.

```
R2#show run
- 중간 생략-
ephone 1
 device-security-mode none
 mac-address 0001.9640.32DC
 type CIPC
 button 1:1
```

그림 15-6 PC1의 전화번호 등록 확인

그림 15-7 PC2의 전화번호 등록 확인

```
!
ephone 2
 device-security-mode none
 mac-address 0004.9A2E.E05C
 type CIPC
 button 1:2
-이하 생략
```

이 MAC 주소를 조절하여 원하는 번호를 할당할 수 있는 것이다. 이미 할당된 번호를 지우고 할당하고자 원하는 번호에 MAC 주소를 입력하면 된다. 위의 내용과 아래의 내용을 비교해보면 PC1과 PC2의 MAC 주소가 ephone 설정에 바뀌어 설정된 것을 확인할 수 있다.

```
R2(config)#no ephone 1
R2(config)#no ephone 2
R2(config)#ephone 1
R2(config-ephone)# mac-address 0004.9A2E.E05C(PC1의 MAC 주소)
R2(config-ephone)# type CIPC
R2(config-ephone)#ephone 2
R2(config-ephone)# mac-address 0001.9640.32DC(PC2의 MAC 주소)
R2(config-ephone)# type CIPC
R2(config-ephone)# button 1:2
```

위와 같이 설정한 후 ***show ephone*** 명령어를 사용하여 R2에서의 전화번호 할당 내용을 확인해 보자.

```
R2#show ephone

ephone-1 Mac:0004.9A2E.E05C TCP socket:[1] activeLine:0 REGISTERED in SCCP ver 12
and Server in ver 8
mediaActive:0 offhook:0 ringing:0 reset:0 reset_sent:0 paging 0 debug:0 caps:8
IP:203.230.8.2 1124 CIPC keepalive 43 max_line 2
 button 1: dn 1 number 1002 CH1 IDLE

ephone-2 Mac:0001.9640.32DC TCP socket:[1] activeLine:0 REGISTERED in SCCP ver 12
and Server in ver 8
mediaActive:0 offhook:0 ringing:0 reset:0 reset_sent:0 paging 0 debug:0 caps:8
IP:203.230.8.3 1110 CIPC keepalive 43 max_line 2
 button 1: dn 2 number 1003 CH1 IDLE
R2#
```

토폴로지에서 의도한 대로 전화번호가 할당된 것을 라우터를 통해서도 확인할 수 있지만, PC의 CIPC에서도 확인할 수 있을 것이다.

설정이 완료되었으므로 2001번에서 2002번으로 전화를 걸어보자. 전화를 거는 방법은 CIPC를 실행시킨 후 다이얼패드에 있는 번호를 누르고 키보드의 엔터키를 치면 그림 15-8과 같이 PC1에서 PC2로 전화를 거는 모습을 볼 수 있고, 그림 15-9와 같이 PC2에서는 PC1에서 전화가 걸려오고 있음을 알 수 있다.

현재까지의 설정으로는 2001번과 2002번 CIPC는 서로 전화를 주고받을 수 있지만 1001번과는 통화를 할 수 없다. 2001번과 2002번 CIPC는 같은 브로드캐스트 영역에 있고 CIPC가 등록되어 있는 라우터가 동일하지만 1001번 CIPC의 경우는 다른 브로드캐스트 영역에 있어서 PC1과 PC2가 연결된 라우터에 1001번 CIPC에 대한 정보가 없기 때문에 전화를 할 수 없는 것이다. 이는 1001번이 2001번과 2002번에 전화를 할 수 없는 것과 같은 이유이다. 따라서 서로 다른 브로드캐스트 영역에 위치한 전화기 상호간에 전화를 걸 수 있도록 R1과 R2에 추가적인 설정을 해주어야 한다. 아래의 스크립트를 참고하여 이 설정을 수행하자.

- **R1 피어 장치 설정 스크립트**

```
R1(config)#dial-peer voice 2001 voip
R1(config-dial-peer)#destination-pattern 2001
R1(config-dial-peer)#session target ipv4:203.230.8.1
R1(config-dial-peer)#exit
R1(config)#dial-peer voice 2002 voip
R1(config-dial-peer)#destination-pattern 2002
```

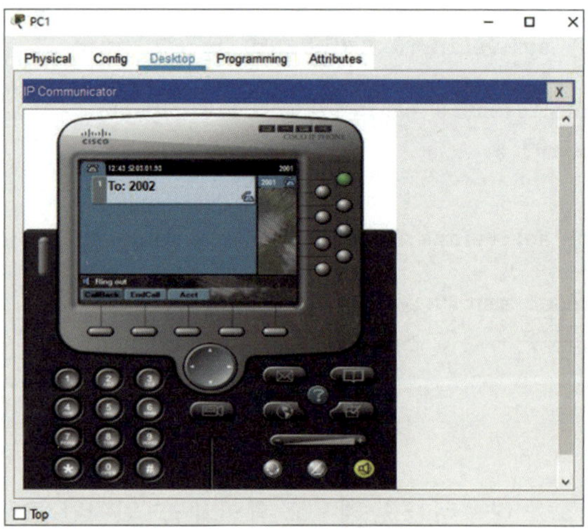

그림 15-8 PC1의 전화 발신 화면

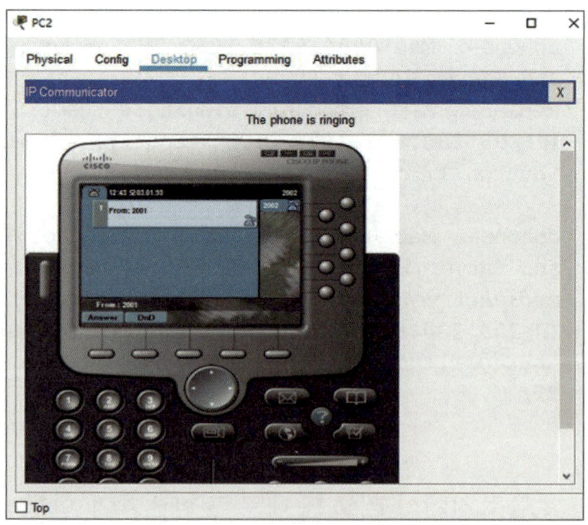

그림 15-9 PC2의 전화 수신 화면

```
R1(config-dial-peer)#session target ipv4:203.230.8.1
R1(config-dial-peer)#exit
R1(config)#
```

위 명령어 구문의 주요 요소에 대한 설명은 다음과 같다.

- **dial-peer voice 2001 voip**: 2001번 VoIP 피어에 대한 설정을 실시한다.
- **destination-pattern 2001**: 목적지 전화번호를 지정한다.
- **session target ipv4:203.230.8.1**: 2001번 피어의 디폴트 게이트웨이 주소이다.

R2에서도 마찬가지로 설정을 수행한다.

- **R2 피어 장치 설정 스크립트**

```
R2(config)#dial-peer voice 1001 voip
R2(config-dial-peer)# destination-pattern 1001
R2(config-dial-peer)# session target ipv4:203.230.7.1
R2(config-dial-peer)#exit
```

이제 1001번 CIPC에서 그림 15-10과 같이 2001번으로 전화를 걸어 그림 15-11과 같은 결과가

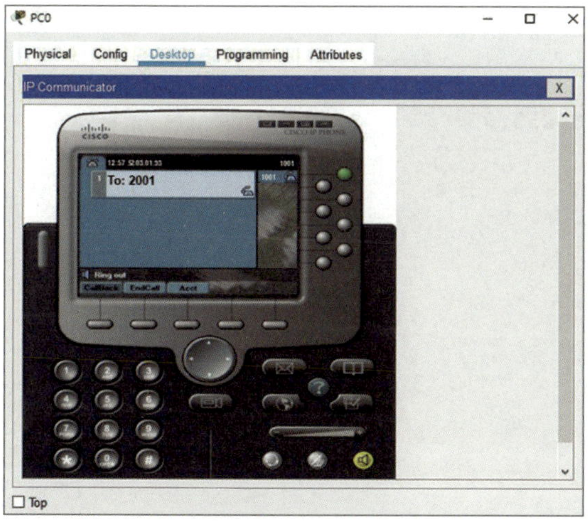

그림 15-10 PC0의 전화 발신 화면

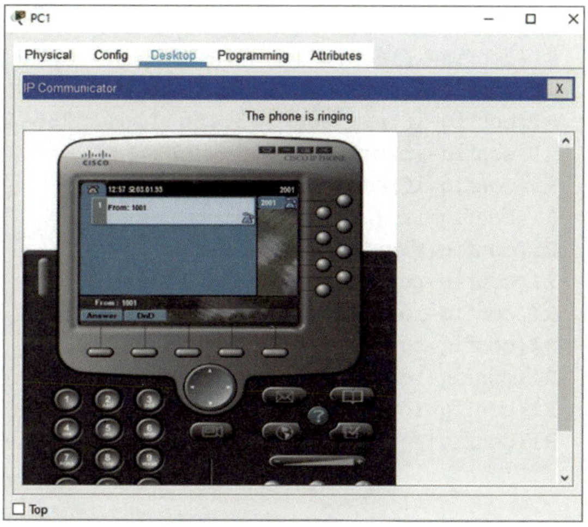

그림 15-11 PC1의 전화 송수신 화면

나오는지 확인해보자. 그림 15-10 및 15-11과 같은 결과가 나왔다면, 1001번 CIPC에서 2002번으로 전화를 걸어 같은 결과가 나오는 것이 확인되어야 한다.

패킷트레이서에서 CIPC를 사용하여 VoIP 실습을 해보았다. 실제 라우터에서도 위와 같이 동일하게 설정하면 VoIP를 구축할 수 있으며 IP 전화기를 사용하는 경우 전화기에도 IP 주소를 할당해야 한다. 그러나 거의 대부분의 IP 전화기는 통상적으로 DHCP를 통해 주소를 자동으로 받아 오도록 설정되어 있다.

패킷트레이서 서버

패킷트레이서에서 제공하고 있는 서버에는 HTTP, HTTPS, DHCP, TFTP, DNS, SYSLOG, AAA, NTP, EMAIL, FTP 서비스를 포함하고 있다. 이 서버의 사용법에 대하여 알아보기 위해 그림 15-12와 같은 토폴로지를 패킷트레이서에서 구성해보자. 라우터 R1과 R2 설정 스크립트는 다음과 같다.

• **R1 설정 스크립트**

```
Router>en
Router#conf t
Router(config)#hostname R1
R1(config)#int gi0/0
R1(config-if)#ip add 203.230.7.1 255.255.255.0
R1(config-if)#no shutdown
R1(config-if)#exit
R1(config)#int s0/2/0
R1(config-if)#ip add 163.180.116.1 255.255.255.0
R1(config-if)#clock rate 64000
R1(config-if)#no shutdown
R1(config-if)#exit
R1(config)#router rip
R1(config-router)#version 2
R1(config-router)#network 203.230.7.0
R1(config-router)#network 163.180.0.0
R1(config-router)#no auto-summary
R1(config-router)#exit
R1(config)#
```

• **R2 설정 스크립트**

```
Router>en
Router#conf t
Router(config)#hostname R2
R2(config)#int gi0/0
R2(config-if)#ip add 203.230.8.1 255.255.255.0
R2(config-if)#no shutdown
R2(config-if)#exit
R2(config)#int s0/2/1
R2(config-if)#ip add 163.180.116.2 255.255.255.0
R2(config-if)#no shutdown
R2(config-if)#exit
R2(config)#router rip
R2(config-router)#version 2
R2(config-router)#network 203.230.8.0
R2(config-router)#network 163.180.0.0
R2(config-router)#no auto-summary
R2(config-router)#exit
R2(config)#
```

HTTP(Hypertext Transfer Protocol)와 HTTPS(Secure Hypertext Transfer Protocol) 서버

하이퍼텍스트 전송 규약으로 불리는 HTTP는 웹 브라우저를 이용해 인터넷을 할 때 많이 사용하는 프로토콜 중 하나이다. HTTP 서버는 HTTP 프로토콜을 이용하여 주고받는 실제적인 파일

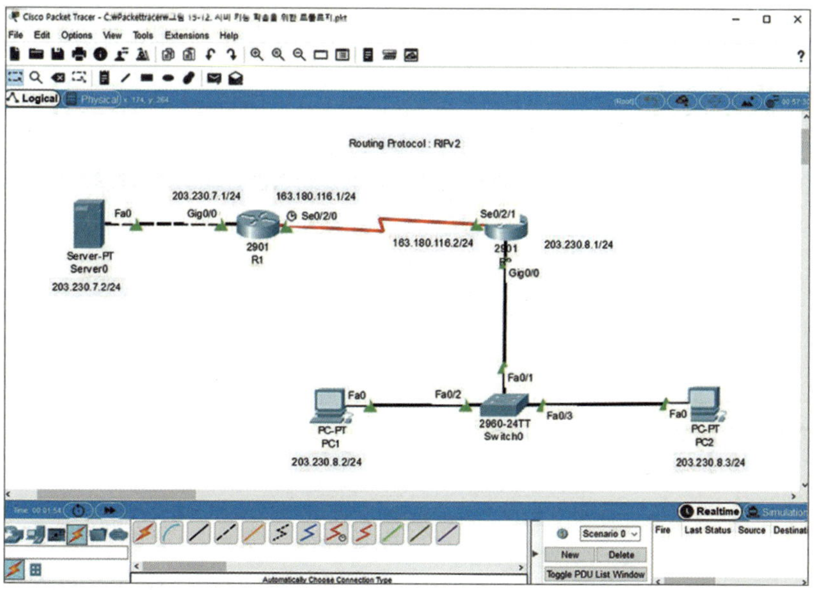

그림 15-12 서버 기능 학습을 위한 토폴로지

(텍스트, 이미지, 사운드 등)이 저장되어 있는 장치를 말하며 웹 서버도 이에 해당한다. HTTPS는 사용자와 웹 서버의 페이지를 암호화 하는 기술인데, 패킷트레이서의 서버는 기본적으로 HTTP와 HTTPS가 동작하도록 되어 있다. 만약 이들 서버의 동작을 원하지 않는다면 off를 선택하면 된다. 패킷트레이서에서의 PC, 랩톱, 서버에서 지원하는 웹 브라우저를 이용하여 HTTP와 HTTPS 서버에 접속할 수 있으며, 접속 시 index.html에 있는 내용이 표시된다. index.html은 사용자가 임의로 수정할 수 있으며 html 코드도 지원한다.그림 15-13, 15-14

TFTP(Trivial File Transfer Protocol) 서버

TFTP 서버는 UDP를 사용하며 라우터와 스위치의 IOS 및 설정 파일을 외부 서버에 저장할 때 사용하는 서버이다. TFTP는 사용이 쉽고, 라우터의 IOS가 정상적이지 않을 경우 IOS를 복원하기 위해서 사용되기도 한다. 다음과 같이 라우터 R1의 IOS 파일과 running-config 파일을 Server0에 저장해보자.

```
R1#show flash:

System flash directory:
File  Length   Name/status
  3   33591768 c2900-universalk9-mz.SPA.151-4.M4.bin
  2   28282     sigdef-category.xml
  1   227537    sigdef-default.xml
[33847587 bytes used, 221896413 available, 255744000 total]
249856K bytes of processor board System flash (Read/Write)
```

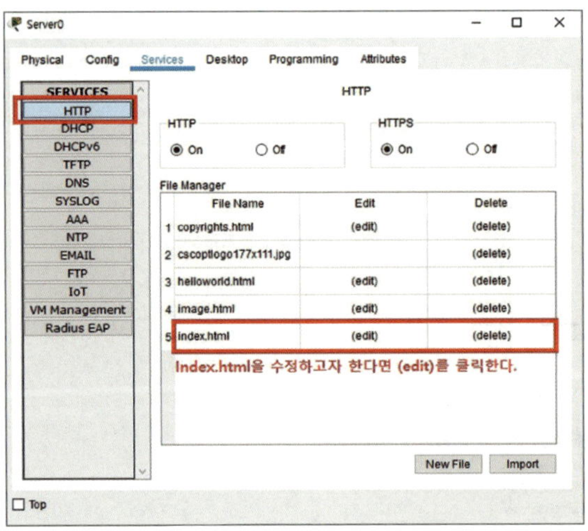

그림 15-13 HTTP 서버 화면

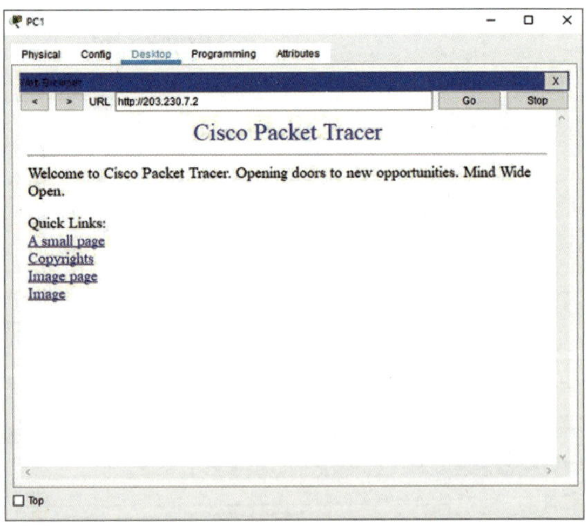

그림 15-14 PC1에서 HTTP 서버 접속 화면

```
R1#

※ 위의 명령어를 통해 현재의 라우터에서 동작하는 운영체제가 c2900-universalk9-mz.SPA.151-4.
  M4.bin 라는 것을 알 수 있다.

R1#copy flash: tftp:
Source filename []? c2900-universalk9-mz.SPA.151-4.M4.bin
Address or name of remote host []? 203.230.7.2
Destination filename [c2900-universalk9-mz.SPA.151-4.M4.bin]?
R1_c2900-universalk9-mz.SPA.151-4.M4.bin

※ R1의 운영체제를 "R1_c2900-universalk9-mz.SPA.151-4.M4.bin" 이름으로 저장한다.

Writing c2900-universalk9-mz.SPA.151-4.M4.bin...!!!!!!!!!!!!!!!!!!!!!!!!!!!!!!!!!
!!!!!!!!!!!!!!!!!!!!!!!!!!!!!!!!!!!!!!!!!!!!!!!!!!!!!!!!!!!!!!!!!!!!!!!!!!!!!!!!!!
!!!!!!!!!!!!!!!!!!!!!!!!!!!!!!!!!!!!!!!!!!!!!!!!!!!!!!!!!!!!!!!!!!!!!!!!!!!!!!!!!!
!!!!!!!!!!!!!!!!!!!!!!!!!!!!!!!!!!!!!!!!!!!!!!!!!!!!!!!!!!!!!!!!!!!!!!!!!!!!!!!!!!
!!!!!!!!!!!!!!!!!!!!!!!!!!!!!!!!!!!!!!!!!!!!!!!!!!!!!!!!!!!!!!!!!!!!!!!!!!!!!!!!!!
!!!!!!!!!!!!!!!!!!!!!!!!!!!!!!!!!!!!!!!!!!!!!!!!!!!!!!!!!!!!!!!!!!!!!!!!!!!!!!!!!!
!!!!!!!!!!!!!!!!!!!!!!!!!!!!!!!!!!!!!!!!!!!!!!!!!!!!!!!!!!!!!!!!!!!!!!!!!!!!!!!!!!
!!!!!!!!!!!!!!!!!!!!!!!!!!!!!!!!!!!!!!!!!!!!!!!!!!!!!!!!!!!!!!!!!!!!!!!!!!!!!!!!!!
!!!!!!!!!!!!!!!!!!!!!!!!!!!!!!!!!!!!!!!!!!!!!!!!!!!!!!!!!!!!!!!!!!!!!!!!!!!!!!!!!!
!!!!!!!!!!!!!!!!!!!!!!!!!!!!!!!!!!!!!!!!!!!!!!!!!!!!!!!!!!!
[OK - 33591768 bytes]

33591768 bytes copied in 0.501 secs (7039914 bytes/sec)

R1#copy running-config tftp:
Address or name of remote host []? 203.230.7.2
Destination filename [R1-confg]?

Writing running-config...!!
[OK - 1296 bytes]

1296 bytes copied in 0.001 secs (1296000 bytes/sec)
R1#
```

위 과정에 대한 설명은 다음과 같다.

- **copy flash: tftp**: 라우터 flash에 있는 파일을 tftp 서버로 복사한다.
- **Source filename [ ]? c2900-universalk9-mz.SPA.151-4.M4.bin**: tftp 서버로 복사하고자 하는 파일의 이름을 입력한다.
- **Address or name of remote host [ ]? 203.230.7.2**: tftp 서버의 IP 주소이다.
- **Destination filename [c2900-universalk9-mz.SPA.151-4.M4.bin]? R1_c2900-universalk9-mz.**

SPA.151-4.M4.bin : tftp 서버에 저장될 파일 이름을 입력한다. [ ]의 상태는 값을 입력해야 한다는 뜻이며, [ ]에 내용이 들어가 있을 경우 엔터키를 누르면 그 값이 입력된다. 위의 내용은 R1의 IOS인 c2900-universalk9-mz.SPA.151-4.M4.bin을 R1_c2900-universalk9-mz.SPA.151-4.M4.bin라는 이름으로 tftp 서버에 저장한다는 의미이다. 입력이 끝나고 엔터키를 누르면 파일을 전송하고 있다는 의미로 느낌표가 표시되며, 느낌표가 다 없어지면서 OK 메시지가 나오면 파일 전송이 완료되었다는 의미이다.

- **copy running-config tftp**: 라우터에서 동작 중인 running-config 파일을 tftp 서버로 저장한다는 의미이다.
- **Destination filename [R1-confg]?**: 아무 값도 입력하지 않고 엔터키를 눌렀으므로 괄호 안에 있는 R1-confg라는 이름으로 R1의 running-config가 저장된다.

이제 그림 서버에 파일이 잘 복사되었는지 확인한다.

DNS(Domain Name Server)

DNS는 인터넷 도메인을 IP주소로 바꾸어주는 서버이다. www.cisco.com과 같이 문자로 구성되어 있는 URL은 외우기 쉽지만 IP 주소로만 이루어져 있는 URL은 외우기 어렵기 때문에 DNS를 통해 도메인 이름을 IP 주소로 바꿔주는 것이다. DNS는 도메인 이름 및 이에 매칭하는 IP 주소를 데이터베이스로 가지고 있다가 이 정보를 필요로 하는 장치에 관련 정보를 제공한다. 위의 실습에서 웹브라우저에 IP 주소를 넣고 HTTP 서버에 접속한 이유는 DNS 설정이 되지 않았기 때문이다.

이제 그림 15-16에 보인 것처럼, DNS 설정을 통해 PC1의 웹 브라우저에 http://www.cisco.com

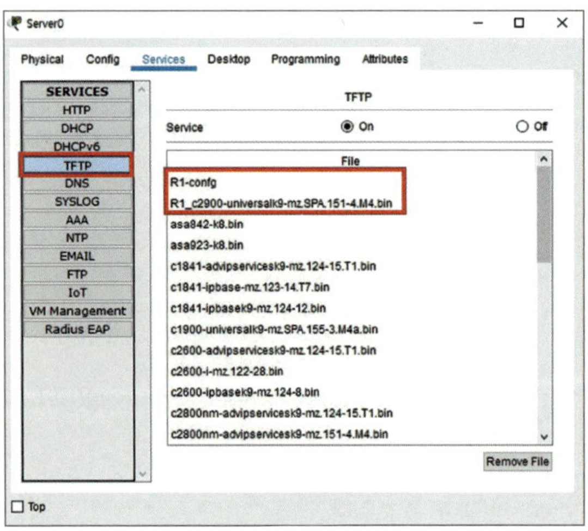

그림 15-15 TFTP 서버 접속 화면

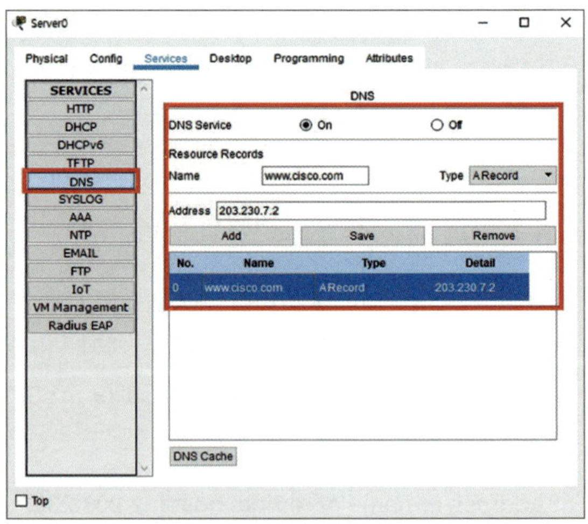

그림 15-16 Server DNS 설정

을 입력하면 패킷트레이서의 기본 http 화면이 나오도록 DNS를 설정해보자.

위와 같이 설정한 후 그림 15-17과 같이 PC1의 IP Configuration에서 DNS 정보를 입력한다. PC의 경우는 DNS 서버의 위치를 알지 못하므로, DHCP를 통한 자동 IP 주소 할당이 아닌 수동으로 IP 주소를 할당하는 경우에는 항상 수동으로 DNS 주소를 입력하여야 한다.

이제 PC1의 웹 브라우저에 www.cisco.com을 입력해보자. 입력 후 그림 15-18과 같은 화면이 나와야 한다.

Syslog 서버

Syslog 서버는 라우터에서 발생하는 로그 메시지가 기록되는 서버로서 매우 작고 간단하며 라우터뿐만이 아니라 네트워크 장치에서 발생하는 모든 로그 메시지를 기록할 수 있다. 라우터에서 네이버가 맺어지거나 인터페이스가 다운되거나 활성화가 되는 경우 콘솔에 관련 메시지가 나타나는데, 이 메시지를 보고 싶지 않다면 ***no logging console*** 명령어를 사용하여 로깅 메시지 출력을 중단할 수 있다. 그림 15-11의 라우터 R1에서 발생되는 로그 메시지를 서버에 저장하도록 설정해보자. 다음과 같은 명령어 구문을 이용한다.

```
R1(config)#logging on → Syslog 서비스를 활성화시킨다.
R1(config)#logging host 203.230.7.2 → Syslog 서버를 지정한다.

※ 라우터에 로그를 발생시키기 위하여 아래와 같이 이벤트를 발생시킨다.
```

그림 15-17 PC1 DNS Server 주소 설정

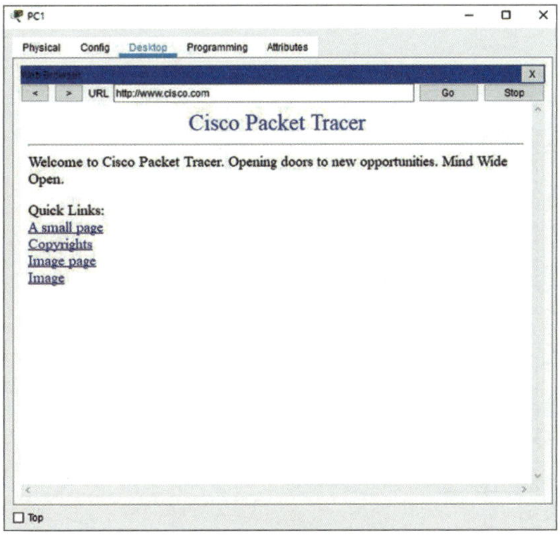

그림 15-18 DNS를 이용한 홈페이지 접속

```
R1(config)#int s0/2/0
R1(config-if)#shutdown
R1(config-if)#
%LINK-5-CHANGED: Interface Serial0/2/0, changed state to administratively down

%LINEPROTO-5-UPDOWN: Line protocol on Interface Serial0/2/0, changed state to down

R1(config-if)#no shutdown
R1(config-if)#
%LINK-5-CHANGED: Interface Serial0/2/0, changed state to up

R1(config-if)#
```

위와 같이 R1을 Syslog 서버로 지정한 후 그림 15-19에서와 같이 로깅 메시지가 제대로 기록되었는지 확인해보자.

AAA(Authentication, Authorization, Account) 서버

AAA란 계정을 인증하고 권한을 부여하는 기능을 담당하는 서버로서 AAA를 위해 Radius와 TACACS(Terminal Access Controller Access System) 프로토콜을 이용한다. TACACS는 시스코에서 만들었으며 UDP를 사용했지만 TACAC+로 업그레이드가 되면서 TCP를 사용한다. 네트워크에 여러 장치가 있을 경우 그 장치에 일일이 사용자들의 이름과 암호를 설정하는 것은 결코 용이한 일이 아니다. AAA 서버는 바로 이러한 번거로움을 없애기 위해서 라우터와 스위치의 인증을 AAA 서버를 통해 받도록 설정하고 AAA는 계정의 생성과 관리를 담당하도록 한 것이다. 이렇게

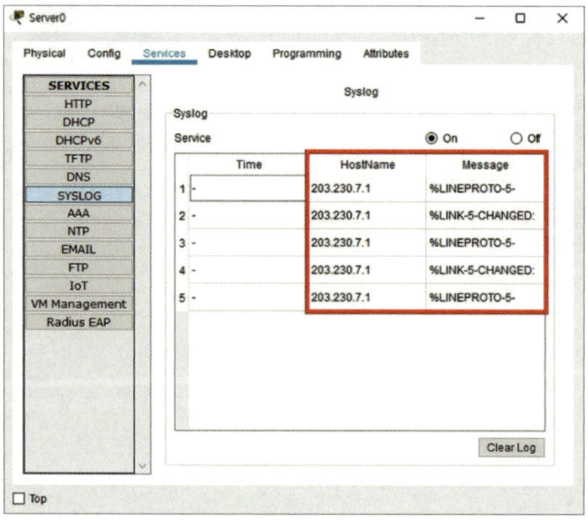

그림 15-19 Syslog 서버

되면 AAA 서버에서 만들어진 계정이 별도의 설정 없이 라우터와 스위치에 적용되므로 관리가 용이해진다. 패킷트레이서는 RADIUS와 TACACS 설정을 지원하므로 R1의 인증을 AAA 서버를 통해 받도록 설정해보자.

```
R1(config)#username admin password class
R1(config)#aaa new-model
R1(config)#aaa authentication login default group radius local
R1(config)#radius-server host 203.230.7.2
R1(config)#radius-server key cisco
R1(config)#line console 0
R1(config-line)#login authentication default
R1(config-line)#exit
R1(config)#line vty 0 4
R1(config-line)#login authentication default
```

위의 각 명령어 구문에 대한 설명은 다음과 같다.

- **username admin password class**: 사용자 이름과 암호를 만들어놓는다. 이 계정을 만드는 이유는 만약 Radius에 문제가 생겨 인증을 받을 수 없을 경우 라우터에 접속하기 위함이다.
- **aaa new-model aaa**: 서버가 시작됨을 의미한다.
- **aaa authentication login default group radius local**: Radius 인증을 거치되 만약 실패하면 위에서 설정한 사용자 이름과 암호로 인증을 실시할 수 있도록 설정한다.
- **radius-server host 203.230.7.2**: Radius 서버의 주소를 입력한다.
- **radius-server key cisco**: Radius 서버 키 값을 입력한다.
- **login authentication default**: 콘솔로 접속 시 위의 정책을 적용한다는 의미이다.
- **login authentication default**: 텔넷으로 접속 시 위의 정책을 적용한다는 의미이다.

R1 라우터에 대한 설정이 끝났으면 그림 15-20과 같이 Radius 서버를 설정한다. R1과 관련된 Radius 설정이 끝나고 R2 추가하려면, 라우터로 이동해 Radius 설정을 먼저 하고 Radius 서버의 network configuration에 R2를 나타낼 이름, 주소, 키 값을 넣고 오른쪽에 "+" 버튼을 눌러 추가한다.

```
- R1 라우터 콘솔 접속
R1 con0 is now available

Press RETURN to get started.


User Access Verification

Username: cisco
Password: "class" 입력 후 엔터를 누른다.
R1>
```

위와 같이 인증이 된 것을 확인할 수 있다. 다음으로 TACACS+를 이용하여 인증을 실시해보자. 이를 위해 앞에서 R1에 적용했던 Radius 인증 설정을 먼저 삭제하여야 한다. 그리고 다음의 설정 스크립트를 참고하여 진행하도록 한다.그림 15-21

```
R1(config)#username system password class
R1(config)#aaa new-model
R1(config)#aaa authentication login default group tacacs+ local
R1(config)#tacacs-server host 203.230.7.2
R1(config)#tacacs-server key cisco
R1(config)#line console 0
R1(config-line)#login authentication default
R1(config-line)#exit
R1(config)#line vty 0 4
R1(config-line)#login authentication default
```

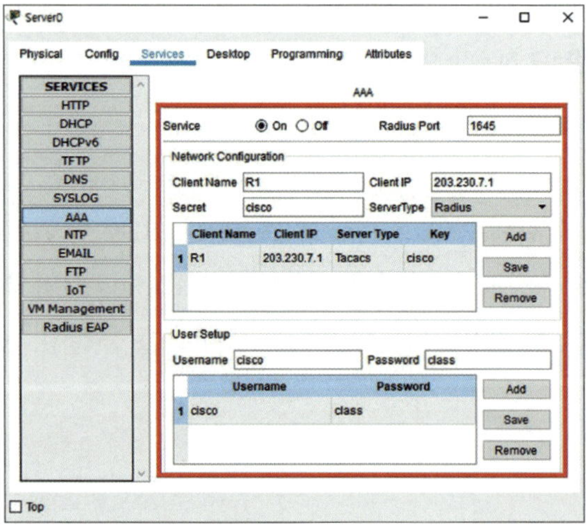

그림 15-20 Radius 설정

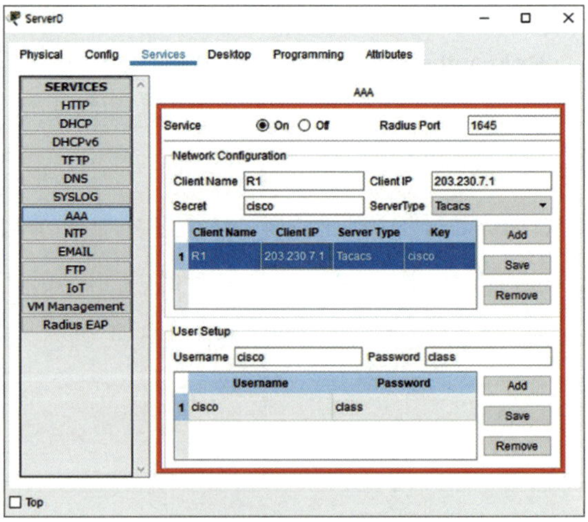

그림 15-21 TACACS+ 설정

```
- R1 라우터 콘솔 접속
R1 con0 is now available

Press RETURN to get started.


User Access Verification

Username: cisco
Password: "class" 입력 후 엔터를 누른다.
R1>
```

TACACS+도 Radius와 똑같이 인증이 된 것을 확인할 수 있으며, AAA 설정 시 인증이 되지 않을 경우를 대비하여 반드시 사용자를 생성해 놓도록 한다.

이메일 서버

패킷트레이서가 제공하는 서버를 활용하면 패킷트레이서 내에서 동작하는 PC 간에 이메일을 주고받을 수 있다. 이 기능을 사용하기 위해서는 DNS가 먼저 설정되어 있어야 한다. 토폴로지의 PC1 및 PC2에 DNS 주소를 그림 15-22와 같이 설정한다.

앞에서 도메인 이름으로 www.cisco.com을 사용하였으므로 이를 그대로 사용하여 이메일 계정을 서버에 만들어보자. 계정은 2개(router@cisco.com 계정 및 암호 cisco123, switch@cisco.com 암호 class321)를 만들어서 한 계정으로는 메일을 보내고 다른 한 계정으로는 메일을 받아

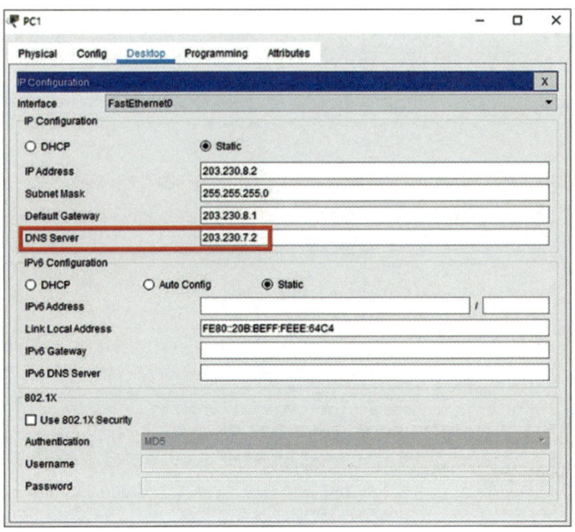

그림 15-22 PC1 및 PC2 DNS 서버 설정

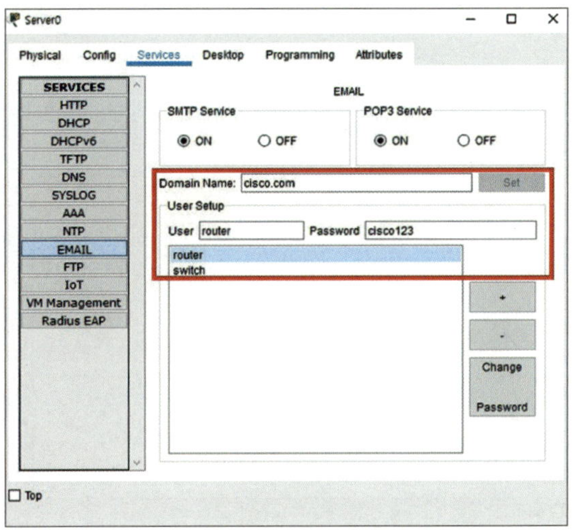

그림 15-23 이메일 서버 설정

보자. 서버 설정 시 도메인 이름을 넣고 반드시 옆에 있는 **set** 버튼을 눌러야 한다.그림 15-23 프로그램상의 문제로 **set** 버튼을 누른 후 서버를 재부팅하면 활성화가 안 되는 경우가 있으므로, 이메일이 보내지지 않는 등의 문제가 발생하면 가장 먼저 이를 확인하도록 한다.

이제 PC1에 router 사용자 계정을 설정하고, PC2에 switch 사용자 계정을 설정해보자. PC1 클릭 → Desktop → E-MAIL을 클릭하면 메일을 설정할 수 있는 화면이 나온다. 그림 15-24와 그림 15-25에서와 같이 이메일을 설정한다.

이제 **Save** 버튼을 누르고 **Compose** 버튼을 누르면 메일을 작성하는 화면이 나타나는데, PC1의

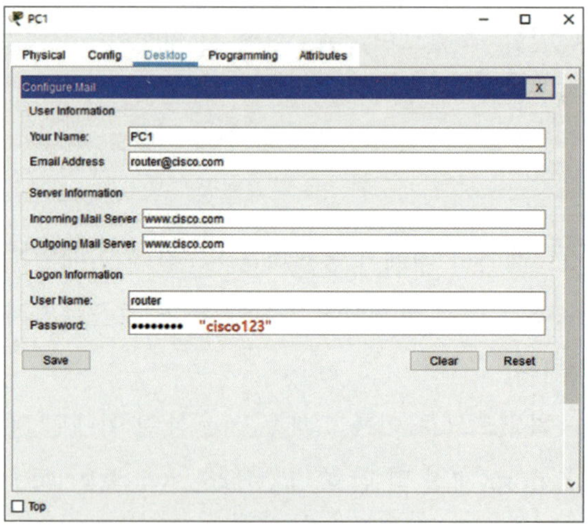

그림 15-24 PC1 E-MAIL 설정

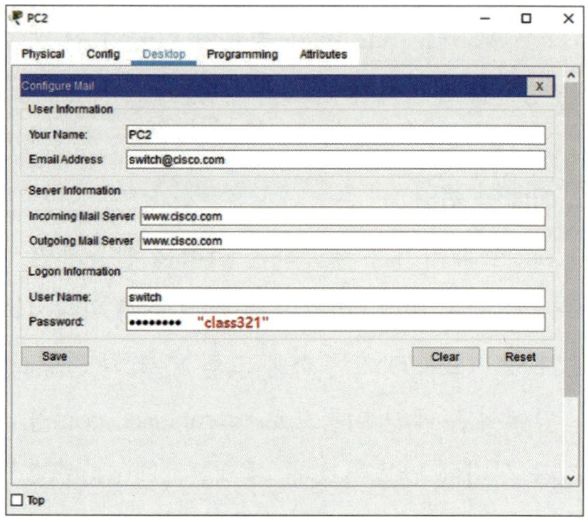

그림 15-25 PC2 E-MAIL 설정

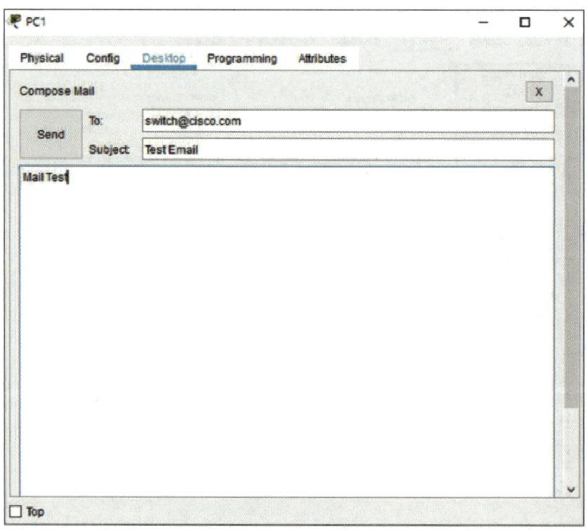

그림 15-26 PC1에서의 이메일 작성

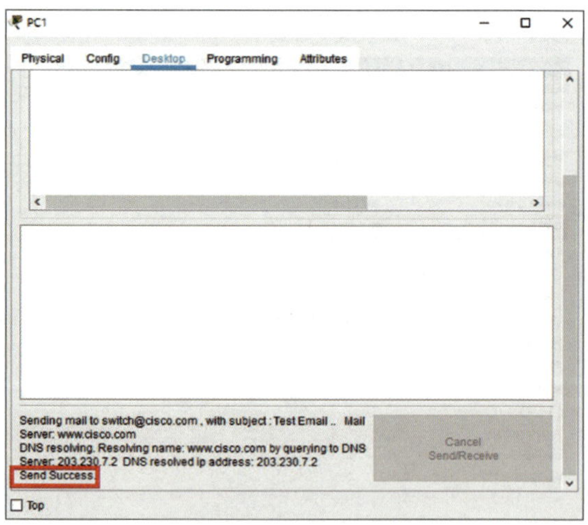

그림 15-27 PC1에서의 메일 전송 성공 메시지

router@cisco.com 계정에서 switch@cisco.com 계정으로 메일을 작성하고 그림 Send 버튼을 눌러 이메일을 보내본다.

Send 버튼을 눌렀을 때 그림 15-27에서와 같이 맨 마지막에 **Send Success** 메시지가 나와야 하며, 만약 나오지 않는다면 설정이 틀린 것이므로 다시 설정하도록 한다.

이제 PC2에서 PC1이 보낸 이메일을 확인해보자. PC2 클릭 → Desktop → E-MAIL → Receive 버튼을 클릭한다.

FTP(File Transfer Protocol) 서버

라우터와 스위치의 IOS 이미지 파일과 running-config 파일의 백업을 위해 TFTP를 사용했는데, FTP 서버를 사용하면 대용량의 IOS 이미지 파일을 훨씬 빠르게 백업할 수 있고 라우터로 전송할 수 있다는 장점이 있다. 최근 들어 IOS 이미지의 크기가 증가하고 있어 빠른 작업을 위해 많이 사용하고 있다. 설정하는 방법은 먼저 서버에 사용자 계정을 생성하고 권한을 준 후 라우터에 FTP 사용자 계정 및 암호를 저장하면 된다. R1의 running-config 파일을 FTP 서버에 저장해보기 위해서 그림 15-29에서와 같이 먼저 서버에 계정(ID packet과 암호 tracer)을 생성하고 권한을 조정한다.

다음으로 ftp 서버에 접속할 사용자의 계정 정보를 라우터에 설정한다.

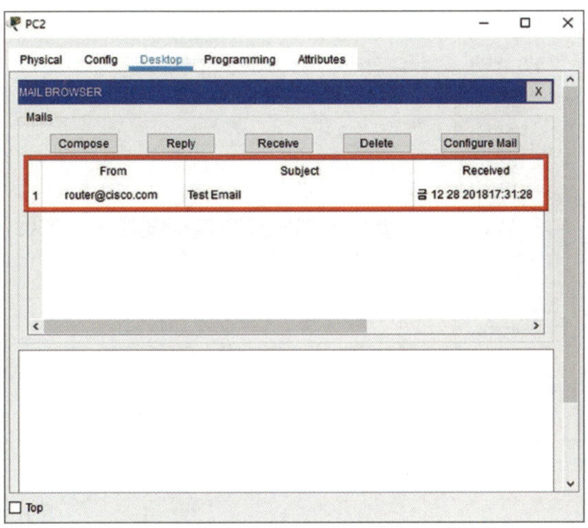

그림 15-28 PC2에서의 이메일 수신

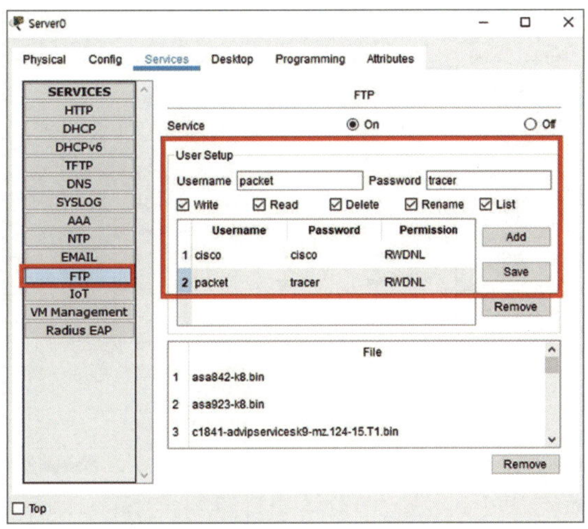

그림 15-29 FTP 서버 설정

```
R1(config)#ip ftp username packet
R1(config)#ip ftp password tracer
```

이상으로 준비가 완료되었다. 다음과 같이 라우터 R1의 running-config 파일을 FTP 서버로 복사해보자.

```
R1#copy running-config ftp:
Address or name of remote host []? 203.230.7.2
Destination filename [R1-confg]?

Writing running-config...
[OK - 1600 bytes]

0711 bytes copied in 12.06 secs(091007 bytes/sec)

R1#
```

다시 ftp 서버에 들어가서 그림 15-30과 같이 R1-config라는 이름의 파일이 생성되었는지 확인한다.

NTP(Network Time Protocol) 서버

토폴로지에서 존재하는 모든 네트워크 장비의 시간은 반드시 동기화되어야 한다. 네트워크 모니터링을 비롯한 보안 침해 사고 등과 같이 역추적을 해야 하는 경우, 네트워크 장비들의 시간이

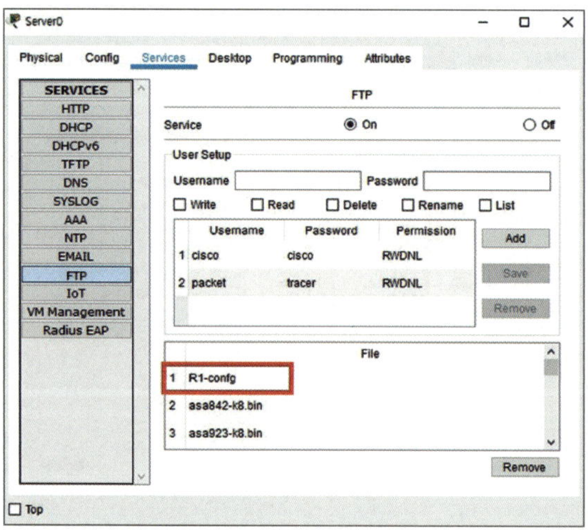

그림 15-30 FTP 서버 동작 확인

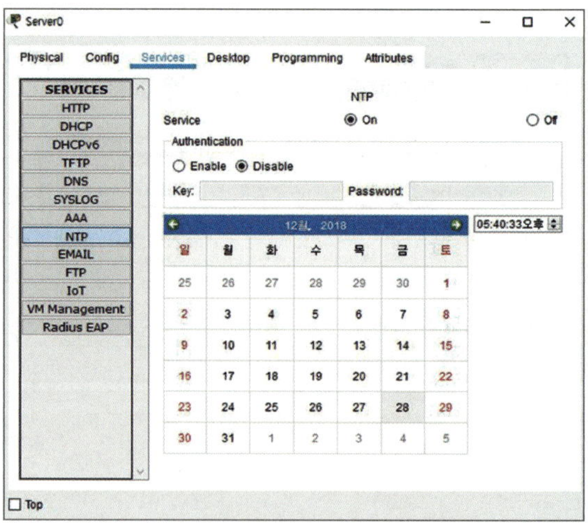

그림 15-31 NTP 서버 동작

동기화되어 있지 않다면 역추적을 비롯하여 여러 네트워크 정보들에 대한 혼란이 가중될 수 있다. 그러나 많은 네트워크 장비들을 모두 정확하게 동기화한다는 것은 수동 설정으로는 불가능한 일이다. 이때 사용하는 서버가 NTP 서버이다. NTP 서버를 구축하고 네트워크 장비에 NTP 서버로부터 시간을 받아 오도록 설정하면 장비는 NTP 서버와 시간을 동기화시킨다. 그러므로 네트워크 장비들의 시간을 손쉽게 동기화시킬 수 있는 장점을 가지고 있다. 그림 15-31

```
R1#show clock
*1:47:17.643 UTC Mon Mar 1 1993
R1#conf t
R1(config)#ntp server 203.230.7.2
R1(config)#exit
R1#show clock
*2:13:40.729 UTC Wed Jan 27 2016
R1#
```

라우터에 시간이 설정되지 않은 상태에서 시간을 확인해보면 항상 "Mon Mar 1 1993"으로 확인된다. 이제 NTP 서버를 지정하고 다시 시간을 확인해보면 현재의 날짜 및 시간인 "2:13:40.729 UTC Wed Jan 27 2016"으로 변경된 것을 확인할 수 있다.

PACKET TRACER

Cisco Networking Academy Program
A Powerful Network Simulation Tool

부록

부록 1 패킷트레이서에서 지원되는 라우터 IOS(12.4) 명령어

User Mode

- <1-99>
- connect [WORD]
- disconnect
- enable [<0-15> | view [WORD]]
- exit
- logout
- ping WORD
- resume [<1-16> | WORD]
- show
    - cdp
        - entry
            - * [protocol | version]
            - WORD [protocol | version]
        - interface
            - Ethernet <0-9>/<0-24>[.][<0-4294967295>]
            - FastEthernet <0-9>/<0-24>[.][<0-4294967295>]
            - GigabitEthernet <0-9>/<0-24>[.][<0-4294967295>]
            - Serial <0-9>/<0-24>
        - neighbors [detail]
    - class-map [WORD]
    - clock
    - controllers
        - Ethernet <0-9>/<0-24>
        - FastEthernet <0-9>/<0-24>
        - GigabitEthernet <0-9>/<0-24>
        - Serial <0-9>/<0-24>
        - Serial <0-9> <0-24> <0-4294967295>
        - Serial <0-9> <0-24> <0-4294967295> <16-1022>
    - crypto key mypubkey rsa
    - dot11 interface
    - flash:
    - frame-relay
        - lmi
        - map
        - pvc
            - <16-1022>
            - interface Serial <0-9>/<0-24> [<16-1022>]
            - interface Serial <0-9>/<0-24> [<16-1022>]
            - interface Serial <0-9> <0-24> <0-4294967295>
            - interface Serial <0-9> <0-24> <0-4294967295> <16-1022>
    - history

- hosts
- interfaces
  - Dot11Radio <0-9>/<0-24>
  - Ethernet <0-9>/<0-24>[.][<0-4294967295>] [switchPort]
  - FastEthernet <0-9>/<0-24>[.][<0-4294967295>] [switchPort]
  - GigabitEthernet <0-9>/<0-24>[.][<0-4294967295>] [switchPort]
  - Loopback <0-2147483647>
  - Serial <0-9>/<0-24>
  - Serial <0-9> <0-24> <0-4294967295>
  - Tunnel <0-2147483647>
  - Virtual-Access <1-2>
  - Virtual-Template <1-200>
  - Vlan <1-1005>
  - switchport
  - trunk
- ip
  - arp
  - bgp [neighbors | summary]
  - dhcp binding
  - eigrp
    - interfaces [<1-65535>]
    - neighbors [<1-65535>]
    - topology [<1-65535>] [A.B.C.D A.B.C.D]
    - all-links
    - traffic [<1-65535>]
  - interface
    - Ethernet <0-9>/<0-24>[.][<0-4294967295>]
    - FastEthernet <0-9>/<0-24>[.][<0-4294967295>]
    - GigabitEthernet <0-9>/<0-24>[.][<0-4294967295>]
    - Loopback <0-2147483647>
    - Serial <0-9>/<0-24>
    - Vlan <1-1005>
    - brief
  - nbar port-map
  - nat translations
  - ospf
    - <1-65535>
      - <0-4294967295>
        - database
        - interface
          - Ethernet <0-9>/<0-24>[.][<0-4294967295>]
          - FastEthernet <0-9>/<0-24>[.][<0-4294967295>]
          - GigabitEthernet <0-9>/<0-24>[.][<0-4294967295>]
          - Loopback <0-2147483647>
          - Serial <0-9>/<0-24>
        - neighbor [detail]
          - Ethernet <0-9>/<0-24>[.][<0-4294967295>]
          - FastEthernet <0-9>/<0-24>[.][<0-4294967295>]
          - GigabitEthernet <0-9>/<0-24>[.][<0-4294967295>]
          - Loopback <0-2147483647>

        - Serial <0-9>/<0-24>
      - virtual-links
    - A.B.C.D
      - database
      - interface
        - Ethernet <0-9>/<0-24>[.][<0-4294967295>]
        - FastEthernet <0-9>/<0-24>[.][<0-4294967295>]
        - GigabitEthernet <0-9>/<0-24>[.][<0-4294967295>]
        - Loopback <0-2147483647>
        - Serial <0-9>/<0-24>
      - neighbor [detail]
        - Ethernet <0-9>/<0-24>[.][<0-4294967295>]
        - FastEthernet <0-9>/<0-24>[.][<0-4294967295>]
        - GigabitEthernet <0-9>/<0-24>[.][<0-4294967295>]
        - Loopback <0-2147483647>
        - Serial <0-9>/<0-24>
      - virtual-links
    - database
    - interface
      - Ethernet <0-9>/<0-24>[.][<0-4294967295>]
      - FastEthernet <0-9>/<0-24>[.][<0-4294967295>]
      - GigabitEthernet <0-9>/<0-24>[.][<0-4294967295>]
      - Loopback <0-2147483647>
      - Serial <0-9>/<0-24>
    - neighbor [detail]
      - Ethernet <0-9>/<0-24>[.][<0-4294967295>]
      - FastEthernet <0-9>/<0-24>[.][<0-4294967295>]
      - GigabitEthernet <0-9>/<0-24>[.][<0-4294967295>]
      - Loopback <0-2147483647>
      - Serial <0-9>/<0-24>
    - virtual-links
  - database
  - interface
    - Ethernet <0-9>/<0-24>[.][<0-4294967295>]
    - FastEthernet <0-9>/<0-24>[.][<0-4294967295>]
    - GigabitEthernet <0-9>/<0-24>[.][<0-4294967295>]
    - Loopback <0-2147483647>
    - Serial <0-9>/<0-24>
  - neighbor [detail]
    - Ethernet <0-9>/<0-24>[.][<0-4294967295>]
    - FastEthernet <0-9>/<0-24>[.][<0-4294967295>]
    - GigabitEthernet <0-9>/<0-24>[.][<0-4294967295>]
    - Loopback <0-2147483647>
    - Serial <0-9>/<0-24>
  - virtual-links
  - border-routers
- protocols
- rip database
- route [WORD | connected | eigrp | ospf <1-65535> | rip | static]
- ssh

- policy-map [WORD | interface [Ethernet <0-9> <0-24> <0-4294967295> | FastEthernet <0-9> <0-24> <0-4294967295> | GigabitEthernet <0-9> <0-24> <0-4294967295> | Serial <0-9> <0-24> | Serial <0-9> <0-24> <0-4294967295>]
- privilege
- protocols
- processes
- sessions
- ssh
- users
- version
- vlan-switch [brief | id <1-1005> | name WORD]
- vtp
  - counters
  - status
- ipv6
  - access-list [WORD]
  - general-prefix
  - interface
    - Ethernet <0-9>/<0-24>[.][<0-4294967295>]
    - FastEthernet <0-9>/<0-24>[.][<0-4294967295>]
    - GigabitEthernet <0-9>/<0-24>[.][<0-4294967295>]
    - Loopback <0-2147483647>
    - Serial <0-9>/<0-24>
    - brief
  - neighbors
    - Ethernet <0-9>/<0-24>[.][<0-4294967295>]
    - FastEthernet <0-9>/<0-24>[.][<0-4294967295>]
    - GigabitEthernet <0-9>/<0-24>[.][<0-4294967295>]
    - Loopback <0-2147483647>
    - Serial <0-9>/<0-24>
  - route [ospf]
  - rip database
  - eigrp
    - interfaces <1-65535>
    - neighbors <1-65535>
    - topology [<1-65535> [X:X:X:X::X/<0-128>] | X:X:X:X::X/<0-128> | all-links]
    - traffic [<1-65535>]
  - ospf
    - [<1-65535> | <0-4294967295> | A.B.C.D | border-routers | database | interface | neighbor]
    - [interface [interface]]
    - [neighbor [interface] [detail]]
    - [border-routers]
    - [database]
  - protocols
  - nat translations
  - dhcp
    - interface
    - pool

- **telnet** [WORD]
- **terminal history size** <0-256>
- **traceroute** WORD

Enable Mode

- <1-99>
- auto secure
- clear
  - aaa local user user lockout [all | username WORD]
  - access-list counters [<1-199> | <1300-2699> | WORD]
  - arp-cache
  - cdp table
  - frame-relay [inarp | counter]
  - ip
    - bgp *
    - nat translation *
    - route [* | A.B.C.D | A.B.C.D A.B.C.D]
  - ipv6
    - nat translation *
  - mac-address-table dynamic
  - vtp counters
- clock set hh:mm:ss [<1-31> MONTH <1993-2035> | MONTH <1-31> <1993-2035>]
- configure [terminal]
- connect [WORD]
- copy
  - running-config
    - flash:
    - ftp
    - startup-config
    - tftp:
  - startup-config
    - flash:
    - ftp
    - running-config
    - tftp:
  - tftp:
    - flash:
    - running-config
    - startup-config
  - ftp:
    - flash:
    - running-config
    - startup-config
- debug
  - aaa authentication
  - crypto [isakmp | ipsec]
  - custom-queue
  - eigrp

        - fsm
        - packets
    - ip
        - icmp
        - inspect
            - detailed
            - events
            - function-trace
            - object-creation
            - object-deletion
            - protocol [http | icmp | tcp | udp]
            - timers
        - nat
        - ospf
            - adj
            - events
        - packet
        - rip [events]
        - routing
    - ipv6
        - ospf
            - adj
            - events
    - frame-relay lmi
    - ntp packets
    - ppp [authentication | negotiation | packet]
- delete
    - WORD
    - flash:
- dir [flash:]
- disable
- disconnect <1-16>
- enable [<1-15> | view [WORD]]
- erase startup-config
- exit
- logout
- mkdir [WORD | flash:]
- more file
- no
    - debug
        - all
        - aaa authentication
        - crypto [isakmp | ipsec]
        - custom-queue
        - eigrp
            - fsm
            - packets
        - ip
            - icmp
            - inspect

        - detailed
        - events
        - function-trace
        - object-creation
        - object-deletion
        - protocol [http | icmp | tcp | udp]
        - timers
      - nat
      - ospf
        - adj
        - events
      - packet
      - rip [events]
      - routing
    - ipv6
      - ospf
        - adj
        - events
    - frame-relay lmi
    - ntp packets
    - ppp [authentication | negotiation | packet]
- ping [WORD]
  - [Protocol] [Target IP address] [Repeat count] [Datagram size] [Timeout in seconds] [Extended commands] [Sweep range of sizes]
- reload
- resume [<1-16> | WORD]
- mkdir [WORD | flash:]
- rmdir [WORD | flash:]
- setup
- show
  - aaa
    - local user lockout
    - sessions
    - user [<1-4294967295> | all]
  - access-lists [<1-999> | WORD]
  - arp
  - cdp
    - entry
      - * [protocol | version]
      - WORD [protocol | version]
    - interfaces
      - Ethernet <0-9>/<0-24>[.][<0-4294967295>]
      - FastEthernet <0-9>/<0-24>[.][<0-4294967295>]
      - GigabitEthernet <0-9>/<0-24>[.][<0-4294967295>]
      - Serial <0-9>/<0-24>
    - neighbors [detail]
  - class-map [WORD]
  - clock
  - controllers
    - Ethernet <0-9>/<0-24>

    - FastEthernet <0-9>/<0-24>
    - GigabitEthernet <0-9>/<0-24>
    - Serial <0-9>/<0-24>
    - Serial <0-9> <0-24> <0-4294967295>
- crypto
    - isakmp [policy | sa]
    - ipsec [sa | transform-set]
    - map
    - crypto key mypubkey rsa
- debugging
- dhcp lease
- dot11 interface
- ephone [attempted-registrations]
- file systems
- flash:
- frame-relay
    - lmi
    - map
    - pvc
        - <16-1022>
        - interface Serial <0-9>/<0-24> [<16-1022>]
- history
- hosts
- interfaces
    - dot11Radio <0-9>/<0-24>/<0-24>
    - Ethernet <0-9>/<0-24>[.][<0-4294967295>] [switchPort]
    - FastEthernet <0-9>/<0-24>[.][<0-4294967295>] [switchPort]
    - GigabitEthernet <0-9>/<0-24>[.][<0-4294967295>] [switchPort]
    - Loopback <0-2147483647>
    - Serial <0-9>/<0-24>
    - Serial <0-9> <0-24> <0-4294967295>
    - Tunnel <0-2147483647>
    - Virtual-Access <1-2>
    - Virtual-Template <1-200>
    - Vlan <1-1005>
    - switchport
    - trunk
- ip
    - access-lists [<1-199> | WORD]
    - arp
    - bgp [neighbors | summary]
    - dhcp binding
    - eigrp
        - interfaces [<1-65535>]
        - neighbors [<1-65535>]
        - topology [<1-65535>] [A.B.C.D A.B.C.D]
            - all-links
        - traffic [<1-65535>]
    - inspect
        - all

    - config
    - interfaces
    - name WORD
    - sessions [detail]
    - statistics
- interface
    - dot11Radio <0-9>/<0-24>/<0-24>
    - Ethernet <0-9>/<0-24>[.][<0-4294967295>]
    - FastEthernet <0-9>/<0-24>[.][<0-4294967295>]
    - GigabitEthernet <0-9>/<0-24>[.][<0-4294967295>]
    - Loopback <0-2147483647>
    - Serial <0-9>/<0-24>
    - Serial <0-9> <0-24> <0-4294967295>
    - Tunnel <0-2147483647>
    - Virtual-Access <1-2>
    - Virtual-Template <1-200>
    - Vlan <1-1005>
    - brief
- ips
    - all
    - configuration
    - signatures
        - count
        - sigid WORD subid WORD
- nat [translations | statistics]
- ospf
    - <1-65535>
        - <0-4294967295>
            - database
            - interface
                - Ethernet <0-9>/<0-24>[.][<0-4294967295>]
                - FastEthernet <0-9>/<0-24>[.][<0-4294967295>]
                - GigabitEthernet <0-9>/<0-24>[.][<0-4294967295>]
                - Loopback <0-2147483647>
                - Serial <0-9>/<0-24>
            - neighbor [detail]
                - Ethernet <0-9>/<0-24>[.][<0-4294967295>]
                - FastEthernet <0-9>/<0-24>[.][<0-4294967295>]
                - GigabitEthernet <0-9>/<0-24>[.][<0-4294967295>]
                - Loopback <0-2147483647>
                - Serial <0-9>/<0-24>
            - virtual-links
        - A.B.C.D
            - database
            - interface
                - Ethernet <0-9>/<0-24>[.][<0-4294967295>]
                - FastEthernet <0-9>/<0-24>[.][<0-4294967295>]
                - GigabitEthernet <0-9>/<0-24>[.][<0-4294967295>]
                - Loopback <0-2147483647>
                - Serial <0-9>/<0-24>

        - neighbor [detail]
          - Ethernet <0-9>/<0-24>[.][<0-4294967295>]
          - FastEthernet <0-9>/<0-24>[.][<0-4294967295>]
          - GigabitEthernet <0-9>/<0-24>[.][<0-4294967295>]
          - Loopback <0-2147483647>
          - Serial <0-9>/<0-24>
        - virtual-links
      - database
      - interface
        - Ethernet <0-9>/<0-24>[.][<0-4294967295>]
        - FastEthernet <0-9>/<0-24>[.][<0-4294967295>]
        - GigabitEthernet <0-9>/<0-24>[.][<0-4294967295>]
        - Loopback <0-2147483647>
        - Serial <0-9>/<0-24>
      - neighbor [detail]
        - Ethernet <0-9>/<0-24>[.][<0-4294967295>]
        - FastEthernet <0-9>/<0-24>[.][<0-4294967295>]
        - GigabitEthernet <0-9>/<0-24>[.][<0-4294967295>]
        - Loopback <0-2147483647>
        - Serial <0-9>/<0-24>
      - virtual-links
    - database
    - interface
      - Ethernet <0-9>/<0-24>[.][<0-4294967295>]
      - FastEthernet <0-9>/<0-24>[.][<0-4294967295>]
      - GigabitEthernet <0-9>/<0-24>[.][<0-4294967295>]
      - Loopback <0-2147483647>
      - Serial <0-9>/<0-24>
    - neighbor [detail]
      - Ethernet <0-9>/<0-24>[.][<0-4294967295>]
      - FastEthernet <0-9>/<0-24>[.][<0-4294967295>]
      - GigabitEthernet <0-9>/<0-24>[.][<0-4294967295>]
      - Loopback <0-2147483647>
      - Serial <0-9>/<0-24>
    - virtual-links
  - protocols
  - rip database
  - route [WORD | connected | eigrp | ospf <1-65535> | rip | static]
  - ssh
- logging
- mac-address-table [static]
- ntp status
- parser view
- policy-map
  - WORD
  - interface
    - Ethernet <0-9>/<0-24>[.][<0-4294967295>]
    - FastEthernet <0-9>/<0-24>[.][<0-4294967295>]
    - GigabitEthernet <0-9>/<0-24>[.][<0-4294967295>]
    - Serial <0-9>/<0-24>

            - Serial <0-9> <0-24> <0-4294967295>
        - type inspect zone-pair sessions
    - privilege
    - processes
    - protocols
    - queue
        - Ethernet <0-9>/<0-24>[.][<0-4294967295>]
        - FastEthernet <0-9>/<0-24>[.][<0-4294967295>]
        - GigabitEthernet <0-9>/<0-24>[.][<0-4294967295>]
        - Serial <0-9>/<0-24>
        - Serial <0-9> <0-24> <0-4294967295>
    - queueing
    - running-config
    - secure [bootset]
    - sessions
    - snmp
    - spanning-tree [vlan <1-1005>]
    - startup-config
    - storm-control broadcast
    - tcp [brief]
    - tech-support
    - terminal
    - users
    - version
    - vlan-switch [brief | id <1-1005> | name WORD]
    - vtp
        - counters
        - status
- ssh
    - -l WORD [WORD | -v WORD WORD]
    - -v WORD -l WORD WORD
- terminal history size <0-256>
- telnet [WORD]
- traceroute [WORD]
    - [Protocol] [Target IP address] [Source address] [Numeric display] [Timeout in seconds] [Probe count] [Minimum Time to Live] [Maximum Time to Live]
- undebug
    - all
    - aaa authentication
    - crypto [isakmp | ipsec]
    - custom-queue
    - eigrp
        - fsm
        - packets
    - ip
        - icmp
        - inspect
            - detailed
            - events

            - function-trace
            - object-creation
            - object-deletion
            - protocol [http | icmp | tcp | udp]
            - timers
        - nat
        - ospf
            - adj
            - events
        - packet
        - rip [events]
        - routing
    - ipv6
        - ospf
            - adj
            - events
    - frame-relay lmi
    - ppp [authentication | negotiation | packet]
- vlan database
- write [erase | memory | terminal]

Global Mode

- aaa
    - authentication
        - enable default
            - enable
            - group [radius | tacacs+]
            - local
            - none
    - authorization
        - [exec | network] [WORD | default]
            - group [radius | tacacs+]
            - if-authenticated
            - local
            - none
    - new-model
- access-list (*named ACL is under the "ip access-list" branch in Global Mode*)
    - <1-99>
        - [deny | permit] [A.B.C.D | any | host A.B.C.D]
        - [deny | permit] [A.B.C.D A.B.C.D]
        - remark LINE
    - <100-199>
        - [deny | permit] [icmp | ip] [A.B.C.D A.B.C.D | any | host A.B.C.D] [A.B.C.D A.B.C.D | any | host A.B.C.D]
        - [deny | permit] [tcp | udp] [A.B.C.D A.B.C.D | any | host A.B.C.D] [A.B.C.D A.B.C.D | any | eq <0-65535> | host A.B.C.D | gt <0-65535> | lt <0-65535> | neq <0-65535> | range <0-65535> <0-65535>] [eq <0-65535> | gt <0-65535> | lt <0-65535> | neq <0-65535> | range <0-65535> <0-65535>]

    - remark LINE
- banner
  - motd LINE
  - login LINE
- boot system flash WORD
- cdp run
- class-map [type inspect] [match-all | match-any] WORD
- clock timezone WORD <-23 - 23> [<0-59>]
- config-register WORD
- crypto
  - dynamic-map WORD <1-65535> [ipsec-isakmp]
  - ipsec
    - security-association lifetime seconds <120-86400>
    - transform-set WORD [ah-md5-hmac | ah-sha-hmac]
      - esp-3des [esp-md5-hmac | esp-sha-hmac]
      - esp-aes [128 | 192 | 256] [esp-md5-hmac | esp-sha-hmac]
      - esp-des [esp-md5-hmac | esp-sha-hmac]
      - esp-md5-hmac
      - esp-sha-hmac
  - isakmp
    - client configuration group WORD
    - key WORD address A.B.C.D [A.B.C.D]
    - policy <1-10000>
  - key [generate | zeroize] rsa
  - map WORD
    - <1-65535> { ipsec-isakmp] [dynamic WORD]
    - client [authentication list WORD | configuration address respond]
    - isakmp authorization list WORD
- dial-peer voice <1-2147483647> voip
- do LINE
- enable
  - password
    - 7 WORD
    - LINE
    - level <1-15>
      - 7 WORD
      - LINE
  - secret
    - [0 | 5] LINE
    - level <1-15>
      - [0 | 5] LINE
- end
- ephone <1-96>
- ephone-dn <1-288>
- exit
- hostname WORD
- interface
  - Ethernet <0-9>/<0-24>[.][<0-4294967295>]
  - FastEthernet <0-9>/<0-24>[.][<0-4294967295>]
  - GigabitEthernet <0-9>/<0-24>[.][<0-4294967295>]

  - Loopback <0-2147483647>
  - Serial <0-9>/<0-24> [multipoint | point-to-point]
  - Tunnel <0-2147483647>
  - Vlan <1-1005>
  - range
    - Ethernet <0-9>/<0-24>[.][<0-4294967295>]
    - FastEthernet <0-9>/<0-24>[.][<0-4294967295>]
    - GigabitEthernet <0-9>/<0-24>[.][<0-4294967295>]
    - Loopback <0-2147483647>
    - Serial <0-9>/<0-24> [multipoint | point-to-point]
    - Vlan <1-1005>
- ip
  - access-list
    - extended
      - <100-199>
      - WORD
    - standard
      - <1-99>
      - WORD
  - default-network A.B.C.D
  - dhcp
    - excluded-address A.B.C.D [A.B.C.D]
    - pool WORD
  - domain-lookup
  - domain-name WORD
  - host WORD A.B.C.D [A.B.C.D] [A.B.C.D]
  - inspect
    - alert-off
    - audit-trail
    - dns-timeout <1-2147483>
    - max-incomplete [high | low] <1-2147483647>
    - name WORD [protocol]
      - alert [off | on]
      - audit-trail [off | on]
      - timeout <5-43200>
    - one-minute [high | low] <1-2147483647>
    - tcp [finwait-time | idle-time | synwait-time] <1-2147483>
    - udp idle-time <1-2147483>
  - ips
    - config location [WORD [retries <1-5>]]
    - fail closed
    - name WORD [list [<1-199> | WORD]]
    - notify log
    - signature-category
    - signature-definition
  - local pool WORD A.B.C.D A.B.C.D
  - name-server [A.B.C.D] [X:X:X:X::X]
  - nat
    - inside source
      - list [<1-199> | WORD] interface [Ethernet | FastEthernet | GigabitEther-

net | Serial] <0-9>/<0-24>[.][<0-4294967295>] [overload]

            - list [<1-199> | WORD] pool WORD [overload]
            - static
                - A.B.C.D A.B.C.D
                - tcp A.B.C.D <1-65535> A.B.C.D <1-65535>
                - udp A.B.C.D <1-65535> A.B.C.D <1-65535>
        - outside source
            - list [<1-199> | WORD] pool WORD
            - static
                - A.B.C.D A.B.C.D
                - tcp A.B.C.D <1-65535> A.B.C.D <1-65535>
                - udp A.B.C.D <1-65535> A.B.C.D <1-65535>
                - pool WORD A.B.C.D A.B.C.D netmask A.B.C.D
    - route A.B.C.D A.B.C.D
        - A.B.C.D [<1-255>]
        - Ethernet <0-9>/<0-24>[.][<0-4294967295>] [<1-255>]
        - FastEthernet <0-9>/<0-24>[.][<0-4294967295>] [<1-255>]
        - GigabitEthernet <0-9>/<0-24>[.][<0-4294967295>] [<1-255>]
        - Loopback <0-2147483647> [<1-255>]
        - Serial <0-9>/<0-24> [<1-255>]
        - Vlan <1-1005> [<1-255>]
    - ssh version <1-2>
- ipv6
    - general-prefix prefix-name
        - ipv6-prefix/prefix-length
    - neighbor X:X:X:X::X
        - Ethernet <0-9>/<0-24>[.][<0-4294967295>] H.H.H
        - FastEthernet <0-9>/<0-24>[.][<0-4294967295>] H.H.H
        - GigabitEthernet <0-9>/<0-24>[.][<0-4294967295>] H.H.H
        - Loopback <0-2147483647> H.H.H
        - Serial <0-9>/<0-24> H.H.H
        - Vlan <1-1005> H.H.H
    - unicast-routing
    - route X:X:X:X::X/<0-128>
        - Ethernet <0-9>/<0-24>[.][<0-4294967295>] [<1-254>]
        - FastEthernet <0-9>/<0-24>[.][<0-4294967295>] [<1-254>]
        - GigabitEthernet <0-9>/<0-24>[.][<0-4294967295>] [<1-254>]
        - Loopback <0-2147483647> [<1-254>]
        - Serial <0-9>/<0-24> [<1-254>]
        - Vlan <1-1005> [<1-254>]
        - X:X:X:X::X [<1-254>]
    -
    - router
        - eigrp <1-65535>
        - ospf <1-65535>
        - rip WORD
    - dhcp pool WORD
    - access-list WORD
    - nat
        - prefix X:X:X:X::X/<0-128>

    - v4v6
      - pool WORD X:X:X:X::X X:X:X:X::X
      - source A.B.C.D X:X:X:X::X
      - source list WORD [pool] WORD
    - v6v4
      - pool WORD A.B.C.D A.B.C.D
      - source X:X:X:X::X A.B.C.D
      - source list WORD [pool WORD | interface] [overload]
  - host WORD X:X:X:X::X [X:X:X:X::X] [X:X:X:X::X]
- line
  - <0-81> [<1-81>]
  - console <0-0>
  - vty <0-15> [<1-15>]
- logging
  - A.B.C.D
  - buffered <4096-2147483647>
  - console
  - host A.B.C.D
  - on
  - trap [debugging]
  - userinfo
- login
  - block-for <1-65535> attempts <1-65535> within <1-65535>
  - on-failure [log | trap]
  - on-success [log | trap]
- mac-address-table static H.H.H interface
  - Ethernet <0-9>/<0-24>[.][<0-4294967295>] vlan <1-1005>
  - FastEthernet <0-9>/<0-24>[.][<0-4294967295>] vlan <1-1005>
  - GigabitEthernet <0-9>/<0-24>[.][<0-4294967295>] vlan <1-1005>
- no
  - aaa
    - authentication
      - enable default
        - enable
        - group [radius | tacacs+]
        - local
        - none
    - authorization
      - [exec | network] [WORD | default]
        - group [radius | tacacs+]
        - if-authenticated
        - local
        - none
    - new-model
  - access-list [<1-99> | <100-199>]
  - banner [login | motd]
  - boot system flash WORD
  - cdp run
  - class-map [type inspect] [match-all | match-any] WORD
  - clock timezone

- config-register
- crypto
  - dynamic-map WORD <1-65535> [ipsec-isakmp]
  - ipsec
    - security-association lifetime seconds <120-86400>
    - transform-set WORD [ah-md5-hmac | ah-sha-hmac]
      - esp-3des [esp-md5-hmac | esp-sha-hmac]
      - esp-aes [128 | 192 | 256] [esp-md5-hmac | esp-sha-hmac]
      - esp-des [esp-md5-hmac | esp-sha-hmac]
      - esp-md5-hmac
      - esp-sha-hmac
  - isakmp
    - client configuration group WORD
    - key WORD address A.B.C.D [A.B.C.D]
    - policy <1-10000>
  - map WORD
    - <1-65535> [ipsec-isakmp] [dynamic WORD]
    - client [authentication list WORD | configuration address respond]
    - isakmp authorization list WORD
- enable
  - password
    - 7 WORD
    - level <1-15>
  - secret
    - level <1-15>
- hostname
- interface
  - Ethernet <0-9>/<0-24>[.][<0-4294967295>]
  - FastEthernet <0-9>/<0-24>[.][<0-4294967295>]
  - GigabitEthernet <0-9>/<0-24>[.][<0-4294967295>]
  - Loopback <0-2147483647>
  - Serial <0-9>/<0-24>
  - Vlan <1-1005>
- ip
  - access-list
    - extended [<100-199> | WORD]
    - standard [<1-99> | WORD]
  - default-network A.B.C.D
  - dhcp
    - excluded-address A.B.C.D [A.B.C.D]
    - pool WORD
  - domain-lookup
  - domain-name
  - host WORD [A.B.C.D] [A.B.C.D] [A.B.C.D]
  - inspect
    - alert-off
    - audit-trail
    - dns-timeout <1-2147483>
    - max-incomplete [high | low] <1-2147483647>
    - name WORD [protocol]

      - alert [off | on]
      - audit-trail [off | on]
      - timeout <5-43200>
    - one-minute [high | low] <1-2147483647>
    - tcp [finwait-time | idle-time | synwait-time] <1-2147483>
    - udp idle-time <1-2147483>
  - ips
    - config location [WORD [retries <1-5>]]
    - fail closed
    - name WORD [list [<1-199> | WORD]]
    - notify log
    - signature-category
  - local pool WORD A.B.C.D A.B.C.D
  - name-server
  - nat
    - inside source
      - list [<1-199> | WORD]
      - static
        - A.B.C.D A.B.C.D
        - tcp A.B.C.D <1-65535> A.B.C.D <1-65535>
        - udp A.B.C.D <1-65535> A.B.C.D <1-65535>
    - outside source
      - list [<1-199> | WORD] pool WORD
      - static
        - A.B.C.D A.B.C.D
        - tcp A.B.C.D <1-65535> A.B.C.D <1-65535>
        - udp A.B.C.D <1-65535> A.B.C.D <1-65535>
    - pool WORD
  - route A.B.C.D A.B.C.D
    - <1-255>
    - A.B.C.D [<1-255>]
    - Ethernet <0-9>/<0-24>[.][<0-4294967295>] [<1-255>]
    - FastEthernet <0-9>/<0-24>[.][<0-4294967295>] [<1-255>]
    - GigabitEthernet <0-9>/<0-24>[.][<0-4294967295>] [<1-255>]
    - Loopback <0-2147483647> [<1-255>]
    - Serial <0-9>/<0-24> [<1-255>]
    - Vlan <1-1005> [<1-255>]
  - ssh version
- ipv6
  - dhcp pool WORD
  - general-prefix prefix-name
    - ipv6-prefix/prefix-length
  - access-list WORD
  - nat
    - prefix X:X:X:X::X/<0-128>
    - v4v6
      - pool WORD X:X:X:X::X X:X:X:X::X
      - source A.B.C.D X:X:X:X::X
      - source list WORD [pool] WORD
    - v6v4

      - pool WORD A.B.C.D A.B.C.D
      - source X:X:X:X::X A.B.C.D
      - source list WORD [pool WORD | interface] [overload]
  - neighbor X:X:X:X::X
    - Ethernet <0-9>/<0-24>[.][<0-4294967295>]
    - FastEthernet <0-9>/<0-24>[.][<0-4294967295>]
    - GigabitEthernet <0-9>/<0-24>[.][<0-4294967295>]
    - Loopback <0-2147483647>
    - Serial <0-9>/<0-24>
    - Vlan <1-1005>
  - route X:X:X:X::X/<0-128>
    - Ethernet <0-9>/<0-24>[.][<0-4294967295>] [<1-254>]
    - FastEthernet <0-9>/<0-24>[.][<0-4294967295>] [<1-254>]
    - GigabitEthernet <0-9>/<0-24>[.][<0-4294967295>] [<1-254>]
    - Loopback <0-2147483647> [<1-254>]
    - Serial <0-9>/<0-24> [<1-254>]
    - Vlan <1-1005> [<1-254>]
    - X:X:X:X::X [<1-254>]
  - router
    - eigrp <1-65535>
    - ospf <1-65535>
    - rip WORD
  - unicast-routing
  - host WORD
- logging
  - A.B.C.D
  - buffered
  - console
  - host A.B.C.D
  - on
  - trap [debugging]
  - userinfo
- mac-address-table static H.H.H int
  - Ethernet <0-9>/<0-24>[.][<0-4294967295>] vlan <1-1005>
  - FastEthernet <0-9>/<0-24>[.][<0-4294967295>] vlan <1-1005>
  - GigabitEthernet <0-9>/<0-24>[.][<0-4294967295>] vlan <1-1005>
- ntp
  - authenticate
  - authentication-key <1-4294967295>
  - server A.B.C.D
  - trusted-key <1-4294967295>
  - update-calendar
- parser view WORD
- policy-map [type inspect] WORD
- priority-list <1-16>
  - default
  - protocol
    - ip [high | low | medium | normal] [list <1-199> | tcp <0-65535> | udp <0-65535>]
    - ipv6 [high | low | medium | normal]

    - queue-limit
  - privilege [configure | exec | interface | line | router] [all] [level <0-15>] LINE
  - queue-list <1-16>
    - default
    - protocol
      - ip <0-16>
        - list [<1-199> | <1300-2699>]
        - tcp <0-65535>
        - udp <0-65535>
      - ipv6 <0-16>
    - queue <0-16>
      - byte-count <1-16777215> [limit <0-32767>]
      - limit <0-32767> [byte-count <1-16777215>]
  - router
    - bgp <1-65535>
    - eigrp <1-65535>
    - ospf <1-65535>
    - rip
  - service
    - nagle
    - password-encryption
    - timestamps [debug | log] datetime msec
  - snmp-server [community WORD [ro | rw]]
  - spanning-tree vlan <1-1005> priority
  - tacacs-server
    - host A.B.C.D
      - key LINE
      - single-connection key LINE
    - key LINE
  - username WORD
  - zone security WORD
  - zone-pair security WORD source [WORD | self] destination [WORD | self]
- ntp
  - authenticate
  - authentication-key <1-4294967295> md5 WORD [<0-4294967295>]
  - server A.B.C.D [key <0-4294967295>]
  - trusted-key <1-4294967295>
  - update-calendar
- parser view WORD
- policy-map [type inspect] WORD
- priority-list <1-16>
  - default [high | low | medium | normal]
  - protocol
    - ip [high | low | medium | normal] [list <1-199> | tcp <0-65535> | udp <0-65535>]
    - ipv6 [high | low | medium | normal]
  - queue-limit <0-32767> <0-32767> <0-32767> <0-32767>
- privilege [configure | exec | interface | line | router] [all] [level <0-15> | reset] LINE

- queue-list <1-16>
  - default <0-16>
  - protocol
    - ip <0-16>
      - list [<1-199> | <1300-2699>]
      - tcp <0-65535>
      - udp <0-65535>
    - ipv6 <0-16>
  - queue <0-16>
    - byte-count <1-16777215> [limit <0-32767>]
    - limit <0-32767> [byte-count <1-16777215>]
- router
  - bgp <1-65535>
  - eigrp <1-65535>
  - ospf <1-65535>
  - rip
- secure [boot-config | boot-image]
- security passwords min-length <0-16>
- service
  - nagle
  - password-encryption
  - timestamps [debug | log] datetime msec
- snmp-server community WORD [ro | rw]
- spanning-tree vlan <1-1005> priority <0-61440>
- tacacs-server
  - host A.B.C.D
    - key LINE
    - single-connection key LINE
  - key LINE
- telephony-service
- username WORD [privilege <0-15>]
  - password
    - 0 LINE
    - 7 WORD
    - LINE
  - secret
    - 0 LINE
    - 5 WORD
    - LINE
- vpdn enable
- vpdn-group WORD
- zone security WORD
- zone-pair security WORD source [WORD | self] destination [WORD | self]

Standard Access List Configuration Mode

- default
  - deny
    - A.B.C.D [A.B.C.D]
    - any
    - host A.B.C.D
  - permit
    - A.B.C.D [A.B.C.D]
    - any
    - host A.B.C.D
- deny
  - A.B.C.D [A.B.C.D]
  - any
  - host A.B.C.D
- exit
- no
  - deny
    - A.B.C.D [A.B.C.D]
    - any
    - host A.B.C.D
  - permit
    - A.B.C.D [A.B.C.D]
    - any
    - host A.B.C.D
- permit
  - A.B.C.D [A.B.C.D]
  - any
  - host A.B.C.D
- remark LINE

Extended Access List Configuration Mode

- default
  - [deny | permit] [icmp | ip] [A.B.C.D A.B.C.D | any | host A.B.C.D] [A.B.C.D A.B.C.D | any | host A.B.C.D]
  - [deny | permit] [tcp | udp] [A.B.C.D A.B.C.D | any | host A.B.C.D] [A.B.C.D A.B.C.D | any | eq <0-65535> | host A.B.C.D | gt <0-65535> | lt <0-65535> | neq <0-65535> | range <0-65535> <0-65535>] [eq <0-65535> | gt <0-65535> | lt <0-65535> | neq <0-65535> | range <0-65535> <0-65535>]
- deny
  - [icmp | ip] [A.B.C.D A.B.C.D | any | host A.B.C.D] [A.B.C.D A.B.C.D | any | host A.B.C.D]
  - [tcp | udp] [A.B.C.D A.B.C.D | any | host A.B.C.D] [A.B.C.D A.B.C.D | any | eq <0-65535> | host A.B.C.D | gt <0-65535> | lt <0-65535> | neq <0-65535> | range <0-65535> <0-65535>] [eq <0-65535> | gt <0-65535> | lt <0-65535> | neq <0-65535> | range <0-65535> <0-65535>]
- exit
- no

  - [deny | permit] [icmp | ip] [A.B.C.D A.B.C.D | any | host A.B.C.D] [A.B.C.D A.B.C.D | any | host A.B.C.D]
  - [deny | permit] [tcp | udp] [A.B.C.D A.B.C.D | any | host A.B.C.D] [A.B.C.D A.B.C.D | any | eq <0-65535> | host A.B.C.D | gt <0-65535> | lt <0-65535> | neq <0-65535> | range <0-65535> <0-65535>] [eq <0-65535> | gt <0-65535> | lt <0-65535> | neq <0-65535> | range <0-65535> <0-65535>]
- permit
  - [icmp | ip] [A.B.C.D A.B.C.D | any | host A.B.C.D] [A.B.C.D A.B.C.D | any | host A.B.C.D]
  - [tcp | udp] [A.B.C.D A.B.C.D | any | host A.B.C.D] [A.B.C.D A.B.C.D | any | eq <0-65535> | host A.B.C.D | gt <0-65535> | lt <0-65535> | neq <0-65535> | range <0-65535> <0-65535>] [eq <0-65535> | gt <0-65535> | lt <0-65535> | neq <0-65535> | range <0-65535> <0-65535>]
- remark LINE

Ethernet / FastEthernet / GigabitEthernet Interface Mode

- arp timeout <0-2147483>
- bandwidth <1-10000000>
- cdp enable
- crypto map WORD
- custom-queue-list <1-16>
- delay <1-16777215>
- description LINE
- duplex [auto | full | half]
- exit
- fair-queue [<16-4096>] [<16-4096>] [<0-1000>]
- hold-queue <0-4096> out
- ip
  - access-group [<1-199> | WORD] [in | out]
  - address
    - A.B.C.D A.B.C.D
    - dhcp
  - hello-interval eigrp <1-65535> <1-65535>
  - inspect WORD [in | out]
  - ips WORD [in | out]
  - mtu <68-1500>
  - nat [inside | outside]
  - ospf
    - authentication [message-digest | null]
    - authentication-key LINE
    - cost <1-65535>
    - dead-interval <1-65535>
    - hello-interval <1-65535>
    - message-digest-key <1-255> md5 LINE
    - priority <0-255>
  - split-horizon
  - summary-address eigrp <1-65535> A.B.C.D A.B.C.D [<1-255>]
  - virtual-reassembly

- ipv6
  - address
    - autoconfig
    - ipv6-prefix/prefix length
      - anycast
      - eui-64
    - ipv6-address
      - linklocal
    - prefix-name ipv6-prefix/prefix-length
  - enable
  - rip WORD
    - default-information originate
    - enable
  - eigrp <1-65535>
  - summary-address eigrp <1-65535> X:X:X:X::X/<0-128> [<1-255>]
  - hello-interval eigrp <1-65535> <1-65535>
  - ospf
    - <1-65535> area area-id [instance instance-id]
    - cost <1-65535>
    - dead-interval <1-65535>
    - hello-interval <1-65535>
    - priority <0-255>
  - dhcp
    - client pd WORD
    - server WORD
  - nat
    - prefix X:X:X:X::X/<0-128> [v4-mapped] [WORD]
  - mtu <1280-1500>
- mac-address H.H.H
- mtu <64-1600>
- no
  - arp timeout
  - bandwidth
  - cdp enable
  - crypto map [WORD]
  - custom-queue-list <1-16>
  - delay
  - description
  - duplex
  - fair-queue [<16-4096>] [<16-4096>] [<0-1000>]
  - hold-queue [<0-4096>] out
  - ip
    - access-group [<1-199> | WORD] [in | out]
    - address [dhcp]
    - hello-interval eigrp <1-65535>
    - inspect WORD [in | out]
    - ips WORD [in | out]
    - mtu <68-1500>
    - nat [inside | outside]
    - ospf

      - authentication
      - authentication-key
      - cost
      - dead-interval
      - hello-interval
      - message-digest-key <1-255>
      - priority
    - split-horizon
    - summary-address eigrp <1-65535> A.B.C.D A.B.C.D [<1-255>]
    - virtual-reassembly
  - ipv6
    - address
      - autoconfig
      - ipv6-prefix/prefix length
        - anycast
        - eui-64
      - ipv6-address
        - linklocal
      - prefix-name ipv6-prefix/prefix-length
    - dhcp
      - client pd WORD
      - server WORD
    - eigrp <1-65535>
    - ospf
      - <1-65535> area area-id [instance instance-id]
      - cost <1-65535>
      - dead-interval <1-65535>
      - hello-interval <1-65535>
      - priority <0-255>
    - summary-address eigrp <1-65535> X:X:X:X::X/<0-128> [<1-255>]
    - hello-interval eigrp <1-65535> <1-65535>
    - nat
    - rip WORD
      - default-information originate
      - enable
  - mac-address
  - mtu
  - pppoe enable
  - priority-group
  - service-policy [input | output] WORD
  - shutdown
  - speed
  - tx-ring-limit
  - zone-member security WORD
- pppoe enable
- priority-group <1-16>
- service-policy [input | output] WORD
- shutdown
- speed [10 | 100 | 1000 | auto] *(10/100 options are only available for FastEthernet and GigabitEthernet interfaces and 10/100/1000 options are only available*

for GigabitEthernet interfaces respectively)

- tx-ring-limit <1-32767>
- zone-member security WORD

Ethernet / FastEthernet / GigabitEthernet Sub-Interface Mode

- arp timeout <0-2147483>
- bandwidth <1-10000000>
- delay <1-16777215>
- description LINE
- encapsulation dot1Q <1-1005> [native]
- exit
- ip
  - access-group [<1-199> | WORD] [in | out]
  - address
    - A.B.C.D A.B.C.D
    - dhcp
  - hello-interval eigrp <1-65535> <1-65535>
  - nat [inside | outside]
  - ospf
    - authentication [message-digest | null]
    - authentication-key LINE
    - cost <1-65535>
    - dead-interval <1-65535>
    - hello-interval <1-65535>
    - message-digest-key <1-255> md5 LINE
    - priority <0-255>
  - split-horizon
  - summary-address eigrp <1-65535> A.B.C.D A.B.C.D [<1-255>]
- no
  - arp timeout
  - bandwidth
  - delay
  - description
  - encapsulation dot1Q
  - ip
    - access-group [<1-199> | WORD] [in | out]
    - address [dhcp]
    - hello-interval eigrp <1-65535>
    - nat [inside | outside]
    - ospf
      - authentication
      - authentication-key
      - cost
      - dead-interval
      - hello-interval
      - message-digest-key <1-255>
      - priority
    - split-horizon

        - summary-address eigrp <1-65535> A.B.C.D A.B.C.D [<1-255>]
    - shutdown
- shutdown

Serial Interface Mode

- bandwidth <1-10000000>
- cdp enable
- clock rate <1200-4000000> (*only certain clock rates that are listed are valid*)
- crypto map WORD
- custom-queue-list <1-16>
- delay <1-16777215>
- description LINE
- encapsulation
    - hdlc
    - ppp
    - frame-relay [ietf]
- exit
- fair-queue [<16-4096>] [<16-4096>] [<0-1000>]
- frame-relay
    - interface-dlci <16-1007>
    - lmi-type [ansi | cisco | q933a]
    - map ip A.B.C.D <16-1007>
        - broadcast [cisco | ietf]
        - cisco [broadcast]
        - ietf [broadcast]
- hold-queue <0-4096> out
- ip
    - access-group [<1-199> | WORD] [in | out]
    - address A.B.C.D A.B.C.D
    - hello-interval eigrp <1-65535> <1-65535>
    - inspect WORD [in | out]
    - ips WORD [in | out]
    - mtu <68-1500>
    - nat [inside | outside]
    - ospf
        - authentication [message-digest | null]
        - authentication-key LINE
        - cost <1-65535>
        - dead-interval <1-65535>
        - hello-interval <1-65535>
        - message-digest-key <1-255> md5 LINE
        - priority <0-255>
    - split-horizon
    - summary-address eigrp <1-65535> A.B.C.D A.B.C.D [<1-255>]
    - virtual-reassembly
- keepalive <0-30>
- mtu <64-17940>
- no

    - bandwidth <1-10000000>
    - cdp enable
    - clock rate
    - crypto map [WORD]
    - custom-queue-list <1-16>
    - delay
    - description
    - encapsulation
    - fair-queue [<16-4096>] [<16-4096>] [<0-1000>]
    - frame-relay
        - interface-dlci <16-1007>
        - lmi-type [ansi | cisco | q933a]
        - map ip A.B.C.D
    - hold-queue [<0-4096>] out
    - ip
        - access-group [<1-199> | WORD] [in | out]
        - address [dhcp]
        - hello-interval eigrp <1-65535>
        - inspect WORD [in | out]
        - ips WORD [in | out]
        - mtu <68-1500>
        - nat [inside | outside]
        - ospf
            - authentication
            - authentication-key
            - cost
            - dead-interval
            - hello-interval
            - message-digest-key <1-255>
            - priority
        - split-horizon
        - summary-address eigrp <1-65535> A.B.C.D A.B.C.D [<1-255>]
        - virtual-reassembly
    - keepalive
    - mtu
    - ppp
        - authentication
        - pap sent-username
    - priority-group <1-16>
    - service-policy [input | output] WORD
    - shutdown
    - speed
    - tx-ring-limit
    - zone-member security WORD
- ppp
    - authentication chap [pap]
    - authentication pap [chap]
- priority-group <1-16>
- service-policy [input | output] WORD
- shutdown

- tx-ring-limit <1-32767>
- zone-member security WORD

Tunnel Interface Mode

- exit
- ip address A.B.C.D A.B.C.D
- no
  - ip address [A.B.C.D A.B.C.D]
  - shutdown
  - tunnel [destination | source]
- shutdown
- tunnel
  - destination A.B.C.D
  - source
    - Ethernet <0-9>/<0-24>[.][<0-4294967295>]
    - FastEthernet <0-9>/<0-24>[.][<0-4294967295>]
    - GigabitEthernet <0-9>/<0-24>[.][<0-4294967295>]
    - Loopback <0-2147483647>
    - Serial <0-9>/<0-24>

VLAN Interface Mode

- arp timeout <0-2147483>
- bandwidth <1-10000000>
- delay <1-16777215>
- description LINE
- exit
- ip
  - access-group [<1-199> | WORD] [in | out]
  - address
    - A.B.C.D A.B.C.D
    - dhcp
  - hello-interval eigrp <1-65535> <1-65535>
  - nat [inside | outside]
  - ospf
    - authentication [message-digest | null]
    - authentication-key LINE
    - cost <1-65535>
    - dead-interval <1-65535>
    - hello-interval <1-65535>
    - message-digest-key <1-255> md5 LINE
    - priority <0-255>
  - split-horizon
  - summary-address eigrp <1-65535> A.B.C.D A.B.C.D [<1-255>]
- mac-address H.H.H
- no
  - arp timeout

    - bandwidth
    - delay
    - description
    - ip
        - access-group [<1-199> | WORD] [in | out]
        - address [dhcp]
        - hello-interval eigrp <1-65535>
        - nat [inside | outside]
        - ospf
            - authentication
            - authentication-key
            - cost
            - dead-interval
            - hello-interval
            - message-digest-key <1-255>
            - priority
        - split-horizon
        - summary-address eigrp <1-65535> A.B.C.D A.B.C.D [<1-255>]
    - mac-address
    - shutdown
- shutdown

VLAN Configuration Mode

- exit
- no
    - vlan <1-1005>
    - vtp
        - client
        - password
        - transparent
        - v2-mode
- vlan <1-1005> [name] [WORD]
- vtp
    - client
    - domain WORD
    - password WORD
    - server
    - transparent
    - v2-mode

Line Configuration Mode

- access-class [<1-199> | <1300-2699> | WORD] [in | out]
- databits [5 | 6 | 7 | 8]
- default [databits | flowcontrol | history size | parity | speed | stopbits]
- exit
- exec-timeout <0-35791> [<0-2147483>]

- flowcontrol [NONE | hardware | software]
- history size <0-256>
- ipv6 access-class WORD [in | out]
- logging synchronous
- login
  - authentication [WORD | default]
  - local
- motd-banner
- no
  - [access-class [<1-199> | <1300-2699> | WORD] [in | out] | databits | flowcontrol | history size | login | motd-banner | parity | password | session-limit | speed | stopbits]
  - databits
  - exec-timeout
  - flowcontrol
  - history size
  - ipv6 access-class WORD [in | out]
  - logging synchronous
  - motd-banner
  - parity
  - password
  - privilege level
  - session-limit
  - speed
  - stopbits
  - transport output
- parity [even | mark | none | odd | space]
- password
  - 7 WORD
  - LINE
- privilege level <0-15>
- session-limit <0-4294967295>
- speed <0-4294967295>
- stopbits [1 | 1.5 | 2]
- transport output [all | none | ssh | telnet]

Class-Map Configuration Mode

- description LINE
- exit
- match
  - access-group <1-2699>
  - any
  - class-map WORD
  - cos <0-7>
  - destination-address mac H.H.H
  - input-interface
    - Ethernet <0-9>/<0-24>[.][<0-4294967295>]

  - FastEthernet <0-9>/<0-24>[.][<0-4294967295>]
  - GigabitEthernet <0-9>/<0-24>[.][<0-4294967295>]
  - Loopback <0-2147483647>
  - Serial <0-9>/<0-24>
- ip
  - dscp [<0-63> | af11 | af12 | af13 | af21 | af22 | af23 | af31 | af32 | af33 | af41 | af42 | af43 | cs1 | cs2 | cs3 | cs4 | cs5 | cs6 | cs7 | default | ef]
  - precedence [<0-7> | critical | flash | flash-override | immediate | internet | network | priority | routine]
- not
  - access-group <1-2699>
  - class-map WORD
  - cos <0-7>
  - destination-address mac H.H.H
  - input-interface
    - Ethernet <0-9>/<0-24>[.][<0-4294967295>]
    - FastEthernet <0-9>/<0-24>[.][<0-4294967295>]
    - GigabitEthernet <0-9>/<0-24>[.][<0-4294967295>]
    - Loopback <0-2147483647>
    - Serial <0-9>/<0-24>
  - ip
    - dscp [<0-63> | af11 | af12 | af13 | af21 | af22 | af23 | af31 | af32 | af33 | af41 | af42 | af43 | cs1 | cs2 | cs3 | cs4 | cs5 | cs6 | cs7 | default | ef]
    - precedence [<0-7> | critical | flash | flash-override | immediate | internet | network | priority | routine]
  - precedence [<0-7> | critical | flash | flash-override | immediate | internet | network | priority | routine]
  - protocol [arp | cdp | dhcp | dns | eigrp | ftp | http | icmp | ip | ipsec | ipv6 | ospf | rip | ssh | tcp | telnet | tftp]
  - qos-group <0-1023>
  -
- precedence [<0-7> | critical | flash | flash-override | immediate | internet | network | priority | routine]
- protocol
  - arp
  - bgp
  - cdp
  - dhcp
  - dns
  - eigrp
  - ftp
  - gre
  - h323
  - http [host WORD | mime WORD | url WORD]
  - icmp
  - ip
  - ipsec
  - ipv6

      - ntp
      - ospf
      - pop3
      - rtp
      - skinny
      - smtp
      - snmp
      - rip
      - ssh
      - syslog
      - tcp
      - telnet
      - tftp
      - udp
  - qos-group <0-1023>
- no
  - description [LINE]
  - match
    - access-group <1-2699>
    - any
    - class-map WORD
    - cos <0-7>
    - destination-address mac H.H.H
    - input-interface
      - Ethernet <0-9>/<0-24>[.][<0-4294967295>]
      - FastEthernet <0-9>/<0-24>[.][<0-4294967295>]
      - GigabitEthernet <0-9>/<0-24>[.][<0-4294967295>]
      - Loopback <0-2147483647>
      - Serial <0-9>/<0-24>
    - ip
      - dscp [<0-63> | af11 | af12 | af13 | af21 | af22 | af23 | af31 | af32 | af33 | af41 | af42 | af43 | cs1 | cs2 | cs3 | cs4 | cs5 | cs6 | cs7 | default | ef]
      - precedence [<0-7> | critical | flash | flash-override | immediate | internet | network | priority | routine]
    - not
      - access-group <1-2699>
      - class-map WORD
      - cos <0-7>
      - destination-address mac H.H.H
      - input-interface
        - Ethernet <0-9>/<0-24>[.][<0-4294967295>]
        - FastEthernet <0-9>/<0-24>[.][<0-4294967295>]
        - GigabitEthernet <0-9>/<0-24>[.][<0-4294967295>]
        - Loopback <0-2147483647>
        - Serial <0-9>/<0-24>
      - ip
        - dscp [<0-63> | af11 | af12 | af13 | af21 | af22 | af23 | af31 | af32 | af33 | af41 | af42 | af43 | cs1 | cs2 | cs3 | cs4 | cs5 | cs6 | cs7 | default | ef]

    - precedence [<0-7> | critical | flash | flash-override | immediate | internet | network | priority | routine]
  - precedence [<0-7> | critical | flash | flash-override | immediate | internet | network | priority | routine]
  - protocol
    - arp
    - bgp
    - cdp
    - dhcp
    - dns
    - eigrp
    - ftp
    - gre
    - h323
    - http [host WORD | mime WORD | url WORD]
    - icmp
    - ip
    - ipsec
    - ipv6
    - ntp
    - ospf
    - pop3
    - rtp
    - skinny
    - smtp
    - snmp
    - rip
    - ssh
    - syslog
    - tcp
    - telnet
    - tftp
    - udp
  - qos-group <0-1023>
- precedence [<0-7> | critical | flash | flash-override | immediate | internet | network | priority | routine]
- protocol [arp | cdp | dhcp | dns | eigrp | ftp | http | icmp | ip | ipsec | ipv6 | ospf | rip | ssh | tcp | telnet | tftp]
- qos-group <0-1023>

Policy-Map Configuration Mode

- class [type inspect] [WORD | class-default]
- exit
- no
  - class [type inspect] [WORD | class-default]

Policy-Map Class Configuration Mode

- bandwidth [<8-2000000> | percent <1-100> | remaining percent <1-100>]
- drop
- exit
- fair-queue [<16-4096>]
- inspect
- no
  - bandwidth
  - drop
  - fair-queue
  - inspect
  - pass
  - priority
  - random-detect
    - dscp [<0-63> | af11 | af12 | af13 | af21 | af22 | af23 | af31 | af32 | af33 | af41 | af42 | af43 | cs1 | cs2 | cs3 | cs4 | cs5 | cs6 | cs7 | default | ef]
    - dscp-based
    - prec-based
    - precedence <0-7>
  - service-policy WORD
  - set
    - ip
      - dscp [<0-63> | af11 | af12 | af13 | af21 | af22 | af23 | af31 | af32 | af33 | af41 | af42 | af43 | cs1 | cs2 | cs3 | cs4 | cs5 | cs6 | cs7 | default | ef]
    - precedence [<0-7> | critical | flash | flash-override | immediate | internet | network | priority | routine]
  - shape average
- pass
- priority [<8-2000000> | percent <1-100>] [<32-2000000>]
- queue-limit <1-4096>
- random-detect
  - dscp [<0-63> | af11 | af12 | af13 | af21 | af22 | af23 | af31 | af32 | af33 | af41 | af42 | af43 | cs1 | cs2 | cs3 | cs4 | cs5 | cs6 | cs7 | default | ef] <1-4096> <1-4096> [<1-65535>]
  - dscp-based
  - prec-based
  - precedence <0-7> <1-4096> <1-4096> [<1-65535>]
- service-policy WORD
- set
  - ip
    - dscp [<0-63> | af11 | af12 | af13 | af21 | af22 | af23 | af31 | af32 | af33 | af41 | af42 | af43 | cs1 | cs2 | cs3 | cs4 | cs5 | cs6 | cs7 | default | ef]
  - precedence [<0-7> | critical | flash | flash-override | immediate | internet | network | priority | routine]
- shape average <8000-154400000>

Zone Security Configuration Mode

- exit

Zone-Pair Security Configuration Mode

- exit
- no
  - service-policy type inspect WORD
- service-policy type inspect WORD

Crypto Map Configuration Mode

- description LINE
- exit
- match address [<100-199> | WORD]
- no
  - match address
  - set
    - peer A.B.C.D
    - pfs [group1 | group2 | group5]
    - security-association lifetime seconds
    - transform-set
- set
  - peer A.B.C.D
  - pfs [group1 | group2 | group5]
  - security-association lifetime seconds <120-86400>
  - transform-set WORD [WORD] [WORD] [WORD] [WORD] [WORD]

ISAKMP Configuration Mode

- authentication pre-share
- encryption [3des | aes [128 | 192 | 256] | des]
- exit
- group [1 | 2 | 5]
- hash [md5 | sha]
- lifetime <60-86400>
- no
  - authentication pre-share
  - encryption [3des | aes [128 | 192 | 256] | des]
  - group [1 | 2 | 5]
  - hash [md5 | sha]
  - lifetime <60-86400>

IPS Signature Category Configuration Mode

- category [all | ios_ips basic]
- exit
- no
    - category [all | ios_ips basic]

IPS Signature Category Action Configuration Mode

- exit
- no
    - retired [false | true]
- retired [false | true]

IPS Signature Definition Configuration Mode

- exit
- retired <1-65535> [<0-65535>]

IPS Signature Definition Sig Configuration Mode

- engine
- exit
- status

IPS Signature Definition Sig Engine Configuration Mode

- event-action [deny-packet-inline | produce-alert]
- exit
- no
    - event-action [deny-packet-inline | produce-alert]

IPS Signature Definition Sig Status Configuration Mode

- enabled [false | true]
- exit
- no
    - enabled [false | true]
    - retired [false | true]
- retired [false | true]

Parser View Configuration Mode

- commands [configure | exec | interface | line | router] include [all] LINE
- exit
- no
  - commands [configure | exec | interface | line | router] include [all] LINE
  - secret
- secret [0 | 5] LINE

Router Bgp Mode

- bgp
  - log-neighbor-changes
  - redistribute-internal
  - router-id A.B.C.D
- exit
-
- neighbor
  - neighbor A.B.C.D next-hop-self
  - neighbor A.B.C.D remote-as <1-65535>
- network
  - network network A.B.C.D
  - network A.B.C.D mask A.B.C.D
- no
  - neighbor
    - neighbor A.B.C.D next-hop-self
    - neighbor A.B.C.D remote-as <1-65535>
  - network
    - network network A.B.C.D
    - network A.B.C.D mask A.B.C.D
  - redistribute
    - connected
    - eigrp <1-65535>
    - ospf <1-65535>
    - static
  - synchronization
  - timers bgp <0-65535> <0-65535
- redistribute
  - connected
  - eigrp <1-65535>
  - ospf <1-65535>
  - static
- synchronization
- timers bgp <0-65535> <0-65535>

Router EIGRP Mode

- auto-summary
- exit
- metric weights <0-8> <0-256> <0-256> <0-256> <0-256> <0-256>
- network A.B.C.D [A.B.C.D]
- redistribute
  - connected [metric <1-4294967295> <0-4294967295> <0-255> <1-255> <1-65535>]
  - eigrp <1-65535> [metric <1-4294967295> <0-4294967295> <0-255> <1-255> <1-65535>]
  - rip [metric <1-4294967295> <0-4294967295> <0-255> <1-255> <1-65535>]
  - static [metric <1-4294967295> <0-4294967295> <0-255> <1-255> <1-65535>]
  - ospf <1-65535> [match external [1 | 2] | internal | nssa-external] [metric bandwidth delay reliability effective BW MTU]
- no
  - auto-summary
  - metric weights
  - network A.B.C.D [A.B.C.D
  - redistribute
    - connected [metric <1-4294967295> <0-4294967295> <0-255> <1-255> <1-65535>]
    - eigrp <1-65535> [metric <1-4294967295> <0-4294967295> <0-255> <1-255> <1-65535>]
    - rip [metric <1-4294967295> <0-4294967295> <0-255> <1-255> <1-65535>]
    - static [metric <1-4294967295> <0-4294967295> <0-255> <1-255> <1-65535>]
    - ospf <1-65535> [match external [1 | 2] | internal | nssa-external] [metric bandwidth delay reliability effective BW MTU]
  - passive-interface
    - Ethernet <0-9>/<0-24>[.][<0-4294967295>]
    - FastEthernet <0-9>/<0-24>[.][<0-4294967295>]
    - GigabitEthernet <0-9>/<0-24>[.][<0-4294967295>]
    - Loopback <0-2147483647>
    - Serial <0-9>/<0-24>
    - default
  - variance <1-128>
- passive-interface
  - Ethernet <0-9>/<0-24>[.][<0-4294967295>]
  - FastEthernet <0-9>/<0-24>[.][<0-4294967295>]
  - GigabitEthernet <0-9>/<0-24>[.][<0-4294967295>]
  - Loopback <0-2147483647>
  - Serial <0-9>/<0-24>
  - default
- variance <1-128>

IPv6 Router Eigrp Mode

- router-id A.B.C.D
- metric weights <0-8> <0-255> <0-255> <0-255> <0-255> <0-255>
- shutdown
- no
  - router-id
  - metric weights <0-8> <0-255> <0-255> <0-255> <0-255> <0-255>
  - shutdown

Router OSPF Mode

- area
  - [<0-4294967295> | A.B.C.D] authentication [message-digest]
  - [<0-4294967295> | A.B.C.D] nssa [no-summary]
  - [<0-4294967295> | A.B.C.D] virtual-link A.B.C.D
- default-information originate
- exit
- log-adjacency-changes [detail]
- network A.B.C.D A.B.C.D area [<0-4294967295> | A.B.C.D]
- redistribute
  - connected [metric <0-16777214>] [subnets]
  - eigrp <1-65535> [metric <0-16777214>] [subnets]
  - ospf <1-65535> [match external [1 | 2] | internal | nssa-external]] [metric ospf-default-metric] [subnets]
  - rip [metric <0-16777214>] [subnets]
  - static [metric <0-16777214>] [subnets]
- no
  - area
    - [<0-4294967295> | A.B.C.D] authentication [message-digest]
    - [<0-4294967295> | A.B.C.D] nssa [no-summary]
    - [<0-4294967295> | A.B.C.D] virtual-link A.B.C.D
  - default-information
  - log-adjacency-changes [detail]
  - network A.B.C.D A.B.C.D area [<0-4294967295> | A.B.C.D]
  - redistribute
    - connected [metric <0-16777214>] [subnets]
    - eigrp <1-65535> [metric <0-16777214>] [subnets]
    - ospf <1-65535> [match external [1 | 2] | internal | nssa-external]] [metric ospf-default-metric] [subnets]
    - rip [metric <0-16777214>] [subnets]
    - static [metric <0-16777214>] [subnets]
  - passive-interface
    - Ethernet <0-9>/<0-24>[.][<0-4294967295>]
    - FastEthernet <0-9>/<0-24>[.][<0-4294967295>]
    - GigabitEthernet <0-9>/<0-24>[.][<0-4294967295>]
    - Loopback <0-2147483647>
    - Serial <0-9>/<0-24>
    - default

- passive-interface
  - Ethernet <0-9>/<0-24>[.][<0-4294967295>]
  - FastEthernet <0-9>/<0-24>[.][<0-4294967295>]
  - GigabitEthernet <0-9>/<0-24>[.][<0-4294967295>]
  - Loopback <0-2147483647>
  - Serial <0-9>/<0-24>
  - default

IPv6 Router Ospf Mode

- router-id A.B.C.D
- area area-id
  - default-cost <0-16777215>
  - nssa [no-summary]
  - stub [no-summary]
  - virtual-link A.B.C.D
- log-adjacency-changes [detail]
- passive-interface
  - Ethernet <0-9>/<0-24>[.][<0-4294967295>]
  - FastEthernet <0-9>/<0-24>[.][<0-4294967295>]
  - GigabitEthernet <0-9>/<0-24>[.][<0-4294967295>]
  - Loopback <0-2147483647>
  - Serial <0-9>/<0-24>
  - default
- no
  - log-adjacency-changes [detail]
  - passive-interface
    - Ethernet <0-9>/<0-24>[.][<0-4294967295>]
    - FastEthernet <0-9>/<0-24>[.][<0-4294967295>]
    - GigabitEthernet <0-9>/<0-24>[.][<0-4294967295>]
    - Loopback <0-2147483647>
    - Serial <0-9>/<0-24>
    - default

Router RIP Mode

- auto-summary
- default-information originate
- distance <1-255>
- exit
- network A.B.C.D
- redistribute
  - connected [metric [<0-16> | transparent]]
  - eigrp <1-65535> [metric [<0-16> | transparent]]
  - static [metric [<0-16> | transparent]]
  - ospf <1-65535> [match external [1 | 2] | internal | nssa-external] [metric default-metric]

- no
  - auto-summary
  - default-information
  - distance <1-255>
  - network A.B.C.D
  - redistribute
    - connected [metric [<0-16> | transparent]]
    - eigrp <1-65535> [metric [<0-16> | transparent]]
    - static [metric [<0-16> | transparent]]
    - ospf <1-65535> [match external [1 | 2] | internal | nssa-external] [metric default-metric]
  - passive-interface
    - Ethernet <0-9>/<0-24>[.][<0-4294967295>]
    - FastEthernet <0-9>/<0-24>[.][<0-4294967295>]
    - GigabitEthernet <0-9>/<0-24>[.][<0-4294967295>]
    - Loopback <0-2147483647>
    - Serial <0-9>/<0-24>
    - default
  - timers basic
  - version <1-2>
- passive-interface
  - Ethernet <0-9>/<0-24>[.][<0-4294967295>]
  - FastEthernet <0-9>/<0-24>[.][<0-4294967295>]
  - GigabitEthernet <0-9>/<0-24>[.][<0-4294967295>]
  - Loopback <0-2147483647>
  - Serial <0-9>/<0-24>
  - default
- timers basic <0-4294967295> <1-4294967295> <0-4294967295> <1-4294967295>
- version <1-2>

IPv6 Router RIP Mode

- distance <1-254>
- no distance

DHCP Pool Configuration Mode

- default-router A.B.C.D
- dns-server A.B.C.D
- exit
- network A.B.C.D A.B.C.D
- no dns-server

IPv6 DHCP Pool Configuration Mode

- `prefix-delegation`
  - `X:X:X:X::X/<0-128> WORD [lifetime] <60-4294967295>`
  - `pool WORD [lifetime] <60-4294967295>`
- `dns-server X:X:X:X::X`
- `exit`
- `no`
  - `prefix-delegation`
    - `X:X:X:X::X/<0-128> WORD [lifetime] <60-4294967295>`
    - `pool WORD [lifetime] <60-4294967295>`

Rommon Mode

- `boot`
- `confreg` *config-register-number*
- `dir flash:`
- `help`
- `reset`
- `set`
- `tftpdnld`
- `unset` *variable*
- *variable=value*

부록 2 패킷트레이서에서 지원되는 라우터 IOS(15.0) 명령어

User Mode

- <1-99>
- connect [WORD]
- disable
- disconnect <1-16>
- enable [<0-15> | view [WORD]]
- exit
- logout
- ping [ip | ipv6] WORD
- resume [<1-16> | WORD]
- show
  - arp
  - cdp
    - entry
      - * [protocol | version]
      - WORD [protocol | version]
    - interface
      - Ethernet <0-9>/<0-24>[.][<0-4294967295>]
      - FastEthernet <0-9>/<0-24>[.][<0-4294967295>]
      - GigabitEthernet <0-9>/<0-24>[.][<0-4294967295>]
      - Serial <0-9>/<0-24>[.][<0-4294967295>]
      - neighbors [details]
  - class-map [WORD]
  - clock
  - controllers
    - Ethernet <0-9>/<0-24>[.][<0-4294967295>]
    - FastEthernet <0-9>/<0-24>[.][<0-4294967295>]
    - GigabitEthernet <0-9>/<0-24>[.][<0-4294967295>]
    - Serial <0-9>/<0-24>
    - Serial <0-9>/<0-24>[.][<0-4294967295>]
  - crypto key mypubkey rsa
  - dot11 interface
  - flash:
  - frame-relay
    - lmi
    - map
    - pvc
      - <16-1022>
      - interface
        - serial <0-9>/<0-24>[.][<0-4294967295>]
  - history
  - hosts

- interfaces
  - Dot11Radio <0-24>/<0-24>/<0-24>
  - Ethernet <0-9>/<0-24>[.][<0-4294967295>]
  - FastEthernet <0-9>/<0-24>[.][<0-4294967295>]
  - GigabitEthernet <0-9>/<0-24>[.][<0-4294967295>]
  - Loopback <0-2147483647>
  - Serial <0-9>/<0-24>
  - Serial <0-9>/<0-24>[.][<0-4294967295>]
  - Tunnel <0-2147483647>
  - Virtual-Access <1-2>
  - Virtual-Template <1-200>
  - Vlan <1-1005>
  - switchport
  - trunk
- ip
  - arp
  - bgp
    - neighbors
    - summary
  - dhcp binding
  - eigrp
    - interface <1-65535>
    - neighbors <1-65535>
    - topology
      - <1-65535>
        - A.B.C.D [A.B.C.D]
      - A.B.C.D [A.B.C.D]
      - all-links
    - traffic <1-65535>
  - interface
    - Dot11Radio <0-9>/<0-24>/<0-24>
    - Ethernet <0-9>/<0-24>[.][<0-4294967295>]
    - FastEthernet <0-9>/<0-24>[.][<0-4294967295>]
    - GigabitEthernet <0-9>/<0-24>[.][<0-4294967295>]
    - Loopback <0-2147483647>
    - Serial <0-9>/<0-24>[.][<0-4294967295>]
    - Tunnel <0-2147483647>
    - Virtual-Access <1-2>
    - Virtual-Template <1-200>
    - Vlan <1-1005>
    - brief
  - nbar port-map
  - ospf
    - <1-65535>
      - <0-4294967295>
        - database
        - interface
          - Ethernet <0-9>/<0-24>[.][<0-4294967295>]
          - FastEthernet <0-9>/<0-24>[.][<0-4294967295>]
          - GigabitEthernet <0-9>/<0-24>[.][<0-4294967295>]

      - Loopback <0-2147483647>
      - Serial <0-9>/<0-24>[.][<0-4294967295>]
    - neighbor
      - Ethernet <0-9>/<0-24>[.][<0-4294967295>] [detail]
      - FastEthernet <0-9>/<0-24>[.][<0-4294967295>] [detail]
      - GigabitEthernet <0-9>/<0-24>[.][<0-4294967295>] [detail]
      - Loopback <0-2147483647> [detail]
      - Serial <0-9>/<0-24>[.][<0-4294967295>] [detail]
      - detail
    - virtual-links
  - A.B.C.D
    - database
    - interface
      - Ethernet <0-9>/<0-24>[.][<0-4294967295>]
      - FastEthernet <0-9>/<0-24>[.][<0-4294967295>]
      - GigabitEthernet <0-9>/<0-24>[.][<0-4294967295>]
      - Loopback <0-2147483647>
      - Serial <0-9>/<0-24>[.][<0-4294967295>]
    - neighbor
      - Ethernet <0-9>/<0-24>[.][<0-4294967295>] [detail]
      - FastEthernet <0-9>/<0-24>[.][<0-4294967295>] [detail]
      - GigabitEthernet <0-9>/<0-24>[.][<0-4294967295>] [detail]
      - Loopback <0-2147483647> [detail]
      - Serial <0-9>/<0-24>[.][<0-4294967295>] [detail]
      - detail
    - virtual-links
  - border-routers
  - database
  - interface
    - Ethernet <0-9>/<0-24>[.][<0-4294967295>]
    - FastEthernet <0-9>/<0-24>[.][<0-4294967295>]
    - GigabitEthernet <0-9>/<0-24>[.][<0-4294967295>]
    - Loopback <0-2147483647>
    - Serial <0-9>/<0-24>[.][<0-4294967295>]
  - neighbor
    - Ethernet <0-9>/<0-24>[.][<0-4294967295>] [detail]
    - FastEthernet <0-9>/<0-24>[.][<0-4294967295>] [detail]
    - GigabitEthernet <0-9>/<0-24>[.][<0-4294967295>] [detail]
    - Loopback <0-2147483647> [detail]
    - Serial <0-9>/<0-24>[.][<0-4294967295>] [detail]
    - detail
  - virtual-links
- border-routers
- database
- interface
  - Ethernet <0-9>/<0-24>[.][<0-4294967295>]
  - FastEthernet <0-9>/<0-24>[.][<0-4294967295>]
  - GigabitEthernet <0-9>/<0-24>[.][<0-4294967295>]
  - Loopback <0-2147483647>
  - Serial <0-9>/<0-24>[.][<0-4294967295>]

        - neighbor
          - Ethernet <0-9>/<0-24>[.][<0-4294967295>] [detail]
          - FastEthernet <0-9>/<0-24>[.][<0-4294967295>] [detail]
          - GigabitEthernet <0-9>/<0-24>[.][<0-4294967295>] [detail]
          - Loopback <0-2147483647> [detail]
          - Serial <0-9>/<0-24>[.][<0-4294967295>] [detail]
          - detail
        - virtual-links
      - protocols
      - rip database
      - route [WORD | bgp | connected | eigrp | ospf <1-65535> | rip | static]
      - ssh
    - ipv6
      - access-list WORD
      - eigrp
        - interfaces <1-65535>
        - neighbors <1-65535>
        - topology
          - <1-65535> [X:X:X:X::X/<0-128>
          - X:X:X:X::X/<0-128>
          - all-links
        - traffic <1-65535>
      - general-prefix
      - interface
        - Ethernet <0-9>/<0-24>[.][<0-4294967295>]
        - FastEthernet <0-9>/<0-24>[.][<0-4294967295>]
        - GigabitEthernet <0-9>/<0-24>[.][<0-4294967295>]
        - Loopback <0-2147483647>
        - Serial <0-9>/<0-24>[.][<0-4294967295>]
        - Tunnel <0-2147483647>
        - brief
      - nat [statistics | translations]
      - neighbors
        - Ethernet <0-9>/<0-24>[.][<0-4294967295>]
        - FastEthernet <0-9>/<0-24>[.][<0-4294967295>]
        - GigabitEthernet <0-9>/<0-24>[.][<0-4294967295>]
        - Loopback <0-2147483647>
        - Serial <0-9>/<0-24>[.][<0-4294967295>]
        - Vlan <1-1005>
      - ospf
        - <1-65535>
          - <0-4294967295>
            - database
            - interface
              - Ethernet <0-9>/<0-24>[.][<0-4294967295>]
              - FastEthernet <0-9>/<0-24>[.][<0-4294967295>]
              - GigabitEthernet <0-9>/<0-24>[.][<0-4294967295>]
              - Loopback <0-2147483647>
              - Serial <0-9>/<0-24>[.][<0-4294967295>]
            - neighbor

            - Ethernet <0-9>/<0-24>[.][<0-4294967295>] [detail]
            - FastEthernet <0-9>/<0-24>[.][<0-4294967295>] [detail]
            - GigabitEthernet <0-9>/<0-24>[.][<0-4294967295>] [detail]
            - Loopback <0-2147483647> [detail]
            - Serial <0-9>/<0-24>[.][<0-4294967295>] [detail]
            - detail
    - A.B.C.D
        - database
        - interface
            - Ethernet <0-9>/<0-24>[.][<0-4294967295>]
            - FastEthernet <0-9>/<0-24>[.][<0-4294967295>]
            - GigabitEthernet <0-9>/<0-24>[.][<0-4294967295>]
            - Loopback <0-2147483647>
            - Serial <0-9>/<0-24>[.][<0-4294967295>]
        - neighbor
            - Ethernet <0-9>/<0-24>[.][<0-4294967295>] [detail]
            - FastEthernet <0-9>/<0-24>[.][<0-4294967295>] [detail]
            - GigabitEthernet <0-9>/<0-24>[.][<0-4294967295>] [detail]
            - Loopback <0-2147483647> [detail]
            - Serial <0-9>/<0-24>[.][<0-4294967295>] [detail]
            - detail
    - border-routers
    - database
    - interface
        - Ethernet <0-9>/<0-24>[.][<0-4294967295>]
        - FastEthernet <0-9>/<0-24>[.][<0-4294967295>]
        - GigabitEthernet <0-9>/<0-24>[.][<0-4294967295>]
        - Loopback <0-2147483647>
        - Serial <0-9>/<0-24>[.][<0-4294967295>]
    - neighbor
        - Ethernet <0-9>/<0-24>[.][<0-4294967295>] [detail]
        - FastEthernet <0-9>/<0-24>[.][<0-4294967295>] [detail]
        - GigabitEthernet <0-9>/<0-24>[.][<0-4294967295>] [detail]
        - Loopback <0-2147483647> [detail]
        - Serial <0-9>/<0-24>[.][<0-4294967295>] [detail]
        - detail
- border-routers
- database
- interface
    - Ethernet <0-9>/<0-24>[.][<0-4294967295>]
    - FastEthernet <0-9>/<0-24>[.][<0-4294967295>]
    - GigabitEthernet <0-9>/<0-24>[.][<0-4294967295>]
    - Loopback <0-2147483647>
    - Serial <0-9>/<0-24>[.][<0-4294967295>]
- neighbors
    - Ethernet <0-9>/<0-24>[.][<0-4294967295>] [detail]
    - FastEthernet <0-9>/<0-24>[.][<0-4294967295>] [detail]
    - GigabitEthernet <0-9>/<0-24>[.][<0-4294967295>] [detail]
    - Loopback <0-2147483647> [detail]
    - Serial <0-9>/<0-24>[.][<0-4294967295>] [detail]

            - detail
        - border-routers
        - database
        - interface
            - Ethernet <0-9>/<0-24>[.][<0-4294967295>]
            - FastEthernet <0-9>/<0-24>[.][<0-4294967295>]
            - GigabitEthernet <0-9>/<0-24>[.][<0-4294967295>]
            - Loopback <0-2147483647>
            - Serial <0-9>/<0-24>[.][<0-4294967295>]
        - neighbors
            - Ethernet <0-9>/<0-24>[.][<0-4294967295>] [detail]
            - FastEthernet <0-9>/<0-24>[.][<0-4294967295>] [detail]
            - GigabitEthernet <0-9>/<0-24>[.][<0-4294967295>] [detail]
            - Loopback <0-2147483647> [detail]
            - Serial <0-9>/<0-24>[.][<0-4294967295>] [detail]
            - detail
    - protocols
    - rip database
    - route ospf
- policy-map
    - WORD
    - interface
        - Ethernet <0-9>/<0-24>[.][<0-4294967295>]
        - FastEthernet <0-9>/<0-24>[.][<0-4294967295>]
        - GigabitEthernet <0-9>/<0-24>[.][<0-4294967295>]
        - Serial <0-9>/<0-24>[.][<0-4294967295>]
    - privilege
    - protocols
    - queue
        - Ethernet <0-9>/<0-24>[.][<0-4294967295>]
        - FastEthernet <0-9>/<0-24>[.][<0-4294967295>]
        - GigabitEthernet <0-9>/<0-24>[.][<0-4294967295>]
        - Serial <0-9>/<0-24>[.][<0-4294967295>]
    - queueing
    - sessions
    - ssh
    - tcp [brief]
    - terminal
    - users
    - version
    - vlan-switch
        - brief
        - id <1-1005>
        - name WORD
    - vtp [counters | status]
- ssh
    - -l WORD [WORD | -v 1 WORD]
    - -l WORD [WORD | -v 2 WORD]
    - -v 1 -l WORD WORD
    - -v 2 -l WORD WORD

- terminal WORD <0-65535>
- traceroute

[Protocol] [Target IP address] [Source address] [Numeric display] [Timeout in seconds] [Probe count] [Minimum Time to Live] [Maximum Time to Live]

Enable Mode

- <1-99>
- auto secure
- clear
  - aaa local user lockout [all | username WORD]
  - access-list counters [<1-199> | <1300-2699> | WORD]
  - arp-cache
  - cdp table
  - frame-relay [inarp | counter]
  - ip
    - bgp *
    - nat translation *
    - ospf process
    - route [* | A.B.C.D | A.B.C.D A.B.C.D]
  - ipv6
    - dhcp binding
    - nat translation *
    - neighbors
  - line tty <2-90>
  - mac-address-table [dynamic]
  - vtp counters
- clock set hh:mm:ss [<1-31> MONTH <1993-2035> | MONTH <1-31> <1993-2035>]
- configure [terminal]
- connect [WORD]
- copy
  - flash:
    - ftp:
    - running-config
    - startup-config
    - tftp:
  - ftp:
    - flash:
    - running-config
    - startup-config
  - running-config
    - flash:
    - ftp
    - startup-config
    - tftp:
  - startup-config
    - flash:

    - ftp
    - running-config
    - tftp:
  - tftp:
    - flash:
    - running-config
    - startup-config
- **debug**
  - aaa authenticateion
  - custom-queue
  - eigrp
    - fsm
    - packets
  - frame-relay lmi
  - ip
    - icmp
    - nat
    - ospf [adj | events]
    - packet
    - rip [events]
    - routing
  - ipv6
    - inspect
      - detailed
      - events
      - function-trace
      - icmp
      - object-creation
      - object-deletion
      - tcp
      - timers
      - udp
    - ospf [adj | events]
  - ntp packets
  - ppp [authenticateion | negotiation | packet]
- **delete**
  - WORD
  - flash:
- **dir** [WORD | flash: | nvram:]
- **disable**
- **disconnect** <1-16>
- **enable** [<0-15> | view [WORD]]
- **erase** startup-config
- **exit**
- **logout**
- **mkdir** [WORD | flash:]
- **more** flash:<filename>
- **no**
  - debug
    - all

            - aaa authenticateion
            - crypto [isakmp | ipsec]
            - custom-queue
            - eigrp [fsm | packets]
            - ephone register
            - frame-relay lmi
            - ip
                - icmp
                - inspect
                    - detailed
                    - events
                    - function-trace
                    - object-creation
                    - object-deletion
                    - protocol [http | icmp | tcp | udp]
                    - timers
                - nat
                - ospf [adj | events]
                - packet
                - rip [events]
                - routing
            - ipv6
        - inspect
            - detailed
            - events
            - function-trace
            - icmp
            - object-creation
            - object-deletion
            - tcp
            - timers
            - udp
        - ospf [adj | events]
        - ntp packets
        - ppp [authenticateion | negotiation | packet]
- ping [WORD | ip | ipv6]
    - [Protocol] [Target IP address] [Repeat count] [Datagram size] [Timeout in seconds] [Extended commands] [Sweep range of sizes]
- reload
- resume [<1-16> | WORD]
- rmdir [WORD | flash:<filename>]
- send [* | <0-300>]
- setup
- show
    - aaa
        - local user lockout
        - sessions
        - user [<1-4294967295> | all]
    - access-list [<1-199> | WORD]
    - arp

- cdp
  - entry
    - * [protocol | version]
    - WORD [protocol | version]
  - interfaces
    - Ethernet <0-9>/<0-24>[.][<0-4294967295>]
    - FastEthernet <0-9>/<0-24>[.][<0-4294967295>]
    - GigabitEthernet <0-9>/<0-24>[.][<0-4294967295>]
    - Serial <0-9>/<0-24>
  - neighbors [detail]
- class-map [WORD]
- clock
- controllers
  - Ethernet <0-9>/<0-24>[.][<0-4294967295>]
  - FastEthernet <0-9>/<0-24>[.][<0-4294967295>]
  - GigabitEthernet <0-9>/<0-24>[.][<0-4294967295>]
  - Serial <0-9>/<0-24>
  - Serial <0-9>/<0-24>[.][<0-4294967295>]
- crypto key mypubkey rsa
- debuggin
- dhcp lease
- dot11 interface
- file system
- frame-relay
  - lmi
  - map
  - pvc
    - <16-1022>
    - interface Serial <0-9>/<0-24>[<16-1022>]
- history
- hosts
- interface
  - Dot11Radio <0-9>/<0-24>/<0-24>
  - Ethernet <0-9>/<0-24>[.][<0-4294967295>]
  - FastEthernet <0-9>/<0-24>[.][<0-4294967295>]
  - GigabitEthernet <0-9>/<0-24>[.][<0-4294967295>]
  - Loopback <0-2147483647>
  - Serial <0-9>/<0-24>
  - Serial <0-9>/<0-24>/<0-4294967295>
  - Tunnel <0-2147483647>
  - Virtual-Access <1-2>
  - Virtual-Template <1-200>
  - Vlan <1-1005>
  - switchport
  - trunk
- ip
  - access-lists [<1-199> | WORD]
  - arp
  - bgp [neighbors | summary]
  - dhcp binding

- eigrp
  - interfaces [<1-65535>]
  - neighbors [<1-65535>]
  - topology [<1-65535>] [A.B.C.D A.B.C.D]
  - traffic [<1-65535>]
- interface
  - Dot11Radio <0-9>/<0-24>/<0-24>
  - Ethernet <0-9>/<0-24>[.][<0-4294967295>]
  - FastEthernet <0-9>/<0-24>[.][<0-4294967295>]
  - GigabitEthernet <0-9>/<0-24>[.][<0-4294967295>]
  - Loopback <0-2147483647>
  - Serial <0-9>/<0-24>
  - Serial <0-9>/<0-24>/[.][<0-4294967295>
  - Tunnel <0-2147483647>
  - Virtual-Access <1-2>
  - Virtual-Template <1-200>
  - Vlan <1-1005>
  - brief
- nat [translations | statistics]
- nbar port-map
- ospf
  - <1-65535>
    - <0-4294967295>
      - database
      - interface
        - Ethernet <0-9>/<0-24>[.][<0-4294967295>]
        - FastEthernet <0-9>/<0-24>[.][<0-4294967295>]
        - GigabitEthernet <0-9>/<0-24>[.][<0-4294967295>]
        - Loopback <0-2147483647>
        - Serial <0-9>/<0-24>
      - neighbor
        - Ethernet <0-9>/<0-24>[.][<0-4294967295>] [detail]
        - FastEthernet <0-9>/<0-24>[.][<0-4294967295>] [detail]
        - GigabitEthernet <0-9>/<0-24>[.][<0-4294967295>] [detail]
        - Loopback <0-2147483647> [detail]
        - Serial <0-9>/<0-24> [detail]
        - detail
      - virtual-links
    - A.B.C.D
      - database
      - interface
        - Ethernet <0-9>/<0-24>[.][<0-4294967295>]
        - FastEthernet <0-9>/<0-24>[.][<0-4294967295>]
        - GigabitEthernet <0-9>/<0-24>[.][<0-4294967295>]
        - Loopback <0-2147483647>
        - Serial <0-9>/<0-24>
      - neighbor
        - Ethernet <0-9>/<0-24>[.][<0-4294967295>] [detail]
        - FastEthernet <0-9>/<0-24>[.][<0-4294967295>] [detail]
        - GigabitEthernet <0-9>/<0-24>[.][<0-4294967295>] [detail]

          - Loopback <0-2147483647> [detail]
          - Serial <0-9>/<0-24> [detail]
        - virtual-links
      - border-routers
      - database
      - interface
        - Ethernet <0-9>/<0-24>[.][<0-4294967295>]
        - FastEthernet <0-9>/<0-24>[.][<0-4294967295>]
        - GigabitEthernet <0-9>/<0-24>[.][<0-4294967295>]
        - Loopback <0-9>/<0-24>
      - neighbor
        - Ethernet <0-9>/<0-24>[.][<0-4294967295>] [detail]
        - FastEthernet <0-9>/<0-24>[.][<0-4294967295>] [detail]
        - GigabitEthernet <0-9>/<0-24>[.][<0-4294967295>] [detail]
        - Loopback <0-2147483647> [detail]
        - Serial <0-9>/<0-24> [detail]
      - virtual-links
    - border-routers
    - database
    - interface
      - Ethernet <0-9>/<0-24>[.][<0-4294967295>]
      - FastEthernet <0-9>/<0-24>[.][<0-4294967295>]
      - GigabitEthernet <0-9>/<0-24>[.][<0-4294967295>]
      - Loopback <0-2147483647>
      - Serial <0-9>/<0-24>
    - neighbor
      - Ethernet <0-9>/<0-24>[.][<0-4294967295>] [detail]
      - FastEthernet <0-9>/<0-24>[.][<0-4294967295>] [detail]
      - GigabitEthernet <0-9>/<0-24>[.][<0-4294967295>] [detail]
      - Loopback <0-2147483647> [detail]
      - Serial <0-9>/<0-24> [detail]
    - virtual-links
  - protocols
  - rip database
  - route [WORD | bgp | connected | eigrp | ospf <1-65535> | rip | static]
  - ssh
- ipv6
  - access-list [WORD]
  - dhcp [binding | interface | pool]
  - eigrp
    - interface <1-65535>
    - neighbors <1-65535>
    - topology
      - <1-65535> [X:X:X:X::X/<0-128>
      - X:X:X:X::X/<0-128>
      - all-links
    - traffic <1-65535>
  - general-prefix
  - inspect
    - all

  - config
  - interfaces
  - name [WORD]
  - sessions [detail]
- interface
  - Ethernet <0-9>/<0-24>[.][<0-4294967295>]
  - FastEthernet <0-9>/<0-24>[.][<0-4294967295>]
  - GigabitEthernet <0-9>/<0-24>[.][<0-4294967295>]
  - Loopback <0-2147483647>
  - Serial <0-9>/<0-24>
  - brief
- nat [statistics | translations]
- neighbors
  - Ethernet <0-9>/<0-24>[.][<0-4294967295>]
  - FastEthernet <0-9>/<0-24>[.][<0-4294967295>]
  - GigabitEthernet <0-9>/<0-24>[.][<0-4294967295>]
  - Loopback <0-2147483647>
  - Serial <0-9>/<0-24>
- ospf
  - <1-65535>
    - <0-4294967295>
      - database
      - interface
        - Ethernet <0-9>/<0-24>[.][<0-4294967295>]
        - FastEthernet <0-9>/<0-24>[.][<0-4294967295>]
        - GigabitEthernet <0-9>/<0-24>[.][<0-4294967295>]
        - Loopback <0-2147483647>
        - Serial <0-9>/<0-24>
      - neighbor
        - Ethernet <0-9>/<0-24>[.][<0-4294967295>] [detail]
        - FastEthernet <0-9>/<0-24>[.][<0-4294967295>] [detail]
        - GigabitEthernet <0-9>/<0-24>[.][<0-4294967295>] [detail]
        - Loopback <0-2147483647> [detail]
        - Serial <0-9>/<0-24> [detail]
        - detail
    - A.B.C.D
      - database
      - interface
        - Ethernet <0-9>/<0-24>[.][<0-4294967295>] [detail]
        - FastEthernet <0-9>/<0-24>[.][<0-4294967295>] [detail]
        - GigabitEthernet <0-9>/<0-24>[.][<0-4294967295>] [detail]
        - Loopback <0-2147483647> [detail]
        - Serial <0-9>/<0-24> [detail]
      - neighbor
        - Ethernet <0-9>/<0-24>[.][<0-4294967295>] [detail]
        - FastEthernet <0-9>/<0-24>[.][<0-4294967295>] [detail]
        - GigabitEthernet <0-9>/<0-24>[.][<0-4294967295>] [detail]
        - Loopback <0-2147483647> [detail]
        - Serial <0-9>/<0-24> [detail]
        - detail

      - border-routers
      - database
      - interface
        - Ethernet <0-9>/<0-24>[.][<0-4294967295>]
        - FastEthernet <0-9>/<0-24>[.][<0-4294967295>]
        - GigabitEthernet <0-9>/<0-24>[.][<0-4294967295>]
        - Loopback <0-2147483647>
        - Serial <0-9>/<0-24>
      - neighbors
        - Ethernet <0-9>/<0-24>[.][<0-4294967295>] [detail]
        - FastEthernet <0-9>/<0-24>[.][<0-4294967295>] [detail]
        - GigabitEthernet <0-9>/<0-24>[.][<0-4294967295>] [detail]
        - Loopback <0-2147483647> [detail]
        - Serial <0-9>/<0-24> [detail]
        - detail
    - border-routers
    - database
    - interface
      - Ethernet <0-9>/<0-24>[.][<0-4294967295>] [detail]
      - FastEthernet <0-9>/<0-24>[.][<0-4294967295>] [detail]
      - GigabitEthernet <0-9>/<0-24>[.][<0-4294967295>] [detail]
      - Loopback <0-2147483647> [detail]
      - Serial <0-9>/<0-24> [detail]
    - neighbors
      - Ethernet <0-9>/<0-24>[.][<0-4294967295>] [detail]
      - FastEthernet <0-9>/<0-24>[.][<0-4294967295>] [detail]
      - GigabitEthernet <0-9>/<0-24>[.][<0-4294967295>] [detail]
      - Loopback <0-2147483647> [detail]
      - Serial <0-9>/<0-24> [detail]
  - protocols
  - rip database
  - route [ospf]
- licsense [all | detail | feature | udi]
- line
- logging
- login [failures]
- mac-address-table [static]
- ntp status
- parse view
- policy-map
  - WORD
  - interface
    - Ethernet <0-9>/<0-24>[.][<0-4294967295>]
    - FastEthernet <0-9>/<0-24>[.][<0-4294967295>]
    - GigabitEthernet <0-9>/<0-24>[.][<0-4294967295>]
    - Loopback <0-2147483647>
    - Serial <0-9>/<0-24>
    - Serial <0-9>/<0-24>[.][<0-4294967295>]
  - type inspect zone-pair sessions
- privileges

    - processes
    - protocols
    - queue
        - Ethernet <0-9>/<0-24>[.][<0-4294967295>]
        - FastEthernet <0-9>/<0-24>[.][<0-4294967295>]
        - GigabitEthernet <0-9>/<0-24>[.][<0-4294967295>]
        - Loopback <0-2147483647>
        - Serial <0-9>/<0-24>
        - Serial <0-9>/<0-24>[.][<0-4294967295>]
    - queueing
    - running-config
    - secure [bootset]
    - sessions
    - snmp
    - spanning-tree
        - active
        - detail
        - interface
            - FastEthernet <0-9>/<0-24>[.][<0-4294967295>]
            - GigabitEthernet <0-9>/<0-24>[.][<0-4294967295>]
            - Port channel <1-6>
            - Vlan <1-4094> [portfast]
        - summary totals
        - vlan <1-1005>
    - ssh
    - standby
        - FastEthernet <0-2>/<0-1> [brief]
        - brief
    - startup-config
    - storm-control broadcast
    - tcp [brief]
    - tech-support
    - terminal
    - users
    - users
    - version
    - vlan-switch [brief | id <1-1005> | name WORD]
    - vtp [counters | status]
- ssh
    - -l WORD [WORD | -v 1 WORD]
    - -l WORD [WORD | -v 2 WORD]
    - -v 1 -l WORD WORD
    - -v 2 -l WORD WORD
- telnet [WORD] [<0-65535>]
- terminal history size <0-256>
- traceroute [WORD | ip | ipv6]
    - [Protocol] [Target IP address] [Source address] [Numeric display] [Timeout in seconds] [Probe count] [Minimum Time to Live] [Maximum Time to Live]
- undebug

```
    ◦ all
    ◦ aaa authenticateion
    ◦ custom-queue
    ◦ eigrp [ fsm | packets ]
    ◦ frame-relay lmi
    ◦ ip
      ▪ icmp
      ▪ inspect
        ▪ detailed
        ▪ events
        ▪ function-trace
        ▪ object-creation
        ▪ object-deletion
        ▪ protocol [ http | icmp | tcp | udp ]
        ▪ timers
      ▪ nat
      ▪ ospf [ adj | events ]
      ▪ packet
      ▪ rip [ events ]
      ▪ routing
    ◦ ntp packets
    ◦ ppp [ authenticateion | negotiation | packet ]
  • vlan database

write [ erase | memory | terminal ]
```

Global Mode

```
• aaa
  ◦ authenticateion
    ▪ enable default
      ▪ enable
      ▪ group [ radius | tacacs+ ]
      ▪ local
      ▪ none
    ▪ login [ WORD | default ]
      ▪ enable
      ▪ group [ radius | tacacs+ ]
      ▪ local
        ▪ enable
        ▪ group [ radius | tacacs+ ]
        ▪ none [ group | local ]
      ▪ none
        ▪ group [ radius | tacacs+ ]
        ▪ local [ enable | group [ radius | tacacs+ ] | none ]
    ▪ ppp [ WORD | default ]
      ▪ enable
      ▪ group [ radius | tacacs+ ]
      ▪ local [ enable | group [ radius | tacacs+ ] | none ]
```

        - none [group [radius | tacacs+] | local]
    - authorization [exec | network] [WORD | default]
        - group [radius | tacacs+]
        - if-authenticateed
        - local [group [radius | tacacs+] | if-authenticateed | none]
        - none [group [radius | tacacs+] | if-authenticateed | local]
    - new-model
- access-list (*named ACL is under the "ip access-list" branch in Global Mode*)
    - <1-99>
        - [deny | permit] [A.B.C.D | any | host A.B.C.D]
        - [deny | permit] [A.B.C.D A.B.C.D]
        - remark LINE
    - <100-199>
        - [deny | permit] [ahp | eigrp | esp | gre | ospf] [A.B.C.D A.B.C.D | any | host A.B.C.D] [A.B.C.D A.B.C.D | any | host A.B.C.D]
        - [deny | permit] icmp [A.B.C.D A.B.C.D | any | host A.B.C.D] [A.B.C.D A.B.C.D | any | host A.B.C.D]
            - <0-256>
            - echo
            - echo-reply
            - host-unreachable
            - net-unreachable
            - port-unreachable
            - protocol-unreachable
            - ttl-exceeded
            - unreachable
        - [deny | permit] ip [A.B.C.D A.B.C.D | any | host A.B.C.D] [A.B.C.D A.B.C.D | any | host A.B.C.D]
            - dscp [<0-63> | af11 | af12 | af13 | af21 | af22 | af23 | af31 | af32 | af33 | af41 | af42 | af43 | cs1 | cs2 | cs3 | cs4 | cs5 | cs6 | cs7 | default | ef]
            - precedence [<0-7> | critical | flash | flash-override | immediate | internet | network | priority | routine]
        - [deny | permit] [tcp | udp] [A.B.C.D A.B.C.D | any | host A.B.C.D] [A.B.C.D A.B.C.D | any | eq <0-65535> | host A.B.C.D | gt <0-65535> | lt <0-65535> | neq <0-65535> | range <0-65535> <0-65535>] [eq <0-65535> | gt <0-65535> | lt <0-65535> | neq <0-65535> | range <0-65535> <0-65535>]
        - remark LINE
- banner
    - motd LINE
    - login LINE
- boot system [WORD | flash WORD]
- cdp run
- class-map [type inspect] [match-all | match-any] WORD
- clock timezone WORD <-23-23> [<0-59>]
- config-register WORD
- crypto
    - dynamic-map WORD <1-65535> [ipsec-isakmp]
    - key [generate | zeroize] rsa
- do LINE

- enable
  - password
    - 7 WORD
    - LINE
    - level <1-15>
      - 7 WORD
      - LINE
  - secret
    - [0 | 5] LINE
    - level <1-15>
      - [0 | 5] LINE
- end
- exit
- hostname WORD
- interface
  - Dot11Radio <0-9>/<0-24>/<0-24>
  - Ethernet <0-9>/<0-24>[.][<0-4294967295>]
  - FastEthernet <0-9>/<0-24>[.][<0-4294967295>]
  - GigabitEthernet <0-9>/<0-24>[.][<0-4294967295>]
  - Loopback <0-2147483647>
  - Serial <0-9>/<0-24> [multipoint | point-to-point]
  - Tunnel <0-2147483647>
  - Virtual-Template <1-200>
  - Vlan <1-1005>
  - range
    - Ethernet <0-9>/<0-24>[.][<0-4294967295>]
    - FastEthernet <0-9>/<0-24>[.][<0-4294967295>]
    - GigabitEthernet <0-9>/<0-24>[.][<0-4294967295>]
    - Loopback <0-2147483647>
    - Serial <0-9>/<0-24> [multipoint | point-to-point]
    - Vlan <1-1005>
- ip
  - access-list
    - extended [<100-199> | WORD]
    - standard [<1-99> | WORD]
  - default-network A.B.C.D
  - dhcp
    - excluded-address A.B.C.D [A.B.C.D]
    - pool WORD
  - domain-lookup
  - domain-name WORD
  - forward-protocol udp [<0-65535> | bootpc | bootps | domain | netbios-dgm | netbios-ns | tacacs | tftp | time]
  - ftp
    - passive
    - password [<0-7> | LINE]
    - username WORD
  - host WORD [<0-65535> | A.B.C.D] [A.B.C.D] [A.B.C.D]
  - local pool WORD A.B.C.D A.B.C.D
  - name-server [A.B.C.D] [X:X:X:X::X]

  - nat
    - inside source
      - list [<1-199> | WORD] interface [Ethernet | FastEthernet | GigabitEthernet | Serial] <0-9>/<0-24>[.][<0-4294967295>]
      - list [<1-199> | WORD] pool WORD [overload]
      - static
        - A.B.C.D A.B.C.D
        - tcp A.B.C.D <1-65535> A.B.C.D <1-65535>
        - udp A.B.C.D <1-65535> A.B.C.D <1-65535>
    - outside source
      - list [<1-199> | WORD] pool WORD
      - static
        - A.B.C.D A.B.C.D
        - tcp A.B.C.D <1-65535> A.B.C.D <1-65535>
        - udp A.B.C.D <1-65535> A.B.C.D <1-65535>
      - pool WORD A.B.C.D A.B.C.D netmask A.B.C.D
  - route A.B.C.D A.B.C.D
    - A.B.C.D [<1-255>]
    - Ethernet <0-9>/<0-24>[.][<0-4294967295>] [<1-255>]
    - FastEthernet <0-9>/<0-24>[.][<0-4294967295>] [<1-255>]
    - GigabitEthernet <0-9>/<0-24>[.][<0-4294967295>] [<1-255>]
    - Loopback <0-214483647> [<1-255>]
    - Serial <0-9>/<0-24>[.][<1-255>]
    - Vlan <1-1005> [<1-255>]
  - ssh
    - authenticateion-retries <0-5>
    - time-out <1-120>
    - version <1-2>
  - tcp [mss <68-1000> | window-size <0-107374823>]
- ipv6
  - access-list WORD
  - dhcp pool WORD
  - general-prefix WORD
    - X:X:X:X::X/<1-128>
  - host WORD
    - <0-65535> [X:X:X:X::X] [X:X:X:X::X] [X:X:X:X::X]
    - [X:X:X:X::X] [X:X:X:X::X] [X:X:X:X::X]
  - inspect
    - alert-off
    - audit-trail
    - max-incomplete [high | low] <1-2147483647>
    - name WORD [icmp | tcp | udp]
      - alert [off | on]
      - audit-trail [off | on]
      - timeout <5-43200>
    - one-minute [high | low] <1-2147483647>
    - tcp
      - finwait-time <1-2147483>
      - idle-time <1-2147483>
      - synwait-time <1-2147483>

    - udp idle-time <1-2147483>
  - nat
    - prefix X:X:X:X::X/<0-128>
    - v4v6
      - pool WORD X:X:X:X::X X:X:X:X::X prefix-length <1-128>
      - source A.B.C.D X:X:X:X::X
      - source list WORD [pool] WORD
    - v6v4
      - pool WORD A.B.C.D A.B.C.D prefix-length
      - source X:X:X:X::X A.B.C.D
      - source list WORD
        - pool WORD [overload]
        - interface
          - Ethernet <0-9>/<0-24>[.][<0-4294967295>] [overload]
          - FastEthernet <0-9>/<0-24>[.][<0-4294967295>] [overload]
          - GigabitEthernet <0-9>/<0-24>[.][<0-4294967295>] [overload]
          - Serial <0-9>/<0-24> [overload]
  - neighbor X:X:X:X::X
    - Ethernet <0-9>/<0-24>[.][<0-4294967295>] H.H.H
    - FastEthernet <0-9>/<0-24>[.][<0-4294967295>] H.H.H
    - GigabitEthernet <0-9>/<0-24>[.][<0-4294967295>] H.H.H
    - Loopback <0-2147483647> H.H.H
    - Serial <0-9>/<0-24> H.H.H
    - Vlan <1-1005> H.H.H
  - route X:X:X:X::X/<0-128>
    - Ethernet <0-9>/<0-24>[.][<0-4294967295>] [<1-254>]
    - FastEthernet <0-9>/<0-24>[.][<0-4294967295>] [<1-254>]
    - GigabitEthernet <0-9>/<0-24>[.][<0-4294967295>] [<1-254>]
    - Loopback <0-2147483647> [<1-254>]
    - Serial <0-9>/<0-24> [<1-254>]
    - Vlan <1-1005> [<1-254>]
    - X:X:X:X::X [<1-254>]
  - unicast-routing
- license boot module c2900 technology-package [securityk9 disable | uck9 disable]
- line
  - <2-499> [<3-499>]
  - aux <0-0>
  - console <0-0>
  - tty <2-90> [<2-90>]
  - vty <0-15> [<0-15>]
  - x/y/z
- logging
  - A.B.C.D
  - buffered <4096-2147483647>
  - console
  - host A.B.C.D
  - on
  - trap [debugging]
  - userinfo
- login

- block-for <1-65535> attempt <1-65535> within <1-65535>
- on-failure [log | trap]
- on-success [log | trap]

- mac-address-table static H.H.H interface
  - Ethernet <0-9>/<0-24>[.][<0-4294967295>] vlan <1-1005>
  - FastEthernet <0-9>/<0-24>[.][<0-4294967295>] vlan <1-1005>
  - GigabitEthernet <0-9>/<0-24>[.][<0-4294967295>] vlan <1-1005>
- no
  - aaa
    - authenticateion [enable default]
    - authorization [exec | network] [WORD | default]
    - new-model
  - access-list [<1-99> | <100-199>]
  - banner [login | motd]
  - boot system [WORD | flash WORD]
  - cdp run
  - class-map [type inspect] [match-all | match-any] WORD
  - clock timezone
  - config-register
  - Dot11 ssid LINE
  - enable
    - password [7 WORD | level <1-15>]
    - secret [level <1-15>]
  - hostname
  - interface
    - Dot11Radio <0-9>/<0-24>/<0-24>
    - Ethernet <0-9>/<0-24>[.][<0-4294967295>]
    - FastEthernet <0-9>/<0-24>[.][<0-4294967295>]
    - GigabitEthernet <0-9>/<0-24>[.][<0-4294967295>]
    - Loopback <0-2147483647>
    - Serial <0-9>/<0-24>
    - Tunnel <0-2147483647>
    - Virtual-Template <1-200>
    - Vlan <1-1005>
  - ip
    - access-list
      - extended [<100-199> | WORD]
      - standard [<1-99> | WORD]
    - default-network A.B.C.D
    - dhcp
      - excluded-address A.B.C.D [A.B.C.D]
      - pool WORD
    - domain [lookup | name]
    - domain-lookup
    - domain-name
    - forward-protocol [<0-65535> | bootpc | domain | netbios-dgm | netbios-ns | tacacs | tftp]
    - ftp [passive | password | username]
    - host WORD [<0-65535>] [A.B.C.D] [A.B.C.D] [A.B.C.D]
    - inspect

    - alert-off
    - audit-trail
    - dns-timeout <1-2147483>
    - max-incomplete [high | low] <1-2147483647>
    - name WORD [http | icmp | tcp | telnet | udp]
    - one-minute [high | low] <1-2147483647>
    - tcp [finwait-time | idle-time | synwait-time] <1-2147483>
    - udp idle-time <1-2147483>
  - local pool WORD
  - name-server
  - nat
    - inside source
      - list [<1-199> | WORD]
      - static
        - A.B.C.D A.B.C.D
        - tcp A.B.C.D <1-65535> A.B.C.D <1-65535>
        - udp A.B.C.D <1-65535> A.B.C.D <1-65535>
    - outside source
      - list [<1-199> | WORD]
      - static
        - A.B.C.D A.B.C.D
        - tcp A.B.C.D <1-65535> A.B.C.D <1-65535>
        - udp A.B.C.D <1-65535> A.B.C.D <1-65535>
  - route A.B.C.D A.B.C.D
    - <1-255>
    - A.B.C.D [<1-255>]
    - Ethernet <0-9>/<0-24>[.][<0-4294967295>] [<1-255>]
    - FastEthernet <0-9>/<0-24>[.][<0-4294967295>] [<1-255>]
    - GigabitEthernet <0-9>/<0-24>[.][<0-4294967295>] [<1-255>]
    - Loopback <0-2147483647> [<1-255>]
    - Null <0-0> <1-255>
    - Serial <0-9>/<0-24> [<1-255>]
    - Vlan <1-1005> [<1-255>]
  - ssh
    - authenticateion-retries
    - time-out
    - version [1 | 2]
  - tcp [mss | window-size]
- ipv6
  - access-list WORD
  - dhcp pool WORD
  - general-prefix WORD [X:X:X:X::X/<0-128>]
  - host WORD
  - inspect
    - alert-off
    - audit-trail
    - max-incomplete [high | low]
    - name WORD [icmp | tcp | udp]
    - one-minute [high | low]
    - tcp [finwait-time | idle-time | synwait-time]

- ▪ udp idle-time
- ▪ nat
  - ▪ prefix X:X:X:X::X/<0-128>
  - ▪ v4v6
    - ▪ pool WORD
    - ▪ source A.B.C.D X:X:X:X::X
    - ▪ source list WORD [pool] WORD
  - ▪ v6v4
    - ▪ pool WORD
    - ▪ source X:X:X:X::X A.B.C.D
    - ▪ source list WORD pool WORD [overload]
- ▪ neighbor X:X:X:X::X
  - ▪ Ethernet <0-9>/<0-24>[.][<0-4294967295>]
  - ▪ FastEthernet <0-9>/<0-24>[.][<0-4294967295>]
  - ▪ GigabitEthernet <0-9>/<0-24>[.][<0-4294967295>]
  - ▪ Loopback <0-2147483647>
  - ▪ Serial <0-9>/<0-24>
  - ▪ Vlan <1-1005>
- ▪ route X:X:X:X::X/<0-128>
  - ▪ <1-254>
  - ▪ Ethernet <0-9>/<0-24>[.][<0-4294967295>] [<1-254>]
  - ▪ FastEthernet <0-9>/<0-24>[.][<0-4294967295>] [<1-254>]
  - ▪ GigabitEthernet <0-9>/<0-24>[.][<0-4294967295>] [<1-254>]
  - ▪ Loopback <0-2147483647> [<1-254>]
  - ▪ Serial <0-9>/<0-24> [<1-254>]
  - ▪ X:X:X:X::X [<1-254>]
- ▪ router
  - ▪ eigrp <1-65535>
  - ▪ ospf <1-65535>
  - ▪ rip WORD
- ▪ unicast-routing

○ license boot module c2900 technology-package [security disable | uck9 disable]

○ logging
- ▪ A.B.C.D
- ▪ buffered
- ▪ console
- ▪ host A.B.C.D
- ▪ on
- ▪ trap [debugging]
- ▪ userinfo

○ login
- ▪ block-for
- ▪ on-failure [log | trap]
- ▪ on-success [log | trap]

○ mac-address-table static H.H.H interface
- ▪ Ethernet <0-9>/<0-24>[.][<0-4294967295>] vlan <1-1005>
- ▪ FastEthernet <0-9>/<0-24>[.][<0-4294967295>] vlan <1-1005>
- ▪ GigabitEthernet <0-9>/<0-24>[.][<0-4294967295>] vlan <1-1005>

ntp
- ▪ authenticatee

    - authenticateion-key <1-4294967295>
    - server A.B.C.D
    - trusted-key <1-4294967295>
    - update-calendar
- parser view WORD
- policy-map [type inspect] WORD
- priority-list <1-16>
    - default
    - protocol
        - ip [high | low | medium | normal] [list <1-199> | tcp <0-65535> | udp <0-65535>]
        - ipv6 [high | low | medium | normal]
    - queue-limit
- privilege [configure | exec | interface | line | router] [all] [level <0-15>] LINE
- queue-list <1-16>
    - default
    - protocol
        - ip <0-16>
            - list [<1-199> | <1300-2699>]
            - tcp <0-65535>
            - udp <0-65535>
        - ipv6 <0-16>
    - queue <0-16>
        - byte-count <1-16777215> [limit <0-32767>]
        - limit <0-32767> [byte-count <1-16777215>]
- radius-server
    - host A.B.C.D
        - auth-port <0-65535> [key LINE]
        - key LINE
    - key LINE
- router
    - bgp <1-65535>
    - eigrp <1-65535>
    - ospf <1-65535>
    - rip
- secure [boot-config | boot-image]
- security passwords min-length <0-16>
- service
    - nagle
    - password-encryption
    - timestamps [debug | log] [datetime | msec]
- snmp-server [community WORD [ro | rw]]
- spanning-tree
    - mode
    - portfast default
    - vlan <1-1005> [priority | root]
- tacacs-server
    - host A.B.C.D
        - key LINE

        - single-connection key LINE
      - key LINE
  - username WORD
  - vpdn enable
  - vpdn-group WORD
  - zone security WORD
  - zone-pair security WORD source [WORD | self] destination [WORD | self]
- ntp
  - authenticateion
  - authenticateion-key <1-4294967295> md5 WORD [<0-4294967295>]
  - server A.B.C.D [key <0-4294967295>]
  - trusted-key <1-4294967295>
  - update-calendar
- parser view WORD
- policy-map [type inspect] WORD
- priority-list <1-16>
  - default [high | low | medium | normal]
  - protocol
    - ip [high | low | medium | normal] [list <1-199> | tcp <0-65535> | udp <0-65535>]
    - ipv6 [high | low | medium | normal]
  - queue-limit <0-32767> <0-32767> <0-32767> <0-32767>
- privilege [configure | exec | interface | line | router] [all] [level <0-15> | reset] LINE
- queue-list <1-16>
  - default <0-16>
  - protocol
    - ip <0-16>
      - list [<1-199> | <1300-2699>]
      - tcp <0-65535>
      - udp <0-65535>
    - ipv6 <0-16>
  - queue <0-16>
    - byte-count <1-16777215> [limit <0-32767>]
    - limit <0-32767> [byte-count <1-16777215>]
- radius-server
  - host A.B.C.D
    - auth-port <0-65535> [key LINE]
    - key LINE
  - key LINE
- router
  - bgp <1-65535>
  - eigrp <1-65535>
  - ospf <1-65535>
  - rip
- secure [boot-config | boot-image]
- security password min-length <0-16>
- service
  - nagle
  - password-encryption

  - timestamps [debug | log] [datetime | msec]
- snmp-server community WORD [ro | rw]
- spanning-tree
  - mode [pvst | rapid-pvst]
  - portfast default
  - vlan <1-1005>
    - priority <0-61440>
    - root [primary | secondary]
- tacacs-server
  - host A.B.C.D
    - key LINE
    - single-connection key LINE
  - key LINE
- username WORD [privilege <0-15>]
  - password [0 LINE | 7 WORD | LINE]
  - secret [0 LINE | 5 WORD | LINE]
- vpdn enable
- vpdn-group WORD
- zone security WORD

zone-pair security WORD source [WORD | self] destination [WORD | self]

Standard Access List User Configuration Mode

- <1-2147483647>
  - deny
    - A.B.C.D [A.B.C.D]
    - any
    - host A.B.C.D
  - permit
    - A.B.C.D [A.B.C.D]
    - any
    - host A.B.C.D
  - default
    - deny
      - A.B.C.D [A.B.C.D]
      - any
      - host A.B.C.D
    - permit
      - A.B.C.D [A.B.C.D]
      - any
      - host A.B.C.D
  - deny
    - A.B.C.D [A.B.C.D]
    - any
    - host A.B.C.D
  - exit
  - no
    - deny

            - A.B.C.D [A.B.C.D]
            - any
            - host A.B.C.D
        - permit
            - A.B.C.D [A.B.C.D]
            - any
            - host A.B.C.D
    - permit
        - A.B.C.D [A.B.C.D]
        - any
        - host A.B.C.D

remark LINE

Extended Access List User Configuration Mode

- <1-2147483647>
    - deny
        - [icmp | ip] [A.B.C.D A.B.C.D | any | host A.B.C.D] [A.B.C.D A.B.C.D | any | host A.B.C.D]
        - [tcp | udp] [A.B.C.D A.B.C.D | any | host A.B.C.D] [A.B.C.D A.B.C.D | any | eq<0-65535> | host A.B.C.D | gt<0-65535> | lt <0-65535> | neq<0-65535> | range<0-65535><0-65535>]
    - permit
        - [icmp | ip] [A.B.C.D A.B.C.D | any | host A.B.C.D] [A.B.C.D A.B.C.D | any | host A.B.C.D]
        - [tcp | udp] [A.B.C.D A.B.C.D | any | host A.B.C.D] [A.B.C.D A.B.C.D | any | eq<0-65535> | host A.B.C.D | gt<0-65535> | lt <0-65535> | neq<0-65535> | range<0-65535><0-65535>]
- default
    - [deny | permit] [icmp | ip] [A.B.C.D A.B.C.D | any | host A.B.C.D] [A.B.C.D A.B.C.D | any | host A.B.C.D]
    - [deny | permit] [tcp | udp] [A.B.C.D A.B.C.D | any | host A.B.C.D] [A.B.C.D A.B.C.D | any | eq <0-65535> | host A.B.C.D | gt <0-65535> | lt <0-65535> | neq <0-65535> | range <0-65535> <0-65535>] [eq <0-65535> | gt <0-65535> | lt <0-65535> | neq <0-65535> | range <0-65535> <0-65535>]
- deny
    - [icmp | ip] [A.B.C.D A.B.C.D | any | host A.B.C.D] [A.B.C.D A.B.C.D | any | host A.B.C.D]
    - [tcp | udp] [A.B.C.D A.B.C.D | any | host A.B.C.D] [A.B.C.D A.B.C.D | any | eq <0-65535> | host A.B.C.D | gt <0-65535> | lt <0-65535> | neq <0-65535> | range <0-65535> <0-65535>] [eq <0-65535> | gt <0-65535> | lt <0-65535> | neq <0-65535> | range <0-65535> <0-65535>]
- exit
- no
    - [deny | permit] [icmp | ip] [A.B.C.D A.B.C.D | any | host A.B.C.D] [A.B.C.D A.B.C.D | any | host A.B.C.D]
    - [deny | permit] [tcp | udp] [A.B.C.D A.B.C.D | any | host A.B.C.D] [A.B.C.D A.B.C.D | any | eq <0-65535> | host A.B.C.D | gt <0-65535> | lt <0-

65535> | neq <0-65535> | range <0-65535> <0-65535>] [eq <0-65535> | gt <0-65535> | lt <0-65535> | neq <0-65535> | range <0-65535> <0-65535>]

- permit
  - [icmp | ip] [A.B.C.D A.B.C.D | any | host A.B.C.D] [A.B.C.D A.B.C.D | any | host A.B.C.D]
  - [tcp | udp] [A.B.C.D A.B.C.D | any | host A.B.C.D] [A.B.C.D A.B.C.D | any | eq <0-65535> | host A.B.C.D | gt <0-65535> | lt <0-65535> | neq <0-65535> | range <0-65535> <0-65535>] [eq <0-65535> | gt <0-65535> | lt <0-65535> | neq <0-65535> | range <0-65535> <0-65535>]

remark LINE

Ethernet / FastEthernet / GigabitEthernet Interface Mode

- arp timeout <0-2147483>
- bandwidth <1-10000000>
- cdp enable
- crypto map WORD
- custom-queue-list <1-16>
- delay <1-16777215>
- description LINE
- duplex [auto | full | half]
- exit
- fair-queue [<1-4096>] [<16-4096>] [<0-1000>]
- hold-queue <0-4096> out
- ip
  - access-group [<1-199> | WORD] [in | out]
  - address [A.B.C.D A.B.C.D | dhcp]
  - hello-interval eigrp <1-65535> <1-65535>
  - helper-address A.B.C.D
  - mtu <68-1500>
  - ospf
    - authenticateion [message-digest | null]
    - authenticateion-key [<0-7>] WORD
    - cost <1-65535>
    - dead-interval <1-65535>
    - hello-interval <1-65535>
    - message-digest-key <1-255> md5 LINE
    - priority <0-255>
  - proxy-arp
  - split-horizon
  - summary-address eigrp <1-65535> A.B.C.D A.B.C.D [<1-255>]
- ipv6
  - address
    - WORD X:X:X:X::X/<0-128>
    - X:X:X:X::X link-local
    - X:X:X:X::X/<0-128> [anycast | eui-64]
    - autoconfig
  - dhcp

        - client pd WORD
        - server WORD
    - eigrp <1-65535>
    - enable
    - hello-interval eigrp <1-65535> <1-65535>
    - inspect WORD [in | out]
    - mtu <1280-1500>
    - nat [prefix X:X:X:X::X/<0-128> [v4-mapped] [WORD]]
    - nd [other-config-flag | na suppress]
    - ospf
        - <1-65535> area *area-id* [instance *instance-id*]
        - cost <1-65535>
        - dead-interval <1-65535>
        - hello-interval <1-65535>
        - priority <0-255>
    - rip WORD
        - default-information originate
        - enable
    - summary-address eigrp <1-65535> X:X:X:X::X/<0-128> [<1-255>]
    - traffic-filter WORD [in | out]
- mac-address H.H.H
- mtu <64-1600>
- no
    - arp timeout
    - bandwidth
    - cdp enable
    - crypto map [WORD]
    - custom-queue-list <1-16>
    - delay
    - description
    - duplex
    - fair-queue [<1-4096>] [<16-4096>] [<0-1000>]
    - hold-queue [<0-4096>] out
    - ip
        - access-group [<1-199> | WORD] [in | out]
        - address [dhcp]
        - hello-interval eigrp <1-65535>
        - helper-address
        - mtu <68-1500>
        - nat [inside | outside]
        - ospf
            - authenticateion
            - authenticateion-key
            - cost
            - dead-interval
            - hello-interval
            - message-digest-key <1-255>
            - priority
        - proxy-arp
        - split-horizon

      - summary-address eigrp <1-65535> A.B.C.D A.B.C.D [<1-255>]
  - ipv6
    - address
      - WORD X:X:X:X::X/<0-128>
      - X:X:X:X::X link-local
      - X:X:X:X::X/<0-128> [anycast | eui-64]
      - autoconfig
    - dhcp
      - client pd WORD
      - server WORD
    - eigrp <1-65535>
    - enable
    - hello-interval eigrp <1-65535>
    - inspect WORD [in | out]
    - mtu <1280-1500>
    - nat [prefix X:X:X:X::X/<0-128> [v4-mapped] [WORD]]
    - nd
    - ospf
      - <1-65535> area area-id [instance instance-id]
      - cost <1-65535>
      - dead-interval <1-65535>
      - hello-interval <1-65535>
      - network
      - priority <0-255>
    - summary-address eigrp <1-65535> X:X:X:X::X/<0-128> [<1-255>]
    - rip WORD [default-information originate | enable]
    - traffic-filter [in | out] WORD
  - mac-address
  - mtu
  - pppoe enable
  - priority-group
  - service-policy [input | output] WORD
  - shutdown
  - speed
  - standby
    - <0-4095>
      - FastEthernet <0-9>/<0-24>[.][<0-4294967295>]
      - GigabitEthernet <0-9>/<0-24>[.][<0-4294967295>]
      - Serial <0-9>/<0-24>[.][<0-4294967295>]
      - ip A.B.C.D
      - ipv6
      - preempt
      - priority
      - track
        - FastEthernet <0-9>/<0-24>[.][<0-4294967295>]
        - GigabitEthernet <0-9>/<0-24>[.][<0-4294967295>]
        - Serial <0-9>/<0-24>[.][<0-4294967295>]
    - preempt
    - priority
    - track

      - FastEthernet <0-9>/<0-24>[.][<0-4294967295>]
      - GigabitEthernet <0-9>/<0-24>[.][<0-4294967295>]
      - Serial <0-9>/<0-24>[.][<0-4294967295>]
  - tx-ring-limit
- pppoe enable
- priority-group <1-16>
- service-policy [input | output] WORD
- shutdown
- speed [10 | 100 | 1000 | auto] (*10/100 options are only available for FastEthernet and GigabitEthernet interfaces and 10/100/1000 options are only available for GigabitEthernet interfaces respectively*)
- standby
  - <0-4095>
    - FastEthernet <0-9>/<0-24>[.][<0-4294967295>]
    - GigabitEthernet <0-9>/<0-24>[.][<0-4294967295>]
    - Serial <0-9>/<0-24>[.][<0-4294967295>]
    - ip A.B.C.D
    - ipv6
    - preempt
    - priority
    - track
      - FastEthernet <0-9>/<0-24>[.][<0-4294967295>]
      - GigabitEthernet <0-9>/<0-24>[.][<0-4294967295>]
      - Serial <0-9>/<0-24>[.][<0-4294967295>]
  - preempt
  - priority
  - track
    - FastEthernet <0-9>/<0-24>[.][<0-4294967295>]
    - GigabitEthernet <0-9>/<0-24>[.][<0-4294967295>]
    - Serial <0-9>/<0-24>[.][<0-4294967295>]

tx-ring-limit <1-32767>

Ethernet / FastEthernet / GigabitEthernet Sub-Interface Mode

- arp timeout <0-2147483>
- bandwidth <1-10000000>
- delay <1-16777215>
- description LINE
- encapsulation dot1q <1-1005> [native]
- exit
- ip
  - access-group [<1-199> | WORD] [in | out]
  - address [A.B.C.D A.B.C.D | dhcp]
  - hello-interval eigrp <1-65535> <1-65535>
  - helper-address A.B.C.D
  - mtu <68-1500>
  - nat [inside | outside]
  - ospf

        - authenticateion [message-digest | null]
        - authenticateion-key [<0-7>] WORD
        - cost <1-65535>
        - dead-interval <1-65535>
        - hello-interval <1-65535>
        - message-digest-key <1-255> md5 LINE
        - priority <0-255>
    - proxy-arp
    - split-horizon
    - summary-address eigrp <1-65535> A.B.C.D A.B.C.D [<1-255>]
- ipv6
    - address
        - WORD X:X:X:X::X/<0-128>
        - X:X:X:X::X link-local
        - X:X:X:X::X/<0-128> [anycast | eui-64]
        - autoconfig
    - dhcp
        - client pd WORD
        - server WORD
    - eigrp <1-65535>
    - enable
    - hello-interval eigrp <1-65535> <1-65535>
    - inspect WORD [in | out]
    - mtu <1280-1500>
    - nat prefix X:X:X:X::X/<0-128> [v4-mapped WORD]
    - nd [other-config-flag | ra suppress]
    - ospf
        - <1-65535> area [[<0-4294967295> | A.B.C.D] instance <0-255>]
        - cost <1-65535>
        - dead-interval <1-65535>
        - hello-interval <1-65535>
        - network [broadcast | point-to-point]
    - rip WORD [default-information originate | enable]
    - summary-address eigrp <1-65535> X:X:X:X::X/<0-128> <1-255>
    - traffic-filter WORD [in | out]
- mtu <64-1600>
- no
    - arp timeout
    - bandwidth
    - delay
    - description
    - encapsulation dot1q
    - ip
        - access-group [<1-199> | WORD] [in | out]
        - address [dhcp]
        - hello-interval eigrp <1-65535>
        - helper-address A.B.C.D
        - mtu
        - nat [inside | outside]
        - ospf

            - authenticateion
            - authenticateion-key
            - cost
            - dead-interval
            - hello-interval
            - message-digest-key <1-255>
            - priority
        - proxy-arp
        - split-horizon
        - summary-address eigrp <1-65535> A.B.C.D A.B.C.D [<1-255>]
    - ipv6
        - address
            - WORD X:X:X:X::X/<0-128>
            - X:X:X:X::X link-local
            - X:X:X:X::X/<0-128> [anycast | eui-64]
            - autoconfig
        - dhcp
            - client pd WORD
            - server WORD
        - eigrp <1-65535>
        - enable
        - hello-interval eigrp <1-65535>
        - inspect WORD [in | out]
        - mtu
        - nat prefix X:X:X:X::X/<0-128> [v4-mapped WORD]
        - nd [other-config-flag | ra suppress]
        - ospf
            - <1-65535> area [<0-4294967295> | A.B.C.D] [instance <0-255>]
            - cost
            - dead-interval
            - hello-interval
            - network
            - priority
        - rip WORD [default-information originate | enable]
        - summary-address eigrp <1-65535> X:X:X:X::X/<0-128> <1-255>
        - traffic-filter [WORD [in | out] | [in | out]]
    - mtu
    - shutdown
    - standby <0-4095> ipv6
- shutdown
- standby
    - <0-4095> ipv6 autoconfig

ipv6 autoconfig

Serial Interface Mode

- bandwidth <1-10000000>
- cdp enable
- clock rate <1200-4000000> (*only certain clock rates that are listed are valid*)
- crypto map WORD
- custom-queue-list <1-16>
- delay <1-16777215>
- description LINE
- encapsulation
  - hdlc
  - ppp
  - frame-relay [ietf]
- exit
- fair-queue [<1-4096>] [<16-4096>] [<0-1000>]
- frame-relay
  - interface-dlci <16-1007>
  - lmi-type [ansi | ciso | q933a]
  - map
    - ip A.B.C.D <16-1007>
      - broadcast [cisco | ietf]
      - cisco [broadcast]
      - ietf [broadcast]
    - ipv6 X:X:X:X::X <16-1007>
      - broadcast [cisco | ietf]
      - cisco [broadcast]
      - ietf [broadcast]
- hold-queue <0-4096> out
- ip
  - access-group [<1-199> | WORD] [in | out]
  - address A.B.C.D A.B.C.D
  - hello-interval eigrp <1-65535> <1-65535>
  - inspect WORD [in | out]
  - ips WORD [in | out]
  - mtu <68-1500>
  - nat [inside | outside]
  - ospf
    - authenticateion [message-digest | null]
    - authenticateion-key [<0-7>] WORD
    - cost <1-65535>
    - dead-interval <1-65535>
    - hello-interval <1-65535>
    - message-digest-key <1-255> md5 LINE
    - network [broadcast | point-to-point]
    - priority <0-255>
  - split-horizon
  - summary-address eigrp <1-65535> A.B.C.D A.B.C.D [<1-255>]
  - virtual-reassembly
- ipv6
  - address

        - WORD X:X:X:X::X/<0-128>
        - X:X:X:X::X link-local
        - X:X:X:X::X/<0-128> [anycast | eui-64]
        - autoconfig
    - dhcp
        - client pd WORD
        - server WORD
    - eigrp <1-65535>
    - enable
    - hello-interval eigrp <1-65535> <1-65535>
    - inspect WORD [in | out]
    - mtu <1280-1500>
    - nat prefix X:X:X:X::X/<0-128> [v4-mapped WORD]
    - nd [other-config-flag | ra suppress]
    - ospf
        - <1-65535> area [<0-4294967295> | A.B.C.D] [instance <0-255>]
        - cost <1-65535>
        - dead-interval <1-65535>
        - hello-interval <1-65535>
        - network [broadcast | point-to-point]
        - priority <0-255>
    - rip WORD [default-information originate | enable]
    - summary-address eigrp <1-65535> X:X:X:X::X/<0-128> [<1-255>]
    - traffic-filter WORD [in | out]
- keepalive <0-30>
- mtu <64-17940>
- no
    - bandwidth <1-10000000>
    - cdp enable
    - clock rate
    - crypto map [WORD]
    - custom-queue-list <1-16>
    - delay
    - description
    - ecnapsulation
    - fair-queue [<1-4096>] [<16-4096>] [<0-1000>]
    - frame-relay
        - interface-dlci <16-1007>
        - lmi-type [ansi | cisco | q933a]
        - map [ip A.B.C.D | ipv6 X:X:X:X::X]
    - hold-queue [<0-4096>] out
    - ip
        - access-group [<1-199> | WORD] [in | out]
        - address [dhcp]
        - hello-interval eigrp <1-65535>
        - helper-address A.B.C.D
        - inspect WORD [in | out]
        - ips WORD [in | out]
        - mtu <68-1500>
        - nat [inside | outside]

- ospf
  - authenticateion
  - authenticateion-key
  - cost
  - dead-interval
  - hello-interval
  - message-digest-key <1-255>
  - network
  - priority
- split-horizon
- summary-address eigrp <1-65535> A.B.C.D A.B.C.D [<1-255>]
- virtual-reassembly

◦ ipv6
- address
  - WORD X:X:X:X::X/<0-128>
  - X:X:X:X::X link-local
  - X:X:X:X::X/<0-128>
  - autoconfig
- dhcp
  - client pd WORD
  - server WORD
- eigrp <1-65535>
- enable
- hello-interval eigrp <1-65535>
- inspect WORD [in | out]
- mtu
- nat [prefix X:X:X:X::X/<0-128>] [v4-mapped WORD]
- nd [other-config-flag | ra suppress]
- ospf
  - <1-65535> area [<0-4294967295> | A.B.C.D] [instance <0-255>]
  - cost
  - dead-interval
  - hello-interval
  - network
  - priority
- rip WORD [default-information originate | enable]
- summary-address eigrp <1-65535> X:X:X:X::X/<0-128> [<1-255>]
- traffic-filter [WORD] [in | out]

◦ keepalive
◦ mtu
◦ ppp [authenticateion | pap sent-username]
◦ priority-group <1-16>
◦ service-policy [input | output] WORD
◦ shutdown
◦ tx-ring-limit
◦ zone-member security WORD

- ppp
  - authenticateion chap [pap]
  - authenticateion pap [chap]
  - pap sent-username WORD password [0 LINE | LINE]

- priority-group <1-16>
- service-policy [input | output] WORD
- shutdown
- tx-ring-limit <1-32767>
- zone-member security WORD

Tunnel Interface Mode

- exit
- ip address A.B.C.D A.B.C.D
- ipv6
    - address
        - WORD X:X:X:X::X/<0-128>
        - X:X:X:X::X link-local
        - X:X:X:X::X/<0-128> [anycast | eui-64]
        - autoconfig
    - eigrp <1-65535>
    - enable
    - hello-interval eigrp <1-65535> <1-65535>
    - nd ra suppress
    - ospf
        - <1-65535> area [<0-4294967295> | A.B.C.D] [instance <0-255>]
        - cost <1-65535>
        - dead-interval <1-65535>
        - hello-interval <1-65535>
        - network [broadcast | point-to-point]
        - priority <0-255>
    - rip WORD [default-information originate | enable]
    - summary-address eigrp <1-65535> X:X:X:X::X/<0-128> [<1-255>]
- no
    - ip address [A.B.C.D A.B.C.D]
    - ipv6
        - address
            - WORD X:X:X:X::X/<0-128>
            - X:X:X:X::X link-local
            - X:X:X:X::X/<0-128> [anycast | eui-64]
            - autoconfig
        - eigrp <1-65535>
        - enable
        - hello-interval eigrp <1-65535>
        - nd ra suppress
        - ospf
            - <1-65535> area [<0-4294967295> | A.B.C.D] [instance <0-255>]
            - cost
            - dead-interval
            - hello-interval
            - network
            - priority
        - rip WORD [default-information originate | enable]

        - summary-address eigrp <1-65535> X:X:X:X::X/<0-128> [<1-255>]
    - shutdown
    - tunnel [destination | mode | source]
- shutdown
- tunnel
    - destination A.B.C.D
    - mode [gre ip | ipv6ip isatap]
    - source
        - Ethernet <0-9>/<0-24>[.][<0-4294967295>]
        - FastEthernet <0-9>/<0-24>[.][<0-4294967295>]
        - GigabitEthernet <0-9>/<0-24>[.][<0-4294967295>]
        - Loopback <0-2147483647>
        - Serial <0-9>/<0-24>

VLAN Interface Mode

- arp timeout <0-2147483>
- bandwidth <1-10000000>
- delay <1-16777215>
- description LINE
- exit
- ip
    - access-group [<1-199> | WORD] [in | out]
    - address [A.B.C.D A.B.C.D] [dhcp]
    - hello-interval eigrp <1-65535> <1-65535>
    - helper-address A.B.C.D
    - nat [inside | outside]
    - ospf
        - authenticateion [message-digest | null]
        - authenticateion-key [<0-7>] WORD
        - cost <1-65535>
        - dead-interval <1-65535>
        - hello-interval <1-65535>
        - message-digest-key <1-255> md5 LINE
        - priority <0-255>
    - proxy-arp
    - split-horizon
    - summary-address eigrp <1-65535> A.B.C.D A.B.C.D [<1-255>]
- ipv6
    - address
        - WORD X:X:X:X::X/<0-128>
        - X:X:X:X::X link-local
        - X:X:X:X::X/<0-128> [anycast | eui-64]
        - autoconfig
    - dhcp
        - client pd WORD
        - server WORD
    - eigrp <1-65535>
    - enable

  - hello-interval eigrp <1-65535> <1-65535>
  - inspect WORD [in | out]
  - mtu <1280-1500>
  - nat prefix [X:X:X:X::X/<0-128>] [v4-mapped WORD]
  - nd [other-config-flag | ra suppress]
  - ospf
    - <1-65535> area [<0-4294967295> | A.B.C.D] [instance <0-255>]
    - cost <1-65535>
    - dead-interval <1-65535>
    - hello-interval <1-65535>
    - network [broadcast | point-to-point]
    - priority <0-255>
  - rip WORD [default-information originate | enable]
  - summary-address eigrp <1-65535> X:X:X:X::X/<0-128> [<1-255>]
  - traffic-filter WORD [in | out]
- no
  - arp timeout
  - bandwidth
  - delay
  - description
  - ip
    - access-group [<1-199> | WORD] [in | out]
    - address [dhcp]
    - hello-interval eigrp <1-65535>
    - helper-address A.B.C.D
    - nat [inside | outside]
    - ospf
      - authenticateion
      - authenticateion-key
      - cost
      - dead-interval
      - hello-interval
      - message-digest-key <1-255>
      - priority
    - proxy-arp
    - split-horizon
    - summary-address eigrp <1-65535> A.B.C.D A.B.C.D [<1-255>]
  - ipv6
    - address
      - WORD X:X:X:X::X/<0-128>
      - X:X:X:X::X link-local
      - X:X:X:X::X/<0-128> [anycast | eui-64]
      - autoconfig
    - dhcp
      - client pd WORD
      - server WORD
    - eigrp <1-65535>
    - enable
    - hello-interval eigrp <1-65535>
    - inspect WORD [in | out]

    - mtu
    - nat prefix [X:X:X:X::X/<0-128>] [v4-mapped WORD]
    - nd [other-config-flag | ra suppress]
    - ospf
      - <1-65535> area [<0-4294967295> | A.B.C.D] [instance <0-255>]
      - cost
      - dead-interval
      - hello-interval
      - network
      - priority
    - rip WORD [default-information originate | enable]
    - summary-address eigrp <1-65535> X:X:X:X::X/<0-128> [<1-255>]
    - traffic-filter [WORD] [in | out]
  - shutdown
  - standby
    - <0-4095>
      - FastEthernet <0-9>/<0-24>[.][<0-4294967295>]
      - GigabitEthernet <0-9>/<0-24>[.][<0-4294967295>]
      - Serial <0-9>/<0-24>[.][<0-4294967295]
      - ip A.B.C.D
      - ipv6
      - preempt
      - priority
      - track
        - FastEthernet <0-9>/<0-24>[.][<0-4294967295>]
        - GigabitEthernet <0-9>/<0-24>[.][<0-4294967295>]
        - Serial <0-9>/<0-24>[.][<0-4294967295>]
    - preempt
    - priority
    - track
      - FastEthernet <0-9>/<0-24>[.][<0-4294967295>]
      - GigabitEthernet <0-9>/<0-24>[.][<0-4294967295>]
      - Serial <0-9>/<0-24>[.][<0-4294967295>]
- shutdown
- standby
  - <0-4095>
    - ip A.B.C.D
    - ipv6 autoconfig
    - preempt
    - priority <0-255>
    - track
      - FastEthernet <0-9>/<0-24>[.][<0-4294967295>]
      - GigabitEthernet <0-9>/<0-24>[.][<0-4294967295>]
      - Serial <0-9>/<0-24>[.][<0-4294967295>]
  - ip A.B.C.D
  - ipv6 autoconfig
  - preempt
  - priority <0-255>
  - timers <1-254>
  - track

- FastEthernet <0-9>/<0-24>[.][<0-4294967295>]
- GigabitEthernet <0-9>/<0-24>[.][<0-4294967295>]
- Serial <0-9>/<0-24>[.][<0-4294967295>]

VLAN Configuration Mode

- exit
- no
  - vlan <1-1005> [name]
  - vtp
    - client
    - password
    - transparent
    - v2-mode
- vlan <1-1005> [name] [WORD]
- vtp
  - client
  - domain WORD
  - password WORD
  - server
  - transparent
  - v2-mode

Class-Map Configuration Mode

- description LINE
- exit
- match
  - access-group
    - <1-2699>
    - name WORD
  - any
  - class-map WORD
  - cos <0-7>
  - destination-address mac H.H.H
  - input-interface
    - Ethernet <0-9>/<0-24>[.][<0-4294967295>]
    - FastEthernet <0-9>/<0-24>[.][<0-4294967295>]
    - GigabitEthernet <0-9>/<0-24>[.][<0-4294967295>]
    - Loopback <0-2147483647>
    - Serial <0-9>/<0-24>
  - ip
    - dscp [<0-63> | af11 | af12 | af13 | af21 | af22 | af23 | af31 | af32 | af33 | af41 | af42 | af43 | cs1 | cs2 | cs3 | cs4 | cs5 | cs6 | cs7 | default | ef]
    - precedence [<0-7> | critical | flash | flash-override | immediate | internet | network | priority | routine]
  - not

  - access-group
    - <1-2699>
    - name WORD
  - class-map WORD
  - cos <0-7>
  - destination-address mac H.H.H
  - input-interface
    - Ethernet <0-9>/<0-24>[.][<0-4294967295>]
    - FastEthernet <0-9>/<0-24>[.][<0-4294967295>]
    - GigabitEthernet <0-9>/<0-24>[.][<0-4294967295>]
    - Loopback <0-2147483647>
    - Serial <0-9>/<0-24>
  - ip
    - dscp [<0-63> | af11 | af12 | af13 | af21 | af22 | af23 | af31 | af32 | af33 | af41 | af42 | af43 | cs1 | cs2 | cs3 | cs4 | cs5 | cs6 | cs7 | default | ef]
    - precedence [<0-7> | critical | flash | flash-override | immediate | internet | network | priority | routine]
  - precedence [<0-7> | critical | flash | flash-override | immediate | internet | network | priority | routine]
  - protocol [arp | bgp | cdp | dhcp | dns | eigrp | ftp | gre | h323 | http | icmp | ip | ipsec | ipv6 | ntp | ospf | pop3 | rip | rtp | skinny | smtp | snmp | ssh | syslog | tcp | telnet | tftp | udp]
  - qos-group <0-1023>
- precedence [<0-7> | critical | flash | flash-override | immediate | internet | network | priority | routine]
- protocol
  - arp
  - bgp
  - cdp
  - dhcp
  - dns
  - eigrp
  - ftp
  - gre
  - h323
  - http [host WORD | mime WORD | url WORD]
  - icmp
  - ip
  - ipsec
  - ipv6
  - ntp
  - ospf
  - pop3
  - rip
  - rtp
  - skinny
  - smtp
  - snmp
  - ssh

    - syslog
    - tcp
    - telnet
    - tftp
    - udp
  - qos-group <0-1023>
- no
  - description [LINE]
  - match
    - access-group
      - <1-2699>
      - name WORD
    - any
    - class-map WORD
    - cos <0-7>
    - destination-address mac H.H.H
    - input-interface
      - Ethernet <0-9>/<0-24>[.][<0-4294967295>]
      - FastEthernet <0-9>/<0-24>[.][<0-4294967295>]
      - GigabitEthernet <0-9>/<0-24>[.][<0-4294967295>]
      - Loopback <0-2147483647>
      - Serial <0-9>/<0-24>
    - ip
      - dscp [<0-63> | af11 | af12 | af13 | af21 | af22 | af23 | af31 | af32 | af33 | af41 | af42 | af43 | cs1 | cs2 | cs3 | cs4 | cs5 | cs6 | cs7 | default | ef]
      - precedence [<0-7> | critical | flash | flash-override | immediate | internet | network | priority | routine]
    - not
      - access-group
        - <1-2699>
        - name WORD
      - class-map WORD
      - cos <0-7>
      - destination-address mac H.H.H
      - input-interface
        - Ethernet <0-9>/<0-24>[.][<0-4294967295>]
        - FastEthernet <0-9>/<0-24>[.][<0-4294967295>]
        - GigabitEthernet <0-9>/<0-24>[.][<0-4294967295>]
        - Loopback <0-2147483647>
        - Serial <0-9>/<0-24>
      - ip
        - dscp [<0-63> | af11 | af12 | af13 | af21 | af22 | af23 | af31 | af32 | af33 | af41 | af42 | af43 | cs1 | cs2 | cs3 | cs4 | cs5 | cs6 | cs7 | default | ef]
        - precedence [<0-7> | critical | flash | flash-override | immediate | internet | network | priority | routine]
      - precedence [<0-7> | critical | flash | flash-override | immediate | internet | network | priority | routine]
      - protocol

        - arp
        - bgp
        - cdp
        - dhcp
        - dns
        - eigrp
        - ftp
        - gre
        - h323
        - http [host WORD | mime WORD | url WORD]
        - icmp
        - ip
        - ipsec
        - ipv6
        - ntp
        - ospf
        - pop3
        - rip
        - rtp
        - skinny
        - smtp
        - snmp
        - ssh
        - syslog
        - tcp
        - telnet
        - tftp
        - udp
      - qos-group <0-1023>
    - precedence [<0-7> | critical | flash | flash-override | immediate | internet | network | priority | routine]
    - protocol [arp | bgp | cdp | dhcp | dns | eigrp | ftp | gre | h323 | http | icmp | ip | ipsec | ipv6 | ntp | ospf | pop3 | rip | rtp | skinny | smtp | snmp | ssh | syslog | tcp | telnet | tftp | udp]
    - qos-group <0-1023>

Zone Security Configuration Mode

- exit

Zone-Pair Security Configuration Mode

- exit
- no
  - service-policy type inspect WORD
- service-policy type inspect WORD

Dynamic Crypto Map Configuration Mode

- exit
- no
  - reverse-route
  - set transform-set
- reverse-route
- set transform-set WORD

Parser View Configuration Mode

- commands [configure | exec | interface | line | router] include [all] LINE
- default
  - commands [configure | exec | interface | line | router] include [all] LINE
  - secret
- exit
- no
  - commands [configure | exec | interface | line | router] include [all] LINE
  - secret
- secret [0 | 5] LINE

Router BGP Mode

- bgp
  - log-neighbor-changes
  - redistribute-internal
  - router-id A.B.C.D
- exit
- neighbor
  - A.B.C.D next-hop-self
  - A.B.C.D remote-as <1-65535>
- network
  - A.B.C.D mask A.B.C.D
- no
  - bgp
    - log-neighbor-changes
    - redistribute-internal
    - router-id A.B.C.D
  - neighbor
    - A.B.C.D next-hop-self
    - A.B.C.D remote-as <1-65535>
  - network
    - A.B.C.D mask A.B.C.D
  - redistribute
    - connected
    - eigrp <1-65535>
    - ospf <1-65535>
      - match

-
  -
    -
      - external
      - internal
      - nssa-external
    - static
  - synchronization
  - timers bgp <0-65535>
- redistribute
  - connected
  - eigrp <1-65535>
  - ospf <1-65535>
    - match
      - external
      - internal
      - nssa-external
  - static
- synchronization
- timers bgp <0-65535> <0-65535>

Router EIGRP Mode

- auto-summary
- distance eigrp <1-255> <1-255>
- exit
- metric weights <0-8> <0-256> <0-256> <0-256> <0-256> <0-256>
- network A.B.C.D [A.B.C.D]
- no
  - auto-summary
  - distance eigrp
  - metric weights
  - network A.B.C.D [A.B.C.D]
  - redistribute
    - bgp <1-65535> [metric] [<1-4294967295>] [<0-4294967295> <0-255> <1-255> <1-65535>]
    - connected [metric <1-4294967295> <0-4294967295> <0-255> <1-255> <1-65535>]
    - eigrp <1-65535> [metric <1-4294967295> <0-4294967295> <0-255> <1-255> <1-65535>]
    - metric [<1-4294967295>] [<0-4294967295> <0-255> <1-255> <1-65535>]
    - ospf <1-65535> [match external [1 | 2] | internal | nssa-external] [*metric bandwidth delay reliability effective BW MTU*]
    - rip [metric <1-4294967295> <0-4294967295> <0-255> <1-255> <1-65535>]
    - static [metric <1-4294967295> <0-4294967295> <0-255> <1-255> <1-65535>]
  - passive-interface
    - Ethernet <0-9>/<0-24>[.][<0-4294967295>]
    - FastEthernet <0-9>/<0-24>[.][<0-4294967295>]
    - GigabitEthernet <0-9>/<0-24>[.][<0-4294967295>]
    - Loopback <0-2147483647>
    - Serial <0-9>/<0-24>
    - Vlan <1-1005>

        - default
    - variance
- passive-interface
    - Ethernet <0-9>/<0-24>[.][<0-4294967295>]
    - FastEthernet <0-9>/<0-24>[.][<0-4294967295>]
    - GigabitEthernet <0-9>/<0-24>[.][<0-4294967295>]
    - Loopback <0-2147483647>
    - Serial <0-9>/<0-24>
    - Vlan <1-1005>
    - default
- redistribute
    - bgp <1-65535> [metric] [<1-4294967295>] [<0-4294967295> <0-255> <1-255> <1-65535>]
    - connected [metric <1-4294967295> <0-4294967295> <0-255> <1-255> <1-65535>]
    - eigrp <1-65535> [metric <1-4294967295> <0-4294967295> <0-255> <1-255> <1-65535>]
    - metric [<1-4294967295>] [<0-4294967295> <0-255> <1-255> <1-65535>]
    - ospf <1-65535> [match external [1 | 2] | internal | nssa-external] [*metric bandwidth delay reliability effective BW MTU*]
    - rip [metric <1-4294967295> <0-4294967295> <0-255> <1-255> <1-65535>]
    - static [metric <1-4294967295> <0-4294967295> <0-255> <1-255> <1-65535>]
- variance <1-128>

IPv6 Router EIGRP Mode

- exit
- metric weights <0-8> <0-255> <0-255> <0-255> <0-255> <0-255>
- no
    - metric weights <0-8> <0-255> <0-255> <0-255> <0-255> <0-255>
    - redistribute
        - bgp <1-65535> [metric <1-4294967295> [<0-4294967295> <0-255> <1-255> <1-65535>]]
        - connected [metric [<1-4294967295> <0-4294967295> <0-255> <1-255> <1-65535>]]
        - eigrp <1-65535> [metric <1-4294967295> [<0-4294967295> <0-255> <1-255> <1-65535>]]
        - ospf <1-65535> [match external [1 | 2] | internal | nssa-external] [*metric bandwidth delay reliability effective BW MTU*]
        - rip WORD [metric <1-4294967295> [<0-4294967295> <0-255> <1-255> <1-65535>]]
        - static
    - router-id
    - shutdown
- redistribute
    - bgp <1-65535> [metric <1-4294967295> [<0-4294967295> <0-255> <1-255> <1-65535>]]
    - connected [metric [<1-4294967295> <0-4294967295> <0-255> <1-255> <1-65535>]]

- eigrp <1-65535> [metric <1-4294967295> [<0-4294967295> <0-255> <1-255> <1-65535>]]
    - ospf <1-65535> [match external [1 | 2] | internal | nssa-external] [metric bandwidth delay reliability effective BW MTU]
    - rip WORD [metric <1-4294967295> [<0-4294967295> <0-255> <1-255> <1-65535>]]
    - static
- router-id A.B.C.D
- shutdown

Router OSPF Mode

- area
    - [<0-4294967295> | A.B.C.D]
        - authenticateion message-digest
        - default-cost <0-16777215>
        - nssa no-summary
        - stub no-summary
        - virtual-link A.B.C.D
- default-information originate
- distance <1-255>
- exit
- log-adjacency-changes [detail]
- network A.B.C.D A.B.C.D area [<0-4294967295> | A.B.C.D]
- no
    - area
        - [<0-4294967295> | A.B.C.D]
            - authenticateion message-digest
            - default-cost <0-16777215>
            - nssa no-summary
            - stub no-summary
            - virtual-link A.B.C.D
    - default-information originate
    - distance <1-255>
    - log-adjacency-changes [detail]
    - network A.B.C.D A.B.C.D area [<0-4294967295> | A.B.C.D]
    - redistribute
        - bgp <1-65535> [metric <0-16777214 | subnets | tag <0-4294967295>]
        - connected [metric <0-16777214> | subnets | tag <0-4294967295>]
        - eigrp <1-65535> [metric <0-16777214> | subnets | tag <0-4294967295>]
        - metric <0-16777214>
        - ospf <1-65535> [match external [1 | 2] | internal | nssa-external] [metric <0-16777214> | subnets | tag <0-4294967295>]
        - rip [metric <0-16777214> | subnets | tag <0-4294967295>]
        - static [metric <0-16777214> | subnets | tag <-0-4294967295>]
    - passive-interface
        - Ethernet <0-9>/<0-24>[.][<0-4294967295>]
        - FastEthernet <0-9>/<0-24>[.][<0-4294967295>]
        - GigabitEthernet <0-9>/<0-24>[.][<0-4294967295>]

- - - Loopback <0-2147483647>
    - Serial <0-9>/<0-24>
    - Vlan <1-1005>
    - default
  - router-id
- passive-interface
  - Ethernet <0-9>/<0-24>[.][<0-4294967295>]
  - FastEthernet <0-9>/<0-24>[.][<0-4294967295>]
  - GigabitEthernet <0-9>/<0-24>[.][<0-4294967295>]
  - Loopback <0-2147483647>
  - Serial <0-9>/<0-24>
  - Vlan <1-1005>
  - default
- redistribute
  - bgp <1-65535> [metric <0-16777214 | subnets | tag <0-4294967295>]
  - connected [metric <0-16777214> | subnets | tag <0-4294967295>]
  - eigrp <1-65535> [metric <0-16777214> | subnets | tag <0-4294967295>]
  - metric <0-16777214>
  - ospf <1-65535> [match external [1 | 2] | internal | nssa-external] [metric <0-16777214> | subnets | tag <0-4294967295>]
  - rip [metric <0-16777214> | subnets | tag <0-4294967295>]
  - static [metric <0-16777214> | subnets | tag <0-4294967295>]
- router-id A.B.C.D

IPv6 Router OSPF Mode

- area <1-65535>
  - default-cost <0-16777215>
  - nssa [no-summary]
  - stub [no-summary]
  - virtual-link A.B.C.D
- distance <1-254>
- exit
- log-adjacency-changes [detail]
- no
  - area <1-65535>
    - default-cost <0-16777215>
    - nssa [no-summary]
    - stub [no-summary]
    - virtual-link A.B.C.D
  - distance <1-254>
  - log-adjacency-changes [detail]
  - passive-interface
    - Ethernet <0-9>/<0-24>[.][<0-4294967295>]
    - FastEthernet <0-9>/<0-24>[.][<0-4294967295>]
    - GigabitEthernet <0-9>/<0-24>[.][<0-4294967295>]
    - Loopback <0-2147483647>
    - Serial <0-9>/<0-24>
    - default

- redistribute
    - bgp <1-65535> [metric <0-16777214> | subnets | tag <0-4294967295>]
    - connected [metric <0-16777214> | subnets | tag <0-4294967295>]
    - eigrp <1-65535> [metric <0-16777214> | subnets | tag <0-4294967295>]
    - metric <0-16777214>
    - ospf <1-65535> [match external [1 | 2] | internal | nssa-external] [metric <0-16777214> | subnets | tag <0-4294967295]
    - rip WORD [metric <0-16777214> | subnets | tag <0-4294967295>
    - static [metric <0-16777214> | subnets | tag <0-4294967295>]
- router-id

- passive-interface
  - Ethernet <0-9>/<0-24>[.][<0-4294967295>]
  - FastEthernet <0-9>/<0-24>[.][<0-4294967295>]
  - GigabitEthernet <0-9>/<0-24>[.][<0-4294967295>]
  - Loopback <0-2147483647>
  - Serial <0-9>/<0-24>
  - default
- redistribute
  - bgp <1-65535> [metric <0-16777214> | subnets | tag <0-4294967295>]
  - connected [metric <0-16777214> | subnets | tag <0-4294967295>]
  - eigrp <1-65535> [metric <0-16777214> | subnets | tag <0-4294967295>]
  - metric <0-16777214>
  - ospf <1-65535> [match external [1 | 2] | internal | nssa-external] [metric <0-16777214> | subnets | tag <0-4294967295]
  - rip WORD [metric <0-16777214> | subnets | tag <0-4294967295>
  - static [metric <0-16777214> | subnets | tag <0-4294967295>]
- router-id A.B.C.D

Router RIP Mode

- auto-summary
- default-information originate
- distance <1-255>
- exit
- network A.B.C.D
- no
  - auto-summary
  - default-information
  - distance <1-255>
  - network A.B.C.D
  - passive-interface
    - Ethernet <0-9>/<0-24>[.][<0-4294967295>]
    - FastEthernet <0-9>/<0-24>[.][<0-4294967295>]
    - GigabitEthernet <0-9>/<0-24>[.][<0-4294967295>]
    - Loopback <0-2147483647>
    - Serial <0-9>/<0-24>
    - Vlan <1-1005>
    - default
  - redistribute

    - connected [metric [<0-16> | transparent]]
    - eigrp <1-65535> [metric [<0-16> | transparent]]
    - metric [<0-16> | transparent]
    - ospf <1-65535> [match external [1 | 2] | internal | nssa-external] [metric default-metric]
    - rip [metric [<0-16> | transparent]]
    - static [metric [<0-16> | transparent]]
  - timers basic
  - version <1-2>
- passive-interface
  - Ethernet <0-9>/<0-24>[.][<0-4294967295>]
  - FastEthernet <0-9>/<0-24>[.][<0-4294967295>]
  - GigabitEthernet <0-9>/<0-24>[.][<0-4294967295>]
  - Loopback <0-2147483647>
  - Serial <0-9>/<0-24>
  - Vlan <1-1005>
  - default
- redistribute
  - connected [metric [<0-16> | transparent]]
  - eigrp <1-65535> [metric [<0-16> | transparent]]
  - metric [<0-16> | transparent]
  - ospf <1-65535> [match external [1 | 2] | internal | nssa-external] [metric default-metric]
  - rip [metric [<0-16> | transparent]]
  - static [metric [<0-16> | transparent]]
- timers basic <0-4294967295> <1-4294967295> <0-4294967295> <1-4294967295>
- version <1-2>

IPv6 Router RIP Mode

- distance <1-254>
- exit
- no
  - distance
  - redistribute
    - connected [metric [<1-16> | transparent]]
    - eigrp <1-65535> [metric [<1-16> | transparent]]
    - metric [<1-16> | transparent]
    - ospf <1-65535> [match external [1 | 2] | internal | nssa-external] [metric [<1-16> | transparent]]
    - rip WORD [metric [<1-16> | transparent]]
    - static [metric [<1-16> | transparent]]
- redistribute
  - connected [metric [<1-16> | transparent]]
  - eigrp <1-65535> [metric [<1-16> | transparent]]
  - metric [<1-16> | transparent]
  - ospf <1-65535> [match external [1 | 2] | internal | nssa-external] [metric [<1-16> | transparent]]
  - rip WORD [metric [<1-16> | transparent]]

- static [metric [<1-16> | transparent]]

DHCP Pool Configuration Mode

- default-router A.B.C.D
- dns-server A.B.C.D
- exit
- network A.B.C.D A.B.C.D
- no dns-server
- option <0-254> ip A.B.C.D

IPv6 DHCP Pool Configuration Mode

- dns-server X:X:X:X::X
- domain-name WORD
- exit
- no
  - dns-server X:X:X:X::X
  - domain-name WORD
  - prefix-delegation
    - X:X:X:X::X/<0-128> WORD [lifetime] <60-4294967295> <60-4294967295>
    - pool WORD [lifetime] <60-4294967295> <60-4294967295>
- prefix-delegation
  - X:X:X:X::X/<0-128> WORD [lifetime] <60-4294967295> <60-4294967295>
  - pool WORD [lifetime] <60-4294967295> <60-4294967295>

Line Configuration Mode

- access-class [<1-199> | <1300-2699> | WORD] [in | out]
- databits [5 | 6 | 7 | 8]
- default [databits | flowcontrol | history size | parity | speed | stopbits]
- exit
- exec-timeout <0-35791> [<0-2147483>]
- flowcontrol [NONE | hardware | software]
- history size <0-256>
- ipv6 access-class WORD [in | out]
- logging synchronous
- login
  - authenticateion [WORD | default]
  - local
- motd-banner
- no
  - [access-class [<1-199> | <1300-2699> | WORD] [in | out]
  - databits
  - exec-timeout
  - flowcontrol

  - history size
  - ipv6 access-class WORD [in | out]
  - logging synchronous
  - login
    - authenticateion [WORD | default]
    - local
  - motd-banner
  - parity
  - password
  - privilege level
  - session-limit
  - speed
  - stopbits
  - transport output
- parity [even | mark | none | odd | space]
- password [7 WORD | LINE]
- privilege level <0-15>
- session-limit <0-4294967295>
- speed <0-4294967295>
- stopbits [1 | 1.5 | 2]
- transport output [all | none | ssh | telnet]

Policy-Map Configuration Mode

- class [type inspect] [WORD | class-default]
- exit
- no
  - class [type inspect] [WORD | class-default]

Policy-Map Class Configuration Mode

- bandwidth [<8-2000000> | percent <1-100> | remaining percent <1-100>]
- exit
- no
  - bandwidth
  - priority
  - queue-limit
  - random-detect
    - dscp [<0-63> | af11 | af12 | af13 | af21 | af22 | af23 | af31 | af32 | af33 | af41 | af42 | af43 | cs1 | cs2 | cs3 | cs4 | cs5 | cs6 | cs7 | default | ef]
    - dscp-based
    - prec-based
    - precedence <0-7>
  - service-policy WORD
  - set
    - ip
      - dscp [<0-63> | af11 | af12 | af13 | af21 | af22 | af23 | af31 | af32 |

af33 | af41 | af42 | af43 | cs1 | cs2 | cs3 | cs4 | cs5 | cs6 | cs7 | default | ef]

- precedence [<0-7> | critical | flash | flash-override | immediate | internet | network | priority | routine]
- shape average

- priority [<8-2000000> | percent <1-100>] [<32-2000000>]
- queue-limit <1-4096>
- random-detect
    - dscp [<0-63> | af11 | af12 | af13 | af21 | af22 | af23 | af31 | af32 | af33 | af41 | af42 | af43 | cs1 | cs2 | cs3 | cs4 | cs5 | cs6 | cs7 | default | ef] <1-4096> <1-4096> [<1-65535>]
    - dscp-based
    - prec-based
    - precedence <0-7> <1-4096> <1-4096> [<1-65535>]
- service-policy WORD
- set
    - ip
        - dscp [<0-63> | af11 | af12 | af13 | af21 | af22 | af23 | af31 | af32 | af33 | af41 | af42 | af43 | cs1 | cs2 | cs3 | cs4 | cs5 | cs6 | cs7 | default | ef]
    - precedence [<0-7> | critical | flash | flash-override | immediate | internet | network | priority | routine]
- shape average <8000-154400000>

Rommon Mode

- boot
- confreg *config-register-number*
- dir flash:
- help
- reset
- set
- tftpdnld
- unset *variable*
- *variable=value*

부록 3 패킷트레이서에서 지원되는 스위치 IOS 명령어

User Mode

- <1-99>
- connect
- disconnect
- enable
- exit
- logout
- ping WORD
- resume [<1-16> | WORD]
- show
  - cdp
    - entry
      - * [protocol | version]
      - WORD [protocol | version]
    - interface
      - Ethernet <0-9>/<0-24>[.][<0-4294967295>]
      - FastEthernet <0-9>/<0-24>[.][<0-4294967295>]
      - GigabitEthernet <0-9>/<0-24>[.][<0-4294967295>]
    - neighbors [detail]
  - clock
  - dtp
  - etherchannel
    - load-balance
    - port-channel
    - summary
  - flash:
  - history
  - interfaces
    - Ethernet <0-9>/<0-24> [switchPort]
    - FastEthernet <0-9>/<0-24> [switchPort]
    - GigabitEthernet <0-9>/<0-24> [switchPort]
    - Vlan <1-1005>
    - Switchport
    - trunk
  - ip interface
    - Vlan <1-1005>
    - brief
  - mac-address-table
    - dynamic
    - interfaces
      - Ethernet IEEE 802.3
      - FastEthernet IEEE 802.3

            - GigaBitEthernet IEEE 802.3z
            - Port-channel Ethernet channel port interface
        - static
    - mls
        - qos
            - interface
            - FastEthernet IEEE 802.3
    - privilege
    - sessions
    - tcp
            - brief
    - terminal
    - users
    - version
    - vlan
        - brief
        - id <1-1005> ISL VLAN IDs 1-1005
        - name WORD A VTP VLAN name
    - vtp
        - counters
        - status
- telnet [WORD]
- traceroute WORD

Enable Mode

- <1-99>
- clear
    - arp-cache
    - cdp table
    - mac-address-table dynamic
    - port-security
    - vtp counters
- clock set hh:mm:ss [<1-31> MONTH <1993-2035> | MONTH <1-31> <1993-2035>]
- configure terminal
- connect [WORD]
- copy
    - running-config
        - startup-config
        - tftp:
        - flash:
        - ftp
    - startup-config
        - running-config
        - tftp:
        - flash
        - ftp:
    - tftp:
        - flash:

    - running-config
    - startup-config
  - ftp
    - flash:
    - running-config
    - startup-config
- **debug** sw-vlan
  - packets
  - vtp
    - events
- **delete** [WORD | flash:]
- **dir** [flash:]
- **disable**
- **disconnect** <1-16>
- **enable**
- **erase** startup-config
- **exit**
- **logout**
- **no** debug
  - all
  - sw-vlan
    - packets
    - vtp
      - events
- **ping** [WORD]
  - [Protocol] [Target IP address] [Repeat count] [Datagram size] [Timeout in seconds] [Extended commands] [Sweep range of sizes]
- **reload**
- **resume** [<1-16> | WORD]
- **setup**
- **show**
  - access-lists
  - arp
  - boot
  - cdp
    - entry
      - * [protocol | version]
      - WORD [protocol | version]
    - interfaces
      - Ethernet <0-9>/<0-24>[.][<0-4294967295>]
      - FastEthernet <0-9>/<0-24>[.][<0-4294967295>]
      - GigabitEthernet <0-9>/<0-24>[.][<0-4294967295>]
    - neighbors [detail]
  - clock
  - dtp
  - etherchannel [load-balance | port-channel | summary]
  - flash:
  - history
  - hosts
  - interfaces

    - Ethernet <0-9>/<0-24> [switchport]
    - FastEthernet <0-9>/<0-24> [switchport]
    - GigabitEthernet <0-9>/<0-24> [switchport]
    - Vlan <1-1005>
    - etherchannel
    - switchport
    - trunk
  - ip interface
    - Vlan <1-1005>
    - brief
  - logging
  - mac-address-table
    - static
    - dynamic
    - interfaces
      - Ethernet <0-9>/<0-24>
      - FastEthernet <0-9>/<0-24>
      - GigabitEthernet <0-9>/<0-24>
  - mls qos interface [FastEthernet <0-9>/<0-24>]
  - port-security
    - address
    - interface
      - Ethernet <0-9>/<0-24>
        - address
          - |
            - begin LINE
            - exclude LINE
            - include LINE
        - |
          - begin LINE
          - exclude LINE
          - include LINE
      - FastEthernet <0-9>/<0-24>
        - address
          - |
            - begin LINE
            - exclude LINE
            - include LINE
        - |
          - begin LINE
          - exclude LINE
          - include LINE
          -
      - GigabitEthernet <0-9>/<0-24>
        - address
          - |
            - begin LINE
            - exclude LINE
            - include LINE
        - |

            - begin LINE
            - exclude LINE
            - include LINE
    - |
        - begin LINE
        - exclude LINE
        - include LINE
    - privilege
    - processes
    - running-config
    - sessions
    - snmp
    - spanning-tree
        - vlan WORD
        - detail
        - active
        - interface
            - FastEthernet <0-9>/<0-24> [portfast]
            - GigabitEthernet <0-9>/<0-24> [portfast]
            - port-channel <1-6>
            - Vlan WORD [portfast]
        - summary [totals]
    - startup-config
    - storm-control broadcast
    - tcp [brief]
    - tech-support
    - terminal
    - users
    - version
    - vlan [brief | id <1-1005> | name WORD]
    - vtp
        - counters
        - password
        - status
- telnet [WORD]
- terminal history size <0-256>
- traceroute [WORD]
    - [Protocol] [Target IP address] [Source address] [Numeric display] [Timeout in seconds] [Probe count] [Minimum Time to Live] [Maximum Time to Live]
- undebug
    - all
    - sw-vlan
        - packets
        - vtp
            - events
- vlan database
- write [erase | memory | terminal]

Global Mode

- access-list <1-99>IP standard access list | <100-199> IP extended access list
- banner motd LINE
- boot system flash WORD
- cdp run
- clock timezone WORD <-23 - 23> [<0-59>]
- do LINE Exec Command
- enable
  - password
    - 7 WORD
    - LINE
    - level Set exec level password
  - secret [0 | 5] LINE
- end
- exit
- hostname WORD
- interface
  - Ethernet <0-9>/<0-24>
  - FastEthernet <0-9>/<0-24>
  - GigabitEthernet <0-9>/<0-24>
  - Port-channel <1-6> Port-channel interface number
  - Vlan <1-1005>
  - range interface range command
    - Ethernet IEEE 802.3
    - FastEthernet FastEthernet IEEE 802.3
    - GigabitEthernet GigabitEthernet IEEE 802.3z
    - Vlan Vlan interface
- ip
  - access-list Named access-list
    - extended Extended Access List WORD name
    - standard Standard Access List WORD Access-list name
  - default-gateway A.B.C.D
  - domain IP DNS Resolver
  - domain-lookup
  - host WORD A.B.C.D [A.B.C.D] [A.B.C.D]
  - name-server A.B.C.D
- line
  - <0-16> [<1-16>]
  - console <0-0>
  - vty <0-15> [<1-15>]
- logging
  - A.B.C.D
  - buffered <4096-2147483647> Logging buffer size
  - console
  - host A.B.C.D IP address of the syslog server
  - on
  - trap debugging Debugging messages (severity=7)
- mac-address-table static H.H.H vlan <1-1005> interface
  - Ethernet <0-9>/<0-24>

  - FastEthernet <0-9>/<0-24>
  - GigabitEthernet <0-9>/<0-24>
- no
  - access-list <1-99>IP standard access list | <100-199> IP extended access list
  - banner motd
  - boot system flash WORD
  - cdp run
  - clock timezone
  - enable
    - password [7 WORD]
    - secret
  - hostname
  - interface Vlan <1-1005>
  - ip
    - default-network A.B.C.D
    - domain-lookup
    - host WORD [A.B.C.D] [A.B.C.D] [A.B.C.D]
    - name-server
  - logging
    - A.B.C.D
    - buffered
    - console
    - host A.B.C.D IP address of the syslog server
    - on
    - trap debugging Debugging messages (severity=7)
  - mac-address-table static H.H.H vlan <1-1005> int
    - Ethernet <0-9>/<0-24>
    - FastEthernet <0-9>/<0-24>
    - GigabitEthernet <0-9>/<0-24>
  - port-channel
    - load-balance Load Balancing method
  - privilege
    - configure Global configuration mode
      - LINE
      - all All suboption will be set to the samelevel
        - LINE
        - level <0-15> Privilege level
      - level <0-15> Privilege level
    - exec Exec mode
      - LINE
      - all All suboption will be set to the samelevel
        - LINE
        - level <0-15> Privilege level
      - level <0-15> Privilege level
    - interface Interface configuration mode
      - LINE
      - all All suboption will be set to the samelevel
        - LINE
        - level <0-15> Privilege level
      - level <0-15> Privilege level

        - line Line configuration mode
            - LINE
            - all All suboption will be set to the samelevel
                - LINE
                - level <0-15> Privilege level
            - level <0-15> Privilege level
        - router Router configuration mode
            - LINE
            - all All suboption will be set to the samelevel
                - LINE
                - level <0-15> Privilege level
            - level <0-15> Privilege level
    - service
        - password-encryption
        - time stamps
            - debug datetime Timestamp with date and time
            - log datetime Timestamp with date and time
    - snmp-server community Enable SNMP; set community string and access privs
    - spanning-tree vlan WORD [priority | root [primary | secondary]]
    - username
    - vlan <1-1005>
    - vtp [mode | password | version <1-2>]
- port-channel
- privilege
- service password-encryption
- snmp-server
- spanning-tree vlan WORD [priority <0-61440> | root [primary | secondary]]
- spanning-tree mode [pvst | rapid-pvst]
- spanning-tree portfast default
- username WORD User name
- vlan <1-1005>
- vtp
    - domain WORD
    - mode
        - client
        - server
        - transparent
    - password WORD
    - version <1-2>

Ethernet / FastEthernet / GigabitEthernet Interface Mode

- cdp enable
- channel-group <1-6> mode [active | auto | desirable | on | passive]
- channel-protocol [lacp | bagp]
- description LINE
- duplex [auto | full | half]
- exit
- mac-address H.H.H

- mls qos
  - cos <0-7>
  - trust [cos | device cisco-phone | dscp]
- no
  - cdp enable
  - description
  - duplex
  - mac-address
  - mls qos
    - cos <0-7>
    - trust [cos | device cisco-phone | dscp]
  - shutdown
  - spanning-tree
    - portfast [disable | trunk]
    - link-type [point-to-point | shared]
    - vlan WORD port-priority <0-240>
    - guard root
    - bpduguard < enable | disable >
  - speed
  - tx-ring-limit
  - storm-control broadcast level
  - switchport
    - access vlan
    - mode
    - native vlan
    - nonegotiate
    - port-security
      - mac-address
        - H.H.H
        - sticky [H.H.H]
      - maximum
      - violation
    - priority extend
    - trunk [allowed | native] vlan
    - voice vlan
- shutdown
- spanning-tree
  - portfast [disable | trunk]
  - link-type [point-to-point | shared]
  - vlan WORD port-priority <0-240>
  - guard root
- speed [10 | 100 | 1000 | auto] (*10/100 options are only available for FastEthernet and GigabitEthernet interfaces and 10/100/1000 options are only available for GigabitEthernet interfaces respectively*)
- switchport
  - access vlan <1-1005>
  - mode
    - access
    - dynamic [auto | desirable]
    - trunk

- native vlan <1-1005>
- nonegotiate
- port-security
  - mac-address
    - H.H.H
    - sticky [H.H.H]
  - maximum <1-132>
  - violation shutdown
- priority extend cos <0-7>
- trunk
  - allowed vlan
    - WORD
    - add <1-1005>
    - all
    - except <1-1005>
    - none
    - remove <1-1005>
  - native vlan <1-1005>
- voice vlan <1-1005>

VLAN Interface Mode

- arp timeout <0-2147483>
- description LINE
- exit
- ip address [A.B.C.D A.B.C.D | dhcp]
- mac-address H.H.H
- no
  - arp timeout
  - description
  - ip address [dhcp]
  - mac-address
  - shutdown
- shutdown

VLAN Configuration Mode

- exit
- name WORD The ascii name for the VLAN
- no
  - name Ascii name of the VLAN

Line Configuration Mode

- access-class [<1-199> | <1300-2699> | WORD] [in | out]
- databits [5 | 6 | 7 | 8]
- default [databits | flowcontrol | history size | parity | speed | stopbits]
- exec-timeout <0-35791> Timeout in minutes
- exit
- flowcontrol [NONE | hardware | software]
- history size <0-256>
- ipv6 access-class Filter connections based on an IPv6 access list
- logging synchronous Synchronized message output
- login [local]
- motd-banner
- no [access-class [<1-199> | <1300-2699> | WORD] [in | out] | databits | flowcontrol | history size | ipv6 | login | motd-banner | parity | password | speed | stopbits]
- parity [even | mark | none | odd | space]
- password
  - 7 WORD
  - LINE
- privilege level Assign default privilege level for line
- speed <0-4294967295>
- stopbits [1 | 1.5 | 2]
- transport output Define which protocols to use for outgoing connections

Rommon Mode

- boot
- dir flash:
- flash_init
- help
- reset
- set
- unset *variable*
- *variable=value*

부록 4 패킷트레이서 단축키

단축키	설 명
Ctrl + N	Start a **New** network.
Ctrl + O	**Open** an existing network.
Ctrl + Shift + T	**Open Samples.**
Ctrl + S	**Save** the current network.
Ctrl + Shift + S	Save the current network to a different name and/or directory **(Save As).**
Ctrl + Alt + Z	**Save As Pkz.**
Ctrl + P	**Print** the current network.
Alt + F4	**Exit** Packet Tracer.
Ctrl + C	**Copy** the selected items.
Ctrl + V	**Paste** the selected items.
Ctrl + Z	**Undo** the previous action.
Ctrl + Shift + Z	**Redo** the previous action.
Ctrl + R	View **Preferences.**
Ctrl + Shift + U	Open the **User Profile** dialog.
Ctrl + Shift + M	Open the **Algorithm Settings** dialog.
Ctrl + I	**Zoom In** to the workspace.
Ctrl + T	**Reset the zoom** of the workspace.
Ctrl + U	**Zoom Out** of the workspace.
Ctrl + Shift + A	Open/Close **Main Toolbar.**
Ctrl + Shift + R	Open/Close **Right Toolbar.**
Ctrl + Shift + B	Open/Close **Bottom Toolbar**
Ctrl + D	Open the drawing **Palette.**

Ctrl + E	Open the Custom **Devices Dialog**.

Ctrl + W	Run the **Activity Wizard**.
Ctrl + Alt + L	For Multiuser Extensions, do **Listen**.
Ctrl + Alt + P	For Multiuser Extensions, do **Port Visibility**.
Ctrl + Alt + Y	For Multiuser Extensions, do **Options**.
Ctrl + Alt + G	For Multiuser Extensions, do **Save Offline Copy As**.
Ctrl + Shift + C	For IPC, do **Config Apps**.
Ctrl + Shift + Q	For IPC, do **Show Active Apps**.
Ctrl + Shift + J	For IPC, do **Options**.
Ctrl + Shift + K	For IPC, do **Log**.

F1	Open the **Help Files**.
F11	Open the **Tutorials**.
F12	Open the **About** page.

Shift + L	Switch to **Logical Workspace**.
Shift + P	Switch to **Physical Workspace**.
Shift + R	Switch to **Realtime Mode**.
Shift + S	Switch to **Simulation Mode**.

Ctrl + F5	For Logical Workspace, click **[Root]** button.
Shift + U	For Logical Workspace, click **New Cluster** button.
Shift + M	For Logical Workspace, click **Move Object** button.
Shift + I	For Logical Workspace, click **Set Tiled Background** button.
Shift + V	For Logical Workspace, click **Viewport** button.

Shift + N	For Physical Workspace, open **Navigation Panel**.
Shift + C	For Physical Workspace, create **New City**.
Shift + B	For Physical Workspace, create **New Building**.
Shift + W	For Physical Workspace, create **New Closet**.
Shift + G	For Physical Workspace, show **Grid**.

Shift + H	For Physical Workspace, open **Working Closet**.

Alt + S	Click the **Power Cycle Devices** button.

Alt + B	In Simulation mode, click **Back** button.
Alt + P	In Simulation mode, click **AutoCapture/Play** button.
Alt + C	In Simulation mode, click **Capture/Forward** button.
Alt + I	In Simulation mode, click **Show Event List** button.

Ctrl + Alt + R	Show **Router** devices in the Device Specific Box.
Ctrl + Alt + S	Show **Switch** devices in the Device Specific Box.
Ctrl + Alt + U	Show **Hub** devices in the Device Specific Box.
Ctrl + Alt + W	Show **Wireless** devices in the Device Specific Box.
Ctrl + Alt + O	Show **Connection** types in the Device Specific Box.
Ctrl + Alt + V	Show **End Devices** in the Device Specific Box.
Ctrl + Alt + N	Show **WAN Emulation** devices in the Device Specific Box.
Ctrl + Alt + T	Show **Custom Made Devices** in the Device Specific Box.
Ctrl + Alt + M	Show **Multiuser Connection** in the Device Specific Box.
Ctrl + Alt + *i*	Add the ith device in the Device Specific Box to the Workspace.

Ctrl + Space	**View** rubber band rectangle to select.
Up Arrow	**Move** rubber band rectangle upwards.
Down Arrow	**Move** rubber band rectangle downwards.
Right Arrow	**Move** rubber band rectangle to the right.
Left Arrow	**Move** rubber band rectangle left.
Space	**Select** device.
Enter	**Show** Device Dialog for selected device.
Ctrl + Up Arrow	**Move** selected devices upwards.
Ctrl + Down Arrow	**Move** selected devices downwards.
Ctrl + Right Arrow	**Move** selected devices to the right.
Ctrl + Left Arrow	**Move** selected devices to the left.

Ctrl + Shift + I	**Open** Scenario Description.
Ctrl + Shift + N	**New** Scenario.
Ctrl + Shift + D	**Delete** Scenario.
Ctrl + Shift + O	**Toggle** PDU List Window.

Ctrl + Insert	**Copy** text in CLI console/Cmd Prompt.
Shift + Insert	**Paste** text in CLI console/Cmd Prompt.

Esc	Choose the **Select** tool.
M	Choose the **Move Layout** tool.
N	Choose the **Place Note** tool.
Delete	Choose the **Delete** tool. If you have selected multiple objects, pressing Delete will delete them.
I	Choose the **Inspect** tool.
Alt + R	Choose the **Resize** tool.
P	Click the **Add Simple PDU** button.
C	Click the **Add Complex PDU** button.

C	Choose **Cancel** in confirmation dialogues.
N	Choose **No** in confirmation dialogues.
Y	Choose **Yes** in confirmation dialogues.

Ctrl + N	**New** Text Editor File (Valid in PC Desktop and Server Desktop)
Ctrl + O	**Open** an existing Text Editor File (Valid in PC Desktop and Server Desktop)
Ctrl + S	**Save** the current Text Editor File (Valid in PC Desktop and Server Desktop)
Alt + F4	**Exit** Text Editor (Valid in PC Desktop and Server Desktop)

Alt + S	**Send** Email from email client in PC

부록 5 Protocols Time Contents

RIP/RIPv6 default update	30 secs
RIP/RIPv6 default timeout	3 mins
RIP/RIPv6 default flush timeout	4 mins
RIP/RIPv6 default hold-down	3 mins

MAC table entry timeout	5 mins

ARP request timer	2 secs
ARP table entry timeout	4 hrs

CDP update timer	1 min
CDP neighbor hold-down timer	3 mins

DHCP client timeout	5 secs

CSMA/CD waiting time to resend	random

LMI timeout	15 secs
LMI signaling	5 secs
Inverse ARP	30 secs

HDLC keepalive	5 secs
HDLC timeout	15 secs

NAT/NAT-PT entries timeout	Depends on the encapsulation protocol
NAT/NAT-PT entry encapsulated in a UDP	5 mins
NAT/NAT-PT entry encapsulated in a TCP	24 hrs
NAT/NAT-PT entry encapsulated in a ICMP	1 min

CHAP timeout	5 secs
CHAP re-authenticate timeout	10 secs

DIALING no answer timeout	5 secs
DIALING no dial tone timeout	2 secs

PPP keepalive interval	5 secs
Timeout	15 secs

EIGRP/EIGRPv6 Hello time interval period	5 secs
EIGRP/EIGRPv6 Hold time interval period	15 secs

ICMP	1 ms

STP Max Age	20 secs
STP Hello	2 secs
STP Forward Delay	15 secs
STP Topology Change Notify Timer	2 secs
STP Topology Change Timer	35 secs

RSTP Migration Delay Timer	3 secs

OSPF/OSPFv3 SPF Hold Time	10 secs
OSPF/OSPFv3 LS Refresh Time	30 mins
OSPF/OSPFv3 SPF Delay Timer	5 secs
OSPF/OSPFv3 LSA Retransmission Time	5 secs
OSPF/OSPFv3 minimum LSA Arrival Time	1 sec
OSPF/OSPFv3 Delayed Acknowledgment Timer	2.5 secs
OSPF/OSPFv3 Dead Interval	40 secs
OSPF/OSPFv3 Hello	10 secs
OSPF/OSPFv3 Wait Interval	40 secs

TCP Connection Timeout	60 secs
TCP Initial Retransmission Timeout	300 msec
TCP Min Retransmission Timeout	50 msec
TCP Max Retransmission Timeout	1000 msec (1 sec)
TCP Inactivity Timeout	1 hour
TCP Close Timeout	10 secs
DNS Request Timeout	3 secs
DHCP Timeout	5 secs
DHCP Discovery Timeout	55 secs
DTP Hello	30 secs
DTP Timeout	5 mins
Password Timeout	30 secs
ND Neighbor Request Timer	2 secs
ND Neighbor Stale Timer	30 secs
ND Neighbor Timeout Timer	4 hrs
ND Router Solicitation Interval	4 secs
ND Router Advertisement Interval	<= 16 secs
DHCPv6 Solicitation Timeout	1 sec
DHCPv6 Request Timeout	1 sec
LACP Initial Advertise Interval	1 sec
LACP Advertise Interval	30 secs
LACP Peer Timeout	90 secs
PAgP Initial Advertise Interval	1 sec
PAgP Advertise Interval	30 secs

PAgP Peer Timeout	90 secs
NTP Update Time	5 min
IKE Peer Default Timer	86400 sec
IPSec Peer default timer	3600 sec
CBAC/Zone Based TcpSyn Wait time	30 sec
CBAC/Zone Based TcpFin wait time	5 sec
CBAC/Zone Based Tcp Idle time	3600 sec
CBAC/Zone Based Udp Idle time	30 sec
CBAC/Zone Based Dns Timeout	5 sec
CBAC/Zone Based Icmp Timeout	10 sec
Outside Nat Udp time out value	300 sec
Outside Nat Tcp time out value	86400 sec (24 hr)
Outside Nat Icmp time out value	60 sec
Outside Nat Standard time out value	86400 sec (24 hr)
SNMP Request Timeout	10 sec
Voip Rtp keepAlive time	15 sec
Voip Rtp keepAlive wait time	90 sec
Voip Sccp keepAlive timer	30 sec
Voip Sccp retry timer	10 sec
PPPoE reset keepAlive time	30 sec
PPPoE authentication failed timer	10 sec
PPPoE keep alive timer	10 sec
PPPoE linksys connect timer	30 sec
PPPoE linksys timeout timer	30 sec

BGP hold down timer	180 sec
BGP connect retry timer	60 sec
BGP keep alive timer	60 sec